永州市地方志丛书

永州市商务志

永州市商务局　编

方志出版社
Publishing House of Local Records

图书在版编目（CIP）数据

永州市商务志/永州市商务局编．—北京：方志出版社，2020.9
ISBN 978-7-5144-4549-7

Ⅰ.①永…　Ⅱ.①永…　Ⅲ.①商业史—永州　Ⅳ.①F727.643

中国版本图书馆 CIP 数据核字（2021）第 015008 号

永州市商务志

编　　者：永州市商务局
责任编辑：刘　珊
出 版 者：方志出版社
地址　北京市朝阳区潘家园东里 9 号（国家方志馆 4 层）
邮编　100021
网址　http：//www.zgfzcb.cn
发　　行：方志出版社图书经销中心
电话（010）67110500
经　　销：各地新华书店
印　　刷：衡阳顺地印务有限公司
开　　本：889×1194　1/16
印　　张：37
字　　数：671 千
版　　次：2020 年 9 月第 1 版　2020 年 9 月第 1 次印刷
印　　数：0001～1000 册
ISBN 978-7-5144-4549-7　定价：360.00 元

《永州市商务志》编纂委员会

主　　任：邓　群（女）

常务副主任：邓建华（2016.5）、刘大平（2017.10）

副 主 任：唐甫忠（供销）、陈章勇（盐业）、潘晓卿（石化）、朱立军（石油）

成　　员：李燕军、陈军杰、曾全国、李　烨、徐明华、王硕球、张　宏、刘大平、单春兰（女）、蒋健民、邓建华、何志荣、谢科平、王善峰、杨顺成（供销）、陈海容（女、盐业）、邹　蓉（女、石化）、廖香琴（女、石油）

《永州市商务志》编纂办公室

顾　问：赵宏斌、史一民、钱国平、翟方奇、蒋新华、刘锦坤、欧道明、李旦梅、易洪化（石化）、何玎玉（女、石化）、潘振芳（石化）、戴安宁（石化）、晏力农（石化）、周重陵（石化）、李远平（石油）、汉　征（石油）、何能成（供销）、毛秋元（供销）、唐树成（供销）、黄亚平（供销）、唐宏发（盐业）、欧亚雄（盐业）、陈　楚（盐业）

主　任：邓建华（2016.5兼）、刘大平（2017.10兼）

总　纂：高荣春

副总纂：李林轩

编　辑（按姓氏笔画为序）：邓广平、邓显双、邓湘祁、王善峰、由　甲、艾　玲（女）、龙千勇、田诗豪（供销）、齐光胜（石化）、刘韶军、李　明、李　滢、李乾亮、李艳晖（女）、张小军、吴小芳（女）、杨伟燕（女）、杨祝锋、杨增久、宋结友、陈海容（女、盐业）、陈黎明、罗　杰、周　娟（女）、周勇新、胡汝耀、唐　圣、唐自云、唐亚辉、傅三喜、蒋玉平、蒋茂华（供销）、曾亚涛、谢治玉（女）、廖春华、廖香琴（女、石油）、谭能为（女）、蔡朝晖、欧阳建屏（女）

供　稿（按姓氏笔画为序）：尹卫荣、邓克俭、王丽彬（女）、吕亚迪（女）、张　文（女）、李一凡、李嘉欣、李劲松（供销）、李逢春（供销）、吴国侠、奉国华（供销）、郑荣茂、柏彩燕（女）、唐　章、唐仁芳、蒋少辉、蒋军兆、曾昭武、熊娟娟（女）

供　图（按姓氏笔画为序）：王善峰、刘韶军、李睿璇（女、石化）、吴国侠、陈海容（女、盐业）、罗　杰、林　晨（女、供销）、屈仁飞（供销）、钱建军、盘旭东

校　稿：高荣春、李林轩、由　甲、王　啸、邓湘祁、李劲松（供销）、刘韶军、邹　蓉（女、石化）、何菁菁（女、盐业）、蒋茂华（供销）、廖香琴（女、石油）、熊娟娟（女）

《永州市商务志》审稿人员

蒋政平　高　波

序

首部《永州市商务志》，在市史志办亲切指导和大力支持下，编纂人员默默耕耘，时经四载，终于伴随着全面深化改革的春风面世了，这是永州建市23年来商贸流通领域最珍贵的文化遗产，也是我市精神文明建设的又一丰硕成果，人们翘首以待，真是可喜可贺！

编史修志，乃中华民族优良传统，自古以来就有“治天下者以史为鉴，治郡国者以志为鉴”之说，历朝历代地方政要莫不重视修志用志。时下改革开放，领导高瞻远瞩，修志“亦然香如故”。

《永州市商务志》举商务、粮食、口岸、供销、商业、物资、盐业、中国石化、中国石油九单位之力，劳数十人笔耕，终成60余万字著述。

《永州市商务志》覆盖“流通体制改革”、“对外贸易”、“招商引资”、“对外技术合作”、“国内贸易”、“口岸管理”、“电子商务”、“粮食购销”、“供销合作业”、“市场体系建设”、“专营商品业”、“行业监督与管理”、“机构队伍”等方面内容，全面、系统地记述1996—2018年永州市商贸流通领域的历史与现状，客观、真实地反映事物兴衰起伏的演变过程。既有值得借鉴的成功经验，也有值得深思的沉痛教训。毋庸置疑，是一部商贸流通领域当之无愧的百科全书。

《永州市商务志》为昨天的创业者树立历史丰碑，也为今天的从政者提供决策依据，更为明天的继承者留下一份经世致用的珍贵馆藏，可谓“一朝修志，功在千秋，有益当代，惠及子孙”。

修志是一项繁杂又宏伟的系统工程，牵涉到方方面面，范围之广、程度之深、工作量之大可想而知。在此，我谨代表永州市商务局党组，对参与、重视修志工作的各级领导的远见卓识表示钦佩！对指导、关心、支持这部志书的编纂专家、同仁、老同志及有关部门领导表示感谢！对呕心沥血、伏案笔耕、默默奉献的编纂人员表示敬意！

不忘初心，牢记使命。让我们继往开来、高举改革大旗在汹涌澎湃的开放型经济大潮中劈波斩浪、勇往直前，为振兴永州经济再创辉煌。

是为序。

永州市商务局党组书记、局长　邓群

2020 年 8 月

编辑说明

一、本志坚持马克思列宁主义、毛泽东思想、邓小平理论、“三个代表”重要思想、科学发展观、习近平新时代中国特色社会主义思想为指导，运用辨证唯物主义和历史唯物主义的立场、观点和方法，坚持尊重历史、求实存真原则，如实记载永州市流通行业历史和现状，力求突出时代特色和地方特点。

二、本志述、记、志、图、表、录并用。首设概述、大事记，末设专记、附录、后记。

三、本志上限 1996 年 1 月 1 日，下限 2018 年 12 月 31 日（个别情况、个别章节与上轮修志时间相衔接或适当上溯下延）。

四、本志采用章、节、目、子目 4 个层次记述史实，以志为主体，事以类从，横排纵写。机构队伍章队伍节中只记述商务和粮食职工队伍状况。

五、本志文体，采用记叙文，用事实说话，不妄加议论。

六、本志纪年，统一用公元纪年。

七、机关、企业名称，均系当时名称，1995 年前冠名零陵地区，1996 年后冠名永州市。地名一般使用现行名称，沿用历史地名时加注今名。

八、本志采用现行法定计量单位。对采用历史计量单位的，首次出现时加注折算现行法定计量单位。

九、计数与计量采用阿拉伯数字，习惯用语、词汇、成语、专门名称和表述性语言中的数字则用汉文数字。各类数据以统计部门提供数字为准。

十、本志资料采用档案、报刊、专著和考证的口碑资料。

永州市行政区划图

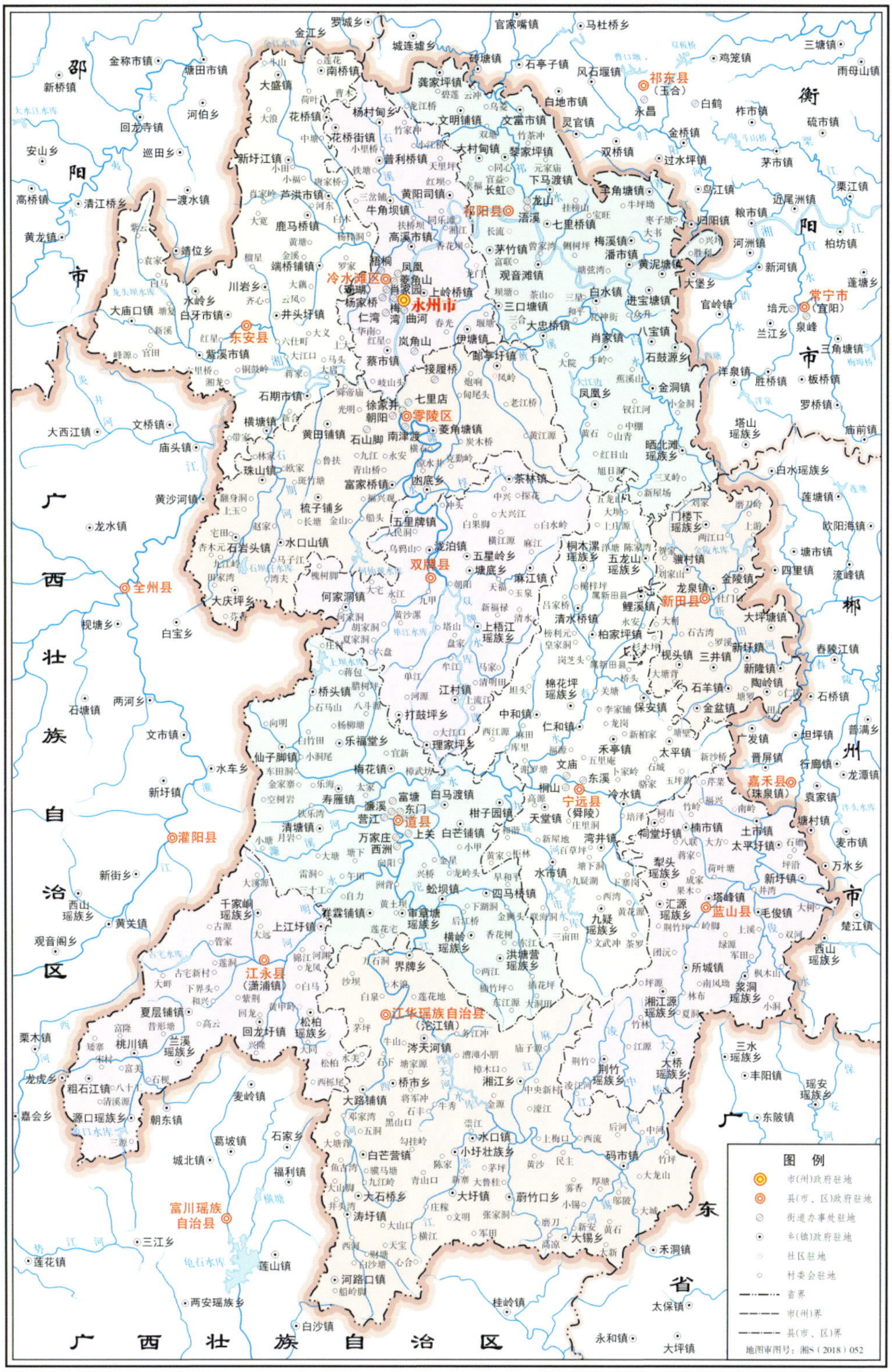
永州市
冷水滩区
零陵区
祁阳县
东安县
双牌县
道县
宁远县
新田县
江永县
蓝山县
江华瑶族自治县
（沱江镇）
祁东县
（玉合）
常宁市
（宜阳）
嘉禾县
（珠泉镇）
全州县
灌阳县
富川瑶族
自治县
邵阳市
衡阳市
郴州市
广西壮族自治区
广东省
图例
市(州)政府驻地
县(市、区)政府驻地
街道办事处驻地
乡(镇)政府驻地
社区驻地
村委会驻地
省界
市(州)界
县(市、区)界
地图审图号：湘S（2018）052

2015年11月竣工的永州市外经贸服务中心办公大楼

1993年，道县寿雁镇玉蟾岩遗址，考古出土新石器时代世界最早的古栽培稻实物标本

① ② ③ ④ ⑤

① 2015年3月20日，新成立的永州市商务和粮食局挂牌

② 2019年，永州市商务局领导班子成员

③ 2017年，永州商业企业改制服务办公室党组书记、主任张宏（中）及领导班子成员

④ 2018年4月4日，市委书记、市人大常委会主任李晖（主席台左三），市委副书记、市长赵应云（主席台右三）出席永州开放兴市工作会议

⑤ 2019年9月3日，《永州市商务粮食志》评议会人员

考察调研

①

②

①　1998年6月，市委书记邹金鷟（前左二）陪同省委书记、省人大常委会主任王茂林（中）考察湖南省冷水滩面粉厂

②　2003年12月，市委书记曾庆炎（左三）陪同省委副书记胡彪（左四）考察永州商业城

③　2005年12月20日，永州市商务考察团赴马来西亚经贸考察。市商务局局长钱国平（左一）、副市长蒋吉秀（左二）、马来西亚拿督（右三）、驻马来西亚使馆秘书艾克海（右二）

④　2007年11月，副省长甘霖（左二）到永州市宁远县工业园考察

⑤　2008年7月，商务部副部长蒋耀平（右一）到永州考察加工贸易

⑥　2010年8月，市委书记黄天锡（右二）陪同副省长徐明华（左二）考察永州市承接产业转移项目

③

④

⑥

⑤

① 2011年3月9日，副市长舒平（左一）陪同副省长徐明华（左三）、省供销社主任陈德礼（右一）到湘农祁阳分公司化肥配送中心考察农资供应工作

② 2011年，中国工程院院士、杂交水稻之父袁隆平（右一）在南宁东盟博览会上与永州市雅大科技实业有限公司董事长胡顺开（左一）交谈

③ 2011年11月，中国工程院院士、杂交水稻之父袁隆平（中）考察湖南果秀食品有限公司

④ 2012年7月，中国工程院院士、杂交水稻之父袁隆平（中）在永州市零陵区富家桥核心示范基地察看“种三产四”成果

⑤ 2013年4月，市商务局局长翟方奇（右一）到县区外贸进出口企业调研

⑥ 2013年8月9日，市委常委、副市长舒平（右三）到零陵区邮亭圩镇查看早稻收购工作

2013年，永州市雅大科技实业有限公司董事长胡顺开（左一）陪同省委副书记、省长杜家毫（左二）在贵阳实地考察第三届中国“酒博会”

2014年5月，市委书记陈文浩（左一）、江华瑶族自治县委书记罗建华（右一）陪同省委副书记、省长杜家毫（左二）到凯盈科技调研

①2015年5月5日，沪商入湘经贸合作考察团项目交流会，市商务和粮食局党组书记、局长邓群（前左一）与客商交换合作协议

②2015年8月28日，市委书记陈文浩（右五）、副市长罗双全（右六）、市商务和粮食局局长邓群（右四）一行赴浙江甲骨文科技集团考察

③2017年5月，副市长李旦梅（中）率团赴泰国、越南、老挝考察经贸活动并参加老挝湖南永州籍老乡座谈会

④2017年10月29日，市委书记、人大主任李晖出席永州（回龙圩）首届柑橘产业高峰论坛作主旨发言

⑤2018年4月16日，省供销社党组书记、理事会主任曾震亚（中）在市委常委、宣传部长贺辉（右一）、冷水滩区委书记何冲龙（左一）陪同下考察湖南省湘合作资产经营管理有限责任公司

①

⑤

②

④

③

招商引资

① 2004年，第一届中国（南宁）—东盟博览会柬埔寨首相、柬埔寨人民党主席洪森（前一）参观永州市雅大科技展厅

② 2010年7月，在南非国际贸易展会中永州市外贸企业人员与外商交流

③ 2011年10月23日，出席中国永州—东盟商务投资推介会东盟国家政商代表到永州市祁阳县考察

④ 2011年，永州市雅大科技实业有限公司董事长胡顺开（右一）与法国葡萄酒品鉴协会会长满仁厚（中）在中国（贵州）国际酒博会合影

⑤ 2011年，永州市飞地经济示范工业园落户蓝山县签约仪式

⑥ 2012年，“湛江—永州”口岸大通关合作签约仪式

① 2012年8月，省委书记、省人大常委会主任周强（右五）在湘南承接产业转移示范区首批重大项目推进大会上讲话

② 2012年8月，湘南承接产业转移示范区建设工作座谈会在永州召开

③ 2012年8月，省委书记、省人大常委会主任周强（右三）出席湘南承接产业转移示范区首批重大项目奠基仪式

④ 2012年8月，省委书记、省人大常委会主任周强（前右三），省委副书记梅克保（前左三），省委常委、省委秘书长易炼红（前左二），副省长何报翔（左一），市委书记张硕辅（前左四），市委副书记、市长魏旋君（右一）出席湘南承接产业转移示范区首批重大项目推进大会

⑤ 2012年8月，省委书记、省人大常委会主任周强（前左三），副省长何报翔（前左一），市委书记张硕辅（前左二），市长魏旋君（前右一），市委常委、常务副市长周德睿（右二）出席华盟·湘南万商红（国际）商贸物流中心开工仪式

⑥ 2012年8月，华盟·湘南万商红（国际）商贸物流中心开工仪式

①

②

③

④

⑤

⑥

①　2012年11月14日，永州市（深圳）产业项目对接会

②　2013年7月，湖南（香港）投资贸易洽谈周（简称“港洽周”）永州（深圳）投资环境与投资项目推介会

③　2013年9月3日，第十届中国—东盟博览会中国湖南省与越南河江省合作见面会

④　2013年，中国建设银行在永州市开办湖南省首家县级（蓝山县支行）外汇业务

⑤　2014年6月15日，市委常委蒋善生（左四）、冷水滩区委书记欧阳元初（右四）、区长唐满平（左三）出席冷水滩区上海招商座谈会

⑥　2014年8月，副市长罗双全（左）与中科院云计算中心副主任李俊杰（右）签订战略合作框架协议

①

②

① 2014年9月，第十一届中国—东盟博览会上，省市领导见证项目签约

② 2014年11月21日，推进湘南示范区建设工作会议暨第三批重大项目启动仪式第二届湘南承接产业转移投资贸易洽谈会

③ 2014年12月2日，市委副书记、市长向曙光（后右二），市委常委、常务副市长易佳良（后右一），副市长唐能武（前右一）与上海服务业联合会签订战略框架协议

④ 2015年2月，永州市绿色环保新源电动汽车项目签约仪式

⑤ 2015年1月，江华神州瑶族文化博览园项目合作签约仪式

⑥ 2015年，永州（广州）招商推介会

③

④

⑥

⑤

① ② ③ ④ ⑤ ⑥

①　2015年5月5日，沪商入湘经贸合作考察团一行到永州考察

②　2015年6月3日，永州（深圳）工业招商推介会

③　2015年，湖南（上海）投资贸易洽谈周（简称“沪洽周”）签约

④　2015年6月，中国湖南—俄罗斯后贝加尔边疆区经贸对接会

⑤　2015年10月28日，永州市人民政府与阿里巴巴、甲骨文科技战略合作签约仪式

⑥　2015年12月，永州—上海航线通航招商推介会

①

②

① 2015年12月31日，副市长罗双全（右六）与上海航线通航招商推介会客商参观陶铸纪念馆

② 2016年8月18日，永州（上海）现代农业招商推介会暨重点项目签约仪式

③ 2016年9月，第十三届中国—东盟博览会，副市长刘鹏（右四）与南宁永州老乡座谈

④ 2016年10月21日，市领导张严（右三）、石艳萍（右二）、杨永（右四）、罗双全（右一）出席永州市对台招商项目推介会

⑤ 2018年5月31日，永州市名优特农副产品与长沙市大型商场超市供需对接洽谈会

⑥ 2018年6月29日，市商务和粮食局驻东盟商务代表处授牌仪式

③

④

⑥

⑤

①
②
③
④ ⑤

① 2018年7月23日，副市长李旦梅（前右一）与绿地地产集团长沙置业有限公司签约

② 2018年7月，永州市在湖南—长三角经贸合作洽谈周举办工业暨现代服务业重点招商·招才引智专题推介会

③ 2018年9月28日，市委副书记、市长赵应云（前排右一）与湖南省商务厅签订市厅合作协议，市委书记、人大常委会主任李晖（后排中）签约

④ 2019年2月，市商务局局长邓群（右）为永州驻北欧商务代表处授牌

⑤ 2019年2月，市商务局局长邓群（右）为永州驻东盟商务代表处授牌

电子商务

①

②

①　2015年8月7日，永州市电子商务大会会场

②　2015年8月8日，永州市电子商务座谈会

③　2015年12月，永州市阿里村淘项目集中上线暨“淘宝年节”启动仪式

④　2016年9月18日，市委书记陈文浩（左三），市委副书记、市长易佳良（左二），省商务厅副厅长肖彬（右二）出席永州电子商务公共服务平台上线起动仪式

⑤　2016年9月18日，永州市电子商务工作座谈会

⑥　2016年9月，湖南大茶视界控股有限公司、中膳国际团餐产业集团、湖南果秀食品有限公司、湖南恒惠食品有限公司与GO永州服务平台签约

⑦　2015年8月，江永县电商一条街揭牌营业

③

④

⑤

⑥

⑦

商会授牌

① 2012年6月18日，永州福建总商会成立暨第一次会员代表大会

② 2012年11月24日，市委书记张硕辅（左六）、副市长罗双全（左五）出席北京湖南企业商会永州分会会员代表大会暨联谊晚会

③ 2013年6月，副市长罗双全（左三）为广西南宁永州商会揭牌

④ 2014年5月31日，市委书记陈文浩（右一）出席珠海永州商会成立大会暨永州招商推介会

⑤ 2015年1月8日，广东省湖南永州商会暨广东天下永商投资有限公司成立庆典大会

⑥ 2015年4月5日，副市长罗双全（左排四）主持召开永州异地商会会长、秘书长座谈会

⑦ 2015年6月3日，广东省湖南冷水滩商会成立大会，副市长罗双全出席成立大会并作市情推介

①

②

③

④

⑤

⑥

① 2015年6月3日，广东省湖南冷水滩商会成立大会，副市长唐能武（左四）、罗双全（右三）出席成立大会

② 2015年8月10日，市委书记陈文浩（左六），市委副书记、代市长易佳良（左四），副市长刘尤碧（右三），市慈善总会会长郑邦淳（右五），市工商联主席吕斌（左二）为爱心圆梦单位颁发爱心助学奖牌

③ 2015年11月24日，市政协副主席吕斌（前左四）率永州企业家代表团到广西南宁考察

④ 2015年12月12日，副市长罗双全（后右二），市政协副主席、市工商联主席吕斌（后左一）为广东省湖南永州商会常务副会长授牌

⑤ 2016年4月2日，永州乡友清明恳亲会暨“迎老乡、回故乡、建家乡”客商代表座谈会

⑥ 2016年4月19日，北京永州企业商会成立挂牌庆典大会

⑦ 2016年7月26日，郴州市永州商会成立大会暨揭牌仪式

⑦

2008—2018年，永州市获得国家地理标志保护产品

永州山苍子

新田大豆

新田陶岭三味辣椒

东安舜皇山土猪

江永香柚

江永香姜

江永香芋

江永夏橙

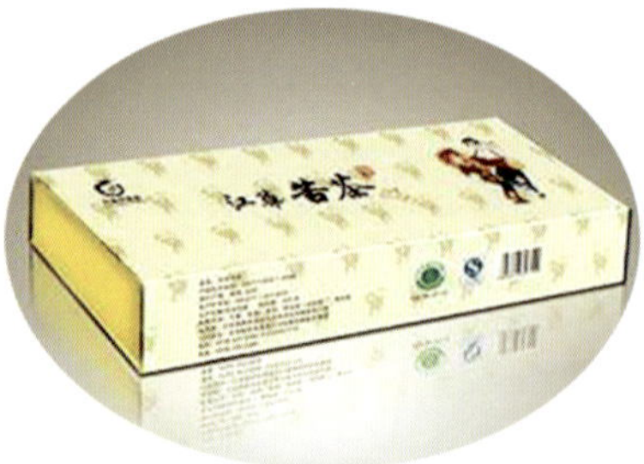
江华苦茶

宁远九嶷山兔

道州脐橙

祁阳槟榔芋

江华瑶山雪梨

零陵异蛇酒

1996—2018年，永州独具特色产品

湖南都成国际食品有限公司生产的出口蔬菜水果罐头系列

湖南阳光华利食品有限公司生产的湖南名优特“华利米粉”普通装系列

湖南阳光华利食品有限公司生产的湖南名优特“华利米粉”礼品装系列

永州市雅大科技实业有限公司生产的成套专利酿酒设备

永州市雅大科技实业有限公司生产的雅大固态酿酒设备

蓝山县黑糊酒

湖南新金浩茶油股份有限公司生产的“金浩”纯茶籽油

湖南新金浩茶油股份有限公司生产的“金浩”精品纯茶籽油

回龙圩回峰蜜橘

东安、双牌银杏

零陵栝蒌子

零陵百合

祁阳乌梅

东安横塘黑山羊

宁远九嶷湘妃枣

江永香米

冷水滩薄荷

江华茶油腐乳

宁远九嶷湘妃竹

蓝山县百叠岭茶叶

祁阳 祁阳石

江华瑶珍大米

湖南果秀食品有限公司橘子果杯

湖南果秀食品有限公司椰果果杯产品

科技基地

①

②

③

④

⑤

⑥

⑦

⑧

⑨

① 2015年，国家级农民专业合作社示范社——东安县联农水果专业合作社水果示范基地

② 2015年，市供销合作联社直属企业永怡茶业公司茶叶生产示范基地

③ 2018年，永州市供销合作联社扶贫联系点零陵区和谐村肉牛养殖基地

④ 2003年，湖南果秀食品有限公司外贸出口柑桔基地（外国专家考察指导）

⑤ 2015年，湖南省祁阳县唐家山“中国好粮油”示范油茶基地

⑥ 2002年，湖南果秀食品有限公司柑桔种苗基地

⑦ 2016年3月，市供销合作联社直属合永兴农业科技贸易发展有限公司控股子公司聚丰生态农业开发有限公司冷水滩区伊塘镇水稻育秧基地

⑧ 2013年，湖南宇秀生物科技有限公司杏鲍菇示范基地

⑨ 2015年江华瑶族自治县华发蔬菜大棚种植基地

园区建设

2014年，永州经济技术开发区办公大楼

2017年，永州经济技术开发区潇湘科技创新中心

2018年，永州经济技术开发区云计算数据中心

2019年，永州经济技术开发区大数据产业园

2004年，永州经济技术开发区长丰集团猎豹汽车生产基地

2012年，祁阳高新技术产业开发区党群活动服务中心

2012年，祁阳高新技术产业开发区园区智慧展厅

2013年，祁阳高新技术产业开发区电子信息产业园

2013年，祁阳高新技术产业开发区祁阳科创孵化楼

2013年，祁阳高新技术产业开发区园区智慧展厅

2014年，湖南江华经济开发区江华高新技术产业开发区科技企业孵化服务中心

2014年，湖南江华经济开发区园区规划展厅

2014年，湖南江华经济开发区企业（外贸）服务中心

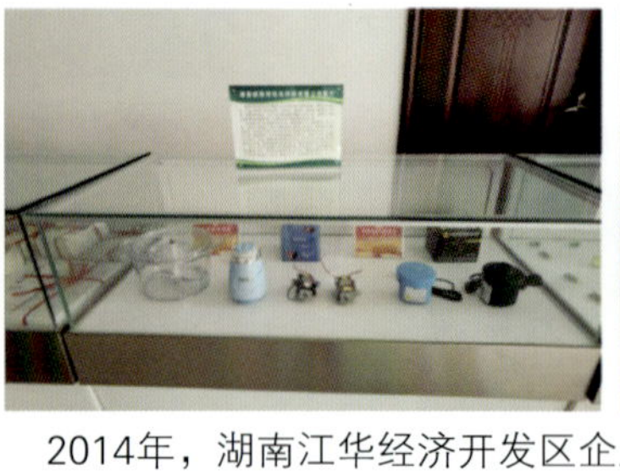

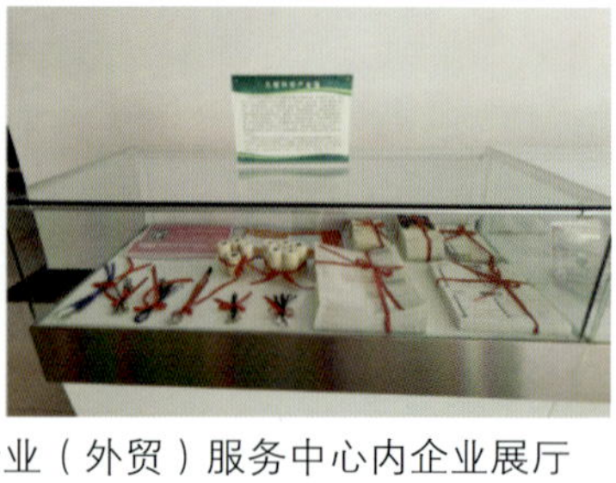

2014年，湖南江华经济开发区企业（外贸）服务中心内企业展厅

餐饮美食

2012年，永州市举办首届美食节，评选出十大永州名菜

东安鸡

永州血鸭

永州喝螺

瑶家冬笋炒腊肉

宁远酿豆腐

永州红煨异蛇

永州盘龙鳝鱼

永州虎皮香芋扣肉

道州粉蒸灰鹅

东安水岭羊肉

2014年，第九届湘菜美食文化节招牌菜大赛（浏阳市）评选出永州十大地方特色菜

功夫东安鸡

祁阳曲米鱼

香煎米粉肉

稻香排骨

马卡石斛汤

水口山牛扣

毛家红烧肉

瑶家包豆腐

永州异蛇

全家福（头碗）

2016年，永州市政府命名十大地域名小吃

江永艾情粑粑

江华黄泥粑粑

东安油炸粑粑

祁阳凉粑

江永香粽子

新田富硒红薯片

冷水滩烤牛肉串

香软辣糖

道县油炸果子

宁远高粱粑粑

文娱体育

①

②

③

④

① 2016年3月8日，市商务和粮食局举行“三八”妇女节活动

② 2016年4月25日，市商务和粮食局机关人员参加永州市工间操比赛

③ 2016年9月，市商务和粮食局参加全民健身“城投杯”市直单位职工篮球赛队员

④ 2016年9月，市商务和粮食局参加全民健身“城投杯”市直单位职工篮球赛市局领导李燕军（前五）、张宏（前四）、邓建华（前三）与全体队员

⑤ 2016年10月，市商务和粮食局系统首届“自然韵黑茶杯”篮球赛开幕式

⑥ 2016年10月20日，市商务和粮食局系统首届“自然韵黑茶杯”篮球赛参赛代表队

⑦ 2016年10月20日，市商务和粮食局系统首届“自然韵黑茶杯”篮球赛市局机关代表队

⑤

⑥

⑦

荣誉资质

2004年度内联引资工作
先进单位
湖南省人民政府
2005年2月

2005年度利用外资工作
先进单位
湖南省人民政府
二00六年二月

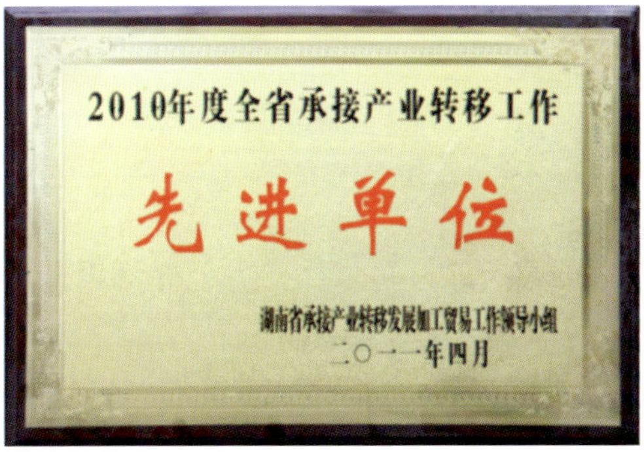
2010年度全省承接产业转移工作
先进单位
湖南省承接产业转移发展加工贸易工作领导小组
二〇一一年四月

第一届中国中部投资贸易博览会
优秀组织奖
湖南省人民政府
二00六年十月

湖南省永州市
2011中国最具幸福感城市

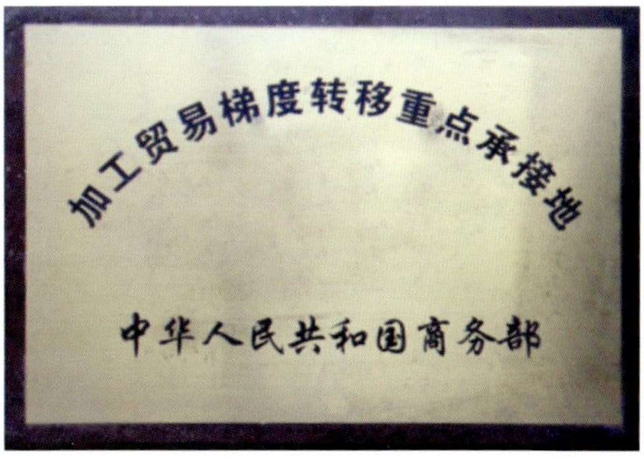
加工贸易梯度转移重点承接地
中华人民共和国商务部

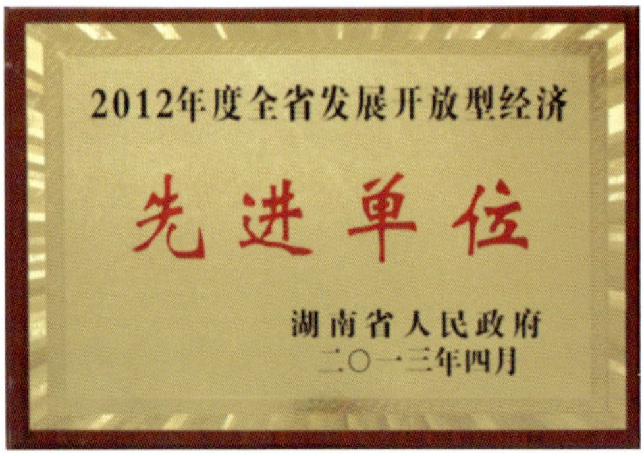
2012年度全省发展开放型经济
先进单位
湖南省人民政府
二〇一三年四月

2013年湖南省口岸综合管理
先进单位
湖南省人民政府口岸办公室
二〇一四年一月

全国放心粮油进农村进社区
先进单位
中国粮食行业协会
二〇〇七年四月

2012年度全省粮食工作绩效考核
特等奖
湖南省粮食局
2013年2月

全省粮食清仓查库工作
先进单位
湖南省人民政府办公厅
二〇〇九年十二月

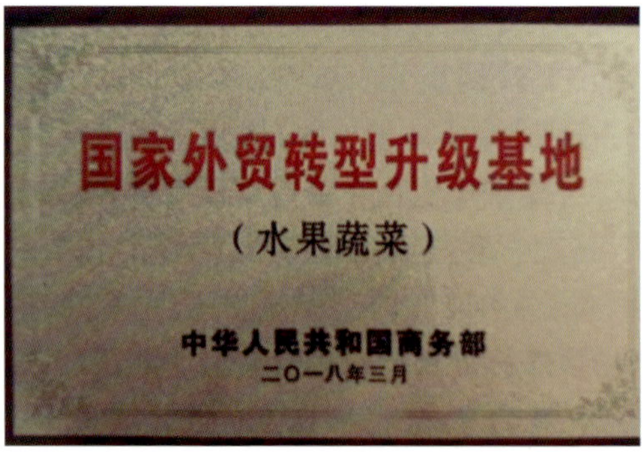
国家外贸转型升级基地
（水果蔬菜）
中华人民共和国商务部
二〇一八年三月

目 录

概述 …… 1
大事记 …… 13

第一章 流通体制改革 …… 25
第一节 外贸流通体制改革 …… 25
一、管理体制改革 …… 25
二、经营方式改革 …… 28
三、企业体制改制 …… 30
第二节 内贸流通体制改革 …… 36
第三节 粮食流通体制改革 …… 38
一、经营方式改革 …… 38
二、储备调控体系改革 …… 39
三、市直粮食企业改制 …… 41
第四节 商业、物资流通体制改革 …… 58
一、商业体制改革 …… 58
二、物资体制改革 …… 65
第五节 供销合作社体制改革 …… 69
一、管理体制变革 …… 70
二、经营方式变革 …… 71
三、市供销社直属企业体制改革 …… 75
第六节 其他商贸流通体制改革 …… 76
一、中国石化永州石油分公司流通体制改革 …… 76
二、中国石油永州销售分公司流通体制改革 …… 77

三、湖南盐业永州市分公司流通体制改革 …… 77

第二章　对外及对港澳台贸易 …… 79
第一节　经营主体 …… 80
第二节　外贸总量 …… 82
一、进口贸易 …… 87
二、出口贸易 …… 88
第三节　贸易伙伴 …… 92
第四节　产业结构及商品种类 …… 95
一、出口商品 …… 95
二、进口商品 …… 98
第五节　加工贸易 …… 100
第六节　外贸平台建设 …… 103
一、果蔬罐头产品专业型出口基地 …… 103
二、鞋类出口基地 …… 104
三、新鲜果蔬出口基地 …… 104
四、国家级外贸转型升级基地 …… 105
五、国家级出口食品农产品质量安全示范区 …… 106
六、园区外贸综合服务中心 …… 112
第七节　口岸管理 …… 123
一、联检单位 …… 123
二、通关平台 …… 128
三、功能拓展 …… 132

第三章　对外及对港澳台经济技术合作 …… 135
第一节　工程承包及劳务输出 …… 135
第二节　境外投资 …… 136
第三节　技术合作 …… 140
第四节　对接东盟 …… 141

第五节 经贸考察 …… 144

第四章 招商引资 …… 146
第一节 利用外资 …… 146
一、引资项目及金额 …… 146
二、参展企业及产品 …… 158
三、项目履约状况 …… 160
第二节 外商投资 …… 163
一、行政审批 …… 163
二、投资企业 …… 164
第三节 内联引资 …… 186
第四节 承接产业转移 …… 189

第五章 国内贸易 …… 195
第一节 市场体系建设 …… 195
一、城区市场建设 …… 195
二、万村千乡市场工程 …… 206
第二节 电子商务 …… 208
一、电商发展 …… 208
二、电商建设 …… 212
三、电商扶贫 …… 216
第三节 生活必需品产销 …… 218
一、酒类产销 …… 218
二、生猪定点屠宰 …… 219
三、烤烟产销 …… 220
四、蔬菜产销 …… 221
第四节 餐饮服务业 …… 223
第五节 现代物流业 …… 233
一、物流发展及项目建设 …… 233

二、物流主体 …… 234
三、物流基础设施 …… 235
四、物流类别 …… 235
第六节 特种行业 …… 236
一、典当 …… 236
二、拍卖 …… 243
第七节 成品油 …… 248
第八节 家电下乡 …… 249
第九节 二手车、报废车 …… 251
一、二手车 …… 251
二、报废车 …… 252
第十节 社会消费品零售总额 …… 255

第六章 粮油贸易 …… 259
第一节 粮油收购 …… 259
一、粮食收购 …… 259
二、油脂油料收购 …… 263
第二节 粮油销售 …… 274
一、粮食销售 …… 274
二、油脂油料销售 …… 276
第三节 粮食仓储 …… 280
一、仓储设施 …… 280
二、仓储管理 …… 283
第四节 粮油加工 …… 291
一、大米加工 …… 291
二、面粉加工 …… 293
三、油脂加工 …… 294
四、食品加工 …… 295
五、饲料加工 …… 296

六、粮油机械制造 …… 297
七、其他加工（附营业务） …… 297
第五节 粮油检测与计量 …… 303
一、检测 …… 303
二、计量 …… 306
第六节 粮食行政执法 …… 307
一、执法主体 …… 308
二、执法范围 …… 309
三、执法活动 …… 310

第七章 供销合作 …… 316
第一节 机构 …… 316
第二节 经营服务 …… 320
一、农资储备供应 …… 320
二、综合经营 …… 323
三、基地建设 …… 326
四、项目建设 …… 328

第八章 专营商品业 …… 333
第一节 中国石化永州石油分公司 …… 333
一、机构 …… 333
二、油料购进 …… 337
三、油料销售 …… 338
四、品种结构 …… 343
五、网点建设 …… 344
六、设施建设 …… 347
七、仓储管理 …… 349
第二节 中国石油永州销售分公司 …… 351
一、机构 …… 351

二、党群组织 …… 354
三、油料购进 …… 356
四、油料销售 …… 357
五、销售措施 …… 358
六、网点建设 …… 362
七、管理 …… 363
第三节 食盐经营 …… 367
一、机构 …… 367
二、食盐购销 …… 369
三、市场监管 …… 372
四、盐政执法 …… 377
五、多种经营 …… 381
六、安全管理 …… 382

第九章 行业监督与管理 …… 384
第一节 生猪定点屠宰监管 …… 384
一、监管与整治 …… 385
二、定点屠宰目标考核 …… 391
第二节 酒类监管 …… 395
一、酒类稽查 …… 395
二、专项整治 …… 397
第三节 特种行业监管 …… 401
一、拍卖与典当 …… 401
二、报废车回收 …… 403
三、老旧汽车更新补贴 …… 404
四、直销 …… 405
五、单用途商业预付卡 …… 406
第四节 商务投资企业监管 …… 407
一、审批 …… 407

二、年检 …… 412
第五节　市场运行秩序和安全生产监管 …… 414
一、市场秩序整顿 …… 414
二、安全生产检查 …… 416
第六节　成品油监管 …… 416
第七节　商务行政执法 …… 418
一、执法队伍与制度 …… 419
二、执法机制及范围 …… 419
三、行政执法活动 …… 420
第八节　商务举报投诉中心 …… 422
一、12312 举报投诉中心 …… 422
二、投诉案件处理 …… 423
第九节　行业内部管理 …… 424
一、商会 …… 424
二、协会 …… 429
三、学会 …… 443
第十节　粮油科技 …… 449
一、粮油技术改造 …… 449
二、粮油科技成果 …… 451

第十章　机构队伍 …… 457
第一节　机构 …… 457
一、永州市商务局 …… 457
二、永州市财贸委、内贸办 …… 474
三、永州市粮食局 …… 476
四、永州市商务和粮食局 …… 487
五、永州市人民政府口岸办公室 …… 489
六、永州市商业企业改制服务办公室 …… 490
第二节　队伍 …… 504

一、技术培训 …… 504
二、职工教育 …… 506
三、职称评定 …… 507
人　物 …… 510
一、先进模范人物简介 …… 510
二、先进个人名录 …… 515

附　录 …… 519
一、招商引资重要文件 …… 519
二、商务、粮食工作重要文件 …… 534

编后记 …… 570
索引 …… 571

概 述

一

20世纪80年代，中共零陵地委、零陵行政公署借鉴农村改革取得全面进展的经验，着手探索城市经济体制改革，在全区范围内推行企业承包经营责任制。

1983年3月，零陵地区外贸局成立体制改革办公室。除零陵、东安两县进出口公司和地直各进出口公司外，双牌、蓝山、新田、江永、江华、道县、宁远7县进出口公司和地区外贸车队改报账制为独立核算，盈亏包干，实行利润包干、超利分成的经营承包责任制。同年8月，零陵地区对外贸易局改为零陵地区对外贸易公司。9月，祁阳县外贸公司和黎家坪仓库全部移交零陵地区对外贸易公司。

1984年10月，零陵地委、行政公署贯彻中共中央《关于经济体制改革的决定》，全面展开城市经济体制改革，进一步完善企业承包经营制。承包期由一年一包发展到三、五年一包，由承包上交利润发展到“三保一挂”（保财政上交、保技术改造、保企业上等级、工资总额与上交税利挂钩）多项承包，由企业对国家单层承包发展到企业内部多层次承包，改革范围逐步从生产领域扩大到流通领域。

1985年，外经贸部不再编制下达外贸收购计划和调拨计划，只下达进出口总额指标的指导性计划和属于列名管理的主要商品数量的指令性计划。然而这些调整并没有改变对外贸易政企不分的管理体制，只是中央政府垄断的对外贸易管理权被地方政府分而取代。尽管仍然存在着严重进出口壁垒，但由于成立多层次多类型外贸企业，对外贸易经营渠道得以拓宽。在此大背景下，零陵地区对外经济贸易委员会及各县市（县级市）对外经济贸易委员会（简称外经委）成立，主管对外经济技术合作和国内经济技术协作等工作。各级外经委成立后，全区范围启动和开展对外贸易，允许企业经营各自产品进出口业务，将引进技术和多数产品审批权悉数下放，甚至还给予企业一定比例外汇留成。期间，地区外经委先后组建零陵地区粮油食品进出口公司、零陵地区对外经济贸易土畜产品公司、零陵地区对外经济贸易五金化工机电公司、零陵地区对外经济贸轻工矿产品公司、零陵地区对外经济贸易进出口总公司、湖南省进出口总公司零陵地区公司、零陵地区对外经济贸易基地公司、零陵地区对外经济贸易华湘公司、零陵地区潇湘综合进出口公司、湖南省外运公司零陵地区公司十大公司。全方位开展对外贸易业务。

1987年，全区外贸流通领域全面实行承包经营责任制，承包期三年，经营总额年递增20%，企业员工积极性得到空前高涨。1990年，为加快零陵地区改革与发展步伐，全区外贸流通领域实施第二轮承包。

1991年，零陵地区外贸企业逐步完善自营进出口条件，促进三资企业发展，境内首批3家三资企业（新香塑料有艰公司、泛亚罐头食品有限公司、东安焊材有限公司）成立，当年完成出口额133.78万美元，成为出口创汇主要力量。1992年，招商引资得到重视，零陵地区在深圳市首次举办“零陵地区经技贸洽谈周”，首次利用外资4879.64万美元。同年，粮食流通体制改革，全面放开粮食购销市场。

1993年，由于对外经贸部恢复零陵地区对外经贸公司进出口经营权，地区外经委采取措施，组织地区各外贸公司积极挂靠地区对外经贸公司开展自营进出口业务。地区粮油食品出口公司、湘南工贸公司、省进出口公司零陵地区公司、地区轻工医对外经贸公司4家公司立即响应、积极参与。地区粮油食品出口公司挂靠零陵地区对外经贸公司出口105.5万美元，出口产品主要有活大猪、桔片罐头、柑桔等。省进出口总公司零陵地区公司挂靠零陵地区对外经贸公司出口100万美元，出口产品主要有金属硅、硅锰合金、山苍子油等。

1994年，零陵地委下发《关于零陵地直党政机关机构设置的通知》将地区商业局等10个局转为经济实体。零陵地区商业局被撤销，成建制组建零陵地区商业总公司，地区物资局正式转体为零陵地区物资产业集团总公司。

二

1995年初，根据零陵地区邻近粤港澳的区位优势和沿海发达地区资金、技术逐步内移的新形势，零陵地委、行署提出“建设大郊区，拓展大市场，发展大产业”战略构想，充分发挥零陵区位优势和资源优势，把零陵建设成为沿海大中城市农副产品供应基地，进而全方位接受沿海发达地区的辐射，以“大郊区”身份加入粤港澳经济大循环，进一步加速经济社会发展。是年，零陵地区与美国、日本、泰国、奥地利、澳大利亚以及中国港、澳、台等20多个国家和地区建立贸易和经济技术合作关系。外贸收购总值3.06亿元，利用外资合同金额6913万美元，实际到位外资2351万美元。南津渡水电站、南津渡大桥和宋家洲电站的兴建，均是利用外资进行基础设施建设的丰硕成果。境内三资企业发展到33家，完成出口额1463.48万美元，出口额比1991年增加10倍。全区完成国内生产总值94.82亿元，国内社会消费品零售总额43.77亿元（其中批发零售业40.95亿元，住宿餐饮业2.49亿元，其他 0.32 亿元）。经济综合实力排全省第 7 位。

1996 年，撤区建市。永州市委、市政府承袭原零陵地委、行署“三大”战略构想，继续以“大郊区”身份加入粤港澳经济大循环。整个“九五”（1996—2000 年）期间，永州市委、市政府根据中共十四届三中全会通过的《中共中央关于建立社会主义市场经济体制若干问题的决定》（以下简称《决定》）精神，对境内流通领域进行深度改革。

永州市粮食部门围绕粮改“三项政策、一项改革”（按保护价敞开收购农民余粮，粮食收储企业实行顺价销售粮食，粮食收购资金实行封闭运行和加快国有粮食企业自身改革），先后制定粮改纪律和国有粮食收储主、附营业务分离办法，确保国家粮源，对粮食实行保护价敞开收购。

市供销社系统实行农副产品、工业品集团经营，组建以市油脂油料公司为核心企业，以全市 9 个县及毗邻永兴县、洞口县等 12 个经营企业为成员单位的企业集团——湖南永州市山香集团有限公司。

中国石化永州分公司改革重组，按照中国石化公司重组上市改革部署要求，永州分公司实施“三分离”“五分开”（即主业与辅业分离、优良资产与不良资产分离、企业智能与社会职能分离，业务、资产、财务、机构、人员分开）整体重组改制，主业部分成立中国石油化工股份有限公司湖南石油分公司，当年实现分离上市，辅业部分沿用原名称成立湖南省石油总公司。

外贸系统由“放权”、“承包”进一步调整为“开放经营”，即“统一政策、放开经营、平等竞争、自负盈亏、工贸结合、推行代理制”。除极少数重要商品由指定外贸公司经营外，对外贸易领域全部取消指令性计划，企业真正成为市场经营的主体。

“九五”时期，国内贸易发展迅速：粮食收购从 1996 年 2.25 亿公斤增加到 2000 年 2.57 亿公斤，增长 14%；粮食销售从 1996 年 1.84 亿公斤增加到 2000 年 3.6 亿公斤，增长 2 倍；化肥销售从 1996 年 36.95 万吨增加到 2000 年 38.5 万吨，增长 4%；成品油销售从 1996 年 6.26 万吨增加到 2000 年 12.82 万吨，增长 2.05 倍，实现利税 574 万元，增长 2.5 倍；市场网点建设先后投入资金 4 亿元，新建、扩建、改造市场网点 150 个，新增建筑面积 126 万平方米，到 2000 年，全市各类市场 378 个，其中消费品综合市场 301 个，农产品市场 56 个，工业消费品市场 11 个，专业批发市场 10 个，总营业面积 77 万平方米，社会零售商业饮食服务网点突破 5 万个，集市贸易成交额 46 亿元，比 1996 年 32.2 亿元增长 43%；生猪定点屠宰从 1996 年 16.73 万头，收缴各种税费 810.69 万元增加到 2000 年 51.57 万头，实现税费 2514 万元，生猪定点屠宰增长 3.08 倍，上缴税费增长 3.11 倍 ；烤烟收购实现特产税4500万元，增值税2500万元；烟叶复烤加工完成出口140万美元；蔬菜种植面积131.68万亩，蔬菜加工产值最高点达到13.41亿元；社会消费品零售总额从1997年的48.65亿元增加到2000年的62.47亿元，平均每年递增5亿元。

“九五”时期，永州市对外贸易完成进出口总额4.02亿美元，贸易总量增长幅度是“八五”时期的10倍。三资企业从1996年33家猛增至2000年的338家，仅1999年三资企业就上交税金2300万元，成为永州经济发展的重要组成部分。招商引资得到市委、市政府格外关注和重视，参加和举办各类“招商会”“洽谈会”“交易会”10场次，签订项目合同288个，合同利用外资6.37亿美元。

2001—2003年，永州市商贸流通领域改革继续进行，根据市政府关于印发《永州市市直国有工交企业置换职工身份实施细则（试行）的通知》和《永州市市直国有工交企业国有产权转让实施细则（试行）的通知》精神，全市流通领域企业改制全面推进，市外经贸局对市直外贸企业改制分两批进行，此期间仅对第一批有较多资产的“市对外经济贸易土畜产品公司”、“湖南外运永州市公司”、“市粮油食品进出口公司”进行改制，3个公司共置换身份304人。市粮食局对市直10个粮食企业实行一步到位，身份置换1787人。市供销社9个直属企业全部撤销，企业所有职工（796人）与企业解除劳动关系。全市供销系统140个企业，置换职工身份人员1.4万人，企业改革面达100%，置换职工身份人员占全市供销系统总人数的90%。市直商业企业职工2635人，其中置换身份1936人，离退休职工699人，改制总成本2.70亿元。这些改制企业改制结束后，除优化重组企业外，所有改制企业原有产权全部移交市经济建设投资公司管理。

经过不断深入改革，境内企事业单位甩掉包袱，轻装上阵以图新的发展。境内粮食企业在全市范围开发优质稻种植基地，收购“订单粮食”，仅2003年就开发优质稻种植基地32万亩，收购“订单粮食”4.98亿公斤，3年销售粮食14.99亿公斤。2001年，供销社系统供应全市各种化学肥料21.02万吨，商品销售走出持续亏损低俗，实现历史性突破，销售额达8.3亿元，扭亏为盈84万元，实现11个县（区）供销社全部扭亏为盈。中国石油化工股份有限公司永州市分公司3年销售成品油45万吨；湖南盐业集团有限责任公司永州分公司3年共销售各类食盐8万吨，且3年购销数量较平稳。2002年，特种行业兴起，全市拍卖行共举行拍卖会54场，拍卖成交额4335万元。生猪定点屠宰2002年达54.2万头，上缴税费2779.6万元，其中税收1473万元，县及县级以上城区生猪进场点率屠宰98%。2003年，境内烤烟产区各级党委、政府和有关部门按照市委、市政府提出的烤烟“248”工作目标，抓科技兴烟和扶持政策，发展“订单烤烟”，建立多形式烤烟基地，年收购烤烟33万担，比2002年30.8万担增长7%。完成特产税3500万元，比2002年3100万元增长 13%。蔬菜产业保持持续、快速增长势头，2003 年，全市蔬菜种植面积 182 万亩，蔬菜产量 36.4 亿公斤，外销 9.3 亿公斤，蔬菜加工产值达 16 亿元。社会消费品零售总额从 2001 年 68.72 亿元增加到 2003 年 79.34 亿元。

对外贸易因受 1998 年亚洲金融风暴影响，贸易总量呈下滑趋势，2001 到 2003 年 3 年外贸进出口总量之和 1.81 亿美元，比 1996 和 1998 年 2 年外贸总量之和 2.35 亿美元还少 0.54 亿美元。这一阶段最显著的特点是进口贸易大于出口贸易（长丰集团汽车零配件进口数额大），国营企业所占份额 85%—90%，民营企业处于萌芽状态，仅占份额 1%—3%，三资企业占份额 10%左右，国营企业仍占主导地位。

三

2004 年，市委、市政府对境内流通体制进行重大改革，印发《永州市人民政府机构改革方案实施意见》的通知，将原永州市对外贸易经济合作局和原内贸工作领导小组办公室合并，成立永州市商务局（加挂永州市招商合作局牌子）。原永州市对外贸易经济合作局职能保持不变，原内贸工作领导小组办公室管辖的金融证券管理、烤烟生产加工和蔬菜种植保障职能移交政府其他部门管理。商务局主要行使全市商品流通管理，境外技术合作和境外投资管理，对接东盟，发展内外贸易，市场建设改造，组织、协调市委、市政府招商引资等职能。商务局成立后，对各项具体工作进行大胆改革创新。

2004—2007 年，全市粮食系统充分发挥粮食经纪人作用，收购优质订单粮 27.05 亿公斤，销售 26.5 亿公斤。供销社系统完成商品购销总额 54.5 亿元。永州盐业分公司购进和销售各类盐均保持在 2~2.5 万吨之间。成品油销售增速快，仅 2006 年完成销量 20.12 万吨，是 1996 年销量的 3.2 倍。

2005 年 10 月永州市烹饪协会成立，餐饮业成为永州国内贸易重要组成部分。2006 年，冷水滩区举办“首届永州（国际）美食文化节·旅游商品交易活动”，来自北京、新疆、青海等全国各省市自治区 300 多商家参加活动，汇聚商品 1300 余种，其中名优特小吃食品 318 种，活动成交量过亿元人民币。永州市境内拍卖行发展到 12 家，拥有注册拍卖师 27 人，其中 2004 年举办拍卖会 241 场，拍卖成交总额达 9.45 亿元人民币。

2004 年，外贸部颁布新《中华人民共和国对外贸易法》，外贸经营权范围空间扩大至所有企业和个人，迎来对外贸易完全自由化，企业和个人积极性空前高涨，全市对外贸易一扫 2001—2003 年的下滑趋势，止跌为升，外贸总量快速提升至 1.46 亿美元。2005 年，刚刚兴起的永州市对外贸易，由于境内长丰集团总部搬迁至省城长沙，贸易业绩随迁长沙，导致永州市汽车零部件进口量急剧减少，使得永州市 2005、2006 两年进出口总量减少至 6615 万美元和 7193 万美元，比 2004 年分别下降 54.6%和 49.9%。2007 年，省委、省政府作出“敞开南大门，对接粤港澳”战略部署，永州市充分利用区位优势，对外贸易重回高速发展轨道，全市完成进出口总额 1.68 亿美元，居全省第 11 位，同比增长 133.18%，高全省平均增幅 101.38 个百分点。这一时期，永州市境内民营企业崭露头角，涌现出科力尔电机、百草制药、翊翔机电、恒惠食品、天龙米业、果秀食品、熙可食品、都成罐头食品等一大批民营骨干企业，境内民营企业对外贸易份额占比高达 83.67%，三资企业对外贸易份额占比 15.79%，而国营企业对外贸易份额占比仅 0.54%。“国退民进”，三资企业和外商独资企业所占比例也逐步减少，民营企业不断崛起，无论在企业数量和进出口总量上都开始占居主导地位，出口贸易大于进口贸易。

2004 年，永州市对外技术合作和境外投资起步，2004—2007 年，永州市对外技术合作输出劳务 1788 人（其中 2006 年完成永州市营业额 172 万美元）。2005 年，宁远九嶷山冶炼厂与泰国娃络龙有限公司合资在泰国投资建设中泰三金有色金属有限责任公司，成为永州市获批的第一家境外投资企业，该公司投资总额 1000 万美元，其中中方投资额 720 万美元。

2005 年 12 月，招商引资方式由过去单纯的“走出去”模式发展到“请进来”的大胆尝试，在本土举办“2005 年永州市房地产交易暨城建商贸投资洽谈会”，会上永州市发布项目 100 个，总投资 110 亿元。

2008 年 4 月 16 日，商务部《关于确定第二批加工贸易梯度转移重点承接地的决定》，确定永州市为第二批加工贸易梯度转移重点承接地，并予授牌。省政府出台《关于积极承接产业转移促进加工贸易发展的意见》，同年 5 月 28 日，省委副书记、省长周强在永州市工作情况汇报会上讲话指出：当前，我们在发展上面临难得的历史机遇，最大的机遇就是全球范围内的产业转移和沿海地区的产业转移趋势非常明显，这个机遇，我估计也就三年时间，稍纵即逝，机遇难得，挑战空前，关键是能不能做好承接产业转移这篇文章。希望永州市建设成为湖南省承接产业转移的示范基地，成为全省对外开放的排头兵。根据商务部《决定》、省政府《意见》和周强省长讲话精神，市委于 8 月 20 日召开三届四次全会，全会审议通过《关于推进承接产业转移工作的决定》。8 月 26 日，永州市人大常委会召开永州市第三届人民代表大会常务委员会第十二次会议通过市委《决定》。11 月 7 日，市政府出台《关于加快承接产业转移大力发展加工贸易的实施意见》，从“明确目标任务、合理规划布局、加大政策扶持、优化承接环境、强化组织领导”5 个方面进行具体实施。2008 到 2010 年，全市承接产业转移项目 895 个，实际到位外资 10.6 亿美元，是“十五”时期 3.1 倍；实际到位内资 524 亿元人民币，是“十五”时期 4.4 倍。

发展加工贸易是永州市“十一五”后3年经济工作重点。期间，永州市着力构筑“一县一品牌、一园（区）一特色”的产业发展格局，以蓝山县为重点，以蓝宁道加工贸易走廊为龙头的南部，重点发展劳动密集型加工贸易产业。其中蓝山县重点发展针织服装、制鞋、钢铁铸件等产业。宁远县重点发展玩具、电子通讯、新型建材等产业。道县重点发展制鞋、电子五金模具、机械制造等产业。新田县重点发展化工等产业。江永县重点发展农副产品深加工等产业。江华瑶族自治县重点发展纸业、矿产品开发等产业。以凤凰园经济开发区为核心的北部，重点发展资本密集型、技术密集型和高新技术产业。其中凤凰园经济开发区重点发展食品罐头、汽车及零部件、IT电子等产业。冷水滩区重点发展铜制品、铝产品精加工等产业。零陵区重点发展生物制药等产业。祁阳县重点发展机电制造、矿产资源及农林产品深加工等产业。东安县重点发展小五金、轻工等产业。双牌县重点发展林产品深加工等产业。到2009年，全市加工贸易进出口完成总额3052万美元，在全省排名第7位。形成加工贸易规模企业42家，新增劳动用工10万人。“蓝宁道新加工贸易走廊”初步成型，新扩园区面积10.7平方公里、新建标准厂房72.5万平方米，加工贸易进出口总额1508.6万美元、占全市加工贸易进出口总额3052万美元的57.5%。

2008年上半年，严重的冰雪灾害给永州外贸以沉重打击，外贸系统厂房、仓库大面积垮塌（总计超过13万平方米），机械设备损毁600多台套，1.8万吨待交货的出口产品报废，3万多亩出口农产品基地被毁，损失数千万美元。下半年全球金融危机更是给出口环境造成十分不利影响，危机一直蔓延到2009年甚至2010年上半年，导致永州市对外贸易受到严重冲击，贸易总量一直在1亿美元左右徘徊，下降幅度明显。特别是2009年，完成出口额9117万美元，比2007年下降46%，全省排位从2007年的11位掉到12位。

2008到2010年，永州市把对接东盟当作经济发展新的重要战略，对接工作一直走在全省前列。3年间，全市对东盟进出口贸易总量从2008年582万美元，增长到2010年1044万美元，翻了一倍。境外投资企业发展到9家，对外投资908万美元。

2008年，境内口岸平台建设起步，省政府《关于同意开放永州公路口岸的批复》，同意开放永州公路口岸。永州公路口岸具备海关、检验检疫、银行、税务、保险、外汇管理、货运、运输等检查检验和服务功能，形成“一站式”、“一条龙”服务的快速大通关平台，极大便宜永州境内商贸流通。

2010年，永州市餐饮行业获批四星级酒店3家，三星级酒店18家。

2008—2010年，“万村千乡市场工程”标准化农家店建设由永州家家福超市有限公司、邵东仟家连锁有限公司、永州建都超市有限公司等15家企业承办。2010

年，经验收合格取得国家财政补贴资金农家店2130家，其中日用品店1292家，农资店838家；乡级店230家，村级店1900家。截至2009年底，全市189个乡镇、5075个行政村，“万村千乡市场工程”标准化农家店建设乡镇覆盖率100%，行政村覆盖率89%。全市15家承办企业销售额总计达5亿余元，农家店新增销售额总计3亿余元，新增营业面积1.51万平方米。

粮食购销继续保持与广东省、广西壮族自治区客户长期购销合作关系，拓展与海南、云南等省产销衔接，组织粮油企业6次参加全国性粮食产销衔接和粮食展销会，推介永州粮食，外销名优粮油产品。

供销社系统紧密围绕服务“三农”中心工作，全面贯彻落实国务院《关于加快供销合作社改革发展的若干意见》和省政府《关于加快供销合作社改革发展的实施意见》精神，一手抓改革，一手抓为农服务，供应各种化学肥料231.12万吨；完成商品销售总额26.49亿元，其中农资销售收入14.56亿元，社办工业企业产品销售额3.43亿元，实现利润总额1934.9万元，上缴国家税费1125.7万元。

中国石化永州分公司完成销售各类成品油29.89万吨；中国石油永州分公司完成销售各类成品油5.6万吨。

2010年，永州市社会消费品零售总额实现242.4亿元，是1995年的5.54倍，增幅排全省第3位。其中批发零售业214.77亿元，住宿餐饮业27.64亿元，其他0.71亿元。

2011—2014年，永州市对外贸易上高速进入快车道，年贸易总量不再在1亿美元左右徘徊，实现连续4年大跃进。2011年，完成对外贸易总量1.92亿美元，2012年2.9亿美元，2013年，外贸总量翻番，跃升至4.5亿美元，完成省定任务134.21%，完成市定任务121.51%。总量排名全省第11位，高出全省平均增幅40.48个百分点，增幅居全省第1位。2014年，永州市对外贸易总量再翻一番，实现进出口总量9.37亿美元，外贸总量排名由2013年全省排名第11位跃升至第7位，增幅排名继续保持全省第1位，进出口总量首次进入全省外贸进出口第二方阵。境内8个县区实现外贸倍增，冷水滩区、祁阳县外贸总量突破2亿美元，蓝山县突破1亿美元。全市有进出口实绩企业93家，34家外贸企业实现“破零”，14家企业实现倍增。“破零”企业中，凯盛鞋业外贸进出口突破1亿美元，鼎鑫进出口、福嘉有色、宁远蓝海化纤、道县原地正禾和胜进服饰等新增实绩企业贸易额较大，成为永州市外贸新的增长点。全市进出口额1000万美元以上企业21家，占全市贸易份额85.9%；5000万美元以上企业3家，分别是耀恒星、凯盛、湘威，占全市贸易份额40.85%。

2011年10月，永州市获批湘南承接产业转移示范区，境内蓝山县、道县升级为重点县。全市电子信息、先进装备制造、生物医药等技术密集型加工贸易项目占到总引进项目 30%，制鞋、轻纺、服饰等产业不断发展壮大，产业链逐步完善。2012 年，蓝宁道新加工贸易走廊形成以毛织、服装、鞋材、玩具为重点的新型加工贸易走廊，被省政府认定为省级承接产业转移特色基地，4 县新增财政税收 80%来自于承接产业转移，60%固定资产投资和 80%新增就业由承接产业转移企业贡献。蓝山县毛织企业近千家，是继广东省东莞、浙江省桐乡后全国第三大毛织基地。其中承阳毛织是全省 20 家重点加工贸易企业之一，也是永州市 2 家省级重点加工贸易企业之一。2014 年，全市实现加工贸易进出口总额 5. 3 亿美元，占全市外贸进出口总额 56%，增幅高出全省平均增幅 133. 9 个百分点，创历史新高。这一时期，全市实现加工贸易进出口总额 9. 51 亿美元，是“十一五”时期的 6 倍。加工贸易成为永州市经济增长最大亮点。

2012 年，永州市政府决定建设永州（内陆）港，将广东湛江港口功能延伸到永州，把洛湛铁路打造成湛江港和湖南省之间一条物流黄金通道。2014 年，按照永州市政府 2014 年第 35 次市政府常务会研究决定重新启动永州（内陆）港项目选址。口岸办与广州铁路（集团）公司衔接，确定永州东货运站搬迁至冷水滩区马坪经济开发区。同年，永州出入境检验检疫办事组在原有工作职能基础上增加行政许可受理、报检、签证、检验监管等职能，实现到衡阳才能办结事项在永州亦能办结，标志永州市出入境检验检疫机构建设进入新的发展阶段。是年，湖南出入境检验检疫局永州办事处，检验检疫出入境货物 5481 批，货值 2. 12 亿美元。其中，完成出境货检 4420 批，1. 29 亿美元；入境货检 1061 批，9290. 6 万美元；完成包装检验 181 批，4880 万件；签发各类原产地证书 927 份，签证金额 3343 万美元，为企业减免关税 167 万美元。

2011 年，永州市祁阳金桥冶炼有限公司在马来西亚设立企业从事矿产资源开发，完成网上申报程序，境外合同投资额 2000 万美元，是永州市第一个上千万美元境外投资项目。同年，马来西亚隆基马中和永州市一揽子项目合作启动，市政府与马来西亚隆基马中国际集团公司签订《马来西亚隆基马中国际集团公司与中国永州市人民政府合作协议书》。2012 年，在东盟博览会上，永州市佳鑫铸造、恒远发电、大自然制药、重庆啤酒 4 家公司分别和越南永聚、越南安沛电力、马来西亚康幸、昆明华辉公司开展技术合作并签订进出口合同，合同金额 2118 万美元。

2011 年 10 月，第八届中国—东盟博览会期间，永州市在南宁市举办当年最大招商活动即“中国永州—东盟商务投资推介会和东盟各国政商名流来永州考察活动”。东盟 10 国代表及 20 余家国内外知名媒体 400 余人参加活动。签约 25 个项目，其中外经外贸项目 7 个，进出口金额 1. 1 亿美元，招商引资项目 18 个，其中外资项目8个，总投资15.6亿美元，内资项目10个，总投资38.4亿元人民币。永州已与东盟6个国家建立经贸往来关系，东盟已成为永州仅次于北美、欧盟和中东的第四大贸易伙伴。

2011到2015年，永州市签约招商引资项目268个。其中外资项目46个，利用外资25.4亿美元；内资项目222个，引进内资1278.1亿元人民币。2011年，永州市被中国上市公司企业联合会、中国城市发展研究院分别评为“中国最佳投资环境城市”和“中国最具幸福感城市”。

万村千乡市场工程在2010年基础上进一步完善，截至2013年，永州市建设验收合格取得国家财政补贴资金农家店4240家，其中日用品店2640家，农资店1600家；乡级店526家，村级店3714家。全市建配送中心15家，其中日用品配送中心10家，农资配送中心5家，15个配送中心项目总投资1.38亿元人民币，新增营业面积3.88万平方米，解决就业人数603人。

家电下乡工作始于2008年12月，终于2012年11月30日（拉动内销阶段性工作），4年间，永州市设家电下乡销售网点755家，销售各类家电产品114.61万台（部），完成销售额25.75亿元，发放补贴资金2.96亿元，销售占比名列全省第8位。

四

2015年，永州市委、市政府为进一步规范机构设置，加大机构和职责整合力度，理顺职责关系，加快形成精干高效市政府组织体系，推进大部门制改革，印发《永州市人民政府职能转变和机构改革方案的实施意见的通知》（以下简称《通知》），根据《通知》精神，组建市商务和粮食局。将市商务局承担的除生猪定点屠宰监督管理职责和酒类食品安全监督管理职责以外的职责、市粮食局的职责整合，组建市商务和粮食局，为市政府工作部门。将市商业事务办公室、市物资事务办公室承担的国有资产管理和行业管理职责划入市商务和粮食局。全市大部门制改革完成后，为贯彻落实《中共湖南省委关于大力实施创新引领开放崛起战略的若干意见》，2017年，永州市委、市政府制订《关于实施开放崛起战略建设开放强市的实施意见》，提出“打造创新开放新高地、建设品质活力新永州”工作目标。

2015—2018年，永州市粮食系统根据国家发改委等6部门公布的稻谷最低收购价格，全市粮食企业连续4年启动最低收购价执行预案，每年收购粮食在10亿公斤上下浮动。

2015年，永州市电子商务业成为全国首个辖区内整体推进阿里农村淘宝项目和农产品防伪溯源体系建设地级市。全市11个县（区）与阿里巴巴（中国）软件有限公司、杭州甲骨文科技有限公司分别签订《农村电子商务合作协议》《农产品防伪溯源体系项目合作协作书》，建成阿里村淘县级服务中心 11 个、首批村级服务点 800 家。江永县成功申报国家级电子商务进农村示范县，湖南恒惠食品有限公司成功申报 2015 年度湖南省电子商务示范企业。全市电商电子商务交易额 56. 1 亿元，网络零售额 6. 3 亿元。2016 年，江华、祁阳、宁远等县先后被国家评定为电子商务进农村示范县。

2018 年，永州市电商扶贫打造出“印象九嶷”、“回峰柑桔”、“双牌虎爪姜”、“东安鸡”、“祁阳油茶”、“道县脐橙”等地域品牌及“瑶珍生态米”、“万家鹅业”、“舜皇山土猪”等电商扶贫特色农产品品牌，扶贫经验被国务院扶贫办选为全国电商扶贫典型案例。全市有 4. 6 万名贫困群众从事电商行业，4. 8 万名贫困群众通过电商实现脱贫。全市电子商务交易额从 2015 年 56. 1 亿元增加到 2018 年 400 亿元。

市场体系建设截至 2018 年 12 月，全市有农贸市场 462 个，其中中心城区农贸市场 40 个，县区及乡镇农贸市场 422 个。全市标准化农贸市场共有 124 个，其中中心城区标准化农贸市场 29 个（冷水滩区 11 个，零陵区 16 个，永州经开区 2 个）。

中国石化、中国石油永州分公司响应和配合永州市委、市政府《关于实施开放崛起战略建设开放强市的实施意见》，2016—2018 年，销售成品油 132. 54 万吨，其中汽油 75. 46 万吨、柴油 57. 08 万吨，销售额 100. 02 亿元（不含税）。

2018 年，永州市完成社会消费品零售总额 719. 54 亿元，比 2015 年增长 27%。其中城镇消费品零售额 597. 79 亿元，乡村消费品零售额 121. 74 亿元；零售业完成 541. 16 亿元，批发业完成 86. 14 亿元，住宿业完成 26. 47 亿元，餐饮业完成 65. 75 亿元。

对外贸易实现赶超式跨越发展，贸易总量一路飚升，2016 年永州市对外贸易完成总额 10. 22 亿美元，2017 年 13. 57 亿美元，2018 年 19. 5 亿美元。1996—2018 年，永州市对外贸易发生从进口导向型到出口导向型，从以贸易流通为主到以实体生产企业为主的根本性转变，同时显现外贸总量、外贸质量量质齐升和外贸结构从单一到多元的巨大变化。对外贸易总量从 2000 年 3319 万美元上升到 2018 年 19. 5 亿美元，增长 58. 75 倍；全市有进出口实绩企业由 2000 年 14 家增加到 2018 年 197 家，增长 14. 1 倍；贸易伙伴从 2000 年 17 个增加到 2018 年 187 个，增长 11 倍。

加工贸易是永州市经济发展的未来，十三五期间，永州市委、市政府先后出台《“蓝宁道新江加工贸易走廊”建设规划》《永州市关于促进加工贸易创新发展的实施方案》，为加工贸易走廊发展和促进全市加工贸易创新发展指明方向。2015—2018 年，全市加工贸易完成进出口总量连续 4 年排全省第 4 位，有进出口实绩加工贸易企业发展到 30 家。

2018年，在2017年创新“小分队招商”、“商会招商”基础上又发展出“精英式专业招商”、“产业专业组招商”、“委托招商”、“点对点招商”等新模式。签约项目62个，总投资金额297.5亿元。2015—2018年，全市引进签订正式合同500强企业项目28个，其中引进世界500强企业投资项目9个，中国500强企业投资项目17个，中国民营500强企业投资项目2个，湖南省认定500强企业投资项目26个，全省排名第2位。

1996—2018年，永州市商贸流通领域在改革开放进程中全方位取得辉煌成就，为实现全市开放型经济跨越式发展，2017年，永州市发展开放型经济领导小组制定《永州市“融入新丝路、拓展大合作”》《永州市“走进500强、链接大产业”》《永州市“依托大永商、推进大招商”》《永州市“构筑大通关、提升大平台”》《永州市“对接北上广、优化大环境”》五大行动方案。全市商贸流通领域广大职工撸起袖子加油干，正按照“创新、协调、绿色、开放、共享”发展理念，沿着“五大行动方案”指明的方向奋勇前行。

大事记

1995 年

4 月 15 日 零陵地区招商局成立，系全额拨款处级事业单位。

7 月 18—24 日 零陵地区首次在深圳市芙蓉宾馆举办“95（深圳）招商周活动”。签订利用外资项目合同 47 个，总投资 1.3 亿美元。

7 月 24 日 零陵地区行政公署下文赵宏斌任零陵地区招商局局长（兼）。

10 月 蒋新华任零陵地区粮食局党组书记、局长。

11 月 21 日 国务院批准，撤销原零陵地区，设立地级永州市。

1996 年

9 月 永州市在深圳市首次举办大型招商活动，签订外资项目合同 52 个，总投资 1.33 亿美元。

11 月 21 日 市粮食局《关于全市粮食企业实行全员劳动合同制有关问题的意见》规定，全市国有粮食企业，1997 年 3 月底以前，全面实行全员劳动合同制。

12 月 湖南省稻米加工转化和粮油工业发展研讨会在冷水滩召开。省粮食局局长李先聪、省粮食经济科技学会会长郭盛华出席会议。

12 月 湖南冷水滩虎岩国家粮食储备库“香穗牌”早籼米被评为“湖南名牌产品”，实现湖南大米名牌产品零突破。

1997 年

2 月 26—28 日 国际商报、湖南日报、湖南电视台、湖南对外经贸时报、湖南广播电视台采访组一行 10 人到永州市采访外经外贸工作。

3 月 湖南省冷水滩面粉厂组建小型股份合作公司 14 个，分流职工 135 人。

7 月 3 日 永州市第一届人民代表大会常务委员会第十次会议通过，任命赵宏斌为永州市对外贸易经济合作委员会主任。

9月2—5日 第六届“湘交会”在湖南国际展览中心举行，永州市320人参会参展，120个招商项目和68种展品参展引起来自20多个国家和地区客商关注。

12月22日 中共永州市粮食局机关委员会成立。

12月25日 永州市外商投资企业协会成立暨第一届会员代表大会在冷水滩丰园宾馆举行。

1998年

3月31日 永州市粮食局在冷水滩区翠竹路新建粮食批发市场。

5月18日 湖南南华大酒店有限公司开业。由永州市华联粮贸有限公司和香港惠联投资有限公司合资经营，总投资（股本）1.48亿元，蒋新华任董事长，何谋云（港方）任副董事长兼总经理。

6月 省委书记王茂林到湖南冷水滩面粉厂考察，对该厂下岗分流、减员增效给予高度评价。

1999年

5月 市粮食局组织16人，省粮食局派人监督，对1992年停止流通的库存粮票进行全部销毁。

同月 市粮食局组织湖南冷水滩面粉厂等6家企业参加大连全国首届粮油精品展销会，“湘君牌”面粉获“中国粮食行业协会推荐产品奖”。

6月 市粮食局组织粮食行业48个名、优、特、新产品到广州参加粮油交易会，“湘君牌”特一粉等5个产品获3个金奖、2个银奖。

11月18日 湖南省首届“农博会”在长沙开幕。永州市有4大类别262个名优特新产品参展，获金奖产品2个，银奖产品4个。

2000年

2月 市粮食局对早籼稻、小麦、玉米自新粮上市起，执行退出保护价收购。

7月 市粮食局机关从芝山区中山南路24号搬迁至冷水滩区翠竹路93号。

同月 海关总署批准，永州市成立衡阳海关驻永州监管组。

9月1日 市粮食局设立粮食批发市场服务中心。

10月 湖南省冷水滩面粉厂湘君系列面粉荣获“湖南省名牌产品”。

2001年

2月 市粮食局执行国家1999年公布的新粮食质量标准。

3月 市粮油批发市场服务中心成立。组织首届粮食竞价拍卖，省内外50家企业参加竞价交易，交易粮食0.5亿公斤。

7月8—10日 永州市第九届投资贸易洽谈会在深圳迎宾馆召开，全市组织13个分团200人参加招商会。

7月 湖南冷水滩虎岩国家粮食储备库为永州中央储备粮代储中心库。

9月 刘锦坤任永州市粮食局党组书记、局长。

11月 芝山区（今零陵区）五里堆3500万公斤国家储备粮库项目破土动工。

2002年

2月 市委、市政府及市国有企业改革领导小组统一部署，国有外贸企业改革启动，永州市对外贸易经济合作局党组研究决定成立永州市国有外贸企业改革领导小组，史一民任组长。

4月24日 市政府下发《关于进一步深化粮食购销体制改革的通知》，4月1日起，永州市粮食购销价格和市场全部放开，粮食收购价格随行就市，粮食企业自主收购、自主经营、自负盈亏。

6月3日 市民政局批复同意成立永州市粮食行业协会。

9月24日 市粮食行业协会成立暨市粮食经济科技学会第四届理事会换届选举大会在南华大酒店有限公司举行。刘锦坤当选市粮食行业协会会长，龙遗俊当选市粮食经济科技学会会长。

12月 永州市国企改革领导小组办公室批复，市粮食局10家直属企业内部改革实施方案。

2003年

4月 湖南省天龙米业有限公司“天龙牌”大米被中国粮食行业协会评为“放心米”。

7月 永州市粮食系统，1.16万人参与粮食购销体制改革改制，实施身份置换和退休安置。

2004年

1月13日 市政府下发《关于同意关闭粮食局劳动服务中心的批复》，永州市粮食局劳动服务中心关闭。

6月 永州市国有粮食企业改制工作结束。新组建3家粮食购销股份公司（市直1家、县区2家）。

12月 市粮食局机关被湖南省绿化委员会授予“园林式单位”。

同月 市粮食局获湖南省粮食工作目标管理特等奖。

同月 市委、市政府关于印发《永州市人民政府机构改革方案实施意见的通知》，原永州市对外贸易经济合作局和原永州市内贸领导小组办公室合并，成立永州市商务局（加挂永州市招商合作局牌子）。

2005年

1月15日 永州市第二届人民代表大会常务委员会第三十一次会议通过，任命钱国平为永州市商务局局长。

5月 中国粮食行业协会会长白美清到永州市调研粮食流通体制改革和粮食企业改制。

7月1日 市粮食局与冷水滩区政府签订“市粮食干部中等专业学校整体移交冷水滩区政府管理”协议书。

9月8日 永州虎岩国家粮食储备库上收为中央储备粮湖南分公司永州直属库。

10月19—22日 第二届中国——东盟博览会在广西南宁举行，永州市首次派出32人组成代表团参会参展。

12月 市粮食行业协会秘书长吴国侠被授予“2004—2005年度全国粮食行业协会先进工作者”。

2006年

3月7日 永州市第一家湖南省外派劳务技能培训基地在祁阳县挂牌成立。

3月9日 市粮食局局长刘锦坤被国家人事部、国家粮食局评为“全国粮食系统先进工作者”，道县金穗粮油贸易有限公司被评为“全国粮食系统先进集体”。

4月17日 永州市外商投资企业协会理事会在南华大酒店召开，188家外商投资企业代表参加会议。

11月 湖南永州下河国家粮食储备库主任廖大富被中国粮食行业协会评为“第四届全国粮食行业优秀创业企业家”。

同月 湖南金浩植物油有限公司生产的金浩牌茶籽油获“全国粮油知名品牌”。

2007年

2月12日 2007首届“永州轿子”——招商引资座谈会在冷水滩举行。

3月 欧道明任永州市粮食局局长、党组书记。

4月 中国粮食行业协会授予永州市粮食行业协会、湖南金浩植物油有限公司、湖南省天龙米业有限公司为“全国放心粮油进农村、进社区先进单位”称号。

5月21日 省委、省政府在郴州召开衡阳、郴州、永州三市市委书记、市长座谈会，研究部署进一步扩大开放，敞开南大门，对接粤港澳，加快推进湘南大开发。

7月25日 湖南省“万村千乡市场工程”工作座谈会在永州召开。省商务厅厅长毛叙保到会作重要讲话。

10月 “天龙牌”、“银光牌”大米被国家质量监督检验检疫总局授予“中国名牌”产品，实现永州“中国名牌”产品零突破。

12月 永州市稻米质量安全科研课题“无公害稻米种植、储藏、加工技术研究与应用”被国家科技部列入国家星火科技计划项目。

2008年

2月21日 国家粮食局发展司司长何毅、省粮食局副局长皮祖玉，到永州市调研指导粮食企业抗冰救灾补损工作。

4月16日 商务部关于《确定第二批加工贸易梯度转移重点承接地的决定》，认定湖南省永州市为第二批加工贸易梯度转移重点承接地，并予授牌。

5月28日 省委副书记、省长周强在永州市工作情况汇报会上讲话指出：当前，我们在发展上面临难得的历史机遇，最大的机遇就是全球范围内的产业转移和沿海地区的产业转移趋势非常明显，这个机遇，我估计也就三年时间，稍纵即逝，机遇难得，挑战空前，关键是能不能做好承接产业转移这篇文章。希望永州市建设成为湖南省承接产业转移的示范基地，成为全省对外开放的排头兵。

7月21日 商务部蒋耀平副部长到永州考察承接产业转移发展加工贸易工作。考察中蒋副部长明确指出：永州要进一步充分利用毗邻两广、靠近港澳的区位优势，抢抓机遇，充分发挥区位优势，科学规划、合理布局，破解交通瓶颈和用地、融资等承接工作中遇到的难题，积极承接产业转移，大力发展加工贸易，致力将永州建设成为湖南省承接沿海产业转移的示范基地。

8月20日 永州市委召开三届四次全会，审议通过《关于推进承接产业转移工作的决定》。

9月9日 广东（东莞）湖南商会与永州市政府签订《战略合作框架协议书》。

同日 凤凰园经济开发区及“蓝宁道”加工贸易走廊招商推介会在厦门亚洲海湾国际大酒店举行。300名中外客商出席推介会，与24家协会签定战略合作框架协议。

9月26日 衡阳海关驻永州监管组扩权后在冷水滩举行揭牌仪式，对外开办海关业务。

11月9日 湖南省承接产业转移发展加工贸易座谈会在永州市召开。

11月17日 省政府《关于同意开放永州公路口岸的批复》，同意开放永州公路口岸。

11月24日 市政府办公室《关于成立蓝宁道加工贸易建设工作办公室的通知》，成立蓝宁道加工贸易建设工作办公室，市商务局副局长李燕军任办公室主任。

2009年

3月 永州市粮油质量检测中心成立，撤销永州市军粮供应处。

5月 湖南金浩茶油股份公司“金浩牌”茶籽油被国家工商总局认定为“中国驰名商标”。

5月16日 永州市粮油批发大市场第二期工程开工。

同月 湖南永州下河国家粮食储备库被批准为郑州期货商品交易所早籼稻期货交割库。

7月 永州海关机构大楼立项获批，整体预算总投资6500万元。

8月 宁远县、道县、蓝山县被湖南省列为承接加工贸易产业转移试点县。

11月27日 市商务局举办“永州市09年家电消费节”，发放面值100元家电补贴券10000张，促使家电消费2000万元。

12月 永州市粮食局获“全国粮食流通监督检查工作先进单位”称号。

2010年

1月 湖南永州下河国家粮食储备库扩建1亿公斤仓储、道县金穗公司5000万公斤骨干粮库及扩建项目，获国家发展和改革委员会项目资金补贴1000万元。

同月 湖南银光粮油股份有限公司“银光牌”、湖南省天龙米业有限公司“天龙牌”被国家工商行政管理总局授予“中国驰名商标”称号。

同月 湖南金浩茶油股份公司被国家农业部、国家发展和改革委员会等8部委认定为“国家级农业产业化龙头企业”。

5月 永州市委同意，李燕军任市口岸办主任（正处级）。

6月2日 市政府办公室将蓝宁道加工贸易建设工作办公室更名为永州市蓝宁道新加工贸易走廊建设工作办公室。

5月19日 市政府出台《关于扶持和鼓励扩大对外贸易的意见》，建立市级外贸发展基金，市财政每年拿出100万元支持全市外贸发展。

2011年

2月18—27日 永州市经贸投资考察团一行9人赴马来西亚、文莱、印度尼西亚等东盟三国考察。

2月22日 市政府与马来西亚隆基马中国际集团公司正式签订《马来西亚隆基马中国际集团公司与中国永州市人民政府项目建设合作协议书》。

6月23日 市委常委会议和市政府第79次常务会议决定，永州市人民政府驻深圳办事处变更隶属关系，归口永州市商务局管理。

9月20日 永州市餐饮行业协会成立。

同月 零陵宾馆总经理谢德义被省商务厅、省餐饮行业协会授予“湖南餐饮业从业50周年终身成就奖”，省政府、省餐饮行业协会授予谢德义“中国湘菜大师”。

9月24日 永州海关大楼在冷水滩区育才路与翠竹路交叉口西南角举行开工典礼。

10月6日 国家发改委批准湖南省湘南地区为国家级承接产业转移示范区，是继安徽皖江城市带、广西桂东、重庆沿江后第4个国家级承接产业转移示范区，也是湖南省继长株潭城市群“两型社会”综合配套改革试验区之后第二个纳入国家层面的区域规划。

10月20日 中国永州——东盟商务投资推介会暨项目签约仪式在广西南宁举行。会上，全市与客商签约项目25个，其中外经外贸项目7个、进出口总额1.1亿美元；招商引资项目18个，包括外资项目8个、总投资15.6亿美元，内资项目10个、总投资38.4亿元人民币。期间包专机邀请东盟10国代表专程到永州考察。

11月 蒋孔吉被国务院扶贫开发领导小组评为“全国扶贫开发先进个人”。

12月 湖南省总工会批准，同意蒋孔吉纳入省级劳模管理，享受省级劳模待遇。

2012年

3月29日 永州市第四届人民代表大会常务委员会第二次会议通过，任命翟方奇为市商务局局长；李旦梅为市粮食局局长。

4月19—23日 国务院扶贫开发办扶贫开发功臣摄制组专程到永州拍摄《蒋孔吉》专题片。

5月18日 2012永州（长沙）蓝宁道新加工贸易走廊专题招商推介会暨项目签约仪式在湖南宾馆举行。

6 月 8 日 省委、省政府出台《关于推进湘南承接产业转移示范区建设的若干意见》。

7 月 8 日 海关总署下发《关于调整衡阳海关驻永州办事处隶属管理的批复》，永州办事处由衡阳海关管辖改为长沙海关直接管辖，对外全称为“长沙海关驻永州办事处”（正处级）。

8 月 4 日 省委书记、省人大常委会主任周强在市委书记张硕辅等领导陪同下，考察全国油茶重点企业、省高新技术企业、省级农业产业化龙头企业湖南大自然集团公司。

同日 永州市与广东省湛江市签署“湛江——永州”口岸大通关合作协议。永州“无水港”项目落地。

8 月 8 日 市商务局增设东盟招商科（加挂永州市对接东盟工作领导小组办公室牌子），负责对接东盟相关工作。

9 月 16—19 日 首届中国加工贸易产品博览会在广东省东莞市举行，永州市派出 8 家企业参加。

10 月 9 日 市政府主办永州市首届美食文化节。

10 月 12 日 国家质量监督检验检疫总局党组会议研究决定，设立湖南出入境检验检疫局永州办事处，机构规格为正处级。

11 月 3—4 日 省粮食局局长、党组书记夏文星一行 7 人，到湖南永州下河国家粮食储备库、市粮油质量检测中心、湖南金浩茶油股份有限公司、湖南省天龙米业等 8 家企事业考察调研。

11 月 6—7 日 商务部政研室主任张向晨一行，对永州市承接产业转移、企业“二次创新”和旅游业发展调研。

11 月 8 日 市商务局被评为湖南省“市场运行监测工作先进单位”。

12 月 9—10 日 湖南省粮油“千亿产业”工程建设成果展示 7 个点之一永州站巡回观礼活动在祁阳县举行。

同月 市商务局举办，永州市餐饮行业协会承办，永州 10 大地方名菜评选活动。

同月 市粮食局获湖南省粮食工作绩效考核特等奖。

2013 年

3 月 16 日 中国中纺集团公司与湖南金浩茶油股份有限公司在长沙签订投资框架协议，第一个央企落户永州。

6 月 13 日 省政府下发《关于开放永州铁路口岸的批复》，永州铁路口岸拟与湖南永州内陆港合并建设。

6月14日 市发展和改革委员会《关于湘南进出口食品（农副产品）检测中心建设项目可行性研究报告的批复》，同意湘南进出口食品（农副产品）检测中心立项。

7月21日 市委办公室、市政府办公室关于印发《2013年度市直招商小分队工作方案的通知》，组建40支市直招商小分队。

8月1日 省商务厅与市政府签署《战略合作框架协议书》，共同打造承接产业转移新高地，构筑对接东盟桥头堡。

10月15日 省政府办公厅《关于在道县建设湖南农副产品集中验放场有关问题的复函》，同意永州市将湖南农副产品集中验放场与具有同类型功能的永州公路口岸作业区统筹建设，选址道县原蓝宁道新保税物流中心，项目总投资2亿元，规划面积350亩，纳入永州口岸管理。

10月28日 市粮食局被省粮食局评为2012年度农户科学储粮项目督办工作先进单位。

11月1—3日 第十三届中国国际粮油产品及设备技术展示交易会在江西南昌国际展览中心举办。永州市1家公司获“全国放心粮油进农村进社区先进单位”，3家企业获“第五批全国放心粮油示范企业”；5家企业获“全国节粮减损示范企业”。

12月 永州市果蔬罐头产品专业型出口基地被评为“省级出口基地”。

2014年

4月21日 市商务局批复湖南南华大酒店有限公司变更为内资企业。

5月 湖南湘妹食品有限公司“湘妹 XiangMei”注册商标被评定为“中国驰名商标”。

8月 永州友谊万喜登酒店行政总厨胡先雨获“全国商贸系统劳动模范”称号。

10月29日 永州市第四届人民代表大会常务委员会第二十三次会议通过，任命邓群为永州市商务局局长。

11月28—29日 第九届湘菜美食文化节招牌大赛在湖南省浏阳市举行，永州市参赛选手夺得湘菜金牌招牌菜奖3枚、湘菜地方特色招牌菜奖7枚。

12月 永州市鞋类产品出口基地和新鲜果蔬出口基地被评为“省级出口基地”。

2015 年

1 月 30 日 《市委、市政府关于印发〈永州市人民政府职能转变和机构改革方案的实施意见的通知〉》，设立永州市商务和粮食局，为市政府工作部门。

3 月 20 日 市商务和粮食局举行挂牌仪式。副市长罗双全出席并讲话。

4 月 24 日 邓群任永州市商务和粮食局局长。

5 月 5 日 市商务和粮食局与上海中军投资集团有限公司签署发展“湘品入沪”项目战略合作框架协议。

6 月 29 日—7 月 4 日 永州市代表团与省商务厅代表团组成联合考察团赴俄罗斯赤塔市、莫斯科、圣彼得堡进行商务考察对接洽谈会。

8 月 7 日 永州市召开首届电子商务大会。

8 月 28 日 永州市首个电商聚集区江永电商街揭牌营业，入驻电商 60 家。

9 月 7 日 省政府办公厅印发《关于进一步支持湘南承接产业转移示范区建设的若干政策措施》的通知，为永州市人民政府抢抓新一轮承接产业转移机遇、制定具体方案提供政策保障。

9 月 24 日 广州港集团公司永州办事处挂牌运行，开展铁路货运业务。

10 月 13 日 市商务和粮食局在万喜登酒店举办永州市第二届美食文化节。

11 月 28—30 日 首届中国湘菜博览会在长沙举行，永州市万喜登酒店获“湖南餐饮百强企业”。

12 月 20 日 市粮食局获“湖南省农户科学储粮专项工作先进单位”。

12 月 30 日 长沙海关驻永州办事处挂牌运行。

同日 江永县创建为全国电子商务进农村综合示范县。

同日 市政府办公室出台《关于促进外贸稳定增长的若干意见》，鼓励和支持外贸企业发展，自 2016 年起设立外贸专项资金 200 万元。

2016 年

1 月 7 日 市电子商务协会成立大会暨第一届第一次会员大会召开，永州市杰夫电子商务有限公司董事长蒋之恒当选会长。

9 月 18 日 永州电子商务公共服务平台上线暨永州电子商务研究院授牌成立。

12 月 祁阳县创建为全国电子商务进农村综合示范县。

同月 湖南浩通国际货运代理有限公司在永州经济技术开发区、祁阳县经济开发区分别设立园区外贸综合服务中心，为全市外贸企业提供报关、报检、外汇、退税、融资、物流等综合性服务。

2017 年

2 月 20 日 湖南出入境检验检疫局、省农业委员会、省商务厅印发《关于公布第二批省级出口食品农产品质量安全示范区名单的通知》，永州市成为湖南省首个出口食品农产品质量安全示范市。

4 月 9 日 永州——湖南异地商会联合会经贸洽谈项目对接会召开。

6 月 湖南省饮食文化研究会，授予永州市餐饮协会常务副会长兼秘书长冯祥发“湖南省餐饮文化大师”称号。

9 月 15 日 国家质检总局发文批准永州市为全国第四个国家级出口食品农产品质量安全示范市。

11 月 20 日 永州市发展开放型经济领导小组关于印发《永州市“融入新丝路、拓展大合作”行动方案》《永州市“走进 500 强、链接大产业”行动方案》《永州市“依托大永商、推进大招商”行动方案》《永州市“构筑大通关、提升大平台”行动方案》《永州市“对接北上广、优化大环境”行动方案》的通知。

同月 国家质检总局批准筹建国家质检总局富硒食品检测区域性中心实验室(永州)，为湖南省唯一此类实验室。

12 月 2 日 长沙海关驻永州办事处江华工作站，在江华瑶族自治县经济开发区举行揭牌仪式。

同月 新田县创建为全国电子商务进农村综合示范县。

同月 湖南浩通国际货运代理有限公司在江华瑶族自治县经济开发区、宁远县工业园分别设立园区外贸综合服务中心，与原有的两个园区外贸综合服务中心形成南北合力，辐射全市各县区外贸企业。

2018 年

1 月 商务部认定，永州市成功申报国家外贸转型升级基地，获得基地奖励资金 100 万元。

3 月 12 日 永州市水果蔬菜出口基地被商务部认定为国家级外贸转型升级基地。

5 月 21 日 成立永州市商务和粮食局扶贫工作领导小组，局扶贫办设电商科。

6 月 15 日 市政府与中国石化湖南分公司签订战略合作框架协议。

6 月 28—29 日 省委书记、省人大常委会主任杜家豪深入双牌、宁远、蓝山 3 县调研推进三大攻坚战和承接产业转移情况。

6 月 30 日 市商务和粮食局局长邓群与老挝 AB 路桥公司董事长陈斌签订合作

协议，在老挝首都万象挂牌设立永州市商务和粮食局驻东盟商务代表处，聘请陈斌为首席代表。

9月 首届“中国农民丰收节”活动上，签约农业招商项目12个，总投资额45亿元。

9月28日 市政府与省商务厅签订厅市合作协议。

10月 中国烹饪协会在青岛举办注册中国烹饪大师晋级培训考试，永州市钱建军、胡先雨、唐建波、彭岳4人，经考试考核公示，同时获得中国烹饪协会授予“注册中国烹饪大师”称号。

同月 中国烹饪协会在江苏省无锡市授予永州市钱建军、彭岳、毛学政3人“中国烹饪工匠奖”称号。

10月16日 永州市第一个公用型保税仓库和国内结转型出口监管仓库在江华瑶族自治县揭牌启用。

11月 中国饭店协会在海南省海口市授予永州市彭岳“亚洲名厨金鹰奖”称号。

第一章 流通体制改革

永州市流通领域体制改革主要进行企业经营机制、流通领域体制、企业产权制度改革等，分为3个阶段。1978—1984年为起步阶段，永州市流通领域提倡和鼓励国家、集体、个体三者一起上，逐步形成多种经济成分、多条流通渠道、多种经营方式的流通格局，永州市先后成立工业品、农副产品、粮油、生产资料四大贸易中心。1985—1995年为整体推进阶段，流通体制改革逐渐覆盖所有企业，政府减税让利等政策相应减少。1992年邓小平南方谈话发表和中共十四大明确提出建立社会主义市场经济体制改革目标后，永州市流通体制改革开始整体推进，基本取消商品计划，完成由计划经济向市场经济转轨过渡，改革开始涉及、解决深层次矛盾。1996—2002年为产权制度改革阶段，主要围绕产权制度改革，调整经营组织结构等方面展开。1996年，为促进流通领域外向型经济和规模经济发展，永州市流通体制改革进入以产权制度改革为中心的阶段，国有资本先后退出，全市分批实行股权改制。2010年，经过近30年改革，永州市基本建立起适应市场经济体制的开放式流通体系框架。

第一节 外贸流通体制改革

一、管理体制改革

永州市对外贸易管理体制经历从中央高度垄断向对外贸易自由化演进的过程，即经历对外贸易自主权由上向下转移的“重心下移”改革路径。可分为高度集中的计划经济管理体制（1949—1978）和改革开放，建立和实行市场经济（1979—）管理体制两个大阶段。“五五”计划以前，计划手段是对外贸易管理核心，对外贸易所有环节包括产品收购、产品出口、产品进口、产品调拨、外汇收支都被纳入指令性计划范畴。对外贸易价格实行国内外市场价格割断的做法，出口商品一律按国内价格收购，进口商品内销原则上按国内价格作价。对外贸易专业公司不是出口产品的生产部门，也不是进口产品的使用部门，他们仅仅是商业中介环节。这造成严重产销脱节，生产企业与国际市场联系被切断。此种对外贸易管理体制运行一直到改革开放前，可以说弊窦丛生。高度垄断、高度集中扼杀竞争机制形成，企业缺少自主经营机制，地方没有发展对外贸易积极性，国家背负沉重财政负担。

1983 年，“零陵地区对外贸易局”改为“零陵地区对外贸易公司”，祁阳县外贸公司和黎家坪仓库全部移交零陵地区对外贸易公司。1985 年，外经贸部不再编制下达外贸收购计划和调拨计划，只下达进出口总额指标的指导性计划和属于列名管理的主要商品数量指令性计划。这些调整并没有改变对外贸易政企不分管理体制，只是中央政府垄断的对外贸易管理权被地方政府分而取代，仍然存在着严重进出口壁垒，由于地方政府成立多层次多类型外贸企业，对外贸易经营渠道得以拓宽。同年，零陵地区对外经济贸易委员会（简称外经委）成立，主管对外经济技术合作和国内经济技术协作等工作，全区启动和开展对外贸易。地区外经委为抢占先机，更是先后成立 10 个直属对外贸易公司，即“零陵地区粮油食品进出口公司”、“零陵地区对外经济贸易土畜产品公司”、“零陵地区对外经济贸易五金化工机电公司”、“零陵地区对外经济贸易轻工矿产品公司”、“零陵地区对外经济贸易进出口总公司”、“湖南省进出口总公司永州市公司”、“零陵地区对外经济贸易基地公司”、“零陵地区对外经济贸易华湘公司”、“零陵地区潇湘综合进出口公司”和“湖南省外运公司零陵地区公司”。

1988—1993 年，国家取消对外贸出口财政补贴，实行对外贸易承包经营责任制，这实际上是对外贸易管理重心的再一次下移，是在产权等复杂和棘手问题解决之前所能采取的次优选择，（尽管存在着企业行为短期化和局部利益膨胀化等弊端）。承包制取消原先计划体制下出口收购计划和进口调拨计划，打破由国家统负盈亏的高度集中模式。1989 年 7 月，省政府对外贸经营权进行改革，允许企业经营各自产品进出口业务，同时将引进技术和多数产品审批权悉数下放，甚至还给予企业一定比例外汇留成。零陵地区对外经济贸易进出口总公司首先获得外贸进出口权，是当时境内唯一一家可直接办理进出口业务和代办自营产品出口的公司，企业凡有进出口业务均挂靠该公司办理，自营出口产品主要有金属硅、硅锰合金、硅铁、立德粉等。

1993 年 11 月，中共十四届三中全会通过《中共中央关于建立社会主义市场经济体制若干问题的决定》，“决定”规定对外贸易体制改革方向，即“统一政策、放开经营、平等竞争、自负盈亏、工贸结合、推行代理制”。1994 年，除极少数重要商品由指定外贸公司经营外，对外贸易领域全部取消指令性计划，企业真正成为市场经营的主体。为适应改革新形势发展需求，提速零陵地区经济发展，大批量引进外商企业来境内投资建厂。1995 年 4 月 15 日，零陵地区机构编制委员会《关于成立零陵地区招商局的批复》，同意设立零陵地区招商局（为全额拨款正处级事业单位，归口零陵地区对外经济贸易委员会管理，1996年5月改称永州市招商局），专职负责组织全区招商引资工作。1996年，境内企业以“三来一补”形式出现的加工贸易完成进出口额2024万美元，全市对外贸易完成总量1.13亿美元，1998年1—11月，在东南亚金融危机不利形势下对外贸易完成总量1.22亿美元（这两年完成的对外贸易总量到2004年才被超越）。由于招商引资力度逐步加大，三资企业在境内遍地开花，发展迅猛，到1999年，全市三资企业达338家。

2004年12月，为适应新《对外贸易法》迎接对外贸易自由化新阶段的需要，根据市委、市政府关于印发《永州市人民政府机构改革方案实施意见》的通知，原永州市对外贸易经济合作局和原内贸工作领导小组办公室合并，成立永州市商务局（加挂永州市招商合作局牌子）。2005年1月28日，启用“永州市商务局”新印章，原“永州市对外贸易经济合作局”、“永州市内贸工作领导小组办公室”印章同时废止。原永州市对外贸易经济合作局（永州市招商合作局）承担的职能，永州市经济委员会承担的酒类产销和典当行业日常管理职能，永州市发展计划委员会承担的农产品进出口计划组织实施职能，永州市内贸工作领导小组办公室承担的除蔬菜管理、烤烟管理、地方金融证券综合协调之外的职能并入商务局，以整合永州市国内贸易和对外贸易管理职能，适应加入世界贸易组织新形势和内外贸业务相互融合发展趋势，实现全市国内贸易和对外贸易统一管理，促进现代市场体系形成。

2008年11月，根据《永州市人民政府关于加快承接产业转移大力发展加工贸易的实施意见》精神，经市政府研究同意，成立“蓝宁道加工贸易走廊”建设工作办公室。2009年，根据永州市机构编制委员会《关于市商务局调整内设机构的批复》，永州市商务局原加挂在市场运行调节科内的“市生猪定点屠宰管理办公室”分开设置，为单独内设机构。

2012年，根据市政府第79次常务会议和2011年5月12日市委常委会议有关精神及永州市机构编制委员会《关于改变永州市人民政府驻深圳办事处隶属关系的通知》精神，将永州市人民政府驻深圳办事处隶属关系由归口永州市人民政府办公室管理改变为归口永州市商务局管理，主要负责永州市沿海招商引资工作，取消接待往返永州深圳公务活动的有关人员服务。2014年，永州市商务局根据《永州市国企改革工作总体方案》精神和局党组2013年11月21日会议的决定，成立永州市商务系统国企改革领导小组。

2015年1月30日，根据市委、市政府关于印发《永州市人民政府职能转变和机构改革方案实施意见的通知》，组建永州市商务和粮食局，为永州市人民政府工作部门。不再保留永州市商务局、永州市粮食局。取消、下放、调整、增加由省政府和市政府公布予以变动的行政审批事项；将原永州市商务局承担的生猪定点屠宰监督管理职责划入永州市农业委员会（市委农村工作办公室），将酒类食品安全监督管理职责划入永州市食品药品监督管理局；将原永州市商务局除生猪定点屠宰监督管理职责和酒类食品安全监督管理职责以外的其他职责、原永州市粮食局的职责并入永州市商务和粮食局；划入原永州市口岸办公室口岸管理和协调职责，划入原永州市商业事务办公室、原永州市物资事务办公室承担的国有资产管理和行业管理职责，划入原永州市经济协作办公室承担的招商引资和区域经济合作职责。永州市商务和粮食局，对境内外商务活动实行统一归口管理。同年，永州市继续推进行业管理机构改革，撤销市商业事务办公室、市物资事务办公室，将市商业事务办公室、市物资事务办公室承担的国有资产管理和行业管理职责划入市商务和粮食局。暂设立市商业企业改制服务办公室，为市商务和粮食局所属事业单位，主要承担商业系统企业改制相关事务和离退休人员管理服务等工作。此为临时性过渡性机构，待企业改制工作完成后予以撤销。

2019年，根据《关于永州市市级党政机关机构设置的通知》精神，商务和粮食局组建4年后，因机构改革，原市粮食局重又从商务和粮食局分离划归永州市发展和改革委员会管辖，永州市发展和改革委员会对外加挂永州市粮食和物资储备局牌子。根据《关于市直有关单位调整隶属关系的通知》精神，市政府驻深圳办事处重又调整为市政府办公室所属副处级事业单位。市粮食机关后勤服务中心调整为市发展和改革委员会所属正科级事业单位，市粮食批发市场服务中心调整为市发展和改革委员会所属事业单位。市商业企业改制服务办公室调整为市商务局所属事业单位。市投资促进事务局、市市场服务中心调整为市商务局所属副处级事业单位。市外贸科教培训中心、市市场网点建设领导小组办公室调整为市商务局所属正科级事业单位。同时经市编制委员会同意，将外贸科教培训中心撤销并整体划入市投资促进事务局。

二、经营方式改革

80年代初期，对外贸易实行国家垄断，出口业务由国营外贸专业公司独家经营，出口盈亏由国家财政统包。永州市外贸经营主要是按国家及省级部门下达计划，收购商品以供出口。出口商品以茶叶、羽毛、锰铁、硅铁、农副产品为主，进口商品以塑料、化肥、卷烟过滤咀、医疗器械、技术设备、纺织机械设备和材料为主。企业不必承担经营风险和受国内外市场变化影响。

1983年3月，零陵地区外贸局成立“体制改革办公室”，除零陵、东安两县进出口公司和地直各进出口公司外，双牌、蓝山、新田、江永、江华、道县、宁远7县进出口公司和地区外贸车队改报帐制为独立核算，盈亏包干，实行“利润包干、超利分成”的经营承包责任制。1984 年，国家推行新一轮外贸体制改革，除外贸的行政管理集中到外经贸部外，外贸企业可以自主经营进出口业务，实行独立核算，自负盈亏，同时放宽对企业直接经营外贸的审批，推进工贸、技贸结合。1985 年，零陵地区对外贸易公司因享有对外经营权，可为零陵地区企业引进限额以下的技术和设备，经营零陵地区企业开发的、省外贸分公司不经营的新产品及利用外资或自筹资金向生产企业投资增产的产品。

1988 年，全国外贸实行大包干，在大包干中，零陵地区对上采取“切块承包，省区联营”形式，对下采取“双轨制下达指标，工贸共同承包”方式，促进外贸出口发展。期间，零陵地区在出口结构上实现“三个转变”，即出口品种由以前的羽绒毛、矿产品为主，转向矿产品加工、农副产品；出口生产企业由主要依靠城市国营生产企业开始转向乡镇企业；出口渠道由主要依靠省外贸公司成交，转向地区外贸公司自营出口、工厂直接对外经营、“三资”企业直接出口及多口岸出口同时并举。

1992 年，湖南省外贸体制发生重大变革，各地、市、县（区）外贸公司的机构设置、人员编制、劳资财务等全部由省划归地、市、县（区）管理，省、地、市、县（区）外贸公司在自主经营、自负盈亏、自愿结合、公平合理、互利互惠原则下，开展形式多样联营和合作，出口商品供货价格及有关费用由供需双方协商确定，不再实行统一的商品调拨费率和发运费率。零陵地区可以继续保留对外经济贸易进出口总公司为自营进出口公司，省外贸公司委托地、县外贸公司收购、发运的付给一定费用。1996 年，全市进出口企业自营出口 580 万美元。1998 年，自营生产企业出口完成 1079 万美元，占全市出口总额 10.6%。

2001—2005 年，随着国家外贸进出口经营权逐步放开，企业从事外贸进出口业务门槛逐渐降低，很多生产企业开始申报自主进出口经营权和允许私人开设贸易公司。2003 年，永州市出口 1376 万美元，其中民营企业“熙可食品”出口 752 万美元，占全市出口总额 55%。2004 年 7 月 1 日，修订后的《中华人民共和国对外贸易法》正式实施，对外贸易经营权范围空间扩大至所有企业和个人，对外贸易审批权终结，代之以备案登记制度。新《对外贸易法》迎来中国对外贸易自由化新阶段。永州市外贸经营主体队伍迅速扩充，形成外贸流通公司、自营生产企业、外资企业并驾齐驱的格局。

2005—2018 年，国家对外贸经营权管理全部放开，所有企业、单位和个体经营者只要向商务主管部门办理备案登记，就可以从事对外贸易，外贸经营权管理完全与国际接轨。企业开展对外贸易经营方式有两种：一是自营，二是代理。专门从事外贸业务的公司，主要从国内生产企业或其他单位收购产品出口到国外，赚取买卖之间的差价，低买高卖，即“收购制”。此种经营方式决定，生产企业或相关单位只能将产品卖给外贸公司，与外商不发生直接关系。自营出口生产企业可直接与外商联系产品出口业务，可委托外贸公司代办出口业务，外贸公司从中收取佣金。生产企业可自主寻找产品出口代办公司，商品价格、合同条款由生产企业自定，盈亏由生产企业自负，外贸公司只是代办出口业务手续，不购进货物。

三、企业体制改制

零陵地区有市直外贸企业十家，分别为永州市粮油食品进出口公司、永州市对外经济贸易土畜产品公司、永州市对外经济贸易五金化工机电公司、永州市对外经济贸易轻工矿产品公司、永州市对外经济贸易进出口总公司、湖南省进出口总公司永州市公司、永州市对外经济贸易基地公司、永州市对外经济贸易华湘公司、永州市潇湘综合进出口公司和湖南省外运公司永州市公司。十家公司先后成立于上世纪70、80年代，职工总人数501人。十家公司均经历承包经营——省市（地）联营——集团经营——破产改制的共同途径。

1988年前，零陵地区直属外贸企业均为省外贸公司组织出口货源的分支公司，自已不从事直接进出口业务。1988年，零陵地区实行省地联营、切块承包、盈亏由省地各负50%经营方式，把企业经济效益与企业职工经济利益直接挂钩，外贸企业成为自主经营、自负盈亏、责权利结合经济实体，打破“吃大锅饭”外贸统负盈亏财务体制，打破企业分配中平均主义，减轻国家负担。1990年，国家推进外贸体制改革，构建自主经营、自负盈亏、平等竞争经营机制。1992年，零陵地区外经委在外贸企业内部引进竞争激励机制，试行承包奖励办法，对公司领导、外贸业务人员分别确定考核指标及奖惩额度，落实经济责任制。1993年，为提升外贸进出口综合实力和抗风险能力，零陵地区外经委整合直属10大对外贸易公司，成立“零陵地区对外贸易集团公司”。1994年，零陵地区外经委对自营生产企业的自营出口实行“双轨考核”，全区自营生产企业出口创汇比上年增加20%。

1995年11月地改市后，改革开放向纵深发展，国家除极少数重要商品由指定外贸公司经营外，对外贸易领域全部取消指令性计划，市直外贸企业因经营人才、资金、市场等各种因素制约，生存空间狭小，从1996到2003年，市直外贸企业除个别公司间断性有小量经营业绩外，基本上处于停业状况，其中市粮油食品进出口公司、市对外经济贸易土畜产品公司、市基地公司、市对外经济贸易轻工公司、市外运公司、湖南省进出口总公司永州市公司仅仅依靠企业部分资产进行租赁，用所得收入发给职工部分生活费来维持现状。到2004年，永州市商务局10家直属外贸企业，共有债务7362万元，其中欠银行贷款5164万元，拖欠职工工资、医疗费、养老保险等费共 1209 万元，外欠各种债务 989 万元。市会计师事务所评估确认，市直外贸企业资产总值 4317 万元，已资不抵债，企业改制，实行“两个置换”势在必行。

2004 年，根据市政府《永州市市直国有工交企业置换职工身份实施细则》和《永州市市直国有工交企业国有产权转让实施细则》精神，市外经贸局成立永州市对外贸易企业改革领导小组，由时任市外经贸局党组成员、副局长主持市外经贸局工作蔡保乐任组长，局其它领导夏和成、欧阳声六、李燕军、黄忠国、冷剑、王铁良、钱玉森为副组长，局外贸发展科科长邓广平为领导小组办公室主任，所属企业负责人为成员。改制领导小组严格按照市委、市政府统一部署，分步实施，制定各企业职工置换身份方案和企业资产处置重组方案。同年 9 月 20 日，出台《永州市直属外贸企业改革实施方案》，其要点和原则是将市直外贸企业改制置换整体捆绑打包，由市外经贸局（部门）整体自筹改制资金，完成改革改制任务。永州市国企改革办于 11 月 20 日，对《永州市直属外贸企业改革实施方案》进行批复，明确“市直外贸企业改制所需资金由局统筹协调解决，市财政不予挂账”。市直外贸企业改制采取“一企一策”方式分两批进行，第一批对资产较多的永州市粮油食品进出口公司、永州市对外经济贸易土畜产品公司、湖南省外运公司永州市公司进行改制。

2006 年 7 月 14 日，永州市商务局批复《永州市对外经济贸易土畜产品公司企业改制职工安置方案》，由公司处置资产筹集改革成本。改制前公司有职工 118 人，其中在职 81 人，退休 37 人，改制时核定公司安置补偿人数 70 人，提前退休人数 11 人，改制总成本 1240 万元，其中付现成本 829. 8 万元，经处置公司院内土地资产、公司香菇场土地款、公司老办公楼等资产，可用于改制的收入 930. 29 万元。改制后，公司留守人员 4 人，公司尚有部分资产未处置（2016 年 6 月经济评估价值 183 万元），留作第二轮改制处置。同年，湖南外运永州市公司参与置换身份人数 48 人，提前办理退休 6 人，退职 1 人，已退休 22 人，军转干部不参与改制 1 人，核定公司资产和改制成本，对公司历来往来账目进行清理和调查，落实拖欠各项费用 269. 14 万元，核报改制各项成本 1256. 65 万元，其中一次性安置补偿费用 386. 1 万元，清偿各类债务 73. 14 万元，政策预提费用 533. 8 万元，预提职工养老金 264 万元。永州市粮油食品进出口公司核定公司置换身份职工身份 138 人，提前内退 14 人，离退休职工 29 人，核实公司改制成本 2857. 61 万元，其中，一次性安置职工补偿费用和拖欠职工工资，集资款、医疗费等 794. 52 万元，清偿各类债务 1050. 58 万元，预留改制资金提留 1012. 51 万元，公司通过处置外贸良种场土地、房产、公开挂牌拍卖筹足企业改制费用。改制后，企业留守人员 3—7 人，留守人员费用通过剩余资产香都大酒店租赁承包收入解决。2007 年 3 月 9 日，市外贸企业改革领导小组批复同意公司改制方案，公司通过公开拍卖冷水滩凤凰路 96 号国有资产所得款项用于改制费用。2007 年底，“粮油”、“土产”、“外运” 3 公司完成改制任务。

2013 年，按照省委、省政府关于加快推进国企改革扫尾工作指示精神，全市启动第二轮国企改革工作，出台《永州市国企改革工作总体方案》，正式明确市商务局所属原外贸 7 家企业即：永州市对外经济贸易五金化工机电公司、永州市对外经济贸易轻工矿产品公司、永州市对外经济贸易进出口总公司、湖南省进出口总公司永州市公司、永州市对外经济贸易基地公司、永州市对外经济贸易华湘公司、永州市潇湘综合进出口公司为改制对象。2014 年，7 家市直外贸改制企业因筹集资金困难，经市政府研究决定，市属 7 家外贸改制企业资金由市财政负责兜底解决，企业改制资产移交永州市城市建设投资发展有限责任公司，由市“城建投”公司负责筹措改革成本，助力完成改制工作任务。根据市委、市政府国企改革总体部署和《永州市市直国有企业改革操作程序》精神，市商务局迅速启动所属企业改制工作，按照《永州市市直国有工交企业置换职工身份实施细则》，市商务局于 2014 年 1 月 13 日制定《永州市商务局系统外贸企业改革实施方案》，采取“分类指导，因企制宜，一企一策，积极稳妥，务实推进”的办法有序推进外贸企业改制。9 月，市商务局改制办对所属企业改革方案进行审核并批复，其中依法关闭 5 家，即“市对外经济贸易轻工公司”、“市对外经济贸易基地公司”、“市对外经济贸易华湘公司”、“市潇湘综合进出口公司”、“湖南省进出口总公司永州市公司”。依法破产企业 2 家，分别为“市对外经济贸易五化机公司”、“永州市对外贸易进出口总公司”。7 家企业有职工 119 人，置换身份职工 75 人，内部退养 9 人，军转干部 3 人，退休人员 32 人。经市国企改革办审核批准，7 家外贸企业改制总成本实为 1909. 87 万元，其中付现成本 1766. 11 万元，改制经费来源为市财政（通过市城建投公司平台拨款）拨款。市直 7 家外贸企业资产评估 400 万元，于 2017 年 10 月底，全部移交城市建设投资公司。改制后，永州市商务局批准 7 家市直外贸企业成立 1 个“临管办”，暂定人员 2 人，负责处理改制后企业遗留问题。至此，市直外贸 10 家企业退出经营市场，职工完成身份置换，企业债务化解，资产移交市城市建设投资公司管理，改制工作全部完成。

附：

市直外贸企业简介

永州市粮油食品进出口公司 永州市粮油食品进出口公司成立于 1983 年 11 月，有职工 145 人，其中干部 52 人，主要从事出口商品收购。1991 年，公司收购出口活大猪4.4万头，桔片罐头1510吨，柑桔960吨。1993年4月，零陵地区对外经济贸易委员会将九嶷特种工艺美术品厂划归该公司管理，7月，该公司与澳门南光公司合资兴办潇湘食品有限公司。1995年，公司收购出口活大猪5.3万头，桔片罐头2792吨，分别比1991年增加20.31%和84.9%。同年，公司所建马坪综合养殖场正式投产。

1993—1995年，公司挂靠零陵地区对外经贸公司出口105.5万美元，其中1995年为60万美元。

2003年，公司参加永州市直外贸企业第一轮改制，2007年改制工作结束。

永州市对外经济贸易土畜产品公司　永州市对外经济贸易土畜产品公司成立于1983年11月，有职工101人，其中干部28人。公司成立当年，零陵地区外贸办事处将地区土畜产品肠衣加工厂下放该公司管理。1990年，公司建立山苍子油加工厂，改变历年将山苍子油运往上海提炼的状况。1991年，公司与个体户合作将停产的肠衣加工厂改办羽绒厂。1995年，公司出口商品收购4084万元人民币，主要收购商品有山苍子油（140吨）、羽毛（150吨）、羽绒毛（262吨）、茶籽饼（550吨）。

2003年，公司参加永州市直外贸企业第一轮改制，2007年改制工作结束。

永州市对外经济贸易五化机公司　永州市对外经济贸易五化机公司成立于1987年12月，是一家从事外贸出口业务的全民所有制企业，隶属永州市商务和粮食局。公司位于永州市冷水滩区零陵北路8号。主要经营五金矿产、化工产品、机电产品出口业务。由原零陵地区工矿产品进出口公司分家设立，主要对应省五金矿产品进出口公司、省化工产品进出口公司、省机械设备进出口公司。原零陵地区对外经济贸易委员会下文，公司名称更为“湖南省零陵地区五矿、化工、机械出口公司”。1991年公司更名为“湖南省零陵地区五矿化工机械对外经济贸易公司”。2014年，公司进行改制，实施国有职工身份和国有资产“两个置换”。2015年2月，完成职工身份置换。2016年12月，公司剩余资产移交给永州市城市建设投资发展有限公司。2017年12月，完成终结审计，公司“两个置换”全面完成，公司依法关闭。

永州市对外经济贸易轻工矿产医药公司　湖南省永州市对外经济贸易轻工矿产医药公司（原湖南省零陵地区轻工工艺医药对外经济贸易公司）成立于1987年12月，是一家从事外贸出口业务的全民所有制企业，有职工30人。公司位于永州市冷水滩区零陵北路8号。主营轻工业品、纺织品、工艺品、化工产品、矿产品、建筑材料、黑色金属材料、医药保健品出口业务，兼营农副土特产、土畜产品、海产品、干鲜果、百货、日杂用品、五金交电等内、外贸业务。

2014年9月，根据市委、市政府国企改革工作部署和要求，公司实施“两个置换”。全员实行身份置换，签订《解除劳动合同协议书》，一次性领取安置费，完成“职工身份置换”。2016年12月，公司资产全部移交永州市城市建设投资发展有限公司，以“两个置换”为内容的企业改革改制全面完成。

永州市对外经济贸易进出口总公司 永州市对外经济贸易进出口总公司成立于1989年7月，是湖南省政府对外贸经营权改革，将进出口权下放到地州市的一家对外经济贸易进出口公司，并赋予进出口权，负责本地自营进出口业务。公司主要经营有色金属、化工产品进出口业务。主要出口产品为金属硅、硅锰合金、硅铁、立德粉。

1993—1995年，公司招收一批大学生，开展国内商贸业务，成立思贝斯建筑装饰分公司、金利来产品销售公司，因缺乏经商经验，经营很不顺利，致使公司严重亏损。1998年，遭受东南亚金融危机冲击，企业资金链断裂无法经营，于2000年6月彻底停业。

湖南省进出口总公司永州市公司 湖南省进出口总公司永州市公司（原零陵地区代办处）成立于1986年11月，属全民所有制综合性外贸企业，有职工14人。公司位于冷水滩区中兴路3号。公司主营出口收购、调拨矿产品、粮油食品、化工产品、土畜产品、工艺美术、针纺织品、西药、中药材、机械产品。代理进口卷烟原辅材料、饲料原料、电子原件、尿素、复合肥。兼营国家政策允许的内贸业务。主要出口商品金属硅、金属砷、硅锰合金等有色金属产品；槟榔芋、山苍子油等土产品；书写纸、羽绒及其制品。代理进口尿素、卷烟用铝箔纸等。公司每年包括主营、兼营、代理业务，完成进出口额100—200万美元。

2014年9月，根据市委、市政府国企改制工作的部署和安排，公司参与市直外贸企业第二轮改制，公司职工3人退休，9人“身份置换”。2016年，公司资产移交永州市城市建设投资发展有限公司。以“两个置换”为内容的改制工作全面完成。

永州市对外经济贸易基地公司 永州市对外经济贸易基地公司（原零陵地区对外经济贸易基地公司）成立于1991年3月，系原零陵地区对外经济贸易委员会下属基地公司，属全民所有制企业，有职工13人。公司位于冷水滩区沿江北路8号（原永州市对外经济贸易委员会办公大楼一楼）。公司经营矿产品、纺织品、轻工、五金、化工、粮油食品、土畜产品。

2014年9月，根据永州市委、市政府国企改革工作部署和要求。公司实施“两个置换”，职工退休4人，身份置换4人，调走2人，返回机关3人。公司资产全部移交永州市城市建设投资发展有限公司。以“两个置换”为内容的企业改革改制全面完成。

永州市对外经济贸易华湘公司 永州市对外经济贸易华湘公司成立于1989年6

月，在永州市工商行政管理局登记注册。公司位于永州市冷水滩区零陵北路 8 号。主要经营轻工、五金、矿产品等。2014 年 9 月参与改制，当年底改制完成。

永州市潇湘综合进出口公司　永州市潇湘综合进出口公司成立于 1995 年 1 月，公司成立后基本没开展业务。

湖南省外运公司永州市公司　湖南省外运公司永州市公司（原湖南省外运公司零陵地区公司，简称零陵地区外运车队）成立于 1974 年 1 月，有职工 76 人（1995 年有职工 65 人，其中干部 10 人）。公司位于永州市冷水滩区潇湘路 23 号。公司主要经营汽车货运、进出口货运代理及报关业务。公司有货运汽车 9 辆，载重量 54 吨。1995 年，公司完成货运总量 1.23 万吨，其中外贸货运 1418 吨，营运里程 54.28 万公里，运输总收入 147.67 万元人民币，盈利 1.26 万元人民币。2004 年参与市直外贸企业改制，2007 年，改制工作完成。

1978—2017 年永州市外经委直属企业法人一览表

表 1-1

单位名称	姓名	任职时间	备注
永州市粮油食品进出口公司	杜长治	1978.11—1985.4	
	庄国坦	1985.4—1987.12	
	杨智生	1987.12—1989.5	
	夏和成	1989.5—1990.8	
	罗中民	1990.8—1994.10	
	成任和	1994.10—1996.10	
	郑际敦	1996.10—2004.12	
永州市对外经济贸易土畜产品公司	周光碧	1983.1—1985.5	
	邹高佳	1985.5—1995.6	
	仇长利	1995.6—1996.11	
	欧阳衡城	1996.11—1997.11	
	黄元华	1997.11—2004.12	
永州市对外经济贸易五化机公司	赵志德	1983.11—1985.5	
	何远佳	1985.5—1987.12	
	杨国兴	1987.12—1994.1	
	张怀东	1994.1—1995.1	
	魏远爱	1995.1—1995.12	
	项晓龙	1995.12—2017.12	

续表1-1

单位名称	姓名	任职时间	备注
永州市对外经济贸易轻工矿产医药公司	唐炳芳	1987. 12—1988. 11	
	罗伏生	1988. 11—1994. 1	
	肖时友	1994. 1—2017. 12	
永州市对外经济贸易进出口总公司	唐炳芳	1988. 9—1991. 2	
	文贻宣	1991. 2—2017. 12	
湖南省进出口总公司永州市公司	旷柏林	1986. 11—1988. 4	
	蒋少辉	1989. 3—2017. 12	
永州市对外经济贸易基地公司	王铁良	1988. 1—2017. 12	
永州市对外经济贸易华湘公司	何远佳	1987. 12—1993. 8	
	罗新民	1993. 8—1995. 12	
	张怀东	1996. 1—2017. 12	
湖南省外运公司永州市公司	蒋锡瑞	1983. 11—1985. 5	
	罗新民	1985. 5—1991. 2	
	宋广昌	1991. 2—1995. 8	
	罗新民	1995. 8—2002. 3	
	张川新	2002. 3—2004. 12	
永州市潇湘综合进出口公司	尹松山	1995. 1—2017. 12	

第二节　内贸流通体制改革

1995 年 11 月，撤区建市，原零陵地区财贸（主管内贸）办公室于 1996 年 4 月改为永州市财贸工作办公室，同年 6 月 17 日，永州市机构编制委员会办公室下发《关于市农办、财办和乡镇企业局机构名称调整的通知》，永州市财贸工作办公室更名为永州市财贸委员会，为市人民政府组成单位，归口管理财政、工商、审计、粮食、商业、供销税务、烟草、银行、保险等行业。

2001 年 12 月，市委、市政府《关于印发永州市机构改革方案的实施意见的通知》，永州市财贸委员会更名为永州市内贸领导小组办公室（简称市内贸办)，是主管全市商品流通、金融证券的行政管理机构。职能调整：将原永州市财贸委员会综合协调经济运行中的财税问题，参与研究分析财税体制改革，政策措施的制定及实施移交有关部门。

划入和增加职能：负责管理和指导全市烤烟生产、收购、流通等工作的职能；负责研究制定证券发展战略、规划和全市证券期货经营机构的审批、申报、监管等工作职能。

其主要职责：参与全市经济发展战略目标研究以及中长期发展规划编制工作，会同有关部门综合管理和运用经济调控手段，协调解决经济运行中的重大问题。规划全市商品市场体系和商业网点布局，指导商品市场培育、建设和发展，协调监管市场建设和运行中的有关问题，指导各级市场服务中心工作；做好市场建设项目有关审批、监管工作。组织市场供应有关工作，监控市场运行，组织实施关系人民生活重要商品（肉、菜、糖）市场调控储备；负责对《拍卖法》《生猪屠宰管理条例》《湖南省城镇蔬菜专业基地管理条例》等法律法规组织实施和行政执法，并提出有关法规政策建议和行业发展规划。研究制订和实施全市商品流通方针、政策和流通体制改革、流通业态、营销方式的改革方案，提出流通行业发展战略和规划，指导和协调各种经济成分商品流通活动，维护行业公平竞争秩序，组织参加重大商品贸易活动。负责全市蔬菜产业发展规划和管理城镇蔬菜产销、加工、科研及市场蔬菜质量监测工作。负责管理和指导全市烤烟生产、收购、流通、科研等工作。贯彻执行国家有关金融证券方针、政策和法律法规，研究分析金融机构资产运营情况，提出对策和建议，协同有关部门搞好监督管理，做好市政府交办的有关资金组织协调工作；研究制订全市证券、期货业发展战略和规划，负责对全市证券期货经营机构监管、审核、申报工作。

2004 年，市委、市政府对境内流通体制进行重大改革，印发《永州市人民政府机构改革方案实施意见》的通知，将原永州市对外贸易经济合作局和原市内贸工作领导小组办公室合并，组建永州市商务局（加挂永州市招商合作局牌子）。原永州市对外贸易经济合作局职能保持不变，原永州市内贸工作领导小组办公室管辖的金融证券管理、烤烟生产加工和蔬菜种植保障职能移交政府其他部门管理。

第三节 粮食流通体制改革

1995 年 11 月，零陵地区粮食局更名为永州市粮食局。

1998 年，国务院先后发布《关于进一步深化粮食流通体制改革的决定》和《关于当前推进粮食流通体制改革意见的通知》明确深化粮食流通体制改革“四分开一完善”原则：实行政企分开、中央与地方责任分开、储备与经营分开、新老粮食财务帐目分开，完善粮食价格机制。贯彻执行“三项政策、一项改革”，按保护价敞开收购农民余粮，国有粮食顺价销售，粮食收购资金封闭运行，加快粮食企业自身改革。永州市粮食行政部门当年 6 月进行机关机构体制改革，实行定员定编，加快政企分开步伐，与粮食企业在人财物方面彻底脱钩，实现行政管理职能与粮食经营分离。

一、经营方式改革

1995 年，贯彻落实中央提出“米袋子”省长负责制，按照分级负责、分级管理和事权、粮权相统一原则，全面推行粮食市长、县长责任制，实行粮食“三包一放”政策，即省对地州市定购粮购销调拨和交省任务实行一定三年（1995—1997）包干不变办法，粮食财务管理体制由省级财政预算下放到地州市管理。

1996 年，粮食部门实行两条线运行。按“统一领导、两线运行、明确职责、分别核算、稳定市场、搞活经营”原则，推行政策性业务和商业性经营分开运行，规范补贴内容和标准，清理资金渠道和性质，实行政策性资金封闭运行。1997 年，执行国家出台保护价收购政策和顺价销售政策。

1998 年，贯彻执行国务院颁布《粮食收购条例》，管住收购，规范批发，放开销售。粮食收购实行指导性计划和按保护价敞开收购农民余粮政策。国有粮食收储企业常年、常时敞开收购粮食。1999 年，根据粮食生产和流通中出现一些新情况、新问题，国务院制定下发《关于进一步完善粮食流通体制改革政策措施的通知》，强调继续坚定不移地贯彻执行“三项政策、一项改革”。

2000 年，早籼稻退出保护价收购，允许和鼓励经县级以上工商行政管理部门会同同级粮食行政管理部门批准的粮食加工、饲料、饲养、酿造、医药等用粮企业和粮食经营企业直接收购、经营早籼稻。鼓励粮食生产者通过批发市场和集贸市场出售，粮食集贸市场要常年开放。直接收购、经营早籼稻其他粮食加工、经营企业实行“省统一制定审批原则，省、市（州）、县（市、区）三级审批”办法。稳定中晚稻收购价格水平，按保护价敞开收购农民余粮。

2002 年，永州市粮食购销企业步入市场化轨道，全市粮食购销价格全部放开，收购价格随行就市，由粮食企业自主收购，自主经营，自负盈亏。对从事粮食收购经营者实行严格粮食市场准入制度。粮食行政部门依据市场经济发展变化，转变职能，履行指导、协调和监督，加强服务。

2004 年 6 月 1 日，国务院颁布《粮食流通管理条例》，建立在国家宏观调控下发挥市场机制在粮食资源配置中基础性作用新体制，粮食流通完全步入市场经济体制。

二、储备调控体系改革

1998 年 8 月，中央储备粮永州直属库扩建 12 座现代化浅圆仓，仓容 7500 万公斤（2000 年 8 月竣工验收）。承担永州市辖区范围最低价粮食和中央储备粮储备和监管任务。9 月，中央储备粮东安直属库，扩建 5 栋平房仓，仓容 2550 万公斤（1999 年 11 月竣工验收）。承担中央储备粮、最低收购价粮、临时存储粮等国家政策性粮食。2000 年 5 月，湖南永州下河国家粮食储备库，扩建 3 栋平房仓，仓容 1500 万公斤（2001 年 8 月竣工验收）。承担中央、省、市三级储备粮和期货交割粮储存责任。同年 6 月，中央储备粮祁阳直属库，扩建 4 栋平房仓，仓容 2500 万公斤（2001 年 12 月竣工验收）。2001 年 11 月，中央储备粮永州直属库零陵分库，扩建 6 栋平房仓，仓容 3500 万公斤（2002 年 12 月竣工验收）。承担零陵区及周边地区粮食购销任务，担负中储粮湖南分公司委托的粮食宏观调控任务。2002 年 5 月，中央储备粮祁阳直属库，再扩建 2 栋平房仓，仓容 1000 万公斤（2002 年 12 月竣工验收）。是年，全市储备国储粮 2400 万公斤、省储粮 550 万公斤、市级储备粮 550 万公斤，市场调节粮 138 万公斤。

截至 2002 年，永州境内有国家粮食储备库 5 个，省储备库 11 个，市级粮站 87 个，点库 334 个，其中有收储任务点库 305 个，总仓容 7.6 亿公斤。其中仓库存粮 4.86 亿公斤，露天堆储粮 260 万公斤，租借仓储粮 2200 万公斤，主要集中在冷水滩区、零陵区、祁阳县、东安县 4 个产粮县区。

2003 年 4 月，湖南冷水滩下河国家粮食储备库更名湖南永州下河国家粮食储备库。系粮食储备、面粉加工、粮油贸易为主，附营饲料、种植、中转服务国有粮食企业。其生产经营“湘君”牌系列面粉获部优、省优、行优产品，湖南省产品质量奖、中国粮食行业推荐产品和国家质量检测达标产品等荣誉称号。

2004 年，根据中央充实地方储备粮的要求和省政府确定的地方储备粮规模及地

2014 年，湖南永州下河国家粮食储备库马坪库区储粮仓库

方粮食宏观调控需要，永州市建立市级储备 1500 万公斤，县级储备 2000 万公斤。全市库存粮食 2.61 亿公斤，其中中央储备粮 1.54 亿公斤，省级储备粮 1800 万公斤，市县级储备 3500 万公斤，商品周转粮 5400 万公斤。永州市年生产粮食一直保持在 26 亿公斤，年粮食收购量平均 5 亿公斤。国储库扩建前，全市有效仓容只有 4 亿多公斤，仓容矛盾十分突出。特别是零陵区、冷水滩区、祁阳县、东安县 4 个产粮大县区，每年新粮入库，因仓容紧缺，不得已而长期租借其他部门仓房和厂棚，甚至打露天堆储粮。所租场地不符合储粮标准基本要求，粮食极难保管，造成鼠粮、霉粮，损耗十分严重。是年，国储库扩建，增加有效仓容 1.86 亿公斤，且每栋新仓都装配储粮通风系统、粮情检测系统、环流熏蒸系统和谷物冷却系统。功能齐全的配套设施，使粮食储藏保管实现从人工方式向现代化管理手段跨越。

2005 年，由永州市管辖的湖南冷水滩虎岩国家粮食储备库上收中央储备粮总公司垂直管理，更名中央储备粮永州直属库。系集粮食储备、加工、中转、经营、养殖为一体国有大一型粮食企业。

2008 年，永州市、县区两级人民政府重视粮食储备和市场供应工作，落实市、县区级储备粮 2215 万公斤。其中市级储备粮 500 万公斤，县区级储备粮 1715 万公斤。2010 年，全市代储省级储备粮 2000 万公斤、省级动态储备粮 1100 万公斤、市级储备粮 1500 万公斤、县区储备粮 2679 万公斤。2011 年，永州市对地方储备粮开展规范化管理活动，制定《市、县区级储备粮规范化管理考评办法》，将储备粮规范化管理纳入县区粮食局年终绩效考核。全市地方储备粮 7300 万公斤，其中代管省级储备粮 3100 万公斤（含调节粮 1100 万公斤）、市级储备粮 1500 万公斤、县区级储备粮 2700 万公斤，市、县区级储备粮超额完成 200 万公斤。

2012 年，落实国家宏观调控政策和粮油储备，除按计划落实 2600 万公斤省级储备粮外，4000 万公斤市、县区级储备粮计划超额完成，填补地方储备粮空白县区。2013 年，新增市级食用植物油储备 140 万公斤，新增省级静态储备粮 600 万公斤，建立中心城区成品粮储备 275 万公斤。各级储备粮轮换任务全面完成，并达到“一符、四无、三专、四落实”要求。2014 年，中心城区成品粮储备增加到 300 万公斤，确保地级市中心城区10天以上消费量要求，各县区按照县级城市7天以上市场供应要求落实到位。同时，落实粮食应急加工业30家，粮食应急储运企业14家，应急网点172个，粮食应急体系完善。

三、市直粮食企业改制

1997年11月，永州市粮食局举办国有粮食企业厂长（经理）、书记、工会主席以及市局机关各科室负责人参加的企业改制培训班，集中学习中共“十五大”报告、《公司法》、市委、市政府有关文件，对企业改制工作进行安排部署，要求各企业深入细致开展宣传发动工作，每个企业要分别召开“五会”即企业领导班子会、中层骨干会、党员会、职工大会、退休职工大会，让企业改制精神深入人心，家喻户晓。市粮食局制定以企业为主，加强领导，重点突破，全面推进的企业改制指导思想。对市直10家粮食企业签订目标管理责任书，实行目标管理责任制，责任人按责任大小分别交纳1000—5000元风险抵押金，实施责、权、利层层结合，年终考核兑现。出台关于市直国有粮食企业改制8条意见，即责权下放，企业为主，拿方案定机制，加快步伐，全面推行，重点突破，加大服务力度，确定时间与步骤。

2000年，永州市粮食企业改制通过资产重组、租赁、兼并、破产等形式进行。职工则通过内部退养、解除劳动关系、待岗、停薪留职等途径，实行下岗分流。全系统粮食企业以产权结构调整为突破口，实行战略性重组，职工置换“全民”身份，依法与企业解除劳动关系。

2002年，永州市市直粮食企业10家，即湖南冷水滩虎岩国家粮食储备库（国有大一型粮食仓储企业）、湖南省冷水滩面粉厂（湖南冷水滩下河国家粮食储备库国有大二型粮食仓储企业）、永州中泰饲料实业公司（国有中型二档工业企业）、永州市粮油贸易总公司（国有中二型贸易企业）、永州市粮油机械厂、永州市零陵粮食仓库、永州市粮运车队、永州市粮食多种经营公司、永州市华联粮贸有限公司、永州市粮食局劳动服务公司。10家企业共有职工2114人，其中在职人员1842人，离退休人员272人。拥有固定资产原值9333万元，净值7708万元，历年亏损挂账7461万元，其中政策性亏损5812万元。粮食企业年加工大米能力5000万公斤，面粉4000万公斤，饲料1500万公斤，年出栏瘦肉型生猪1万头。2002年末，永州市市直10家粮食企业全部亏损负债，5家粮食企业处于停产、半停产状况，4家粮食企业成为永州市特困企业。

2003年，市粮食局组织10家粮食企业职工学习中央、省、市有关国有企业改革改制文件和政策，学习省政府5号文件、省政府办公厅《关于进一步深化粮食购销体制改革有关问题的通知》，摘录中央、省委、省政府有关国企改革改制和下岗职工再就业优惠政策，以及市委、市政府关于加快全市国有企业改革和推进农业产业化和加快工业化、城市化进程的优惠政策100条。主持召开粮改动员会、座谈会、研讨会、现场会40次，并采取张贴标语、悬挂横幅、出办黑板报、发放公开信及发表电视讲话等形式宣传党的粮改政策，使职工思想实现“要我买断”到“我要买断”的根本转变，置换身份职工均自觉自愿地写出身份置换申请。

2002年，根据永州市国有企业改革领导小组《永州市市直国有企业产权制度改革试行办法》和《永州市市直国有企业置换职工身份试行办法》。市粮食局制定对市直粮食企业实施“分类指导、分步实施、一企一策、稳步推进”改革改制指导思想，实行全体起立、置换身份、改制重组、职工入股、按量设岗、择优竞聘、末位淘汰改革模式。从各企业实际出发，制订改革方案，经职代会通过，报请批准后组织实施。市粮食局成立粮食企业改革领导小组，将市局机关干部职工分成4个指导组，由局领导带队，联系和指导市直粮食企业改制。组建“劳动、社保、房产”和“财政、金融”两个协调小组，帮助企业协调部门关系。制定印发“永州市粮食企业职工置换身份工作程序和模式”，实行领导工作分工指导奖罚责任制，市局机关干部职工全面实行工资与工作捆绑兑现。根据各企业不同实际，指导企业严格按照永州市国有企业改革领导小组《永州市市直国有企业产权制度改革试行办法》和《永州市市直国有企业置换职工身份试行办法》补偿标准执行，不得在市政府改革办批转的改革方案上乱开口子（主要是解决医保、社保等后顾之忧问题）。坚持主营、附营企业一视同仁，同步改革，利用粮食行业优良资产招商引资，谋求新发展。坚持改制与职工再就业相结合，改制后全市粮食系统实施返聘上岗，同时组织开展职业技术培训，落实下岗职工各种优惠政策，创造条件为置换职工推荐就业。

2002年，按照省政府办公厅《关于进一步深化粮食购销体制改革有关问题的通知》和《永州市市直国有企业产权制度改革试行办法》《永州市市直国有企业置换职工身份试行办法》优惠政策，多渠道筹集改制成本。买断“老粮”3.4亿公斤，筹集资金9500万元，利用财政补贴及借款资金2000万元，争取社保减免挂账资金600万元，争取上级改制各项补贴资金900万元，资产变现筹集资金7000万元，竞聘带资上岗资金1100万元，资产量化到人资金300万元，招商引资项目筹措改制资金2500万元，共计筹集企业改制资金2.39亿元。

2004年，永州市市直粮食企业职工2024名。其中置换身份职工1652人，离退休职工（含提前退休）354人，县处级干部及调出、未办人员27人。组建永州市香穗米业有限责任公司、湖南湘君面业有限公司2家股份制企业，截至年底，市直10家粮食企业改制完成。

2004 年永州市粮食局市直国有粮食企业改制情况表

表 1-2　　　　单位：人

单位名称	职工总数	在册职工	置换身份职工	离退休职工（含提前退休）	备注
合计	2024	1670	1643	354	27
湖南冷水滩虎岩国家粮食储备库	614	501	492	113	处级干部 9
湖南省冷水滩面粉厂（湖南永州下河国家粮食储备库）	408	368	360	40	处级干部 8
永州中泰饲料实业公司	171	158	153	13	调出 4、未办 1
永州市粮油贸易总公司	188	176	173	12	未办 3
永州市粮油机械厂	212	147	147	65	
永州市零陵粮库	159	120	120	39	
永州市粮运车队	187	118	118	69	
永州市粮食多种经营公司	49	47	47	2	
永州市华联粮贸有限公司	10	9	7	1	调出 2
永州市粮食局劳动服务公司	26	26	26		

1984—2005 年永州市粮食局直属企业法人一览表

表 1-3

单位名称	姓名	任职时间	备注
湖南冷水滩虎岩国家粮食储备库	龙遗俊	1984. 1—1995. 11	2005 年 9 月上收中储粮湖南分公司所辖。
	唐　波	1995. 11—2002. 1	
	张小青	2002. 1—2005. 9	
湖南省冷水滩面粉厂（湖南永州下河国家粮食储备库）	张铁锚	1986. 1—1995. 8	廖大富 2008. 3 月兼任湖南永州下河国家粮食储备库主任，2013. 1 免去。
	廖大富	1995. 8—2008. 3	
	陶晓华	2013. 1—	
永州中泰饲料实业公司	郑国宽	1990—2000. 10	
	袁德宇	2000. 11—2009. 12	
	雷　鸣	2010. 1—	

续表1-3

单位名称	姓名	任职时间	备注
永州市粮油贸易总公司	王建国	1990—1993. 10	
	廖大富	1993. 10—1995. 8	
	雷德祁	1995. 9—1997. 4	
	刘志新	1997. 5—2007. 1	
	唐亚萍	2007. 2—2007. 5	
	蒋玉平	2007. 6—	（兼）
永州市粮油机械厂	刘志新	1990. 4—1997. 5	
	唐生雄	1997. 5—1998. 5	
	谭鲜山	1998. 5—1999. 9	
	钟春保	1999. 9—2000. 8	
	刘爱林	2000. 8—2000. 12	
	张继青	2001. 1—2004. 4	
	胡勇春	2004. 4—	
永州市零陵粮库	蒋大祥	1992. 4—1994. 1	
	张润臣	1994. 1—1996. 9	
	蒋正生	1996. 9—1997. 7	
	王建国	1997. 7—	
永州市粮运车队	汤　平	1993. 1—	
永州市粮食多种经营公司	李定国	1992. 4—1997. 3	
	张福生	1997. 3—1997. 6	
	肖亚林	1997. 7—1998. 8	
	唐卫国	2001. 3—2002. 3	
	唐元锋	2002. 3—2003. 2	
	李小枫	2003. 3—	
永州市华联粮贸有限公司	罗太平	1994. 12—2003. 9	
永州市粮食局劳动服务公司	潘锦云	1996. 4—2005. 9	
永州市粮食干部中等专业学校	蒋正元	1986. 8—1999. 3	2005年7月整体移交冷水滩区人民政府管理。
	唐建春	1999. 3—2005. 7	

2003年永州市县（区）粮食系统改革情况统计表（一）

表1-4

项目 / 单位	总人数		应改革人数	已改革人数		完成 %	尚未置换人数	备注
	小计	其中机关事业单位		小计	其中离退、提前退休安置			
全市总计	13275	424	11951	11509	2937		442	
县区小计	10363	424	9939	9722	2465		217	
芝山区粮食局	1169	36	1133	1133	269			
冷水滩区粮食局	1004	51	953	833	207		120	
祁阳县粮食局	1754	32	1722	1667	367		55	
东安县粮食局	1129	41	1088	1088	253			
宁远县粮食局	1014	43	971	971	288			
道县粮食局	1097	47	1050	1050	350			
江永县粮食局	780	15	765	762	160		3	
江华瑶族自治县粮食局	697	36	661	661	179			
蓝山县粮食局	460	43	417	378	123		39	
新田县粮食局	631	44	587	587	161			
双牌县粮食局	547	33	514	514	108			
回龙圩	81	3	78	78				

2003 年永州市市直粮食改制企业情况统计表（二）

表 1-5　　单位：人、万元

企业名称	职工人数	已退休人数	提前退休人数	40~50 人数	45~55 人数	置换人数	安置补偿费	资产安置	政府挂账（社保费）	资产总额	负债总额	资产变现	化解债务		盘活资产	再就业人数
													银行	一般		
湖南冷水滩虎岩国家粮食储备库	607	115		48	66	492	264			18709	17871	406				233
湖南永州下河国家粮食储备库	405	39	8	43	21	350	818	105	12	4571	3477	587				329
永州中泰饲料实业公司	171	13	1	10	12	152	433.3			1617.81	4095.195	400				106
永州市粮油贸易总公司	188	12				176	616			1599	2300	840	1367		82	65
永州市粮油机械厂	212	65	26		35	121	345			653	452	71				45
永州市零陵粮库	161	26	13	21	11	155	422			1656	1738					55
永州市粮运车队	187	69	29	36	35	89	370			732	1008	374				50
永州市粮食多种经营公司	49					49	178			596	764	348				41
永州市华联粮贸有限公司	12	1				11	50				898		898			11
永州市粮食局劳动服务公司	24			2	4	24	119				280					14
合计	2016	340	77	191	184	1619	3597.3	105	12	30133.81	32883.195	3026	2265		82	949

附一：

市直粮食企业简介

湖南冷水滩虎岩国家粮食储备库　湖南冷水滩虎岩国家粮食储备库建于1956年，前身系零陵地区冷水滩五一米厂。位于冷水滩区伍家院街89号，企业占地面积31万平方米，拥有固定资产5500万元。建有铁路专线1.46公里，月台货位42个，年吞吐货物量达2.5亿公斤，储备仓容总量1.5亿公斤，年产5000万公斤大米生产线一条，年出栏5000头牲猪综合养殖场一个、年产4万公斤肌醇生产线一条。是集粮食储备、加工、中转、经营、养殖为一体的国有大一型粮食企业。加工大米创省优、部优并被评为湖南名牌产品。

2003年9月，湖南冷水滩虎岩国家粮食储备库492名员工，除厂级（处级干部）干部外全部进行身份置换。233名员工通过竞争上岗，签订返聘上岗合同书。2005年，湖南冷水滩虎岩国家粮食储备库上收为中央储备粮垂直管理，更名为中央储备粮永州直属库。

湖南省冷水滩面粉厂（湖南永州下河国家粮食储备库）　湖南省冷水滩面粉厂建于1984年，位于冷水滩区零陵北路411号，企业占地面积26万平方米，固定资产4327万元。建有铁路专用线1.4公里，封闭式月台年吞吐货物量2亿公斤。持有年产4000万公斤面粉、1000万公斤饲料生产线和150亩种养场，储粮仓容量7500万公斤。面粉生产线进行2次技术改造，达到国内先进水平，是湖南省三大面粉厂之一。1992年，由国家粮食局命名的湖南冷水滩下河国家粮食储备库与湖南省冷水滩面粉厂实行合署办公一套人马，两块牌子。

1996年，湖南省冷水滩面粉厂厂区

1997年12月，国内贸易部确认下河粮库为全国商业、粮食非工业大型二档企业。2003年4月，湖南冷水滩下河国家粮食储备库更名为湖南永州下河国家粮食储备库，集面粉加工、粮食储备、粮油贸易，附营饲料、种植、中转服务国有粮食企业。其生产经营的“湘君”牌系列面粉获湖南省产品质量奖、中国粮食行业推荐产品和国家质量检测达标产品等荣誉称号。是年，根据永州市国有企业改革领导小组《永州市市直国有企业产权制度改革试行办法》和《永州市市直国有企业置换职工身份试行办法》，实施“两个置换”改革，湖南省冷水滩面粉厂退出国有粮油加工领域，走向市场。全厂368名职工置换国有粮食企业身份（不含8名厂处级干部），返聘置换职工122人到湖南永州下河国家粮食储备库上岗，238名置换职工走上社会各行业新岗位。

永州中泰饲料实业公司 永州中泰饲料实业公司，1990年由零陵地区饲料公司和零陵地区饲料厂合并组建而成。公司位于冷水滩区零陵南路899号，公司占地面积7.8万平方米。下辖饲料生产车间、曲河养殖场等14个科室和生产经营单位。总资产2001万元，固定资产净值1045万元。1988年新建万吨饲料厂，贷款建厂后，一直处于负债经营。1994年升为国有中型二档工业企业。1996年被列入永州市特困企业，1999年7月全面停产。2002年，固定资产原值1144万元，资产总额1617.81万元。

2003年，根据永州市国有企业改革领导小组《永州市市直国有企业产权制度改革试行办法》和《永州市市直国有企业置换职工身份试行办法》，实施“两个置换”改革，永州中泰饲料实业公司退出国有饲料加工行业，走向市场。公司152人经永州市劳动和社会保障局仲裁办理解除劳动关系手续，2人给予除名，2人调出，1人办理提前退休手续。

永州市粮油贸易总公司 永州市粮油贸易总公司是隶属永州市粮食局管辖的国有粮油贸易企业，成立于1985年11月，由原零陵地区粮食局物资站和原零陵地区粮油议价公司合并而成，1994年晋升为国家中二型贸易企业。公司位于冷水滩区零陵中路864号，注册资金183万元，公司占地面积1.9万平方米，拥有资产1599万元。经济性质为全民所有制，经营方式为议购议销、批发、零售，主营粮油及制品、饲料，兼营粮油机械配件、建筑材料、百货、五金等。

2003年，根据永州市国有企业改革领导小组《永州市市直国有企业产权制度改革试行办法》和《永州市市直国有企业置换职工身份试行办法》，实施“两个置换”改革，公司退出国有粮油贸易经营走向市场，173名职工置换国有粮食职工身份，进入社会自谋职业。

永州市粮油机械厂 永州市粮油机械厂原名零陵地区粮油机械厂，建于1969年，厂址位于冷水滩区长安路138号，占地面积2.2万平方米，注册资金165万元。企业设有7个科室、5个车间、1家公司和1家附属工厂（永州市粮食印刷厂），是国家粮油机械定点生产企业，从事粮油机械通风除尘设备和压力容器设计、制造及安装，是国家通风与除尘协会成员之一，也是原零陵地区焊工考试委员主要单位。

主要产品有YZCL系列蒸炒锅、糠粞分离筛、关风器，TBLF系列高效反吹除尘器及成套炼油设备。1996年，在永州市冷水滩成功举办“全国通风及除尘”研讨会，其中糠粞分离器获国家科技进步奖，出口东南亚等国家。1998年TBLF系列高效反吹除尘器中标成为建设国家粮食储备库主要设备之一，为扩大内需建设国家粮食储备库贡献力量，产品畅销全国各地。

2003年8月，按照市委、市政府要求，根据永州市国有企业改革领导小组《永州市市直国有企业产权制度改革试行办法》和《永州市市直国有企业置换职工身份试行办法》文件精神，全部签订解除劳动关系协议，完成“两个置换”工作。

永州市零陵粮库　零陵粮库成立于1989年7月，前身系零陵地区面粉厂。粮库资产总额1750万元（不良资产268万元），其中固定资产（账面值）495万元（接履桥资产还欠70万元未付），负债总额1432万元，按职工159人分摊，人平负债9万元。

1997年，零陵粮库进行改革，47名职工自愿申请与企业解除劳动关系。2003年，根据永州市国有企业改革领导小组《永州市市直国有企业产权制度改革试行办法》和《永州市市直国有企业置换职工身份试行办法》，实施“两个置换”改革，市粮食局领导为零陵粮库排忧解难，同意用粮库部分资产作抵押，向市粮油批发市场服务中心借款214万元，职工集资149万元，带资竞聘上岗职工筹资54万元，达到兑现置换职工补偿金和39人离退休人员各项费用开支要求，全库120名职工按规定办妥置换身份解除劳动关系相关手续。

永州市粮运车队　永州市粮运车队建于1962年，主要从事国内货物运输及车辆维修业务。1994年被永州市委、市政府批准为特困企业。资产总额998万元，其中流动资产86万元，固定资产912万元。计划经济时期，车队充分发挥国营运输企业主渠道作用，保证国家统销粮、救灾粮等粮食调运计划全面落实，确保军需民食，取得较好社会效益，上交国家利税500万元。

2003年，根据永州市国有企业改革领导小组《永州市市直国有企业产权制度改革试行办法》和《永州市市直国有企业置换职工身份试行办法》文件精神，实施“两个置换”改革。永州市粮运车队89名职工置换国有粮食职工身份，29名职工提前退休安置。

永州市粮食多种经营公司　永州市粮食多种经营公司，成立于1989年。资产总额595万元，负债总额800万元。为筹措补偿职工置换身份资金，整体拍卖公司位于冷水滩区沿江路9号房地产，获得资金348万元。2003年8月，永州市粮食多种经营公司47名职工全部置换身份，签订解除劳动关系协议。

永州市华联粮贸有限公司　永州市华联粮贸有限公司成立于1994年12月，是永州市粮食行业第一家股份制企业，公司位于冷水滩区潇湘路33号。主要经营粮油制品、住宿、饮食、停车、文化娱乐服务等。同年，公司与香港惠联投资有限公司共同投资，合资经营湖南南华大酒店有限公司，代表中方监管湖南南华大酒店有限公司承包经营。2003年3月18日，根据市委、市政府第40次常务会议《关于改变湖南南华大酒店有限公司经营形式的决定》及股东大会决定，将所有资产股份转让给香港惠联投资有限公司。全体员工不存在返聘和再就业，走向社会，自谋职业。

永州市粮食局劳动服务公司 永州市粮食局劳动服务公司成立于1996年，时有资产104万元。公司成立时，主要为解决永州市粮食局部分干部职工家属子女就业，盘活经营永州市粮食局部分固定资产，从永州市粮贸总公司分离出来。随着永州市粮食局机关由零陵区迁至冷水滩区，原有固定资产已无法继续经营，流通体制改革不断变化，公司已经失去存在的基础和运行条件，2003年全体职工置换身份。

附二：农业产业化龙头企业

国家级农业产业化龙头企业

湖南新金浩茶油股份有限公司 湖南新金浩茶油股份有限公司（前身湖南金浩茶油股份有限公司）建于1993年，公司位于祁阳县浯溪工业新村，注册资本1.5亿元，总资产6.77亿元。是一家集科研、种植、生产、销售茶籽系列高档食用植物油于一体的现代化国家级农业产业化重点龙头企业，全国经济林产业化龙头企业，全国油茶产业重点企业，全国放心粮油示范加工企业。

1998年，湖南新金浩茶油股份有限公司厂区

公司以湖南丰富的油茶资源为本，在湖南省内祁阳、益阳、衡阳、望城铜官及江西省萍乡建设五大生产工厂，建有10条工艺先进的预榨、浸出、精炼、灌装自动化生产线，引进先进油脂精炼和茶油产品开发技术。主要产品“金浩茶油”系列高档食用植物油，获“中国驰名商标”、“绿色食品”、“有机食品”、“放心粮油”、“全国油茶籽油知名品牌”。在全国10个省市建立销售网点，8个省区成立营销办

事处，形成一个以“湖南为大本营，京广线为轴心，京沪为战略制高点，辐射周边城市及全国市场”。

2000年，湖南新金浩茶油股份有限公司生产的油茶籽油系列

2000年，湖南新金浩茶油股份有限公司生产的“金浩”精品油茶籽油

湖南银光粮油股份有限公司　湖南银光粮油股份有限公司创建于1996年，公司位于祁阳县大村甸镇工业开发区。注册资金5516万元，总资产2亿元，总占地面积16万平方米，是湖南粮食集团控股的集优质粮油种植、收储、加工、销售、科研于一体的粮油加工国家级农业产业化龙头企业、国家高新技术企业、全国大米加工50强企业、湖南省先进粮食加工企业。

公司年精米加工能力2亿公斤，山茶籽油低温压榨能力2000万公斤，有储粮仓容1.05亿公斤，植物油罐容1000万公斤。公司先后通过ISO9001 2008国际质量管理体系ISO22000，2005食品安全和ISO14001，2004环境管理3大管理体系认证。注册的“银光”商标被评为中国驰名商标，“银光”牌大米先后被认定为中国名牌产品和绿色食品，产品畅销两湖两广、海南、上海等市场。

湖南熙可食品有限公司

湖南熙可食品有限公司创建于1997年，位于永州经济技术开发区向荣工业村。公司以果蔬、杂粮、食用菌科研、种植、加工、销售于一体，系国家级农业产业化龙头企业。公司主要产品有玉米、红薯、柑桔、黄桃、蘑菇罐头、NFC橙汁及柑桔、食用菌鲜品等，产品主销美国、欧盟、日本及国内大中城市。

2002年，湖南永州熙可食品有限公司出口产品（桔子罐头）生产车间一角

公司产品先后被美国FPA、英国BSI、德国IFS、中国ISO9000、HACCP良好农业规范和无公害食品认证，获“国家科学技术进步二等奖”、“湖南省科技进步一等奖”、“国家高新技术企业”、“全国农产品加工业示范企业”、“全国园艺产品出口示范企业”、“中国优秀民营科技企业”、“全国新农村建设百强示范企业”、“全国乡镇企业创名牌重点企业”。

省级农业产业化龙头企业

湖南湘君面业有限公司 湖南湘君面业有限公司前身零陵面粉厂。1984年，搬迁至冷水滩，更名为湖南省冷水滩面粉厂。2008年，冷水滩面粉厂改制重组，更名为“湖南湘君面业有限公司”。公司位于冷水滩区春江路与珊瑚路交汇处101号，注册资金3000万元。

公司以面粉加工及挂面加工为主要产业，主要产品有面粉系列30个品种、挂面系列130个品种，产品销往全国50个县市及东南亚国际市场，产销规模湖南省制面行业四强。公司获“全国放心粮油示范加工企业”、“湖南省农业产业化龙头企业”，“湘君”商标评为湖南省“著名商标”。公司获1项国家发明专利、5项实用新型专利、1项外观设计专利。

湖南省天龙米业有限公司 湖南省天龙米业有限公司建于1992年，位于祁阳县文明铺镇富民路75号。公司占地面积200亩，注册资本5288万元，有现代化精米生产线4条，年加工能力1.6亿公斤，仓储存能力4300万公斤，稻谷烘干日处理100万公斤，建有独立粮油加工“省级技术中心”。

公司拥有国家级农业标准化种植基地30万亩，境内第一个引进繁育优质稻种，建立种植基地，实施订单农业，为农户提供技术服务，示范推广无公害、绿色稻米种植技术。引进繁育的“天龙一号”优质稻以其产量高、抗性强、品质优享誉永州。公司为首批国家知识产权优势培育企业及知识产权管理规范化试点单位，各项专利技术83项，获国家发明专利9项，实用新型专利7项，在湖南省食品加工企业中率先通过计量“C”标志认证和ISO9001质量、ISO14001环境、ISO22000食品安全3大管理体系认证。获“全国农产品加工示范企业”、中国质量万里行“全国先进单位”。天龙大米通过无公害农产品、绿色食品认证，为“中国名牌产品”，“天龙”注册商标为“中国驰名商标”。

湖南阳光华利食品有限公司 2018年4月更名为湖南阳光华利食品有限公司（前身系永州市华利工贸有限责任公司）。公司位于冷水滩区银象北路1091号。注册资金1000万元，拥有符合GMP标准厂房及辅助设施，米粉专用稻米育种和原料种植示范基地3.2万亩，鲜湿米粉、河粉、全干米粉生产线3条，年米粉加工能力

5000 万公斤，拥有国家专利 12 项。

2018 年，湖南阳光华利食品有限公司

公司是湖南省粮食行业协会唯一米粉行业副会长单位，开创米粉传统加工向复合加工和综合利用的先河。企业通过 ISO9001 质量管理体系认证、食品工业企业诚信管理体系认证和 HACCP 体系认证。获“全国放心粮油示范加工企业”、“全国节粮减损示范企业”、“绿色食品”、“湖南名优特产商品”等 60 多项荣誉资质。公司自主创新研发课题“鲜湿米粉关键技术研究及产业化示范应用”获永州市技术发明二等奖，中国粮油学会科学技术三等奖。

2018 年，湖南阳光华利食品有限公司生产的湖南名优特产品华利米粉

湖南都成国际食品有限公司　湖南都成国际食品有限公司创建于 1997 年，位于冷水滩区凤凰园向荣工业村内，占地面积 12 万平方米，注册资金 7200 万元，拥有总资产 2.5 亿元。公司以加工蔬菜、水果等农产品出口罐头为主的民营大型企业，湖南最大果蔬类罐头生产商和出口商。

公司拥有年产能力 5000 万公斤蔬菜水果及果浆果粒罐头生产线，主要产品有糖水蜜桔罐头、甜酸荞头、黄桃、果浆果肉饮料等 10 个品种 80 个规格，其中“天之果”系列产品获“湖南省著名商标”，产品销往日本、美国、欧盟等发达国家和地区。

2004 年，湖南都成国际食品有限公司生产的出口蔬菜水果罐头系列产品

公司先后获国家农产品加工示范企业，湖南省食品加工五强企业。产品通过中国质量认证中心 IS9001 及 HACCP 质量安全体系认证，美国 FDA 认证，欧盟 IFS 认证，英国 BRC 认证。

2008年，湖南金三和粮油有限公司办公楼

湖南金三和粮油有限公司 湖南金三和粮油有限公司创建于2001年，2006年第一届长沙“中博会”期间，被作为招商引资项目落户永州。公司位于冷水滩区马坪农业开发区，占地面积2.44万平方米，注册资本1000万元。公司拥有年加工优质稻谷能力1亿公斤大米生产线2条，粮食仓容储存能力1.2亿公斤，优质稻种植基地10万亩，国家发明专利技术1项，实用新型专利2项，国家软件注册权2项。

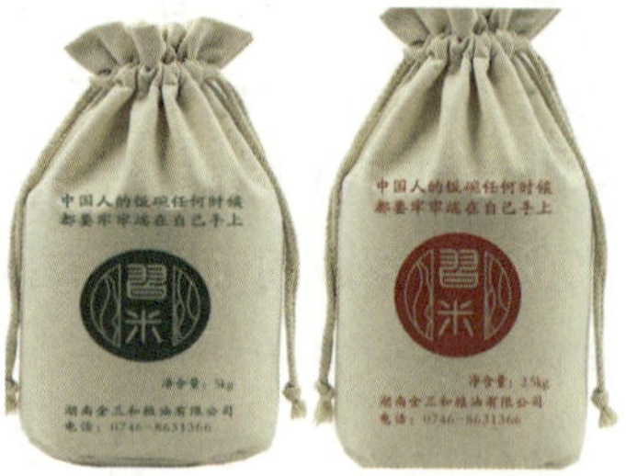

2015年，湖南金三和粮油有限公司生产的优质“习米”

15年间，公司自主研发粮油品种20个，主导产品“金生和”系列优质大米通过无公害、绿色食品认证，公司外地设立经营网点39处，产品畅销广东、广西、海南、贵州等省市场。“金生和”注册商标为“湖南著名商标”，企业通过ISO9001质量管理体系认证。2015—2018年，公司获“全国放心粮油加工示范企业”、“中国好粮油示范企业”、“国家动态储备粮仓库”、“粮食应急储备中心”等荣誉资质。

江永特色农副产品开发有限公司 江永特色农副产品开发有限公司成立于2006年5月，公司位于江永县潇铺镇工业园工业大道9号。总资产1.5亿元，建有年产1000万公斤速冻食品生产线及配套冷库设施、年生产能力300万公斤酱腌菜生产线2条、年产500万公斤香芋薯类丸子米面生产线1条、年产20万公斤香芋片和薯片休闲食品生产线1条。

公司采取“公司+基地+农户”发展经营模式，建有香芋种植基地5000亩、红薯种植基地2万亩、玉米种植基地1.2万亩，辐射周边地区农产品种植达6万亩。创建产品研发与质量控制中心及规模化、标准化产品加工与质量控制体系，生产技术水平国内领先。

公司拥有速冻食品、酱腌菜、米面食品、休闲食品和传统特色食品5大系列28

个不同规格产品。“千家峒”品牌为湖南省著名商标，产品畅销全国，部分产品出口东南亚国家及港澳台地区。

新田县恒丰粮油有限公司　新田县恒丰粮油有限公司成立于2007年3月，位于新田县龙泉镇工业小区，注册资金1030万元。公司主要加工有机大米、薯米等产品。公司获“全国放心粮油企业”，“新硒土壕”注册商标被评为“湖南省著名商标”。

公司致力于农业产业化发展，实施“公司+合作社+基地+农户”经营模式，通过土地流转、承包方式在骥村镇建有有机稻种植示范基地1000亩，并参股新田县金硒水稻种植专业合作社，通过示范基地和农民专业合作社带动农民特别是贫困农户发展富硒优质有机稻谷种植。

湖南味百信粮油有限公司　湖南味百信粮油有限公司创建于2009年，公司位于永州经济技术开发区仁湾镇东山里村。注册资金3120万元。味百信是国家杂交水稻工程技术研究中心、湖南杂交水稻研究所和湖南省粮油科学研究设计院产学研合作基地。拥有优质稻种植与推广基地12万亩，其中自营优质稻和绿色稻生产基地2.6万亩，拥有年产1亿公斤大米生产线1条，储粮仓容3500万公斤。获国家专利9项，自主研发粮油品种30个。2015年12月10日，在湖南股权交易所优选板挂牌上市。

2015年，公司被评为“全国放心粮油示范加工企业”、“全国节粮减损示范企业”、“湖南省‘专精特新’示范企业”，企业通过ISO9001国际质量管理体系认证和HACCP认证。主导产品“味百信”系列优质大米通过无公害、绿色食品认证，获“湖南名优特产商品”和“湖南省著名商标”，被永州市政府列入永州市食品安全追溯体系目录，成为永州市中心城区粮油食品加工行业标杆企业。

湖南湘浩油茶生物科技有限公司　湖南湘浩油茶生物科技有限公司创建于2009年4月，公司位于道县工业园区工业大道2号，占地面积90亩，注册资金5000万元。公司主要生产经营“湘浩牌”纯山茶油、茶籽调和油、精品茶皂素。

公司长期与中南林业科技大学合作，是其指定的实习和科研基地。公司利用4项新发明专利技术萃取山茶油，形成年产能300万公斤茶油能力，茶油质量严格执行国家质量标准（GB11765-2003）。公司先后获“湖南省林业产业化龙头企业”、“湖南省‘专精特新’示范企业”等荣誉资质。“道州府”牌山茶油获“第五届中国（北京）国际营养健康食用油博览会”山茶油类产品金奖。通过ISO9001：2008质量管理体系认证，“湘浩”产品被评为湖南省市场畅销农产品品牌，“湘浩”商标被认定为湖南省著名商标，公司亚临界低温低压提取茶油技术被永州市政府评为科学技术进步奖。

江华瑶族自治县同丰粮油食品有限公司 江华瑶族自治县同丰粮油食品有限公司成立于2009年11月，位于江华瑶族自治县沱江镇瑶都大道北段。公司资产1.25亿元，拥有高山岭禾基地0.45万亩、有机水稻基地0.6万亩、绿色水稻基地6万亩、优质水稻基地15万亩。有湖南省首个集稻谷烘干、仓储、加工于一体全自动、智能化稻谷收储、加工处理系统，年产8000万公斤精米生产线。

公司先后获“全国放心粮油示范工程示范加工企业”、“湖南省绿色食品示范基地”、“湖南省智能制造示范企业”、“湖南省上市后备企业”。“瑶珍”商标被评为湖南省著名商标。

公司依托生态瑶乡优越农业生产条件、先进加工技术和设备，研发创立“瑶珍”牌大米3大系列20个品种。产品通过省、市技术监督检验，取得国家食品安全准入认证。

湖南林之神林韵油茶科技发展有限公司 湖南林之神林韵油茶科技发展有限公司成立于2010年4月，公司位于冷水滩区珊瑚乡东零桥村，占地面积212亩，注册资金1000万元，资产总额6268万元，拥有标准厂房2.1万平方米，罐容1500吨。

公司以当地得天独厚的油茶资源为依托，以湖南省林业科学院科研团队为支撑，与湖南农业大学、南京理工大学、郑州粮院等油脂专业研发机构开展技术合作，建立国内首家油茶籽油研发中心和检测中心，取得国家专利1项、实用新型专利5项。公司拥有年产500万公斤茶油精加工生产线，采用国内最先进低温冷榨工艺，保持纯天然、高营养、多功效、固有茶油风味的高端品质，开发“林之神”一级压榨油茶籽油，保留茶籽油固有营养成分和风味。2015—2018年，公司被认定为“全国油茶产业重点企业”、“湖南省林业产业化龙头企业”等荣誉资质，取得QS认证，通过ISO9001和ISO22000双体系认证。

宁远县好放心米业有限责任公司 宁远县好放心米业有限责任公司成立于2015年7月，位于宁远县十里铺工业园区，注册资金6800万元。公司拥有先进“普米”生产线和“精米”生产线各1条，形成日加工大米15万公斤生产能力，建有脉冲环保除尘糠房，仓容量200万公斤高标准圆筒仓3个，有国内最先进烘干设备——“牧羊”烘干机，阴雨期间，可为稻谷种植户提供烘干稻谷全程服务。

公司与长沙、广东、上海等多地达成战略合作，采用“互联网+企业+基地+农户”模式运行，开创全新大米品类，是中国第一个打造“素米”概念品牌，生产“九嶷素米”3大品牌12个品种，产品主要销往广东和长沙市场。凭借着“健康支撑价值”、“稀缺性保障价值”，获“湖南名优特产商品”、“中国中部（湖南）农业博览会金奖”等荣誉资质。

1994—2018年永州市国家级农业产业化龙头企业一览表

表1-6

所在县区	企业名称	加工类型
冷水滩区	湖南熙可食品有限公司	食品
祁阳县	湖南新金浩茶油股份有限公司	食用油
	湖南银光粮油股份有限公司	大米

1994—2018年永州市省级农业产业化龙头企业一览表

表1-7

所在县区	企业名称	加工类型
冷水滩区	湖南湘君面业有限公司	小麦粉
	永州市华利工贸有限责任公司	米粉
	湖南味百信粮油有限公司	大米
	湖南金三和粮油有限公司	大米
	湖南林之神林韵油茶科技发展有限公司	食用油
	湖南都成国际食品有限公司	食品
祁阳县	湖南省天龙米业有限公司	大米
道县	湖南湘浩油茶生物科技有限公司	食用油
宁远县	宁远县好放心米业有限责任公司	大米
江华瑶族自治县	江华瑶族自治县同丰粮油食品有限公司	大米
江永县	江永特色农副产品开发有限公司	食品
新田县	新田县恒丰粮油有限公司	大米

1994—2018年永州市市级农业产业化龙头企业一览表

表1-8

所在县区	企业名称	加工类型
冷水滩区	永州市冷水滩区丰穗粮油贸易有限公司	大米
	湖南大自然制药有限公司	食用油
	永州市冷水滩区五谷香农产品加工有限公司	大米
	永州市湘永宏旺粮油发展有限公司	大米

续表1-8

所在县区	企业名称	加工类型
零陵区	永州泰丰米业有限公司	大米
	永州市煜宏食品有限公司	豆制品
	永州市雅大科技实业有限公司	酿酒、酿酒设备
东安县	湖南九龙福食品有限公司	面制品
新田县	新田县石羊醋水豆腐生产专业合作社	豆制品
	湖南凤神茶油有限公司	食用油

第四节　商业、物资流通体制改革

一、商业体制改革

（一）体制改革

1994年8月16日，零陵地委《关于零陵地直党政机关机构设置的通知》将原地区商业局等10个局转为经济实体。零陵地区商业局被撤销，成建制组建零陵地区商业总公司，设党组。便于行业管理，根据零陵地委办公室文件精神成立商业8个行业管理办公室，负责原商业系统上传下达、协调服务和行业管理工作。机关改革时，商业局机关有领导6人，9个科室即办公室、政工科、监察室、业务科、商办工业科、财会科、统计科、物价科、储运保卫科，有工作人员29人，周祖钦为零陵地区商业总公司经理，郑林祥为零陵地区商业行业管理办公室主任。是年9月，零陵地委、行政公署免去郑林祥零陵地区商业行管办公室主任职务，调至零陵地区财贸办任调研员，周祖钦兼任零陵地区商业行管办主任。政府机构改革文件中明确将原零陵地区商业局管理的零陵商校、万利集团公司、地区百货站、地区纺织站、地区食品公司、金秋股份有限公司、地区糖酒副食品公司、地区劳保用品公司8个单位划归零陵地区财贸办管理。地区商业总公司（商业行管办）只直接管理地区友谊华侨公司、友谊大酒店、永州商业城、地区商业储运公司、地区商业职工医院和新成立的永州商业批发公司（实际没有运作经营）、冷水滩商业批发公司、东安商业批发公司共8家单位。

1995年初，地区商业总公司与商业行管办是两块牌子一套人马，机关设立6个科室即行管办、总经理办、政工科、财会科、市场管理科、行政科。工作总思路是：一手抓行业管理，一手抓经济实体，工作侧重点以抓经济实体为主，总公司把永州商业城作为核心经济实体，主要抓永州商业城经营管理工作。是年，零陵行政公署决定将零陵地区商业职工医院成建制地并入地区人民医院。

1996 年 5 月 28 日，市政府办公室下发《关于将零陵商业学校、万利集团有限公司等八户单位划归市商业总公司管理的通知》，零陵商业学校、万利集团公司、市糖酒副食品公司、金秋贸易服务有限公司、冷水滩纺织品站、市百货公司、市食品公司、市劳保用品公司 8 个单位划归市商业总公司（商业行管办）管理。市商业总公司（商业行管办）恢复原零陵地区商业局管理市直单位的行政职能，机关工作重心从抓经济实体转向抓行业管理工作。是年，东安商业批发公司撤销并入永州商业城。6 月 1 日，商业行管办在冷水滩设立办事处，负责抓市直单位行业管理工作。8 月，对市糖酒副食品公司进行分家，即一分为四，撤销市糖酒副食品公司，剥离出市糖酒公司、市饮食服务公司、市副食品公司，仍保留市糖酒副食品公司（主要承担对外的债务处理）。

1997 年 3 月 5 日，市政府办公室关于印发《市商业行业管理办公室（商业总公司）职能配置、内设机构和人员编制方案的通知》，永州市商业行业管理办公室（简称商业行管办）作为市政府行业管理机构，与转体后永州市商业总公司实行两块牌子，合署办公，受市政府委托，承担原部门行政管理职能具体 10 项工作职责。内设科室 7 个即办公室、政工科、财计科、内审科、业务科、储运保卫科、纪委或纪检组（监察室），控编 21 人。5 月，永州市委任命廖明海为市商业总公司副总经理。11 月，市委任命李一凡、聂佑安为市商业行管办（商业总公司）副主任（副总经理）、党组成员，熊家丽为市商业行管办（商业总公司）纪检组长、党组成员。

2001 年，永州市商业行管办等 8 个行管办更名为 8 个事务管理办，并设党组，主要从事国有资产和离退休人员管理工作，完成市委、市政府交办的其他工作。

2002 年 6 月 28 日，永州市机构编制委员会办公室、市人事局《关于市商业等八个事务管理办公室职能、内设机构和人员编制等事宜的函》，继续履行原商业行业管理办公室工作职能，其机构性质、级别、隶属关系、经费渠道、管理范围仍维持原定不变，内设机构、其人员编制原则上现有在岗人数剔除符合分流政策人员后的实有人数进行控制，除领导班子调整外，其他人员调入实行冻结，其管理人员实行公务员制度。商业事务办内设 5 个科即综合科、政工科、国有资产管理科（财计科）、内审科、行业管理科，控编 16 人，其中正副科长 9 人。

2003 年，按照永州市委、市政府统一安排，在市直商业企业中全面推行“两个置换”的改革。6月，零陵商业学校并入永州市职业技术学院。次年，湖南万利食品集团公司按照市政府14家中型企业改革部署，启动“两个置换”改革。年底，市百货公司、纺织品公司、食品公司、糖酒公司、饮食服务公司、副食品公司、商储工贸公司、友谊华侨公司、友谊大酒店、永州商业城、劳保用品公司、糖果饮料厂12家企业全部完成改制任务。除永州商业城实行承债式改革外，其余11家企业全部实行“两个置换”改革。企业改革完成后，商业事务办成立一个企业改制临时管理办公室，原则上每个企业的经理、支部书记留在临管办，负责处理改制后续工作和遗留问题。2006年，湖南万利食品集团公司改革全面完成。市政府国有资产监督管理委员会下文成立万利集团公司临时管理办公室，将未退休领导班子成员列为临管办成员，负责原企业遗留问题和后续工作的处理。

2007年9月—12月，由市商业总公司副总经理、商业事务办副主任廖明海主持商业事务办（商业总公司）全盘工作，事务办副主任（商业总公司副总经理）李一凡兼任永州商业城总经理，副主任（副总经理）聂佑安在事务办协助廖明海抓行业管理工作，纪检组长熊家丽在事务办主抓纪检监察和信访维稳工作。

2009年5月，廖明海任商业事务办调研员。8月，聂佑安、熊家丽任商业事务办调研员。陈国才任市商业事务办副主任，党组成员，胡砖玉任市商业事务办总经济师。

2010年1月，李一凡任商业事务办主任、党组书记，陈国才任副主任、党组成员，胡砖玉任总经济师、党组成员，廖明海、聂佑安、熊家丽任调研员。内设4个科室即综合科、政工科、财计科（国有资产管理）、行业管理科。

2015年1月30日，市委、市政府关于印发《永州市人民政府职能转变和机构改革方案的实施意见的通知》，撤销市商业事务办公室、市物资事务办公室，将市商业事务办公室、市物资事务办公室承担的国有资产管理和行业管理职责划入市商务和粮食局，暂设立市商业企业改制服务办公室，为市商务和粮食局所属事业单位，主要承担市商业系统、市物资系统企业改制相关事务和离退休人员管理服务工作，待企业改制工作完成后予以撤销。

2017年11月，市委《关于涂万林等同志职务任免的通知》，永州市商务和粮食局副局长张宏任市商业企业改制服务办公室党组书记、主任（试用期一年），市场服务中心主任邓湘祁任市商业企业改制服务办公室党组成员、副主任。

11996—2018 年永州市商业事务办（行管办、商业总公司）领导一览表

表 1-9

年度	机构名称	历届领导人			任职时间
		职务	姓名	性别	
1996—2000	商业行管办、商业总公司	主任（总经理）	周组钦	男	1994. 8—2000. 12
		副总经理	廖明海	男	1997. 5—2000. 12
		副主任（副总经理）	李一凡	男	1997. 1—2000. 12
			聂佑安	男	1997. 1—2000. 12
		纪检组长	熊家丽	女	1997. 1—2000. 12
2001—2008	商业事务办、商业总公司	主任（总经理）	周组钦	男	2001. 1—2008. 2
		副主任（副总经理）	廖明海	男	2001. 1—2008. 2
			李一凡	男	2001. 1—2008. 2
			聂佑安	男	2001. 1—2008. 2
		纪检组长	熊家丽	女	2001. 1—2008. 2
2008—2009	商业事务办公室	副主任（主持工作）	廖明海	男	2009. 5 任调研员
		副主任	李一凡	男	2009. 8
			聂佑安	男	2009. 8 任调研员
			陈国才	男	2009. 8
		纪检组长	熊家丽	女	2009. 8 任调研员
		总经济师	胡砖玉	男	2009. 8
2010—2015	商业事务办公室	主任	李一凡	男	2010. 1—2015. 4
			文善林	男	2015. 4 任
		副主任	蒋易郓	男	2015. 4 任
			陈国才	男	2015. 6 退休
		总经济师	胡砖玉	男	2015. 6 退休
		调研员	廖明海	男	2012 退休
			聂佑安	男	2013 退休
			熊家丽	女	2015. 6 退休
2015—2018	商业企业改制服务办公室	党组书记、主任	文善林	男	2015. 4—2017. 11
			张　宏	男	2017. 11—
		党组成员、副主任	蒋易郓	男	2015. 4—2017. 11
			周良发	男	2016. 8—
			邓湘祁	男	2017. 11—

（二）企业改制

按照市委、市政府有关国企改革统一部署和安排，根据永州市国有企业改革领导小组《永州市市直国有企业产权制度改革试行办法》《永州市市直国有企业置换职工身份试行办法》文件精神，针对市直商业企业实际情况，因地制宜、因企施策，对市直商业企业实施“两个置换”改革。2003—2004 年，完成市直商业企业 14 家中的 13 家改制任务，2015—2018 年，最后完成情况最为复杂的湖南金秋贸易股份有限公司改制工作。14 家市直商业企业有职工 2635 人，资产总额 1.71 亿元，负债总额 2.54 亿元，置换身份职工 1936 人，离退休职工 699 人，改制总成本 2.70 亿元，其中职工身份置换和安置费 1.43 亿元。

改制重组 2003 年，经永州市国企改革办批准，对永州商业城进行改制。永州商业城共职工 29 人，其中退休 1 人，符合提前退休 1 人，置换身份职工 27 人。企业资产总额 3019 万元，负债总额 2822 万元，净值 197 万元，企业改制总成本 72.12 万元。企业先将职工买断工龄后，与职工签订解除劳动关系协议，然后进行企业重组，组建“永州商业城有限责任公司”，由国有企业改制为股份制企业。

置换身份 2003 年，永州市国企改革办对永州市友谊华侨服务公司采取量化资产，置换身份的做法。先对企业资产进行评估，然后将职工身份置换金换算成比例，按照职工置换身份比例量化到每个职工，完成企业和职工“两个置换”改革。市友谊华侨服务公司有职工 60 人，其中置换身份职工 58 人，离退休 2 人，企业资产总额 287 万元，负债总额 346 万元，改制总成本 231.64 万元，其中职工身份置换金 113 万元。企业拿出 6 间门面，面积 228 平方米，作价 113 万元，将门面置换到每个职工，待置换妥当后解除职工劳动关系，企业解散。

处置资产 2003—2004 年，永州市国企改革办将市百货公司、市纺织品公司、市食品公司、市糖酒公司、市副食品公司、市饮食服务公司、市劳保公司、市商储工贸公司、市友谊大酒店、市糖果饮料厂、市万利食品工业集团公司 11 家企业所有资产处置变现后，用货币兑现企业职工身份置换金，促使“两个置换”改革顺利完成（各企业改制具体情况见附表）。

依法破产 永州市国企改革办对湖南金秋贸易股份有限公司则采用依法破产，实施改革的形式。规模较大、情况最复杂的湖南金秋贸易股份有限公司有职工 251 人，企业总资产 2522 万元，负债总额 6731.70 万元，企业依法破产。政府对置换身份职工出资回收股金 688.85 万元（按 1 : 1 比例回收），出资 1644.24 万元置换职工身份 154 人。湖南金秋贸易股份有限公司改制工作从 2015 年 4 月开始，到 2018 年 10 月完成。

1996—2015 年永州市商业直属单位历任领导一览表

表 1-10

年度	机构名称	历届领导人			任职时间
		职务	姓名	性别	
1996—2004	市纺织品站	经理	赵忠晖	男	1988. 1—1996. 8
		党支部书记	眭国龙	男	1991. 8—2001. 1
		经理	眭国龙	男	1996. 8—1997. 3
			周仁东	男	1997. 3—2004. 12
1994—2004	市百货站	经理、党支部书记	李厚祥	男	1994. 8—1998. 10
		党支部书记	李厚祥	男	1998. 10—2004. 12
		经理	杨禄保	男	1998. 10—2004. 12
1993—2015	金秋贸易股份有限公司	经理	刘秋生	男	1993. 7—1996. 8
		经理	马　云	男	1996. 8—2000. 11
			杨海青	男	2000. 11—2010. 5
		经理、党支部书记	蒋训华	男	2010. 5—2014. 12
		经理	周仁东	男	2014. 12—2015. 12
1995—2005	湖南万利食品工业集团公司	经理、党委书记	彭新国	男	1995. 12—1998. 6
		党委副书记	高家月	男	1996. 1—1998. 6
		经理、党委书记	高家月	男	1998. 6—2005. 12
		副经理	周顺友	男	1993—
1996—2015	永州商业城	经理（兼）	李一凡	男	1996. 6—2009. 12
		经理	陈汝荣	男	2010. 1—2015. 3
			林仲秋	男	2015. 3
1992—2004	市食品公司	经理	吴玉璋	男	1992. 9—1996. 8
			蒋利民	男	1996. 8—1998. 5
			伍乐文	男	1998. 5—2004. 12
		党支部书记	罗水松	男	1996. 1—2004. 12
1996—1998	市糖酒副食品公司	经理	唐先文	男	1992. 6—1996. 9
		党支部书记	冯祥发	男	1988. 6—1996. 9
		经理	唐守元	男	1996. 9—1998. 12

续表1-10

年度	机构名称	历届领导人			任职时间
		职务	姓名	性别	
1996—2004	市饮食服务公司	经理	冯祥发	男	1996. 12—2004. 12
1998—2004	市副食品公司	经理	唐守元	男	1998. 12—2004. 12
		经理、党支部书记	蒋国义	男	1996. 12—1998. 12
		党支部书记	蒋国义	男	1998. 12—2004. 12
1996—2004	市糖酒公司	经理	谢建设	男	1996. 9—2004. 12
1994—2004	市商储工贸公司	经理	马　云	男	1994. —1996. 8
			李　晶	男	1996. 8—2000.
			刘利民	男	2001. 1—2004. 12
		党支部书记	刘建辉	男	2001. 1—2004. 12
1996—2004	市友谊华侨公司	经理	石仲喜	男	1996. 9—2004. 12
1996—2004	市友谊大酒店	经理	黄青柳	男	1996. 9—2004. 12
1996—2004	市劳保用品公司	经理	陈国才	男	1996. 8—1998. 1
			蒋朝峰	男	1998. 1—2004. 12
1996—2004	市糖果饮料厂	厂长	欧阳炎	男	1996. 1—1997. 12
			刘晓珊	男	1997. 12—2004. 12

2009年永州市市直商业企业改制情况统计表

表1-11

企业名称	职工人数	其中			企业改制终结时间	备注
		军转干部人数	置换身份人数	离退休人数		
永州市食品公司	227	1	163	63	2003. 12	
永州市劳保公司	57		43	14	2003. 12	
永州市糖酒公司	90	4	62	24	2003. 12	
永州市副食品公司	120		95	25	2003. 12	
永州市饮食服务公司	84		69	15	2003. 12	
永州市百货公司	231	1	156	74	2003. 12	

续表1-11

企业名称	职工人数	其中			企业改制终结时间	备注
		军转干部人数	置换身份人数	离退休人数		
永州市纺织品站	351		214	137	2003. 12	
永州市友谊华侨公司	60		58	2	2003. 12	
永州市商储工贸公司	142		102	40	2003. 12	
永州市糖果饮料厂	76		40	36	2003. 12	
永州商业城	29		22	7	2003. 12	
万利集团公司	816	1	441	374	2004. 12	
永州市友谊大酒店	67		64	3	2003. 12	
永州市金秋股份公司	271	1	208	62	已改制，未终结	
合计	2621	8	1737	876		

二、物资体制改革

（一）体制改革

1994月8月16日，根据零陵地委《关于零陵地直党政机关机构设置的通知》和零陵地委办公室文件精神，在地委、行政公署转体工作组的指导下，零陵地区物资局正式转体为零陵地区物资产业集团总公司。总公司为全民所有制企业集团，下辖9个子公司：湖南零陵金属材料股份有限公司、零陵地区机电设备总公司、零陵地区轻化建材总公司、零陵地区金属回收总公司、零陵地区生产资料服务总公司、零陵地区物资配套供应总公司、零陵地区物资贸易总公司、零陵地区广告装饰公司、零陵地区物资供应公司。子公司均为一级法人单位，独立经营，独立核算，独立承担民事责任。集团总公司领导4人，内设机构10个即纪检监察、工会、办公室、国有资产经营公司、业务一部、业务二部、市场管理部、大厦经营管理公司，对外融资和协调关系部、财务部。是年9月2日，零陵地区机构编制委员会下发《关于成立地区物资、商业、轻纺、机冶电子、化工、建材、煤炭、二轻行业管理办公室的通知》，将原地区物资局等8个经济专业管理局成建制转为经济实体，撤销零陵地区物资局，为促进各经济主管局转体工作顺利进行，同时加强行业管理工作，成立零陵地区物资行业管理办公室，定事业编制4名，所需人员从原转体局人员中选配。

1995 年 4 月 10 日，零陵地委组织部下发《关于零陵地区物资产业集团总公司第一次党员代表大会选举结果的批复》，成立中共零陵地区物资产业集团总公司党委。

1996 年 6 月 17 日，经市委、市政府研究同意，物资局成建制转为经济实体后仍保留局牌子。撤地建市，冠名为永州市物资产业集团总公司、永州市物资局、永州市物资行业管理办公室，实行公司、局、行业管理办公室三块牌子一个机构，不列入政府工作机构序列，可根据工作需要，受市政府委托行使有关行政职能，列入市直“三定”范围。

1997 年 6 月 3 日，市政府办公室关于印发《永州市物资行业管理办公室（物资产业集团总公司）职能配置、内设机构和人员编制方案的通知》，永州市物资行业管理办公室（简称物资行管办）为市政府行业管理机构，与精简后的物资产业集团总公司实行两块牌子，合署办公，受市政府委托，承担原部门行政管理职能。内设机构 5 个即办公室、政工科（党委办）、纪委或纪检组（监察室）、财务科（审计科）、保卫科，人员编制控制为 23 名。

1998 年 3 月 17 日，永州市人事局《关于实施国家公务员制度意见（方案）的批复》，同意市物资行管办实施国家公务员制度，机关工作人员过渡为国家公务员。

2001 年，市物资行业管理办公室 8 个行管办更名为 8 个事务管理办公室，继续履行原市物资行业管理办公室职能，从事国有资产和离退休人员管理工作，完成市委、市政府交办的其他工作。

2002 年 6 月 28 日，永州市机构编制委员会、市人事局《关于市商业、物资、煤炭等 8 个事务管理办公室职能、内设机构和人员编制等事宜的函》，继续履行行业管理办公室工作职能，其机构性质、级别、隶属关系、经费渠道、管理范围仍维持原定不变，设置相应的内设机构，其人员编制原则上暂按现有在岗人数剔除符合分流政策人员后实有人数进行控制，除领导班子调整外，其人员调入仍实行冻结，管理人员实行公务员制度。内设 4 个科室即综合科、政工科、国有资产管理科（财计科），行业管理科。控编 20 人，其中正副科长 8 人。

2004 年 12 月 18 日，市物资产业集团总公司在《永州日报》刊登注销公告，次年 3 月 20 日，市物资事务管理办公室党委报市委组织部请求撤销市物资产业集团总公司党委，建立市物资事务管理办公室党组，市委组织部下发《关于同意撤销中共永州市物资产业集团总公司委员会的批复》，同意撤销市物资产业集团总公司党委。

2015 年 1 月 30 日，市委、市政府关于印发《永州市人民政府职能转变和机构改革方案的实施意见的通知》，撤销市商业事务管理办和市物资事务管理办，将两办合并组建永州市商业企业改制服务办公室，负责承担原物资事务管理办、商业事务管理办的工作职能。4 月，蒋易郓任市商业企业改制服务办公室党组成员、副主任，其他人员转入市商业企业改制服务办公室。

1994—2015 年永州市物资行业管理办公室、物资产业集团总公司领导一览表

表 1-12

年度	机构名称	历届领导人			任职时间
		职务	姓名	性别	
1994—2003	物资行业管理办公室、物资产业集团总公司	党委书记、主任总经理	李　平	男	1994. 10—2001. 11
			李才胜	男	2001. 11-2003. 6
		党委委员、副主任	匡　新	男	1995. 9—1998. 5
		党委委员、副总经理	吕富和	男	1994. 10—2003. 6
			唐春桥	男	1995. 4—2003. 12
		工会主席	肖柏华	男	1994. 10—1995. 4
			朱金良	男	1995. 8—2003. 6
		党委委员、纪检组长	肖柏华	男	1995. 4—2003. 6
		党委委员	蒋燕钦	男	1995. 4—2002. 9
			段竹林	男	1995. 4—2002. 9
		总经济师	吴江汉	男	1997. 2—2001. 9
		副总经理	汪礼富	男	1995. 10—1999. 6
			吴才东	男	1997. 12—2003. 12
			蒋凤秀	女	1997. 12—2003. 12
			张吉林	男	2000. 10—2003. 12
2003—2015	物资事务管理办公室、物资产业集团总公司	党组书记、主任	李才胜	男	2003. 6—2015. 4
		党组成员、副主任	吕富和	男	2003. 6—2007. 10
		党组成员、纪检组长	肖柏华	男	2003. 6—2009. 6 2009. 6—2011. 8 任调研员
		副主任	朱金良	男	2003. 6—2008. 10 2008. 10—2010. 8 任调研员
		总会计师	蒋易郓	男	2003. 12—2015. 4 2010. 9—2015. 4 任党组成员

（二）企业改制

20世纪60年代，物资企业先后建立，经由计划经济到有计划按比例发展的社会主义商品经济，市场经济3个阶段深刻变化。1993年，市直物资企业销售利润达到最高记录，其中：金属材料股份有限公司销售金属材料7.8万吨，销售金额2.58亿元；机电设备总公司销售金额0.94亿元；轻化建材总公司销售金额0.45亿元；金属回收总公司回收废钢铁、有色金属6600吨，销售0.79亿元；生产资料服务总公司销售金额0.4亿元；物资配套供应总公司销售金额0.22亿元，直属公司上交财政利润194.9万元，比上年翻了一番。6家企业经过严格评审，零陵行政公署同意划定为非工业中型企业。1994年，国家取消计划分配物资，市物资直属企业物资销售数量、金额连年减少，亏损金额逐年增加，企业经营困难，资不抵债，逐步退出物资流通行业，部分公司职工生活费无法兑现，陷入倒闭、破产状态。

2003年，为适应社会主义市场经济发展需要，深化国有企业改革，永州市物资事务管理办公室，按照市委、市政府有关国有企业改革统一部署和安排，根据永州市国有企业改革领导小组《永州市市直国有企业产权制度改革试行办法》《永州市市直国有企业置换职工身份试行办法》精神，结合市直物资企业实际情况，开展产权制度改革，实施“两个置换”。

处置资产 市物资产业集团总公司（企业人员）、市生产资料服务总公司、市机电设备总公司以固定资产处置变现，置换职工身份，解除劳动关系。3家公司改制总成本2997.82万元，置换身份职工人数211人，置换身份安置补偿费448.89万元，至2005年底，3家企业改制结束。

关闭企业对市物资配套公司、市广告装饰公司、市财贸公司、市物资贸易公司4家“三无”企业，从2014年9月起实行关闭方式改制，政府全额出资。市物资配套供应公司改制费377.05万元，市广告装饰公司改制费用393.20万元，市物资财贸公司改制费用85.49万元，市物资贸易公司改制费用371.8万元，4家“三无”企业改制，政府共出资1227.54万元，其中置换职工身份57人，安置补偿费622.43万元。

破产改制市金属回收总公司总负债3270.40万元，评估总资产1374.4万元，市轻化建材总公司总负债2657.23万元，评估总资产762.41万元。2014年9月24日，2家公司分别向永州市中级人民法院申请破产，10月27日，市中级人民法院分别宣告2家公司破产。湖南零陵金属材料股份有限公司总资产1041.22万元，负债5250.28万元，净资产负债4209.06万元。2015年9月，市政府批准该公司实行破产改制。

2003—2015年永州市市直物资企业改制情况统计表

表1-13

企业名称	改制日期	置换身份人数	置换安置费（万元）
市物资产业集团总公司	2003.12	32	53.52
市生产资料服务总公司	2004.12	94	164.5
市机电设备总公司	2005.12	85	230.87
市轻化建材总公司	2014.09	89	915.12
市金属回收总公司	2014.09	90	937.44
市物资贸易公司	2014.09	17	182.13
市广告装饰公司	2014.09	20	232.72
市物资配套供应公司	2014.09	17	175.44
市物资财贸公司	2014.09	3	32.14
湖南零陵金属材料股份有限公司	2015.09	124	1518.40
合　计		571	4442.28

第五节　供销合作社体制改革

1995年，国务院颁布《关于深化供销合作社改革的决定》，永州市供销合作社系统开始推进深化供销合作社体制改革。改革经历三个阶段：第一阶段1996年—2001年。全市供销合作社系统通过优化人员机构配置、整合企业资源、改变经营体制、吸纳股金扩股增资等手段，提高供销合作社系统市场竞争力。由于扩股增资操作不当，引发全市供销系统股金风波，加之供销合作社系统企业经营管理不善，导致全市供销合作社系统连年亏损。第二阶段2002—2015年。面对供销社系统各种困境，市供销社系统开展对社有企业进行体制改革和基层供销社改造，通过“两个置换”改革，优化人员配置，科学整合资源，全市供销合作社系统轻装上阵，重新起航发展。第三阶段2015—2018年。2015年，印发《中共中央国务院关于深化供销合作社综合改革的决定》出台，永州市供销社系统拉开综合改革大幕。根据全国总社、省社要求和市委、市政府部署，全市供销合作社系统迅速行动，采取系列措施抓好《决定》贯彻落实。2016 年在东安县社试点，2017 年在全市全面铺开。

一、管理体制变革

1995 年，为把供销合作社真正办成农民合作经济组织，根据《中共中央国务院关于深化供销合作社改革的决定》和《中共湖南省委湖南省人民政府关于深化供销合作社改革的决定》文件精神，永州市供销合作社系统从 9 月宣传扩股增资。1996 年，市委、市政府出台《关于深化供销合作社改革的决定》，自 1996 年 1 月，恢复市供销合作联社经费列入市财政预算。

1996 年 2 月 8 日和 3 月 10 日，市供销合作社（以下简称市供销社）分别设立 2 个直属股金服务部，挂牌为永州市棉麻公司股金部驻冷水滩分部和驻芝山分部，同时开始吸收股金。是年底，全市 11 个县区吸收社员股金 1.58 亿元，入股户数 5.6 万户，其中农民入股 4.15 万户，职工内部入股 1.48 万户。

1998 年，全市 11 个县区设立股金服务部 95 个，其中县城 26 个，乡镇 69 个，吸收入股社员 9.98 万户，其中农民 5.44 万户，供销社系统内干部职工 2.62 万户，城镇居民 1.92 万户，股金总额 2.61 亿元。年底，市供销社系统引入家庭联产承包责任制经营方式，推行社有民营承包经营形式，全市供销合作社系统 2636 个门店，6000 名职工参与承包经营。同时探索集团规模经营机制改造，把原社有民营的大、中型商场收回集团经营，净化进货渠道，调整品种结构，组织适销对路商品投放市场。

1999 年 4 月 12 日，市供销社市直股金服务部，按照市委、市政府清理整顿“两会一部”工作方案要求，实行“三停”即：“停止借贷股金、停止兑付股金、停止吸纳股金”集中整顿。7 月，市委、市政府出台清兑股金政策，按照“谁审批、谁经办、谁受益、谁负责”原则，市供销社组织强有力班子逐笔清收，对有关责任人采取“停职、停薪”措施，促进欠款清收到位。全市供销合作社系统处理库存商品价值 5600 万元，变卖资产、出售门面房屋变现金额 5014 万元。按照“先系统外后系统内，先个人后单位，先小额后大额”兑付股金。

2001 年，根据省政府办公厅《转发省供销合作总社关于加快省供销合作总社直属企业改革和发展意见的通知》文件精神，市供销社探索适应自身发展改革路子，推动和促进市供销社企业改革，制定《永州市供销社直属企业改革实施方案》和《永州市供销社直属企业置换职工身份安置方案》。

2002 年，市供销社向市政府争取发文，将县区供销社纳入财政全额预算拨款单位。全市供销合作社系统机关按照市委、市政府有关规定全面进行机构改革，精简机关人员 200 人。按照市委、市政府工作部署，经市国企改革领导小组批准，市供销社直属企业按照“废除旧机制，建立新机制，争取新发展”改革思路，实施全体起立自费整体“两个置换”改革改制。市供销社合作社系统企业按照“退出、置换、破产、重组”的方式，推行企业改革。开展对基层供销社改造，改革基层供销社管理方式，改商品经营为资产经营，加强基层供销社内部管理，精简人员，对经营困难、亏损严重的基层供销社果断实行破产，置换职工身份，实施基层供销社重组。基层供销社改造后，全市基层供销社以发展“两社一会”（专业合作社，综合服务社、行业协会）为主，传统基层供销社经营业务基本停滞。

2008 年，中共党的“十七大”提出“健全农村市场和农业服务体系”，全市供销合作社系统大力实施“新网工程”，在全市基层供销社打造农资、日用消费品、农副产品购销、再生资源回收利用经营网络。依托“新网工程”，争取项目资金，对全市基层供销社经营网络进行完善，对经营网点进行改造。经过 7 年实施，至 2015 年 12 月，全市供销合作社系统建基层经营网点 1751 个，其中农业生产资料网点 502 个，日用消费品网点 599 个，农副产品收购网点 115 个，再生资源回收网点 517 个，农贸市场 2 个。全市供销合作社系统发展“两社一会”，领办创办农民专业合作社 213 个，其中专业合作社联合社 29 个，拥有庄稼医院 249 个、行业协会 28 个、村级综合服务社 928 个。

二、经营方式变革

1996 年，市供销社总结过去分散经营、品种单调、市场占有率低的经验，实行集团经营，把原有民营大、中型商场收回集体经营。祁阳县、东安县、道县、宁远县供销合作社相继成立工业品、日用产品集团公司和连锁经营店铺，调整品种结构，组织适销产品投放市场。

1998 年，市供销社对全市农副产品和工业品实行集团经营、全市一盘棋，支持市棉麻公司收购棉麻。

2000 年，全市供销社系统组织干部职工入股经营，发展订单农业，创办农副产品生产基地，兴建江华瑶族自治县香楠村山苍籽基地、祁阳县肖家村欧家茶场、冷水滩区伊塘镇农业综合开发等基地。市供销合作联社成立烟花爆竹经营管理办公室，各县区社组建烟花爆竹专营公司，设立销售网店 1550 个，社会网店 1156 个。

2002 年，市供销社调整经营结构，创新经营方式，实施多元化经营，兴建“永州生资城”项目，经营农药、化肥、种子、饲料、煤炭、钢材、水泥、农机具等。芝山区供销社招商引资联合开发兴建湘桂边贸大市场。道县供销社创办 3 家规模超市，合资兴建 1 家边贸市场。蓝山县供销社将供销大厦改造为股份制大超市。全市供销合作社系统建成大小超市和边贸市场 12 家。

2003年，市山香油脂油料公司进行股改，由湖南省湘农农业生产资料集团有限公司控股，市供销社参股，职员入股多元结构股份制公司。边贸市场发展壮大，全市供销合作社系统开发边贸市场8家，其中上规模的有4家。道县供销社利用仙子脚供销社改革后剩余资产，将其改建成仙子脚商场。

2005年，永州市供销合作联社、祁阳县供销社及肖家村镇供销社共同组建永怡生态茶业开发公司，与肖家村镇九泥村签订500亩荒山租赁协议用于种植茶叶。次年，市供销社与香港开元实业公司合股组建新公司，整合果品冷库资源，重新启动湘南果菜批发大市场建设。市山香油脂公司建设新厂区，研制开发紫苏油、杉木油、白樟油等新产品，建立省内外连锁初级加工点25个。

2007年，永州市供销合作社系统推进“新网工程”，打造农资现代化经营服务网络、日用消费品现代经营网络、农副产品市场购销网络、再生资源回收利用网络和烟花爆竹安全经营五大网络，建立市县级商品配送中心30个，整合、规范发展乡镇连锁超市和连锁网点328个、村级农家店1100个。次年，“新网工程”新增配送中心、农家店等经营网点629家，其中县级配送中心8家，乡镇超市或配送分部71家，村级农家店550家。年底，全市供销合作社系统发展各类经营网点3405个，其中农资网点1652个，日用消费品经营网点498个，再生资源回收网点175个，农副产品购销网点45个，烟花爆竹营销网点1035个。经营网点遍及乡镇村组，覆盖率达65%，农资和烟花爆竹市场占有率超过80%。

2009年，全市供销合作社系统围绕重点项目攻坚，进入湖南省供销合作总社“新网工程”项目库10个，进入全国供销合作总社“新网工程”建设项目库3个。双牌县供销社“雪莲果”种植专业合作社列入国家农业综合开发的备选项目。江永县供销社与福建省客商共同创办食用菌专业合作社，产品销售不仅覆盖江永县、道县、江华瑶族自治县，还远销福建、广东等省。祁阳县供销社从浏阳市引进客商创办烟花厂，在祁阳县茅竹镇大岭村创建祁阳县华泰出口烟花厂。

2010年，湖南省、永州市、冷水滩区三级供销社联合引进湖南省湘合作再生资源公司在冷水滩高科技工业园建设“六区一中心”（即商品交易区、分拣加工区、存储配送区、商品展示区、配套服务区、办公区和信息及培训中心），即湘南地区最大再生资源回收体系和加工利用基地，后因再生资源行业陷入低谷，将项目进行重新定位，调整为兴建湘合作物流产业园，以仓储物流为主。市供销合作联社直属企业在冷水滩伊塘镇建设3万平方米食用菌示范种植基地，带动周边3000户农民发展种植食用菌。东安县供销社建设高17层、总建筑面积2.07万平方米的东安商厦，集日用消费品配送中心、连锁超市、卖场、写字楼、商住楼为一体多功能大楼。

2011年，全市“新网工程”五大网络体系向纵深发展，全市供销合作社系统兴建商品配送中心62个，乡镇超市、市场1198个，村级农家店3633个，农资配送企业16家，日用消费品龙头企业14家，农副产品企业6家，再生资源企业8家。

2012年，市供销合作联社将农村电商作为发展商贸流通领域重要手段，组建供销电子商务公司，研发网上供销社电商平台。次年，全市供销社系统完成“网上供销社”项目实体网络布局，建成县区级“网上供销社”服务中心12个，乡（镇）、村级服务站点266个。组织全市农副产品生产加工企业、各类农民专业合作社及其产品进驻永州“网上供销社”电子商务平台进行推介和交易，全年供销合作社系统进驻电子商务平台企业512家，网上销售农产品779种。

2014年，市供销合作联社推进农村可利用垃圾回收利用体系建设，各县区均组建农村可利用垃圾回收利用龙头企业。全市建设乡镇垃圾回收站155个，村级垃圾回收点1625个。农村电子商务网络深入拓展，全年新增“网上供销社”乡村服务站点100个，新吸收36家涉农服务企业和农民专业合作社进入重新开发“网上供销社”平台开店经营。“网上供销社”平台进驻涉农企业和专业合作社300家，入网产品2000种。

2015年，《中共中央国务院关于深化供销合作社综合改革的决定》，拉开了供销合作社系统综合改革大幕。湖南省供销合作总社确定东安县作省供销总社综合改革试点单位。根据全国总社、省社要求，按照市委、市政府全面深化改革工作整体部署，市供销社迅速行动，采取系列措施抓好《决定》贯彻落实，加速推进综合改革试点。全市供销合作社系统实现商品销售额63.08亿元，同比增长13.18%；实现利润7912.6万元，同比增长12.87%；上缴税费总额3038.34万元，同比增长11.09%。全市系统新增基层社58个，农民专业合作社27个，农民专业合作社联合社11个，综合服务社24个，庄稼医院15个，行业协会12个，社有企业11个。基层社乡镇覆盖率从过去的17%提高到69%，位居全省前列。3家基层社评为“全省基层社标杆社”，各获财政扶持资金15万元。根据创新企业经营理念，创新为农服务方式，创新网络建设模式，市供销社通过资产重组，整合市依塘食用菌公司、市供销电子商务公司等涉农社有企业，联合零陵区、冷水滩区供销社共同出资组建注册资本2000万元农业服务平台公司——永州市合永兴农业科技贸易发展有限公司，公司主要兴建土地托管、农村电商、农村幼教三大服务平台。

2016年，全市供销合作社系统克服经济下行带来困难和压力，各项经济指标实现平稳增长。全市合作系统实现商品销售额92.54亿元，同比增长37.02%；实现利润1.29亿元，同比增长39.03%。市供销社在全省系统年度综合业绩考核排名全省第2名，获全省系统综合业绩一等奖。6月7日，市委办公室、市政府办公室印发《关于成立永州市深化供销合作社综合改革领导小组的通知》。9 月 22 日，市委、市政府印发《关于深化供销合作社综合改革的实施方案》。全市综合改革工作稳步推进，取得阶段性成果。争取中央、省财政 1000 万元，市、县财政支持 200 万元。全市新增农村合作经济组织联合会 5 个，农民合作社联合社 2 个，专业协会 3 家，农资、农副产品、日用消费品、再生资源等经营服务网点 98 个。新建惠农服务公司 2 个，惠农服务中心 21 个，惠农服务社 123 个，农民合作社 34 家。各县区基层组织健全，服务体系优化，服务能力提升，生产、供销、信用“三位一体”综合合作和县、乡、村上下贯通的惠农综合服务体系形成。为深化市直属供销合作社综合改革，11 月 1 日，市深化供销合作社综合改革领导小组办公室印发《深化市直属供销合作社综合改革实施方案（试行）》。市供销合作社组建供销惠万家互联网发展公司，在全市大力实施供销惠万家项目。

2017 年，全市供销合作社系统实现营业收入 79.04 亿元，同比增长 16.27%；实现利润 1.63 亿元，同比增长 26.34%。3 月 13 日，永州市农村综合服务平台建设领导小组办公室印发《〈永州市“供销惠万家”建设方案〉》的通知》，全市供销社系统以实施“供销惠万家”工程为突破口，建立健全供销基层服务体系。全市建成“供销惠万家”村级供销惠民综合服务社 1003 个。冷水滩、零陵、东安、双牌、祁阳等县区建成供销惠万家县域运营中心及县域样板店，发展“供销惠万家”城市社区加盟店 30 家。为推动全市深化供销合作社综合改革各项工作顺利开展，确保改革整体推进。3 月 27 日，市深化供销合作社综合改革领导小组办公室印发《永州市深化供销合作社综合改革的实施方案（试行）》。全市 11 个县区社组建供销社资产经营管理公司和农资经营公司。祁阳县社、东安县社获“全国供销合作社百强县级社”和“全省系统二十强县级社”。全市供销合作社系统开展土地托管服务面积 13.05 万亩，流转土地面积 10.6 万亩。建成县级可利用垃圾集散处理中心 11 个，1 乡镇可利用垃圾回收站 86 个，村级可利用垃圾回收点 4449 个。截止 2017 年 12 月，市合永兴、农业社会化服务集团公司平台发展市级惠农服务公司公司 2 家、县区惠农服务公司 7 家、乡镇惠农服务公司（中心）10 家、农民专业合作社联合社 2 家、农民专业合作社 30 多家、幼儿园 1 家。公司及子公司开展土地托管服务面积达 3 万亩，其中提供育秧服务面积 2 万亩，水稻烘干 3 万吨，农机服务 1 万亩以上，经营规模得到较高地提升，被中华全国供销合作总社评为农业产业化重点龙头企业，其子公司聚丰公司被评为市级农业产业化龙头企业。

2018 年，全市供销合作社系统以乡村振兴战略为抓手，以供销合作社综合改革为重点，着力提升系统经济实力，主要经济指标实现快速增长。全市供销合作社系统实现营业总收入 106.87 亿元，同比增长 27.57%；实现利润总额 1.98 亿元，同比增长 34.04%，在全省系统综合业绩考核中获一等奖，连续 4 年稳居全省第一方阵。全市供销合作社系统全面推进供销体制改革，实施以“打造县、乡、村三级供销服务体系，开展农资、农村电商、土地托管服务，开展‘向机关要效率、向企业要效益’活动，发展茶叶产业带动富社富民”为重点的“1311”工程。2018 年，市供销合作社被人社部、全国总社授予“全国供销合作社系统先进集体”。12 月 3 日，市供销社牵头组织成立市农村合作经济组织联合会，市供销社党组书记、理事会主任唐甫忠当选为会长。

三、市供销社直属企业体制改革

1998 年，市供销合作联社直属企业 11 家，即：市农业生产资料公司，市棉麻茧公司，市供销储运公司，市油脂油料公司，市供销社综合贸易公司，市食杂果品公司，市日用杂品公司，市农副产品公司，市再生资源公司（半停业），市土产公司（停业），倚江宾馆。在职人员 664 人，下岗人员 251 人，离退休人员 125 人。财务状况：资产总额 7560.6 万元，负债为 7570.8 万元，所有者权益为负 10.2 万元，已资不抵债。市供销社直属企业除 1 家公司停业外，其余 10 家企业都发生亏损，累计亏损额达 1645.4 万元，往来款项和库存商品中还有潜在损失，资产负债率 100.13%，银行借款总额 4044.6 万元。市供销社直属企业 4 家企业保资，7 家公司资不抵债。

1999 年，市供销社直属企业面临市场疲软，业务萎缩，包袱沉重，股金风险，社有资产流失，化肥、棉花流通体制改革，不稳定因素增多。市供销合作联社直属企业将工作重心放在扭亏增盈上，清理政策性亏损挂账，解决经营性亏损，变卖部分资产，应对股金兑付风波。

2001 年，市供销社直属企业探索适应自身发展改革路子，促进市供销合作联社直属企业改革。1 月，市供销社制定《永州市供销社直属企业改革实施方案》和《永州市供销社直属企业置换职工身份安置方案》。次年 3 月，按照市委、市政府工作部署，经市国企改革领导小组批准，市供销合作联社直属企业按照“废除旧机制，建立新机制，争取新发展”改革思路，按照“退出、置换、破产、重组”方式，实施全体起立自费整体“两个置换”改革改制。截止 6 月 30 日，市供销社 9 家直属企业采取“统一运作，整体推进；全体起立，两个置换；撤并破产，优化配置”形式对企业进行改制，796 人职工与企业解除劳动关系。与此同时，市供销社依照《公司法》和现代企业制度要求，按照资产经营与商品经营相分离模式，组建资产经营独资企业，商品经营型有限责任公司和职工自己租赁型有限责任公司，根据优势行业、优良资产、优秀人才重组永州市供销社资产经营有限公司等 7 家有限责任公司，并对 7 家公司领导班子人员和员工全部实行公开、公正、公平竞聘上岗。至此，市供销社直属企业改制完成，机关和企业划分明晰，机关纳入财政预算，按照事业单位管理。企业进入市场经济，按照《公司法》管理。新组建公司，按《公司法》和现代企业制度要求管理运行。

第六节　其他商贸流通体制改革

一、中国石化永州石油分公司流通体制改革

1995年11月21日，撤销零陵地区，设立地级永州市。次年6月，湖南省石油公司零陵分公司更名为湖南省石油总公司永州市公司。1998年6月13日，中国石油化工集团公司与湖南省政府签订湖南省石油总公司划转交接协议，自即日起，湖南省石油总公司永州市公司划归中国石油化工集团有限公司管理。

2000年4月，根据中国石化重组上市改革的部署要求，湖南石油按照“三分离”“五分开”（即主业与辅业分离、优良资产与不良资产分离、企业智能与社会职能分离，业务、资产、财务、机构、人员分开）的原则，开始实施整体重组改制，主业部分成立中国石油化工股份有限公司湖南石油分公司，当年实现分离上市，辅业部分沿用原名称成立湖南省石油总公司。同年6月，中国石油化工股份有限公司湖南永州石油分公司正式组建设立（简称市石油分公司），下辖祁阳、东安、宁远、新田、蓝山5个县支公司（原芝山区公司撤并到市石油分公司）。非上市部分组建存续企业，沿用原名称（湖南省石油总公司永州市公司），下辖双牌、道县、江华、江永4个县公司。2003年，中国石油化工股份有限公司湖南永州石油分公司撤销非上市部分存续企业（湖南省石油总公司永州市公司），将原属双牌、道县、江永、江华4个县公司并入中国石油化工股份有限公司湖南永州石油分公司，行政上称为经营部。

2005年，中国石油化工股份有限公司湖南永州石油分公司取消祁阳、东安、宁远、蓝山、新田5家县支公司和江永、江华、双牌、道县4家经营部的一切管理职能和机构，对外保留县支公司的牌子和营业执照，上收祁阳县支公司黎家坪油库、东安县支公司东安油库。原县支公司（经营部）所有人员及工资全部上移，由市分公司直接管理，实现资产、资金、费用由市分公司统一管理。全市区域内的各类资产由市分公司统一管理购置，统一设立台账，统一分配使用，统一提取折旧。市分公司成立预算管理委员会，将管理费用、经营费用和财务费用规范分类，落实到经营管理各个环节，建立起“横向到边、纵向到底”的全面费用预算管理体系，实现

经营统一管理。市分公司对下属销售单位实施油品配送制，全面落实零库存管理，积极推动二次物流优化项目，实现成品油物流高效、快捷、顺畅运行。

2014年，中国石化集团对下属销售板块业务实施混合制经济体制重组改制，公司名称由“中国石油化工股份有限公司湖南石油分公司”变更为“中国石化销售有限公司湖南永州石油分公司”。公司下辖祁阳、东安、双牌、宁远、道县、江永、江华、新田、蓝山9个县分公司及冷水滩、零陵2个本部片区，机关设经理办、非油管理部、政工监察科、人力资源科、项目部、资产科、安全数质量科、发规科、财务科、零售管理部、物流部、营销部、滩头湾油库等13个科室（部门）。2015年，公司科室继续沿2014年设置。

二、中国石油永州销售分公司流通体制改革

1999—2000年，中国石油以资产重组、合资注册等形式，在湖南省先后投资注册3家控参股公司。3家控参股公司均由中国石油销售西北公司直接管理，开发湖南成品油市场，使中国石油在湘进入实质性投资发展阶段。

2002年10月，中国石油天然气股份有限公司湖南销售公司注册成立，归华北销售公司管理。

2004年11月29日，中国石油天然气股份有限公司湖南永州销售分公司（简称永州销售分公司）在湘西南配送中心永州经销部的基础上组建并注册成立，系中国石油湖南销售公司二级单位。永州销售分公司负责所辖区域成品油市场开发、用户管理、网络建设和加油站管理等业务。设3部1室，即综合办公室、财务部、加油站管理部、投资部。

2005年，永州销售分公司增设安全环保部。同年3月，永州销售分公司增设销售部。6月，永州销售分公司党支部成立，隶属湖南销售公司党委管辖。2012年6月，永州销售分公司党委成立，隶属湖南销售公司党委管辖。同年9月，永州销售分公司取得成品油批发资质。

2013年，永州销售分公司所属客户服务中心正式营业。次年5月，永州销售分公司进行机构优化改革，机关设4部1中心，即综合管理部、财务部、业务运作部、运维与安全管理部、客户服务中心。

2015—2018年，永州销售分公司机构设置4部1中心一直沿用至今。

三、湖南盐业永州市分公司流通体制改革

湖南省轻工盐业集团有限责任公司永州分公司（湖南盐业股份有限公司永州市分公司、永州市盐务管理局），位于冷水滩区湘永路169号，1984年组建，担负永

州市盐产品经营与市场管理双重职责，实行“人、财、物、购、销、存”六统一管理体制，保障全市人民食用盐安全。主要负责全市加碘食盐、多品种营养盐、工业盐、农牧畜产品用盐专营管理和批发销售工作，兼营生产、销售塑料制品、包装物料、激光图象制品、轻工机械及仪表，提供经济信息咨询服务。公司内设部室4个，经营部2个，下辖县支公司8个，局司职能分设、合署办公。

1996年4月26日，根据湘盐办发《关于变更公司（局）名称的批复》，与新行政区域名称衔接，湖南省盐业公司零陵地区公司更名为湖南省盐业公司永州市公司，原湖南省零陵地区盐务管理局更名为湖南省永州市盐务管理局，其公司（局）职能、隶属关系等维持不变。

1998年2月10日，根据湘轻总办发《关于转发〈湖南省人民政府办公厅关于组建湖南盐业集团的批复〉的通知》，设立湖南盐业集团有限责任公司永州分公司。

2002年12月1日，根据湘轻盐办发《关于启用湖南省轻工盐业集团有限责任公司印章的通知》，“湖南盐业集团有限责任公司”更名为“湖南省轻工盐业集团有限责任公司”，湖南盐业集团有限责任公司永州分公司更名为湖南省轻工盐业集团有限责任公司永州分公司。

2003年1月12日，根据湘轻盐人发《关于机构升格的通知》，湖南省轻工盐业集团有限责任公司永州分公司、湖南省永州市盐务管理局由副处级单位升格为正处级。

2010年4月1日，根据湘轻盐企发《关于蓝山县和新田县盐业支公司划归永州盐业分公司管辖的通知》，蓝山、新田盐业支公司成建制从郴州分公司划归永州分公司管理，蓝山、新田县盐务管理局划归永州市盐务管理局管理。

2011年12月21日，根据湘盐股人发《关于湖南盐业股份有限公司机构设置的通知》，设立分支机构湖南盐股份有限公司永州市分公司，永州分公司专职党委书记兼任盐业管理管理局局长，盐政科长、综合专干、资产管理专干留集团，其余人员转入股份公司，支公司成建制转入股份公司。

2018年1月1日，根据国务院《关于印发盐业体制改革方案的通知》和永州市食品药品监督管理局《关于明确食盐质量安全监管职能调整期间有关事项的通知》，永州市盐务管理局承担全市食盐质量安全管理与监督、盐政执法与监督工作职责划入永州市食品药品监督管理局。

2018年1月1日~2018年12月31日，盐业体制改革过渡期间，根据《关于盐业体制改革过渡期间加强食盐监管有关工作的意见》，全市食盐质量监管工作由永州市食品药品监督管理局负责，监督执法工作仍由永州市盐务管理局及其分局负责。公司内设部室、职能、隶属关系等维持不变。

第二章　对外及对港澳台贸易

20世纪90年代中后期，国家对外贸易实施“开放经营（1994—2003年）”政策，永州市加大招商引资力度，发展对外贸易。期间，全市进口贸易占比70%，大于出口贸易。国营贸易公司和长丰集团为代表的国营企业对外贸易份额占全市95%（主要是汽车零配件及配套产品进口），居绝对主体地位。进入21世纪，永州市抓住承接沿海产业转移机遇，采用“小分队”、“异地商会”等新模式、多方式招商，投巨资建设各类产业园，让一大批实力雄厚的高科技企业落户永州境内。2004年7月，国家新《对外贸易法》实施，永州市迎来对外贸易自由化新阶段。随着对外贸易经营者审批权限的下放，永州境内以“科力尔电机”、“百草制药”、“翊翔机电”、“湖南恒惠食品”、“湖南熙可食品”、“永州都成罐头食品”“永州市异蛇科技实业”等民营企业先后崛起。2005—2007年，“国退民进”，民营企业在企业数量和进出口总量上开始占居主导地位。2006年，科力尔电机出口876万美元，占全市出口比重15%。熙可食品完成出口额达1500万美元，占全市出口比重23%。国营企业对外贸易份额在2007年仅占永州市对外贸易总额的0.54%。期间，永州市对外贸易不再依赖进口和流通贸易型企业，初步形成农产品、轻纺制鞋和机电三大外贸支柱产业格局。

2013年，永州市外贸进出口总额为4.50亿美元，总量排名全省第11位，增幅高出全省平均增幅40.48个百分点，增幅居全省第1位。2014年永州市外贸进出口额达9.37亿美元，同比增长108.3%，实现外贸总量翻番，总量排名由2013年排名第11位跃升至全省第7位，首次进入全省外贸进出口第二方阵。增幅仍保持排名全省第1。境内8个县区实现外贸倍增，冷水滩区、祁阳县外贸总量突破2亿美元，蓝山县突破1亿美元。全市有进出口实绩企业增加到93家，其中34家外贸企业实现“破零”，14家企业实现倍增。全市完成年进出口额1000万美元以上企业21家，占全市贸易份额的85.9%；5000万美元以上企业3家（耀恒星、凯盛、湘威），占全市贸易份额的40.85%。凯盛鞋业外贸进出口突破1亿美元。

2017年，为贯彻落实《中共湖南省委关于大力实施创新引领开放崛起战略的若干意见》，市委、市政府制订《关于实施开放崛起战略建设开放强市的实施意见》，以敢为天下先精神，推动全市开放型经济蓬勃发展，对外进出口总额完成91.76亿元（13.57亿美元），实现真正意义上的跨越式发展。

1996—2018年，永州市对外贸易发生“从进口导向型到出口导向型，从以贸易流通为主到以实体生产企业为主”的根本性转变，同时显现外贸总量、外贸质量量质齐升和外贸结构从单一到多元的变化。期间，永州市有进出口实绩企业由2000年14家增加到2018年197家。贸易伙伴从2000年17个增加到2018年187个。贸易总量从2000年3319万美元上升到2018年19.5亿美元，增长近58.75倍，年均增长23%，除2002年、2005年、2008年、2009年、2015年5个年头出现负增长外，其余年份均有较大提升。

第一节　经营主体

“六五”、“七五”、“八五”期间，零陵地区外贸企业即经营主体均系国营企业，该3个五年计划期间进出口额分别是1.49亿元、3.08亿元、8.39亿元，虽呈成倍增长势头，但总额小，全省排名靠后。进入“九五”、“十五”后，原永州市对外经济贸易委员会下辖的10大公司即（湖南省永州市粮油食品出口公司、湖南省永州市对外经济贸易公司、湖南省永州市对外经济贸易华湘公司、湖南省进出口总公司永州市公司、湖南省永州市对外经济贸易五化机公司、湖南省永州市对外经济贸易轻工矿产医药公司、湖南省永州市对外经济贸易土畜产品公司、湖南省外运永州市公司、湖南省永州市对外经济贸易基地公司、湖南省永州市潇湘综合进出口有限公司）基本处于停产半停产状况，相继退出市场竞争。

2002年，民营企业首次开展外贸进出口业务，科力尔电机和百草制药成为首批获得进出口权的民营企业，因处于起步阶段，进出口占比不到1%。

2004年，根据市政府《永州市市直国有工交企业置换职工身份实施细则》和《永州市市直国有工交企业国有产权转让实施细则》精神，市对外经济贸易委员会下辖10大公司分两批进行体制改革，实行两个“置换”即产权和身份置换（这项工作延续到2017年结束）。取而代之的是民营企业（含股份制企业）、三资企业。永州市境内新的经营主体以“科力尔电机”、“百草制药”、“翊翔机电”、“湖南大自然制药”、“湖南敬和堂制药”、“永州市福田茶业”、“永州市涪峰茶叶”、“永州市岚山天然食品”、“湖南恒惠食品”、“湖南省天龙米业”、“湖南果秀食品”、“湖南熙可食品”、“永州都成罐头食品”、“湖南天圣有机农业”、“永州市泉辉罐头食品”、“永州市异蛇科技实业”等企业为主要代表。随着对外贸易经营者审批权限下放和永州市对外开放优惠政策，不仅民营企业增长迅猛，同时也吸引了大批三资企业来境内投资建厂。

2007 年，永州市境内民营企业对外贸易份额占比 83.67%（最高值），三资企业对外贸易份额占比 15.79%，国营企业对外贸易份额占比仅 0.54%。

2008—2018 年，永州市境内原市场经营主体国有企业基本退出市场，贸易额占比在 1%以内浮动，新经营主体民营企业（含股份制企业）、三资企业对外贸易份额则分别稳定在 70%和 30%，占据整个市场。民营企业和三资企业已成为永州市开放型经济发展重要支撑。

2000—2018 年永州市三大外贸主体贸易额占比统计表

表 2-1　　　　**单位：万美元、%**

年度	国有企业	占比	民营企业	占比	三资企业	占比
2000	3037	91.49		0.00	282	8.50
2001	4694	95.55		0.00	219	4.46
2002	4092	93.04	38	0.86	269	6.12
2003	6819	77.97	318	3.64	1609	18.40
2004	11396	78.21	1602	10.99	1573	10.80
2005	4324	65.36	777	11.75	1514	22.89
2006	1038	14.43	3504	48.71	2651	36.85
2007	90	0.54	14035	83.67	2649	15.79
2008	278	1.70	9198	56.19	6892	42.11
2009	61	0.80	5004	65.69	2552	33.50
2010	102	0.87	6539	55.71	5097	43.43
2011	255	1.33	12359	64.49	6551	34.18
2012	22	0.08	15076	52.04	13875	47.89
2013	35	0.08	24350	54.16	20574	45.76
2014	390	0.42	64837	69.23	28432	30.36
2015	871	0.99	57709	65.80	29124	33.21
2016	108	0.12	60610	67.13	29572	32.75
2017	3036	2.24	99330	73.18	33365	24.58
2018	5726	2.94	155279	79.64	33963	17.42

第二节 外贸总量

1996年，永州市对外贸易完成进出口总额1.13亿美元，完成年计划的113%，比上年增长29.9%。其中“三来一补”完成2024万美元，比上年增长141.7%。1998年，东南亚暴发金融危机，但对永州市外贸直接影响不大，1—11月，全市完成进出口总额1.22亿美元，完成年计划1.3亿美元的93.5%，比上年同期增长10.9%。1999年，境内三资企业338家，已投产、开业160家，年交税金2300万元。1996—1999年，由于市政府招商引资措施得力，市对外经济贸易委员会全力以赴，县区外贸企业同心协力，加之境内三资企业发展迅猛，全市对外贸易完成进出口总额逐年攀升，出现阶段性繁荣景象。

2000年，永州市外贸完成进出口总额3319万美元。全市有进出口实绩企业13家，主要以国有企业为主，占比91.49%，三资企业占比8.51%，民营企业尚未有业绩。2001年，全市外贸进出口总额4913万美元，同比增长48.13%，国有企业比重进一步提升，达95.54%，民营企业未破零，有进出口实绩企业14家，较上年增加1家。

2002年，中国正式加入世界贸易组织，成为世界贸易组织大家庭新成员。是年，永州市对外贸易完成进出口总额4398万美元，同比下降10.5%，民营企业破零。2003年，全市外贸完成进出口总额8745万美元，同比增长98.85%。有实绩企业增加至32家，其中，民营企业增加希尔药业和明达实业，贸易额占比3.63%，国有企业比重略有下降。2004年，全市外贸进出口总额1.46亿美元，同比增长66.6%。

2005年，永州市外贸进出口总额6615万美元，同比下降54.6%。外贸总量减少的主要原因是长丰集团总部搬迁至长沙，贸易业绩随迁长沙。2006年，全市外贸进出口总额7193万美元，同比增长8.74%。

2007年，国际经济环境良好，永州市外贸发展迅速，全市完成进出口总额1.68亿美元，增长133.18%，比全省平均增幅高101.38个百分点，总量居全省第11位。全市有外贸经营实绩企业40家，其中民营企业开展外贸业务15家，完成进出口总额1.03亿美元，同比增长553.37%；三资企业10家，完成进出口总额1718万美元，同比下降8.31%。

2005—2007年，全市外贸依存度分别达到6%、7%和8%，其中出口依存度分别达到8%、9%和10%，出口对外经济增长贡献率分别达到8%、9%和11%。3年间，全市外资投入均占到全市固定资产投资总额的24%，涉外税收达2.3亿元，年均增长48%。全市第一、第二、第三产业比重由2005年35.3，23.7，41发展到2007年26.1，29.8，44.1。外贸自营进出口总额分别实现6615万美元、7193万美元、1.68亿美元，增幅居全省前列。

2008年，永州市在遭遇年初严重冰雪灾害及下半年全球金融海啸等不利条件下，各外贸经营单位不畏难，不气馁，仍然保持着健康发展势头，全市完成外贸进出口总额1.64亿美元，超额完成市政府下达的进出口1.5亿美元目标任务，居全省第12位。2009年，随着全球金融危机进一步蔓延，永州市对外贸易受到严重冲击，全市对外贸易额呈现大幅度下降，全年实现外贸进出口总额1.01亿美元，较2008年下降32.67%，居全省第12位。

2010年，永州市外贸进出口总值完成1.17亿美元，同比增长54.09%，增幅超出全省平均水平9.23个百分点，超出全国平均水平19.23个百分点，超额完成市委市政府下达的进出口增长25%的工作任务。有进出口实绩企业43家，新增9家。

2007—2010年期间，永州市对东盟进出口额从2007年582万美元，增长到2010年1044万美元，进出口总额将近翻一倍。

2011年，永州市外贸面对复杂多变国际、国内经济环境，克服众多不利因素，全市外贸进出口总值1.92亿美元，完成省厅下达进出口任务1.35亿美元的141.98%，同比增长63.28%，增幅居全省第一，高出全省平均增幅33.98个百分点，高出全国平均增幅40.78个百分点。有进出口实绩企业52家，新增坷峰服饰、成信鞋材、胜进服饰、金胜工业等企业，这些企业极具发展潜力，对永州市进出口业绩直接贡献近2500万美元。是年，全市进出口超1000万美元的生产企业6家(果秀、湘威、皓志、科力尔、希尔、协威)，进出口200-1000万美元的生产企业11家，这些企业进出口额达1.67亿美元，占全市进出口总额86.92%，其余35家企业进出口额均在200万美元以下。一般贸易进出口额1.03亿美元，占进出口总额53.78%，同比增加63%；加工贸易进出口7274万美元，占进出口总额的37.95%，同比增加34.36。保税仓库进出境货物、外商投资企业作为投资进口设备、物品和来料加工装配进口设备作为其它贸易项纳入统计系统，这三项其它贸易进出口总额实现1583万美元。加工贸易和一般贸易进出口同步增长，贸易结构进一步优化，新增其它贸易统计项，对扩大永州市外贸进出口规模和数量起到一定拉动作用。2012年，永州市对外贸易完成进出口总额2.90亿美元，同比增长51.2%，总量排名全省第11位，增幅排名全省第4位。其中加工贸易进出口总额1.4亿美元，增长92.5%。全市新增进出口实绩企业20家，进出口超1000万美元以上外贸企业9家。2013年，永州市外贸进出口总额4.5亿美元，完成省定任务134.21%，完成市定任务121.51%，总量排名全省第11位，同比增长55.18%，高出全省平均增幅40.48个百分点，增幅居全省第1位。2011—2013年连续3年维持高速增长，年均增幅达50%以上，居全省前3位。全市进出口额超过5000万美元企业1家，超过2000万美元企业8家，超过1000万美元企业12家，共占全市进出口总额72.15%。

2014年，永州市对外贸易进出口总额完成9.37亿美元，同比增长108.3%，实现外贸总量翻番，这一历史性胜利，使得永州市外贸总量排名由2013年全省排名第11位上升至第7位，增幅排名继续保持全省第一，进出口总量首次进入全省外贸进出口第二方阵。境内8个县区实现外贸倍增，冷水滩区、祁阳县外贸总量突破2亿美元，蓝山县突破1亿美元。是年，全市有进出口实绩企业93家，34家外贸企业实现“破零”，14家企业实现倍增。“破零”企业中，鼎鑫进出口、福嘉有色、宁远蓝海化纤、道县原地正禾和胜进服饰等新增实绩企业贸易额较大，成为永州市外贸新的增长点。全市进出口额1000万美元以上企业21家，占全市贸易份额85.9%；5000万美元以上企业3家，分别是耀恒星、凯盛、湘威，占全市贸易份额40.85%。凯盛鞋业外贸进出口突破1亿美元，

2015年，永州市外贸进出口总额8.96亿美元，同比下降4.35%，完成省定目标任务（调整后为7.5亿美元）的119.47%，总量排名全省第9位，增幅排名全省第8位。有进出口实绩企业95家，较上年（92家）增加3家。是年，全市一般贸易进出口总额为4.06亿美元，同比增长1.78%；加工贸易进出口总额为3.54亿美元，同比下降32.59%；转口贸易1.3亿美元，同比增长10倍。纺织、服装以及制鞋（共完成3.35亿美元）等从沿海承接的传统产业在永州市外贸进出口中仍挑大梁、担重任，占全市贸易份额37.41%；机电产品（完成3.04亿美元）占全市贸易份额33.95%；农产品（完成9579万美元，同比增长27.83%）占全市贸易份额10.69%。

2016年，永州市外贸进出口总额10.22亿美元，增长16.56%，总量排名全省第8位，增幅全省第4位。全市有进出口实绩企业126家，较上年同期增加30家，破零企业50家。轻纺制鞋、机电产品以及农产品是永州市外贸传统产业，机电产品和农产品发展态势较好，全年保持较高速增长。其中机电产品进出口总额3.23亿美元，同比增长9.81%；自营进出口农产品1.16亿美元，同比增长9.24%。轻纺制鞋因受国际环境影响，较大幅度下滑，其中，纺织纱线进出口2745万美元，同比下降6.13%；鞋类产品贸易总额1.67亿美元，同比下降33.02%；服装出口增长60.8%。是年，永州市一般贸易增长较快，加工贸易低速增长。一般贸易额5.23

亿美元，同比增长 35. 3%；加工贸易额 3. 77 亿美元，同比增长 6. 74%；其他贸易 1. 22 亿美元，同比下降 10. 2%。三大贸易方式分别占全市贸易份额 51. 2%、36. 85%、11. 95%。东盟市场增长明显，欧美市场较稳定，美国、香港仍为永州市前两位贸易伙伴。对东盟进出口总额 1. 95 亿美元，同比增长 38. 3%；对欧盟进出口总额 1. 17 亿美元，同比增长 3%；对北美进出口总额 2. 34 亿美元，同比增长 5. 7%。对美贸易额 2. 22 亿美元，同比增长 4%，对港贸易额 1. 45 亿美元，同比增长 3. 3%。

2017 年，全市外贸累计进出口总额 91. 76 亿元（13. 57 亿美元），同比增长 51%，总量排名全省第 8 位，增幅排名全省第 5 位，完成省定目标任务（73. 1 亿元）125. 53%，完成市定目标任务 117. 64%。有进出口实绩企业 171 家，较上年增加 46 家，破零企业 62 家，倍增企业 25 家。是年，永州市“开放办”出台《永州市引进外贸实体项目行动方案（2017—2020）》，加大外贸企业引进力度，做大做强永州外贸。现阶段市内传统外贸产业仍是主要支撑，机电产品增幅远大于其他产业，纺织、服装以及制鞋等从沿海承接的传统产业仍在永州市外贸进出口中挑大梁、担重任，约占全市贸易份额的 25. 7%；机电产品进出口总额 24. 6 亿元，同比增长 81. 4%；高新技术产品进出口总额 4. 58 亿元，同比增长 25. 04%；农产品继续保持稳定增长，完成进出口总额 10. 57 亿元，增幅为 38. 6%，占全市贸易份额的 11. 52%。主要贸易市场相对稳定，对“一带一路”国家外贸保持高速增长。美国、香港地区、马来西亚仍是永州市前三大贸易伙伴，贸易额分别为：22. 03 亿元、8. 1 亿元、7. 37 亿元，分别同比增长 50. 4%、48. 7%、115. 6%，分别占全市贸易份额 24%、8. 83%、8. 03%。永州市对东盟进出口总额 16. 38 亿元，同比增长 71. 8%；对欧盟进出口总额 15 亿元，同比增长 92. 8%；对“一带一路”沿线国家进出口总额 27. 44 亿元，同比增长 59. 39%。

2018 年，永州市外贸进出口总额 19. 5 亿美元，同比增长 43. 6%。其中，出口 18. 7 亿美元，同比增长 46. 4%，进口 7997 万美元，同比下降 0. 7%。永州市进出口总量排名全省第 8 位，增幅排名全省第 2 位，有进出口实绩企业 197 家，较去年同期（171 家）增加 26 家，新增破零企业 64 家，倍增企业 36 家。传统外贸产业发展不平衡，农产品进出口总额 2. 62 亿美元，同比增长 67. 63%；鞋类产品进出口总额 2. 2 亿美元，同比增长 1. 59%；服装进出口总额 1. 2 亿美元，同比增长 24. 09%；机电产品保持较高增长，总额 5. 33 亿美元，同比增长 45. 97%；新兴产业增长较快，玩具进出口 7851 万美元，同比增长 79. 14%；家具进出口 3110 万美元，同比增长 109. 65%。市场行情变化较大，美国市场疲软，香港市场剧增，“一带一路”沿线国家以及东盟贸易持续扩大。“一带一路”沿线国家进出口总额 5. 33 亿美元，占全市贸易份额的27.35%，同比增长30.42%。其中，对东盟进出口总额3.31亿美元，同比增长36.5%；欧盟进出口2.75亿美元，同比增长24.2%。受中美贸易战影响，美国市场地位下降，香港市场份额急剧上升，香港、美国、马亚西亚分别位居永州市对外进出口额前3位，分别是4.57亿美元、3.27亿美元、1.15万美元，同比增长分别为279.7%、0.6%、5.6%，贸易份额分别为23.43%、16.78%、5.92%。

1999—2018年永州市外贸进出口额统计表

表2-2 **单位：万美元，%**

年份	累计进出口额	累计进出口同比	累计出口额	累计出口同比	累计进口额	累计进口同比
1999	4631.28	—	2417.92	—	2213.37	—
2000	3319.34	-28.33	247.37	-89.77	3071.97	38.79
2001	4912.63	48	216.92	-12.31	4695.71	52.86
2002	4398	-10.48	314.67	45.06	4083.33	-13.04
2003	8745.28	98.85	1375.93	337.27	7369.35	80.47
2004	14571.09	66.62	1169.67	-14.99	13401.43	81.85
2005	6615.18	-54.6	1966.75	68.15	4648.43	-65.31
2006	7193.28	8.74	5679.3	188.77	1513.97	-67.43
2007	16773.53	133.18	11657.69	105.27	5115.84	237.91
2008	16368.56	-2.41	13008.53	11.59	3360.04	-34.32
2009	7617.17	-53.46	6607.94	-49.2	1009.23	-69.96
2010	11737.29	54.09	10247.29	55.08	1490	47.64
2011	19164.67	63.28	16703.2	63	2461.47	65.2
2012	28972.6	51.18	26245.47	57.13	2727.14	10.79
2013	44959.77	55.18	40592.44	54.66	4367.33	60.14
2014	93649.72	108.3	74978.62	84.71	18671.1	327.52
2015	89581	-4.35	76944	2.62	12637	-32.32
2016	102230	16.56	88997	18.6	13233	4.6
2017	135730	50.3	127678	54.3	8052	6.7
2018	194969	43.6	186972	46.4	7997	-0.7

一、进口贸易

2000 年，永州市外贸完成进口 3072 万美元。在进口贸易中，长丰集团独家进口 2648 万美元，占全市贸易比重 80%。2001 年，全市外贸进口 4696 万美元，同比增长 52. 9%。国有企业比重进一步提升，达 95. 54%，民营企业未破零。2002 年，全市外贸进口 4083 万美元，同比下降 13. 1%。粮油进出口公司进口额达 1131 万美元，较上年翻了一倍，而长丰集团进口有所下降，由上年进口近 4000 万美元下降至不到 2000 万美元。

2003 年，全市外贸进口 7369 万美元，同比增长 80. 47%。是年，永州市对外经济贸易土畜产品公司、湖南永州市湘源物资发展有限责任公司进口 1500 万美元，长丰集团所属企业进口 2500 万美元。2004 年，全市外贸进口 1. 34 亿美元，同比增长 81. 9%。长丰集团进口额 9751 万美元（未含长沙部分），占全市比重的 67%。民营企业发展较快，永州市丰源经贸有限责任公司破零，首次进口超 1000 万美元。

2000—2004 年，永州市外贸以进口为主，并呈现大幅上升趋势，进口总额从 2000 年 3072 万美元到 2004 年 1. 34 亿美元，增长 4. 4 倍，这主要依赖于长丰集团快速发展，其旗下企业对于生产汽车零部件、配件等原料进口增长迅速，仅 2004 年，整个长丰集团进口 1. 06 亿美元，占全市进口总额 79. 4%。由于长丰总部 2004 年底迁往长沙，其进口业务也随之逐步在长沙进行，导致水州市外贸进口 2005 年后出现较大回落。

2005 年，永州市外贸进口 4648 万美元，同比下降 65. 3%。进口大幅下降主要是由于长丰集团总部搬迁至长沙，进口业绩随迁长沙，还连带造成水州市贸易公司进口额急剧萎缩。2006 年，全市外贸进口 1514 万美元，同比下降 67. 43%。2007 年，国际经济环境良好，永州市外贸发展迅速，全市完成进口 5116 万美元，同比增长 237. 91%，比全省平均增幅高 197. 71 个百分点，总量居全省第 9 位。

2008 年，永州市在遭遇年初严重冰雪灾害及下半年全球金融海啸等不利条件下，全市外贸完成进口 3360 万美元，同比下降 34. 32%，居全省第 9 位。2009 年，全球金融危机进一步蔓延，永州市对外贸易受到严重冲击，全市对外贸易额呈现大幅度下降，进口额仅 1009 万美元，同比下降 69. 96%，总量居全省第 12 位。2010 年，永州市对外贸易完成进口 1490 万美元，同比增长 47. 64%，超出全省 2. 77 个百分点，超出全国 8. 57 个百分点。2011 年，永州市对外贸易完成进口 2461 万美元，同比增加 65. 2%。

2012 年，永州市对外贸易完成进口 2727 万美元，同比增长 10. 8%。

2014 年，永州市对外贸易完成进口 1. 87 亿美元，同比增长 327. 52%。是年，资源类产品进口数额大，仅矿产品一项贸易额就达 2868 万美元，占全市贸易份额的 3.05%。次年，永州市对外贸易完成进口总额 1.27 亿美元，同比下降 32.2%。

2016 年，永州市对外贸易完成进口总额 1.32 亿美元，同比增长 4.6%。2017 年，永州市对外贸易完成进口总额 8052 万美元。

2005—2018 年，从永州市对外贸易完成进口总额可以看出，进口远少于出口，2006 年进口总量 1514 万美元是出口总量 5679 万美元的四分之一；2009 年进口总量 1009 万美元是出口总量 9117 万美元的九分之一。

二、出口贸易

1996 年，永州市完成出口总额 7298 万美元，比上年增长 6.7%。三来一补完成 2024 万美元，比上年增长 141.7%。各县区（含凤凰园）和三资企业出口增长迅猛，共出口 5163 万美元，占全市出口总额 70.7%。其中，县区出口 3161 万美元，占全市出口总额 43.3%；三资企业出口 2002 万美元，占全市出口总额 27.4%。全市进出口企业自营出口收汇 580 万美元，比上年增长 22.1%。

1998 年，永州市完成出口总额 1.02 亿美元，完成年计划 97.9%，比上年同期增长 11.4%。其中，外贸企业出口完成 4581 万美元，占 45.15%，同比增长 7.8%；三资企业出口完成 1910 万美元，占 18.8%，同比增长 0.4%；自营生产企业出口完成 1079 万美元，占 10.6%，同比增长 10.4%；“三来一补”完成 2582 万美元，占 25.5%，同比增长 30.3%。1999 年，境内三资企业出口创汇 2041.6 万美元。

2000 年全市外贸进出口总额 3319 万美元，其中，出口 247 万美元。2001 年，全市外贸进出口总额 4913 万美元，同比增长 48.13%，其中，出口 217 万美元，同比下降 12.3%，其中三资企业出口下降 37.6%，国有企业出口增长 47.2%，民营企业未破零。进出口实绩企业 14 家，较上年增加 1 家。2002 年，永州市对外贸易完成出口 315 万美元，同比增长 45.1%。2003 年，出口 1376 万美元，同比增长 337.27%，全市出口实绩企业数增加至 18 家。是年，国有企业比重下降，民营企业“熙可食品”出口表现较大潜力，出口额达 752 万美元。2004 年，永州市对外贸易完成出口总额 1170 万美元，同比下降 15%。是年，民营企业发展较快，但由于仍受计划经济影响，农产品出口呈现大起大落状况。期间，三资企业开始进入机电和轻纺领域，出口额出现稳定增长局面。

2005 年，永州市对外贸易完成出口总额 1967 万美元，同比增长 68.1%。虽然外贸总量减少（直接原因是长丰集团搬迁），但随着沿海产业开始向内地转移，永州市抓住承接沿海产业转移有利机会大力招商引资，吸引一批生产型企业来境内落户，民营企业和三资企业得到快速发展，熙可食品、丽宏针织等企业出口较上年翻倍增长。是年始，“国退民进”是大势所趋，永州市外贸不再依赖进口和流通贸易型企业，初步形成农产品、轻纺制鞋和机电三大外贸支柱产业格局。

2007 年，永州翊翔机电设备有限公司生产的混凝土泵车

2006 年，永州市对外贸易完成出口 5679 万美元，同比增长 188.77%。是年，依托汽车及零部件、机电产品带动进出口超过 3000 万美元，占比提高 40 个百分点。其中翊翔机电出口 1210 万美元，成为永州市机电行业出口龙头企业；加工贸易出口 1076 万美元，同比增长 331%。境内民营企业迅速崛起，科力尔电机当年出口 876 万美元，占全市出口比重 15%。国有企业数量减少，份额急剧下降，除永州市冷水滩区对外贸易有限责任公司有近 1000 万美元出口外，其他国企进出口业绩不佳。三资企业数量增至 24 家，占全市外贸实绩企业 65%，其中仍以熙可食品业绩最为突出，出口突破 1500 万美元。2007 年，永州市对外贸易完成出口 1.17 亿美元，同比增长 105.27%。其中出口额超 1000 万美元企业 4 家。

2007 年，永州翊翔机电设备有限公司出口的汽车起重机

2005—2007 年，永州市机电产品、柑桔罐头占出口总额比重从 2005 年 6.5%提高到 2007 年 70%，其中柑桔罐头出口量列全省第一，熙可罐头和科力电机被评为湖南省出口名牌。出口国别和地区由 37 个增加到 62 个。对欧盟、北美、日本、韩国等发达国家和地区市场出口份额占到全市出口总额 80%。

2008 年，永州市遭受前所未有的特大冰雪灾害，造成全市外贸企业（国有）厂房、仓库大面积垮塌（总计超过 13 万平方米）；机械设备损毁 600 多台套，1.8 万吨待交货出口产品毁坏，3 万多亩出口农产品基地被毁，紧接着下半年全球金融海啸又直接重创永州市外贸，可以说 2008 年是永州市对外贸易最为困难的一年。但由于永州市巧妙地运用“中小开”等项资金，充分发挥这些资金的促进作用，全市外贸出口在困境中保持增长，全年外贸出口仍达到 1.31 亿美元，完成年计划 1.2

亿美元的108.4%。累计贸易顺差为6660万美元，比去年同期增长73.94%。出口产品仍然以机电产品、针织服装、农产品为主，其中机电产品出口5979万美元，占出口总额66.9%；针织服装出口1421万美元，占出口总额15.9%；农产品出口729万美元，占出口总额8.1%。

2009年，全球金融危机进一步蔓延，永州市对外贸易受到严重冲击，全市对外贸易额呈现大幅度下降，完成出口额9117万美元，同比下降29.91%，居全省第12位。

2010年，永州市外贸完成出口1.03亿美元，同比增加55.08%，超出全省10.23个百分点，超出全国23.83个百分点；2011年，永州市对外贸易完成出口1.67亿美元，同比增加63%；贸易顺差1.42亿美元，同比增加62.64%。其中机电产品出口4195万美元，同比增长27.67%，占全市出口总额25.11%；服装鞋类出口4493万美元，同比增长38.03%，占全市出口总额26.9%；农产品出口4077万美元，同比增长34.3%，占全市出口总额24.41%；化工产品出口1920万美元，占全市出口总额13.07%。高新技术产品突显极大潜力，相对于往年机电产品、服装鞋类和农产品三分天下局面，出口产品更显多元化。2012年，永州市对外贸易完成出口2.62亿美元，同比增长57.1%。

2004年，湖南果秀食品有限公司生产的“果秀”牌罐头系列产品

2013年，永州市对外贸易完成出口4.06亿美元，同比增长54.66%。境内果蔬罐头产品出口专业基地成功获批“湖南省出口基地”（全省仅10家）。“果秀”、“熙可食品”成为永州市乃至全国罐头行业龙头老大，企业不仅开发健全的食品检验中心、外贸公共服务平台，还开通境外营销网络，产品畅销欧美，在美国桔片市场占据60%市场份额。“宝达”、“都成”、“泉辉”等基地内企业外销高速增长。果蔬罐头产品实为永州市外贸加快转型发展突破口和实现后发赶超发力点。境内出口仍以传统优势产业为主，纺织服装鞋类产品、水果罐头产品、机电产品和高新技术产品分别占全市出口总额的41.86%、22.91%和2.96%。

2014年，永州市外贸完成出口7.5亿美元，同比增长84.77%。境内科力尔、华荣鞋业、果秀食品等企业保持较快增长，新鲜果蔬出口取得重大突破。鼎鑫贸易、泓泰农业、原地正禾等企业新鲜果蔬出口 7 万吨，贸易总值达 4355 万美元。这些传统农业优势转为出口优势具有可持续后劲及极大增长潜力。出口市场中传统市场保持高速增长，新兴市场有新突破。美国、香港、韩国等传统市场仍是永州市主要贸易市场。是年，永州市对美国、香港地区贸易额突破 2 亿美元，占全市贸易份额 52.95%。对俄罗斯出口达 2740 万美元，同比增长 775%；对南非贸易额达 3107 万美元，同比增长 1296%。同时，出口基地建设取得进展，鞋类产品、新鲜果蔬出口基地获批 2014 年湖南省省级出口基地。

2005 年，湖南果秀食品有限公司出口级糖水型橘子罐头产品

2015 年，永州市外贸完成出口总额 7.99 亿美元，同比增长 2.6%。是年，欧盟、美国、东盟是永州市对外贸易产品主要出口市场。其中，对美国贸易额 2.13 亿美元，同比下降 24.05%；对欧盟贸易额 1.14 亿美元，同比增长 7.43%；对东盟贸易额 1.40 亿美元，同比增长 105%。2016 年，永州市外贸完成出口总额 8.9 亿美元，同比增长 18.6%。其中鞋类产品完成出口总额 1.67 美元，同比下降 33.02%，服装出口增长 60.8%。2016 年，永州市新引进一批玩具企业，这些企业分布在蓝山、江华县境内，已快速形成产业规模。

2017 年，永州市对外贸易完成出口 86.32 亿元，同比增长 54.7%。其中境内新形成产业规模的玩具企业所生产玩具产品出口突破 3000 万美元，占全市出口份额 3.43%。

2018 年，永州市农产品出口供货值从 2016 年 6.53 亿元增加到 2018 年 17.68 亿元，年均增长 56.9%。2018 年湖南省出口蔬菜 83.8%来自永州市，供应香港蔬菜中 87.3%来自永州市。

2012—2018 年，在永州市被列为国家级湘南承接产业转移示范区后一系列政策影响下，招商引资力度不断加大，逐渐形成农产品加工、轻纺制鞋、电子信息为主导外贸产业。境内凯盛鞋业、湘威运动、华荣鞋业等项目及相关配套产业占全市出口份额 20%，突破 2 亿美元。电子信息产业以科力尔电机、弘电电子、达福鑫电子为重点的机电产品贸易量占全市出口份额 24%。新鲜果蔬、罐头产品、植物提取物等农产品出口突破 1 亿美元，占全市出口份额 12%。

2013年，永州市达福鑫显示技术有限责任公司生产的系列液晶显示屏

第三节　贸易伙伴

1999—2003年，永州市对外贸易伙伴主要是日本和香港、台湾地区。其中，日本是第一大贸易伙伴国（2003年达6970万美元）。永州市出口市场由2002年26个国家和地区增加到2003年的37个国家和地区。2003年，永州市出口美国770万美元，德国70万美元，意大利60万美元。

2004年，永州市对韩国贸易616万美元，韩国成为永州市第三大贸易伙伴，地位仅次于日本和台湾地区。2005年，永州市对韩国贸易降至312万美元。

2006—2008年，永州市对欧洲国家荷兰贸易额从2006年1153万美元跃升到2008年4279万美元，荷兰从永州市第三大贸易伙伴跃升至第一大贸易伙伴（2009年始，对荷兰的贸易额因受西方经济危机影响下降至798万美元）。期间，永州市与印度、沙特阿拉伯、阿拉伯联合酋长国贸易额为1042万美元、1050万美元、902万美元。为开辟新市场，永州市在巩固旧贸易伙伴基础上不断交结新贸易伙伴。2008年，永州市与泰国贸易额630万美元、越南544万美元、加拿大493万美元。

从2008年1—7月永州市对外贸易统计数据看出，欧盟、美国、日本以及香港和台湾地区的进出口市场仍占主导地位。1—7月出口数据显示，永州市对欧盟出口额5453万美元，占出口总额41.92%；对美国出口额1705万美元，占出口总额13.1%；对香港出口额1862万美元，占出口总额14.32%。1—7月进口数据显示，对台湾进口额1597万美元，增长220.7%，进口规模超越对日本进口，台湾成为永州市第1大进口市场。

2011年，永州市与马来西亚、印度尼西亚、澳大利亚贸易增长较快，贸易额达906万美元、606万美元、475万美元。

2012 年，永州市商务局拓宽视野，寻求新商机，与欧洲国家英国、比利时、意大利、土耳其进行贸易往来（贸易额见附表）。同年，永州市为与东盟对接，先后成立中国—东盟商务理事会永州办事处，与湛江市签订合作建设湖南对接东盟交通枢纽“中国永州港项目”，聘请中国东盟商务理事会中方常务副秘书长许宁宁为特邀经济顾问和对接东盟首席顾问。是年，永州市对东盟进出口总额比上年增长157.3%，新核准在东盟投资企业 3 家。

2014 年，永州市与俄罗斯新鲜果蔬贸易额 2000 万美元，2015 年达 4329 万美元。

2015 年，美国、欧盟仍是永州市主要贸易伙伴，1—2 月，对美国贸易额达 2.13 亿美元，同比下降 24.05%，对欧盟贸易额 1.14 亿美元，同比增长 7.43%。对美国和欧盟贸易总额占全市贸易总额 36.5%。是年，永州市与墨西哥、南非、新加坡的贸易增长较为突出。

2016 年，传统贸易市场保持稳定增长，美国、东盟、香港、欧盟仍是永州市主要贸易伙伴。是年，金市对以上 4 大市场进出口额分别为美国 2.22 亿美元、东盟 1.95 亿美元、香港 1.45 亿美元、欧盟 1.17 亿美元，增幅分别为 4.0%.38.3%、3.3%、3.0%。

2017 年，美国、香港、马来西亚为永州市前三大贸易伙伴，贸易额（此年按人民币计算）分别为 22.03 亿元、8.1 亿元、7.37 亿元，分别同比增长 50.4%、48.7%、115.6%，分别占全市贸易份额 24%、8.83%、8.03%；对东盟进出口总额 16.38 亿元，同比增长 71.8%；对欧盟进出口总额 15 亿元，同比增长 92.8%；对“一带一路”沿线国家进出口总额 27.44 亿元，同比增长 59.39%。

2018 年，受中美贸易战影响，美国市场地位下降，永州市对美国进出口 3.27 亿美元，仅增长 0.6%；对香港进出口 4.57 亿美元，同比增长 279.7%；对马亚西亚进出口 1.15 亿美元，同比增长 5.6%；香港、美国、马亚西亚仍居永州市对外进出口额前三位。同年，永州市对“一带一路”沿线国家进出口总额 5.33 亿美元，占全市贸易份额 27.35%，同比增长 30.42%。对东盟进出口总额 3.31 亿美元，同比增长 36.5%；对欧盟进出口 2.75 亿美元，同比增长 24.2%。

1999—2018 年永州市外贸出口重点国别地区贸易额统计表

表 2-3 **单位：万美元，%**

年份	1999	2000	2001	2002	2003	2004	2005	2006	2007	2008	2009	2010	2011	2012	2013	2014	2015	2016	2017	2018
香港	2290	113	121	—	—	120	409	1140	4103	1887	671	890	2087	5940	5322	21640	14054	8188	12030	45673
日本	1854	2963	4570	3974	6970	10916	4096	395	650	632	546	910	1489	1674	1681	1772	2388	3441	4050	5120

续表2-3

年份	1999	2000	2001	2002	2003	2004	2005	2006	2007	2008	2009	2010	2011	2012	2013	2014	2015	2016	2017	2018
台湾	370	—	—	—	238	1365	223	108	549	1692	325	648	1071	1840	2823	3430	3591	3516	4533	5310
美国	—	—	—	—	845	337	699	1784	1338	1751	1930	2934	4864	5879	8669	28086	21330	22176	32526	32715
韩国	—	—	—	—	—	616	312	—	—	—	—	—	558	534	779	4443	3184	5404	5329	8368
荷兰	—	—	—	—	—	—	—	1153	3747	4279	798	506	504	447	847	—	—	—	2084	2809
印度	—	—	—	—	—	—	—	—	1042	—	—	—	—	—	—	—	—	948	1579	3394
沙特	—	—	—	—	—	—	—	—	1050	354	—	—	—	458	990	—	—	1792	2414	1591
阿联酋	—	—	—	—	—	—	—	—	902	—	—	—	—	—	—	1245	1814	1766	2804	1519
泰国	—	—	—	—	—	—	—	—	—	630	—	272	—	—	—	935	—	—	2115	2072
加拿大	—	—	—	—	—	—	—	—	—	493	493	669	534	597	753	836	—	1212	2227	2855
越南	—	—	—	—	—	—	—	—	—	544	235	648	—	—	—	—	7901	2196	2879	5694
德国	—	—	—	—	—	—	—	—	—	—	—	732	1107	1319	1332	1753	2476	1713	—	5293
马来西亚	—	—	—	—	—	—	—	—	—	—	—	—	906	819	987	1973	2490	5166	1092	11538
印尼	—	—	—	—	—	—	—	—	—	—	—	—	—	606	—	1083	—	—	1579	1588
澳大利亚	—	—	—	—	—	—	—	—	—	—	—	—	—	475	801	—	—	1916	1942	2909
英国	—	—	—	—	—	—	—	—	—	—	—	—	—	—	1780	3150	2050	2263	—	5257
比利时	—	—	—	—	—	—	—	—	—	—	—	—	—	—	1277	1826	2110	1731	3152	3358
意大利	—	—	—	—	—	—	—	—	—	—	—	—	—	—	783	957	—	1020	—	1799
土耳其	—	—	—	—	—	—	—	—	—	—	—	—	—	—	1025	1371	1813	1933	2327	2079
澳门	—	—	—	—	—	—	—	—	—	—	—	—	—	559	2142	—	—	—	—	1466
缅甸	—	—	—	—	—	—	—	—	—	—	—	—	—	—	1667	—	—	—	—	1137
墨西哥	—	—	—	—	—	—	—	—	—	—	—	—	—	—	—	904	1388	—	1583	1733
俄罗斯	—	—	—	—	—	—	—	—	—	—	—	—	—	—	—	2740	4329	—	1390	1332
南非	—	—	—	—	—	—	—	—	—	—	—	—	—	—	—	2865	—	—	—	—
新加坡	—	—	—	—	—	—	—	—	—	—	—	—	—	—	—	1512	1831	2173	4439	7390
巴西	—	—	—	—	—	—	—	—	—	—	—	—	—	—	—	—	—	1019	1290	1066

注：表格空白部分表示当年贸易额较小，因此未标出。

第四节　产业结构及商品种类

一、出口商品

永州市外贸出口商品由最初单一商品结构发展成以全市优势产业化主导的商品结构。

1996 年，永州市出口商品品种达 51 种，其中上 100 万美元以上 28 种，上 500 万美元以上 11 种，上 1000 万美元以上 8 种，上 3000 万美元以上 4 种。

1997 年，永州市出口商品主要有：活大猪、桔片罐头、羽绒毛、硅锰合金、金属硅、越野车、塑料编织袋、文体用品。商品出口地主要是香港、刚果、南非、乌兹别克斯坦、巴拿马、加拿大、美国、英国、台湾、日本、马来西亚、意大利、荷兰、西班牙。

2003 年，永州市出口商品主要为柑桔水果罐头、微电机产品、化工产品、锑品、摩托车、服装、劳保用品。

2004 年，能够进行进出口业务的只有国有企业和三资企业，出口产品主要是农产品及纺织服装。

2005 年，永州市出口产品种类达 400 余种，主要出口商品为柑桔类水果罐头、机电产品、纺织类产品等。出口产品国家和地区主要分布在亚洲、欧洲和北美洲。2006 年，永州市汽车和汽车底盘出口突破 1000 万美元，到 2007 年达到顶峰，后由于长丰集团战略布署进行调整，永州成为长丰集团四大生产基地之一，核心地位逐渐下降，汽车零配件出口也出现了急剧下滑。

2007 年，随着东部沿海地区产业向内地转移，永州市抓住机遇加强招商引资，一大批轻纺制鞋、电子信息企业落户境内投资建厂，主要生产鞋类、服饰、机电产品和进行农产品加工，出口商品为农产品、机电产品以及鞋类服装。

2005—2007 年，永州市机电产品、柑桔罐头占出口总额比重从 2005 年 6. 5%提高到 2007 年 70%，其中柑桔罐头出口量列全省第一，熙可罐头和科力电机被评为湖南省出口名牌。

2012—2015 年，永州市做为国家级湘南承接产业转移示范区，逐渐形成农产品加工、轻纺制鞋、电子信息为主导外贸产业。凯盛鞋业、湘威运动、华荣鞋业等项目及相关配套产业、鞋类产品占全市出口份额 20%以上，出口额突破 2 亿美元。电子信息产业以科力尔电机、弘电电子、达福鑫电子（承接产业转移重点项目，总投资100亿元人民币）占全市出口份额24%。新鲜果蔬、罐头产品、植物提取物等农产品，占全市出口份额14%，出口额突破1亿美元。其它出口商品包括纺织、服装、旅行箱包、玩具等占到全市一定出口份额。

2016年，永州市出口商品除保持机电、电子、鞋类、新鲜果蔬、水果罐头、植物提取物等优势产品外，纺织、服装、旅行箱包、玩具类也成了外贸出口重点商品。

2017年，永州市蔬菜出口1.18亿美元，同比增长69%；柑橘罐头出口2447万美元，同比下降12.96%；鞋类产品出口3.09亿美元，同比增长25%；纺织服装出口1.16亿美元，同比增长9%；家具产品出口1483万美元，同比增长46.89%；玩具产品出口4382万美元，同比增长238.65%；机电产品出口3.6亿美元，同比增长80.19%。

2018年，蔬菜出口2.23亿美元，同比增长90%；柑橘罐头出口2428万美元，同比下降0.77%；鞋类产品出口3.34亿美元，同比增长8%；纺织服装出口1.39亿美元，同比增长19%，家具产品出口3110万美元，同比增长109.65%；玩具产品出口7851万美元，同比增长79.14%；机电产品出口5.15亿美元，同比增长43.14%。

2000—2018 年永州市主要出口商品统计表

表 2-4　　　　单位：万美元，%

年份	2000	2001	2002	2003	2004	2005	2006	2007	2008	2009	2010	2011	2012	2013	2014	2015	2016	2017	2018
农产品	1			752	328	738	1588	1132	1366	1999	2801	3928	3815	4551	8872	10479	11372	15511	26056
占比	0. 28			53. 78	27. 81	32. 56	23. 3	6. 08	7. 76	24. 41	23. 2	23. 65	14. 08	10. 72	7. 94	11. 54	13. 95	12. 15	13. 71
机电产品	138	92	106	224	229	544	2589	9086	8146	2557	3276	4141	6158	10326	24773	22016	19970	35984	51506
占比	37. 85	37. 42	38. 7	16. 03	19. 36	23. 97	37. 99	48. 8	46. 27	31. 23	27. 14	24. 97	22. 72	24. 31	23. 73	24. 26	24. 15	28. 18	27. 11
汽车和汽车底盘							1000	6131	3244	217	251	457							
占比							14. 67	32. 93	18. 42	2. 65	2. 08	2. 75							
纺织	89	55	16					1321	1464	1147	1648	1992	2404	3225	3780	4773	4526	2381	2637
占比	24. 56	22. 27	5. 82					7. 1	8. 32	14	13. 65	11. 99	8. 87	7. 59	3. 6	5. 26	5. 55	1. 86	1. 39
服装		8		137	227	378		102	221	105	153	293	546	1769	2152	1519	1586	9585	12009
占比		3. 21		9. 79	19. 23	16. 66		0. 55	1. 25	1. 29	1. 26	1. 76	2. 01	4. 16	2. 06	1. 67	1. 95	7. 51	6. 32
鞋类								2	19	513	2181	2718	7694	12183	21948	24424	16423	21283	21739
占比								0. 01	0. 11	6. 27	18. 06	16. 36	28. 39	28. 69	21. 02	26. 91	20. 15	16. 67	11. 44
旅行箱包													1171	748	1043	871	821	2083	4832
占比													4. 32	1. 76	1	0. 96	1. 01	1. 63	2. 54
集成电路															11562				
占比															11. 07				
电容器																8018			
占比																8. 83			
玩具																	1294	4382	7851
占比																	1. 59	3. 43	4. 03

二、进口商品

20世纪90年代到21世纪初期，永州市进口商品主要产品是食糖、机电产品和汽车零配件。

永州境内水果罐头生产企业是最早进口产品的企业之一，其主要进口产品为食糖。长丰集团是永州境内进口产品最多、进口份额最大的国营企业。20世纪90年代，长丰集团每年汽车零配件进口占全市进口份额50%，2001—2003年占全市进口总份额60%。

2002年，永州市纺织行业开始兴起，并得到快速发展，纺织企业大量从国外进口纱线等原料。

2003年，永州市主要进口商品为汽车配件、机电产品、锰矿砂及精砂。

2007年，永州市制鞋产业发展带动原材料进口，一批大型制鞋企业（凯盛鞋业、湘威运动、华荣鞋业等）所需进口原料多，对永州市进口贸易起到推进作用，进口原料主要包括橡胶、鞋靴零件、皮革等。

2014年，永州市引进一批矿产精深加工企业，对矿产品进行精深加工后出口，助推永州市对外贸易出口量提升。进口矿产品主要是铅矿砂、锰矿砂等。

2015—2018年，进口商品主要以纺织服装和鞋类产品原材料为主，整体增速缓慢。其中，塑料和橡胶制品从2015年进口2064万美元到2018年2504万美元；皮革进口从2015年576万美元到2018年311万美元；纺织纱线进口从2015年1415万美元到2018年1259万美元。

2000—2018 年永州市主要进口商品统计表

表 2-5 单位：万美元，%

年份	2000	2001	2002	2003	2005	2006	2007	2008	2009	2010	2011	2012	2013	2014	2015	2016	2017	2018
机电产品	1246	2407	2415	4662	2283	208	88	1037	95	482	746	771	438	10871	7389	366		1832
占比	47. 58	63. 23	62. 22	60. 58	54. 58	50. 28	21. 8	30. 06	16. 25	32. 58	28. 93	29. 12	15. 72	28. 89	40. 03	6. 92		21. 99
汽车零件	829	1133	1053	1965	1336	12	19	26	25	22								
占比	31. 67	28. 93	27. 11	25. 53	31. 94	2. 83	4. 72	0. 75	4. 32	1. 51								
初级形状的塑料												58	295	558	861	879	672	893
占比												2. 2	10. 6	1. 48	4. 67	16. 62	13. 72	10. 72
农产品							24	11	14	14	67	87	60	115	114	199		118
占比							6. 02	0. 32	2. 42	0. 96	2. 61	3. 31	2. 16	0. 31	0. 62	3. 76		1. 41
纱线					52	100	57	929	150	112	141	81	98	34	291	111		
占比					1. 24	24. 29	14. 4	26. 93	25. 68	7. 56	5. 48	3. 08	3. 53	0. 09	1. 58	2. 09		
合成橡胶							8	181	4	403	747	451	583	768	508	404	683	446
占比							1. 89	5. 25	0. 71	27. 42	28. 96	17. 03	20. 93	2. 04	2. 75	7. 64	13. 94	5. 36
食糖							9				59	68	41	60	73	122	72	77
占比							2. 19				2. 29	2. 59	1. 47	0. 16	0. 39	2. 3	1. 47	0. 92
皮革									2		58	199	299	288	412	475	419	209
占比									0. 4		2. 25	7. 52	10. 76	0. 76	2. 23	8. 98	8. 56	2. 51
鞋靴零件										16	25	51	140	264	455	239	378	283
占比										1. 05	0. 97	1. 94	5. 03	0. 7	2. 47	4. 52	7. 72	3. 39
铅矿														2625		1352	152	
占比														6. 98		25. 36	3. 11	

第五节 加工贸易

永州市经济发展落后，加工贸易起步晚，只有近20年发展历史。从20世纪90年代以前的“三来一补”（指来料加工、来件装配、来样加工和中小型补偿贸易）到21世纪初以来料加工和进料加工为主的加工贸易方式，特别是2008年永州市被国家商务部确定为加工贸易梯度转移重点承接地以来，境内加工贸易获得迅速发展。

2003年，永州市加工贸易完成进出口总额764万美元，其中出口726万美元，占全市出口总额的53%，高出全省40个百分点。次年，永州市调整出口商品结构，针对永州初级产品占出口比重高、竞争力较弱的情况，发挥农业大市和劳动力成本低的优势，通过深加工来发展农、畜、干鲜果品、蔬菜等农产品出口，全市农副产品深加工自营出口800万美元，5家食品加工外向型企业加工食品产品通过市外代理出口2000万美元，成为永州市农产品加工龙头企业，熙可食品加工排永州市农产品加工龙头企业首位。

2005年，永州市加工贸易进出口总额701万美元，其中出口568万美元，占全市外贸出口28.3%。

2006年1—8月，永州市审批加工贸易合同16个，合同出口金额1462万美元，合同进口金额823万美元，实际完成出口1076万美元，同比增长331%。

2007年，永州市加工贸易出口1076万美元，同比增长331%，加工贸易出口所占全市出口总额比例为25.5%，比全省高出18个百分点。有进出口实绩企业增加到21家，加工贸易企业发展到12家。

2008年，商务部关于确定第二批加工贸易梯度转移重点承接地的决定，湖南省永州市为第二批加工贸易梯度转移重点承接地。市委、市政府正式提出“敞开南大门，对接粤港澳”战略决策。上半年，永州市加工贸易进出口比重偏少，但进出口增幅加大。1—7月，全市加工贸易进出口额2667万美元，同比增长477.24%，占进出口总额的26.6%。其中出口1566万美元，同比增长292.39%；进口1101万美元，同比增长1647.56%。到12月底止，全市加工贸易进出口4314万美元，占进出口总额26.4%，同比增长287.6%。其中加工贸易出口2916万美元，同比增长199.7%；加工贸易进口1398万美元，同比增长898.8%。加工货易进出口创历史最好水平。是年，永州市有进出口业绩加工贸易企业仅7家，除蓝山县、祁阳县、宁远县和凤凰园外，其他县区还没有加工贸易进出口业绩。同年 11 月 24 日，永州市成立蓝宁道加工贸易建设工作办公室，市商务局党组副书记、副局长李燕军任办公室主任。

2009 年，永州市加工贸易进出口完成总额 3052 万美元，在全省排名第 7 位。形成加工贸易规模企业 42 家，新增劳动用工 10 万人。是年，“蓝宁道新加工贸易走廊”初步成型，新扩园区面积 10.7 平方公里、新建标准厂房 72.5 万平方米，加工贸易进出口总额 1508.6 万美元、占全市加工贸易进出口总额 3052 万美元的 57.5%。蓝山县加工贸易进出口总额 1273.2 万美元，进入全省 10 强县行列；宁远县、道县、蓝山县在省政府组织的年度考核中继续被列为承接加工贸易产业转移试点县，宁远县在全省试点县考核中排名第 2 位。

2010 年，永州市全年共审批加工贸易合同批件及变更批件 115 件，其中加工贸易合同 45 件，加工贸易变更批件 70 件。合同进出口总额达 1.03 亿美元。是年，永州市加工贸易完成进出口总额 5414 万美元，同比增幅 77.4%。全市有加工贸易进出口实绩企业 12 家，“蓝宁道新江加工贸易走廊”占 7 家。同年，市政府办公室《关于成立永州市飞地经济示范工业园建设投资有限公司的通》。“蓝宁道新江加工贸易走廊”和凤凰园经济开发区先后到江苏无锡、浙江台州、福建厦门学习考察“飞地经济”发展情况，并开展专题承接加工贸易产业转移招商活动，均取得较好成果。

“十一五”期间，永州市实现加工贸易进出口总额 1.53 亿美元，比“十五”增长 80%。

2011 年，永州市加工贸易完成进出口总额 7274 万美元，同比增幅 34.4%，境内蓝山县、道县升级为加工贸易重点县。同年 10 月，永州市获批湘南承接产业转移示范区，电子信息、先进装备制造、生物医药等技术密集型加工贸易项目占到总引进项目 30%，制鞋、轻纺、服饰等产业不断发展壮大，产业链逐步完善。11 月，由永州市委巡视员蒋吉秀带队，组织市商务局一行赴山东德州、江苏盐城、大丰和上海等地，就当地“飞地经济”发展情况进行学习考察，结合 2010 年对广东清远的考察情况，通过电迅联络和上网查验等方式，对广东省发展“飞地经济”的做法作了深入了解，决定在永州市凤凰园经济开发区内建设永州（上海）飞地工业园。是年，境内东安县、双牌县、新田县、江永县、江华瑶族自治县、金洞管理区、回龙圩管理区 7 个县（区）还没有实现加工贸易进出口额零的突破。

2012 年，蓝宁道新加工贸易走廊形成以毛织、服装、鞋材、玩具为重点的新型加工贸易走廊，被省政府认定为省级承接产业转移特色基地。据统计，4 县新增财政税收 80%来自于承接产业转移，60%固定资产投资和 80%新增就业由承接产业转移企业贡献。1—7 月，4 县共承接产业转移项目 65 个，占全市 39.4%，实现加工贸易进出口额 5223.77 万美元，占全市 70.65%。蓝山县毛织企业近千家，是继广东省东莞、浙江省桐乡后全国第三大毛织基地。承阳毛织是全省 20 家重点加工贸易企业之一，为永州市 2 家省级重点加工贸易企业之一。2008 年，蓝山县、宁远县、道县被省承接产业转移发展加工贸易领导小组办公室授予承接产业转移首批试点县称号，2011 年，蓝山县、道县升级为重点县。2012 年 8 月，道县、新田县工业园获批省级工业集中区。同年 9 月 16—19 日，首届中国加工贸易产品博览会在广东省东莞市举行，永州市共派出 8 家企业参加。是年，永州市加工贸易进出口总额 1.4 亿美元，增长 92.5%。

2013 年，国内外经济形势严峻，永州市围绕年初确定的目标任务，积极创新发展思路，努力破解发展难题，实现加工贸易进出口总额 2.12 亿美元，其中出口额 1.74 亿美元，进口额 0.38 亿美元。进出口额占全市外贸进出口总额 50%，同比增长 51.7%，增幅高出全省平均增幅 24.41 个百分点，总量首次突破 2 亿美元大关。

2014 年 6 月，永州市组织境内 15 家企业参加“2014 年东莞中国加工贸易产品博览会”，会上签订成交合同 13 笔，合同金额 2000 万元人民币。是年，全市实现加工贸易进出口总额 5.3 亿美元，占全市外贸进出口总额 56%，同比增长 147.3%，增幅高出全省平均增幅 133.9 个百分点，再创历史新高。

2015 年，永州市加工贸易完成进出口总额 3.54 亿美元，占全市外贸进出口总额的 47.4%，增幅高出全省平均增幅 6 个百分点。其中出口 3.05 亿美元，进口 0.49 亿美元，进出口总量排前 3 位的是祁阳县、蓝山县、宁远县，增幅居前 3 的是冷水滩区、宁远县、道县。全市有加工贸易企业 24 家。

2011—2015 年（十二五）期间，永州市实现加工贸易进出口总额 13.05 亿美元，比上个五年计划增长 733.06%。

2016 年，永州市加工贸易完成进出口总额 3.77 亿美元，同比增幅 6.4%，其中出口额 3.30 亿美元，进口额 0.47 亿美元。总量与增幅皆为全省第 4 名，在湘南三市增幅第 1 名。全市 11 个县区 28 家企业有加工贸易进出口实绩，产品主要以制鞋、电子产品、服饰、食品加工、生物制药为主。是年，江华、东安两县加工贸易实现“零”的突破，中心城区增幅较为明显。10 月份永州市制定出台《“蓝宁道新江加工贸易走廊”建设规划》。该规划出台将成为今后指导“蓝宁道新江加工贸易走廊”建设和发展的科学依据，为“走廊”的发展指明方向。

2017 年，永州市组织 11 家企业参加“加博会”、“湘博会”、“汽车展”、“高交会”等活动，取得良好成效。全市实现加工贸易进出口总额 4.43 亿美元，同比增幅 17.7%，其中出口 3.81 亿美元，进口 0.62 亿美元，有进出口实绩加工贸易企业达30家，进出口总量排全省第4名，出口产品仍然以制鞋、电子产品、服饰、食品加工、生物制药为主。是年，永州市出台《永州市关于促进加工贸易创新发展的实施方案》（永政办发〔2017〕22号），为走廊的发展和促进全市加工贸易创新发展进一步指明方向。

2016年9月30日，"'蓝宁道新江'加工贸易走廊"建设规划评审会现场

2018年，永州市加工贸易完成进出口总额27.26亿元人民币，同比增长0.04%，总量居全省第4位。

第六节　外贸平台建设

一、果蔬罐头产品专业型出口基地

21世纪初期，境内"湖南熙可食品有限公司"、"永州泉辉食品有限公司"、"湖南宝达食品有限公司"、"湖南都成国际食品有限公司"、"湖南东安县芦江罐头食品有限公司"、"湖南果秀食品有限公司"等一批果蔬罐头生产企业，已在国际国内市场站稳脚跟，这些企业大多位于永州中心城区，相对集中，都具备自营出口能力，且有较为稳定的出口销售渠道。其中湖南果秀食品有限公司、永州泉辉食品有限公司、湖南宝达食品有限公司、湖南都成国际食品有限公司年产值合计近20亿元人民币，自营和代理出口超过1亿美元，在省内同类出口基地中排名第1位。

永州市因具有地理位置、气候条件、生态环境等诸多有利于果蔬生长和生产的先天自然优越条件，又具备可持续发展产业链的绝对优势，故果蔬种植面积不断拓展扩大，基地面积已达60万亩，优质生产原料有足够保证。经过近20年努力，永州市果蔬罐头专业型出口基地拥有果秀农产品产品质量追溯服务平台、果秀境外销售平台、果秀检验检测服务平台三个投入运营的公共平台，以与市商务局签订协议形式服务于基地内果蔬罐头出口企业。2013年市商务局向省商务厅申报永州市果蔬罐头产品专业型出口基地，经省商务厅、省财政厅批准，永州市果蔬罐头产品专业型出口基地被评为“湖南省省级出口基地”。

二、鞋类出口基地

2008年，蓝山县湘威运动用品有限公司生产车间一角

2005年，永州市“东方鞋都”（鞋类产品出口专业基地）地处湖南省南部，毗邻广东省连州市，距“世界鞋工厂”东莞市不到300公里，是东莞市制鞋企业向内地梯级转移的第一级。随着湘南承接产业转移示范区进一步推进，相当一批沿海制鞋企业在永州市境内祁阳县、蓝山县、宁远县、道县、新田县落户，成为制鞋重点龙头企业核心产业集聚区，是永州市外贸进出口主要支撑。以湖南凯盛鞋业有限公司、湖南湘威运动用品有限公司、宁远华荣鞋业有限公司为龙头及相关配套企业共200多家制鞋产业链，已具备年生产1亿双各种品牌鞋能力。

2014年，永州市商务局向省商务厅申报永州市鞋类产品出口基地，经省商务厅、省财政厅批准，永州市鞋类产品出口专业基地被评为“湖南省省级出口基地”。

三、新鲜果蔬出口基地

永州市是农业大市，得益于区位优势、自然资源优势和生态环境优势，果蔬品种极为丰富，并基本形成连片发展的区域特色。2008年，江永、江华、道县、新田、蓝山、宁远等县成为全市重要外销蔬菜优势产区和沿海城市重要蔬菜供应基地。市委市政府通过招商引资，引进一批果蔬深加工企业，实施“公司+基地+标准化”模式加大农业标准化示范园建设投入，拉长新鲜果蔬深加工产业链条。全市蔬菜播种面积130.7万亩，比去年增加2.18万亩，其中，在检验检疫局备案基地47家，占全省备案基地总数的54%，果园基地11个，果蔬加工厂7家。基地内企业加强果蔬种植基地建设，产品已进行无公害、绿色认证，大力发展冷链物流，并积极申请开通港澳直通车，同时建立网络信息化安全和质量追溯体系，使产品达到无公害质量要求，已获得ISO、GAP、绿色有机认证、无公害、绿色认证、质量管理体系论证、环境管理体系论证、职业健康安全管理体系论证等多项认证。经过近几年快速发展，新鲜果蔬产品出口基地已在永州形成并初具规模。目前基地核心区已有新鲜果蔬产品骨干生产企业6家，年产值18亿元人民币，出口值达6000万美元（含间接出口）。

2014年市商务局向省商务厅申报永州市新鲜果蔬产品出口基地，经省商务厅、省财政厅批准，永州市果蔬罐头产品专业型出口基地被评为“湖南省省级出口基地”。

四、国家级外贸转型升级基地

永州水果蔬菜及制品是湖南省供应香港、澳门农产品主要产区。2016年，永州市水果种植面积158万亩，总产108万吨，居全省第2位，蔬菜面积275万亩，居全省第1位。

2016年，市级以上农业产业化龙头企业267家，其中国家级3家，省级43家。水果蔬菜及制品“三品标”认证总数250个，21个产品拿到进入欧美市场绿色通行证，创建中国驰名商标1个、湖南名牌产品1个、湖南知名国际品牌1个、湖南省著名商标22个、国家地理标志保护产品3个、国家农产品地理标志产品2个；拥有出口备案注册企业186家、备案基地74个，特色产品进出口总额达到1.06亿美元。

2014年，永州市高位推动国家级出口食品农产品质量安全示范市建设，建立健全农产品质量安全组织保障、标准化管理、投入品控制、疫情疫病监控、质量追溯监管、预警应急管理、诚信管理、多元化国际市场等8大全程控制体系。2017年9月，永州市成功获批国家级出口食品农产品质量安全示范市，成为全国第4个、长江以南首个国家级出口食品农产品质量安全示范市，域内10个县区获批国家级出口食品农产品质量安全示范区。全市11个县区实现省级出口食品农产品质量安全示范区全覆盖，产品出口质量得到安全保障。湖南农副产品集中验放场是湖南省目前唯一农副产品集中验放场，实现进出口农产品“一次申报、一次查验、一次放行”快速通关。

2018年3月，《商务部关于认定国家外贸转型升级基地的通知》，认定永州市水果蔬菜基地为国家外贸转型升级基地。9月，市发展开放型经济领导小组办公室出台《关于加快推进永州市国家级水果蔬菜外贸转型升级基地建设的实施意见》，鼓励和支持基地内企业发展壮大。

五、国家级出口食品农产品质量安全示范区

2006年2月，市人民政府制定《永州市食品安全应急预案》。全市各部门以食品安全宣传周、3·15消费者权益保护日等重大活动为契机，举办以食品农产品质量安全为主题的系列宣传活动124场次，在《永州日报》、永州发布、永州市广播电台等媒体开设专栏、专版30期，定期报道食品农产品质量安全监管工作动态，引导社会舆论。省市县（区）三级联手对出口食品农产品的原料基地、出口特色农产品加工企业组织开展3次质量安全管理培训，市农业委、市食品药品监督管理局、湖南出入境检验检疫局永州办事处加强《进出境动植物检疫法》《进出口商品检验法》《食品安全法》《农产品质量安全法》《植物检疫条例》和《国务院关于加强食品等产品安全监督管理的特别规定》《出口食品生产企业卫生注册登记管理规定》等法律法规的宣传培训，增强全社会及广大农民质量安全意识。11月，全市11个县区4个获批省级、7个获批国家级出口食品农产品质量安全示范区。

2015年，全市开展国家级出口食品农产品质量安全示范市创建工作，围绕“一县一品牌，一县多品牌”为切入点，建设“七大体系”，完善农业标准化建设。打造国家级富硒产品实验室，将最具特色的富硒资源优势转化为经济优势和发展优势。建设辖区全覆盖溯源体系，形成来源可追溯、去向可查证、责任可追究全程追溯体系。健全农业标准化生产体系，引导农业园区、农民专业合作社和龙头企业带头实施农业标准化生产，发挥以点带面示范作用。

成立国家级出口食品农产品质量安全示范市创建工作领导小组，市长任组长，分管农业和商务的副市长任副组长，各县区、相关职能部门为成员单位的创建工作领导小组，将创建工作纳入年度考核和开放型经济考核内容，与年终绩效考核挂钩。全市11个县区向政府递交创建出口食品农产品质量安全示范区责任状，各级政府建立县区、乡镇、相关部门、村、企业三级农产品质量安全监管责任体系，县区政府与相关部门、乡镇、企业签订农产品安全责任状，将监管责任延伸至生产车间、原材料基地，构建纵向到底，横向到边的监管体系。全市159个乡镇成立监管站并挂牌，确定专职监管员295人，农业部门市县乡三级监管机构全部建成。市财政安排3年创建办专项工作经费180万元，确保国家级出口食品农产品质量安全示范市创建工作开展。

全市各县区示范区基地建立《产品溯源管理制度》《产品质量检测制度》《产品准出制度》等质量安全标准化体系。通过质量技术监督部门制定、颁布水果类、蔬菜类、食用菌类、生猪等产品质量标准和生产技术操作规程，按照中国及出口目的地国家的法律法规，在出口基地、出口加工企业中，推进应用ISO9001、GAP、

HACCP、QS 等质量管理体系认证，申报产品认证。全市各县区均建立健全农业化学投入品生产、流通、使用相关环节管理制度，建立农业化学投入品市场联合执法机制，实现“产、供、销、用、检”全过程链式管理。完善农业化学投入品配送监管体系和专营专供制度，制定农药经营质量管理规范、农业投入品管理规范，全市农资经营者建立农业投入品进销档案记录，农资生产企业实行备案登记制度，开展农药批发、零售、企业创建示范门店活动。全市有农资经营店 1394 个，农业执法人员 139 人，统防统治专业合作社 30 家，对出口基地化学投入品实行专供管理，执法人员经常检查农药经营者各种档案记录完整情况，并对农药经销人员实行培训。出口基地农药有植保员提供配方、进行技术指导、农户按照县区植保站《病虫情报》和基地技术指导意见购买和使用农业投入品。对种苗基地，规模种植基地实行检测，做到早发现、早报告、早诊断、早处理，制定《永州市重大动植物疫情疫病应急预案》，明确部门行业监管，乡镇村为生产经营第一责任人。使用传统方式构建质量安全追溯体系，如冷水滩区范围内所有柑桔、蘑菇（杏鲍菇）、植物提取物初级产品等农产品的生产基地建立农事操作档案和农药、化肥使用档案，所有加工厂建立详实的产品收购、加工、储藏保鲜与销售档案，做到产品质量安全可追溯。每年经出入境检验检疫部门检测，出口柑桔罐头、蘑菇（杏鲍菇）中的农残、重金属完全符合进口国家和地区的相关标准。利用现代科技手段，建立质量安全追溯体系，在全省率先启动了满天星计划和农产品防伪溯源监管云平台建设，全市 11 个县区均与杭州甲骨文科技公司签订合作协议。市级云平台建设，全市 11 个县区有 10 个建成子平台，实际赋码量达到 3500 万个，入驻企业 60 家。

2013~2016 年，检验检疫部门统计显示，出口供货值从 2013 的 7602 万美元增加到 2016 年的 3. 27 亿元，年均增长 61. 8%。

2017 年，永州市研究制定和下发《关于出口食品农产品质量安全示范区提质升级的实施意见》，提出“把体系建设落到实处、把品牌创建落到实处、把培育企业落到实处、把产业规划落到实处、把扩大出口落到实处、把宣传培训落到实处”的“六个落实”任务，推广“示范区+”的概念，结合地方实情衍生出“示范区+精准扶贫”，“示范区+美丽乡村旅游”，“示范区+家庭农场”，“示范区+有机、原产地保护、GAP 等认证”等一系列由出口食品农产品质量安全示范区建设为主体的产业发展创新举措。深圳招商会签约引进项目中，7 个农业和食品加工业项目建成投产。“沪洽周”上推介 31 个农业及农产品加工类项目，25 个达成投资意向。形成食用菌、蔬菜、水果、活大猪、茶叶等出口基地，具有生产规模基地 130 个，规模生产加工企业 70 家，从事食品农产品生产和加工就业人员 30 万人。示范区标准化、规模化建设助推建设美丽乡村示范村 64 个，创建省级美丽乡村 5 个、市级美丽乡村10个，打造以示范区产品为主导的宁远周家坝村、零陵区香零山村、道县两河口村等一批美丽乡村示范村。一大批特色食品农产品知名度大幅度提升，江永县香柚、香姜、香芋、夏橙，江华瑶族自治县瑶山雪梨、香菇，道县脐橙、道州灰鹅，新田县富硒大豆，蓝山县三峰茶叶，宁远县九嶷山兔、小籽花生、九嶷素米，祁阳县黑茶、茶籽油，东安县淮山、食用菌，双牌县虎爪姜，零陵区异蛇酒，冷水滩区果秀、宝达果蔬罐头等，有的产品甚至成了国内国际知名品牌。各县示范区内各种水果种植面积157.2万亩，茶叶种植面积12万亩，各种优质蔬菜种植275万亩，存栏牲猪991.5万头，食品农产品生产加工龙头企业140家。

2017年，全市出口农产品出口5274批次，抽检合格率99.5%以上，出口无退货、索赔情况，无质量安全事故，货值1.52亿美元。通过原产地保护产品认证4个，通过绿色产品认证23个，“三品一标”农产品118个。是年9月，永州市11个县区除双牌县外均获批国家级出口食品农产品质量安全示范区，永州市获批国家级出口食品农产品质量安全示范市。

附：

国家级出口食品农产品质量安全示范区简介

新田县国家级出口食品农产品质量安全示范区 新田县位于湖南省南部，总面积1022.4平方公里，耕地面积21.17万亩，其中稻田17.17万亩，旱土4万亩。硒元素含量0.4毫克/公斤以上土壤615平方公里，占全县土地总面积60.2%，主要农产品含硒量均高于国家标准。全县培植3大富硒产业园，引进规模以上富硒农产品企业（合作社）49家。示范区主要出口品种为大豆、大米等，主要出口香港和东南亚，累计出口创汇5000万美元。

新田土壤硒含量丰富，围绕天然富硒优势大力发展富硒农产品，主要农产品含量均高于国家标准。区域内所生产的大豆、辣椒、水果、花生、玉米、鸡蛋、云耳、香菇、土香猪、山珍野菜等农产品不仅天然富硒、品味独特，而且无公害、绿色、安全。

2014年，新田县开展国家级出口食品农产品质量安全示范区创建工作。2015年11月，获得国家质检总局批准。

道县国家级出口食品农产品质量安全示范区 道县位于永州市南部，总面积2448平方公里，是湖南省供港蔬菜基地，拥有全省最大设施蔬菜栽培基地国家级蔬菜标准园2个。全县水果种植面积32万亩，其中脐橙种植面积19万亩，挂果面积12万亩。道州脐橙畅销东南亚，连续2年获“中博会”金奖。

道县物产富饶，蔬菜种植面积居全省之最，出口水果香甜可口，其中道州脐橙畅销东南亚，素有中国脐橙之乡美誉。示范区主要出口品种脐橙、娃娃菜、西兰花、土豆、芥蓝等蔬菜，其中脐橙出口港澳台，蔬菜主要出口马来西亚、泰国等东南亚国家，累计出口创汇6500万美元。

2014年，道县正式开展国家级出口食品农产品质量安全示范区创建工作。2015年11月，获得国家质检总局批准。

江永县国家级出口食品农产品质量安全示范区　江永县位于湖南省西南部，都庞岭南麓，总面积1540平方公里，耕地面积22.9万亩。示范区自然环境优美，气候温和，光照充足，雨量充沛，无霜期长，土壤肥沃且富含硒等多种微量元素，具有生产香型优质水果、蔬菜等农产品自然条件。江永县立足自然优势，大力发展以香柚、夏橙、香芋、香姜为主特色果蔬产业，规模不断扩大，品质不断提升，优势愈加明显，效益稳步上升，产品远销港澳台和东南亚地区，先后被农业部授予“中国香柚之乡”、“中国香芋之乡”和“南亚热作名优基地”，香柚、香芋、香姜已获农业部农产品地理认证标志和绿色食品认证。香柚种植面积13.7万亩，年产量12万吨，夏橙种植面积2.5万亩，年产量7.5万吨，香芋种植面积5万亩，年产量12.5万吨，香姜种植面积2.5万亩，年产量7.5万吨。全县已纳入出入境检验检疫部门备案出境水果、蔬菜基地20个，种植面积4.5万亩。2007年以来，全县果蔬出口连续占全省35%。2014年出口果蔬3.6万吨，2016年出口果蔬9.6万吨，培育出口企业3家，实现外贸进出口总额962万美元。

蓝山县国家级出口食品农产品质量安全示范区　蓝山县位于湖南省南大门，总面积1806平方公里，耕地面积23.99万亩，其中水田18.85万亩，旱土5.14万亩。全县特色农产品示范基地36个，其中茶叶基地4个，黄花梨基地3个，香芋基地6个，葡萄基地13个，蔬菜基地7个，标准化示范园3个。全县果蔬及茶叶种植面积20.4万亩。

示范区出口白茶、红茶、黄花梨、香芋、葡萄等特色产品。其中茶叶主要出口香港，果蔬主要出口东南亚。累计出口创汇2.5亿美元。湖南母亲河湘江发源地的蓝山县通过区域化布局、规模化种植、标准化生产形成茶叶、黄花梨、香芋、葡萄等特色产品产业。

2015年，蓝山县开展国家级出口食品农产品质量安全示范区创建工作，2016年9月，获得国家质检总局批准。

冷水滩区国家级出口食品农产品质量安全示范区　冷水滩区位于湖南省西南部，居湘江中上游，是市委、市政府所在地。总面积1222平方公里，辖区内1个省级经济技术开发区、1个国家级科技示范园区。主要出口产品为果蔬罐头、食用菌、植物提取物。罐头食品出口量占全省30%以上，植物提取物出口创汇连续4年居湖南省医药行业出口第1名。

示范区罐头食品和植物提取物主要出口美国，食用菌主要出口马来西亚、泰国和印度尼西亚，累计出口创汇1.5亿美元。

2015年，冷水滩区开展国家级出口食品农产品质量安全示范区创建工作，2016年9月，获得国家质检总局批准。

宁远县国家级出口食品农产品质量安全示范区 宁远县位于湖南省南部，总面积2525平方公里，其中耕地面积57.4万亩。全县形成大米、肉兔、生猪、蔬菜4大农业产业支柱。农业发展由传统农业向现代农业跨越，以其优良品质提高国际贸易竞争力。全县产地环境良好，形成优质稻种植面积30万亩、水果种植面积30万亩，油菜种植面积10万亩、油茶种植面积20万亩、蔬菜种植面积12万亩、中药材种植面积10万亩，饲养肉兔500万只、生猪100万头、肉牛1万头等9大“万字号”现代农业基地。示范区主要出口品种大米、蔬菜、兔肉等。主要出口韩国及香港、澳门，累计出口创汇4000万美元。

2016年6月，永州市宁远县向国家质检总局就国家级出口食品农产品质量安全示范区验收汇报会

2015年，宁远县开展国家级出口食品农产品质量安全示范区创建工作，2016年9月，获得国家质检总局批准。

江华瑶族自治县国家级出口食品农产品质量安全示范区 江华瑶族自治县位于永州市南部，总面积3248平方公里。蔬菜水果种植、茶叶生产形成优势产业。示范区水稻、玉米等粮食作物种植面积76万亩，蔬菜食用菌等经济作物种植面积13万亩，瑶山雪梨、玫瑰香柑等水果种植面积10万亩，江华苦茶、毛尖等茶叶种植面积4万亩。蔬菜产量占永州市总产量三分之二，是江华瑶族自治县支柱产业。

示范区主要出口品种为杏鲍菇、娃娃菜、西兰花以及柑橘、梨、橙子等果蔬。果蔬主要出口泰国、马来西亚、印度尼西亚等东南亚国家，累计出口创汇3.8亿美元。

2015年，江华瑶族自治县开展国家级出口食品农产品质量安全示范区建设，

2016年11月，获得国家质检总局批准。

东安县国家级出口食品农产品质量安全示范区　东安县位于湖南省西南部，湘江上游。亚热带季风气候，丘岗坡地广布，有利于优质柑桔，蔬菜生产。全县总面积2219平方公里，耕地64万亩。辖15个乡镇和2个林场。2016年，农作物播种面积150万亩，柑桔种植面积12.79万亩，蔬菜种植面积24万亩，通过无公害农产品产地认定50万亩、无公害农产品认证56个。

示范区主要生产加工出口柑桔、蔬菜，出口地香港、澳门、泰国、俄罗斯。2016年出口创汇1250万美元，其中出口柑桔创汇608万美元，出口蔬菜创汇642万美元。

2015年8月，东安县开展省级出口食品农产品质量安全示范区创建工作。2016年10月，通过湖南省质检总局考核验收获批为省级出口食品农产品质量安全示范区。2017年9月，获得国家质检总局批准为国家级出口食品农产品质量安全示范区。

零陵区国家级出口食品农产品质量安全示范区　零陵区位于湖南省南部，潇湘二水汇合之处，总面积1986平方公里。是一个传统农业大区，养殖业产值占整个农业产值42%以上。零陵区省级出口食品农产品质量安全示范区主要生产活大猪，是"国家生猪调出大县"、"生猪良种补贴县"，常年存栏生猪保持在52万头以上，年出栏生猪100万头。全区建立出口产品基地20个，出口生猪总额1500万美元。生猪养殖企业积极开拓国际市场，永州天顺畜牧科技有限公司、明明畜牧有限公司，成功打入香港、澳门特区市场。

2015年10月，零陵区开展省级出口食品农产品质量安全示范区创建工作。2016年10月，通过考核验收获批为省级出口食品农产品质量安全示范区。2017年9月，获得国家质检总局批准为国家级出口食品农产品质量安全示范区。

祁阳县国家级出口食品农产品质量安全示范区　祁阳县位于湖南省西南部，湘江中上游，因居祁山之南而得名，因浯溪胜景而名满天下，总面积2538平方公里。祁阳地处亚热带南沿，得天独厚的自然条件，使得祁阳物产丰饶，有用材林6.4万公顷，林木蓄积量200万立方米，素有"湘南亚森"之称。油茶林46万亩，水果28万亩，被命名为"中国油茶之乡"。盛产粮食、生猪、蔬菜、水果、林木、油茶，是全国粮食生产先进县、全国油茶产业基地建设示范县、全国生猪调出大县、全省农业产业化先进县，全省十大茶油主产区、12个柑桔基地、16个年产粮超10亿斤的县区之一。2016年，全县农产品出口总额1000万美元。农产品出口以宝达食品罐头为主，产品主要出口美国、德国、马来西亚、日本、韩国、加拿大、英国。自然韵黑茶打入东南亚及北欧市场。

2015 年 10 月，祁阳县开展省级出口食品农产品质量安全示范区创建工作。2016 年 11 月，通过省出入境检验检疫局考核验收获批为省级出口食品农产品质量安全示范区。2017 年 9 月，获得国家质检总局批准为国家级出口食品农产品质量安全示范区。

附：

省级出口食品农产品质量安全示范区简介

双牌县省级出口食品农产品质量安全示范区 双牌县位于湖南省西南部，永州中腹，全县辖 11 个乡镇，2 个国有林场，1 个国家森林公园管理局，总人口 20.5 万，总面积 1751 平方公里，其中耕地面积 14.2 万亩。2016 年，全县种植茶叶 0.4 万亩、生姜 3 万亩。示范区有 5 家茶叶生产企业和 13 家生姜种植专业合作社。2016 年间接出口创汇 1000 万美元，产品远销香港、东南亚等地。

双牌县省级出口食品农产品质量安全示范区主要生产生姜、茶叶 2 类农产品。

2015 年 8 月，双牌县开展省级出口食品农产品质量安全示范区创建工作。2016 年 10 月，通过湖南省质检总局考核验收获批为省级出口食品农产品质量安全示范区。

六、园区外贸综合服务中心

园区外贸综合服务中心是由湖南省商务厅、湖南省财政厅联合认定，由具有资质企业承建，打造成为融通关、物流、融资、退税、结汇、信保等涉及外贸各环节为一体的外贸综合服务中心，旨在为推动全省外贸“破零倍增”，壮大对外贸易队伍，扩大对外贸易规模。

2016 年 2 月，省商务厅、省财政厅《关于认定 2016 年度第一批园区外贸综合服务中心的通知》，由浩通国际货运代理有限公司承办的永州经开区、祁阳经开区园区外贸综合服务中心获批。3 月 25 日，两个园区外贸综合服务中心正式挂牌成立。其中，永州经开区园区外贸综合服务中心办公地点设永州经开区政务中心一楼大厅，服务辐射永州凤凰园经开区、冷水滩区、零陵县、江华县、东安、蓝山县。祁阳经开区外贸综合服务中心办公地点设祁阳经开区政务中心大厅 2 楼，服务辐射祁阳县、双牌县、新田县、宁远县、道县、江永县。

2017 年 3 月，湖南省商务厅、湖南省财政厅《关于认定 2016 年度第二批园区外贸综合服务中心的通知》，由浩通国际货运代理有限公司承办的宁远工业园、江华经开区园区外贸综合服务中心获批，同月 29 日挂牌。

附：

园区外贸综合服务中心简介

永州经济技术开发区 永州经济技术开发区（简称永州经开区）建于1988年。1990年经省政府批准为首批省级重点开发区之一。下辖长丰工业园、凤凰工业园、冷水滩高科园，管辖一个街道办事处，享有部分县级政府经济社会行政管理权限。园区总规划面积121平方公里，总人口8.5万。永州经开区位于永州中心城市西北部，是湘南国家级承接产业转移示范区，也是湖南对接粤港澳大湾区、广西北部湾、东盟桥头堡。已形成铁路、公路、民航、水运立体交通网络。

2004年，长丰集团有限责任公司猎豹汽车永州基地

永州经开区围绕“稳增长、转方式、调结构、促升级”基本思路和“湘南湘西承接产业转移示范区”建设要求，确立“绿色发展样板区、改革创新先导区、融合发展示范区、经济发展增长极”的“三区一极”发展目标定位，明确产业目标定位，即大制造、大数据、大健康、大商贸物流“四大产业”，高标准规划建设“一谷两中心四基地”，同时在四大基地统辖范围内建设“园中园”性质独立产业集群。按照国际一流高新技术企业聚集区规划理念建设清水河创新谷，建成运营潇湘科技创新中心，打造古巴在中国境内第一家新药研发机构——中国古巴生物技术联合创新中心。对标“中国智造”建设智能装备产业基地，深挖互联网大数据产业“富矿”建设大数据及应用技术产业基地，落实“深化国防科技工业改革”建设军民融合产业基地，立足永州资源禀赋建设天然植物高技术产业和化妆品生产示范基地。

永州经开区现有规模以上工业企业186家，拥有国家高新技术企业26家，省级以上研发机构和技术中心11家。永州经开区先后被认定为“全国模范劳动关系和谐园区”、“湖南省军民融合产业示范基地”、“湖南省开放型经济先进园区”、“湖南省大众创业万众创新示范基地”、“湖南省信息化和工业化融合试验区”、“湖南省知识产权工作示范园区”、“循环经济试点示范园区”、“湖南省服务业示范集聚区”。近3年，永州经开区在全省133家省级以上园区综合评价中，连续排名省级园区前5名。

2005年，长丰集团有限责任公司猎豹汽车永州基地汽车零配件生产车间

永州经开区创新招商引资机制，对接粤港澳大湾区，开展股权招商、产业基地招商、产业联盟招商等加速项目落地。先后投资5000万元引进韬讯航空共轴无人机项目、巨米智能科技项目；专门成立区招才局，设立3000万元人才发展专项资金，坚持招商与招才相结合，凡招商必招才、以招才促招商，电子商务交易技术国家级工程实验室等科技平台先后落户。积极组建产业联盟，共建核心技术平台、共享产业链优惠政策，以保利集团国防科技中心为龙头，联合本地南岭民爆、跃进等军工企业打造军民融合产业基地；以华为云计算大数据中心为龙头，引进华为云生态伙伴，打造立足湖南、辐射华南华中地区的云湾。

永州经开区服务园区一切围绕项目转、一切围绕项目干，选优配强项目服务人员力量，建立健全首问负责制、处罚备案制、全程代办制、限时办结制、专人联系制等制度体系，按照“四帮一”帮扶企业机制，实行挂牌服务，建立企业服务档案，挂牌公示，提供贴心“保姆式”和放心“保安式”服务，保障项目进得来、留得住、发展好、有效益。

（一）长丰工业园

长丰工业园兴建于2002年，园区规划面积46.2平方公里，建筑面积8平方公里。主要以长丰汽车股份有限公司为依托，发展汽车制造及零部件产业。园内有相关汽车配套零部件企业12家和国家级大中型水电设备生产企业1家。随着经开区管理体制调整，开发建设重心从凤凰工业园转移到长丰工业园，成为经开区招商项目主要承接地，相继有天成食品、康都制药、给力汽配、东诚智慧产业园、菲斯克汽车、青年创新创业园等26个项目入驻园区开工建设。

（二）凤凰工业园

凤凰工业园是2003年兴建的综合性工业基地，面积2.6平方公里，累计已投入建设资金5亿元，基础设施和配套设施比较完善。园区内有农产品及食品深加工、生物制药、电子信息、印刷、建材等主导产业，主要企业有熙可食品、恒惠食品、都成食品、希尔制药、大自然药业、恒康医药、弘电电子、华源线缆、冷线股份、奔腾印务、鑫盈建材等46家。

2010年，湖南弘电电子有限公司电子生产车间一瞥

2010年，湖南弘电电子有限公司电子生产车间一瞥

（三）冷水滩高科技工业园

冷水滩高科技工业园兴建于2004年，规划面积27平方公里，建成区面积3平方公里。整个园区投入资金12亿元，落户项目有台湾工业园、达福鑫电子、湘龙铜业、潇湘源玻璃、炬辉光电、恒伟药业等20家企业。

祁阳高新技术产业开发区　祁阳高新技术产业开发区（简称祁阳高新区）创建于1996年5月，系省政府批准成立并经国家发改委审核公告的省级开发区，是国家级新型工业化产业示范基地，省特色经济园区、省首批“飞地经济”试点园区、省双创示范基地、省创新创业带动就业示范基地、省发展开放型经济优秀园区。祁阳高新区由“一区三园”组成，即：黎家坪建材工业园、浯溪冶化工业园、白水科技工业园。水泥建材、冶金冶炼、机械电器、轻纺化工、食品加工成为园区5大支柱产业。园区有规模企业134家，已经成功对接中国华能集团、新华水电、海螺集团、NIKE广硕鞋业集团，引进湘祁水电站、浯溪水电站、海螺水泥、凯盛鞋业等一批战略投资者。依托凯盛

2014年，湖南凯盛鞋业有限公司生产车间

鞋业等一批核心企业，成功引进成信鞋材、大联纺织、银嘉电脑绣花等10余个鞋材项目。2008年5月，启动新区建设，新区规划面积25平方公里，主要发展机械电子，制鞋服饰，食品医药三大产业，已投入基础设施和项目建设资金20亿元，引进项目40个，其中22个项目建成投产。

祁阳高新区按照建设“工业新城、城市新区、产城融合”发展定位，坚持“布局合理、用地集约、产业集聚、优化升级”原则，以园区景区化、管理智能化、招商专业化、产业聚集化、服务精细化、创建品牌化为重点，以建设“品质、活力、创新、开放”园区为抓手，以提高产业园区发展质量为中心，以改革创新为动力，突出“项目为王、精准招商”理念，全面实现招商引资、产业培育、基础配套、要素保障、优化服务、机制体制升级，把园区打造成为经济发展带动区、城市综合功能区、对外开放先导区、现代产业发展集聚区和开放崛起示范区。

2016年，江华九恒数码科技有限公司条码生产线车间

湖南江华经济开发区

湖南江华经济开发区（简称江华经开区）2006年5月，经省政府批准、国家发展改革委员会核准的省级开发区。2012年2月，在省统战部、省海外联谊会推动下，设立全国第一个以“海联”命名的产业园——湖南海联江华产业园，与江华经开区整合发展，同步建设，实行“两块牌子、一套人马、一个区域、共同管理”。江华经开区规划面积38平方公里，已开发面积11平方公里，分为生态科技工业园、循环经济产业园、瑶族文化旅游产业园、上市企业孵化园、商贸物流配套园5个功能区。园区快速发展逐步成为全县新兴产业集聚区、招商引资主战区、科技创新源动区、城市形象展示区、城乡一体化先行区，已成为经济加速发展引擎和核心增长极。江华经开区从业人员1.4万人，其中大专以上学历人数1700多人。2016年，江华经开区实现规模工业总产值105亿元，建成“百亿园区”，连续4年获得全市推进新型工业化工作先进，先后被评为省级新型工业化产业示范基地、省级民族团结进步模范集体、省级同心园区，在全省139个省级以上园区综合评价中排名第7位。2018年1月，江华经开区经省政府批准转型升级为省级高新技术产业开发区（简称江华高新区）。

江华经开区通过转型发展，创新驱动，先行先试，发展后劲不断增强，园区建设投入资金40多亿元，征收土地2万余亩，建成标准厂房110万平方米，拉通主干道路56公里，建设公园、广场49万平方米，同时实施园区“亮化、美化”系统工程，完成水电路邮讯等“七通一平”，基本实现“城区”、“园区”、“景区”三区合一的规划构架。

2013年，江华海螺水泥有限责任公司全景

江华经开区不断优化投资环境，创新招商方式，以商招商、资本招商，引进项目180多个，吸纳资金200多亿元，中国五矿集团、中国稀土控股、安徽海螺集团、山东正海集团、中国风电、温氏集团等19个上市公司相继落户园区，培育新型能源、稀土新材料、电子信息、新型建材、金属采冶、农产品精深加工等6大产业。

高新区通过转型发展，创新驱动，发展后劲不断增强。高新区成立永州市第一家省级科技企业孵化器、第一家县级海关工作站、第一家外贸“两仓”及出口退税资金池，依托天宇孵化园公司对接企业上市服务，已孵化中小企业50多个，拥有产学研合作、投融资平台服务等科技创新服务机构16个，建成2个博士后流动科研站，正在规划建设特色创业小镇。

2016—2018 年永州市县区完成开放型经济主要指标统计表

表 2-6

主要指标	县区	2016 年			2017 年			2018 年		
		完成数	同比增长%	全市占比%	完成数	同比增长%	全市占比%	完成数	同比增长%	全市占比%
外贸进出口总额（万美元）	冷水滩	5860		6.51	90554 万元	68.9	9.87	15982	19.5	8.20
	零　陵	4300	60.29	4.78	35925 万元	22.2	3.92	7601	43.2	3.90
	祁　阳	20600	41.98	22.89	196527 万元	31.1	21.42	39121	34	20.07
	东　安	2800	83.41	3.11	36436 万元	40.1	3.97	7383	35.8	3.79
	双　牌	900	98.49	1.00	13650 万元	56.2	1.49	3265	63.1	1.67
	道　县	8000	-5.96	8.89	81896 万元	32.5	8.92	15556	27.9	7.98
	江　永	980	-35.93	1.09	19268 万元	181.9	2.10	3762	31.7	1.93
	江　华	11600	149.57	12.89	152918 万元	43.1	16.66	40852	82	20.95
	宁　远	11200	41.59	12.44	107997 万元	36.7	11.77	22963	53.5	11.78
	新　田	6700	87.57	7.44	51908 万元	15.2	5.66	9152	16.9	4.69
	蓝　山	14600	6.6	16.22	114831 万元	15	12.51	25299	54.3	12.98
	金　洞	70		0.08	692 万元	15	0.08	129	96.5	0.07
	回龙圩	150		0.17	1673 万元	67.6	0.18	326	30.1	0.17
	经开区	8740		9.71	13335 万元	38.5	1.45	3578	80.5	1.84
加工贸易（万美元）	冷水滩	4185.98	81.23	11.11	7085.85	28.47	15.94	52552	9.9	17.42
	零　陵	348.49	208.65	0.93	769.62	120.84	1.73	5111	-2.5	1.69
	祁　阳	11302.75	-6.02	30.00	12888.13	14.03	28.99	77673	-11.2	25.75
	东　安	287.72		0.76	1947.97	577.03	4.38	13086	-0.6	4.34

续表2-6

主要指标	县区	2016 年			2017 年			2018 年		
		完成数	同比增长%	全市占比%	完成数	同比增长%	全市占比%	完成数	同比增长%	全市占比%
加工贸易（万美元）	双　牌	464.58	282.08	1.23	515.06	1086	1.16			
	道　县	3002.04	-0.72	7.97	3443.47	14.7	7.75	29129	25.1	9.68
	江　永									
	江　华	676.09		1.79	2319.31	243.04	5022	18512	17.9	6.14
	宁　远	5627.12	-7.16	14.94	6750.69	19.97	15.19	53299	16.7	17.67
	新　田									
	蓝　山	10450.02	-1.27	27.74	8731.27	-16.45	19.64	52167	-12	17.30
	金　洞									
	回龙圩									
	经开区	1329.43	12.2	3.53						
利用外资（万美元）	冷水滩	9000	12.5	9.44	10250	13.88	9.47	11369	10.9	9.38
	零　陵	9700	16.2	10.8	11000	13.4	10.17	12201	10.9	10.06
	祁　阳	14200	13.4	14.90	15700	11.36	14.51	18414	17.3	15.19
	东　安	8000	13.1	8.39	9274	15.9	8.57	10286	10.9	8.48
	双　牌	3000	14.3	3.15	3500	16.66	3.24	3882	10.9	3.20
	道　县	8000	23	8.39	9501	18.76	8.78	10538	10.9	8.69
	江　永	3000	15.4	3.15	3500	16.66	3.24	3882	10.9	3.20
	江　华	11100	16.8	11.65	12500	12.8	11.55	13864	10.9	11.43
	宁　远	9500	17.8	9.97	11030	16.1	10.20	12262	11.1	10.11

续表2-6

主要指标	县区	2016 年			2017 年			2018 年		
		完成数	同比增长%	全市占比%	完成数	同比增长%	全市占比%	完成数	同比增长%	全市占比%
利用外资（万美元）	新　田	3000	15.4	3.15	3500	16.96	3.24	4101	17.2	3.38
	蓝　山	7600	16.9	7.97	8635	13.61	7.98	9578	10.9	7.90
	金　洞									
	回龙圩									
	经开区	9200	12.2	9.65	9800	6.52	9.06	10870	10.9	8.97
内联引资（亿元）	冷水滩	24.01	7.54	1042	27.94	16.37	10.43	33.25	19.01	10.56
	零　陵	21	21.68	9.11	25.2	20	9.41	29.42	16.71	9.34
	祁　阳	27.12	17.14	11.77	31.28	16.34	11.68	40.46	29.35	12.85
	东　安	18.01	12.11	7.81	20.77	15.32	7.75	24.17	16.37	7.68
	双　牌	11	8.7	4.77	12.02	11.27	4.49	13.64	13.52	4.33
	道　县	27.09	22.5	11.75	31.94	17.9	11.92	36.37	13.87	11.55
	江　永	11.19	10.51	4.85	12.47	11.44	4.66	14.15	13.52	4.49
	江　华	26.18	23.06	11.36	30.47	16.39	11.38	35.62	16.9	11.31
	宁　远	24.09	8.91	10.45	28.98	20.3	10.82	33.84	16.77	10.75
	新　田	11.63	15.04	5.05	13.22	14.67	4.94	15.28	15.58	4.85
	蓝　山	20	24.11	8.68	22.55	12.75	8.42	26.1	15.74	8.29
	金　洞				1	0	0.37	1.14	13.49	0.36
	回龙圩	1.06		0.46	1.01	10.99	0.38	1.15	13.49	0.37
	经开区	8.11	13.27	3.52	9.01	11.1	3.36	10.25	13.76	3.26

续表2-6

主要指标	县区	2016 年			2017 年			2018 年		
		完成数	同比增长%	全市占比%	完成数	同比增长%	全市占比%	完成数	同比增长%	全市占比%
对外承包工程和劳务合作营业额（万美元）	冷水滩	1058.4	39.96	5.87	1302.05	23.02	5.90	2428.1	86.48	8.39
	零　陵	2525.4	20.86	14.01	3084	22.12	13.97	3779.4	22.55	13.05
	祁　阳	2539.8	21.19	14.09	3094	21.82	14.02	4111.7	32.89	14.20
	东　安	754.2	44.34	4.18	922.2	22.28	4.18	1065	15.49	3.68
	双　牌	644.4	42.50	3.58	780.6	21.14	3.54	1128.9	44.62	3.90
	道　县	2496.6	20.09	13.58	2969.5	18.94	13.45	3455.1	16.35	11.93
	江　永	687.6	42.48	3.82	834	21.29	3.78	1039.2	24.61	3.59
	江　华	2460.6	84.48	13.65	3027.8	23.05	13.72	4072.7	34.51	14.07
	宁　远	1414.8	73.57	7.85	1970.42	39.27	8.93	2574.7	30.67	8.89
	新　田	1564.2	69.74	8.68	1820.7	16.4	8.25	2361.9	29.72	8.16
	蓝　山	1643.4	84.03	9.12	1999.66	21.68	9.06	2543.4	27.19	8.78
	金　洞									
	回龙圩									
	经开区	232.2	88.02	1.29	268.2	15.5	1.22	392.6	46.37	1.36
社会消费品零售总额	冷水滩	116.94	11.7	19.96	129.63	11	19.85	142.56	10	19.81
	零　陵	88.16	11.6	15.05	97.42	10.8	14.92	107.5	10.4	14.94
	祁　阳	73.25	11.7	12.50	80.76	10.5	12.37	89.12	10.4	12.39
	东　安	56.63	11.1	9.67	62.27	10.8	9.54	68.58	10.1	9.53
	双　牌	11.55	11.7	1.97	12.7	10.3	1.94	14.01	10.3	1.95

续表2-6

主要指标	县区	2016年			2017年			2018年		
		完成数	同比增长%	全市占比%	完成数	同比增长%	全市占比%	完成数	同比增长%	全市占比%
社会消费品零售总额	道　县	56.64	11.8	9.67	60.3	10.5	9.23	66.18	9.7	9.20
	江　永	21.95	11.9	3.75	24.18	10.3	3.70	26.64	10.1	3.70
	江　华	41.87	12	7.15	46.37	10.8	7.10	51.28	10.6	7.13
	宁　远	63.38	11.8	10.82	70.24	10.9	10.76	77.59	10.5	10.78
	新　田	25.07	11.8	4.28	27.67	10.5	4.24	30.41	9.9	4.23
	蓝　山	37.72	11.6	6.44	41.4	10.1	6.34	45.61	10.1	6.34

第七节　口岸管理

一、联检单位

（一）口岸办

2010年1月19日，永州市机构编制委员会《关于设立永州市口岸办公室的批复》，经市委常委会议研究并报省编办批准，同意设立永州市口岸办公室，归口市政府办公室管理的副处级事业机构。核定机构全额拨款事业编制5名，内设综合科。其领导职数配主任1名，可享受副处级干部待遇；副主任1名，可享受正科级干部待遇，科长1名，可享受副科级干部待遇。市口岸办公室主要承担永州市口岸管理和协调工作。“三定”方案明确主要科室和11项工作职能。5月，市委《关于提名李燕军等同志职务任免的通知》经市委研究，同意李燕军任市口岸办主任（正处级试用期一年）。

2011年4月29日，市政府办公室《关于调整永州市通关平台建设筹备工作协调小组的通知》，经市政府同意，调整永州市通关平台建设筹备工作协调小组成员。市政府副市长唐能武任组长，唐定奇、钱国平、李燕军、杨卓、袁智能任副组长，成员17人。下设办公室，负责永州市通关平台建设筹备日常工作，李燕军兼任办公室主任。

2012年，永州市口岸办以打造通关平台为发力点，构建“全方位、立体式、开放型”口岸网络体系。推行无纸化报关报检，简化程序，减少环节；建立与沿海、沿边口岸、海关、检验检疫联合协作机制，实施“一次申报、一次查验、一次放行”的快速通关模式。次年，永州口岸办以市政府名义向省政府递交《关于在道县建设“湖南农副产品集中验放场”的请示》，得到同意批复。湖南农副产品集中验放场具备口岸查验通关功能供港澳果蔬及大宗商品集散中心。不仅具备农副产品查验通关功能，同时也具备公路口岸功能，包括海关、检验检疫、银行、税务、保险、外汇管理、货运、运输等查验监管和服务功能。6月，省政府批复同意在永州建设铁路口岸。铁路口岸叠加永州（内陆）港建设，进一步拉近永州与泛珠三角和东盟国家空间和时间距离。与此同时，公路口岸叠加湖南农副产品集中验放场建设也在同步推进。是年10月15日，省政府批复同意永州市将湖南农副产品集中验放场与具有同类功能的永州公路口岸作业区统筹建设。省政府从全省开放型经济专项资金中专门拨付200万元，用于永州大通关平台建设，拨付专款500万元用于永州无水港建设。在永州市公路口岸获批基础上，省政府批复同意永州市将湖南农副产品集中验放场与具有同类功能的永州公路口岸作业区统筹建设。11 月 29 日，永州口岸办与广东湛江市口岸局在海南省三亚市举行的“第四届泛珠三角区域口岸合作联席会”上签署《开展口岸大通关合作协议》。

2014 年 12 月 25 日，湘南进出口（农副产品）检测中心开工仪式

2014 年，湖南农副产品集中验放场获批，是永州市继永州（内陆）港之后打造的又一个便捷物流通关平台。项目建成将形成“北有内陆港，南有验放场”永州市大通关平台战略格局。同时制作完成永州电子口岸信息平台建设项目《可行性研报告》，拿出建设方案，成功招标动工建设。电子口岸信息平台是永州口岸执法管理及相关物流、电子商务服务为一体的永州大通关信息平台，推行“单一窗口”服务，使永州海关监管场所和检验检疫查验场所进出口货物申报信息、视频监控信息等共享共用。11 月 5 日，永州市口岸办以市政府名义向国家质检总局发去《关于永州进境水果指定口岸有害生物风险控制措施的函》，安排农业专家修改可行性论证报告，制作 PPT，在北京申请召开永州进境水果指定口岸专家评审会。12 月 25 日，在湖南出入境检验检疫局龙新平局长和永州市委、市政府主要领导见证下，湘南进出口食品（农副产品）检测中心项目正式开工建设。是年，全市农副产品（食品）出口 1.3 亿美元，占全市进出口总额的 14%，成为永州出口贸易新的增长点。全年编写简报 23 期，通过简报、网络积极宣传《长沙海关支持湖南外贸稳定增长的若干措施》《湖南出入境检验检疫局促外贸稳定增长 16 条措施》等通关措施，让企业了解最新政策法规。

2015 年，永州市推动内陆（无水）港项目（叠加铁路口岸）建设。根据永州市政府 2014 年第 35 次市政府常务会研究决定重新启动永州（内陆）港项目选址，口岸办与广州铁路（集团）公司衔接，确定永州东货运站搬迁地址，完善项目选址建设条件。根据永州市区域经济发展特点和需要，在建设湖南农副产品集中验放场同时，在内陆地区非一类口岸申报进境水果和进口肉类指定口岸，打造内陆开放新高地，2 次赴国家质检总局汇报情况。7 月，市政府向省政府提交《关于支持开放永州进口肉类指定口岸的请示》，请求省政府向国家质检总局申请开放永州进口肉类指定口岸。针对永州市富硒农副产品资源丰富，鲜活农产品出口潜力巨大的特点，请湖南出入境检验检疫局永州办事处向湖南出入境检验检疫局申报，在建设4个常规实验室（动物检疫实验室、植物检疫实验室、微生物实验室、理化实验室）基础上，申报食品农产品（富硒产品）国家重点检测实验室。8月，江永县、道县、新田县3个县通过省级出口农产品质量安全示范区验收。9月，国家质检总局验收考核组，对江永县、道县、新田县3个县进行国家级出口农产品质量安全示范区考核验收，成功通过验收，成为国家级出口食品农产品质量安全示范区。出口食品农产品质量安全示范区创建工作已在全市13个县区全面展开，各县区积极推进出口食品农产品质量安全标准化、农业化学投入品控制、质量安全追溯等8大体系建设，使全市农业化学投入品管理得以强化，农产品质量安全水平得到提升。9月23日，向湖南省争取50台港澳直通车指标，服务全市进出口企业。在永州日报上刊登《香港直通车指标经营公司的遴选公告》。11月，根据香港直通车指标经营公司遴选方案进行遴选，明确直通指标运营企业。

2015年，市商务局、粮食局、口岸办合并成立市商务和粮食局。11月25日，市委组织部任命周勇新为口岸办主任。

2016年12月，唐亚辉任口岸办主任。

（二）海关

2008年，衡阳海关驻永州监管组扩权正式开办现场通关、监管业务。次年，为强化服务稳定经济发展，到11个县区30家外贸企业调研，为外贸企业提供市场信息和政策指导。举办3次大型对外贸易业务培训，每次参训企业都在70—80家以上，免费培训外贸企业人员300多人。是年7月，永州市发改委发文批准海关机构项目立项，批复永州海关机构建设内容和建设规模，永州海关机构建设占地面积为54.83亩，总建筑面积1.77万平方米，总投资5300万元。完成公路口岸（海关监管场所、检验检疫的检验场所）地籍调查、勘探、测绘和开工建设工作。为加快永州口岸大通关平台建设进展，利用永州大道扩建工程需要填土便利条件，及时对永州公路口岸进行开工建设，顺利完成土石方施工，为财政节约开支300万元。利用外资建设永州航空口岸。经过多年考察和洽谈协商，永州市政府、湖南机场股份有限公司与马来西亚隆基马中企业（香港）有限公司签订《中国永州国际航空物流项目合作议定书》。是年，参加澳大利亚国际食品展，全市外贸进出口总额1.01亿美元，加工贸易进出口总额3056万美元，完成制定进出总额过亿和加工贸易2500万美元年计划任务。

2010年，推进永州承接产业转移步伐，先后引进一大批外向型企业，形成汽车零部件、微型电机、电子电器、服装制鞋、毛织毛纺、罐头食品、林脂林化、中西药剂等新兴支柱产业。积极推进口岸大通关各项业务工作。7月，衡阳海关驻永州监管组共接收进出口报关单1609份；监管货运量2.96万吨，货物进出口总值7175万美元。注册企业121家，新增76家。是年，全市进出口贸易总额1.17亿美元，加工贸易进出口总额5414亿美元，占全市外贸进出口总额46.1%。次年，全市进出口总额预计1.8亿美元，同比增长53%，而实际进出口额已达4.7亿美元，其中加工贸易进出口总额预计8000万美元，同比增长57%。

2012年7月8日，海关总署《关于调整衡阳海关驻永州办事处隶属关系的批复》，同意调整衡阳海关驻永州办事处隶属关系，由衡阳海关管理改为由长沙海关直接管辖，对外全称为“长沙海关驻永州办事处”（正处级），核定行政领导干部职数为主任1名（正处级），副主任1名（副处级），所需人员编制15名，由关内调剂解决。是年，全市承接产业转移项目389个、增长15.09%；园区新拓展面积51.58平方公里、增长5.68%，新建标准厂房面积234.11万平方米、增长19.66%，新增劳动用工数11.56万人、增长0.51%；开展加工贸易业务备案登记企业28家，新增进出口实绩企业7家，有实绩企业达到22家。全市完成进出口总值达2.9亿美元、增长51.18%，出口额2.62亿美元、增长57.13%，进口额2727万美元、增长10.79%。其中，江海运输进出口额为1.97亿美元、增长23.72%，公路运输进出口额为9163.11万美元、增长194.34%，航空运输进出口额为184.25万美元、增长12.07%，铁路运输进出口额为10.85万美元。全市加工贸易进出口总额实现1.4亿美元，占全市进出口总额48.28%，同比增长92.48%，比去年同期高出58.1个百分点。其中，加工贸易出口额1.19亿美元、增长114.61%，进口额2085.93万美元、增长21.12%。新田县加工贸易进出口实现零的突破。

衡阳海关驻永州监管组共接收进出口报关单2286份、增长149%；监管货运量1.56万吨、增长34%，货物进出口总值8881万美元、增长109%；办理加工贸易电子化手册66份，本案合同金额1.31亿美元、增长60%。

2013年1—10月，全市外贸进出口总额为3.36亿美元，其中出口3亿美元，同比增长68.57%，进口3535万美元，同比增长71.04%。加工贸易进出口总额为1.7亿美元，同比增长56.56%，其中出口1.4亿美元，同比增长50.65%，进口0.3亿美元，同比增长90.96%。对东盟国家进出口总额2962.03万美元，同比增长102.54%，其中出口额2470.10万美元，同比增长102.46%，进口额491.93万美元，同比增长102.94%。全市承接产业转移项目317个，其中投资500万美元或4000万元人民币以上项目175个，投资过亿元项目75个。衡阳海关驻永州办事处受理进出口报关单2115份，同比增长15.8%，监管货运量1.4万吨，增长19.3%。

货物进出口总值 7460 万美元，同比增长 21.2%，开征税款 288 万元，同比增长 5 倍。办理加工贸易电子化手册 61 份，同比增长 24.5%，备案合同金额 1.6 亿美元，同比增长 50.9%。同时受理进出口报关单 2487 份，完成监管货运量 1.61 万吨。

2014 年，永州海关建设项目完成 19 层主体工程及部分造型工程，进行室内和外墙装修。是年全市外贸进出口额 9.37 亿美元，同比增长 108.29%；增幅连续 2 年排名全省第一。其中，出口 7.49 亿美元，同比增长 84.73%，进口 1.86 万美元，同比增长 83.2%。

衡阳海关驻永州办事处，受理进出口报关单 2907 份，同比增长 8.8%；监管货运量 2 万吨，增长 943%；货物进出口总值 1.42 亿美元，同比增长 49.1%；开征税款 2916.9 万元，增长 770%。

2015 年 12 月 30 日，长沙海关驻永州办事处正式挂牌运行。永州外经贸服务中心项目正式完工投入使用。

2017 年 12 月 2 日，长沙海关驻永州办事处江华工作站揭牌仪式在江华瑶族自治县经济开发区举行。

（三）检验检疫

2010 年，根据出入境检验检疫部门数据统计共检验检疫进出口商品 5270 批次，货值 2.06 亿美元。

2012 年 2 月 29 日，在原永州出入境检验检疫办事组工作职能基础上，增加行政许可受理、报检、签证、检验监管等职能，实现到衡阳才能办结事项在永州亦能办结，标志永州市出入境检验检疫机构建设进入新的发展阶段。10 月 12 日，国家质量监督检验检疫总局同意设立湖南出入境检验检疫局永州办事处。是年，衡阳出入境检验检疫局驻永州办事组共检验检疫出入境货物 7800 批，货值 2.26 亿美元，分别增长 48.2%和 7.6%。其中，实施出境货物检验检疫 6132 批，货值 1.96 亿美元，入境货物检验检疫 1668 批，货值 3012 万美元。检出不合格出境货物 3 批、货值 120 万美元。签发各类原产地证书 326 份，签证金额 2410 万美元，为出口企业获进口国关税减免 121 万美元。是年 10 月 11 日，国家质量监督检验检疫总局发文《关于同意设立湖南出入境检验检疫局永州办事处的批复》，经国家质量监督检验检疫总局党组会议研究决定，同意设立中华人民共和国湖南出入境检验检疫局永州办事处，机构规格正处级，核定行政编制 20 名，处级领导职数 3 名，所需人员编制由湖南出入境检验检疫局内部调剂解决。

2013 年，湖南出入境检验检疫局永州办事处，完成出入境货物检验检疫 7216 批、货值 2.6 亿美元，同比分别增长 31.2%、36.8%。其中出境货物检验检疫 6438 批、货值 22088 万美元，入境货物检验检疫 545 批、货值 3957 万美。检验出口包装

233 批，5592 万件。签发各类原产地证书 516 份，签证金额 2139 万美元。为出口企业获进口国关税减免 132 万美元。检验检疫集装箱 1781 标箱，受理出入境货物检验检疫 8440 批、完成货值 2.93 亿美元。

2014 年，湖南出入境检验检疫局永州办事处，检验检疫出入境货物 5481 批，货值 2.12 亿美元。其中，完成出境货检 4420 批，1.29 亿美元，同类产品批次和货值同比分别增长 30%和 17%；入境货检 1061 批，9290.6 万美元，同比分别增长 37%和 60%。完成包装检验 181 批，4880 万件。签发各类原产地证书 927 份，签证金额 3343 万美元，同比分别增长 17%和 20%，为企业减免关税约 167 万美元。

因国家机构改革，出入境检验检疫管理职责和队伍划入海关总署。自 2018 年 4 月 20 日起，原湖南出入境检验检疫局永州办事处统一以长沙海关驻永州办事处名义开展工作。

二、通关平台

（一）铁路口岸

2012 年 4 月，永州市决定建设永州（内陆）港，将广东湛江港口功能延伸到永州，并把洛湛铁路打造成湛江港和湖南省之间的一条物流黄金通道。12 月，省政府将湖南永州（内陆）港项目列入 2013 年省政府重点建设项目，写入 2013 年省政府工作报告。

2013 年 6 月 13 日，省政府发文《关于开放永州铁路口岸的批复》同意开放永州铁路口岸。永州铁路口岸应具备海关、检验检疫、银行、税务、保险、外汇管理、货运、运输等检查检验和服务功能，形成“一站式”服务快速大通关平台。永州铁路口岸现场检查检验设施、检查检验单位所需办公和生活用房（包括服务单位人员办公用房）建设资金和开办费用由永州市解决，业务用仪器设备和交通工具由检查检验和服务单位自行解决。市和省有关部门要充分发挥永州区位优势，加大承接东盟经济圈、泛珠三角经济圈辐射与产业转移工作力度，努力拓展铁海联运、“五定班列”等业务，力争把永州铁路口岸建设成为湖南省对接北部湾和东盟、带动湘南、辐射中南的综合物流集散中心，为进出口企业提供便利通关环境，促进湖南省开放型经济快速发展。

永州铁路口岸拟于湖南永州内陆港合并建设，是永州市对接东盟重要实体平台，对推动湘南 3 市承接产业转移示范区经济社会发展意义重大。项目启动以来，由于受到变更投资主体和调整项目选址的影响，致使项目推进缓慢。

2015 年，推动永州内陆（无水）港项目（叠加铁路口岸）建设。按永州市政府 2014 年第 35 次市政府常务会研究决定重新启动永州（内陆）港项目选址，口岸办与广州铁路（集团）公司衔接，确定永州东货运站搬迁地址，完善项目选址建设条件。是年9月24日，广州港集团公司永州办事处挂牌运行，开展铁路货运业务。

2016年2月29日，国家铁路总公司将永州火车北站搬迁新址确定在冷水滩区马坪经济开发区。次年9月，永州市考察组赴湛江港进行拜访商谈，双方一致同意抓住湘桂铁路永州地区扩能工程机遇，坚定永州内陆港项目合作信心。达成湛江港集团货运部门与永州下河国家粮食储备库玉米物流运输代理，同时向南宁铁路局申报运输费率下浮申请。12月20日，永州火车北站搬迁项目正式开工，永州内陆港才进行进一步规划设计及可行性研究工作。

2017年，永州市政府将永州内陆项目写入政府工作报告，项目实施主体明确为市城投集团，但后因马坪地块——项目选址处的湘桂铁路提质改造工程的货站未建成，项目选址区城乡基本农田保护区等原因，项目推进处于停滞状态。

（二）公路口岸

2007年，永州市政府向省政府申请设立永州公路口岸。次年11月17日，省政府下发《关于同意开放永州公路口岸的批复》，同意开放永州公路口岸。同意永州公路口岸具备海关、检验检疫、银行、税务、保险、外汇管理、货运、运输等检查检验和服务功能，形成"一站式"、"一条龙"服务快速大通关平台。永州公路口岸现场检查检验设施、有关检查检验单位人员所需办公、生活用房（包括服务单位人员办公用房）建设资金和开办费用由永州市解决，业务用仪器设备和交通工具由检查检验和服务单位自行解决。市和省有关部门要充分发挥永州市毗邻粤港澳和承接产业转移发展加工贸易区位优势，努力把永州公路口岸建设成为湖南省面向粤港澳市场公路运输进出口货物区域性口岸物流中心，积极为进出口企业提供便利的通关服务，促进湖南省外向型经济快速发展。

永州公路口岸位于道县湖南省农副产品集中验放场项目的"蓝宁道新保税物流中心"内，集联检、国际快件、海关监管、保税、检验检疫、保税物流等功能为为一体。公路口岸开设，永州至港澳高速单程仅10小时，为通往港澳开辟一条"绿色外贸通道"。

2013年6月14日，永州市发展和改革委员会下发《关于湘南进出口食品（农副产品）检测中心建设项目可行性研究报告的批复》，为满足永州市农产品发展需求，提高永州市农产品加工业整体水平，优化对外贸易和物流业发展环境，根据国土、规划、环保等部门以及相关专家评审意见，原则同意永州市工程咨询中心编制的项目可行性研究报告。建设地点，永州大道与阳甸三路交叉口东北角。项目总建筑面积7000平方米，主要建设内容，公共服务、业务实验、附属配套等设施。项目总投资为2100万元，建设资金单位自筹和财政配套解决。

9 月 17 日，永州市发展和改革委员会下发《关于调整湘南进出口食品（农副产品）检测中心建设项目建设规模的通知》，决定调整“湘南进出口食品（农副产品）检测中心项目”的建设规模和投资规模，项目总建设面积从 7000 平方米调整到 6820 平方米，项目总投资调整为 2050 万元。

10 月 15 日，省政府办公厅下发《关于在道县建设湖南农副产品集中验放场有关问题的复函》，同意永州市将湖南农副产品集中验放场与具有同类型功能的永州公路口岸作业区统筹建设，选址定于道县原蓝宁道新保税物流中心，项目总投资 2 亿元，规划面积 350 亩，一期建设用地 193 亩，建筑面积 10 万平方米，项目具备公路口岸功能、农副产品集中验放场和保税物流等功能。构建具备口岸查验通关功能的供港澳果蔬及其他大宗商品集散中心，并纳入永州口岸管理。验放现场检查检验设施、办公生活用房人员经费、仪器设备配置等，按《湖南省人民政府关于同意开放永州公路口岸的批复》有关要求执行。

12 月 18 日，永州市发展和改革委员会下发《关于核准湖南农副产品集中验放场项目的批复》，促进永州农副产品繁荣，完善口岸服务型物流园，促进产业结构调整，加快转变经济发展方式，满足国际贸易物流需求，同意建设湖南农副产品集中验放场建设项目，项目建设单位为湖南湘中工业投资有限公司。项目建设地点，湖南省道县工业园内东洲大道与振兴路交汇处。项目建设内容及规模，总占地面积 10. 91 万平方米，总建筑面积 8. 57 万平方米，其中监管用房建筑面积 3688 平方米，海关联检楼建筑面积 1. 17 万平方米，综合楼建筑面积 2. 14 万平方米，海关现场工作间建筑面积 1980 平方米，检验检疫现场工作间建筑面积 1980 平方米，农副产品交易区建筑面积 1. 12 万平方米，保税仓库建筑面积 3441 平方米，监管仓库建筑面积 2886 平方米，熏蒸房建筑面积 159 平方米，农副产品待验区建筑面积 6000 平方米，保鲜房建筑面积 1355 平方米，包装区建筑面积 1. 37 万平方米，分检区建筑面积 6225 平方米。项目总投资 2 亿元，全部为企业自筹。

2017 年 5 月 23 日，湖南农副产品集中验放场通关服务中心（永州公路口岸）

2017 年 5 月 23 日，湖

南省口岸办组织省口岸联检单位对湖南农副产品集中验放场（叠加公路口岸）验收。经过各口岸单位通力协作，湖南湘中公司采取“先内贸后外贸”的经营方针，交易区已逐步形成集蔬菜、水果等农副产品内贸批发集散地。为解决供香港及出口农产品货源与品种，湖南湘中公司与深圳新晋昌农业科技有限公司合作发起订单农业，实施统一收购集中到验放场加工、分拣、包装、查验后发配各地。

2018 年 7 月，湖南农副产品集中验放场（道县）香港直通果蔬验放分拣场

2018 年 7 月 10 日，湖南农副产品集中验放场（叠加公路口岸）试运行，首次开通香港直通车，搭载经湖南农副产品集中验放场口岸联检单位直通验放供香港蔬菜 7 车，货值 50 万港币。

（三）电子口岸

2014 年，为贯彻落实国务院办公厅《关于加强电子口岸建设的通知》和《关于印发电子口岸发展“十二五”规划的通知》精神，根据省委省政府《关于进一步扩大开放加快发展开放型经济的决定》和《湖南省人民政府加快发展开放型经济的若干政策措施》有关要求，按照《2014 年永州市政府工作报告》关于“抓好永州无水港建设，构筑全省供港澳及进出口东盟农产品集中交易、集中验放新平台”的工作要求，加快永州市口岸建设步伐，实现永州“无水港”和承接产业转移战略目标，市口岸办牵头，联合多部门共同建设永州电子口岸信息平台。

永州电子口岸信息平台是湖南电子口岸重要组成部分，是湖南电子口岸的延伸，它上联湖南电子口岸，通过湖南电子口岸与海关、检验检疫等联检部门联接，下联永州市口岸各监管场所和各进出口领域企业，具有一个门户入网、一种认证登录和“一站式”服务功能，集口岸执法管理及相关物流商务服务为一体的区域通关物流信息中心。

2014 年，湖南农副产品集中验放场获批，是永州市继永州（内陆）港之后打造的又一个便捷物流通关平台。项目建成将形成“北有内陆港，南有验放场”的永州市大通关平台战略格局。制作完成永州电子口岸信息平台建设项目《可行性研报告》，拿出建设方案，成功招标动工建设。电子口岸信息平台将成为永州口岸执法管理及相关物流、电子商务服务为一体的永州大通关信息平台，推行“单一窗口”服务，使永州海关监管场所和检验检疫查验场所进出口货物申报信息、视频监控信息等共享共用。11 月 5 日，永州市口岸办以市政府名义向国家质检总局发去《关于永州进境水果指定口岸有害生物风险控制措施的函》，安排农业专家修改可行性论证报告，制作 PPT，在北京申请召开永州进境水果指定口岸专家评审会。12 月 25 日，在湖南出入境检验检疫局龙新平局长和永州市委、市政府主要领导的见证下，湘南进出口食品（农副产品）检测中心项目正式开工建设。是年，全市农副产品（食品）出口 1.3 亿美元，占全市进出口总额的 14%，成为永州出口贸易新的增长点。全年编写简报 23 期，通过简报、网络积极宣传《长沙海关支持湖南外贸稳定增长的若干措施》《湖南出入境检验检疫局促外贸稳定增长 16 条措施》等通关措施，让企业了解最新政策法规。

2016 年 11 月 17 日，永州电子口岸工程通过湖南省口岸办牵头，湖南省电子口岸管理中心、长沙海关和湖南出入境检验检疫局组成的联合验收组验收。

三、功能拓展

（一）“两仓”建设

2016 年 6 月 25 日，江华瑶族自治县向国家质检总局就国家级出口食品农产品质量安全示范区验收汇报会

2018 年 6 月，永州市商务和粮食局与长沙海关驻永州办事处研究，拟同意江华瑶族自治县人民政府将江华明意湖智能科技有限公司 4 号厂房进行改建的决定，改建成 1000 平方米结转型出口监管仓库和 2000 平方米保税仓库，由湖南和意供应链管理有限公司独立经营，启动“两仓”建设项目。7 月 19 日，向长沙海关驻永州办事处递交申报材料。7 月 30 日，完成仓库搬迁、物理围网、网络监控安装。8 月 18 日，江华明意湖智能科技有限公司根据“两仓”建设要求，设置好专线，用于连接江华“两仓”和永州海关以确保点对点传输，并由永州海关安装调试完毕。9 月 6 日，长沙海关驻永州办事处对江华“两仓”进行验

收，出具验收报告。10 月 16 日，湖南和意供应链有限公司公用型保税仓库、国内结转型出口监管仓库在江华瑶族自治县正式揭牌，永州市第一个保税仓库和出口监管仓库启用。

（二）“单一窗口”

2016 年 11 月 17 日，永州电子口岸信息平台项目建设完成后，湖南省联合验收组对永州电子口岸工程共同进行竣工验收，实现永州市口岸办与湖南省口岸办对接。

2017 年 11 月 15 日，召开中国（湖南）国际贸易单一窗口国家标准版推广培训会永州专场。推广应用“单一窗口”国家标准版，开发永州地方特色服务功能，实现申报人通过电子口岸向口岸管理部门一次性申报，执法结果一次性反馈给申报人。在此基础上，配合湖南省口岸办，采取多种方式完成 2018 年贸易“单一窗口”标准版的“货物运输工具”、“快件监管”、“跨境电商”业务功能推广工作。

（三）创建国家级出口食品农产品质量安全示范市

2016 年 6 月，冷水滩区创建出口食品农产品质量安全示范区意见交流会

2015 年，永州市正式启动食品农产品质量安全示范市创建工作。市政府成立以市长为组长的示范市建设工作领导小组，市商务和粮食局副局长李燕军任创建办主任，市政府与湖南出入境检验检疫局、商务厅、农业委签订合作备忘录，各县区成立以县区长为组长的领导小组。出台《关于推进永州出口食品农产品质量安全示范区和示范市建设的意见》，各县区政府向市政府递交《关于创建出口食品农产品质量安全示范区的责任状》，形成整体联动推进格局。8 月，江永县、道县、新田县通过省级示范区验收。9 月，国家质检总局验收考核组对江永县、道县、新田县进行国家级示范区考核验收，3 县成为国家级出口食品农产品质量安全示范区。至此，永州市出口食品农产品质量安全示范区创建工作在全市 13 个县区全面展开，各县区积极推进出口食品农产品质量安全标准化、农业化学投入品控制、质量安全追溯等 8 大体系建设，使全市农业化学投入品管理得以强化，农产品质量安全水平得到提升。是年，全市 11 个县区获批省级出口食品农产品质量

安全示范区，实现全覆盖，其中江永县、道县、新田县、冷水滩区、江华瑶族自治县、宁远县、蓝山县获批国家级出口食品农产品质量安全示范区。

2015年8月18日，永州市出口食品农产品安全示范市（区）建设工作会议暨合作备忘录签署会

2017年2月20日，湖南出入境检验检疫局、湖南省农业委员会、湖南省商务厅下发《关于公布第二批省级出口食品农产品质量安全示范区名单的通知》，确定永州市出口食品农产品质量安全示范区。永州市成为湖南省首个出口食品农产品质量安全示范市。8月29日，在全省出口食品农产品质量安全示范区建设工作第三次联席会议暨2017年示范建设工作会议上永州市作典型发言。为促进永州市食品农产品出口，发挥示范区的示范效应，研究制定和下发《关于出口食品农产品质量安全示范区提质升级的实施意见》，提出“把体系建设落到实处、把品牌创建落到实处、把培育企业落到实处、把产业规划落到实处、把扩大出口落到实处、把宣传培训落到实处”的“六个落实”任务，推广“示范区+”的概念，结合地方实情衍生出“示范区+精准扶贫”，“示范区+美丽乡村旅游”，“示范区+家庭农场”，“示范区+有机、原产地保护、GAP等认证”等一系列由出口食品农产品质量安全示范区建设为主体产业发展创新举措。9月15日，国家质检总局发文批准永州市为国家级出口食品农产品质量安全示范市，成为长江以南首个、全国第4个国家级出口食品农产品质量安全示范市。

第三章 对外及对港澳台经济技术合作

第一节 工程承包及劳务输出

1997 年，永州市开始对外工程承包和劳务输出，当年劳务输出 58 人。

2005 年，祁阳县成为永州市第一家获批劳务输出基地县，道县、零陵区相隔几月后相继获批外派劳务基地县区。是年，永州境内拥有 3 家对外劳务合作服务平台，对外工程承包劳务输出 55 人，实际人数 120 人。

2006 年，永州市外经合作新签合同额 172 万美元，劳务输出 549 人，完成营业额 172 万美元。2007 年，永州市劳务输出 1174 人。

2008 年，永州市 3 家外派劳务培训基地遭遇 50 年不遇冰雪灾害，损失 2037 万元，省商务厅下拨扶困资金 2000 万元。在十分困难情况下，永州市对外工程承包劳务输出 1583 人，完成年计划 1260 人的 125.6%，比上年同期增长 50.2%。

2010 年，永州市外派劳务 1750 人，实现营业额 1650 万美元。2011 年，输出劳务 2120 人，同比增长 21.3%。完成营业额 6132 万美元，是 2010 年的 3.7 倍。

2012—2016 年，永州市对外承包工程劳务输出重点集中在东盟国家的缅甸、新加坡、马来西亚、越南，劳务输出人员年均 2000 人以上，完成营业额增加到 2016 年的 1.80 亿美元，是 2011 年的 3 倍。

2017 年，湖南零陵恒远发电设备有限公司获得对外承包工程资格证书，成为永州市第一家拥有对外承包工程资格企业。公司在越南设立办事处，成立湖南零陵恒远发电设备有限公司越南公司，与中国电子科技集团公司下属第四十八研究所成功签署越南宁顺省北爱二级 80MW 地面太阳能光伏电站工程合作协议，项目总金额约 8 亿元。是年，全市对外承包工程劳务合作完成 2.21 亿美元，比上年增长 22.48%。

2018 年，永州市对外承包工程劳务合作完成 2.91 亿美元，比 2017 年增长 31.17%，总量居全省第 7 位。

第二节 境外投资

2005 年，永州市宁远九嶷山冶炼厂与泰国娃络龙有限公司合资在泰国投资建设中泰三金有色金属有限责任公司，该公司成为永州市获批的第一家境外投资企业，投资总额 1000 万美元，其中中方投资额 720 万美元。

2010 年 3 月，湖南零陵恒远发电设备有限公司经商务部同意、省商务厅批准，获得境外投资许可证书。4 月，湖南希尔天然药业有限公司经商务部同意、省商务厅批准，获得境外投资许可证书。9 月，希尔药业在美国新泽西州投资成立 HILL PHARMA，INC。是年，永州市有境外投资企业 9 家，对外投资 908 万美元。

2011 年，永州市祁阳金桥冶炼有限公司拟在马来西亚设立企业从事矿产资源开发，完成网上申报程序，境外合同投资额 2000 万美元，是永州市第一个上千万美元的境外投资项目。2012 年 6 月，希尔药业在美国密歇根州收购控股 INBALANCE HEALTH CORPORATION，8 月控投美国新泽西州的 ACCTIN INDUSTRIES LLC。同月，该公司再获境外投资许可证书，并成立艾英实业有限公司，属下美国公司作为其销售、包装、物流中心。7 家企业分别分布在越南、老挝、马来西亚、泰国 4 个国家。

2011—2012 年，永州市共有境外投资企业 16 家，其中有 7 家在东盟国家，占境外投资企业总数的 43.75%。祁阳县金桥冶炼有限公司在马来西亚、永州湘江稀土有限公司在老挝、宁远县腾达矿业投资有限公司在泰国、永州湘威运动用品有限公司在越南投资创业，4 家企业中方合同投资额占两年来全市境外投资企业中方合同投资总额的 74.81%。东盟博览会上，祁阳金桥冶炼、永州客商唐学斌、宁远永威鞋业分别与马来西亚东海岸、马来西亚松隆、越南永好签订境外投资项目合同，总投资额 2700 万美元。

2013 年，江永潇湘化工有限公司经商务部同意、省商务厅批准获得境外投资许可证书。同年，江永潇湘化工有限公司入驻泰国最大的工业园安美德泰中罗勇工业园。该公司完成投资 2280 万元（349 万美元），建成 4 条氧化锌及 1 条橡胶助剂、防护蜡生产线（2017 年 3 月正式投产）。2014 年，永州鼎鑫进出口贸易有限公司获取境外投资许可证书。

2015 年 12 月，湖南南岭民用爆破器材股份有限公司获得境外投资许可证书，在津巴布韦设立新天地（津）民用爆破器材有限公司，由南岭民用爆破器材股份有限公司实际控股，与津巴布韦中央政府授权的肯布莱德投资有限公司（KenPrideInvestments（Pvt）Ltd）共同于津国中修纳省玛佐维地区投资建设民爆器材及相关产品生产设施，中方投资1931万美元。2016年4月，该公司再获境外投资许可证书，新成立新天地（香港）国际发展有限公司，对香港商务服务业建设投资750万美元。同年，永州市兴畅电力安装有限公司获得境外投资许可证书。公司投资5.5万美元在缅甸设立缅甸玉鑫龙有限公司，主要经营水利水电工程施工、送变电工程专业承包等。同年，永州华富实业有限公司获得境外投资许可证书，成立英基中东有限公司在伊朗合作投资采矿业，投资总额1.3亿美元，其中中方投资总额1.1亿美元，伊方投资总额0.2亿美元。英基中东有限公司在伊朗拥有7处矿产资源开发项目采矿权，拥有永久性铬铁矿3座，铜矿1座，矿山总占地面积42平方公里。永州华富实业有限公司是永州市迄今为止规模最大的对外投资企业。

2017年，渝州集团获得境外投资许可证书，集团旗下湖南锡钰矿业有限公司在尼日利亚投资1000万美元开发钽铌矿，2018年5月已投产出矿。截至2018年，永州市获得境外投资许可证书的企业共计8家。

2005—2018年永州市境外投资企业一览表

表3-1 **单位：万美元**

序号	企业名称	投资国家（地区）	行业	总投资	投资方式	中方单位	外方单位	批准时间
1	永州市宁远九嶷山（泰国）冶炼厂	泰国	有色金属冶炼	1000	合资	永州市宁远九嶷山冶炼厂	泰国娃络龙有限公司	2005
2	华越贸易实业有限公司	越南	生物/化工/能源	300	合资	湖南祁阳上宇玻璃有限公司		2007
3	翊翔机电设备有限公司	荷兰	租赁/中介/服务	30	独资	永州翊翔机电设备有限公司		2008
4	湖南大自然制药有限公司	美国	医药制造业	120	独资	湖南大自然制药有限公司		2009
5	湖南零陵恒远发电设备有限公司越南公司	越南	专用设备制造业	100	独资	湖南零陵恒远发电设备有限公司		2010

续表3-1

序号	企业名称	投资国家（地区）	行业	总投资	投资方式	中方单位	外方单位	批准时间
6	湖南希尔天然药业有限公司美国公司	美国	医药制造业	900	独资	湖南希尔天然药业有限公司		2010
7	湖南恒惠食品有限公司	香港	食品制造业	150	独资	湖南恒惠食品有限公司		2010
8	湖南恒惠食品有限公司	越南	食品制造业	120	独资	湖南恒惠食品有限公司		2010
9	湖南熙可食品有限公司	美国	食品制造业	300	独资	湖南熙可食品有限公司		2010
10	港丰兴业有限公司	香港	彩印包装	300	合资	永州奔腾彩印有限公司		2011
11	湘江稀土资源有限公司	老挝	稀土矿产开发	950	独资	永州湘江稀土有限责任公司		2011
12	马来西亚东海岸国际有限公司	马来西亚	锰矿产开发	2000	合资	金桥冶炼有限公司		2011
13	南非矿产勘查开发股份有限公司	南非	专业地质调查、矿产品开采与开发	700		湖南省地质矿产勘查开发局四0九队		2011
14	永州皓志稀土材料有限公司	香港	稀土制品销售	5	独资	永州皓志稀土材料（香港）有限公司		2011
15	宁远县腾达矿业投资有限公司	泰国	化工、涂料及印花颜料	400	独资	宁远县腾达矿业投资有限公司		2011

续表3-1

序号	企业名称	投资国家（地区）	行业	总投资	投资方式	中方单位	外方单位	批准时间
16	艾英实业有限公司	美国	医药制造业	500	合资	湖南希尔天然药业有限公司	D3INDUSTRIES, LLC 股比：35%	2012
17	江永潇湘（泰国）化工有限公司	泰国	化学原料及化学制品制造业	400	独资	江永县潇湘化工有限公司		2013
18	贝加尔食品有限公司	俄罗斯	农/林/牧渔业	12000	合资	永州市鼎鑫进出口贸易有限公司	帝国贸易公司股比：17% 别尔索纳公司股比：13% 3. 利哈诺夫农场股比：10%	2014
19	新天地（津）民用爆破器材有限公司	津巴布韦	化学原料及化学制品制造业	1931	合资	湖南南岭民用爆破器材股份有限公司	KenPride Investments（Pvt）Ltd, 30%	2015
20	新天地（香港）国际发展有限公司	香港	商务服务业	750	独资	湖南南岭民用爆破器材股份有限公司		2016. 4
21	新天地（香港）国际发展有限公司	香港	商务服务业	1030	独资	湖南南岭民用爆破器材股份有限公司		2016. 11
22	缅甸玉鑫龙有限公司	缅甸	电力、热力生产和供应业	5. 5	独资	永州市兴畅电力安装有限公司		2016. 7
23	英基中东有限公司	伊朗	有色金属矿采选业	13031	合资	永州华富实业有限公司		2016. 9

2012 年永州市各县区外经工作完成情况表

表 3-2 **单位：万美元**

县区＼项目	完成营业额		外派劳务人数		境外投资		排名情况	
	年度计划	当年累计	年度计划	当年累计	新批企业	合同投资额	完成率（%）	排名
蓝山县	85	148	86	127	1	600	160. 90	1
江华瑶族自治县	85	99	86	119	0	0	127. 42	2
江永县	85	120	86	94	0	0	125. 24	3
冷水滩区	140	141	144	180	1	980	112. 86	4
道　县	470	484	480	572	0	0	111. 07	5
新田县	140	151	144	156	0	0	108. 10	6
祁阳县	490	492	500	550	0	0	105. 20	7
宁远县	107	116	108	110	1	400	105. 13	8
凤凰园	22	24	24	24	1	1075	104. 55	9
零陵区	490	496	500	534	0	0	104. 01	10
双牌县	85	88	86	87	0	0	102. 35	11
东安县	107	108	108	110	0	0	101. 39	12
金洞管理区	22	20	24	14	0	0	74. 62	13
回龙圩管理区	22	24	24	12	0	0	65. 91	14
合　计	2350	2505	2400	2689	4	3055		

第三节　技术合作

2009 年，第六届中国—东盟博览会上，永州市鸿祥商贸有限公司以 800 万美元并购泰国锰矿、锌矿矿山资源项目参加省级签约，被列入湖南省重点对外经济技术合作签约项目。

2011 年，马来西亚隆基马中和永州市一揽子项目合作正式启动，2 月 22 日，永州市政府与马来西亚隆基马中国际集团公司正式签订《马来西亚隆基马中国际集团公司与中国永州市人民政府合作协议书》，双方组建合资公司，并拟在永州注册“中国永州东盟投资发展有限公司”，投资开发国际廉价机场、国际清真大饭店、国际航空物流基地、永州东盟绿色自由贸易区、永州清真食品工业园、东南亚风情园、永州沿湘江两岸旅游开发区等项目。

2012年，在东盟博览会上，永州市佳鑫铸造、恒远发电、大自然制药、重庆啤酒4家公司分别和越南永聚、越南安沛电力、马来西亚康幸、昆明华辉公司开展技术合作并签订进出口合同，合同金额2118万美元。

2012年，湖南零陵恒远发电设备有限公司生产出口的贯流式水轮机

2015年，湖南零陵恒远发电设备有限公司生产出口的混流式水轮机

2015年上半年，永州市对外承包工程和劳务输出合作完成营业额6255万美元，同比增长60.63%（全省为50%），占年度任务的54.05%（全省为56.49%），总量和增幅分别居全省第6位、第5位。同年，永州市与俄罗斯赤塔市开展合作，协议在赤塔市建立一个农产品加工园区，俄罗斯赤塔市方按协议提供有偿土地，中国永州市方按协议阶段足额提供建设资金，双方共同组建专家指导团队为园区服务。园区共需资金1.2亿美元，占地2万公顷（包括种植养殖园区、物流园区和集中加工园区），是湖南省第一个境外农产品加工园区。园区建成后，华威太阳能与泰国湖南工业园首批顺利签订入园协议。“大自然药业、果秀食品、湘君面业、恒惠集团”4家企业与俄罗斯贝加尔农牧产业园区开展技术合作，成功签约一批项目。

第四节　对接东盟

2003年10月8日，中国国务院总理温家宝在第七次中国与东盟（10+1）领导人会议上倡议，从2004年起每年在中国南宁举办中国—东盟博览会，同期举办中国—东盟商务与投资峰会。这一倡议得到东盟10国领导人普遍欢迎。由中国和东盟10国经贸主管部门及东盟秘书处共同主办，广西壮族自治区政府承办的国家级、

2004 年，第一届中国（南宁）—东盟博览会，柬埔寨首相、柬埔寨人民党主席洪森（前一）参观永州市雅大科技展厅

国际性经贸交流盛会，每年在广西省会城市南宁市举办。博览会以“促进中国—东盟自由贸易区建设、共享合作与发展机遇”为宗旨，涵盖商品贸易、投资合作和服务贸易三大内容，是中国与东盟扩大商贸合作新平台。永州市委、市政府把对接东盟作为经济社会重要战略，先后出台《关于深化与东盟经贸合作的意见》《关于加速推进对接东盟工作的决定》系列文件。

2005 年 10 月 19—22 日，第二届中国——东盟博览会在广西南宁举行，永州市首次派出 32 人组成代表团参会参展。同年 12 月 20 日，副市长蒋吉秀率团（17 人）赴马来西经贸考察，为永州东盟绿色自由贸易区、永州沿湘江西岸旅游开发区等项目做前期准备。

2009 年 10 月 20—24 日，第六届中国—东盟博览会上，永州市组织恒远发电设备有限公司、湘妹食品有限公司、岚山食品有限公司、雅大商贸有限公司、异蛇科技有限公司、东安县舜皇峰竹木有限公司等 6 家企业参加商品展销，认购展位 8 个。次年 7 月 26 日，中国—东盟商务理事会常务秘书长许宁宁来永州市作中国—东盟自贸区专场辅导报告。8 月 28 日，永州市在北京举行“永州走进东盟专题推介会”，东盟 10 个国家驻华大使、商务参赞应邀出席。

2010 年 10 月 15 日，永州市委、市政府《关于深化与东盟经贸合作的意见》出台，根据市委、市政府“意见”精神，永州市雅大科技实业有限公司组团参展 10 月 20—24 日第七届中国—东盟博览会。期间，永州市举办“永州走进东盟经贸洽谈会”，全方位推介永州经济发展理念和物产特色。

2011 年 10 月 20—24 日，第八届中国—东盟博览会举行。期间，永州市在南宁市举办当年最大招商活动即“中国永州—东盟商务投资推介会和东盟各国政商名流来永州考察活动”。马来西亚能源、科技和水务部部长拿督斯里陈华贵、东盟国家驻华大使伊斯甘达萨鲁丁、泰王国驻华大使馆商务公使衔参赞程瑞声、马中友好协会会长马吉德以及广西壮族自治区政协副主席彭钊、广西博览局局长郑军健、湖南省政府副省长何报翔、湖南省经协办主任毛七星、长沙海关关长李文健、湖南省商务厅副厅长周船、湖南省贸促会副会长胡强等应邀出席此次推介会。市委书记张硕辅和市政府、市人大、市政协、市直各相关部门负责人及各县区书记或县长参加，包括20余家国内外知名媒体共计参会人员400余人。签约25个项目，其中外经外贸项目7个，进出口金额1.1亿美元，招商引资项目18个，其中外资项目8个，总投资15.6亿美元，内资项目10个，总投资38.4亿元。永州已与东盟6个国家建立经贸往来关系，东盟已成为永州仅次于北美、欧盟和中东的第四大贸易伙伴。2006—2010年，永州对东盟进出口总额年均增长101%。全市已有13家企业成规模开展对东盟贸易，100多种产品进入东盟市场。同时，东盟到永州投资企业已有6家，投资总额达1.2亿美元。

2012年8月27日，中国—东盟商务理事会中方常务副秘书长许宁宁来永州调研，并作《中国—东盟自由贸易区商机》专题讲座。同时，许宁宁受邀担任永州市经济顾问、对接东盟首席顾问。9月21—25日，第九届中国—东盟博览会“湖南省境外园区招商推介会”上举行“中国—东盟商务理事会永州办事处”授牌仪式。期间，还举行永州对接东盟项目签约仪式，签约项目12个，金额1.79亿美元。

2013年1月24日，永州市政府与中国—东盟商务理事会中方秘书处在北京主办“2013中国—东盟新春联谊会暨2012中国企业走进东盟和东盟企业走进中国颁奖仪式”。在颁奖典礼后的2013中国—东盟新春联谊会上，永州市市长魏旋君致新年辞。4月3日下午，东盟五国驻华使馆商务参赞来永州考察座谈会在冷水滩召开，永州市委正厅级干部蒋吉秀主持座谈会，永州市政府副市长唐能武在会上致欢迎辞。市直相关部门、冷水滩区、零陵区、凤凰园经济开发区及23家企业出席会议。9月3—6日，第十届中国—东盟博览会上，永州市组织湖南零陵恒远发电设备有限公司、湖南兵器跃进机电有限公司、中南医药包装机械有限公司、湖南省永州市三湘农机制造有限责任公司、湖南卓尔钻具有限公司、永州恒丰机械有限公司、湖南永州奔腾彩印有限公司等7家企业参展。全市6个项目参加大会国际合作项目集中签约，合同投资总额3.34亿元。

2014年9月16—19日，第十一届中国—东盟博览会上，永州市组织15家企业参展，以农产品加工和特色机械为亮点，占全省参展产品60%以上。期间，永州市在南宁市西园饭店举行永州—东盟专题推介暨项目签约仪式。副省长黄兰香出席并讲话，市委副书记、市长向曙光作市情推介，副市长罗双全主持专题推介暨项目签约仪式。老挝华潘省委秘书长、省办公厅厅长晋旺，马来西亚客商黄健伟，老挝AB国际投资有限公司总经理旺达拉讲话。会上共签约项目13个，金额达14.6

亿元。

2015 年 9 月 18—19 日，第十二届中国—东盟博览会暨中国—东盟商务与投资峰会举行。永州市政府副秘书长何德波带队，组织恒远发电、红明印刷包装材料有限公司、三峰茶业、万家鹅业 4 家企业参展。期间，何德波副秘书长率队参加了南宁永州商会年会。

2016 年 9 月 11—14 日，第十三届中国—东盟博览会暨中国—东盟商务与投资峰会举行。永州市政府副市长刘鹏率队，组织市商务和粮食局、市经信委、市财政局、市政府办等单位和祁阳县及零陵恒远发电等一批企业参展参会。期间，刘鹏副市长率团考察观展，与南宁永州商会部分企业代表举行老乡座谈会，并出席祁阳南宁商会筹备会。

2018 年，永州市组织企业参加第十五届中国—东盟博览会。6 月，永州市商务和粮食局在老挝首都万象成立驻东盟商务代表处，为永州对接东盟提供良好平台。

第五节　经贸考察

2011 年 3 月 20—30 日，永州市政协主席陈金荣率领市商务局和湖南熙可食品有限公司、湖南零陵恒远发电设备有限公司、湖南希尔天然药业有限公司等 3 家企业赴澳大利亚、新西兰进行商务考察。4 月 27 日—5 月 7 日，为进一步开拓澳大利亚、新西兰市场，扩大与澳新两国经济交流与合作，市委书记黄天锡率领市商务局和宁远县广星鞋业有限公司、宁远县奕坚鞋业发展有限公司、永州市和荣投资有限公司等 5 家企业赴澳大利亚、新西兰进行商务考察。11 月上旬，由永州市委巡视员蒋吉秀带队，组织市商务局一行赴山东德州、江苏盐城、大丰和上海等地，就当地“飞地经济”发展情况进行学习考察，结合 2010 年对广东清远考察情况，通过电迅联络和上网查验等方式，对广东省发展“飞地经济”的做法作深入了解，决定在永州市凤凰园经济开发区内建设永州（上海）飞地工业园。

2012 年，应马来西亚隆基马中国际集团公司、新加坡中华总商会、泰国中华总商会邀请，4 月 1—10 日，永州市委副书记、市长魏旋君率省口岸办、长沙海关、湖南出入境检验检疫局、衡阳海关、衡阳出入境检验检疫局等单位领导及永州市商务局、旅游局、口岸办等市直相关部门人员一行 12 人赴马来西亚、新加坡、泰国考察访问。

2015 年 5 月，永州市副市长罗双全率领华威太阳能、异蛇科技等企业随省厅代表团赴泰国、老挝等国考察。期间，永州市企业签订入驻湖南省境外园区协议。6 月 29 日—7 月 4 日，由湖南省商务厅副厅长李心球率队，永州市代表团与省商务厅代表团组成联合考察团赴俄罗斯赤塔市、莫斯科、圣彼得堡进行一系列高效务实商务考察和对接洽谈。考察期间举行中国湖南—俄罗斯后贝加尔边疆区经贸对接会。永州市商务和粮食局局长邓群及湖南果秀食品有限公司、湖南恒惠食品有限公司、湖南大自然制药有限公司、湖南湘君面业有限公司、永州鼎鑫进出口贸易有限公司随团参加。

2016 年 7 月 11—18 日，市长易佳良率领市商务和粮食局熙可食品、都成食品、恒惠食品、大自然制药等企业赴俄罗斯赤塔市贝加尔农牧产业园进行实地经贸考察和对接洽谈。

2017 年 5 月 17—26 日，永州市副市长李旦梅率恒丰机械、田源机械、异蛇科技、恒远发电等公司随湖南省商务厅代表团赴泰国、越南、老挝 3 国进行经贸活动交流，推动永州市产品走进东盟市场。同年 6 月 20—30 日，经省委、省政府批准和永州市委同意，由市委副书记、市长易佳良带领市政府办、市财政局、市商务和粮食局、永州国家农业科技园以及湖南都成国际食品、东安霞栖农业科技有限公司等单位和企业负责人赴芬兰、瑞典、挪威 3 国进行学习考察。考察期间，重点了解 3 国投资政策和投资环境，推介永州市招商政策和企业产品，考察北欧湖南农业产业园并签署相关合作意向协议。

2018 年 6 月 22 日—7 月 1 日，永州市商务和粮食局局长邓群率团随省团赴老挝、柬埔寨、缅甸 3 国参加湖南省第二届农机走进东盟经贸活动，并与老挝 AB 路桥公司董事长陈斌签订合作协议，挂牌设立永州市商务和粮食局驻东盟商务代表处，聘请陈斌为首席代表。同年 10 月 11—18 日，根据湖南省商务厅安排，经永州市政府批准，市商务和粮食局副局长单春兰随省团赴斯里兰卡和伊朗考察。期间，考察团拜访中国驻两国商务参赞，参观中国“一带一路”建设成果（包括 4 家中资企业、6 个在建项目），调研中国、湖南省出口产品在两国销售情况，参观伊朗工业展。

2018 年 6 月 29 日，市商务和粮食局驻东盟商务代表处授牌仪式

第四章 招商引资

1992年5月，零陵地区在深圳市首次举办“零陵地区经技贸洽谈周”（简称招商周），首次利用外资4879.64万美元。1996年撤区建市，市委、市政府领导高瞻远瞩，一直视招商引资工作为重中之重。1996到2018年，市委、市政府自始至终为招商引资工作创造良好投资环境和保障优质服务水准，全方位、多层次、多模式开展招商引资工作。特别是2008年，商务部《关于确定第二批加工贸易梯度转移重点承接地的决定》，湖南省永州市为第二批加工贸易梯度转移重点承接地。永州市以邻近粤港澳的区位优势，抓住沿海企业向内地转移的大好机遇，全力以赴招商引资，引进大批产品深加工企业在境内落户，促动落地企业引入相关联配套项目及产业链项目。到2018年，境内七大主导产业不断壮大，“大项目——产业链——产业集群”发展格局形成。“十一五”期间，永州市实际利用外资13.8亿美元，是前10个五年计划总和的2.65倍；内联引资650亿元，是前10个五年计划总和的1.8倍。“十二五”期间，永州市实际利用外资31.5亿美元，年递增14.63%；内联引资786亿元，年递增14.77%。

“十三五”期间前3年，永州市实际利用外资33.12亿美元，相当于“十二五”的总和。从1989年引进第一家外资企业开始到2018年，全市登记在册外资企业424家，引进外资突破77亿美元。

第一节 利用外资

一、引资项目及金额

1995年7月18—24日，零陵地区在深圳芙蓉宾馆举办“95深圳招商周”活动，地县市（县级市）党政领导和企业主要负责人参加。此次招商活动，地县市分别组成代表团16个，成员450人，邀请到会中外客商300人。签订外资合同项目47个，总投资1.33亿美元，外方出资9330.49万美元，占总投资70%；签订外资项目协议 8 个，总投资 8947.97 万美元，外方出资 7158.38 万美元，占总投资的 80%；签订贸易合同 1094 万美元，其中出口贸易合同 946 万美元。在所签订的外资合同项目中，合资项目 26 个，总投资 1.01 亿美元；独资项目 12 个，总投资 1561.61 万美元；三来一补（指来料加工、来样加工、来件装配和补偿贸易）项目 1 个，总投资 305.88 万美元。按产业投向划分：农业项目 6 个，总投资 827.41 万美元；基本建设项目 7 个，总投资 4337.5 万美元；工业项目 7 个，总投资 7849.91 万美元；其他项目 7 个，总投资 292 万美元。同年 9 月，湖南省在省国际展览中心举办“95 湘交会”，零陵地区代表团组织 200 人参加，安排 360 种产品参展。除参加省里统一安排签约仪式外，还在代表团驻地组织项目签字活动。“95 湘交会”，永州市接待外经外贸客户 110 人，签订利用外资合同项目 41 个，总投资 1.11 亿美元，其中利用外资 7289 万美元，外商出资比例达 65.7%；签订利用外资协议 10 个，总投资 1.73 亿美元，其中利用外资 1.24 亿美元，占 71.4%；外贸成交 1140 万美元。此次签约项目除 10 个协议项目外，基础设施投资项目 7 个，投资 4337.5 万美元，全部由外商出资，受资方以土地开发补偿；农业开发、种植、养殖方面投资项目 6 个，总投资 827.41 万美元，全部由外商出资；开发本地资源投资项目 15 个，总投资 1294.7 万美元，其中利用外资 1007.9 万美元；“三来一补”投资项目 3 个，利用外资 472.58 万美元。

1996 年 6 月，市政府牵头，市对外经济贸易委员会承办，举办第五届永州深圳招商周。7 月，组织 50 人代表团参加省政府举办第四届“港交会”。两次招商签订利用外资项目合同 54 个，项目总投资 2.5 亿美元，合同外资 1.8 亿美元，签订意向协议 30 个，总投资 3.2 亿美元，协议意向外资额 2.5 亿美元。

1997 年 9 月 2—5 日，第六届“湘交会”在长沙市湖南国际展览中心举行。永州市组团参加。“湘交会”上，永州市 120 个招商项目和 68 种展品引起来自 20 多个国家和地区外商注目。期间，签订利用外资合同 46 个，总投资 2.4 亿美元，合同利用外资 1.6 亿美元；签订利用外资协议 8 个，总投资 2376 万美元，协议利用外资 311 万美元；签订利用外资意向 1 个，总投资 600 万美元，意向利用外资 600 万美元；签订三来一补合同 23 个，总值 5847.1 万美元；签订对外贸易合同 7 个，成交总额 1131.5 万美元。

1998 年，永州市对外经济贸易（招商引资）主抓两件大事：举办 7 月深圳招商周和 10 月参与长沙市举办的中国中西部地区洽谈会。深圳招商活动签约 85 项，总投资 2.53 亿美元，其中签订合同 62 个，合同利用外资 1.2 亿美元。签订协议 11 个，协议外资 9575 万美元，签订意向 12 个，意向外资 2510 万美元。这次招商活动，签订基础设施项目 13 个，9740 万美元，签订农业开发项目 9 个，1865 万美元，签订工业企业项目23个，3000万美元，签订三来一补项目18个，2300万美元。深圳招商活动还在企业产权交易上有突破：零陵制药厂、永州市自来水公司、江华瑶族自治县造纸厂、江永县桃川糖厂、东安县瓷厂均进行产权交易，总成交额1.8亿元，为企业改革偿试出一条新路子。招商活动中最大亮点即乡镇参与招商引资，在全市签订85个招商项目中，有18个来自乡镇，占29%。乡镇所签合同总金额2455万美元，占合同总投资18.7%。其中祁阳县浯溪、白水、观音滩、黄泥塘4镇利用本地优势，开发资源有新进展，签订利用外资项目16个，总投资为1578万美元，其中利用外资1548万美元。10月，在中国中西部地区对外经济技术合作洽谈会期间，永州市对外经济贸易委员会采取“以优招商、上门招商”策略，与香港、澳门、台湾签订投资项目合同26个，总金额9494万美元，合同引进外资8838万美元，位于湖南省14个地州市分团前列。

1999年，永州市对外经济贸易委员会（永州市招商局）组织3次大型招商活动。8月份组织一批有关企业参加99中国湘潭地方名优特产品交易会、中小企业产权招商会、工业企业订货会。9月份组织参加99厦门第三届投资贸易洽谈会，推介永州名优特产品。12月份组织一批企业到越南进行经贸考察。3次活动发布项目100个，签约项目82个，其中合同68个，总投资1.11亿美元，合同外资9373万美元；协议10个，总投资4407万美元，协议外资4257万美元。

2000年，永州市对外经济贸易委员会、永州市招商局组织3次大型招商活动，先后举办和参加“永州市第八届深圳招商会”、“国家外经贸部主办的第四届投资贸易洽谈会”、“第二届高科技技术成果交易会”。3次活动共发布项目200个，签订合同58个，总投资9957万美元，合同外资8376.3万美元；协议5个，总投资2870万美元，协议外资2506万美元；其中境外项目33个，总投资9305万美元。

2002年，永州市新批外商投资企业12家（其中市直4家），增资项目3个，总投资2992.02万美元，合同利用外资2152万美元，同比增长6.7倍，实际使用外资1782.2万美元，同比增长31%。三资企业实现税收1842万元，其中国税1518万元，地税324万元。

2003年，永州市在湖南（深圳）投资洽谈会（以下简称“深洽会”）期间，发布项目530个，签约项目311个，其中签约外资项目96个，总投资14.12亿美元，项目外资金额13.23亿美元；签约内资项目215个，项目总金额182亿元，项目引资180亿元。在签约外资项目中，合同84个，总投资8.56亿美元，合同外资7.81亿美元；外资协议6个，总投资8572万美元，协议外资7203万美元；外资意向6个，总投资4.7亿美元，意向外资4.7亿美元。在全省14个市州排名中名列前茅。“深洽会”签约项目分布均衡合理，突出工业和旅游。在签约项目成交金额中，工业项目占26%，基础设施项目占14%，城建项目占10%，农业项目占10%，旅游项目占23%，社会发展项目占17%。

2003 年永州市县区、市直单位外资签约情况统计表

表 4-1

单位名称	签约数量（个）	投资总额（万美元）	备注
祁阳县	18	17816	
道　县	8	15018	
蓝山县	15	12680	
江华瑶族自治县	5	8755	
宁远县	4	4400	
芝山区	5	4239	
江永县	3	3800	
冷水滩区	7	2940	
东安县	4	2530	
凤凰园	2	2150	
新田县	2	850	
双牌县	2	250	
市直单位	21	65718	

2003 年永州市县区、市直单位内资签约情况统计表

表 4-2

单位名称	签约数量（个）	投资总额（万美元）	备注
道　县	43	109863	
冷水滩区	15	95400	
祁阳县	25	82397	
双牌县	5	75300	
蓝山县	19	66398	
宁远县	11	67558	
东安县	31	59429	
江永县	18	45018	
江华瑶族自治县	9	29200	
新田县	3	16000	
芝山区	7	13684	

续表4-2

单位名称	签约数量（个）	投资总额（万美元）	备注
凤凰园	3	8800	
市直单位	26	1153231	

2004年，永州市派出以副市长刘新普为团长由14个分团总人数200人组成的代表团，参加深圳首届全国中小城市经济技术国际合作洽谈会（简称“城洽会”）。全国各地参会城市35个，永州组团规模最大，300人与会。开幕式上，副市长刘新普代表参会城市发言。永州市各县区和市城建、公用事业分团都订了展位、制作展板，精心准备推介永州项目资料，其中《永州投资说明书》和《永州招商项目—城建分册》十分抢手，开幕式当天就被外商抢空，有64人到永州各展位要资料，看了《永州投资说明书》，中外客商都觉得永州确实是一块投资热土。“城洽会”上，永州市签约项目44个，其中外资项目10个，总投资4460万美元，引资4380万美元；内资项目34个，总投资17亿元，引资16亿元。在签约外资项目中，合同项目9个，合同引进外资3580万美元，协议1个，协议引进外资800万美元。在所有签约项目中，城建项目33个，包括祁阳旅社改造，东安城市生活垃圾处理场建设，道县金利信大酒店、育才小区开发、金水源小区开发、怡景花园建设等。“城洽会”期间，永州市在深圳国宾馆多功能会议室举行湖南永州投资洽谈会暨重点城建项目签约仪式，参会客商500人，有来自德国环保慧上公司驻亚太地区总部、美国摩伊科投资集团、菲律宾华桦投资有限公司总裁、董事长，还有来自香港、广东、浙江一大批著名公司董事长。

同年“厦交会”期间，永州市在厦门宝龙大酒店承办湖南省投资说明暨永州招商推介会，签订外资项目合同30个，合同外资2.03亿美元；签订内联引资合同38个，合同引资18亿元；签订外资协议意向29个，协议意向利用外资2.95亿美元；签订内资协议意向47个，意向引资42.9亿元。参加“湘洽会”期间，永州市签订省签项目10个，其中外资项目8个，总投资8610万美元，合同引进外资7410万美元。内资项目2个，总投资8.2亿元。10个省签项目审批注册、开工投产、资金到位达100%。签订市签项目114个，其中外资项目44个，总投资2.85亿美元，合同引进外资2.54亿美元。内资项目70个，总投资87.23亿元，合同引进内资85.02亿元。市签外资项目落实41个，开工投产41个，占市签44个项目的93.2%，其中外资到位7809.53万美元，“厦交会”和“湘洽会”，永州市签约项目415个，其中外资项目合同94个，总投资7.1亿美元，合同引进外资6.53亿美元；外资协议意向项目39个，总投资2.92亿美元，协议、意向外资2.83亿美元。

2005年，永州市组团参加湖南（香港）投资洽谈周和“厦交会”两项活动，仅“港洽周”上，全市就签约项目70个，总金额6.96亿美元，其中工业项目占67%，总投资超过1000万美元的项目20个，超过2000万美元以上项目15个，签约项目个数、合同金额在全省名列前茅。是年，是永州市商务局实行招商引资目标管理第3年，经市招商引资工作考核领导小组办公室考核并报市委、市政府审核同意，评出特殊贡献奖单位1个：长丰（集团）有限责任公司，奖金10万元；一等奖单位3个：凤凰园经济开发区、永州市政府办公室、永州市商务局，奖金各10万元；二等奖单位2个，奖金各6万元；三等奖单位8个，奖金各3万元。

同年12月12—16日，永州市对“请进来”招商方式进行尝试，在本土举办“2005年永州市房地产交易暨城建商贸投资洽谈会”。会上永州市拟发布项目100个，总投资约110亿元，需引进资金90亿元。第1期发布项目89个，总投资100.4亿元，拟引进资金79.2亿元，其余项目将在新闻发布会后陆续发布。在第1期发布项目中，市直单位项目24个，总投资46.6亿元，拟引进资金38.6亿元，其中永州火车新站商贸城工程等10个重大项目，总投资39.7亿元，拟引进资金32亿元。县区项目65个，总投资53亿元，拟引进资金40.3亿元。在这些项目中，城建项目45个，总投资55.4亿元，拟引进资金44.5亿元；公用事业项目21个，总投资12.1亿元，拟引进资金9.5亿元；商贸流通项目23个，总投资32.9亿元人民币，拟引进资金25.2亿元。第1期89个项目发布第1天，正式签约项目48个。

2005年永州市房产交易暨城建、商贸投资洽谈会发布项目一览表

表4-3 **单位：万元**

序号	项目名称	总投资	拟引资	项目单位
一、商贸流通项目				
1	永州粮油综合批发市场二期工程★	60000	20000	永州市粮食局
2	永州市兴农物流中心★	50000	30000	永州市供销社资产经营公司
3	永州火车新站商贸工程★	100000	100000	永州火车新站建设开发有限公司
4	九嶷商贸开发项目★	18000	18000	九嶷水泥股份有限公司
5	永州市建设物资配送中心★	18000	13000	永州市物资办
6	永州市香都大酒店扩建	4760	2500	永州市商务局
7	城乡房地产商场综合开发	15000	12000	永州市粮食局
8	永州市火车新站珍珠商贸工程	20000	20000	永州火车新站建设开发有限公司

续表4-3

序号	项目名称	总投资	拟引资	项目单位
9	长丰工业园农副产品市场	1200	1200	长丰工业园开发有限公司
10	永州市汽车西站综合批发市场	6960	6960	永州市白竹路基础设施建设有限公司
11	永州大道梓塘综合市场	6000	3000	永州大道开发建设有限责任公司
12	永州市河东富园商贸区农贸市场	2000	2000	永州市河东路网工程开发建设有限责任公司
13	江华宾馆迎宾楼建设项目	800	500	江华县风华旅游开发有限公司
14	芝山区体育文化休闲中心招商	4702	4702	永州市芝山城建投资有限公司
15	冷水滩区古城食府	633	633	冷水滩区规划建设局
16	芝山区天源娱乐城	1460	1460	芝山区自来水公司
17	江华县冯城宾馆扩建	1600	1600	江华县粮食局
18	江永古城酒吧街	2300	2300	江永旅游发展公司
19	冷水滩珊瑚专业批发大市场	3650	3650	冷水滩区经济贸易委员会
20	东海岸购物城	2200	1400	冷水滩区饮食服务公司
21	农产品批发市场	3000	2000	江永县发展计划物价委员会
22	宁远石板塘农副产品批发大市场建设	4000	3200	宁远县经贸局
23	永州大型建材批发市场项目	3000	2000	永州市芝山区物资事务办
	小　　计	329265	252105	
二、城建项目				
1	永州市滨江广场商贸开发项目★	20000	20000	永州市滨江广场建设有限责任公司
2	潇湘公园建设开发项目★	8000	8000	永州市园林绿化管理办公室
3	黄泥井大市场建设项目★	100000	100000	冷水滩区产权交易中心
4	冷水滩春江路 1 号地建设开发	1980	1980	永州市零陵北路建设开发有限公司
5	永州商务大厦建设	8000	5000	永州市商务局
6	冷水滩零陵北路 8 号地建设开发	6000	6000	永州市零陵北路建设开发有艰公司
7	九嶷宾馆产权转让项目	2580	2580	九嶷宾馆改造建设有限公司
8	原粮食局大院综合开发	850	850	永州市粮食局

续表4-3

序号	项目名称	总投资	拟引资	项目单位
9	永富公路江永至回龙圩段改造工程	5000	5000	江永县交通局
10	永州市火车站路网建设	20900	13000	永州市火车南路工业园开发有限责任公司
11	虎岩公园招商	2800	2800	永州市园林绿化管理办公室
12	永州市零陵区政府大院商业改造	12000	12000	零陵区政府办公室
13	零陵区体育文化休闲中心	4702	4702	永州市零陵区城建投资有限公司
14	零陵区供水大厦转让	980	980	零陵区自来水公司
15	零陵区天源娱乐城	1460	1460	零陵区自来水公司
16	永州市外贸粮种场旧城改造	9900	7000	冷水滩区杨家桥办事处
17	永州市农产品批发市场	9000	500	冷水滩区岚角山镇
18	永州文化娱乐城	17000	12000	冷水滩区文化局
19	珊瑚专业批发大市场	3650	3650	冷水滩区经委、食品公司
20	永州市妇儿大世界	3180	3180	冷水滩区妇联
21	冷水滩区桥头市场	900	900	冷水滩区经委
22	冷水滩生资公司转让	1500	1500	冷水滩区供销社
23	零陵沿江东路旧城改造项目	11800	11800	零陵区房产局
24	零陵区香零山路网工程	30000	30000	零陵区城建投资有限公司
25	零陵萍洲新城路网建设	19370	13000	零陵区萍洲新城建设有限责任公司
26	双牌县滨河大道项目	11200	3930	双牌县城市建设投资有限公司
27	双牌县火车站商贸区建设项目	9086	9086	双牌县发改委
28	道县火车站小区路网建设	15900	15900	道县规划建设局
29	道县东洲大道	14794	14794	道县规划建设局
30	道县滨河路景观带	24277	24277	道县规划建设局
31	道县云溪水库向县城供水工程	2000	1500	道县水利局
32	零陵沿江大道旧城改造工程	19800	10200	零陵区沿江大道开发有限责任公司
33	日升大道连接322、207国道及香零山大桥工程项目	24333	17000	永州市零陵区城市投资有限公司

续表4-3

序号	项目名称	总投资	拟引资	项目单位
34	永州市火车南站路网、管网建设项目	20000	14000	永州市零陵区城市投资有限公司
35	东安县生智路商业步行街建设	10547	10547	东安县规划建设局
36	东安县水上乐园、河畔花园建设项目	7140	500	东安县公园建设指挥部
37	江华县百货纺织品公司阳华大厦项目	1000	900	江华县商业事务管理办公室
38	江永火车站新城区开发	2000	2000	江永县发改委
39	江永县路网工程建设	25763	16250	江永县城市建设投资有限责任公司
40	江永县二水厂工程	1866	1366	江永县自来水公司
41	江永县城自来水管网改造工程	3039	2000	江永县自来水公司
42	宁远冷江河沿江大道及沿江风光带建设	12000	12000	宁远县水利局
43	新田县城区路网建设工程	23719	15000	新田县城市建设投资公司
44	蓝山县沿河风光带建设工程	8400	2400	蓝山县水利局
45	蓝山县城路网建设工程	15600	3000	蓝山县城市建设投资开发有限公司
	小计	554016	444532	
三、公用事业项目				
1	永州市自来水公司产权经营权转让★	23000	23000	永州市自来水公司
2	永州市污水处理厂特许经营权招商★	12568	3000	永州市环保实业有限责任公司
3	永州市公交停车场工程	2000	2000	永州市公交停车场开发建设有限责任公司
4	垃圾运输车项目招商引资	1000	1000	永州市坦塘垃圾处理有限责任公司
5	道县县城垃圾处理场	5316	5316	道县城市管理局
6	祁阳县污水处理工程	8570	8570	祁阳县城市管理局
7	祁阳县垃圾无害化处理场	5500	5500	祁阳县环卫绿化处
8	江华县自来水二厂建设	3541	2300	江华县自来水公司
9	祁阳县白水自来水厂建设	3000	3000	祁阳县白水科技工业园管委会

续表4-3

序号	项目名称	总投资	拟引资	项目单位
10	江华县污水处理厂建设	5413	4313	江华县环保局
11	江永城市生活垃圾填埋场	3062	1062	江永县规划建设局
12	江华县城供气工程	4913	3000	江华县发改委
13	新田县城市生活垃圾处理场	2468	1580	新田县环卫所
14	双牌县垃圾无公害处理场	1516	530	双牌县城市建设投资有限公司
15	东安县城管道集中供气工程	6800	6800	东安县发改委
16	永州市第二水厂管网配套工程	7240	4000	永州市零陵区城市投资有限公司
17	宁远九嶷北路百货大楼至环城路段扩容工程	8000	5200	宁远县规划建设局
18	宁远县城市供水扩建工程	6330	5000	宁远县经济建设投资公司
19	新田县城区供水管网配套工程	1602	1100	新田县自来水公司
20	宁远县垃圾处理工程	4500	3500	宁远县经济建设投资公司
21	东安县生活垃圾处理工程	4900	4900	东安县垃圾处理有限公司
	小计	121239	94671	

说明：打“★”号的项目为重点发布项目

2006年9月25—28日，永州市组团参加首届中国中部投资贸易博览会，简称“中博会”，代表团由14个县区分团和6个市直分团组成，阵容强大。会议期间，代表团先后组织召开预备会议，参加湖南香港经贸合作交流会、大会组委会欢迎晚宴、欢迎酒会，开幕式暨“中部放歌”文艺晚会。组织参加开馆仪式并参观展馆，参加湖南省情暨投资环境推介会，陪同省领导会见永州市重要客商，陪同省委书记张春贤接见及宴请澳门代表团，全程陪同接待澳门和上海代表团参加本市“中博会”系列活动。组织重点客商接受市领导会见，组织新闻媒体对书记、市长进行采访，举办永州市投资环境推介会暨重点项目签约仪式等20项活动。参加“万商西进”高峰论坛、现代流通与中部崛起高层论坛、中部投资论坛、中国中部旅游投资暨旅行商谈会、中国中部国际会展业论坛、2006年国际融资高峰论坛洽谈会，韩国企业代表团长沙经贸洽谈会、加工贸易梯度转移研讨会等10个专题活动。“中博会”上，签约项目144个，其中外资项目74个，总投资11.34亿美元，外商投资10.66亿美元，其中合同拟利用外资8.5亿美元，协议利用外资2.1亿美元。外资项目按产业分：工业及产权类6.13亿美元，占57%；商贸流通和旅游1.6亿美元，占15%；社会发展6700万美元，占6%；农林及农业产业化1.9亿美元，占17.6%；城建3800万美元，占3.5%；能源和基础设施1000万美元，占0.9%。此次签约项目质量之高，是永州市历年招商引资之最。在签约144个项目中，省签项目23个。74个外资项目中（香港40个，总投资5.74亿美元；台湾21个，总投资2.62亿美元；美国4个，总投资1.43亿美元；英国2个，总投资3600万美元；澳大利亚1个，总投资8000万美元；德国1个，总投资1000万美元；马来西亚1个，总投资600万美元；韩国1个，总投资500万美元；加拿大1个，总投资300万美元；新加坡1个，总投资2000万美元；澳门1个，总投资500万美元），1000万美元以上项目33个。

2007年，永州市组团参加第四届“泛珠洽谈会”和“永州（香港）加工贸易活动周”。“泛珠洽谈会”上，签约156个项目，其中外资项目64个，总投资11.8亿美元，引进外资11.1亿美元，其中合同外资项目47个，引资7.1亿美元；协议项目17个，协议引资4亿美元；省签约外资项目14个，引资4.6亿美元，在全省排名第2位，“永州（香港）加工贸易活动周”上，共签约外资项目27个，利用外资5亿美元，其中签订外资合同项目21个，合同利用外资3.6亿美元，签订外资协议6个，协议外资1.4亿美元。所有签约项目中，加工贸易产业转移项目31个，占57.4%。

2008年，永州市招商引资仅“沪洽周”期间，签约项目96个，其中外资项目28个，总投资1.06亿美元，引进外资1.03亿美元。在签约的96个项目中，合同项目88个，占签约项目91.7%；500万美元4000万人民币以上项目88个，占签约项目91.7%。同年7月28日—8月1日，98永州（深圳）招商洽谈会在深圳凯利宾馆召开，永州市委书记邹金鹭、市长王道生、副书记曾昭薰、人大副主任冯生玉、副市长张维、市商务局局长钱国平以及县区和市直有关部门、企业450人参加招商活动。活动到会中外客商300人，签订利用外资合同62个，总投资1.31亿美元，引进外资1.21亿美元，占总投资93%；签订协议11个，总投资9665万美元，协议外资9575万美元，占总投资99%；签订意向12个，总投资2580万美元，意向外资2510万美元，占总投资97%；签订贸易合同5个，贸易总额907万美元。

2011年，永州市在杭州举行湖南永州（杭州）招商引资推介会暨重点项目签约仪式上签约项目53个，其中外资项目15个，总投资5.42亿美元，合同利用外资5.37亿美元，同比增长30.3%。实际利用外资4.6亿美元，同比增长17%。是年，永州市被中国上市公司企业联合会、中国城市发展研究院分别评为“中国最佳投资环境城市”和“中国最具幸福感城市”。

2012年，永州市在第七届“中博会”上签约项目123个，其中外资项目18个，总投资10.17亿美元，拟引进外资10.17亿美元，签约资金额在全省位居前六。

2013年，永州市深圳“港洽周”主题活动签约28个。其中外资项目13个，总投资9.5亿美元，其中工业制造类项目10个，总投资5.2亿美元；农业产业化项目2个，总投资1.33亿美元；第三产业项目1个，总投资3亿美元。

2015年，永州市在异地永州商会年会、第九届中博会、清明恳亲会、2015“港洽周”、2015“加博会”等平台举办的招商活动对投资拉动作用明显。“2015广东省湖南商会年会暨永州招商推介会”和2015“港洽周”2项活动中发布招商项目177个，签约重点项目51个，总投资226亿元。全市38个招商小分队开展各种形式招商对接活动，报送项目49个，其中已签约项目38个，总投资88亿元，在谈项目15个，总投资303.7亿元。

2016年2月，永州市商务和粮食局以正式文件向永州市政府汇报年度经贸活动安排，为招商引资工作打好基础。清明节期间，永州市筹办清明恳亲会，邀请300名在外地发展永州籍嘉宾、企业家参会。8月18日，永州市成功在“沪洽周”期间举办永州（上海）现代农业招商推介会暨重点项目签约仪式，邀请客商200名，签约项目36个，其中省签项目1个，总投资额10亿元；市签项目35个，总投资额150亿元。9月22日，永州市组团参加第四届中国湘南国际承接产业转移投洽会，会上永州市发布启动重大项目18个，总投资34.5亿元。10月21日，永州市在广东省东莞市举行对台招商项目推介会，现场与台商签约12个项目，折合合同资金25.3亿元。是年，永州市还组织参加“湘博会”、中国食品博览会、中国—东盟博览会，北京、广州、珠海等地永州商会年会、成立大会等活动，接待中国物流、香港铜锣湾集团、启迪桑德环境资源股份有限公司等一批重大客商来永州投资考察。

2017年，市委、市政府制订《关于实施开放崛起战略建设开放强市的实施意见》，永州市全面促进招商质效提升，开展精准招商，重点抓好“港洽周”、异地永州商会等重大平台招商。清明节期间主办清明恳亲会，邀请300名在外地发展永州籍嘉宾、企业家参会。4月9日筹办永州—湖南异地商会联合会经贸洽谈项目对接会，邀请50名湘籍嘉宾参会，会上签约6个项目，总投资51.6亿元。4月23日，永州市成功在“港洽周”期间举办永州（深圳）现代服务业招商推介会暨重点项目签约仪式，邀请客商200名，签约项目51个，总投资额折合人民币480.43亿元。9月17日，永州市在“厦洽会”期间举办永州（厦门）汽车配套产业园专题招商推介会暨重点项目签约仪式。此外，永州市还组织参加“中博会”、“海外华侨华人故乡行—走进湖南永州”、“湘南投洽会”、“永州（东莞）招商项目推介会”，海南、昆明、广州等地永州商会年会、成立大会等活动。全年在重大平台上签约项目97个，总投资额771亿元。

2018年，永州市继续在清明节期间参与筹办清明恳谈会，邀请200名在外地发展永州籍嘉宾、企业家参会，会上签约6个，总投资111.2亿元。其中，合同项目4个，投资额11.2亿元。5月18日，在全国知名民营企业携手湖南助推中部崛起大会上，永州市签约7个项目，投资额31.2亿元。其中，工业项目6个，投资额29.2亿元。大会现场签约2个项目，分别为投资2亿元的怡亚通（湖南）供应链整合基地项目和投资12亿元的祁阳县科创产业综合体及配套基础设施建设项目。7月23日，永州市工业暨现代服务业重点招商·招才引智专题推介会在上海市举行，推介会是“2018湖南—长三角经贸合作洽谈周”永州主体活动。推介会上永州签约招商引资项目32个，投资额184.5亿元，其中省签项目10个，投资额66.5亿元；市签项目22个，投资额118亿元。投资额上5亿元的12个，其中7个项目总投资额10亿元，引进步步高置业有限公司、特变电工南方新能源科技有限公司两个中国500强企业。

二、参展企业及产品

1995年7月18—24日，零陵地区在深圳芙蓉宾馆举办“95深圳招商周”活动，地县市（县级市）党政领导和企业主要负责人参加。招商会期间，零陵地区采取“外经促外贸，外贸带外经”方式，举办零陵特产外贸展厅，展出产品150种，参观人数4000人。同年9月，湖南省在省国际展览中心举办“95湘交会”，零陵地区安排360种产品参展。

2002年，永州市组织企业参加国内“广交会”、“昆交会”和上海“跨采会”商品展览展销活动，全市有20家企业预定展位20个，派25人参加，签订合同金额500万美元。

2006年，永州市组团参加首届中国中部投资贸易博览会，简称“中博会”。永州市参展分贸易展馆和招商展馆两部分进行，贸易展馆23个企业参会，13个企业参加贸易展览，申请使用展位8个，参展企业主要有体现永州市先进制造业长丰汽车公司及配套企业长丰零部件公司、长丰内装饰公司、长丰空调公司；有外贸出口机电龙头企业科力公司、华源公司和飞鸽公司；有全国农业产业化龙头企业湖南省出口品牌企业湖南熙可食品公司和省级农业产业化龙头企业湖南金浩植物油公司、湖南天龙米业公司。参展产品有体现永州鲜明特色的永州异蛇酒、异蛇鞭酒、异蛇灵等系列产品及永州竹木制品、工艺品等。这些重点和特色企业参展，成为整个湖南贸易展区一个亮点。展会期间，永州展区接待客商8000人次。

2007年，永州市商务局成立参展工作领导小组，市商务局党组书记、局长钱国平任组长，副局长李烨任副组长。组织全市20家企业参展澳大利亚国际贸易博览会，美国拉斯维加斯秋季国际消费品、礼品博览会，意大利米兰马契夫国际消费品及礼品博览会，阿联酋沙迦第六届中国商品交易会，第二届中国中部投资贸易博览会和第十七届华东商品交易会，每次活动申办展位 20 个。

2009 年，永州市组团参加澳大利亚国际食品展览会（澳大利亚国际食品展 Fine Food Australia 开创于 1984 年，是澳大利亚最大规模的国际食品展览会。每年一届，在墨尔本和悉尼两个城市交替举办）。9 月 7—10 日，第二十九届澳大利亚国际食品展在悉尼会展中心举办，永州市组织全市重点农产品、食品出口加工企业参展。湖南熙可食品有限公司等 10 家企业参展，申请 16 个展位，展出面积 144 平方米。参展主要商品：果蔬罐头食品、有机纯红薯粉丝、植物天然提取剂、刺儿茶保健系列产品、粮油制成品、中医保健食品等 100 个品种。接待澳大利亚、新西兰、新加坡、泰国、日本、韩国、美国、巴西、台湾、香港等国家和地区容商 150 名，分发产品资料 400 册，与 40 名国外采购商洽谈产品出口业务，达成出口意向 20 笔，意向金额 1000 万元。参展费用由参展企业先垫付，展会结束后再按规定向省商务厅申请“外经贸发展资金”予以补助（展位费合额补贴，组团单位可获 15%的组织费）。

2011 年 6 月 11—14 日，美国新奥尔良举行第六十九届美国食品科技展（IFT AnnuaI Meeting & Food Expo）。经省商务厅批准，永州市委常委、统战部长蒋吉秀率领永州市商务局和湖南熙可食品有限公司、湖南都成国际食品有限公司、湖南宝达食品有限公司、湖南大自然制药有限公司、永州市泉辉罐头食品有限公司、湖南湘君面业有限公司、湖南恒惠食品有限公司、永州山香香料有限公司、湖南果秀食品有限公司、湖南希尔天然药业有限公司等 15 家企业团队赴美国参加展会。9 月 7—10 日，经省商务厅批准，永州市商务局组织永州市信亿发商贸有限公司、湖南恒惠食品有限公司、永州天顺畜牧科技发展有限公司、湖南果秀食品有限公司、湖南熙可食品有限公司、永州市泉辉罐头食品有限公司、永州市天天利食品有限公司、永州市岚山天然食品有限公司 8 家企业赴菲律宾马尼拉世界贸易中心举行的亚洲食品展览会参展。

2012 年，首届中国加工贸易产品博览会于 9 月 16—19 日在广东省东莞市举行，永州市有 8 家企业参展，展位 8 个。12 月 12—18 日，由商务部、工业和信息化部重点支持，中国商业联合会、中国食品工业协会、湖北省政府、武汉市政府主办的第二十一届中国食品博览会暨交易会在武汉国际会展中心举行，同期举办第 3 届中国（武汉）国际食品交易会。永州市有 26 家企业参展，预定展位 23 个（3m×3m）7800 元/个，光地 800 元/m^2，企业参展人员 64 人。

2013 年，根据湖南省 2013 年国际市场开拓计划，永州市组团参展 6 月 24—27

日英国皇家农业产品展示会（地点爱丁堡）。英国皇家农业产品展示会是世界知名农业展览会之一，展会于1839年创办，由英国农业事物部支持，英国皇家农业协会主办，是世界上公认的最大农业展览会之一，在欧洲地区农业领域具有举足轻重的影响，英女王是该主办单位赞助人。这次参展，省商务厅明确：永州市商务局局长翟方奇相关费用由省商务厅在专项资金中解决，其他永州参展和考察人员、展位费用先由参展企业垫付，展会结束后按照规定向省商务厅申请“外经贸发展资金”予以补助。这次参展，永州市有13家企业参展，预订展位13个，主要参展商品：植物天然提取剧、中药方剂、保健品、有机食品、茶叶、大米、异蛇酒、果蔬罐头食品。

2014年，中国加工贸易产品博览会于6月18—21日在广东省东莞市厚街镇举办，永州市有12家企业参展。

2015年12月23—26日，根据湖南省粮食局《关于赴粤开展湖南粮油名优特新产品展示展销推介会的通知》文件精神，永州市组织“金浩茶油、熙可食品、湘君面业、同丰米业（江华）、味百信粮油、大自然制药”6家市级以上农业产业化龙头企业，参加在广州南丰国际会展中心举行的“湖南粮油名优特新产品展示展销推介会”。参展企业自行组织运输，带足参展产品（大米、挂面、面粉、食用油、粮油食品、粮油机械等）和一定数量自制企业宣传册于12月23日18时前进入本企业小展位布展。

2016年10月19—23日，湖南省商务厅在长沙红星国际会展中心举办“2016东盟—湖南名优产品交易会”，永州市组织祁阳县三优宝生物、旭日农业、东安县云生竹业、霞栖农业、道县华宝食品、周氏满堂红酒业、回龙圩农垦集团、蓝山县三峰茶业、鑫旺竹业、金洞红日山生态农业等10家企业参会。

2017年12月8—12日，湖南省商务厅在长沙红星国际会展中心举办“2017东盟—湖南名优产品交易会”，永州市组织自然韵黑茶、展承创益等9家企业参展。

2018年9月20—24日，湖南省商务厅和长沙市政府在长沙红星国际会展中心举办“第三届东盟—湖南名优产品交易会”，永州市组织湖南都成国际食品有限公司、盛缘礼品等4家企业参展。是年，永州市组织企业参加中国—东盟博览会、南亚博览会、亚欧博览会、中国首届进口博览会等6个专业展会，为企业提供经贸交流平台。其中，首届进口博览会上，永州市43家企事业单位58位采购商与国外参展商进行直接对接，12家企事业单位与德国等10个国家达成采购合作意向，签订采购意向21批次，采购金额314.76万美元，超额完成省团下达的200万美元任务。

三、项目履约状况

2006年，永州市在首届“中博会”上签约144个项目中，外资项目有60个落实，其中办理审批手续并注册55个，正在建设28个，开工投产22个，项目落实率81.1%。落实项目实际到位外资1.82亿美元，资金到位率16.15%。未落实外资项目14个，分别是：冷水滩区凤凰国际大酒店项目和香港城项目，市经济建设投资公司中德垃圾处理项目，蓝山县建滔化工厂项目、道县悦基集团（永州）科技园项目、双牌县水电气终端产品生产项目（已转移到新田）、社会发展分团奔腾包装印刷城项目、市公用事业局西纳天然气管网建设项目、市林业局竹林资源开发项目、市商务局潇湘国贸大夏项目、金洞林场生态旅游第一村建设项目、零陵区富塘生态开发项目。签约70个内资项目中，有57个项目登记注册、开工建设或投产，其中正在建设20个，投产37个，项目落实率81.4%，到位资金31.96亿元，资金到位率26%。未落实内资项目有13个。

2010年，“上海投资推介会”所有签约项目中履约顺利项目45个（其中中心城区11个）；履约困难项目11个（中心城区4个），未能履约项目10个（中心城区4个），项目履约率84.85%（中心城区项目履约率84%）。在“粤洽周”活动中签约52个项目，所有签约项目中履约顺利项目32个（中心城区2个）；履约困难项目11个（中心城区4个）；未能履约项目9个（中心城区4个），项目履约率82.69%（中心城区项目履约率60%）。

2011年，永州市在“粤洽周”活动中签约77个项目，所有签约项目中履约顺利项目33个（中心城区3个）；履约困难项目24个（中心城区2个）；未能履约项目20个（中心城区11个），项目履约率74.03%（中心城区项目履约率31.25%）。在长三角招商周活动中，签约项目52个，其中外资项目15个，总投资5.419亿美元（中心城区3个，总投资2.08亿美元）；所有签约项目中履约顺利项目30个（中心城区2个）；履约困难项目16个（中心城区3个）；未能履约项目6个（中心城区3个）。项目履约率88.46%（中心城区项目履约率62.5%）。

2012年，永州市在“中博会”上签约项目114个，所有签约项目中履约顺利项目30个（中心城区4个）；履约困难项目64个（中心城区23个），未能履约项目20个（中心城区8个）。项目履约率82.46%（中心城区项目履约率77.14%）。

2013年，永州市在“港洽周”期间签约项目33个，所有签约项目中履约顺利项目24个（中心城区9个）；履约困难项目9个（中心城区6个）。项目履约率100%（中心城区项目履约率100%）。

2010—2013年，永州市在各重大招商平台上签约394个项目中，落地投产项目181个（其中中心城区22个），正在履约项目149个（中心城区55个），未能履约项目64个（中心城区26个），项目履约率83.76%（中心城区项目履约率74.76%）。在招商签约项目履约情况检查中，按项目履约率89%以上、80%—89%、

80%以下3个级别，将县区分成3个等次，从每个等次中抽取1个县或区，对正在履约项目进行检查（方式是抽查）。2013年11月，永州市商务局抽查零陵区、东安县、江华瑶族自治县3个县区，对3个县区正在履约54个项目履约进展情况进行实地检查。2010年以来，零陵区在各重大招商推介会上签约项目29个，其中正在履约项目17个，落地投产项目6个，投产率20.69%。此次抽查结果显示，零陵区正在履约项目中普遍加快履约进度，东山景区开发、中国石油永州油库建设、20万平方米标准厂房、年产24万吨饲料加工及粮油物流、动力锂电池材料工业园等项目建设进度较快，截至11月底，投产项目上升为8个（新增报废汽车拆解项目、潇湘汽车城项目），项目投产率27.59%，投产率较清查结果增长7%。2010年以来，东安县在各重大招商推介会上签约项目33个，其中正在履约项目20个，落地投产项目12个，投产率36.36%。此次抽查结果显示，20个正在履约项目建设情况较好的有日产2×4500吨熟料水泥生产线项目、东安鸡深加工项目、饲料生产加工项目等，截至11月底，投产项目上升为13个（新增阳光休闲山庄项目），项目投产率39.39%，投产率较清查结果增长3%。2010年以来，江华瑶族自治县在各重大招商推介会上签约项目28个，其中正在履约项目17个，落地投产项目10个，投产率35.71%。此次抽查结果显示，江华瑶族自治县目前15个正在履约项目中进展较快的有年产3000吨荧光粉项目、卓亚电子项目、栋梁科技木业及林产品交易市场项目、钨锡矿精深加工及工业产业项目、生猪养殖暨饲料加工项目、年产2000吨高性能钕铁硼合金薄片等6个项目，投产项目上升为12个（新增医药试剂项目、年产5000吨离子稀土分离项目），项目投产率42.85%，投产率较清查结果增长7%。

2010—2013年永州市招商签约项目履约情况抽查汇总表

表4-4

抽查县区	签约项目总数	9月份抽查结果				11月抽查结果			
		停止履约项目	正在履约项目	落地投产项目	投产率（%）	停止履约项目	正在履约项目	落地投产项目	投产率（%）
东安县	33	1	20	12	36.36	1	19	13	39.39
江华县	28	1	17	10	35.71	1	15	12	42.85
合计	90	8	44	28	31.11	8	49	33	36.67

2015年，永州市在“港洽周”、“广东湖南商会年会”等活动中签约项目49个，总投资171.5亿元。所有签约项目中有45个项目履约，履约率91.8%。2016

年，永州市在“沪洽周”活动中签约项目 33 个，总投资 148.05 亿元。所有签约项目中有 31 个项目履约，履约率 93.9%。2017 年，永州市在“港洽周”、“湘商大会”、“东莞招商推介会”等活动中签约项目 97 个，总投资 741 亿元。所有签约项目中有 74 个项目履约，履约率 78.3%。

2018 年，永州市在“沪洽周”、“民营企业助推湖南中部崛起”、“中国农民丰收节”等活动中签约项目 62 个，总投资 297.5 亿元。所有签约项目中有 58 个项目履约，履约率 93.5%。

第二节　外商投资

一、行政审批

1995 年，零陵地区对外经济贸易委员会审批外商投资企业 24 个。

1996 年，撤销零陵地区，成立永州市。是年，永州市对外经济贸易委员会审批外商投资企业 17 个，其中独资项目 8 个，合作项目 3 个，合资项目 6 个。17 个项目中，第一产业、第二产业、第三产业个数比例为 2∶3∶1 个，全部都是港澳台投资项目。17 个项目中，分布在境内北面 5 县区 9 个，南 6 县 8 个，北面祁阳县和南面宁远县新批项目最多。截止是年底，永州市批准外商投资企业 177 家，项目总投资 3.8 亿美元，合同利用外资 1.61 亿美元。

1997 年，全年新批外商投资企业 15 个。是年，外商投资企业投产开业 130 家，占批准三资企业总数 60%。三资企业新增产值 4.8 亿元，完成利税 1800 万元。

1998 年，永州市对外经济贸易委员会审批外商投资企业 19 家，1999 年 10 家，2000 年 11 家。2002 年，成立永州市对外贸易经济合作局（加挂永州市招商局牌子）审批外商投资企业 14 家。

2004 年，永州市对外贸易经济合作局审批外商投资企业 82 家，比上年增长 141%，审批合同外资 2.52 亿美元，增长 236%。2005 年，审批外商投资企业 88 个，比上年增长 12.8%，审批合同外资 2.8 亿美元，增长 16%，实际利用外资 1.54 亿美元，增长 45.1%。

“十五”计划期间（2001—2005 年），全市审批利用外资项目 225 个。

2006 年，永州市新批外商投资企业 97 个，同比增长 14%，审批合同外资 3.2 亿美元，同比增长 14%。

2003—2007 年，永州市利用外资呈跳跃式发展，审批利用外资项目 315 个，合同利用外资 12.7 亿美元，实际到位外资 7.05 亿美元。其中，2007 年，审批外资项目 60 个，实际到位外资 2.16 亿美元。

2008 年，永州市新审批外商投资项目 27 个，实际利用外资 3.04 亿美元，完成年计划 2.5 亿美元的 121.6%，比上年同期 2.55 亿美元增长 19.2%。2009 年，审批外资合同 27 个，合同外资金额 4.39 亿美元，同比增长 32%，实际利用外资金额 3.35 亿美元，同比增长 15.1%。

2011—2017 年，永州市审批外资企业 158 家，利用外资 52.81 亿美元，7 年间实现利用外资以 10%—15%的速度增长，利用外资总量保持连读 7 年全省排名第 6 位。

2018 年，永州市新批外资企业 15 家，外资企业注册资本 4.55 亿美元，实际利用外资 12.12 亿美元，全省排名第 7 位。

二、投资企业

1996—2016 年永州市外商投资企业一览表

表 4-5

序号	企业名称	企业类型	企业地址	发证日期	投资总额（万美元）
1	宁远新泰种植发展有限公司	中外合资企业	湖南省宁远县太平镇下坠管理区	1995-10-12	200
2	湖南潇湘综合开发有限公司		永州市冷水滩区翠竹园	1996-05-07	5302
3	永州新天地房地产有限公司		宁远县舜陵镇振兴路10号	1998-04-09	100
4	湖南永州超卓农业开发有限公司		永州市芝山区石山脚乡	1998-03-25	775.8
5	湖南永州超卓农业开发有限公司		双牌县平福头乡	1998-06-10	775.8
6	湖南凯悦浯洲开发有限公司		祁阳县综合开发区	1998-04-13	180.765
7	冷水滩海天物业有限公司		永州市冷水滩区	1998-12-10	480
8	湖南蓝山露水源畜牧有限公司		湖南省蓝山县荆竹乡	1998-12-31	360
9	湖南也多利食品饮料有限公司		永州市冷水滩区	1998-04-09	137

续表4-5

序号	企业名称	企业类型	企业地址	发证日期	投资总额（万美元）
10	湖南永侨印刷有限公司		永州市芝山区	1998-09-04	200
11	湖南九智制药有限公司		永州市冷水滩区	1998-12-14	156.663
12	湖南长丰车身制造有限公司		永州市冷水滩区张家铺镇	1998-08-17	2715
13	湖南东安金丰大酒店有限公司		东安县白牙市镇东新路17号	1998-05-20	220
14	湖南汇龙娱乐有限公司		永州市凤凰园经济开发区	1998-06-08	152
15	湖南长信汽车车架制造有限公司		永州市冷水滩区张家铺118号	1998-07-30	241.02
16	永州嘉龙道路开发有限公司		祁阳县浯溪镇盘龙西路	1998-08-17	114.4845
17	祁阳闽都大酒店有限公司		祁阳县浯溪镇黎阳大道	1998-12-31	129.3
18	祁阳太平洋纺织品有限公司		祁阳县观音滩镇	1998-12-16	232.74
19	湖南永州超卓农业开发有限公司	外资企业	永州市芝山区石山脚乡五里堆村	1998-3-25	775.8
20	湖南凯悦浯洲开发有限公司	外资企业	祁阳县综合开发区	1998-4-13	180.765
21	湖南永州泰兴冶金实业有限公司		永州市芝山区朝阳办事处	1999-02-09	422
22	宁远九疑山中发游乐有限公司	中外合作企业	湖南省宁远县九疑山紫霞阁	1999-07-21	250
23	永州龙鹏游乐有限公司	中外合作企业	湖南省双牌县工业区内	1999-11-30	400
24	湖南南华大酒店有限公司	中外合资企业	湖南省永州市冷水滩区河东	2000-05-17	1058
25	湖南永泰大厦有限公司	外资企业	湖南省永州市冷水滩区零陵北路	2000-06-22	361.53
26	永州喜利德纺织有限公司	中外合作企业	道县小江口路161号	2000-08-08	347.7919

续表4-5

序号	企业名称	企业类型	企业地址	发证日期	投资总额（万美元）
27	蓝山永发供水有限公司	中外合作企业	永州市蓝山县龙头山	2000-08-04	180.7651
28	永州观音山阿科普旅游开发有限公司	中外合作企业	永州市芝山区珠山镇	2000-08-17	602.55
29	江华麻江河流域水电开发有限公司	外资企业	江华瑶族自治县湘江乡欧莱坪村	2001-06-19	175
30	祁阳凯悦实业有限公司	外资企业	祁阳县浯溪镇	2002-03-21	180.765
31	永州爱莲（集团）有限公司	外资企业	道县潇水中路99号	2002-02-28	400
32	永州南华大酒店有限公司	外资企业	冷水滩潇湘路33号	2002-03-29	400
33	恒伟药业有限公司	中外合资企业	永州市冷水滩区零陵中路708号	2002-06-24	120.82
34	湖南九龙井酒业有限公司	中外合资企业	永州市江华瑶族自治县沱江镇	2002-07-19	120.8
35	永州兴龙置业有限公司	外资企业	祁阳县浯溪镇	2002-10-09	120.8
36	湖南长丰汽车零部件有限责任公司	中外合资企业	永州市冷水滩区	2002-08-12	200
37	湖南长丰汽车零部件有限责任公司	中外合资企业	湖南永州冷水滩区	2003-04-23	650
38	湖南长丰汽车塑料制品有限公司	中外合资企业	湖南省永州市冷水滩区张家铺	2002-10-29	604.4173
39	湖南长丰汽车塑料制品有限公司	中外合资企业	永州市冷水滩区张家铺	2003-03-27	778.7685
40	永州重力·托玛科技实业有限公司	中外合资企业	湖南省永州市长丰猎豹汽车配套工业园	2003-01-28	210
41	永州威狮生物工程有限公司	中外合资企业	永州市零陵大道蓝天工业城	2003-04-28	400
42	湖南南华大酒店有限公司	外资企业	湖南省永州市冷水滩区河东	2003-09-02	2158
43	冷水滩畜牧养殖有限公司	外资企业	永州市冷水滩区马坪开发区	2003-04-15	100

续表4-5

序号	企业名称	企业类型	企业地址	发证日期	投资总额（万美元）
44	湖南永发桥梁开发有限公司	中外合资企业	湖南省永州市芝山区永州宾馆内	2004-02-10	550
45	永州市芝山凯龙塑胶有限责任公司	中外合资企业	永州市芝山区	2004-05-19	120.81
46	永州湘南统一实业食品金属容器有限公司	中外合资企业	永州市冷水滩区下河线57号	2004-03-10	620
47	湖南大自然制药有限公司	中外合资企业	永州市凤凰园湖塘西路	2004-02-25	150
48	湖南永侨印刷有限公司	中外合资企业	永州市芝山区工农路15号	2004-02-10	200
49	永州大亚印务有限公司	中外合资企业	永州市芝山区工农路74号	2004-02-10	506.142
50	宁远国际大酒店有限公司	中外合作企业	宁远县舜陵镇冷江路	2005-08-04	560
51	永州都成罐头食品有限公司	中外合资企业	冷水滩区凤凰园向荣工业村	2003-07-04	120.8
52	永州市优仕油茶开发有限公司	中外合资企业	永州市杨梓塘路79号	2003-09-11	200
53	永州市优仕油茶开发有限公司	中外合资企业	永州市杨梓塘路79号	2003-12-08	200
54	湖南瑞泰绿色产品开发有限公司	中外合作企业	永州市祁阳县浯溪镇	2003-10-15	180
55	永州景新肿瘤医院	中外合资企业	湖南永州市育才路	2003-10-24	400
56	永州盈利电子有限公司	外资企业	永州市凤凰园经济开发区向荣工业村	2003-11-21	200
57	祁阳东霖大江旅遊开发有限公司	外资企业	祁阳县浯溪镇浯溪中路117号	2003-11-27	84.6
58	永州中加商贸发展有限公司	外资企业	芝山区潇湘路2号城区粮站办公楼		966.48
59	宁远榕达钢业有限公司	中外合作企业	宁远县舜陵镇永连公路（富源水泥厂旁）	2003-12-02	122.9
60	永州承阳有限公司	外资企业	蓝山县东方大道右侧开发区	2003-12-03	100
61	祁阳文明道路开发有限公司	外资企业	永州市祁阳县文明铺镇跃进路160号	2003-12-08	121

续表4-5

序号	企业名称	企业类型	企业地址	发证日期	投资总额（万美元）
62	彩虹（芝山）燃气有限公司	外资企业	永州市芝山区潇湘中路139号	2003-12-05	800
63	永州科茂林化有限公司	外资企业	永州市道县工业园工业大道北侧1号	2003-12-08	605
64	永州华侨绿色食品有限公司	中外合资企业	祁阳县白水镇	2003-12-16	300
65	江永旅游发展有限公司	外资企业	江永县潇浦镇	2003-12-17	2980
66	湖南天君动物药业有限公司	外资企业	新田县龙泉科技工业园	2003-12-24	730
67	永州紫金山苗木花卉精品园有限公司	中外合资企业	双牌县	2003-12-24	260
68	江华剑桥水电开发有限公司	外资企业	湖南省江华瑶族自治县	2003-10-27	898
69	永州中加商贸发展有限公司	中外合资企业	祁阳县浯溪镇民生路56号	2003-12-01	605
70	永州恒利云企业发展有限公司	外资企业	湖南省永州市冷水滩区潇湘路33号	2003-03-06	400
71	永州市大中大房地产开发有限公司	中外合资企业	永州市外经贸局大院内	2004-02-13	100
72	永州永佳五金压铸有限公司	中外合资企业	永州市祁阳县浯溪镇	2004-02-12	191.3
73	永州湘南农牧发展有限公司	中外合资企业	永州市道县工业园	2004-02-17	302.025
74	湖南永州兴华置业有限公司	外资企业	永州市冷水滩区	2004-03-02	157
75	永州市百钠美克国际环保有限公司	外资企业	永州市凤凰园开发区	2004-01-17	300
76	永州承阳有限公司	外资企业	蓝山县东方大道右侧开发区	2004-09-30	350
77	祁阳文明道路开发有限公司	外资企业	永州市祁阳县文明铺镇跃进路160号	2004-09-30	121
78	湖南长丰汽车空调有限公司	中外合资企业	永州市冷水滩区长丰工业园	2004-02-13	1450

续表4-5

序号	企业名称	企业类型	企业地址	发证日期	投资总额（万美元）
79	永州康达食品有限公司	外资企业	芝山区河西工农路48号	2004-02-13	362.43
80	祁阳优仕生物科技（中国）有限公司	中外合资企业	祁阳白水科技工业园内	2004-02-18	604.05
81	祁阳优仕生物科技有限公司	中外合资企业	湖南省祁阳白水科技工业园内	2004-03-01	241.62
82	永州市神龙陵园有限公司	中外合资企业	湖南省永州市岚角山镇	2004-02-27	483.24
83	香港亚洲一博（永州）锰业有限公司	外资企业	永州市冷水滩区黄阳司镇	2004-03-02	100
84	香港亚洲一博（永州）锰业有限公司	外资企业	永州市冷水滩区黄阳司镇	2004-03-08	2200
85	永州市汇盛房地产有限公司	外资企业	冷水滩零陵中路	2004-03-23	300
86	道州港澳台工业园开发有限公司	外资企业	湖南省永州市道县东洲大道	2004-03-24	1300
87	永州王景弛农林综合开发有限公司	外资企业	芝山区接履桥镇中学	2004-03-29	120.81
88	道县华盈实业有限公司	外资企业	湖南省永州市道县东洲大道	2004-06-24	1300
89	永州杜邦复合材料有限公司	中外合资企业	永州市冷水滩区蔡市镇	2004-03-26	500
90	永州杜邦复合材料有限公司	中外合资企业	永州市冷水滩区蔡市镇	2004-07-27	500
91	永州市龙信房地产有限公司	中外合资企业	永州市芝山区南津中路	2004-07-29	169.134
92	永州市龙信房地产有限公司	中外合资企业	永州市芝山区南津中路	2004-11-18	338.268
93	永州桦通科技发展有限公司	中外合资企业	湖南省永州市道县潇水北路2号	2004-04-30	362.43
94	永州桦通科技发展有限公司	中外合资企业	湖南省永州市道县潇水北路2号	2004-06-30	967
95	永州桦通科技发展有限公司	中外合资企业	湖南省永州市道县潇水北路2号	2004-08-09	967

续表4-5

序号	企业名称	企业类型	企业地址	发证日期	投资总额(万美元)
96	江华华善殡仪有限责任公司	中外合资企业	湖南省永州市江华瑶族自治县沱江镇	2004-04-27	120.81
97	宁远展源造纸有限公司	外资企业	湖南省宁远县水市镇	2004-04-30	100
98	永州永祥农牧渔业开发有限公司	外资企业	永州市芝山区	2004-04-30	181.215
99	芝山大明江水电开发有限公司	外资企业	永州市芝山区	2004-05-19	144.972
100	永州万福酒店有限公司	外资企业	永州市芝山区	2004-06-03	132.891
101	永州保利美华有限公司	外资企业	永州市祁阳县浯溪镇	2004-05-14	2980
102	永州市双江（香港）水电开发有限公司	中外合资企业	湖南省永州市金洞林场	2004-12-01	200
103	祁阳东骏纺织品印染有限公司	外资企业	祁阳县白水镇沿江路01号	2004-06-09	181.215
104	湖南诺伊尔生物制药有限公司	中外合资企业	永州市新田县	2004-11-29	217.476
105	永州环兴置业开发有限公司	外资企业	祁阳县浯溪镇陶铸路40号	2004-07-14	241.62
106	永州远地铁合金有限公司	中外合资企业	湖南省祁阳县浯溪镇	2004-07-21	120.81
107	湖南大自然木业有限公司	中外合资企业	永州市双牌县绿色工业园	2004-07-26	500
108	香港万通控股永州电子科技有限公司	外资企业	湖南省祁阳县浯溪镇中路52号	2004-07-26	2890
109	芝山黄江源水电开发有限公司	中外合资企业	永州市芝山区	2004-09-29	483.24
110	永州侨海投资开发有限公司	外资企业	永州市双牌县泷泊镇	2004-09-30	500
111	永州华源电线电缆有限公司	中外合资企业	永州市凤凰园区工业园	2004-09-29	498
112	永州中成特种水泥有限公司	中外合资企业	湖南省永州市冷水滩区珍珠路298号	2004-10-26	606

续表4-5

序号	企业名称	企业类型	企业地址	发证日期	投资总额（万美元）
113	永州盛华商贸有限公司	外资企业	道县道州北路168号	2004-11-02	1000
114	永州市乐满地矿业有限责任公司	外资企业	永州市江华瑶族自治县	2004-11-19	320.55
115	永州玉杞延年液实业有限公司	外资企业	湖南省永州市祁阳县白水镇	2004-11-23	155.737
116	永州市人和仙聚房地产开发有限公司	中外合资企业	湖南省永州市冷水滩区梅湾路	2004-12-17	720
117	永州明航水电开发有限公司	外资企业	湖南省永州市祁阳县	2004-12-01	2800
118	永州润丰电子发展有限公司	外资企业	湖南省永州市蓝山县	2004-12-14	130
119	永州润丰电子发展有限公司	外资企业	湖南省永州市蓝山县	2004-12-23	400
120	永州市金盛经贸有限公司	中外合资企业	湖南省永州市冷水滩区	2004-12-20	153.864
121	永州（南非）兄弟鞋业有限公司	外资企业	湖南省永州市新田县	2004-12-30	338
122	永州市朝坪水电开发有限公司	中外合资企业	湖南省永州市芝山区	2004-12-27	1200
123	江华宜春湖旅游渡假区综合开发有限公司	外资企业	湖南省永州市江华县	2004-12-27	300
124	永州娇蒙依针织制衣有限公司	外资企业	湖南省永州市东安县	2004-12-28	100
125	永州文利织造有限公司	中外合资企业	湖南省永州市东安县	2004-12-28	133
126	永州新运玩具制造有限公司	外资企业	湖南省永州市东安县	2004-12-28	150
127	永州白滩河水电开发有限公司	中外合资企业	湖南省永州市东安县	2004-12-28	1200
128	永州湘江旅游开发有限公司	外资企业	湖南省永州市东安县	2004-12-28	460
129	永州川田表业有限公司	外资企业	湖南省永州市新田县	2004-12-30	725

续表4-5

序号	企业名称	企业类型	企业地址	发证日期	投资总额（万美元）
130	湖南长丰汽车沙发有限公司	中外合资企业	永州市冷水滩区张家铺路1号	2004-06-30	761.9487
	湖南长丰汽车沙发有限公司	中外合资企业	永州市冷水滩区张家铺路1号	2004-07-01	761.9487
131	湖南潇湘综合开发有限公司	中外合资企业	湖南省永州市冷水滩区翠竹园	2004-04-22	6512
132	永州鸿基房地产开发有限公司	中外合资企业	永州市零陵中路833号	2004-02-24	290
133	双牌三鑫竹木制品有限公司	外资企业	永州市双牌县城北工业小区内	2004-02-25	200
134	永州市石城山文化旅游开发有限公司	中外合资企业	永州市芝山区南津南路46号	2004-06-30	860.42
135	永州长怡汽车电子有限公司	中外合资企业	湖南永州长丰猎豹工业园	2004-07-07	162.4895
136	湖南浯溪水电开发有限公司	中外合资企业	湖南省永州市祁阳县	2004-12-24	1200
137	永州市华美房地产开发有限公司	中外合资企业	湖南省永州市芝山区黄古山	2005-01-21	2959
138	永州广利来房地产有限公司	中外合资企业	永州市冷水滩区双舟路97号	2005-11-18	1735.5708
139	永州赛洛天然气有限公司	中外合资企业	永州市冷水滩区	2005-02-25	2174.76
140	永州市永宁建材装饰有限公司	外资企业	永州市芝山区	2005-06-29	100
141	永州市富利源电力开发有限公司	外资企业	永州市芝山区	2005-06-16	400
145	江华三杉生物科技发展有限公司	外资企业	永州市江华县	2005-03-29	300
146	永州捷宝电讯塑胶五金有限公司	外资企业	道县工业园	2005-04-13	333.372
147	永州市东方建工建材机械设备有限公司	中外合资企业	永州市芝山区南津北路	2005-05-17	380
148	永州金源国际大酒店有限公司	中外合资企业	永州市民政局院内	2005-05-17	500

续表4-5

序号	企业名称	企业类型	企业地址	发证日期	投资总额（万美元）
149	永州成骏针织有限公司	外资企业	宁远县舜陵镇桐山路166号	2005-08-04	300
150	祁阳高达针织制衣有限公司	外资企业	祁阳县黎家坪镇	2005-05-20	100
151	祁阳高达针织制衣有限公司	外资企业	祁阳县黎家坪镇	2005-06-27	158
152	祁阳祥荣针织制衣有限公司	外资企业	祁阳县浯溪镇	2005-06-27	100
153	谷源粮油食品（湖南）有限公司	外资企业	道县S323路	2005-05-26	2000
154	祁阳华纺毛织品有限公司	中外合资企业	祁阳县浯溪镇	2005-06-13	200
155	永州东昌玩具制造有限公司	外资企业	湖南省东安县	2005-06-24	120
156	永州凯龙玩具制造有限公司	外资企业	湖南省东安县经济开发区	2005-06-24	150
157	道县罗达司水暖五金有限公司	外资企业	道县	2005-06-28	650
158	永州东道塑胶工业有限公司	外资企业	道县	2005-06-28	1100
159	永州湘南出口包装有限公司	中外合资企业	凤凰园经济开发区	2005-06-28	280
160	永州市湘南出口包装有限公司	中外合资企业	凤凰园经济开发区	2005-10-14	360
158	永州市恒港置业发展有限公司	中外合资企业	冷水滩区	2005-07-01	1000
159	永州富嘉华电子有限公司	中外合资企业	双牌县泷泊镇紫金南路	2005-07-25	537.2418
160	永州山川木业有限公司	中外合资企业	永州市冷水滩区岚角山镇	2005-08-09	120.82
161	永州瑶连水电开发有限公司	外资企业	江华瑶族自治县贝江乡	2005-07-28	400
162	永州市天华置业开发有限公司	中外合资企业	永州市零陵区黄古山安置小区第四栋202室	2005-08-15	120

续表4-5

序号	企业名称	企业类型	企业地址	发证日期	投资总额（万美元）
163	永州湘威运动用品有限公司	外资企业	湖南省蓝山县荆竹林场	2005-09-02	100
164	永州湘威运动用品有限公司	外资企业	湖南省蓝山县荆竹林场	2005-10-24	1000
165	宁远九嶷水电有限公司	中外合作企业	宁远县舜陵镇水市路63号	2005-08-22	600
166	永州锦田木业有限公司	外资企业	湖南省江华瑶族自治县码市镇	2005-08-24	300
167	江华粤华针织有限公司	外资企业	江华瑶族自治县沱江镇富江路	2005-11-19	200
168	永州市黑叶坝农业科技生态园开发有限公司	中外合资企业	永州市零陵区朝阳办事处青角井村五组	2005-08-31	100
169	永州中天置业有限公司	外资企业	江永县潇浦镇	2005-09-12	200
170	永州中天置业有限公司	外资企业	江永县五一路158号	2005-09-12	200
171	永州市名居房地产开发有限公司	中外合资企业	湖南省永州市冷水滩区肖家园九嶷精品步行街B509号	2005-09-29	221.94
172	永州市回龙圩铸造有限公司	外资企业	湖南省永州市回龙圩	2005-09-16	100
173	湖南美巨玄武岩产品有限公司	中外合资企业	江华瑶族自治县工业小区	2005-09-19	285
174	永州鼎泰窗饰有限公司	外资企业	湖南省双牌县绿色工业园	2005-09-21	140
175	永州长江旅游实业有限公司	中外合资企业	中国湖南省祁阳县浯溪镇金盆路38号	2005-09-28	246.6
176	永州京华木业有限公司	中外合作企业	中国湖南省永州市冷水滩区下河线原木材总厂内	2005-10-13	120
177	永州华晖置业有限公司	外资企业	湖南省江永县潇浦镇	2005-10-14	200
178	永州亿丰针织制造有限公司	外资企业	湖南省东安县白牙市镇	2005-10-25	100

续表4-5

序号	企业名称	企业类型	企业地址	发证日期	投资总额（万美元）
179	永州高斯动力焦化有限公司	中外合资企业	祁阳县浯溪镇长虹村	2005-11-02	222
180	永州市双牌县明山采石场有限公司	外资企业	双牌县五星岭林场	2005-11-03	128.63
181	宁远九嶷山植物油有限公司	中外合作企业	湖南省宁远县舜陵镇	2005-11-10	120
182	宁远九嶷山植物油有限公司	中外合作企业	湖南省宁远县舜陵镇	2005-11-18	400
183	永州市新港水电开发有限公司	中外合资企业	湖南省新田县龙泉镇迎宾路8号	2005-12-29	1100
184	永州爱莲商业发展有限公司	外资企业	道县工业园	2005-11-15	1000
185	永州嘉宝科技发展有限公司	外资企业	道县工业园	2005-11-15	1000
186	永州庆丰鞋业有限公司	外资企业	道县工业园	2005-11-15	2980
187	祁阳稳英珍珠养殖发展有限公司	中外合作企业	湖南省祁阳县浯溪镇工业园	2005-11-17	2999
188	永州东安和兴针织有限公司	外资企业	湖南省东安县白牙市镇	2005-11-21	200
189	永州东安龙标织业有限公司	外资企业	湖南省东安县白牙市镇	2005-11-21	300
190	永州东安鹏程珠绣针织有限公司	外资企业	湖南省东安县石期市镇	2005-11-21	170
191	永州东安林佳木业有限公司	外资企业	湖南省东安县井头圩镇	2005-11-21	200
192	永州东安高保丽陶瓷有限公司	外资企业	湖南省东安县井头圩镇	2005-11-21	350
193	永州东安和立食品有限公司	外资企业	湖南省东安县芦洪市镇	2005-11-21	300
194	永州东安紫荆苑房地产有限公司	外资企业	湖南省东安县紫溪市镇	2005-11-21	500
195	永州东安龙凤米业有限公司	外资企业	湖南省东安县芦洪市镇	2005-11-21	250

续表4-5

序号	企业名称	企业类型	企业地址	发证日期	投资总额（万美元）
196	永州市河岛食品有限公司	中外合资企业	永州市冷水滩区上岭桥镇	2005-11-25	250
197	永州闽江娱乐有限公司	中外合资企业	永州市冷水滩区零陵中路	2005-11-28	160
198	江华林氏南华矿业有限公司	中外合资企业	永州市江华县河路口镇	2005-12-15	1286.3
199	江永东红冶金有限公司	外资企业	江永县潇浦镇	2005-12-15	200
200	永州明山旅游产品开发有限公司	外资企业	双牌县茶林乡	2005-12-22	1000
201	永州东安宏辉针织有限公司	外资企业	东安县白牙市镇	2005-12-22	600
202	永州华晖置业有限公司	外资企业	湖南省江永县潇浦镇	2005-10-14	200
203	湖南永州华源线缆电器有限公司	中外合资企业	永州市凤凰园经济开发区	2005-06-29	500
204	双牌三鑫竹木制品有限公司	外资企业	永州市双牌县城北工业小区内	2005-11-21	
205	湖南熙可食品有限公司	中外合资企业	永州市凤凰园开发区向荣工业村	2005-06-23	400
206	永州市安达房地产有限公司	中外合资企业	湖南省永州市通化街	2005-11-21	1403.154
207	永州鸿基房地产开发有限公司	中外合资企业	永州市芝山区芝山路4号	2005-07-20	362.46
208	永州鸿基房地产开发有限公司	中外合资企业	永州市芝山区芝山路4号	2005-08-09	483.28
209	永州长丰置业发展有限公司	中外合资企业	湖南永州市冷水滩区潇湘路33号	2005-05-18	1208.2
210	永州丽宏国际针织有限公司	外资企业	湖南省蓝山县禾平工业园	2005-11-20	700
211	永州伟明服装饰品有限公司	外资企业	宁远县舜陵镇冷江东路2号路段	2005-10-17	360
212	永州景新肿瘤医院	中外合资企业	湖南永州市育才路	2005-07-20	800
213	江华剑桥水电有限公司	中外合资企业	湖南省江华瑶族自治县	2005-03-29	832

续表4-5

序号	企业名称	企业类型	企业地址	发证日期	投资总额（万美元）
214	永州永佳五金压铸有限公司	中外合资企业	永州市祁阳县浯溪镇	2005-08-12	750
215	永州康达投资开发有限公司	外资企业	零陵区河西工农路48号	2005-08-04	2416.4
216	祁阳东骏纺织品印染有限公司	外资企业	祁阳县白水镇沿江路01号	2005-11-09	369.9
217	永州市正兴机动车交易有限公司	中外合资企业	永州市冷水滩区珍珠路	2005-11-21	300
218	祁阳光乙鞋业有限公司	外资企业	祁阳县浯溪镇东长街26号	2005-11-02	100
219	永州长丰置业发展有限公司	中外合资企业	湖南永州市冷水滩区潇湘路33号	2006-08-09	1233
220	永州伟明服装饰品有限公司	外资企业	宁远县舜陵镇冷江东路2号路段	2006-07-21	200
221	永州舜皇山老山界旅游实业有限公司	中外合资企业	东安县大庙口镇	2006-05-10	388
222	湖南熙可食品有限公司	中外合资企业	永州市凤凰园开发区向荣工业村	2006-04-13	468.2
223	湖南长丰汽车内装饰有限公司	中外合资企业	湖南省永州市冷水滩区张家铺	2006-05-31	280
224	湖南科力电机股份有限公司	外商投资股份制	湖南省祁阳县黎家坪镇南正北路49号	2006-08-28	149.232
225	永州长丰置业发展有限公司	中外合资企业	湖南永州市冷水滩区潇湘路33号	2006-08-25	1576.451
226	永州重力·托玛科技实业有限公司	中外合资企业	湖南省永州市长丰猎豹汽车配套工业园	2006-02-06	210
227	湖南大自然制药有限公司	中外合资企业	湖南省永州市凤凰园湖塘西路	2006-12-26	568
228	永州丽宏国际针织有限公司	外资企业	湖南省蓝山县禾平工业园	2006-09-12	540
229	永州仁济医院	中外合资企业	湖南永州市育才路	2006-01-11	1200
230	江永旅游发展有限公司	外资企业	江永县潇浦镇	2006-02-06	2980
231	永州华夏纸制品有限公司	中外合资企业	冷水滩区湘永路中亚花园六楼	2006-05-22	176.8

续表4-5

序号	企业名称	企业类型	企业地址	发证日期	投资总额（万美元）
232	永州市粤华置业发展有限公司	外资企业	江华瑶族自治县沱江镇富江路	2006-04-13	200
233	永州市利长源塑胶制品有限公司	外资企业	湖南永州市道县富塘乡李家园村	2006-06-27	644.35
234	永州鑫丰水电有限公司	中外合作企业	湖南省宁远县舜陵镇水市路167号	2006-05-10	600
235	永州朝阳林业开发有限公司	外资企业	湖南省宁远县舜陵镇石板塘村	2006-06-19	360
236	永州利黄漂染有限公司	外资企业	蓝山县	2006-07-03	386.61
237	永州市华新塑化纺织有限公司	外资企业	湖南省新田县龙泉工业区8号	2006-06-02	100
238	永州市顺发鞋业有限公司	外资企业	新田县方达工业园	2006-06-02	880
239	永州市石城山文化旅游开发有限公司	中外合资企业	永州市零陵区南津南路47号	2006-05-18	2000
240	湖南湘妹食品有限公司	中外合资企业	祁阳县浯溪镇陶铸路200号	2006-07-03	246
241	永州市寰宣实业有限公司	外资企业	永州市冷水滩区河东育才路	2006-04-13	2980
242	永州达康食品药品包装材料有限公司	中外合资企业	永州市	2006-04-12	246.6
243	永州鸿源农牧林开发有限公司	外资企业	江华瑶族自治县沱江镇	2006-04-25	200
244	永州英华玉模具科技有限公司	外资企业	道县工业园	2006-04-27	386.61
245	永州永瑞环保有限公司	中外合资企业	永州市冷水滩区沿江东路35号	2006-04-28	634.145
246	永州宏阳置业发展有限公司	外资企业	祁阳县浯溪镇沿江路39号	2006-05-09	2998
247	祁阳乔国玻璃制品有限公司	外资企业	祁阳县浯溪镇天马路	2006-05-10	308
248	宁远鲁观河旅游开发有限公司	外资企业	湖南省宁远县九嶷山鲁观	2006-05-17	120

续表4-5

序号	企业名称	企业类型	企业地址	发证日期	投资总额（万美元）
249	永州市高雅房地产开发有限公司	中外合资企业	永州市零陵区潇湘西路	2006-06-05	124.13
250	永州市神龙谷现代生态农业有限公司	外资企业	永州市零陵区接履桥镇郑家村	2006-06-23	300
251	道县塑料光纤有限公司	外资企业	湖南省永州市道县工业园	2006-06-27	850
252	宁远星辉达针织有限公司	外资企业	湖南省宁远县舜陵镇重华南路241号	2006-06-28	100
253	道县金果农业开发有限公司	外资企业	湖南省永州市道县梅花镇	2006-06-30	100
254	永州金叶米业有限公司	外资企业	东安县白牙市镇	2006-06-30	150
255	永州东安腾辉磷肥有限公司	外资企业	东安县紫溪市镇	2006-06-30	210
256	永州东安六源有色金属有限公司	外资企业	东安县石期市镇	2006-06-30	200
257	永州协威橡胶工业有限公司	外资企业	永州市蓝山县工业园	2006-07-24	150
258	永州市桦基置业有限公司	中外合资企业	永州市零陵区朝阳办事处桃江村	2006-07-24	257.74
259	永州市桦基置业有限公司	中外合资企业	永州市零陵区朝阳办事处桃江村	2006-09-21	2706.27
260	永州奋发建设工程有限公司	外资企业	永州市零陵区司马塘路43号	2006-07-26	154.644
261	永州百草鹅业有限公司	外资企业	湖南省新田县骥村镇肥源水库	2006-07-26	496.52
262	永州绵兴下荣水利水电开发有限公司	外资企业	湖南省新田县下荣水电站	2006-07-26	794.432
263	永州富城房地产开发有限公司	中外合资企业	宁远县舜陵镇九疑南路	2006-07-31	200
264	道县金宇环保产品有限公司	外资企业	湖南省永州市道县工业园	2006-06-27	2900
265	永州市星河旅游投资发展有限公司	中外合资企业	永州市冷水滩区凤凰路永州国际酒店901室	2006-08-07	500

续表4-5

序号	企业名称	企业类型	企业地址	发证日期	投资总额（万美元）
266	永州华达针织有限公司	外资企业	东安县芦洪市镇	2006-09-01	100
267	永州市弘扬置业有限公司	中外合资企业	湖南省永州市冷水滩区育才路	2006-09-18	993.04
268	永州市金洞金沙滩旅游发展有限公司	中外合资企业	永州市金洞林场	2006-09-22	160
269	湖南省蝗佳房地产开发有限公司	中外合资企业	湖南省蝗佳房地产开发有限公司	2006-09-29	1489.56
270	祁阳星杰五金制品有限公司	中外合资企业	祁阳县浯溪镇	2006-09-29	194.336
271	宁远三和燃料有限公司	外资企业	湖南省宁远县舜陵镇乌立塘村	2006-10-13	110
272	永州湘圣农竹木工艺制品有限公司	中外合资企业	江华工业园	2006-10-25	207.2971
273	永州格林玩具有限公司	外资企业	宁远县十里铺工业园	2006-10-27	240
274	道县建溢鞋业有限公司	外资企业	道县工业园	2006-11-01	280
275	永州市望江娱乐有限公司	中外合资企业	中外合资企业	2006-11-27	400
276	湖南格林置业发展有限公司	外资企业	冷水滩区湘永路	2006-11-21	2998
277	湖南大自然制药有限公司	中外合资企业	湖南省永州市凤凰园湖塘西路	2006-05-18	568
278	湖南远超氧气工程有限公司	中外合资企业	永州市零陵工业园	2007-12-10	700
279	永州市正发房地产有限责任公司	中外合资企业	永州市冷水滩区朱家山路41号	2007-01-10	162.89
280	双牌华凌机电设备工程有限公司	外资企业	双牌县工业园区	2007-01-08	2000
281	永州东和钜森木业有限公司	中外合资企业	双牌县尚仁里乡	2007-01-04	280
282	祁阳文富市工业园投资开发有限公司	外资企业	祁阳县	2007-05-08	2999

续表4-5

序号	企业名称	企业类型	企业地址	发证日期	投资总额（万美元）
283	永州市锦程科技有限公司	中外合资企业	冷水滩区梅湾路居委会98号	2007-04-17	385.92
284	道县金鸿程鞋业有限公司	外资企业	道县工业园	2007-02-01	110
285	永州市必达电线有限公司	中外合资企业	湖南省永州市蓝山县工业园开发区	2007-05-31	1500
286	永州市必达电线有限公司	中外合资企业	湖南省永州市蓝山县工业园开发区	2007-03-15	252.78
287	永州德易针织发展有限公司	中外合资企业	永州市零陵区工业园	2007-04-05	2990
288	江永县大众木业有限公司	外资企业	永州市江永县	2007-05-15	140
289	永州市恒嘉置业发展有限公司	外资企业	冷水滩区零陵中路	2007-04-17	191.985
290	永州景成金属制品有限公司	外资企业	江华县河路口工业园	2007-04-26	1279.9
291	永州舜源峰粉磨水泥制作有限公司	中外合资企业	宁远县舜陵镇宁蓝路	2007-12-05	600
292	永州高斯动力焦化有限公司	中外合资企业	祁阳县浯溪镇长虹村	2008-06-30	1500
293	（台湾）富晟曜集团永州农业开发有限公司	外资企业	祁阳县浯溪镇盘龙路	2008-12-20	250
294	永州金隆米业有限公司	中外合资企业	永州市东安县	2008-12-12	900
295	永州昌宇竹胶合板有限公司	外资企业	永州市东安县	2009-09-17	800
296	道县香园食品有限公司	外资企业	永州市道县	2009-06-30	1500
297	永州市华强光伏产业有限公司	外资企业	永州市东安县	2009-09-17	2000
298	道县斯威森生物科技有限公司	外资企业	永州市道县	2009-09-28	1000
299	永州高新焦化科技有限公司	外资企业	永州市祁阳县	2009-06-30	1400

续表4-5

序号	企业名称	企业类型	企业地址	发证日期	投资总额（万美元）
300	永州华林环保餐具制品有限公司	外资企业	永州市东安县	2010-10-27	980
301	永州惠康饲料有限公司	外资企业	永州市东安县	2010-10-27	990
302	永州市黑叶坝农业科技生态园开发有限公司	中外合资企业	永州市零陵区朝阳办事处青角井村五组	2011-09-08	3400
303	永州富城开发有限公司	中外合资企业	宁远县舜陵镇九疑南路	2011-11-30	6800
304	湖南华鼎矿业有限责任公司	外资企业	永州市蓝山县	2011-08-30	3200
305	永州朝阳林业开发有限公司	外资企业	湖南省宁远县舜陵镇石板塘村	2011-03-31	5380
306	永州桦通科技发展有限公司	中外合资企业	湖南省永州市道县潇水北路2号	2011-01-26	2200
307	沃尔玛（永州）物流有限公司	外资企业	永州市东安县	2012-05-31	990
308	沃尔玛（永州）物流有限公司	外资企业	永州市东安县	2012-05-31	990
309	永州佳鸿服饰有限公司	外资企业	永州市东安县	2012-03-13	800
310	沃尔玛（永州）物流有限公司	外资企业	永州市东安县	2012-05-31	990
311	永州市祥瑞生物科技有限公司	外资企业	永州市江永县	2012-03-30	1000
312	宁远县金泰农业发展有限公司	外资企业	永州市宁远县	2012-06-25	2000
313	永州市鑫达针织有限公司	外资企业	永州市新田县	2012-06-28	980
314	永州市新雅鞋业有限公司	外资企业	永州市新田县	2012-06-29	900
315	永州双胞胎饲料科技有限公司	外资企业	永州市东安县	2012-07-31	990
316	永州市鸿鑫针织有限公司	外资企业	永州市新田县	2012-07-31	700

续表4-5

序号	企业名称	企业类型	企业地址	发证日期	投资总额（万美元）
317	祁阳富福制衣有限公司	外资企业	永州市祁阳县	2012-07-31	3500
318	永州兴昂鞋业有限公司	外资企业	永州市零陵区河西工业区	2012-08-17	137.6775
319	祁阳极祥制衣有限公司	外资企业	湖南祁阳经济开发区	2012-08-31	1000
320	湖南省道县远飞食品有限公司	中外合资企业	道县工业园区	2012-09-10	316.49
321	永州美凯电子有限公司	外资企业	永州市冷水滩区长丰工业园内	2012-09-29	2600
322	道县晶辰电子有限公司	外资企业	道县工业园	2012-10-31	800
323	道县泰和盛五金电子有限公司	外资企业	道县工业园	2012-10-31	900
324	双牌县华瑞科技发展有限公司	中外合资企业	永州市双牌县	2012-10-31	5000
325	湖南栋梁木业有限公司	外资企业	永州市江华县	2012-10-31	1000
326	宁远甘美陶瓷有限公司	外资企业	永州市宁远县	2012-12-25	2850
327	蓝山欣悦玩具有限公司	外资企业	永州市蓝山县	2012-12-29	1000
328	永州长泰鞋业有限公司	外资企业	永州市东安县	2012-12-28	980
329	永州市飞凌科技发展有限公司	外资企业	永州市零陵区	2012-12-29	999.9864
330	蓝山佳鑫钢铸制品有限公司	外资企业	永州市蓝山县	2012-12-29	1000
331	永州天誉旅游发展有限公司	外资企业	永州市零陵区	2012-12-29	1007.9228
332	道县广弘鞋业有限公司	外资企业	永州市道县	2012-12-29	1000
333	道县华路仕科技有限公司	外资企业	永州市道县	2012-12-29	1000

续表4-5

序号	企业名称	企业类型	企业地址	发证日期	投资总额（万美元）
334	双牌华瑞科技发展有限公司	中外合资企业	永州市双牌县	2012-12-29	5000
335	永州适美皮具有限公司	外资企业	祁阳县龙山街道办事处	2013-01-31	2500
336	永州市摩托车配件有限公司	外资企业	永州市新田县	2013-02-28	1000
337	永州市金城电子有限公司	外资企业	永州市新田县	2013-02-28	1000
338	祁阳县众一电子有限公司	外资企业	永州市祁阳县经济开发区	2013-04-26	2000
339	永州神浓有机农牧科研有限公司	外资企业	湖南省永州市蓝山县竹管寺岩口村	2013-08-01	161.933
340	永州凯翔鞋业有限公司	外资企业	湖南省永州市东安县瓷业总公司厂区内	2013-08-01	418
341	祁阳华润燃气有限公司	外资企业	永州市祁阳县浯溪中路建设大楼。	2013-09-03	1214.8125
342	永州市新辉开科技有限公司	外资企业	冷水滩区高科园达福鑫信息产业园三栋	2013-09-11	1000
343	江永县李丰经贸有限公司	外资企业	江永县工业园	2013-09-09	2000
344	永州自然港科技有限公司	外资企业	永州市凤凰园湖塘西路588号	2013-09-13	300
345	湖南格润新能源有限公司	中外合资企业	湖南省东安县井头圩镇	2013-09-30	1030.4408
346	永州伟明房地产开发有限公司	外资企业	宁远县舜陵镇舜德路2号路段	2013-10-30	185.2244
347	永州市兴鸿聚合材料科技有限公司	外资企业	冷水滩区站前北路505室	2013-11-19	700
348	永州市东岭桥农业园发展有限公司	外资企业	湖南省冷水滩区珊瑚街道办事处东零桥村	2013-12-03	3600
349	永州鑫泰体育健身器材有限公司	外资企业	零陵区河西工业园	2013-12-31	992.836
350	永州金豪国际照明有限公司	中外合资企业	蓝山县经济开发区东方大道	2013-12-12	1464.84

续表4-5

序号	企业名称	企业类型	企业地址	发证日期	投资总额(万美元)
351	永州市湘南沥青混凝土有限公司	外资企业	永州市徐家井路12号	2013-12-31	996.0912
352	永州中星电子有限公司	外资企业	湖南省永州市冷水滩区零陵南路	2013-12-24	1000
353	永州新林贸易有限公司	外资企业	湖南省永州市冷水滩区紫霞路	2013-12-24	1000
356	祁阳县台盛鞋材制品有限公司	外资企业	湖南省祁阳县经济开发区灯塔路旁及创业园内	2013-12-24	5000
357	永州航昇生态休闲农业开发有限公司	中外合资企业	湖南省永州市蓝山县毛俊镇火市六甲村	2013-12-31	244.3912
358	永州瑞峰农林牧业发展有限公司	外资企业	湖南省东安县端桥铺镇	2013-12-31	1000
359	永州欧迈服饰有限公司	外资企业	湖南省东安县白牙市镇	2013-12-31	980
360	永州必达通讯科技有限公司	外资企业	湖南省永州市蓝山县开发区工业大道	2014-03-10	159.291
361	永州市女人一生商贸有限公司	外资企业	永州市祁阳县	2014-01-02	244.3912
362	东安盈凯包装制品有限公司	外资企业	永州市东安县白牙市镇工业园内	2014-03-26	300
363	永州市加杰鞋材制品有限公司	外资企业	永州市蓝山县塔峰镇东方大道与工业大道交叉口	2014-04-10	300
364	永州万寿泉水有限公司	中外合资企业		2014-01-02	
365	永州必达通讯科技有限公司	外资企业	湖南省永州市蓝山县开发区工业大道	2014-03-10	159.291
366	永州市女人一生商贸有限公司	外资企业	湖南省永州市宁远县舜陵镇内环路33号	2014-03-19	109.361
367	东安盈凯包装制品有限公司	外资企业	永州市东安县白牙市镇工业园内	2014-03-26	300
368	永州市加杰鞋材制品有限公司	外资企业	永州市蓝山县塔峰镇东方大道与工业大道交叉口	2014-04-10	300

续表4-5

序号	企业名称	企业类型	企业地址	发证日期	投资总额（万美元）
369	永州万寿泉水有限公司	中外合资企业	湖南省永州市双牌县阳明山管理局叶子漯黄家坪	2014-06-12	1000
370	湖南思乐谊实业有限公司	外资企业	湖南省道州工业城电子信息产业园	2014-05-22	1624
371	永州星月投资科技有限公司	外资企业	蓝山县经济开发区永州宏泰工业园区内	2014-05-23	194.88
372	永州市东诚电子科技有限公司	外资企业	永州市冷水滩区南甸路与珍珠路交叉处西南角长丰工业园 A-40-1 号	2014-07-24	113.7696
373	祁阳海创环境工程有限责任公司	外资企业	湖南省祁阳县黎家坪镇朝主山村	2014-07-29	1405.8672
374	永州加伟鞋材制品有限公司	外资企业	湖南省永州市蓝山县塔峰镇东方大道与工业大道交叉口	2014-07-29	300
375	永州市北控创新投资有限公司	外资企业	永州市冷水滩区零陵北路 896 号	2014-07-29	2201.4613
376	永州堡思莱国际大酒店有限公司	外资企业	湖南省永州市蓝山县塔峰镇市政广场广汇街二号	2016-12-07	2000
377	永州市汇盛鞋业有限公司	外资企业	湖南省永州市宁远县工业园十里铺加工贸易区	2016-12-14	2449.841
378	永州远威运动鞋业有限公司	中外合资企业	湖南省永州市宁远县工业新城内地块六	2016-12-14	435.636

第三节 内联引资

2002 年 1—3 季度，全市引进内资 7.18 亿元。全市引进境内外资金占全市固定资产投资总额 46%。内资方面主要引进项目：长丰猎豹汽车配套招商工业园引进汽车沙发项目，总投资 4600 万元；汽车零部件项目，总投资 2800 万元；汽车塑料件项目，总投资4900万元。3个项目当年6月奠基开工。澳门太平洋贸易公司在祁阳县独资兴办永州太平洋纺织品有限公司，总投资500万元，设计、生产、加工各款针梭织服装和纺织饰品。香港骏发制造厂投资150万元，把500台机械设备规模毛织厂搬到宁远县进行毛织加工生产，安排下岗职工1000人。台湾金莹鞋业有限公司在境内蓝山县建立大型制鞋厂，总投资2100万元。建成投产后吸纳劳动力6000人。

2003年，永州市在湖南（深圳）投资洽谈会上签约内资项目215个，项目总金额182亿元，项目引资180亿元。其中内资项目中，5000万元以上项目有52个，其中大项目有永州火电厂100亿元、颐园小区1.4亿元、辰绿花园商住小区8800万元等，总投资159.3亿元，引资158.3亿元，获“湖南省内联引资工作先进单位”。2004年，永州市派出以副市长刘新普为团长并14个分团总人数200人组成代表团，参加深圳首届全国中小城市经济技术国际合作洽谈会（简称“城洽会”）。“城洽会”上，永州市签约项目44个，其中内资项目34个，总投资17亿元，引资16亿元。在签约内资项目中，合同项目31个，合同引资13.4亿元，协议3个，协议引资2.6亿元。同年“夏交会”期间，永州市在夏门宝龙大酒店承办湖南省投资说明暨永州招商推介会，签订内联引资合同38个，合同引资18亿元；签订内资协议意向47个，意向引资42.9亿元。

2005年，永州市商务局组成联合督查组（市政府督察室、永州电视台），对2004年“湘洽会”、2005年“港洽周”签约5000万元以上重点内资项目进行全面督查，督查内资项目70个，总投资87.23亿元，合同引进资金85.02亿元。2006年9月25—28日，永州市组团参加首届中国中部投资贸易博览会，简称“中博会”，期间签内资项目70个，总投资126亿元，其中省外项目52个，省内项目18个，拟利用省外资金107亿元，市外省内资金19亿元。70个内资项目中，1亿元以上项目24个。内资项目按产业分：工业和产权44亿元，占35%；商贸流通38亿元，占30%；社会发展7亿元，占5.6%；农林和农业产业化5亿元，占4%；城建6亿元，占4.8%；基础设施26亿元，占20.6%。2007年，永州市组团参加第四届“泛珠洽谈会”和“永州（香港）加工贸易活动周”。“泛珠洽谈会”上，签约内资项目92个，总投资186亿元，引进资金185亿元。合同内资77个，引资160亿元，协议内资15个，协议引资26亿元。其中省签内资项目13个，引资59.3亿元，在全省排名第3位。“永州（香港）加工贸易活动周”上，签约内联引资项目27个，引资25亿元，其中合同项目25个，引资24亿元，协议项目2个，引资1亿元人民币。

2003—2007年，永州市引进省外内资企业698家，内联引资519.7亿元，其中最多2个年份2003年180亿元，2007年126.7亿元。连续5年被评为全省内联引资工作先进单位。

2008年，永州市招商引资“沪洽周”期间，签约内资项目68个，总投资209.03亿元，引进内资206.41亿元。天津荣程联合钢铁集团（中国企业500强中列159位，制造业500强中列77位）在永州市蓝山县投资115亿元，建设锰矿资源综合开发利用项目，成为“沪洽周”上湖南省最大签约项目。

2010年，永州市内联引资165亿元，同比增长27%，连续8年被评为全省招商引资先进单位。2011年，永州市在杭州举行湖南永州（杭州）招商引资推介会暨重点项目签约仪式上签约项目53个，其中内资项目38个，引资191亿元，实际利用内资203.5亿元，增长23.3%。是年，永州市被中国上市公司企业联合会、中国城市发展研究院分别评为“中国最佳投资环境城市”和“中国最具幸福感城市”。2012年，永州市在第七届“中博会”上签约项目123个，其中内资项目105个，总投资756.6亿元，拟引资756亿元。签约资金额在全省位居前六。此届“中博会”邀请客商394名，省长接见企业家2名。

2013年，永州市深圳“港洽周”主题活动签约28个，其中内资项目15个，总投资91.5亿元。其中工业制造类项目8个，总投资62.7亿元；能源与城市基础设施类项目2个，总投资15.3亿元；农业产业化项目2个，总投资7亿元；第三产业项目3个，总投资6.5亿元。同年6月，永州市商务局明确40个招商小分队成员名单，为小分队招商引资提供全方位支持。1个月时间，小分队利用上海永州商会、广东永州商会、北京永州商会等10个商会人脉资源签约项目3个，分别为科联皮具箱包加工项目、体育器材生产项目、永州金属物流园项目。前2个项目均开工，年内可建成投产，金属物流园项目正在办理各项前期手续，年内开工。在谈项目5个，分别为五金配件生产车间项目、光学制品研发基地项目、药品与医药物流项目、浙江义乌小商品批发市场项目、红星农产品物流园项目。

2015年1—6月，永州市内联引资101.7亿元，同比增长10%（全省为13%），占年度任务52.2%（全省为53.8），总量和增幅分别居全省第11位、第13位。市内县区中总量居前3位分别是江华瑶族自治县、道县、祁阳县，增幅居前3位分别是零陵区、冷水滩区、双牌县，零陵区、道县、江华瑶族自治县、新田县、蓝山县实现进度过半。至年底，全市内联引资完成199.2亿元，同期增长11.8%。

从2006到2010年“十一五”期间，全市内联引资650亿元，是前10个五年计划总和的1.8倍。“十二五”期间，全市内联引资786亿元，是“十一五”期间的1.2倍，年递增14.77%。

2018年7月5—6日，永州市委书记、市人大常委会主任李晖率小分队赴广东省广州市、东莞市、深圳市开展招商引资考察活动，签约“广东新南方集团”、“广州巨米科技公司”到永州经济技术开发区投资兴业，投资金额21.5亿元。7月23—25日，在“2018湖南—长三角经贸合作洽谈周”期间，永州市举办永州市工业暨现代服务业重点招商·招才引智专题推介会。会上签约招商引资项目32个，总投资额184.5亿元。9月，在首届“中国农民丰收节”活动中，永州市签约农业招商项目12个，总投资45亿元。是年，永州市招商引资签约项目62个，总投资金额297.5亿元，其中永州异地商会引进项目27个，总投资209.08亿元。全市引进签订正式合同500强企业项目28个，总投资237.48亿元，全省排名第2位。其中引进世界500强企业投资项目9个，中国500强企业投资项目17个，中国民营500强企业投资项目2个，湖南省认定500强企业投资项目26个。

第四节　承接产业转移

2006年10月23日，永州市第三次党代会召开，会上市委书记曾庆炎作《坚持科学发展、致力加快崛起、为全面建小康而努力奋斗》报告，提出永州要抢抓机遇、夯实基础、自本加压、加快崛起，努力把永州打造成先进制造业基地、资源深加工转化基地、沿海产业转移承接基地、生态文化旅游休闲基地，努力实现“综合实力明显增强、经济结构明显优化、基础设施明显改善、城乡面貌明显改观、生活水平明显提高”五大目标。2007年2月9日，市委、市政府召开全市基础设施建设工作会议，会议强调：永州要加快发展，必须继续紧抓“三基”（基础设施、基础产业、基础工作）、推进“三新”（新型工业化、新型城市化和新农村建设）、带动“三创”（创业、创新、创环境）工作思路。5月，省委、省政府在郴州市召开湘南三市（衡阳、郴州、永州）市委书记座谈会，作出“敞开南大门，对接粤港澳”战略部署。同月26—29日，省委副书记、省长周强到永州考察，要求永州要解放思想，开拓创新，求真务实，抢抓机遇，将永州打造成全省承接产业转移示范基地，对外开放的形象窗口，社会和谐、环境优美的宜居城市。7月19—20日，永州市委、市政府在宁远县召开全市承接产业转移推进新型工业化工作会议，会议组织参观部分承接产业转移企业，传达郴州座谈会精神，对全市承接产业转移推进新型工业化进行动员和部署。8月20日，市委召开三届四次全会，审议通过《中共永州市委关于推进承接产业转移工作的决定》。提出瞄准粤港澳，突出东莞市。紧紧抓住南粤地区以及香港、台湾等地加工贸易产业富集且需要向外转移的契机，充分利用永州与沿海部分城市良好地缘、人缘基础和合作关系，从永州实际出发，围绕长丰汽车等骨干产业承接一批配套项目，围绕湘江纸业和食品加工等优势产业承接一批延伸项目，围绕生物质能源、现代制药等高新技术产业承接一批先导项目，围绕加工贸易产业承接一批集群项目。其布局安排：以二广高速公路永州段为中轴线，打造南北“两大承接板块”，南面以蓝山县为重点，加快建设“蓝宁道加工贸易走廊”，主要承接珠三角加工贸易产业转移，辐射带动新田、江永、江华等加工贸易产业快速发展。北边以中心城市为重点，把凤凰园经济开发区建设成为“国家级永州出口加工区”，辐射带动零陵、祁阳、东安、双牌等县区产业快速发展。两大板块主要产业定位为：“蓝宁道加工贸易走廊”，发挥劳动力、土地、工业用水等生产要素价格低廉优势，重点承接纺织、服装、制鞋、通信电子、玩具制品、五金等劳动密集型产业，打造特色产业集群。凤凰园经济开发区依托汽车、机械、建材、食品、医药等优势骨干产业，重点承接汽车制造及其配套、食品加工、IT电子，医药等技术密集型产业，打造优势产业集群。其他各县区要按照“一县（区）一园，一园一特色”的要求，推进工业园区建设，加快承接产业转移，加快形成各具特色、优势明显的产业格局。

2008年上半年，省委副书记、省长周强陪同商务部副部长蒋耀平到永州市考察承接产业转移发展加工贸易工作时指出：蓝山、宁远、道县3县承接产业转移初具规模，要继续抓好蓝宁道加工贸易走廊建设。4月，永州市被商务部授牌为“中国中部地区加工贸易产业梯度转移重点承接地”。10月，蓝山、宁远、道县、新田4县被确定为湖南省承接产业转移重点承接县。年底，全市新批外资项目21项，实际到位外资2.1亿美元，同比增长36.3%，全年全市加工贸易完成进出口总额3305万美元，同比增长498.26%。是年，永州市承接产业转移项目338个，完成全年目标任务112.7%。全市新扩园区面积48.8平方公里，完成全年目标任务195.2%；新建标准厂房面积195.6万平方米，完成全年目标任务162%。2009年，永州市全年引进承接产业转移项目392个，开工建设或投产项目345个。实现地方生产总值640.04亿元，同比增长14%，其中招商引资、承接产业转移对整个经济增长的贡献率超过35%；规模工业增加值完成135.6亿元、增长24.5%，增幅居全省第1位，招商引资、承接产业转移对工业增加值的贡献率超过60%；完成固定资产投资600.14亿元、增长67.5%，总量是“十五”投资总和的1.3倍，招商引资、承接产业转移对固定资产投资增长的贡献率为26.2%；财政收入突破40亿元、增长16.6%，招商引资、承接产业转移企业贡献率超过30%；蓝山县、宁远县、道县、新田县新增财政收入80%来自沿海产业转移项目。2010年，永州市全年承接产业转移项目283个，新开发工业园区面积37.5平方公里，在建和已建的标准厂房143

万平方米，被评为全省承接产业转移先进单位。是年，永州市组织企业申报湖南省承接产业转移发展加工贸易引导资金，向省里争取承接产业转移引导资金 500 万元，支持企业建设标准厂房。

“十一五”（2006—2010）期间，永州市把承接产业转移和发展加工贸易作为全市经济工作重中之重，5 年间，全市实际到位外资 10.6 亿美元，是“十五”的 3.1 倍；实际到位内资 524 亿元，是“十五”的 4.4 倍；承接产业转移项目 895 个，其中投资 500 万美元或 4000 万元人民币以上项目 590 个，占承接产业转移项目 66%。全市有外商投资企业 279 家，其中 70%以上来自沿海地区的产业转移。

2011 年 10 月 6 日，国家发改委正式批准湖南省湘南地区为国家级承接产业转移示范区，是继安徽皖江城市带、广西桂东、重庆沿江后第 4 个国家级承接产业转移示范区，也是湖南省继长株潭城市群“两型社会”综合配套改革试验区之后第二个纳入国家层面的区域规划。同年 10 月 31 日，永州市政府公布承接产业转移空间布局规划：在总体布局上，突出抓好凤凰园经济开发区和蓝宁道新加工贸易走廊建设，打造两个百亿园区。2012 年 3 月 30 日，永州市委四届四次全会召开，全会通过《中共永州市委关于加快承接产业转移示范区建设大力发展开放型经济的决定》。4 月，市政府根据全会决定，制定《永州市人民政府关于加快承接产业转移示范区建设大力发展开放型经济的实施意见》和《关于加快承接产业转移示范区建设十项措施》，让转移企业在用地、用工、用电以及财税、金融等方面享受最大优惠。是年，永州市承接产业转移项目 311 个，投资过亿元项目 100 个，占到项目总数 32%。其中“神华火电”总投资 170 亿元，“万商红商贸物流中心”总投资 40 亿元，“瑞翔新材料”总投资 10 亿元，与广东省湛江市合作建设湖南对接东盟的交通枢纽——“中国永州港”项目总投资 8 亿元。

2013 年 3 月 11 日，副省长、市委书记张硕辅主持召开加快推进全市新型工业化座谈会，会议要求在 2013 年继续把推进新型工业化作为永州经济发展第一推动力。同年 7 月 20 日，市委、市政府印发《关于加快推进新型工业化引进培植壮大骨干企业的意见》，为鼓励引进培植壮大骨干企业，加快推进全市新型工业化，力争 5 年内在市本级培育年主营业务收入过 1 亿元企业 50 家、过 10 亿元企业 10 家、过 50 亿元企业 5 家、过 100 亿元企业 3 家，新培育规模工业企业 200 家，市本级工业总产值突破 800 亿元。

2008—2011 年，全市引进承接产业转移项目 1066 个，其中投资超亿元项目 420 个，利用外资 15.4 亿美元、内资 716.5 亿元，上缴税金 42.6 亿元。2012—2015 年，全市引进承接产业转移项目 1506 个，其中投资 2 亿元以上项目 83 个，包括总投资 170 亿元的神华国华永州火电、70 亿元的零陵古城文化旅游综合保护开发、20

亿元的五矿江华稀土产业园、达福鑫电子信息产业园、台湾高科技产业园等一批重大项目。利用外资23.8亿美元、到位内资567.6亿元。永州通过承接产业转移，为全市提供40%GDP贡献率、50%新增财政收入和80%城镇新增就业，“蓝宁道新江”加工贸易走廊6县新增财政收入80%来自产业转移。永州已形成大项目——产业链——产业集群发展格局，产业引进由生产车间到集团总部、单个环节到整个链条的态势非常明显，电子信息、先进装备制造、生物医药等技术密集型项目不断增多，制鞋、轻纺、服饰等加工贸易产业不断发展壮大，永州成为具有区域影响力的制鞋、毛纺基地。

2010年，达福鑫集团厂区一瞥

2015年，世界四大著名运动服饰品牌全部汇聚永州，轻纺制鞋年进出口额占到全市外贸进出口额三分之一。是年，全市新型工业化实现全部工业增加值437.34亿元，规模工业企业794家，规模以上工业实现增加值330.16亿元。其中年产值过亿元企业320家、过10亿元企业6家，规模以上农产品加工业产值突破200亿元，装备制造、矿产品加工、轻纺制鞋、电子信息产业建成百亿产业，新能源新材料、生物医药等形成新的支柱产业。省级工业园和工业集中区增加到11个，永州经济开发区、祁阳经济开发区建成百亿园区。是年，永州市从沿海承接的传统项目产业纺织、服装、制鞋、机电、农产品仍是出口主要支撑，仅1—2月纺织、服装、制鞋出口额就达4873万美元，占全市出口总额的57.9%，机电产品出口1847万美元，占全市出口总额21.9%，农产品出口987万美元，占全市出口总额11.7%。1—6月，全市承接产业转移项目299个，完成年度任务55%，其中2亿元人民币以上项目6个，完成年度任务40%。2016年，全市共承接产业转移项目806个，总投资3660亿元，累计利用外资43.7856亿美元，年均递增13.68%；累计到位内资1110.63亿元，年均递增16.89%。在各级重大招商引资平台上共签约项目261个，总投资1794亿元，其中220个项目已履约，履约率为84.29%。

2018年，全市引进三类500强企业36家，引进500强企业项目55个，其中世界500强项目19个，中国500强项目31个，民营500强项目5个。签约投资总额

806.1 亿，实际到位资金 93.64 亿，资金到位率为 11.62%。引进项目产业类别，工业制造业 10 个、能源与城市基础设施 14 个、农业产业类 9 个，第三产业及其他 22 个。是年，在湖南省召开的开放强省暨湘南湘西承接产业转移示范区建设推进大会上，永州市荣获全省发展开放型经济优秀市，在二类市州中排第 1 位。

2008—2018 年永州市承接产业转移企业县区分布一览表

表 4-6

年度	企业（个）	冷水滩	零陵	祁阳	东安	双牌	蓝山	宁远	道县	新田	江华	江永	经开区	金洞	回龙圩
2008	90	8	9	10	8	6	7	9	8	10	7	5	3	0	0
2009	292	9	11	12	12	8	9	11	10	15	8	6	4	0	0
2010	133	10	14	10	18	12	9	12	11	21	7	5	4	0	0
2011	193	28	16	14	6	16	14	17	38	13	14	11	6	0	0
2012	309	28	25	21	19	18	23	34	36	25	33	16	25	3	3
2013	308	32	25	28	21	15	20	33	23	25	32	18	33	0	3
2014	270	12	32	13	9	6	25	29	32	28	36	9	39	0	0
2015	207	6	34	29	11	16	12	17	12	27	21	11	11	0	0
2016	243	11	17	19	23	20	17	17	16	31	29	32	11	0	0
2017	251	11	16	23	10	23	12	20	19	59	18	17	23	0	0
2018	197	10	16	15	9	31	14	19	18	20	18	4	23	0	0
合计	2316	165	215	194	146	171	162	218	223	274	223	134	182	3	6

2001—2018 年永州市承接产业转移发展加工贸易一览表

表 4-7

年度	承接产业转移项目数（个）	加工贸易						
		有实绩加工贸易企业数（个）	进出口总额（万美元）	同比（%）	出口额（万美元）	同比（%）	进口额（万美元）	同比（%）
2001			120	-54.52	58	-62.41	62	-43.23
2002			48	-59.98	31	-46.65	17	-72.6
2003		2	764	1491.95	726	2232.06	38	127.45

续表4-7

年度	承接产业转移项目数（个）	加工贸易						
		有实绩加工贸易企业数（个）	进出口总额（万美元）	同比（%）	出口额（万美元）	同比（%）	进口额（万美元）	同比（%）
2004		4	302	-60. 49	222	-69. 46	80	109. 1
2005		3	701	132. 25	568	156. 19	133	66. 13
2006		8	1772	152. 67	1449	155. 1	323	142. 31
2007		9	1113	-37. 18	973	-32. 83	140	-56. 71
2008	90	12	4314	287. 6	2916	199. 69	1398	898. 57
2009	292	14	3052	-29. 26	2624	-10. 03	428	69. 39
2010	283	13	5414	77. 41	4561	73. 84	853	99. 32
2011	336	16	7274. 37	34. 36	5552. 17	21. 72	1722. 18	101. 99
2012	389	22	14001. 32	92. 48	11915. 4	114. 61	2085. 93	21. 12
2013	438	27	21244. 91	51. 73	17432. 73	46. 3	3812. 18	81. 76
2014	530	24	52554. 38	147. 37	37188. 32	113. 32	15366. 06	303. 08
2015	573	28	35425. 27	-32. 59	30566. 21	-17. 86	4878. 06	-68. 25
2016		30	37676	6. 4	32998	8. 0	4678	-4. 1
2017		30	44337	17. 7	38102	15. 5	6235	33. 3
2018		29	45703	3. 1	40028	5. 1	5675	-9. 0

第五章 国内贸易

第一节 市场体系建设

一、城区市场建设

2003 年 5 月 13 日，永州市发展计划委员会《关于永州市粮食综合批发市场扩建工程立项的批复》，经研究决定：为充分利用现有仓储、运输设施、扩大粮油交易，促进市场流通，同意该项目立项。项目在原下河粮油综合交易市场现有条件基础上进行扩建，扩建规模为 3 万平方米，实现年交易粮食 8 亿斤，饲料 4 亿斤。项目总投资为 6000 万元，其中自筹资金 4000 万元，向上级争取资金 2000 万元。同年 8 月，永州市发展计划委员会《关于兴建永粮综合商业广场永粮商厦立项的批复》，为充分利用闲置资产，发挥最大经济效益，经研究同意兴建永粮综合商业广场永粮商厦。项目总建筑面积 1.5～2 万平方米，总投资 2800 万元，资金来源招商引资 2000 万元，其余自筹解决。

为进一步落实市政府第 104 次常务会议精神，加快推进永州市粮油综合批发交易大市场第二期工程建设，永州市粮食局成立以局长刘锦坤为组长，副局长龙遗俊为副组长，组成 5 人专项工作小组，明确永州市粮油综合批发交易大市场第一期工程建设以市粮食局为主，湖南省冷水滩面粉厂配合，第二期工程建设以湖南省冷水滩面粉厂为主，市粮食局协助，全部工程 4 年完成。

2005 年，永州市市场网点设施建设采取走集群结构模式，以冷水滩、芝山城区为重点，规模化、专业化、集群化，形成以中心商务区和中心大市场为龙头，各类专业市场、超市、连锁店为骨干，农贸市场、零售、餐饮、服务门店为基础的市场网络。以冷水滩区零陵中路为重点，建设商贸中心、经济中心。形成 4 大商圈：即冷水滩零陵中路与潇湘西路交汇处，零陵北路与凤凰路交汇处，新永州火车站前，永州商业城为中心的市场群。形成两大中心市场：第一个位于冷水滩区新火车站周边，建设以各类消费品市场为主大型批发市场群，规划用地面积500亩。第二个位于芝山区，以永州商业城为中心，形成永州市最大日用消费品购物、休闲中心。形成4个物流中心：南华物流中心，新永州火车站物流中心，舜德物流中心，湘南商贸物流中心。同时拟建8个农贸市场，每个市场占地面积5亩。是年，全市商贸流通市场建设总投资额8.6亿元，新建、在建大型项目有舜德广场、永州万喜登商业广场、红太阳购物广场、潇湘步行街、永州建材市场。

2006年，永州市有贸易网点5万个，各类市场378个，其中消费品综合市场301个，农产品市场55个，工业消费品市场11个，专业批发市场10个，营业面积177万平方米。

2008年，市直商贸物流旅游类重点项目22个，其中具体考核项目15个，前期项目7个。15个具体考核项目总投资43.3亿元，年度投资12.55亿元。

2012年，永州市被列为2012年国家级农产品现代流通综合试点城市，境内有湘南万商红农产品批发市场、永州市商业城农产品批发市场、永州市仟家商贸有限公司、湖南恒惠食品有限公司、湖南果秀食品有限公司、湖南金鹰果业有限公司、江华瑶族自治县六月香果业有限公司、蓝山县新顺农牧业发展有限公司等八大项目被确定为试点项目。是年，永州市市直商贸物流类重点项目25个。

2013—2015年，省商务厅实施"农贸市场标准化改造三年行动计划"项目，永州市商务局紧抓此次机遇，争取到省级财政资金3073万元，对全市95家农贸市场进行标准化改造。市财政配套投入资金2727万元对中心城区22家农贸市场进行升级改造。3年期间，全市升级改造117家农贸市场。除省、市两级财政支持外，县区乡级财政配套投入资金1亿元，带动社会资本投入资金7494.89万元。省商务厅在全省范围内推广永州农贸市场标准化建设改造工作经验，对永州市商务局工作给予高度肯定，评价永州农贸市场是"湘南一枝独秀"。

2017年，为继续升级改造农贸市场，保障民生工程，农贸市场标准化建设和改造项目在市委经济工作报告中被列入10件惠民实事之一。根据市委、市政府要求，全市范围内完成15家农贸市场标准化建设和改造。至年底，经市督查组现场督查，全部完成15个标准化农贸市场建设改造任务。

2018年5月31日，永州市举办名优特农产品与长沙市大型商场超市供需对接洽谈会，8月24日举办永州市名优特农产品与本地大型商场超市（餐饮企业）供需对接洽谈会，签订合作意向协议36份，实现签订购销协议金额2.2亿元，签订意向购销协议金额21亿元，与中国石化、中国石油合作加大永州公共品牌"永州之野"销售力度，推动"永品出永"，3类20个品种农特产品在中国石化、中国石油网上商城和各服务站点全面上线销售。是年，全市新建改造标准化农贸市场29

个，举办各类促消费活动10类140场次。截止年底，全市有农贸市场462个，其中中心城区农贸市场40个，县区及乡镇农贸市场422个。全市标准化农贸市场有124个，其中中心城区标准化农贸市场29个（冷水滩区11个，零陵区16个，永州经开区2个）。

2016—2018年永州市中心城区3千平方米以上批发零售商业网点统计表

表5-1 **单位：平方米**

序号	网点名称	营业面积	业态形式	经营范围	地址
1	舜德城市摩尔	29万	城市综合体	购物、休闲、餐饮、娱乐、酒店、商务、旅游、文化	零陵北路（冷）
2	湘发建材城	20万	专业市场	装饰材料、家具、厨具、浴具、灯具、地板砖	育才路（冷）
3	中邦世纪广场	5万	综合商场	购物、餐饮、娱乐、休闲、商务	湘永路（冷）
4	金水湾广场	2.5万	综合商场	购物、休闲、娱乐、美食、商务	零陵中路（冷）
5	金水湾广场	2.5万	综合商场	服饰、五金、电器、书画、餐饮、娱乐	零陵北路（冷）
6	帝皇广场	5万	综合商场	服饰、五金、电器、书画、餐饮、娱乐	湘永路（冷）
7	新益佳商业广场（老步步高超市）	0.5万	综合商场	服饰、首饰、电器、床上用品	零陵中路（冷）
8	永泰商贸城	0.9万	购物中心	家具、电器、床上用品	零陵中路（冷）
9	长隆电器	0.6万	专营商场	电器、手机	零陵北路（冷）
10	银龙电脑城	0.6万	专营商场	电脑及配件	零陵中路（冷）
11	时尚春天电脑城	0.6万	专营商场	电脑及配件、修理	零陵中路（冷）
12	江南电器	0.5万	专营商场	电器、灶具、手机	零陵中路（冷）
13	苏宁电器	0.5万	专营商场	电器、灶具、手机	零陵中路（冷）
14	潇湘步行街	0.6万	服装专业街	服饰、鞋类	零陵中路（冷）
15	精品步行街	0.4万	服装专业街	服饰、鞋类	零陵中路（冷）
16	红太阳购物广场	0.35万	购物中心	服装、鞋类、日常用品	零陵中路（冷）
17	靓达百货	0.3万	商场	服饰、鞋类、日常用品	零陵中路（冷）
18	桥头市场	1.35万	商场	布匹、服饰批发，食品	潇湘西路（冷）
19	金地市场	0.5万	综合商场	服饰、五金、电器、书画	潇湘西路（冷）

续表5-1

序号	网点名称	营业面积	业态形式	经营范围	地址
20	申湘汽贸城	0.7万		汽车、商务	永州大道（冷）
21	万家辉装饰建材市场	1.5万	专业批发	建材、家具	零陵中路（冷）
22	河东家具市场	2.4万	专业批发	木器家具	湘永路（冷）
23	万利家具市场	0.5万	专业批发	木器家具	凤凰路（冷）
24	南方旧货市场	1.2万	专业批发	旧家电、家具、旧机动车、机械设备	零陵南路（冷）
25	潇湘五金机电市场	1.8万	专业批发	电线、电缆、电机	零陵中路（冷）
26	步步高超市	0.5万	超市	食品、日常用品	育才路（冷）
27	家家福超市	0.58万	超市	食品、日常用品	翠竹路（冷）
28	家家福超市	0.58万	超市	食品、日常用品	零陵中路（冷）
29	梅湾超市	0.3万	超市	食品、日常用品	梅湾路（冷）
30	建都超市	0.3万	超市	食品、日常用品	零陵中路（冷）
31	建都超市	0.4万	超市	食品、日常用品	湘永路（冷）
32	印象巴厘步步高超市	0.45万	超市	食品、日常用品	育才路（冷）
33	好又多超市	0.5万	超市	食品、日常用品	清桥路（冷）
34	嘉信果蔬批发市场	2.1万	专业批发	蔬菜、水果、日用品	九疑大道（冷）
35	永州大市场	6万	综合市场	建材、五金、日用品	零陵北路（冷）
36	黄泥井农贸市场	1.5万	综合市场	蔬菜、家禽、水产、日用品	零陵中路（冷）
37	三多亭农贸市场	0.65万	综合市场	蔬菜、家禽、水产、日用品	百业街（冷）
38	百乐福农贸市场	1.7万	综合市场	蔬菜、家禽、水产、日用品	零陵北路（冷）
39	梅湾农贸市场	0.37万	农产品市场	蔬菜、家禽、水产	梅湾路（冷）
40	长冲农贸市场	0.48万	农产品市场	蔬菜、家禽、水产	
41	永鑫（建都）市场	0.4万	农产品市场	蔬菜、家禽、水产	零陵中路（冷）
42	南华大酒店	2.5万	大型酒店	餐饮、娱乐、住宿、商务	潇湘路（冷）
43	万喜登酒店	2万	大型酒店	餐饮、娱乐、住宿、商务	零陵中路（冷）
44	嘉隆大酒店	1.2万	大型酒店	餐饮、娱乐、住宿、商务	湘永路（冷）
45	欧利豪廷国际大酒店	1.6万	大型酒店	餐饮、娱乐、住宿、商务	清桥路（冷）

续表5-1

序号	网点名称	营业面积	业态形式	经营范围	地址
46	豪俊林酒店	1 万	大型酒店	餐饮、娱乐、住宿、商务	双洲路（冷）
47	华丰华天大酒店	1.5 万	大型酒店	餐饮、娱乐、住宿、商务	翠竹路（冷）
48	长城大酒店	0.6 万	大型酒店	餐饮、娱乐、住宿、商务	湘永路（冷）
49	香都大酒店	0.4 万	大型酒店	餐饮、商务	文昌路（冷）
50	华盐大酒店	0.8 万	大型酒店	餐饮、商务、住宿	湘永路（冷）
51	喜尚喜大酒店	0.3 万	大型酒店	餐饮、商务	湘永路（冷）
52	零陵古城	65 万	城市综合体	旅游、购物、餐饮、休闲、娱乐、住宿、商务、文化、	
53	红星美凯龙	50 万	城市综合体	购物、家具、酒店、	阳明大道（零）
54	潇湘汽车城	10 万	专业市场	汽车销售、汽车零配件	永州大道（零）
55	第一国际购物中心	3.67 万	购物中心	服饰、大小百货、餐饮	芝山路（零）
56	永州商业城	3.3 万	购物中心	服装、食品、日常用品	芝山路（零）
57	艮地广场	2.2 万	综合商场	购物、餐饮、娱乐、商务	芝山路（零）
58	春天广场	26 万	综合商场	购物、餐饮、娱乐、商务	萍洲西路（零）
59	建材市场	5 万	专业市场	装饰材料、灯具、地板砖	萍洲东路（零）
60	圣世阳光	1 万	专业店	服饰、大小百货、日常用品	芝山路（零）
61	百万庄古玩市场	1.5 万	零售	古铜币、古器皿等	潇湘西路（零）
62	水果一条街	1 万	批发市场	水果、餐饮	南津北路旁（零）
63	徐家井集贸市场	0.51 万	批发市场	蔬菜、家禽、水果、水产	芝山路（零）
64	潇湘农贸大市场	1.67 万	零售、批发	蔬菜、家禽、水果、水产	南津中路（零）
65	河西农贸市场	0.3 万	零售、批发	蔬菜、家禽、水果、水产	潇水路（零）
66	七层坡农贸市场	0.3 万	农产品市场	蔬菜、家禽、水果、水产	文星路（零）
67	万客隆超市	0.36 万	超市	购物、食品、日常用品	南津中路（零）
68	万发市场	0.45 万	综合市场	购物、食品、日常用品	沿江大道（零）
69	接履桥农贸市场	0.3 万	农产品市场	蔬菜、家禽、水果	322 国道旁（零）
70	石山脚农贸市场	0.34 万	农产品市场	蔬菜、家禽、水产	322 国道旁（零）
71	黄古山农贸市场	0.3 万	农产品市场	蔬菜、水产、家禽	黄古山路（零）
72	柳子大酒店	2.5 万	大型酒店	餐饮、住宿、商务	怀素路（零）
73	红太阳大酒店	2.1 万	大型酒店	餐饮、住宿、商务	南津中路（零）

续表5-1

序号	网点名称	营业面积	业态形式	经营范围	地址
74	太谷大酒店	1.8万	大型酒店	餐饮、住宿、商务	
75	维也纳国际酒店	1万	大型酒店	餐饮、住宿、商务	南津中路（零）
76	天地人和大酒店	0.6万	大型酒店	餐饮	南津中路（零）
77	宝利大酒店	0.4万	大型酒店	餐饮、住宿	南津中路（零）
78	外婆老勺酒店	0.3万	中型酒店	餐饮	（零）
79	步步高超市	0.5万	超市	食物、用品	芝山路（零）
80	步步高超市	0.6万	超市	购物、餐饮、日常用品	阳明大道（零）
81	三联电器	0.3万	专用店	电器、灶具、五金	
82	愿景国际广场	2.5万	综合市场	房产、购物、休闲、娱乐餐饮、酒店、商务、旅游	梧桐路（冷）
83	古玩市场	0.3万	专业店	古钱币、古器皿	银象路旁（冷）
84	凤凰园宏平农贸市场	0.34万	综合市场	购物、水产、水果、蔬菜	
85	银象市场	0.38万	综合市场	购物、水产、水果、蔬菜	银象路（冷）
86	凤凰农贸市场	0.35万	综合市场	蔬菜、水产、水果	凤凰路（经）
87	创发城	15万	综合市场	房产、购物、休闲、娱乐	珊瑚路（经）
88	万利家私城	0.45万	专业店	家具	凤凰路（经）
89	潇湘意·戴斯酒店	2万	大型酒店	餐饮、住宿、商务	珊瑚路（经）
90	永州国际酒店	2万	大型酒店	餐饮、住宿、商务	凤凰路（经）
91	维也纳酒店	1.5万	大型酒店	餐饮、住宿、商务	梧桐路（经）
92	天福酒店	0.4万	中型酒店	餐饮、住宿、商务	梧桐路（经）
93	滨湖酒店	0.5万	中型酒店	餐饮、住宿、商务	珊瑚路（经）
94	凯悦大酒店	0.3万	大型酒店	餐饮、住宿	凤凰路
95	湘南万商红商贸新城	90万	城市综合体	购物、餐饮、休闲、娱乐、商务、文化	永州大道（冷）

说明：

1. 业态形式，如专业店、百货店、会员店、综合超市、综合商场、专业市场、集贸市场、购物中心、出租等。
2. 经营范围，如食品、蔬菜、水果、餐饮、娱乐、百货、服装、家电、家具、灯具、装饰材料、建筑材料、汽车销售、汽车配件、五金交电、机电产品、电脑及配件等。

（一）农贸市场

永州市中心城区有农贸市场28个，面积几千平方米不等，最大农贸市场黄泥井农贸市场位于冷水滩区零陵南路，改造后市场经营面积1.5万平方米，摊位1000个，门面200间，可安排从业人员3000人。所有农贸市场均以批零兼营农产品为主，除黄泥井农贸市场可大综批发农产品年交易额15亿元人民币外，其余农贸市场年交易额在几千万到亿元人民币之间。

黄泥井农贸市场 黄泥井农贸市场建于20世纪50年代，地处冷水滩区零陵南路，属杨家桥街道，是全市最古老、规模最大农贸市场乃至周边地区农副产品集散中心，产权属私人所有。2009年，启动改造，2012年投入使用。运行情况仍然存在规划布局不合理、配套设施不够完善、市场管理相对滞后等弊端，难以满足市民购物需求。为打造高标准、高规格农贸市场，2013年8月，启动标准化提质改造，政府投入改造资金400万元，改造后市场经营面积1.5万平方米，摊位1000个，门面200间，可安排从业人员3000人。该市场是以农产品批发为主、批零兼营的综合性市场，改造完成后年交易额达15亿元以上，辐射面大大拓宽，成为永州市乃至湘南地区较大的综合农产品批发市场之一。

冷水滩区三多亭市场 三多亭农贸市场位于冷水滩区梅湾街道三多亭社区，建于上世纪九十年代，建筑面积6000平方米，产权属私人所有。为永州市中心城区创国卫工作需要，2013年7月份，冷水滩区启动该市场标准化改造工作，整个改造工程投入资金500万元，其中财政投入资金240万元，历时4个月时间完成改造工作。该市场标准化改造完工后，三多亭农贸市场面貌焕然一新，设计经营摊位260个，门面100个，可安排从业人员500人。市场内部划行归市清晰，摆放整洁，经营类别有鲜肉类、鸡鸭类、水产类、蔬菜类、水果类、干货类、熟食类、豆制品类等品种，经营品种齐全，是一个综合性中心农贸市场。为加强该市场管理，冷水滩区建立长效管理机制，由梅湾街道办事处市场管理所牵头，城管、工商等主要职能部门派出专人驻场监管，市场业主按照创国卫要求聘请4名专职管理人员和5名保洁员以满足市场日常管理和保洁需要，该市场改造和管理工作多次得到省、市有关领导好评。

零陵区徐家井农贸市场 徐家井农贸市场位于芝山路与徐家井路交汇处，面积5131平方米，属混凝土框架结构，该市场于2014年4月完成标准化改造并投入使用，有摊位242个，管理人员9人，保洁人员10人，主要经营蔬菜、猪肉、水产、豆制品、家禽、鲜蛋、腊卤、水果等，客流量1万人/日，年交易量2亿公斤，年销售额2.5亿元。

冷水滩区银象市场 银象市场位于冷水滩区梧桐街道梧桐社区，建于2013年，

2014 年，零陵区标准化徐家井农贸市场

市场面积 4000 平方米，产权属私人所有。为中心城区创国卫工作需要，政府投入 300 万元资金进行标准化设计装修，该市场建成后，有经营摊位 200 个，门面 50 间，可安排从业人员 300 人。市场内部划行归市清晰，摆放整洁，经营类别有鲜肉类、鸡鸭类、水产类、蔬菜类、水果类、干货类、熟食类、豆制品类等品种，经营品种齐全，是一个功能齐全综合性农贸市场。

2013 年，零陵区标准化潇湘大市场

零陵区潇湘大市场

潇湘大市场位于零陵区南津中路 5 号，面积 3521 平方米，属混凝土框架结构，该市场于 2013 年 5 月完成标准化改造投入使用，有摊位 85 个，管理人员 15 人，保洁人员 7 人，主要经营蔬菜、猪肉、水产、豆制品、家禽、鲜蛋、腊卤、水果等，客流量 7000 人/日，年交易量 1.1 亿公斤，年销售额 1.5 亿元。

零陵区河西农贸市场　河西农贸市场位于零陵区潇水西路与东风大桥头匝道交接处，面积 2264 平方米，属砖木结构厂棚，该市场于 2013 年 5 月完成标准化改造并投入使用，现有摊位 90 个，管理人员 10 人，保洁人员 4 人，主要经营蔬菜、猪肉、水产、豆制品、家禽、鲜蛋、腊卤、水果等，客流量 8000 人/日，年交易量 1 亿公斤，年销售额 1.1 亿元。

凤凰园中心市场　凤凰园中心市场位于冷水滩区凤凰街道工业村社区，建于上世纪九十年代，市场面积 2500 平方米，产权属私人所有。为中心城区创国卫工作需要，2013 年 9 月份，该市场启动标准化提质改造，政府投入改造资金 100 万元，改造后该市场有经营摊位120个，门面20间，可安排从业人员200人。市场内部划行归市清晰，摆放整洁，经营类别有鲜肉类、鸡鸭类、水产类、蔬菜类、水果类、干货类、熟食类、豆制品类等品种，经营品种齐全，是一个功能齐全综合性农贸市场。

2003年，零陵区标准化河西农贸市场

冷水滩区珍珠花苑市场　珍珠花苑农贸市场位于冷水滩区肖家园街道通化街社区，建于上世纪九十年代，建筑面积2000平方米，产权属私人所有。为中心城区创国卫工作需要，2013年8月份，冷水滩区对市场进行标准化改造工作，政府投入资金100万元，历时2个多月时间完成改造工作，是最早完成改造工作农贸市场之一。2013年10月，市场重新营业。市场内设施齐全，干净整洁、划行归市，有摊位62个，门面38间，可安排从业人员150人。经营类别有鲜肉类、鸡鸭类、水产类、蔬菜类、干货类、熟食类、豆制品类等品种，经营品种齐全，是一个综合性社区农贸市场。

2013—2018年永州市中心城区标准化农贸市场一览表

表5-2

序号	市场名称	市场地址	建筑面积（平方米）	经营面积（平方米）	客流量（人/日）	市场开办或产权单位
1	梅湾市场	河东梅湾社区	7000	6535	10000	私营业主
2	黄泥井市场	冷水滩零陵南路	15000	15000	30000	私营业主
3	三多亭市场	三多亭社区	7200	8260	10000	私营业主
4	凤凰园中心大市场	冷水滩区吉发路19号	2500	2500	10000	私营业主
5	春江大市场	冷水滩区春江路190号	2000	1710	600	私营业主
6	珍珠花苑市场	珍珠花苑内	2500	2200	400	私营业主
7	永鑫市场（建都农贸市场）	冷水滩零陵中路	3800	4071	5000	私营业主

续表5-2

序号	市场名称	市场地址	建筑面积（平方米）	经营面积（平方米）	客流量（人/日）	市场开办或产权单位
8	银珠大市场	珊瑚路与银象路交汇处	1100	600	6000	私营业主
9	凤凰园宏平农贸大市场	珊瑚路与紫金路交汇处	3000	2800	5000	私营业主
10	工业村市场	湘跃路与凤凰路交汇处	1500	1300	3000	冷水滩区市场局
11	车站新村市场	珊瑚路与凤凰路交汇处	2800	2500	4000	私营业主
12	菱角山市场	湘江西路与中山路交汇处	1800	1600	4000	私营业主
13	桥头市场	肖家园老街	5000	4500	6000	私营业主
14	朱角山市场	朱家山路	1500	1300	3000	冷水滩区市场局
15	潇湘市场	零陵区南津中路	6000	4200	7000	国　有
16	黄古山市场	黄古山中路	4200	3000	3000	国　有
17	河西市场	潇水西路	5646	3600	8000	国　有
18	百万庄市场	百万庄 1 号路	1500	600	1500	国　有
19	七层坡市场	中山南路	5800	4500	6000	国　有
20	日升市场	南津北路	2200	1800	3000	私营业主
21	万发市场	沿江大道	3800	3200	未营业	私营业主
22	徐家井市场	芝山路	7800	6800	10000	国有、私营业主
23	安置市场	黄古山东路	3400	1500	4000	私营业主
24	芝城花园	南津北路	2000	1000	2000	私营业主
25	金阳市场	南津北路	4600	3600	4000	私营业主
26	青松市场	南津南路	1000	800	未营业	国　有
27	九中小区	荔枝路与永州大道交汇处	2000	1500	1000	返　租
28	烟厂市场	平阳路与湘江路交汇处	1000	800	2000	国　有
29	长丰菜市场	长丰集团厂区内	1170	800	3000	长丰永州办事处

（二）综合市场

舜德城市摩尔商业　舜德城市摩尔商业是永州市引进渝洲集团在湘南打造的最大商业地产项目。2005 年，永州市商务局经请示研究批复，同意将舜德城市摩尔商业建成永州中心城市商业网络中心。项目占地面积 13.33 公顷，总投资 7 亿元，建筑面积 35 万平方米，其中商业面积 29 万平方米。项目位于冷水滩区商业中心地带，西临凤凰路，南临零陵北路，是连接河东河西必经之地，也是潇湘大桥与永州大桥连接腹心之地。舜德 MALL 是集购物、休闲、餐饮、娱乐、酒店、商务、旅游、文化于一体大型综合商业体，目的是打造永州首家将商业、办公、居住、展览、餐饮、会议、文娱高度集中，交通便捷、高效多能城市综合体。进驻企业有步步高百货、步步高电器、步步高超市、潇湘电影城、舜德建材家具城、舜德美居博览中心、副食批发城、美食城、舜德公寓楼、舜德电脑商城、茜茜百货等。舜德摩尔财富中心是永州市唯一 5A 级纯商务写字楼。

万商红商贸物流中心　2012 年 6 月，永州市常委、常务副市长周德睿及有关部门和深圳万商红投资控股有限公司董事长张平、总经理李新华就万商红商贸物流中心项目进行深度洽谈，最终该项目落户永州。万商红商贸物流中心项目选址于永州大道与李达大道交汇处东南角，用地总面积 1500 亩，总投资 40 亿元，投资范围包括建材、家具、农副产品、农资农机、五金机电、汽车配件、小商品、服装鞋包八大业态。确定 3 个月内完成项目规划、土地报批等前期工作，然后立即开工建设，一年半内建成运营。但实际建设中，万商红商贸物流开发有限公司湘南万商红农产品批发市场项目，因土地出让涉及专项基金缴纳标准的确定，土地证暂无法理，第二批次用地挂牌正在组织当中，征地拆迁进度受阻及办证原因，项目暂停动工。2015 年，各项协调工作办妥，各项施工重新启动，2017 年完工。

永州商业城　永州商业城，是一家国有企业，成立于 1994 年，建筑面积 10 万平方米，总建设投资 8000 万元。2003 年 12 月，永州商业城改制成立股份制民营企业——永州商业城有限责任公司，公司注册资金 1800 万元，资产总额 2 亿元，公司内设工业品市场管理（保卫）科、

2003 年 12 月，改制后的永州商业城

果菜市场管理科、物业管理科、交通秩序管理科、办公室、财务室 6 个科室，有员工 44 人，主要业务经营管理永州商业城商品综合市场。

永州商业城 1994 年 9 月 28 日建成开业，有摊位 1000 个，门面 600 间，从业人员 6000 人，配有停车场、货运站、仓储群等配套设施。主要经营日用工业品、家用电器、农副产品、糖酒副食、装饰建材 5 大类专业品类 5 万多个品种。

2006 年，永州商业城工业品市场一角

2006 年，永州商业城果菜批发市场通过国家质量认证中心绿色市场认证，被授牌“农产品绿色市场”。2008 年获得湖南省商务厅抗冰救灾二等奖。2011 年，被评定为农业部“定点市场”并被吸收为全国农产品市场协会会员单位。

2013 年，永州商业城责任有限公司市场成交额 16 亿元，比市场开业初期增长 30 倍。

二、万村千乡市场工程

“万村千乡市场工程”，是建设农村新流通体制重要举措。其中心内容是建设农村连锁经营网络，项目重点是建设农家配送中心。

2005 年，商务部批准永州市东安县、道县两县为全国首批“万村千乡”市场工程试点县。是年，东安县“万村千乡”试点企业在 9 个乡镇 61 个村下设连锁超市和农家店，道县试点企业在乡镇场村办 56 家农资连锁店。东安好运多连锁超市有限公司获得 2005 年度商务部授予全国“万村千乡市场工程优秀试点企业”荣誉称号（全省只有 3 家企业获此荣誉）。

2006 年 6 月，商务部批准永州市 7 个县区和 12 家企业为“万村千乡”市场工程试点县区和试点企业，排列全省第二位。截止 7 月底，全市 15 家试点企业建设农家店 708 家，其中乡级店 147 家，村级店 561 家，分别占 2006 年规划完成数的 38%、55%、36%。是年 8 月 17 日，永州市商务局局长钱国平在市政府二楼一会议室主持召开全市“万村千乡”市场工程试点工作座谈会，各县区商务局局长、各试点企业经理 50 人参加会议。会议首先听取各县区及各试点企业情况汇报，市商务局党组副书记、副局长欧道明就永州市“万村千乡”市场工程试点工作作回顾和总结：去年，东安县和道县两个试点县建设和加盟“农家店”162 家，其中村级店 129 家（东安县 73 家、道县 56 家），乡级店 33 家（东安县 9 家、道县 24 家）。经验收，村级店有 117 家合格，占当年试点规划 58.5%，乡级店 33 家全部合格，占当年试点规划 165%。与此同时，药品连锁零售店向农村延伸，构建供应网络。2005 年有药品农村零售店 475 家，占全市零售总店数 63.7%；2006 年增加到 530 家，其中乡镇店 423 家，村级店 107 家，建立相应配送中心和监管队伍。网点下伸后，农村药价平均下降 30%。

2008 年，永州市从县区抽调专人分 3 个组对全市 2007 年农家店建设进行验收，验收合格农家店 639 家，按时按质完成省里下达 580 家任务指标，向省厅申报农家店补贴资金 348 万元（全部到位）。是年，全市新增农家店新增销售额 9000 万元，安排就业人员 1300 人，上交利税 190 万元。

2009 年，永州市对全市“万村千乡市场工程”中期评估进行安排部署，将全市“万村千乡市场工程”中期评估情况上报湖南省商务厅。是年，全市验收合格农家店 755 家，乡级店 25 家，村级店 730 家，日用品店 584 家，农资店 171 家。

2005—2009 年，永州市先后有永州家家福超市有限公司、邵东仟家连锁有限公司、永州建都超市有限公司、家乐连锁超市有限公司、友谊实业有限公司、三农农资有限责任公司、湖南隆科农资有限公司、永州市奥永农资连锁有限公司等 15 家企业承办“万村千乡市场工程”标准化农家店建设。5 年建设和改造农家店 2189 个，经验收合格取得国家财政补贴资金农家店 2130 家，其中日用品店 1292 家，农资店 838 家，乡级店 230 家，村级店 1900 家。截止 2009 年底，全市 189 个乡镇、5075 个行政村，“万村千乡市场工程”标准农家店建设对全市 189 个乡镇覆盖率为 100%，对全市 5075 个行政村覆盖率为 89%。全市 15 家承办企业销售额 5 亿元，农家店新增销售额 3 亿元，新增营业面积 1.51 万平方米。期间，市商务局组织对“万村千乡市场工程”农家店检查中也发现一些问题：2005、2006 两年，东安县有 92 家农家店因承办企业“好运多连锁超市有限公司”经营不善转产退出“万村千乡市场工程”而加盟关系断裂（2005 年 82 家，2006 年 10 家），域内其他县区有 20 家农家店因一些特殊原因自动放弃。

2010 年，永州市建村级标准化农家店 800 家（包括配送中心），国家对纳入规划建设标准农家店给予一定资金补贴和信贷支持。2011 年，按照省商务厅通知和要求，将 2011 年“万村千乡市场工程”980 家农家店指标分解（下达）到各县区。通过永州市检查验收，全市 13 家承办企业新建和改造 980 家标准化农家店均为合格。其中农家店日用品店 564 家，农资店 416 家；农家店乡级店 174 家，村级店

806家。

2012年，按照湖南省商务厅通知要求，永州市按时完成“万村千乡市场工程”330家农家店建设任务，同时建设完成乡镇商贸中心项目3个，分别是永州市友谊实业有限公司承建的祁阳县八宝镇乡镇商贸中心，邵东县仟家连锁有限公司承建的零陵区珠山镇乡镇商贸中心，蓝山县供销商贸公司供销大厦超市承建的蓝山县新圩镇乡镇商贸中心。

2013年，永州市建设150家农产品直销店（区），其中总部在中心城区湖南恒惠商贸连锁有限公司建设直销店60家，永州仟家商贸企业在零陵区建设直销店（区）60家，永州万喜登农业发展有限公司建设直销店2家，香零山蔬菜合作社建设直销店7家。各县因地制宜指导本地企业建设直销店，其中祁阳县建设11家（含金洞1家），江华瑶族自治县建设6家，宁远县建设1家，蓝山县建设3家。直销店全部按照《湖南省农产品直销店建设管理规范》建设完成投入运营，各农产品直销店营业面积20—100平方米不等，经营的蔬菜品种达到30个以上。

2005—2013年，永州市建设验收合格取得国家财政补贴资金农家店4240家，其中日用品店2640家，农资店1600家；乡级店526家，村级店3714家。全市有630家农家店进行信息化改造。2009年开始承建配送中心项目，截止2013年底，全市建设配送中心15家，其中日用品配送中心10家，农资配送中心5家。15个配送中心项目总投资1.38亿元，新增营业面积3.88万平方米，解决就业人数603人。

2015年，为开拓永州市农村市场，有效促进农产品进城和工业品下乡，重点抓好万村千乡市场工程。按照湖南省商务厅要求，支持仟家超市在祁阳文明铺建设1个乡镇商贸中心，建都超市在新田县龙泉镇建设1个直营大店。年底，仟家超市在祁阳文明铺建设的乡镇商贸中心，经湖南省商务厅验收合格。建都超市在新田县龙泉镇建设的直营大店正在抓紧建设中。

第二节　电子商务

一、电商发展

电子商务业是新兴产业，永州市起步较晚，2015年以前处于自由发展状态，政府未予以特别关注和管理。2015年，永州市电商发展步入快车道。3月5日，市政府组织召开电子商务工作推进会，9—13日，由永州市商务和粮食局牵头，永州市政协副主席廖秋文率9家市直部门赴江西省、浙江省及湖南省株洲市、湘潭市进行电子商务考察调研。考察回来后，召开发展永州电商专题座谈会，撰写《关于永州市电子商务发展的调研报告》。在借鉴兄弟省、市经验和做法的基础上，结合永州市实际，组织起草电商相关政策。5 月 27 日，出台《关于加快电子商务发展的实施意见》和《2015 年永州市发展电子商务工作实施方案》。

8 月 7—8 日，永州市举办全市电子商务大会，市直和县区相关部门及 300 家企业 1000 人参会。邀请京东商城、央视网商城、淘宝网、快乐购等 10 家国内知名电商平台负责人前来讲课培训、推介交流，扩大永州发展电商影响力。19—23 日，市委书记陈文浩带领各县（区）委书记、市直相关部门主要负责人参加淘宝大学为永州定制的书记班学习。9 月 6 日，成立由市长亲自挂帅永州市电子商务工作领导小组。同日，永州市电子商务办公室成立，办公地址设在市商务和粮食局。10 月 28 日，市政府与阿里巴巴（中国）软件有限公司、杭州甲骨文科技有限公司分别签订《合作框架协议》，成为全国首个辖区内整体推进阿里农村淘宝项目和农产品防伪溯源体系建设地级市，全市 11 个县（区）与阿里巴巴（中国）软件有限公司、杭州甲骨文科技有限公司分别签订《农村电子商务合作协议》《农产品防伪溯源体系项目合作协作书》，建成阿里村淘县级服务中心 11 个、首批村级服务点 800 家。

2015 年，永州市阿里村淘项目集中上线暨“淘宝年节”启动仪式现场

11 月 13—17 日，市委副书记张严率团参加淘宝大学为永州定制的县长班学习。市商务和粮食局先后与国内主要知名电商进行联络和对接，从不同切入点展开合作。与阿里巴巴集团衔接，引进阿里巴巴农村淘宝，规划打造阿里巴巴永州产业带；与京东集团对接，将京东农村电商模式引入永州，在全市范围合作打造县城服务中心和京东帮扶服务店；与杭州甲骨文科技有艰公司合作，推进“满天星——永州市产品防伪溯源质量安全管理项目”在永州落地；与广州商通道电子有限公司衔接，合作打造永州“智慧商圈”、“智慧社区”试点；与杭州杰夫电子商务有限公司、中国国际电子商务中心对接，引进电商人才培训基地落户永州。此外，还先后与快乐购、惠农网、央视网商城、居无忧商城、蚂蚁金服、深圳乡情网、国盾聚亿、每天惠、厂家网商城等知名电商平台和企业进行对

接。快乐购与江华瑶族自治县六月香果业有限公司合作拍摄瑶山雪梨购物节目，采取电视与移动终端相结合方式促进农产品电商推广，节目在芒果生活频道连续播出。惠农网在祁阳县、东安县、道县、江永县建设4个电商服务网点，对接70家农村电商服务终端。

12月15日，永州市阿里巴巴农村淘宝项目集中上线暨“淘宝年货节”正式启动，淘宝“特色中国·永州馆”同步开馆。集中上线当天，各县（区）完成订单4.8万笔，成交金额803万元。为扶持本土电商平台发展，永州市商务和粮食局与永州市团市委、工商局共同举办“永州市首届青年微电商创业大赛”，在永州市域内开展“寻找永州最强微店”活动，征集本地特色产品作为微店指定供应商，推动永州传统企业电商化。着力打造电子商务孵化基地，先后实地考察机构改革后的闲置院落（原永州市粮食局、物价局、邮政分公司），在市区河东和河西分别建设1个电子商务孵化园。全市农村电商网络体系初具雏形，京东、惠农网、农商一号、易田购、智慧农村、湘村购、邮乐购等涉农电商平台纷纷入驻县（区）设立网点。易田购在冷水滩区、宁远县、蓝山县建立县级运营中心，建设乡村服务店50家。邮乐购在永州市开设村级服务点800个。江永县电子商务一条街入驻涉农电商企业100家，全年实现电商销售收入10亿元。

同年，江永县成功申报国家级电子商务进农村示范县，并邀请阿里巴巴研究院农村电商专家赴县对农村电子商务工作进行专程指导。湖南恒惠食品有限公司成功申报2015年度湖南省电子商务示范企业，湖南希尔天然药业有限公司“维他购vitagou跨境健康食品特卖平台”、湖南新金浩茶油股份有限公司“金浩茶油应用电子商务平台建设项目”、江永县永明电子商务服务中心“江永县特香农产品电子商务经营服务项目”成功申报2015年度湖南省电子商务重点培育项目。湖南象外科技有限公司“象外科技电子商务大楼”被列入2015年度湖南省电子商务重点项目。是年，全市电商电子商务交易额56.1亿元，网络零售额6.3亿元，增幅分别为101%、153%。

2016年，永州市电商快速发展，各项工作机制步入正轨。1月，永州市将电商扶贫工作纳入重要议事议程，作为扶贫攻坚战役重点工作全力推进。永州市成立电子商务协会，在协助政府服务电商企业、加强行业自律方面发挥重要作用。5月，市政府与武汉京东世纪贸易有限公司签订《关于农村电子商务和精准扶贫战略合作框架协议》，新田县政府与京东集团签约电商扶贫协议助力新田精准扶贫。9月18日，永州电子商务公共服务平台上线暨永州电子商务研究院授牌仪式在永州经济技术开发区举行。永州电子商务公共服务中心采取市场化运作方式，与中国电子商务公共服务中心联盟和杭州市电子商务公共服务中心进行共创共建、互联互通、资源

2015 年，永州市阿里村淘项目集中上线暨“淘宝年节”启动仪式现场

共享，有效整合电商服务企业、行业协会、高等院校、科研院所、产业园区以及各类企业服务机构等资源。永州电子商务研究院是内地首个地市级城市成立的电商研究院，华南师范大学电子商务系主任、教授邓顺国（永州人）担任院长，聘任全国特别是珠三角、长三角永州藉电子商务专业人员担任研究员，为永州市发展电商进行人才培养、人才使用、技术研发、政策规划、实施方案论证等提供研究服务，促进电商与永州传统优势产业跨界融合，特别是为电商进农村、电商精准扶贫方面创设永州特色和品牌提供智力资源服务。是年，全市电子商务交易额 112.2 亿元，网络零售交易额 7.7 亿元，增幅分别为 100%、22.2%。2017 年，全市电子商务交易额 195.7 亿元，网络零售额 36 亿元，同比分别增长 74.45%，367.4%。

2017 年 5 月，《永州市电子商务“十三五”发展规划》发布，科学规划永州电商“十三五”发展蓝图。9 月，永州市首届“邮政 919 扶贫助农电商节”活动启动。活动期间产生订单 10.7 万笔，邮掌柜批销采购金额 3636 万元，发展邮乐小店用户 2.28 万户。12 月，永州市农产品电商孵化中心暨零陵区电子商务公共服务中心在零陵区工业园揭牌，为永州农产品电商创业企业、创业者及处于初创状态农产品电商提供全面发展支持，为成长后电商企业提供后续发展支撑服务、公共服务，帮助企业走得更远，做得更大。

2018 年 5 月，市商务和粮食局成立扶贫工作领导小组，局扶贫办公室设电商科。永州市农产品上行驶入“品牌元年”，每个县区均培育 1 个以上电商扶贫特色产业。打造印象九嶷、回峰柑桔、双牌虎爪姜、东安鸡、祁阳油茶、道县脐橙等地域品牌及瑶珍生态米、万家鹅业、舜皇山土猪等电商扶贫特色农产品品牌，相关产品在网上备受欢迎。11 月，湖南省首个市级农业公用品牌“永州之野”发布，覆盖永州全市域、全品类、全产业链，拓宽永州特色农产品营销渠道和市场空间，为永州农特产品上行提供质量和品牌支持。各类线上线下活动助力农特产品电商品牌成效明显，“永州第二届柑橘节”、“江华 2018 年原产地直播”、“邮政第二届 919

扶贫助农电商节”、“江永香姜美食大赛”等活动均取得很好成效。2018 年全市电子商务交易额 283.1 亿元，网络零售额 43.7 亿元，同比分别增长 44.6%，21.46%。全市通过湖南省电子商务认定企业 119 家，入统湖南省电子商务监测管理系统企业 557 家。

二、电商建设

（一）人才体系建设

2015 年，创新电商培训模式，发挥互联网优势，采取政府培训、高校培养和创业孵化三位一体模式，与多个平台合作，线上线下培训相结合，进行多元化、多层次人才培养。全市实现电商线上线下培训 10.5 万人次。其中，举办电商基础培训班 160 期，对 2400 名村支部书记、4 万返乡青年进行“农村淘宝”业务知识培训。市商务和粮食局、市扶贫开发办公室、市人力资源和社会保障局联合举办电商扶贫培训班，对全市首批电商扶贫村主干及贫困村创业青年进行培训，线下培训 200 人，线上参训人数 1000 人。祁阳县、东安县、宁远县、蓝山县职业中专等学校先后开设电子商务专业，组织编写《农村电子商务实用教材》，祁阳县职业中学举办电子商务教师专题培训，培训多名中级电子商务教师。

2017 年，农业部管理干部学院实践教研基地、永州市农村党员和青年农民培训中心揭牌开班，分期分批组织农村党员和青年农民免费“充电”，年开培训班 20 期，每期培训学员 500 人。在各县（区）开展培训同时，选送优秀电商创业人员去淘宝大学及浙江杭州、义乌等电商发达地区进修，孵化出一批电商创业精英。市、县举办电商创业大赛等活动，网聚一大批优秀电商创业青年和电商创业项目扎根永州，激发全市青年电商创业激情。永州市电商从业人员 10 万人，其中农村电商从业人员 6 万人，本科以上学历占 16%，还有部分硕士研究生被吸引到农村电商人才队伍当中。通过开展创业培训、政策扶持、龙头帮带等方式，全市规模较大的“触电”企业由年初 40 家增至 100 家，以三哥网、中国蛇网、建材网、富联旺、江永特产网、焱宏电商城、宁远配送网为代表的本土电商平台持续发展。全市网络经济户口数 1.1 万户，其中企业户 6710 户，自然人和个体工商户 3374 户。

（二）示范体系建设

2015 年，永州市重点指导江永县申报国家级电子商务进农村示范县，江永县以全省第二名成绩通过竞争性评选，被湖南省商务厅推荐为全国第二批电商进农村示范县，被国家商务部列为第一批示范县提前开展绩效平台。是年，全市申报省级电商示范企业 1 家（湖南恒惠食品有限公司），省级电商重点培育项目 4 个（湖南希尔天然药业有限公司“维他购 vitagou 跨境健康食品特卖平台”、湖南新金浩茶油股份有限公司“金浩茶油应用电子商务平台建设项目”、江永县永明电子商务服务中心“江永县特香农产品电子商务经营服务项目”、湖南象外科技有限公司“象外科技电子商务大楼”）。

2016 年，重点指导祁阳县申报国家级电子商务进农村示范县，祁阳县以全省第一名成绩通过竞争性评选，被湖南省商务厅推荐为第三批国家级电子商务进农村示范县。是年，全市申报省级电子商务进农村综合示范县 2 个（祁阳县、双牌县），省电商重点培育项目 2 个（永州亿科互联信息网络有限公司“三哥网爱买单平台”、永州电子商务公共服务中心“永州电子商务公共服务平台建设项目”）。8 月，国家商务部有关领导率专家组赴江永县进行电商进农村示范县绩效评价，江永县以 95 分位居湖南省第一，被评为“优秀”。

2017 年，重点指导新田县申报国家级电子商务进农村示范县，新田县以全省第五名成绩通过竞争性评选，被省商务厅推荐为第四批国家级电子商务进农村示范县。是年，全市申报省电商重点培育项目 3 个（双牌卫英电子商务有限公司“推广 86077 平台+农村实体店模式”、永州市高格电子商务有限公司“特色永州馆项目”、湖南和顺新电子商务有限公司“祁阳曲鱼地方特产电商上行项目”）。

2018 年，重点指导江华县申报国家级电子商务进农村示范县，江华县以全省第三名成绩通过竞争性评选，被省商务厅推荐为第五批国家级电子商务进农村示范县。全市申报省电商重点培育项目 4 个（永州掌望生态农业有限公司“永州市“掌望商城”（互联网+扶贫）建设项目”、永州市雅大科技实业有限公司“永州雅大电子商务平台建设项目”、祁阳县黑凤生态农庄有限公司“黑凤凰应用电子商务建设项目”、湖南果秀食品有限公司的“果秀电子商务建设”）。3 月，全国电商进农村示范县绩效评价专家组赴祁阳进行电商进农村示范县绩效评价，祁阳县以 98.5 分位居湖南省第一，被评为“优秀”。

（三）服务体系建设

2015 年，通过引入高端智力、引进第三方服务和强化本土资源整合方式，为全市电商发展提供更有力支撑服务，对接省内外电商知名专家、外地永州籍电商精英及有关机构和部门，筹建永州电子商务研究院。永州市与中国电子商务公共服务联盟加强合作，组建永州电子商务公共服务中心，11 个县（区）先后挂牌电商公共服务中心。永州电子商务公共服务平台、永州农产品电商孵化中心、零陵区电商公共服务中心先后成立。高格电商公司开发运营“GO 永州”电子商务服务平台、永州公共服务中心旗下永州电子商务公共服务平台先后上线运营。全市建成 19 个县级运营中心，市本级和祁阳县、东安县、道县、江永县、宁远县均成立电商行业协会，协助政府部门服务地方电商企业、加强行业自律。农村物流服务体系完善，农产品冷链物流及同城配送体系见成效。通过引进菜鸟物流、拓展邮政快递物流节点等方式，完善“县、乡、村”三级农村物流体系，打通农村快递物流最后一公里，增强贫困地区物流配送能力。

经过3年运营发展，永州所有乡镇实现快递到镇，大部分村实现快递到村，打通农产品上行和工业品下行最后一公里。冷链物流和同城配送体系建设，整合本土资源，生鲜农产品电商企业与果秀食品、金鹰果业、恒惠食品、新顺农牧等冷链仓储容量过剩企业对接与合作，节省电商企业冷链物流重资产投入。

2018年，全市首家共享仓储沐林冷链共享仓储开放，为农产品上行提供仓储管理、货物收发、物流配送等一站式解决方案。致力于同城信息共享、同城配送、旅游第三方服务“江永同城”、蓝山同城配送网等受到电商青睐。

（四）聚集区建设

各县（区）积极打造电商聚集区，优化和完善电商聚集区服务功能，聚集区承载能力增强，为电商企业提供聚集发展条件。江永县形成电商“一街一园一城”（电商街、特香产品电商城、湖湘商贸产业园）产业集聚发展引领格局。“电商一条街”入驻电商企业和第三方服务公司60家，大学生创业团队41家，“湖湘商贸电商产业园”智能物流、仓储、配送中心主体工程完工，投入使用。宁远县电商创业孵化基地（众创空间）入驻电商企业40家，为电商企业提供一站式、全流程入驻服务及电商咨询、培训、推进和宣传各类支持服务，引进和孵化瑞果生物科技、香满园特产、大麦电商等极具发展潜力电商企业。祁阳电商孵化园建成，入驻企业18家，孵化个人网商113家，开办培训电商班44期，参加电商培训人员1万人，大部分都从事电商相关行业。零陵区电子商务中心、零陵区电子商务产业园引进入驻阿里村淘、京东、今日农产、广东思埠集团、邮乐购、融e购、永州零陵易购、湖南鳅祥生物科技实业有限公司等知名电商企业30家，带动电商就业人员1万人。江华瑶族自治县“江华旅游扶贫商城”，为全县企业、个人提供电商专项服务，免费入驻企业20家，集中展示农特产品100种。

2018年1月，潇湘创客汇电商产业园运营，入驻各类电商企业35家，从业人员376人，实现电商交易总额2.57亿元，其中农产品上行交易额达3000万元。双牌县、新田县电商集聚区建设稳步推进。

（五）网络体系建设

电商网点建设入村到户，功能完善。永州市政府与阿里、京东签订战略合作框架协议后，农村电商服务站点建设加速推进，阿里村淘、邮乐购、京东、农商通、供销惠万家等平台纷纷入驻永州，建设村级电商服务站点，指导村民开设各类电商网店。至2018年底，全市建成电商服务站点1900个(贫困村电商服务站点608个)，电商网店6800个(贫困户电商网店1800个)。电商服务站功能不断升级，如新建村淘网点升级为天猫优品，京东农村电商网点整合优化，邮乐购全面提升服务功能。大部分村级服务站升级后，集网购网销（代购代销）、助农取款、转账汇款、缴费（水、电等）、手机充值、火车票、快递代收代发等便民服务于一体，部分服务站还提供个性化送货上门服务，极大地方便当地村民，还在多渠道销售量少、货源分散、标准不统一的初级农产品上行中发挥重要作用。农村电商平台建设不断推进，助力农产品上行。阿里永州特产馆、京东永州特产馆、融e购永州馆、邮乐购永州馆等地方特产馆先后上线运营，“GO永州”、沐邻鲜递、永州特产商城、祁阳买菜01网、绿硒电商、道滋味等本地电商平台纷纷开展本地产品上行，通过电商龙头引领在永州全面推进农特产品上行。农产品防伪溯源体系建设为永州农产品上行保驾护航，提高农产品网销附加值。2016年，永州市农产品防伪溯源监管云平台搭建成功，各县(区)子平台先后建设完成，实现市、县、企业互联互通，资源共享，至2018年底，全市入网赋码企业160家，对接入驻各类电商平台农优特产品类700种，对接赋码量超过7000万枚。

2018年11月2日，“永州之野”市级农业公用品牌发布推介会签约仪式

2016年，江永县电商一条街

三、电商扶贫

（一）电商扶贫政策

2015年，永州市推动农村电商与精准扶贫、乡村旅游有效对接，积极探索电商扶贫和智慧旅游发展路径，全面实施贫困村基本普及电子商务应用计划。江永县完成所有贫困村高速光纤网络改造建设，大量贫困户通过电商销售产品获益。双牌县以阳明山和桐子坳景区为试点在全市率先建成智慧旅游平台，全部实现免费WIFI覆盖。景区门票通过湖南省旅游局官方电商网站和湖南省旅游局智慧旅游官方APP手机端实现在线销售和预订，完成与携程、途牛、去哪儿等知名网络电商对接和数据库共享，各主要景区实景状况也可通过手机APP客户端实现网上实时浏览，实现导航、导游、导览、导购等“智慧”功能。新田县组织电商扶贫培训，来自全县种植和养殖大户、创业青年100人参加培训。通过“电商扶贫”，不仅让县内广大种植和养殖户了解网上销售农产品方式方法，帮助解决富硒农产品“卖难”和“卖不出价”等难题。

2017年9月，江永县在全国电商扶贫工作经验交流会（贵阳）上作典型推介，同年11月，副市长贺辉代表永州在全国电商精准扶贫现场会（宿迁）作典型发言。2018年10月，永州电商扶贫经验被国务院扶贫办选为全国电商扶贫典型案例，永州电商扶贫工作获得国家有关部委和省直有关部门肯定。至2018年底，有4.6万名贫困群众从事电商行业，4.8万名贫困群众通过电商实现脱贫。

学习和汲取电商发达地区先进经验，结合永州市实际，探索电商扶贫经验，完善电商扶贫方法和措施，形成永州特色电商扶贫政策体系。根据省、市脱贫攻坚工作总体安排部署，先后印发《精准扶贫电商支持计划的实施方案》《2017年度永州市电商扶贫工作子方案》《2018年度电商行业扶贫工作计划》。建设永州农产品电商孵化服务中心，为贫困村特色农产品销售提供方便快捷电商公共服务。经过“外联内引”推进电商公共服务体系建设，为全市电商扶贫事业发展提供指导和支撑服务。

（二）电商扶贫主体

培育电商创业个人主体和龙头企业、合作社、家庭农场等各类实业主体，通过电商龙头主体带动扶贫，为贫困片区和贫困户解决小生产对接大市场这一根本性问题。2015年，培育贫困人员开展电商创业。全市举办电商扶贫专题培训班100次，培训贫困人口3.5万人次。至2018年底，全市建设贫困村电商服务站600个，贫困户开设各类网店2000个。鼓励农村电商服务站和农村网店开展农产品上行，尤其是大力推广湖南电商扶贫小店，拓展非标特色农产品网销渠道。贫困村和贫困人员通过运营电商服务站或开设网店实现脱贫致富带动贫困户脱贫。江永县源口瑶族乡三源村贫困户，开办淘宝店每年网上销售土特产收入 20 万元，通过电商创业实现脱贫后，帮助当地贫困户在网上推销农产品，将村民干鱼价格从每斤 20 元提高到 60 元。引导能人投身电商扶贫，支持具有一定生产规模、拥有品牌、符合质量安全要求的合作社、农村生产企业、生产大户、新型农业经营主体等开展网络销售，实现农产品上行。经过市、县电商创业和扶贫培训班，培养农村电商创业精英和贫困地区创业领头人，通过各类电商平台把产品卖出去，实现脱贫致富或带动贫困户脱贫。祁阳县下马渡镇泉塘村民返乡创业，成立和顺新电商公司，在祁阳县经济开发区设立祁阳曲米鱼生产线 2 条，注册品牌“曲渔坊”，通过淘宝等电商平台把祁阳曲米鱼做成畅销互联网的“爆品”，发展贫困户订单养鱼面积 5000 亩，直接带动当地 300 贫困户就业。指导企业参与电商扶贫，鼓励龙头企业、合作社、家庭农场等各类市场主体利用电商开展扶贫。推进果秀食品、恒惠食品、同丰粮油、沐邻冷链等传统企业与贫困地区产业融合发展。江华瑶族自治县同丰粮油食品公司通过天猫舰店、微信微商城等电商平台扩大销量，采用“龙头企业+基地+合作社+农户”的农业产业化经营模式，对参与水稻种植合作贫困农户统一供种、供药、供肥、供技术、供机械耕地、机械收割和保底回收，帮助 1652 户 3666 名建档立卡贫困群众实现年均增收 600 元，在公司及种植基地和合作社招聘贫困劳动力务工 800 人，参与务工贫困劳动力年收入 1. 2 万元。

（三）电商扶贫产业

结合永州实际，充分发挥农业和旅游业两大产业优势，在做实各类工业品下乡、促进农村消费升级基础上，推进农产品上行和电商旅游扶贫，夯实电商扶贫产业支撑。推进农产品上行，多种方式引导电商企业和电商平台参与产业扶贫，倒逼农业供给侧结构性改革，促进农产品生产规模化、标准化、电商化，鼓励农村电商服务站和农村网店开展农产品上行，尤其是大力推广电商扶贫小店，拓展非标特色农产品网销渠道。江华瑶族自治县六月香果业有限公司在大路铺镇琅下村建设 3000 亩瑶山雪梨中心示范园，借助快乐购电商平台将江华瑶山雪梨打造成“网红”推进产业扶贫，直接带动周边 2747 名贫困人口脱贫，吸引大量在外打工村民返乡。开展“互联网+旅游扶贫”，利用本地丰富独特旅游资源，将旅游产品与移动互联网结合，与各类电商平台合作，实现旅游产品和服务大数据化，全面开展互联网+旅游扶贫。江华瑶族自治县香草源村依托村淘电商服务站，通过网络、朋友圈、新媒体平台进行宣传和推介，平均每日近百名游客通过网络预订民宿和餐饮，帮助当地农户销售铁皮石斛、竹笋、瑶家婆婆茶等当地特产，带动农户增收致富。

2015—2018 年永州电子商务交易额和网络零售额统计表

表 5-3

年度	电子商务交易额				网络零售额			
	电子商务交易额	同比	全省占比	全省排名	网络零售额	同比	全省占比	全省排名
2015	56. 1	101%	1. 3%	10	6. 3	153%	0. 81%	12
2016	112. 2	100%	1. 85%	8	7. 7	22. 2%	0. 7%	12
2017	195. 73	74. 45%	2. 43%	8	36	367. 4%	2. 31%	9
2018	283. 09	44. 63%	2. 66%	6	43. 71	21. 46%	2. 14%	11

第三节　生活必需品产销

一、酒类产销

20 世纪初，永州市从事酒类生产企业有 17 家，其中白酒生产企业 2 家，较大规模异蛇酒生产企业 7 家，啤酒生产企业 1 家，果酒生产企业 1 家，配制酒生产企业 1 家。

异蛇酒是永州市本地酒支柱产业，异蛇酒生产已由小规模、小作坊走上规模化、品牌化。主要生产企业有湖南永州之野异蛇实业有限公司、永州市异蛇科技实业有限公司、永州市雅大科技实业有限公司、永州市柳神异蛇酒业有限公司等，年产活蛇 100 万条，主要产品有肉蛇、蛇胆、蛇血、异蛇酒、异蛇鞭酒、异蛇胃克灵、蛇鞭胶囊、异擦宁、蛇皮制品等，其中 5 个品牌荣获湖南省农博会金奖。年产永州异蛇酒、异蛇王酒、异蛇鞭酒、异蛇胆酒 1800 吨，异蛇宝克菌灵 100 万箱，总产值 4. 3 亿元。“永州异蛇” 品牌酒类产值突破 1 亿元，以蛇为主的特种养殖及加工产业年产值突破 3 亿元，年创利税 0. 34 亿元。

2008—2010 年，永州市核准放发酒类批发许可证 172 套，办理酒类备案登记 4160 户，其中批发企业 172 户，发放《随附单》5000 份。

2010 年，重庆啤酒永州分公司生产规模和生产能力通过改建、扩建迅速提高，由原来年生产 3 万升增长到 10 万升，本地啤酒市场占有率由原来 25%增长到 35%。全年实现销售额 5000 万元，上交税金 800 万元。江华九龙井白酒，年产 2. 2 万千升，主要销往香港，年产值 42 万元，实现利润 48 万元，上交税收 15. 6 万元。永州市全年酒类生产企业产值 7.04 亿元，实现利润 2.03 亿元，实现税收收入 0.64 亿元。

永州市年消费白酒 6.9 万吨，人均年消费 11.92 公斤，啤酒年销售 4.29 万吨，人均年消费 7.4 公斤；葡萄酒年销售 5236.4 吨，人均年消费 0.9 公斤。酒类流通企业年销售额 148 亿元，实现利润 44 亿元，上交税金 8000 万元。

2014 年 11 月，根据《湖南省人民政府关于改革完善市县食品药品监督管理体制的实施意见》精神，湖南省将省商务厅酒类产销管理工作职能划入省食品药品监督管理局，市县政府原则上参照省里模式执行。永州市商务局同意将永州市酒类产销管理办公室工作职能、编制、人员划转永州市食品药品监督管理局。

二、生猪定点屠宰

1995 年 6 月，永州市按照国务院和省政府文件精神开展定点屠宰工作，建立生猪定点屠宰场点。祁阳县率先在浯溪镇设立全市第一个生猪定点屠宰场，接着江永县、冷水滩区、芝山区设立生猪定点屠宰场（点），由此拉开全市范围内开展生猪定点屠宰工作序幕。

1996 年，永州市 11 个县区全面推行生猪定点屠宰工作，统一由食品公司承办，让老百姓吃上“放心肉”。是年，全市生猪收购 41.6 万头，比上年增 29.1%。会同有关部门取缔非法和不合要求生猪屠宰场点 320 个，统一由县区肉食部门承办设立生猪定点屠宰场点 62 个。

1997 年，永州市规范、完善、巩固、发展生猪定点屠宰工作，37 个定点屠宰场屠宰生猪 35.96 万头，比上年同期 30.8 万头，增加 5.16 万头，增长 16.7%，收取各种税费 1531 万元，比上年同期 1309.5 万元，增长 16.9%。

1998 年，永州市经过规模饲养、定点屠宰、加强外运等措施，全市收购生猪 83.68 万头，占年任务 106%，比去年同期增长 21.24%。生猪外销达到 43.5 万头，比去年同期增长 25.3%。生猪定点屠宰 42.3 万头，比 1997 年 35.5 万头，增长 19.07%。收取各种税费 1813.4 万元，比 1997 年 1468 万元，增长 23.5%，其中三项税收即增值税、屠宰税、猪皮特产税合计 810.3 万元，比 1997 年 642.4 万元，增长 26.1%，生猪定点屠宰成为永州市新财源。

1999 年，永州市商业生猪收购 90.59 万头，比去年同期增长 13.54%。生猪定点屠宰 51.57 万头，比去年同期增长 22.99%，实现税费 2514 万元，比上年增长 30.8%。

2000 年，永州市完成生猪定点屠宰 42.7 万头，实现税费 2199 万元。

2001 年，永州市生猪定点屠宰工作围绕年初制定目标，结合整顿规范市场经济秩序工作，开展生猪定点屠宰质量管理年活动，全市筹资178万元，新建机械化屠宰场2个，改造扩建8个，其中芝山区食品公司挤出资金48万元，建起一个花园式机械屠宰场，日屠宰生猪超过200头。道县食品公司筹集资金116万元，兴建县城城关机械化屠宰场。宁远县屠宰办从工商管理费中抽出10%用于定点屠宰场建设。东安县、江永县、江华瑶族自治县鉴于屠宰场地处闹市区，影响城区交通和环境卫生，重新选定机械化屠宰场新址。是年，全市定点屠宰生猪53.47万头，比上年同期增长0.92%，收取各种税费2746.85万元，比去年同期增长0.74%。全市县及县以上城区定点屠宰生猪40万头，比上年增长1.2%。

2002年，永州市定点屠宰生猪54.2万头，同比增加4.3%，上缴税费2779.6万元，同比增长4.37%，其中税收1473万元。县及县级以上城区生猪进场点率屠宰率98%。

2015年10月16日，按照永州市机构改革统一部署，原市商务和粮食局承担的生猪定点屠宰管理职能划转永州市农业委员会，生猪定点屠宰管理工作移交永州市畜牧水产局。

三、烤烟产销

1996年，永州市烤烟收购39万担，比上年增加2.4倍。

1997年，永州市按照“支持大的，培植新的，巩固老的，抓住小的”思路，围绕经济结构调整，重点抓烤烟骨干财源项目，从规划落实种植面积、育苗栽培、田间管理到收购调销，每个环节都抓得过细，全市种植烤烟面积60万亩，收购烟叶91万担，实现烤烟特产税4500万元，增值税2500万元，分别比上年增长13%和28%。

2003年，永州市烤烟产区各级党委、政府和有关部门按照市委、市政府提出的烤烟“248”工作目标，抓科技兴烟和扶持政策，调整生产布局，扩大生产规模，全市种植烤烟19.3万亩，比去年17.3万亩增加11%。江永县、新田县、江华瑶族自治县、蓝山县、道县、宁远县出现10个较高规格烤烟生产千亩或万亩片，烤烟主产乡镇形成一乡一烟、一村一烟、一洞一烟生产格局。全市兴建育苗大棚1100个、中棚2000个，推广漂浮育苗6.25万亩，同比增加5倍。投入专用基肥、专用追肥等各种烟用肥料2万吨，地膜440吨，育苗托盘400万张，实现100%高垄单行，100%二段育苗，发展“订单烤烟”，主动与烟厂联姻，建立多种形式烤烟生产基地。江永县被长沙烟厂列为紧密型基地，长沙卷烟厂投资800万元对江永县烟区农田水利设施和烤房进行改造。江华瑶族自治县被长沙烟厂列为松散型基地，长沙卷烟厂每调拨一担烟叶补贴100元，用于烟区基地设施建设。新田县被张家口卷烟厂和将军集团列为原料基地。蓝山县被石家庄卷烟厂和兰州卷烟厂列为原料基地。宁远县和江华瑶族自治县被零陵卷烟厂列为紧密型基地。烤烟生产基地化，开拓永州市烤烟生产销售市场，成为永州市最大一宗“订单农业”。是年收购烤烟 33 万担，比去年同期 30.8 万担增长 7%。完成特产税 3500 万元，比去年同期 3100 万元增长 13%。

2004 年，根据《永州市人民政府机构改革方案实施意见》通知精神，将原永州市对外贸易经济合作局和原内贸工作领导小组办公室合并，成立永州市商务局。原内贸工作领导小组办公室管辖的烤烟生产加工职能移交政府其他部门管理。

四、蔬菜产销

1996 年，永州市城镇蔬菜上市总量 12.4 万公斤，每人日平供应量 0.5 公斤，菜价比长沙、郴州低 0.2 至 0.25 元/斤，蔬菜供应满足城镇居民消费需求，每年还外销蔬菜 4.5 亿公斤。永州市会同有关部门拿出 50 万元资金补贴肉食、蔬菜行业，稳住“米袋子”，“菜蓝子”。

1997 年，永州市落实年初市长办公会议精神，按照省蔬菜办要求，先后召开 4 次蔬菜工作会议，在抓好专业菜地管理同时，把全年 2500 亩蔬菜扩亩任务落实到位。其中东安县 1000 亩，冷水滩区 500 亩，芝山区 300 亩，双牌县 200 亩，道县 500 亩。对有蔬菜扩亩任务县区加强指导督促，做到五到位，即领导到位，精力到位，资金到位，物资到位，面积到位，保质保量完成蔬菜扩亩任务。是年，蔬菜市场稳定，上市品种 108 个，城镇上市总量 8.03 亿公斤，日人平供蔬菜量 0.48 公斤。全市城镇专业菜地菜农和农区农户户平种菜收入分别达到 4960 元和 1900 元，分别比 1996 年增加 160 元和 60 元。农区蔬菜种植面积计划种植 100 万亩，实际完成 102.05 万亩，推广遮阳网 51.57 万平方米，轻质大棚 1081 座，投入 50 万元在万利集团建成绿色豆芽生产线，投入 100 万元建成新田县大山酱菜厂；蔬菜加工实现产量、产值、利税分别达到 3441 万公斤、6544 万元、547.7 万元。全市蔬菜特产税、交易管理费达 4800 万元，比 1996 年增加 300 万元。

1998 年，永州市蔬菜种植面积 128 万亩，其中 1000 亩以上连片 15 个，500 亩以上连片 20 个。蔬菜设施栽培推广进度加快，建有大棚 2000 个，推广遮阳网 10 万平方米，蔬菜无滴膜 20 吨。全市蔬菜上市量 1.75 亿公斤，日人平供应 0.45 公斤，蔬菜平均价格保持在每公斤 1—1.2 元之间。蔬菜产业发展，带动运输、加工等相关产业发展。

1999 年，永州市蔬菜种植面积完成 121.7 万亩，比上年增加 6.1%，实现总产值 17.58 亿元，同比增长 9.7%。蔬菜外销 4.8 亿公斤，同比增长 29%。全市建成蔬菜大棚2000座，推广遮阳网60万平方米。

2000年，永州市发挥和利用自然优势，把蔬菜作为支柱产业，调整蔬菜发展思路，注重发展蔬菜产业与财源建设相结合，发展蔬菜品牌与南北两大市场需求相结合，蔬菜开发项目与农业开发相结合，蔬菜传统产销与加工增值相结合。全市蔬菜种植面积完成131.68万亩，同比增加5.33%，实现总产值13.41亿元，同比增长19.26%。蔬菜外销4.2亿公斤，同比下降3.07%。全市建成蔬菜大棚4.5万座，新增竹大棚1400座，推广防虫网、遮阳网60万平方米。

2002年，永州市优质商品蔬菜种植面积（含复种）完成70.4万亩，无公害精品瓜果蔬菜种植面积完成24.55万亩，分别占市委、市政府下达任务122.7%和117.3%。蔬菜外销3.55亿公斤，同比增长7.8%，实现产值16.05亿元，占农业总产值11.6%。完成蔬菜特产税和加工交易环节税费3927万元。全市建立无公害蔬菜基地11个，“放心菜”检测站（点）8个。

2003年，永州市蔬菜产业保持持续、快速增长势头，蔬菜产销指标平稳增长。全市蔬菜种植面积182万亩，同比增长1.2%，蔬菜产量36.4亿公斤，外销9.3亿公斤，分别比去年同期增长1.5%、1.2%。市场供应充足，蔬菜花色品种全，时鲜蔬菜多，特别在淡期、灾期、节日和“非典”期间，保障供应。冷水滩城区蔬菜上市量完成1580万公斤，日人平蔬菜供应量0.5公斤，蔬菜零售均价每公斤0.6—1.3元之间，与去年同期略有上涨。全市县区各级蔬菜办响应市委、市政府招商引资号召，加大蔬菜产业发展招商引资力度。宁远县蔬菜办引进福建客商，签订总投资600万元订单蔬菜2000亩，东安县蔬菜办与广州客商签订总投资260万元2个招商项目，其中订单生产优质豆角500亩、优质芥菜500亩和反季节食用菌套种红（线）瓜80亩。推广新品种、新设施，引进蔬菜新品种10个。东安县引进韩国萝卜品种—青白玉，在大庙口镇、川岩乡种植反季节萝卜120亩，引进豇豆新品种—豇豆988，在横塘、紫溪市种植500亩。在推广使用防虫网、遮阳网、双色地膜基础上，祁阳县投资2万元，购回频振式杀虫灯35盏，覆盖面积2000亩。芝山区购回频振式杀虫灯30盏，安装在香零山村“放心菜”基地。冷水滩区购回频振式杀虫灯10盏，安装在阳甸基地。江永县在香圩示范区安装频振式杀虫灯8盏，每天每盏灯平均诱杀蛾子135只，多的时候可诱杀300只。引进推广这项频振式杀虫灯最新技术，利用频振式杀虫灯诱杀蔬菜各类虫害，减少农药使用量2/3，避免蔬菜遭受农药残留危险，使蔬菜基地达到“无公害放心菜”基地要求。全市1000亩以上商品蔬菜基地31个，其中江永县桃川2万亩香芋、香姜蔬菜基地建设受到湖南省蔬菜办表扬。

2004年，根据《永州市人民政府机构改革方案实施意见》通知精神，将原永州市对外贸易经济合作局和原内贸工作领导小组办公室合并，成立永州市商务局。原内贸工作领导小组办公室管辖的蔬菜种植保障职能移交政府其他部门管理。

第四节　餐饮服务业

1995 年 7 月 1 日，零陵地区烹饪协会进行换届，选举产生零陵地区烹饪协会第二届理事会、会长、副会长、秘书长（第一届零陵地区烹饪协会于 1988 年 9 月 1 日成立）。11 月，零陵地区撤区，设立地级永州市，零陵地区烹饪协会随此更名为永州市烹饪协会。

2005 年 7 月，永州市组织 20 人参赛团参加“辣之源杯”湖南省首届湖湘文化烹饪创新大赛，永州市推选 3 人参赛，获金牌奖 1 枚、银牌奖 2 枚。永州市代表团获突出贡献奖。同年 10 月 28 日，永州市烹饪协会成立。次年 4 月 28 日—5 月 7 日，在冷水滩区举办“首届永州（国际）美食文化节 · 旅游商品交易活动”，来自北京、新疆、青海等全国各省市自治区 300 多商家参加活动，汇聚商品 1300 种，其中名优特小吃食品 318 种，活动成交额 1 亿元。

2008 年，全国第六届烹饪技能竞赛暨湖南省第二届创新菜大赛，永州推选 2 人参赛，获金牌奖 1 枚（湖南省大赛）、银牌奖 1 枚（湖南省大赛）、铜牌奖 1 枚（全国大赛）。永州市代表团获优秀组织奖。

2010 年，首届中国乡土菜烹饪大赛，永州推选 4 人参赛，获铜牌奖 3 枚、优秀奖 1 枚。是年，永州市餐饮服务业零售总额 27. 64 亿元，比 2005 年 16. 65 亿元增加 66%，比 2000 年 7. 46 亿元增加 3. 71 倍，比 1990 年 4590 万元增加 60. 22 倍。2000 年以来，年均增长速度 20%。餐饮业经营网点不断增加，截至年底止，永州市餐饮服务业网点发展到 1 万个，比 2005 年 8650 个增加 1368 个、增加 15. 82%，比 2000 年 6810 个增加 3208 个，增加 47. 11%，比 1990 年 4705 个增加 5268 个，增加 111. 97%。“十五”和“十一五”期间，永州市建设一批上规模上档次酒店，2010 年底，永州市获批四星级酒店 3 家（湖南南华大酒店有限公司、永州万喜登酒店、永州红太阳大酒店），三星级酒店 18 家。

永州市餐饮企业遍布大街小巷，但知名品牌、规模企业较少，知名菜肴、传统名菜正在退化和失传。截至 2010 年底，永州市规模餐饮企业只有 1500 家，星级宾馆、钻级酒店甚少，至今没有五星级宾馆。仅有的几个传统名菜“东安鸡”、“永州血鸭”、“永州莲蓬肉”等，因没有制定统一工艺、原材料标准各师各教，传统工艺正在退化和失传，很难吃到正宗的地方名菜。外地客人来永州，也因此吃不到永州地方名菜。永州餐饮企业在全国、全省都没有知名企业，更没有品牌连锁企业。次年3月，永州市餐饮行业协会成立，冯祥发担任法人代表，挂靠永州市商业事务办，办公地址设冷水滩区零陵中路448号。9月20日，永州市餐饮行业协会正式成立。沿用原烹协第三届会员代表大会序列。同年，湖南省第三届湘菜创新大赛，永州推选6人参赛，获金牌奖1枚、银牌奖3枚、铜牌奖1枚。永州市代表团获优秀组织奖。是年，永州市餐饮服务业零售总额31.65亿元，人平年消费610元。全国餐饮服务业零售总额1.88万亿元，人平年消费1400元，永州市人平消费低全国平均水平790元。湖南省餐饮服务业零售总额840亿元，人平年消费1200元，永州市人平消费低全省平均水平590元。毗邻的衡阳市餐饮服务业零售总额72.94亿元，人平消费1020元，永州市人平消费低衡阳市410元。郴州市餐饮服务业零售总额67.47亿元，人平消费1473元，永州市人平消费低于郴州市863元。

2012年9月25—10月9日，永州市举办首届美食节，在滨江广场现场展示永州传统美食、特色小吃、名菜、名点和中国及东南亚等地美食和特产。专题活动含中华名小吃展、台湾特色小吃展、东南亚美食展、港澳特产展、永州特色美食及特产展。同年，永州市开展“永州十大名菜”评选活动，入选菜肴为东安鸡、永州血鸭、永州喝螺、瑶家冬笋炒腊肉、宁远酿豆腐、永州红煨异蛇、永州盘龙鳝鱼、永州虎皮香芋扣肉、道州粉蒸灰鹅、东安水岭羊肉。是年，湖南省第七届湘菜美食文化节烹饪服务大赛，永州推选9人参赛，获金牌奖2枚、银牌奖1枚、铜牌奖4枚。永州市代表团获优秀组织奖。次年10月，第23届中国厨师节在长沙举行，永州代表团获特金奖1枚、金牌奖4枚、银牌奖2枚、铜牌奖4枚。同年11月5—6日，永州市首届美食文化节在永州万喜登酒店举行，两大主题活动即“万喜登杯”永州十大地方名菜烹饪大赛和富硒食品与健康论坛。永州市首届美食节评选出金奖10枚、银牌奖10枚、铜牌奖10枚。优秀组织奖单位3家、突出贡献奖单位2家。根据专家评审认定，永州市商务局授予永州万喜登酒店、江华爱塞丽雅国际大酒店、永州友谊万喜登酒店、祁阳鑫利大酒店、祁阳少东家酒店、东安万禧楼大酒店、祁阳邦特咖啡、江永鑫园国际大酒店、东安红双喜大酒店餐饮企业“永州市十大地方名菜标准化制作餐馆”。授予张跃仁、胡先雨、陈益兴、陈庭、蒋松心、李芳、唐峰、唐树恒、严兴学、蒋宗霖10人“永州市十大名厨”。是年，永州特色品牌佳肴“道州灰鹅”在第五届中国湖南畜牧渔业暨饲料工业博览会上获得金奖。

2014年11月28—29日，第九届湘菜美食文化节招牌菜大赛在浏阳市举行。永州市组织餐饮企业经初评遴选，最后确定10个菜品参赛，由于精心组织，对参赛菜品原辅材料、调味料及装盘器皿均进行研究和甄选，参赛企业和选手们精心准备和制作，在2天激烈角逐中，永州市代表团获10枚奖牌，其中3个菜品获湘菜金牌招牌菜、7个菜品获湘菜地方特色招牌菜。其中友谊万喜登酒店选手胡先雨制作“东安鸡”、香都大酒店选手胡师兵制作“永州血鸭”、东安县银华大酒店选手周建安制作“水岭羊肉”分别获金牌招牌菜奖。万喜登酒店选手黄小辉制作“红煨异蛇”、长城大酒店选手冯伟国制作“永州血鸭”、柳子大酒店选手夏若尘制作“永州盘龙鳝鱼”、欧利豪廷国际大酒店选手李红亨制作“永州虎皮香芋扣肉”、福满潇湘食府选手苗永柏制作“道州粉蒸灰鹅”、东安县万禧楼大酒店选手李芳制作“东安紫水鱼丸”、东安县莲塘土茶油菜馆选手唐仕旭制作“茶油田螺土鸡”分别获地方特色招牌菜奖。为鼓励企业及选手开展学业务，钻技术，永州市商务局对上述10家获奖企业及获奖选手予以通报表彰。是年，永州市餐饮服务业零售总额40亿元。截至年底，全市餐饮服务业网点发展到9800个，获批准四星级酒店4家（湖南南华大酒店有限公司、永州万喜登酒店、永州红太阳大酒店、湖南鑫利大酒店），三星级酒店20家。次年，市商务和粮食局和市餐饮行业协会共同举办永州市第二届美食文化节，六大主题活动，即永州市特色餐饮店评选活动、永州菜烹饪大赛、永州特色美食、食材展销活动、永州美食书画展、美食文化研讨会。经过媒体网络评选、现场考察和专家评审相结合，评出永州市金牌特色餐饮店和永州市特色餐饮店20家。来自全市各县（区）参加烹饪大赛的22家企业和选手，经过2天角逐，评选出金牌奖10枚、银牌奖10枚、铜牌奖8枚。7个县（区）和单位获优秀组织奖。同年，首届中国湘菜博览会在长沙举行，永州市万喜登酒店获湖南餐饮百强企业称号。永州友谊万喜登酒店、永州市香都大酒店、永州市柳子大酒店、东安县龙溪酒楼、宁远县山水时尚酒店、江华瑶族自治县冯都毛庄家菜馆、祁阳县渔乐故乡、道县新雅园大酒店、双牌县阳明山阳明人家等9家酒店获湖南特色餐饮门店。是年，永州市为实现餐饮产业“十二五”发展规划，打造餐饮产业百亿工程，重点扶持以湘菜为主20家餐饮连锁龙头企业，其中年营业额5000万元以上20家，年营业额1亿元以上5家。着力打造建设5条餐饮街，社区

2015年，永州市第二届美食文化节烹饪大赛评委

2015 年，永州市美食文化节烹饪大赛颁奖现场

餐饮集聚点 120 个；培育和发展名菜成品软包装生产和菜肴配送中心企业 10 家，产值达 5 亿元；发展湘菜产业原材料基地建设 20 个，产值 4 亿元。餐饮服务及湘菜产业从业人员增至 25 万，经培训获职业技能资格、资质证书 80%，形成具有永州地方特色湘菜品种 500 个，核心菜品 20 个。截至 2015 年 12 月底，全市开展互联网餐饮业务 1200 家。1200 家餐饮业建立“互联网+餐饮业”服务平台，实现网上订餐、订房服务和食材网购等，顾客可在网上预订酒席包厢、房间和菜肴、酒水，方便顾客消费。

2016 年 8 月 27—28 日，永州市第三届美食（米粉）文化节，市商务和粮食局举办，市餐饮行业协会承办，五大主题活动，即评选永州特色米粉店、米粉烹饪大赛、米粉文化高峰论坛、制作永州最高海拔（都庞岭主峰 2009. 3 米）长度米粉、免费提供米粉供市民品尝。经各县（区）商务、粮食主管部门精心筛选推荐，市餐饮协会组织有关专家实地考察和会议评审，评选出 9 家永州特色米粉店，10 位米粉烹饪名师。为弘扬永州市美食文化，推介永州传统米粉，促进米粉产业发展，围绕永州米粉为主题开展研讨，有 31 篇论文获奖。永州华利工贸公司制作并展示永州最高海拔（都庞岭主峰 2009. 3 米）长度米粉，免费提供 2000 碗华利米粉供市民品尝，市民赞口不绝，收到较好社会效益。同年 9 月 9—12 日，中国食品餐饮博览会在湖南国际会展中心举行永州市组团参赛。经过 3 天激烈角逐，永州市代表团获 3 枚奖牌，其中金奖 1 枚、铜奖 2 枚。是年 12 月 5 日，响应省政府弘扬工匠精神号召，大力培养和选拔优秀青年厨师长，抓好永州菜肴烹饪技艺创新，提高永州市厨师队伍整体技术竞争力。在省餐饮行业协会指导下，中国湘菜锅友汇携手永州餐饮行业协会，在永州友谊万喜登酒店举办“永州市最美厨师长”评选活动。省餐饮行业协会秘书长王桃珍、著名中国烹饪大师、湘菜大师王墨泉，中国湘菜大师、中国湘菜锅友汇总裁黄惠明及永州市政府有关方面领导、专家，以及来自全市参加评选活动青年厨师长，省内外优质食材企业负责人及美食爱好者 200 人参加这次评选活动。评选出“永州市最美厨师长” 35 人。永州市餐饮行业协会、双牌县阳明山阳明人家，加入中国湘菜锅友汇战略联盟单位。中国湘菜锅友汇授予永州友谊万喜登酒店、永州林海大酒店、双牌县阳明山阳明人家3家酒店“明星厨师长之家”。是年12月12日，祁阳县首届“姜、芋”文化节在祁阳县文明铺镇新塘角村文化广场举行，市餐饮协会受邀组织湘菜大师表演“姜、芋”菜肴，大师们精心制作“贵妃槟榔芋丝”、“拔丝槟榔芋”、“麻仁槟榔芋烙饼”、“姜辣鸭”、“江（姜）山多娇”等16道以姜、芋为原料菜肴。16道姜、芋菜肴犹如一幅灿烂多姿图画，色、香、味、形俱佳。菜品表演举办为乡村旅游、美丽乡村建设、餐饮产业发展启发新思路，为农村绿色食材直接进入餐桌提供新平台，为创新永州菜肴，提高菜品质量，促进餐饮行业发展，增添新途径，为农耕文化、乡村美食发展进行新尝试、注入新活力。

2017年，永州名厨专业委员会成立（隶属永州市餐饮行业协会、湖南省餐协名厨专业委员会备案），执行主任钱建军。旗下有注册中国烹饪大师5名、中国烹饪大师4名、中国湘菜大师12名、中国湘菜名师8名、国家职能竞赛注册裁判员2名、中国国家高级评委3名。同年12月9—22日，在零陵区春天广场举办“永州市首届美食、食材博览会”，有160家省内外企业参展，展示品牌1万种。永州食膳人家餐饮文化有限公司现场制作“永州血鸭·潇湘第一锅”。开幕式当天，4名湘菜大厨名师用特制直径1.8米大锅，一次性烹制118只每只3斤左右永州麻鸭，煮好后分成600份，用环保盒装好，分别送给环卫工人和现场市民免费品尝。次年5月，市餐饮协会组织故乡缘、九福楼、江南湘、喜尔顿、萍洲食府、田园生活等7家企业，赴南昌、鹰潭、丰城等3市9家特色餐企，开展为期4天考察学习。同年6月，市餐饮协会名厨委组织“首届精英厨师技艺交流会暨2018年特色食材品鉴会”。来自市内外28家优质食材企业，70家市内知名餐企老总及行政总厨参加。会议当天有60位永州名厨参加厨艺交流，10家餐企与食材企业签订供货意向合同。是年10月20日，在零陵区春天广场举办“东安鸡·百鸡宴”活动。“东安鸡”烹饪大师吴才云带领10名烹饪大厨，在直径2米宽的巨大铁锅里爆炒120只鸡150公斤鸡肉，4位著名厨师手持1.8米长铁铲，不停翻炒并添加各种佐料，30分钟后最大铁锅炒“东安鸡”在零陵春天广场出锅，赢得众人一片欢呼，1000名市民闻香而来排队品尝美味。

附：

“东安鸡”历史典故

早在晋惠帝永熙元年（公元290年），于应水之滨（今芦洪市镇）设立县治应阳县。相传就在县衙挂匾庆典仪式宴席上，本地名厨在制作一道叫“开口鸡”的菜肴时错把米醋当料酒，为了补救，情急之下加入当地生姜、花椒、辣椒以缓解酸味，不料宾客尝过之后胃口大开，个个赞不绝口，没想到一时的巧合竟创造出一道名菜。从此，醋鸡这道菜在当地民间传开。

清朝末年，湘军悍将席宝田由于镇压太平天国和贵州苗族起义有功而递升为太子少保，晚年称病归故，住在芦洪市镇伍家桥家乡。一次在家里宴请曾国潘、左宗棠等人，席间也有“醋鸡”这道菜，众人吃后赞不绝口，左宗棠问起菜名，席宝田想说“醋鸡”，可又感觉名字太土，正当支支吾吾时，曾国潘抢先说：这是席官保家鸡，自然叫“官保鸡”，从此这道菜就传到了宫廷。

民国时期爱国将领唐生智在南京设宴款待同僚，他的私人厨师是伍家桥人，席间也出“醋鸡”这道菜，同僚赞美之余问其菜名，唐将军正欲开口，坐在穿边的顾伯叙提醒说：家乡风味家乡菜，唐将军灵机一动接着说这是我们东安带过来的鸡自然叫东安鸡，东安鸡因此而出名。

1972 年 2 月，美国总统尼克松访华期间，伟人毛泽东设宴款待，席间有东安鸡这道菜，没想到尼克松吃后翘起大拇指连连称赞，因此“东安鸡”被列入国宴菜谱。如今，“东安鸡”名扬海外，联合国办公大楼里有东安鸡这道菜的照片。

附：永州市餐饮企业简介

永州市国家旅游四星级饭店

湖南南华大酒店有限公司 湖南南华大酒店有限公司建于 1994 年 12 月，由原零陵地区粮食局与香港惠联投资有限公司合资兴建，位于永州市冷水滩区潇湘路 33 号。1998 年 5 月 18 日开业，是永州市第一家豪华商务型酒店。2003 年 3 月，转为香港惠联投资有限公司独资经营。2005 年 9 月，被评定为国家旅游四星级饭店，是湖南省旅游饭店协会副会长单位，也是永州市首家国家旅游四星级饭店。酒店占地面积 30 亩，有主楼 1 栋、附楼 3 栋，建筑面积 5 万平方米，主楼高达 23 层（含地下室），楼顶设有旋转餐厅，可鸟瞰冷水滩城区全貌。

南华大酒店地处冷水滩城区繁华的金融商贸中心，邻近潇湘大桥、大学生创业城。酒店拥有各种类型客房 347 间（套），有自助餐厅、大小宴会厅 9 个，贵宾包厢 17 个，可同时容纳 1800 人就餐。酒店各种规格会议室 7 个，有休闲中心、剧院、KTV 包厢等康乐服务设施和商务中心。

南华大酒店坚持以顾客满意为服务唯一标准，提倡“热情、快捷、周到”服务，以专业、敬业、乐业职业作风赢得广大宾客认可，被指定为永州市大型会议和重要接待定点场所。酒店先后获“湖南省宾客最满意酒店”、“湖南省饭店金星奖”、“一类星级酒店”、“消费者信得过单位”，在永州乃至湖南省内树立良好品牌形象。

永州万喜登酒店有限公司　永州万喜登酒店有限公司建于2003年，由湖南省永州市万喜登旅游实业有限公司投资，按照国家旅游饭店五星级标准设计建造的现代文化旅游商务酒店。2007年4月营业。公司位于永州市冷水滩区零陵中路399号，是全国旅游星级饭店评定委员会正式评定的四星级饭店（编号：4340066）。酒店占地面积1.57万平方米，主楼高17层，附楼高8层，建筑面积3.8万平方米。拥有不同文化风格客房239间（套）。素有“宴席接待专家”之美誉，是永州最具影响力酒店。

永州万喜登酒店集味轩美食街融合现代口味与传统风格，荟萃各地特色小吃及圣保罗咖啡，西餐厅经营自助餐、中、西式菜点等，尽尝中西合璧精美佳肴。内设28间豪华贵宾雅阁和5个宴会厅，特聘名厨主理，精心打造各类宴席。

万喜登酒店设8间不同规格特色会议室，多功能厅均能容纳200—300人，另可承接各种会议、宴会、酒会以及大型商务活动。万喜登酒店秉承“责任、诚信、创新、敬业、共享”企业精神，团队专业、服务细致周到，问候诚挚亲切，使每一位宾客感受家的温馨。

祁阳百胜赛尔大酒店　祁阳百胜赛尔大酒店（原湖南鑫利大酒店），建于2006年11月，由湖南鑫利投资有限公司兴建，祁阳百胜赛尔大酒店商贸有限公司经营管理，集政务、住宿、餐饮、康体娱乐、商务接待综合服务于一体的综合性酒店，酒店位于祁阳县浯溪镇中兴路8号。2010年通过国家旅游饭店星级评定，挂牌四星级酒店（编号：4340054）。酒店占地面积3.96万平方米，总建筑面积4万平方米。

祁阳百胜赛尔大酒店背临原生态山林，东接陶铸文化广场。拥有一座17层圆弧形主楼。各种类型客房236间（套）、总床位417张，可同时容纳1600人就餐。另有不同规格会议室9个，夜总会、茶室、足浴、室外游泳池、国际多功能厅、休闲娱乐设施等一应具全；附设3栋欧式风格别墅楼，是修身养性绝佳之处。

祁阳百胜赛尔大酒店新颖人性化专业设计，精雕细琢装饰和配套齐全服务设施，给宾客营造一个方便、安全、舒适、亮丽消费环境，为每一位宾客提供热情、细微、温馨服务，必将成为湖南旅游酒店业一颗最璀璨明珠。

永州市特色餐饮企业

永州市豪骏林大酒店管理有限责任公司　永州市豪骏林大酒店管理有限责任公司（原永州友谊万喜登酒店）建于2011年12月，由万喜登旅游实业集团投资兴建，位于永州市冷水滩区双洲路57号。2017年6月，公司以租赁承包经营方式营业，为永州市委、市政府外事接待窗口。酒店占地面积9亩，有主楼1栋、附楼1栋，建筑面积1.1万平方米，是国家旅游局评定三星级酒店。2014年获“旅游产业发展优秀单位”、“湖南特色餐饮门店”。2017年，该店“东安鸡”获“湘菜美食文化节金牌招牌菜”、“永州市十大地方名菜金奖酒店暨永州市十大地方名菜标准化制作餐馆”。

豪骏林大酒店地处冷水滩区滨江广场风光带，邻近潇湘公园，是宾客出行和商务人士下榻首选。酒店拥有不同类型客房77间（套），能满足不同宾客各类需求。酒店美食城，中式餐饮品牌——越湘春食府，由湘菜大师精心烹饪湘菜美食，16间富丽堂皇贵宾厅，将中华饮食文化与皇家之华贵融为一体，美轮美奂多功能厅可同时容纳200人活动，3个大小不同会议室配备专业视听设备，可供各类会议召开。豪骏林大酒店秉承“以人为本，以客为尊”打造“绿色、健康、舒适”特色品牌服务理念，期待您的品鉴。

永州故乡缘餐饮管理有限公司 永州故乡缘餐饮有限公司建于2002年，公司位于祁阳县民生路白竹湖广场。公司旗下拥有6家餐饮品牌店面，加盟台湾“尊品牛排”等知名餐饮品牌行列，主要经营中西餐饮。

故乡缘餐饮，以打造“永州市城市美食名片”为目标，以“正宗永州菜代言”为使命，扎根永州乡土文化，深挖“湘江源”地理优势，将上苍赐予人们最宝贵新鲜原味食材，通过“轻烹饪”、“裸烹”手法，制作出放心美食，奉献给宾客。“人生如鸿雁，难忘是故乡”。苍劲有力10个金碧辉煌大字，勾起天下游人对家乡无穷思念，让过往客商顿足举望进店欣赏。故乡缘人，专注餐饮一件事，以食为媒，带动更多热爱餐饮行业创业者走向成功之路，让每一位食客回到故乡、回到家。

新田鼎丰国际大酒店 新田鼎丰国际大酒店（新田鼎丰大酒店）建于2005年2月，酒店位于湖南省新田县商业路68号。2008年9月18日开业，是新田县首家园林式星级豪华酒店。酒店集客房、餐饮、商务于一体，兼备商务旅行、休闲渡假及会议接待功能。2018年9月，被评定为国家旅游三星级饭店。酒店占地面积2.5万平方米，有主楼1栋、附楼2栋，建筑面积5万平方米。

新田鼎丰国际大酒店拥有各种类型客房101间（套），有自助餐厅、大小宴会厅4个、贵宾包厢16个，可同时容纳1200人就餐。会议室、休闲中心、KTV包厢等服务设施一应俱全。

潇湘意·戴斯酒店 潇湘意·戴斯酒店（原创发城戴斯酒店）建于2013年1月，由创发集团旗下潇湘意文旅投资兴建，酒店位于冷水滩区珊瑚路创发城。2016年11月18日营业，是联袂国际著名酒店管理公司——美国温德姆酒店集团戴斯酒店品牌委托管理一家国际四星级标准酒店。酒店占地面积1.5万平方米，有主楼1

栋，主楼高20层（不含地下室），建筑面积2万平方米。

戴斯酒店地处冷水滩区珊瑚路风景秀丽白竹湖畔，毗邻高铁站商圈核心地带，拥有各种风格类型客房177间（套），自助餐厅、大小宴会厅5个、贵宾包厢11个，可同时容纳1000人就餐。各种规格会议室5个，配有休闲中心、KTV包厢、高端商务、政务、贵宾接待等服务。

戴斯酒店秉持“精致不粗、高雅不俗、舒适不累”理念，将“湘楚文化”和“时尚商务”完美结合，集永州香草客房、谷源食府、潇湘书舍、石韵茶舍与摩崖石刻博物馆、美术馆、文创商业街于一体，融精品商务酒店服务，“细腻浓情”的潇湘待客之道，高品质历史人文食宿体验，是旅游度假、商务活动理想场所，是永州中高端商务文化活动基地。

永州市荣获湖南特色餐饮门店一览表

表5-4

酒店名称	地　址	法人代表	特色菜品	备注
永州友谊万喜登酒店	冷水滩区双洲路57号	黄青柳	东安鸡、永州血鸭、	
永州市香都大酒店	冷水滩区中山路1号	郑际敦	香都手抓骨、剁椒鱼头	
永州市柳子大酒店	零陵区柳子街	夏元春	永州大三鲜、永州异蛇	
东安县龙溪酒楼	东安县龙溪花园商业步行街	彭甘林	功夫东安鸡、龙溪喝螺、东安第一碗	
宁远县山水时尚酒店	宁远县九嶷南路666号	欧军红	宁远酿豆腐、特色牛扣	
江华县冯都毛庄家菜馆	江华县沱江镇沱江路锦绣江华西门入口	毛学政	毛庄红烧肉、瑶家包豆腐、江华十八酿	
祁阳县渔乐故乡	祁阳县沿江路浯溪桥头	黄　飞	石锅鱼、千岛湖鱼头	
道县新雅园大酒店	道县潇水中路538号	何金云	道州飞鹅、一品鲜	
双牌县阳明山阳明人家	双牌县阳明山景区内	钱建军	瑶家腊肉、阳明山烟笋	

永州市特色酒店一览表

表5-5

酒店名称	地　址	法人代表	特色菜品
豪骏林大酒店	冷水滩区双洲路57号	骆　云	秘制私房菜、潇湘双鲜
食和顺	冷水滩区翠竹路139号	屈胜利	国宴东安鸡、永州血鸭、水口山牛扣、稻香排骨

续表5-5

酒店名称	地　址	法人代表	特色菜品
戴斯国际大酒店	冷水滩区创发城	王育志	烧鸡公焖牛鞭、戴斯养生石斛汤
江南湘生态农庄	冷水滩区伊塘镇茶花村	蒋丹丹	砂锅老鸭、柴火老狗
黑凤凰富硒生态馆	冷水滩区源味街258号	王彩丽	泉水黑凤凰鸡、婆婆富硒蛋
新厨艺时尚餐厅	冷水滩凤凰园	罗宝民	秘制猪蹄
食膳人家	零陵区零陵古城	唐建峰	永州血鸭、鲜炒黄牛肉、一网河鱼、原创猪脚鸭
老渔翁、萍洲食苑	零陵区苏通国际、萍洲路	周小波	永州异蛇、鸭嘴鱼、水口山牛扣
海洋一号	零陵区前进街万发市场	向小军	刺身龙虾、鲍鱼煲土鸡
食在零陵待客之道	零陵区栗子东路	何小猛	原创碳烧鳊鱼、何大厨辣椒炒肉
故乡缘	祁阳县天宇第一城	黄　飞	故乡缘血鹅、祁阳曲米鱼
田园生活	祁阳复兴路	刘　雄	田园猪脚皇、田园辣白菜
功夫东安鸡	东安县龙溪花园商业步行街	彭甘林	功夫东安鸡、龙溪喝螺、功夫豆腐渣、东安第一碗
国宴东安鸡	东安县东安大道	蒋宗霖	国宴东安鸡、魔芋丸子、水岭羊肉
九嶷人间	宁远县冷江东路85号	胡志华	下灌水丸子、田螺牛排
星享大酒店	东安县滨江路1号	梁桂平	高岩湖三文鱼、香煎米粉肉
佳成国际大酒店	道县潇水中路	李思成	道州灰鹅
水浒传餐厅	宁远县九嶷南路	蔡慧平	宁远血鸭、宁远酿豆腐
永假日酒店	宁远县冷江东路1号	李启君	宁远血鸭、酿豆腐
冯都毛庄家菜馆	江华县沱江镇沱江路锦绣江华西门入口	毛学政	毛庄红烧肉、瑶家包豆腐、江华十八酿
女书大酒店	江永县五一北路	陶继新	江永油茶、江永刀秋鱼
鼎丰国际大酒店	新田县商业路68号	赵知成	盐焗蛇、醋水豆腐、酸辣牛百叶、新田血肠
大自然度假村酒店	双牌县阳明山	唐　新	阳明山腊肉、阳明山豆腐
炊烟阁青山腊肉制品厂	双牌县五里牌	胡综彩	土猪腊肉、腊猪脚

第五节　现代物流业

一、物流发展及项目建设

物流是经济运行“血脉”，其发展状况和物流成本高低，对区域经济发展、承接产业转移有着重要影响，是一个地区投资环境好坏重要体现，其意义已经远远超越物流产业发展本身。

2012 年，永州市被列入国家级农产品现代流通综合试点城市。是年，农产品现代流通综合试点项目 8 个，其中市中心城区 6 个，江华瑶族自治县 1 个，蓝山县 1 个。8 个项目获得国家财政补贴资金 2010 万元。

2013 年 6 月，永州市商务局对农产品现代流通综合试点项目进行落实检查：湖南恒惠食品有限公司产品收储冷链物流中心、湖南金鹰果业有限公司农产品产地集配中心、永州市仟家商贸有限公司生鲜加工（冷库）配送中心完工。江华六月香果业有限公司农产品气调保鲜冷链物流及农产品综合交易市场已完成建设任务。湖南果秀食品有限公司果蔬低温处理集配中心项目完成“三通一平”，主体工程正在建设中。进展相对较慢项目：永州市万商红商贸物流开发有限公司湘南万商红农产品批发市场项目，永州商业城有限责任公司永州市商业城农产品批发市场，蓝山新顺农牧业发展有限公司蓝山县 7000 吨气调保鲜（特色）农产品冷链物流项目。同年，市直商贸物流类重点项目 7 个，其中考核项目 6 个，重大项目 1 个。6 个考核项目年计划投资 6. 3 亿元，完成投资 7. 66 亿元，占年度计划 121. 59%。

2014 年，永州市域内注册资本 1000 万元以上物流企业 4 家，注册资本 500 至 1000 万元物流企业 8 家。全市货运量 7108 万吨，增长 1. 7%，货物周转量 165. 04 万吨公里，增长 5. 4%。全部物流行业总产出 130 亿元，增长 12. 1%，交通运输业和批发业占据主导地位，比重分别占全部物流产业总产出 45%和 33%。市直商贸物流类重点项目 7 个，其中 1 个重点工程，6 个重点项目。1—7 月完成投资额 7. 93 亿元，占年度计划 64. 5%。

2012—2014 年永州市货运量一览表

表 5-6

类　别	2012 年	2013 年	2014 年	年均增长
全社会货运量	5968 万吨	6898 万吨	7108 万吨	9.31%
货物周转量	136.23 万吨公里	156.58 万吨公里	165.04 万吨公里	10.17%
铁路货运量	193 万吨（永州站）	194 万吨（永州站）	192 万吨（永州站）	-1.03%
公路货运量	5501 万吨	6216 万吨	6334 万吨	7.45%
水运货运量	467 万吨	488 万吨	582 万吨	11.88%

2015 年，永州市商贸物流类重点项目 8 个，年计划投资 11.3 亿元，1—7 月完成投资额 7.3 亿元，完成年计划 63.99%，截至 11 月底，完成投资额 11.3 亿元。全市从事物流企业 310 家，物流产出 140 亿元，从业人员 1.5 万人。是年，永州市引进“全国货运智能配载交易平台——握物流”“阿里巴巴菜鸟物流”“京东电商物流”“日日顺配送”以及“德邦”“安能”“天地华宇”等科技含量较高的物流信息服务平台和全国品牌连锁物流企业。尤其是“握物流”作为全国性第 5 名智慧物流平台，实现平台集约化运营，解决货物与运输车辆多维度、精确智能匹配，从而达到大大降低物流成本。2016 年，“握物流”与永州市 11 家物流企业合作，在中心城区冷水滩区、零陵区设立两大实体运营中心和 36 个便民合作收（取）货网点。

二、物流主体

2013 年，永州市有交通运输、仓储和邮政业单位 299 家，从业人员 1.52 万人。其中，道路运输业 195 家，水上运输业 10 家，航空运输业 2 家，装卸搬运和运输代理业 27 家，仓储业 18 家、邮政业 47 家。主要分布在中心城区（冷水滩区、零陵区、凤凰园开发区）和祁阳县，其中，中心城区物流企业 126 家。年营业收入突破 1 亿元物流企业 1 家，即邦联医药物流公司。收入过 3000 万元物流企业 2 家，分别是永州市弟兄物流公司、中联物流公司。永州市物流企业以自营物流为主，祁阳湘妹食品自购 14 辆冷藏车，向湖南、湖北、广东、广西、贵州等地发运产品。湖南康联药房零售连锁有限责任公司成立永州市邦联医药物流有限责任公司，承担该公司医药产品物流配送业务。永州市仟家商贸有限公司建设配送中心，为连锁超市、社区便利店配送产品。域内第三方物流主要与市内传统企业长丰集团、湘江纸业、零陵卷烟厂、烟叶复烤厂、重庆国人啤酒等开展合作，这类物流公司有承揽长丰集团整车物流业务中联物流永州分公司，承担长丰集团产品零部件运送业务沈阳远通物流公司、永州市广丰物流公司、永州市永通物流公司等。域内有零担物流企业203家，其中，永州市弟兄物流公司是永州市最大零担物流企业，注册资本600万元，员工300人，大、小配送车辆70辆，年货运吞吐量20万吨，业务覆盖全市各县区，与长沙40家物流公司，广东、浙江、江苏等50家物流公司联营。

2013—2015年，永州市境内新型物流业态快速成长，电商物流、冷链物流、保税物流开始兴起。

三、物流基础设施

2014年底，永州市道路运输运营车辆2.1万辆，其中货车1.67万辆，客车4395辆。专用重载货车930辆，占运营货车比重5.56%，厢式车401辆，占运营货车比重2.4%。全市各类仓储设施438万平方米。公路通车里程2.3万公里，每百平方公里公路密度102.86公里，其中，高速公路489公里、一级公路85公里、二级公路1010公里、三级公路600公里、四级公路1.87万公里、等外公路2195公里。11个县区实现1小时内上高速公路，形成以高速公路、国省道为主骨架干线网络。公路站场体系完善，全市有等级客运站95个、招呼站737个，形成以一级站为枢纽、二级站为主导、农村客运站为补充，辐射全市、连接周边省区客运站场服务网络。全市开通公路客运班线986条，日发班次1万个，省际客运班线辐射全国9个省市区115个城市，直达快速客运班线覆盖全市各县区。乡镇通客车率100%，行政村通客车率97.88%。民航开通永州—长沙、昆明、深圳航班。2013年、2014年，永州机场旅客吞吐量、货邮吞吐量分别为2.8万人、5.32万人和7430公斤，增长趋势非常明显。

四、物流类别

（一）电商物流

2015年，永州市有电商企业、个体工商户2012家，商品销售到全国各地，营业额过千万元17家。其中，希尔药业以跨境电商为方向，以自有平台“维他购”为基础，借助天猫、京东等第三方平台，形成全线上模式，2月初开始试运营，营业额2000万元人民币（预计2018年销售额可达到人民币2亿元以上）。2014年，永州异蛇科技被评为湖南省电子商务重点企业。电商业务发展，直接促进第三方物流、快递运输发展。目前，全市有93家快递企业。是年，全市快递业务量379.49万件，同比增长28.22%。

（二）冷链物流

冷链物流以自营物流为主，永州市中心城区主要有恒惠冷链物流、金鹰果业冷链物流两家代表性企业。恒惠冷链物流拥有-18℃低温物流配送车2台，0-4℃冷链配送车6台，发货城市主要有广州、深圳、昆明、长沙、郑州等地。2014年，恒惠冷链物流实现产值1.21亿元，近3年平均增长超过30%。金鹰果业冷链物流拥有一座7000吨农副产品贮藏保鲜气调恒温库，2013年、2014年，通过金鹰冷链物流平台流转的各类农副产品分别达到2万吨、3.2万吨。县（区）以祁阳县、道县、江华瑶族自治县3县为代表，祁阳县有3万余吨冷冻冷藏库容，冷链配送车20辆。道县有2.2万吨冷冻冷藏库容，冷链车辆16台。江华瑶族自治县六月香果业公司投资3亿元建设江华国际农贸港，配建一座5000吨气调库。

2013、2015年永州市快递业务总量对比示意图

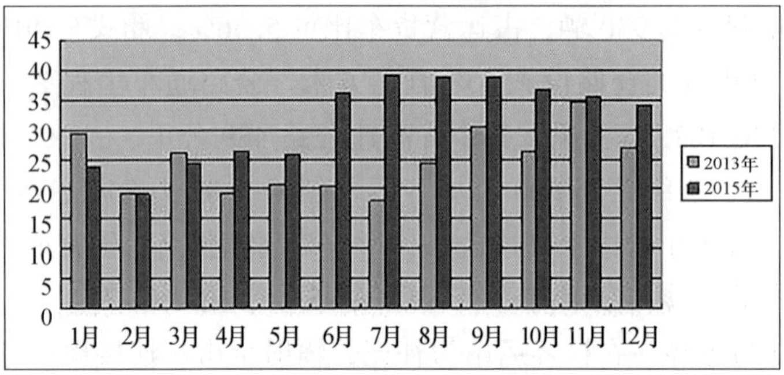

（三）保税物流

2014年，域内保税物流开始萌发，蓝山县工业园保税仓库（占地面积6000平方米）12月营运。祁阳宝达食品出口物流由长沙报关公司承办，2014年出口额600万美元。

2018年，永州市第一个保税仓库和出口监管仓库在江华瑶族自治县建成启用，原国家质检总局富硒食品检测区域性中心实验室竣工。

第六节　特种行业

一、典当

2002年10月，永州市隆兴典当有限责任公司经国家商务部批准成立，为永州市首家典当企业，注册资本518万元，法定代表人申国亮，经营地址永州市凤凰路创发商城。

2005年10月，永州市民众典当有限责任公司经国家商务部批准成立，注册资

本1000万元。公司成立后，在2006年3月前开展业务2笔，其后一直未开展业务。

2006年7月，永州市兴湘典当有限责任公司经国家商务部批准成立，注册资本1000万元，法定代表人赵玲，经营地址永州市冷水滩区双洲路228号。是年，永州市商务局对典当行业组织年检年审，兴湘典当行被评为A级。

2008年11月，永州市义和典当有限责任公司经国家商务部批准成立，注册资本1000万元，法定代表人肖永国，从业人员21人，经营地址永州市冷水滩区潇湘东路南侧（2015年5月，被湖南省商务厅终止经营许可）。

2010年2月，永州市永成典当有限责任公司经国家商务部批准成立，注册资本1000万元，法定代表人谢国良，从业人员8人，经营地址永州市冷水滩区凤凰园银竹家园紫竹区步行街C栋C1、C2门面。是年，境内4家典当行注册资本总额为3518万元，全年发生典当业务50笔，典当总额3297万元，上缴税金15.57万。典当行当票使用合规，综合费率都是按照典当管理办法中的规定收取，不存在以合同代替当票和“账外挂账”等现象。

2011年4月，永州市融成典当有限责任公司经国家商务部批准成立，注册资本1000万元，法定代表人雷功阳，从业人员7人，经营地址永州市东安县东安大道门面。同年4月，永州市红季典当有限责任公司经国家商务部批准成立，注册资本1000万元，法定代表人吕柏艳，从业人员13人，经营地址永州市双牌县泷泊镇紫阳路。是年，域内共有典当公司6家，其中中心城区4家，东安县1家，双牌县1家。6家公司共有从业人员45人，注册资本总额5518万元，均没设立分支机构。2011年年审，6家典当行全年发生典当业务89笔，典当总额9095.3万元，上缴税金52.7万元，利润137.4万元。

2012年4月9日，湖南省商务厅批准永州市2011年度新成立4户典当行：永州天铭典当有限责任公司（冷水滩）、祁阳县随益成典当有限责任公司、宁远县舜发典当有限责任公司、东安县大中小典当有限责任公司。其中永州天铭典当有限责任公司注册资本2000万元，法定代表人陈庆延，经营地址永州市冷水滩区长丰大道6号（冷水滩区零陵南路与长丰大道交汇处）。东安县大中小典当有限责任公司注册资本1000万元，法定代表人漆小群，经营地址东安县城建设东路30号。宁远县舜发典当有限责任公司注册资本1000万元，法定代表人刘德仁，从业人员12人，经营地址宁远县舜陵镇泠南路14号门面。祁阳县随益成典当有限责任公司注册资本1000万元，法定代表人肖顺清，从业人员5人，经营地址祁阳县浯溪中路403号。

2013年，全市10家典当企业注册资本总额10518万元，全年发生典当业务393笔，典当总额12454.46万元，上缴税金51.57万元，除亏损的1家典当公司外，其余9家税后利润共82.54万元。典当行的当票使用合规，不存在以合同代替当票和“账外挂账”等现象。

2014年，永州市宝商典当有限责任公司经省商务厅批准成立，注册资本2000万元，法定代表人张革平，从业人员4人，经营地址永州市零陵区黄古山中路39号。同年，祁阳县宝丰祥典当有限责任公司经省商务厅批准成立，注册资本1000万元，法定代表人邓利民，从业人员5人，经营地址祁阳县浯溪镇中兴路鑫利政中央小区A-7号商铺。湖南省盈泰典当有限公司经省商务厅批准成立，注册资本1500万元，法定代表人谢志刚，从业人员4人，经营地址祁阳县浯溪镇金盆西路。永州市财路典当有限公司经省商务厅批准成立，注册资本1000万元，法定代表人宋爱军，从业人员7人，经营地址道县道州北路99号。

2015年2月，宁远县九嶷典当有限公司经省商务厅批准成立，注册资本1500万元，法定代表人郑生勇，从业人员3人，经营地址宁远县舜陵镇冷江东路60号。同年4月，湖南省安邦典当有限公司经省商务厅批准成立，注册资本500万元，法定代表人谢运娟，从业人员4人，经营地址新田县龙泉镇公园路东面天马御都3栋108号门面。

2016年6月，蓝山县诚信典当有限责任公司经省商务厅批准成立，注册资本500万元，法定代表人王丽兰，从业人员13人，经营地址蓝山县塔峰镇广园街2号。

截至2016年6月，永州市境内共有典当行17家，总注册资本1.85亿元。

2018年7月3日，永州市宝商典当有限公司、永州市财路典当有限公司、永州市隆兴典当有限公司3家典当企业主要负责人没有精力顾及典当经营，年检时不提供相关年检资料，湖南省商务厅对这3家典当企业予以终止经营，收回《典当经营许可证》处理。

2010—2016年永州市典当企业一览表

表5-7

序号	典当行名称	住　所	法定代表人	注册资本（万元）	许可证编码	批准时间
1	永州天铭典当有限责任公司	永州市冷水滩区长丰大道6号1楼门面	陈庆延	2000	43204A10011	2012.04
2	永州市永成典当有限责任公司	冷水滩区河东双洲路400、402号	谢国良	1000	43146A10009	2010.02
3	永州市兴湘典当有限责任公司	冷水滩区双洲路228号	赵　玲	1000	43064A10006	2016.7

续表5-7

序号	典当行名称	住　　所	法定代表人	注册资本（万元）	许可证编码	批准时间
4	祁阳随益成典当有限公司	祁阳县浯溪中路403号	肖顺清	1000	43205A10011	2012.06
5	祁阳县宝丰祥典当有限责任公司	祁阳县浯溪镇中兴路鑫利政中央小区A-7号商铺	邓利民	1000	43263A10013	2014.04
6	湖南省盈泰典当有限公司	祁阳县浯溪镇金盆西路	文　斌	1500	43261A10013	2014.04
7	东安县大中小典当有限责任公司	东安县建设东路30号103~107号门面	漆小群	1000	43207A10011	2012.04
8	永州市融成典当有限责任公司	东安县东安大道门面	雷功阳	1000	43183A10010	2011.04
9	宁远县九嶷典当有限公司	宁远县舜陵镇冷江东路60号	郑生勇	1500	43283A10014	2015.02
10	蓝山县诚信典当有限公司	蓝山县塔锋镇广园街2号	王丽兰	500	43299A10015	2016.06
11	宁远县舜发典当有限公司	宁远县舜陵镇泠南路14号门面	刘德仁	1000	43206A10011	2012.04
12	湖南省安邦典当有限公司	新田县龙泉镇公园东路东面天马御都3栋108号门面	谢运娟	500	43289A10014	2015.04
13	永州市宝商典当有限责任公司	永州市零陵区黄古山路39号	张革平	2000	43262A10013	2014.04
14	永州市财路典当有限公司	道县道州北路99号	宋爱军	1000	43264A10013	2014.04
15	永州市红季典当有限责任公司	双牌县泷泊镇紫阳路	廖耀文	1000	43182A10010	2011.04

2011 年永州市典当行业经营情况表

表 5-8　　金额单位：万元

序号	机构名称	许可证编码	实收资本	业务笔数	典当余额	典当总额				利息及综合服务费收入				绝当销售收入	上缴税金	税后利润	亏损额	从业人数	年审结论
						小计	动产	房地产	财产权利	小计	动产	房地产	财产权利						
1	永州市隆兴典当有限责任公司	43032A10002	518	24	451	662. 7	290. 7	372	0	91. 6	32. 5	59. 1	0	0	9. 6	5. 1	0	12	A
2	永州市兴湘典当有限责任公司	43064A10006	1000	20	977	2267	316	801	1150	48. 6	3. 7	26. 6	18. 3	0	3. 6	23. 1	0	10	A
3	永州市义和典当有限责任公司	43112A10008	1000	7	450	470	50	420	0	87. 4	0. 8	86. 6	0	0	5	0. 6	0	21	A
4	永州市永成典当有限责任公司	43146A10009	1000	15	620	620	469	151	0	59	41	18	0	0	3	38	0	8	A
5	永州市融成典当有限责任公司	43183A10010	1000	12	683	4410	0	4410	0	122. 5	0	122. 5	0	0	30. 3	70. 6	0	7	A
6	永州市红季典当有限责任公司	43182A10010	1000	12	615	685. 6	375. 6	310	0	20. 1	17. 2	3. 8	0	0	1. 2	-47. 1	7. 1	13	A
合计			5518	90	3385	9115. 3	1501. 3	6464	1150	429. 2	95. 2	316. 6	18. 3	0	52. 7	90. 3	47. 1	71	

2018 年永州市典当企业经营情况表

表 5-9　　金额单位：万元

序号	机构名称	许可证编码	实收资本	业务笔数	典当余额	典当总额				利息及综合服务费收入				绝当销售收入	上缴税金	税后利润	亏损额	从业人数	年审结论
						小计	动产	房地产	财产权利	小计	动产	房地产	财产权利						
1	永州天铭典当有限责任公司	43204A10011	2000	3	250.0	272.8	72.8	0.0	200.0	0.9	0.9	0.0	0.0	0.0	0.0	-3.0	3.0	4	A
2	永州市永成典当有限责任公司	43146A10009	1000	5	967.0	430.0	330.0	100.0	0.0	16.0	7.0	9.0	0.0	0.0	0.0	0.0	0.0	11	A
3	永州市兴湘典当有限责任公司	43064A10006	1000	2	43.0	65.0	15.0	50.0	0.0	10.2	1.3	0.0	8.9	0.0	0.0	4.4	0.0	5	A
4	祁阳随益成典当有限公司	43205A10011	1000	7	870.0	870.0	660.0	210.0	0.0	12.3	4.6	7.7	0.0	0.0	0.0	-4.1	4.1	3	A
5	祁阳县宝丰祥典当有限责任公司	43263A10013	1000	2	1.0	4.5	4.5	0.0	0.0	0.7	0.7	0.0	0.0	0.0	0.0	-22.2	22.2	5	A
6	湖南省盈泰典当有限公司	43261A10013	1500	24	1382.8	1382.8	527.4	210.0	645.4	44.2	19.8	11.4	13.0	0.0	0.0	-20.3	20.3	3	A
7	东安县大中小典当有限责任公司	43207A10011	1000	18	992.0	951.0	350.0	351.0	250.0	44.9	29.6	2.1	13.2	0.0	0.7	-13.8	13.8	11	A
8	永州市融成典当有限责任公司	43183A10010	1000	2	125.7	125.7	125.7	0.0	0.0	4.7	4.7	0.0	0.0	0.0	0.0	-0.9	0.9	7	A

续表5-9

序号	机构名称	许可证编码	实收资本	业务笔数	典当余额	典当总额				利息及综合服务费收入				绝当销售收入	上缴税金	税后利润	亏损额	从业人数	年审结论
						小计	动产	房地产	财产权利	小计	动产	房地产	财产权利						
9	宁远县九嶷典当有限公司	43283A10014	1500	1	3. 1	1. 0	1. 0	0. 0	0. 0	0. 03	0. 03	0. 0	0. 0	0. 0	0. 01	−2. 5	2. 5	3	A
10	蓝山县诚信典当有限公司	43299A10015	500	21	4. 2	8. 2	8. 2	0. 0	0. 0	0. 7	0. 7	0. 0	0. 0	0. 0	0. 01	−11. 3	11. 3	4	A
11	宁远县舜发典当有限公司	43206A10011	1000	0	335. 0	0. 0	0. 0	0. 0	0. 0	1. 2	0. 0	1. 2	0. 0	0. 0	0. 0	−38. 3	38. 3	8	B
12	湖南省安邦典当有限公司	43289A10014	500	1	0. 0	100. 0	0. 0	100. 0	0. 0	0. 1	0. 1	0. 0	0. 0	0. 0	0. 0	−2. 6	2. 6	3	B
13	永州市宝商典当有限责任公司	43262A10013	2000	0	0. 0	0. 0	0. 0	0. 0	0. 0	0. 0	0. 0	0. 0	0. 0	0. 0	0. 0	0. 0	0. 0	0	c
14	永州市财路典当有限公司	43264A10013	1000	0	0. 0	0. 0	0. 0	0. 0	0. 0	0. 0	0. 0	0. 0	0. 0	0. 0	0. 0	0. 0	0. 0	0	c
15	永州市红季典当有限责任公司	43182A10010	1000	0	0. 0	0. 0	0. 0	0. 0	0. 0	0. 0	0. 0	0. 0	0. 0	0. 0	0. 0	0. 0	0. 0	0	c
合计			17000	86	4973. 8	4211	2094. 6	1021	1095. 4	135. 93	69. 43	31. 4	35. 1	0. 0	0. 72	−114. 6	119	67	

截止至本年末，辖区内行政县数：9 个　　其中：没有设立典当行的县 2 个。

二、拍卖

2001年1月，永州市土地招标拍卖有限公司，经湖南省财贸领导小组办公室批准成立，为永州首家拍卖企业，注册资本为100万元，法定代表人为徐枫，从业人数15人，经营地址永州市湘永路89号（市国土局）。同年4月，永州市潇湘拍卖有限公司经湖南省内贸行业管理办公室批准成立，注册资本为110.85万元，法定代表人为陈建辉，从业人员22人，经营地址永州市冷水滩区清桥路17号。10月，永州市金诚拍卖有限公司，经湖南省内贸行业管理办公室批准成立，注册资本100万元，法定代表人为唐美桂，从业人员20人，经营地址永州市零陵区潇湘中路二轻局内。

2002年8月，永州市龙腾拍卖有限公司经湖南省内贸行业管理办公室批准成立，注册资本为100万元，法定代表人为李华清，从业人员12人，经营地址永州市冷水滩区双洲路63号。同年12月，永州市兴达拍卖有限公司经湖南省内贸行业管理办公室批准成立，注册资本100万元，法定代表人唐萍桂，从业人员7人，经营地址永州市江华县萌渚路37号。是年，全市拍买行共举行拍卖会54场，拍卖成交额4335万元。主管单位永州市内贸工作领导小组办公室在全省内贸工作会上被授予全省内贸系统先进单位称号。

2003年1月，永州市物佳拍卖有限公司经湖南省内贸行业管理办公室批准成立，注册资本100万元，法定代表人陈志东，从业人员8人。经营地址原为永州市道县道州南路，后经营地址变更为永州市道县道江镇濂溪南岸109号。同年7月，永州市正大拍卖有限公司经湖南省内贸行业管理办公室批准成立，注册资本100万元，法定代表人杨水光，从业人员7人，经营地址永州市新田县龙泉镇迎宾路92号。

2004年8月，湖南金地拍卖有限公司经湖南省商务厅批准成立，注册资本200万元，法定代表人熊祖轩，从业人员17人，经营地址永州市冷水滩区湘永路市国土资源局门口。同年10月，永州金马拍卖有限责任公司经湖南省商务厅批准成立，注册资本100万元，法定代表人刘洪，从业人员12人，经营地址永州市百万庄6号路。12月，永州大成拍卖有限公司，经湖南省商务厅批准成立，注册资本100万元，法定代表人邓步韫，从业人员10人，经营地址永州市冷水滩区湘永路55号。同月，永州市金锤拍卖有限公司经湖南省商务厅批准成立，注册资本100万元，法定代表人李丽梅，从业人员8人，经营地址永州市冷水滩区翠竹路14号。

截至2004年年底，永州市境内有拍卖行业12家，拥有注册拍卖师27人。2004年举办拍卖会241场，拍卖成交总额9.45亿元，比上年翻一番。

2005年5月，永州市竞利拍卖有限公司，经湖南省商务厅批准成立，注册资本102万元，法定代表人李唐敏，从业人员8人，经营地址永州市冷水滩区湘永路。是年，永州市从事拍卖经营活动的有13家拍卖企业。按照湖南省商务厅文件精神，永州市商务局对全市拍卖行业进行认真清理整顿，验收合格的企业有：金地拍卖公司、大成拍卖公司、土地拍卖公司、金锤拍卖公司、兴达拍卖公司、潇湘拍卖公司、物佳拍卖公司。验收基本合格但需整顿的有：金诚拍卖公司（缺一名从业资格人员）、金马拍卖公司（拍卖师、从业资格人员流失）、正大拍卖公司（拍卖师流失）、龙腾拍卖公司（缺一名从业资格人员）。验收不合格的有：永州市拍卖公司（拍卖师、从业资格人员流失，半年多未开展业务）、竞利拍卖公司（开业半年多未开展拍卖业务，缺一名从业资格人员）。

2006年1月，永州市大鸿拍卖有限公司经湖南省商务厅批准成立，注册资本100万元，法定代表人蒋兴坤，从业人员10人，经营地址永州市祁阳县机安路206号。是年，根据湖南省商务厅年初核查结果，永州市有9家拍卖公司顺利通过，有3家公司有待整顿规范，1家拟取消拍卖资格。

2008年4月，永州市顺昌拍卖有限公司经湖南省商务厅批准成立，注册资本108万元，法定代表人解望，从业人员5人，经营地址永州市冷水滩区翠竹路93号（2015年7月，公司已申请注销）。同年7月，永州市政旭拍卖有限公司经湖南省商务厅批准成立，注册资本100万元，法定代表人黄政军，从业人员7人，经营地址永州市冷水滩区河东潇湘路49号。

2011年5月，永州市金禧拍卖有限公司经湖南省商务厅批准成立，注册资本201万元，法定代表人盘继玉，从业人员6人，经营地址永州市冷水滩区凤凰园招商大厦606室。

2013年4月，湖南霞光拍卖有限公司经湖南省商务厅批准成立，注册资本201万元，法定代表人李明霞，经营地址永州市冷水滩区清桥路86号滨江豪园华景苑704室。同年12月，湖南东辰拍卖有限责任公司经湖南省商务厅批准成立，注册资本200万元，法定代表人何黄滔，经营地址永州市零陵区日升开发区。

2014年7月，祁阳县盈峰拍卖有限公司经湖南省商务厅批准成立，注册资本300万元，法定代表人唐忠明，经营地址永州市祁阳县浯溪镇金盆西路。

2015年，永州市共有16家拍卖企业，其中冷水滩区10家，零陵区2家，祁阳县1家，道县1家，江华瑶族自治县1家，新田县1家。是年，湖南霞光拍卖有限公司、永州市物佳拍卖有限公司、永州市潇湘拍卖有限公司、永州市正大拍卖有限公司、永州市政旭拍卖有限公司、永州市金诚拍卖有限公司6家拍卖企业开展了拍卖业务，还有8家拍卖企业如嘉瑞、金地、金锤、竞利、东辰、金马、大鸿、盈峰没有开展拍卖业务。湖南博赢拍卖有限公司申请注销，永州市土地招标拍卖有限公司因股东之间权益纠纷，正在走法律程序。根据《湖南省商务厅关于开展全省拍卖清理工作的通知》，永州市商务和粮食局成立以局长邓群任组长，分管副局长李烨为副组长的领导小组，对全市拍卖企业进行全面清理。域内 15 家拍卖企业，清理合格的拍卖企业只有 1 家，限期整改的拍卖企业 14 家。

2017 年 2 月，永州融银拍卖有限公司经湖南省商务厅批准成立，注册资本 100 万元，法定代表人何鹏，经营地址道县潇水南路 309 号。

2001—2018 年永州市拍卖企业一览表

表 5-10

序号	企业名称	证书编码	注册资本（万元）	法人代表	成立时间	初审意见	地址
1	永州市潇湘拍卖有限公司	4300841100002001	110.85	陈建辉	2001.4	限期整改	冷水滩区零陵北路房产局内
2	湖南嘉瑞拍卖有限公司	4300801100002002	200	唐承南	2012.12	限期整改	江华瑶族自治县荫诸路
3	湖南金地拍卖有限公司	4300821100002004	200	陈凯文	2004.8	限期整改	冷水滩区湘永路 89 号
4	永州市物佳拍卖有限公司	4300831100002002	100	陈志东	2003.1	限期整改	道县道江镇濂溪南岸 109 号
5	永州市政旭拍卖有限公司	4302161100002008	100	阳建平	2008.7	合　格	冷水滩区潇湘路 49 号
6	永州市金锤拍卖有限公司	4300851100002004	100	李东湘	2004.12	限期整改	冷水滩区翠路 14 号
7	永州市竞利拍卖有限公司	4301851100002007	102	冷发新	2007.11	限期整改	冷水滩区伍家巷
8	永州市金诚拍卖有限公司	4300861100002001	100	唐美桂	2001.10	限期整改	零陵区潇湘中路
9	永州市正大拍卖有限公司	4301751100002003	102	杨水光	2003.7	限期整改	新田县龙泉镇迎宾路 92 号
10	湖南霞光拍卖有限公司	4302841100002013	201	李明霞	2013.4	限期整改	冷水滩区清桥路 86 号
11	湖南东辰拍卖有限责任公司（全国拍卖管理系统没有）	4302941100002013	200（企业上传信息）	何黄滔	2013.12	限期整改	零陵区日升开发区
12	永州市金马拍卖有限责任公司	4301761100002004	100	刘厚平	2004.5	限期整改	冷水滩区珊瑚东路
	永州市金马拍卖有限责任公司（全国拍卖管理系统有）		市州申请取消	蔡丽明			系统里有 2 家金马公司，法人不同
13	永州市大鸿拍卖有限公司	4301741100002005	100	蒋兴坤	2006.1	限期整改	冷水滩区梅湾路延伸路 1 路

续表5-10

<table>
<tr><th>序号</th><th>企业名称</th><th>证书编码</th><th>注册资本（万元）</th><th>法人代表</th><th>成立时间</th><th>初审意见</th><th>地　　址</th></tr>
<tr><td>14</td><td>祁阳县盈峰拍卖有限公司（全国拍卖管理系统没有）</td><td>4303061100002014</td><td>300（企业上传信息）</td><td>唐忠明</td><td>2014. 7</td><td>限期整改</td><td>祁阳县浯溪镇金盆西路</td></tr>
<tr><td>15</td><td>永州市土地招标拍卖有限公司</td><td colspan="6">该公司成立于2000年2月7日，隶属永州市国土局管理。2011年12月6日，永州市国土局向永州政府申请解散该公司并进行清算，在清算过程中，因公司权益纠纷，公司16位股东起诉清算组。2014年11月13日，永州市中院作出判决，清算组对判决不服，于2015年3月向省高院申请上诉。永州市商务局意见：待省高院判决后，要求公司按照程序给予注销。</td></tr>
<tr><td></td><td>湖南龙腾拍卖有限公司（全国拍卖管理系统有）</td><td>湘商流通〔2015〕23号</td><td colspan="2">2015年2月28日，迁至长沙开福区湘雅路188号市州申请取消</td><td></td><td></td><td></td></tr>
<tr><td></td><td>永州市金地拍卖有限公司（全国拍卖管理系统没有）</td><td colspan="3">2010年10月20日，工商已迁出，市州申请取消</td><td></td><td></td><td></td></tr>
<tr><td></td><td>永州市金禧拍卖有限公司（全国拍卖管理系统没有）</td><td colspan="3">2014年6月17日，工商已迁出，市州申请取消</td><td></td><td></td><td></td></tr>
<tr><td></td><td>湖南博赢拍卖有限公司</td><td>4300791100002004</td><td>市州申请取消</td><td>张亚玉</td><td>2012. 6</td><td>取消经营资格</td><td>冷水滩区梅湾路147号</td></tr>
</table>

第七节 成品油

2005年，永州市成品油市场供需平稳。1—7月，全市销售成品油11.38万吨，比去年同期的9.9万吨增加1.48万吨。8月开始，市场供求出现矛盾，8月1日—15日全市应供应成品油8100吨，实际供应成品油6500吨。8月16日开始至12月底，全市成品油市场供应形势更趋紧张，每个月为保证生产生活需要供应成品油1.63万吨，实际有效供应量只能1.4万吨，每月缺口0.23万吨。全市有成品油库4座，仓储容量2.63万立方米，仓储设施全部为中国石化和部队拥有。中石油于2003年底才进入永州市场，无仓储设施，按照永州市成品油年消费油量计算，社会储量应不低于4.2万立方米才能确保社会成品油市场供应，达到国家规定地级储备油量不低于60天社会消费和安全储量，以应对突发事件需要，达到应急预案要求。永州市成品油零售网点布局特别是中国石油城区零售网点太少，截至2005年4月底，全市保留加油站221座，其中中国石化加油站109座，占49%，社会加油站101座，占46%，中国石油加油站11座，占5%。在全市保留221座加油站中，11个县区城区拥有加油站73座，其中中国石化加油站56座，占76.7%，社会加油站17座，占23.3%，中国石油加油站0座。全市规划新（迁）建103座（新建52座，迁建51座）加油站中，中国石油取得加油站经营审批资格11座，占10.68%，其中城区5座。

2006年，中国石化和中国石油两大公司销售成品油24.24万吨，同比增长24.05%，增幅居全省第一。是年，成品油价格稳定，3月26日、5月24日两次价格上调政策出台后，全市都严格按调价政策执行。5月24日以来，成品油零售价格一直稳定在90#汽油4.69元/升，93#汽油5元/升，97#汽油5.31元/升，0#柴油4.76元/升，全年没有出现违规调价现象。是年，永州市2004年至2010年加油站行业发展规划微调工作和全市农村柴油零售点行业发展规划编制工作完成。柴油零售点规划完成速度居全省第一，全市2004—2010年加油站行业发展规划微调工作属全省首创，两项工作受到省厅领导高度赞赏。

2008年，永州市对成品油价格按调价政策严格执行，完成对全市250个加油站点年度检查，对7个成品油批发企业、4个仓储企业进行年检初审上报省厅通过。是年，中国石化和中国石油两大石油公司在永州市成品油市场销售成品油32.16万吨，完成年计划30.20万吨106.5%，同比增长14.7%。

2013 年，永州市成品油销售 45. 23 万吨（其中中国石化永州分公司销售 34. 76 万吨，占总量 76. 86%；中国石油永州分公司销售 10. 47 万吨，占总量 23. 14%），同比增长 12. 4%。

2015 年 1—6 月，永州市成品油销售 28. 56 万吨（其中中国石化永州分公司销售 22. 38 万吨，中国石油永州分公司销售 6. 18 万吨），同比增长 9. 8%。

2016 年，中国石化、中国石油永州分公司每月开展市场调研，随时了解客户动向，掌握市场动态，调整营销策略，与海螺水泥、华新水泥等 20 家重点客户续签购油协议。是年，中国石化永州分公司完成销售总量 33. 83 万吨，其中汽油 17. 86 万吨、柴油 15. 97 万吨，销售额 23. 51 亿元。中国石油永州分公司完成销售总量 10. 59 万吨，，其中汽油 5. 89 万吨、柴油 4. 70 万吨，销售额 6. 30 亿元（不含税）。

2017—2018 年，响应和配合市委、市政府《关于实施开放崛起战略建设开放强市的实施意见》，实现“打造创新开放新高地、建设品质活力新永州”工作目标。中国石化永州分公司、中国石油永州分公司制定一系列新战略部署，为永州建设开放强市做出应有贡献。

2017 年，中国石化永州分公司完成销售总量 33. 16 万吨，其中汽油 18. 88 万吨、柴油 14. 28 万吨，销售额 25. 70 亿元。中国石油永州分公司完成销售总量 11. 54 万吨，其中汽油 6. 60 万吨、柴油 4. 94 万吨，销售额 7. 47 亿元（不含税）。

2018 年，中国石化永州分公司完成销售总量 31. 57 万吨，其中汽油 19. 12 万吨、柴油 12. 46 万吨，销售额 28. 11 亿元。中国石油永州分公司完成销售总量 11. 83 万吨，其中汽油 7. 10 万吨、柴油 4. 73 万吨，销售额 8. 94 亿元（不含税）。

第八节　家电下乡

2008 年 12 月，永州市开展家电下乡工作。到 2009 年 12 月 31 日，全市备案家电下乡销售网点 755 家，销售家电下乡产品 14. 98 万台（部），其中彩电 3. 18 万台，冰箱 7. 30 万台，洗衣机 2. 12 万台，手机 7819 部、热水器 4695 台，空调 8152 台，微波炉 156 台，电磁炉 593 台，计算机 2359 台，实现销售额 2. 63 亿元，发放补贴资金 2998. 5 万元。销售额占比名列全省第 8 位。根据湖南省商务厅有关文件精神，对全市 13 个县区（管理区）商务部门主管人员逐一单独进行备案文件精神传达及备案系统网上操作培训，在省商务厅确定时间内核准首批 463 家家电下乡销售指定店，在永州商务之窗信息网向社会公布。是年，组织全市 463 家 500 名核准备案销售网点操作人员和各县区商务局工作人员参加《家电下乡信息管理系统》操作培训。通过培训，参训人员掌握《家电下乡信息管理系统》基本知识及家电下乡相关政策，与湖南省、永州市广播电视台联合制作22期关于家电下乡政策宣讲专题节目；与永州市移动公司、联通公司合作，群发家电下乡短信90万条；与市邮政局联合制作《服务“三农”、家电下乡专刊》10万份，免费发放到全市各村组，扎实开展为期1个月“家电下乡宣传月”活动。

2009年2月19日，市商务局、市财政局联合印发《永州市家电下乡推广工作实施方案》。依据文件精神，冷水滩区商务局印制“家电下乡”惠民政策宣传资料2000份，组织工作人员到市区人大政协会议和经济工作会议上发放，在各销售网点悬挂横幅标语300条，联合企业用大蓬车下乡宣传5天，发放资料1万份。到3月4日，冷水滩区销售家电下乡产品904件，销售额142万元，上缴各类税收10万元。其中冰箱334台，占销售总量36%；彩电243台，占23%；手机12台，占1%；洗衣机315台，占35%。补贴申报137件，金额28.982万元。全市备案家电下乡销售网点755家。

2010年10月，永州市开展家电下乡产品标识卡专项检查，市商务局会同市财政局、市经委等部门，按南北两个片区，组成2个检查小组。10月18—21日，到9县2区家电下乡销售网点进行检查（抽查）销售网点98个。没有发现销售网点抽卡销售、未规范录入非补贴用户购买信息以及以机卡分离方式转移标识卡等行为，没有发现企业、个人倒卖标识卡，中标生产企业对非家电下乡产品配发标识卡，对一件产品配置多张标识卡，对产品配置不匹配的标志卡以及以机卡分离方式转移标识卡等行为。全市各家电下乡销售网点对家电下乡产品标识卡使用比较规范，市、县两级监管到位。是年，全市销售家电下乡产品37.34万台（部），实现销售额7.31亿万元，发放补贴资金8699.86万元。销售占比名列全省第8位。

2011年12月11日止，全市销售家电下乡产品33.05万台（部），实现销售额8.05亿元，发放补贴资金9476万元，销售额占比名列全省第8位。家电下乡工作落实促进农村市场消费，党的惠民政策落到实处。狠抓销售网点备案工作，配合市财政局对部分县区销售网点进行防骗补情况专项检查，迎接湖南省财政厅、省商务厅联合对永州市家电下乡财政补贴资金情况专项检查，永州市组织各县区家电下乡管理人员和销售网点经销商，在市委党校进行进销存台帐软件操作业务培训，全市500人参加培训。

2012年1—10月，全市销售家电下乡产品29.24万台，实现销售额7.76亿元，补贴到户25.82万台，发放补贴资金8437万元。销售额占比名列全省第8位。2012年11月30日，永州市“家电下乡”工作落下帷幕。

第九节　二手车、报废车

一、二手车

2006年5月10日，市商务局下发《关于同意成立永州市二手车流通协会的批复》，同意成立永州市二手车流通协会。

2013年，市政府下发《关于加强旧机动车管理的通告》，禁止下列外埠旧机动车转入永州市，各级车管所不予办理转入登记：尾气排放标准未达到第三阶段汽车大气污染排放标准（国Ⅲ标准）的机动车，注册登记的出租车、校车、危险化学物品（爆炸物品）运输车辆，注册登记满3年的各类营运客车（包括营转非），注册登记满5年的其它各类车辆。其他外埠旧机动车转入永州时，应执行《国家分段机动车环保车型目录》，在办理转入登记手续时，必须严格排气污染物检测，逐步实行机动车环保标志管理。次年2月，市商务局下发《关于同意设立永州市好运来二手车鉴定评估有限公司的批复》，根据《二手车流通管理办法》《湖南省商务厅关于二手车鉴定评估机构审批调整有关事项的通知》精神，同意设立永州市好运来二手车鉴定评估有限公司。

2015年，市政府下发《关于执行国家机动车污染物国Ⅳ排放标准的通告》，规定自2015年10月1日起，在永州辖区内办理车辆登记和转入登记的机动车，执行国家机动车污染物国Ⅳ排放标准。是年，永州市有交易量二手车经销企业32家，完成二手车交易8538辆，交易额2.37亿元。有交易量二手车交易市场13家，完成二手车交易1.06万辆，交易额2.46亿元。4家二手车鉴定评估机构共鉴定评估二手车2214台。全市开具交易发票8542份，金额1.13亿元。

2016年6月，市政府下发《关于取消限制外埠旧机动车转入我市的通告》，取消之前两个文件对外埠二手车转入永州市的限制性规定，自2016年7月1日起，只要符合国家在用机动车排放和安全标准，在环保定期检验有效期和年检有效期内的二手车均可办理迁入手续。优化二手车审批备案流程，根据湖南省商务厅《关于取消设立旧机动车鉴定评估机构行政审批事项的通知》要求，取消旧机动车鉴定评估机构在市级商务主管部门行政审批要求，新成立的旧机动车鉴定评估机构无需再办理行政审批。将二手车交易市场经营者和二手车经营主体备案登记下放至县区商务主管，并指导其进行资料审核和网上备案。是年，根据对全市各县区二手车交易企业全面摸底，永州市现有二手车经销企业46家，其中在商务部门提交备案资料并在商务部汽车贸易管理信息系统录入6家（其中3家处于完成备案状态，3家处于未核对状态），二手车交易市场26家，其中在商务部门提交备案资料并在商务部汽车贸易管理信息系统录入26家（其中12家处于完成备案状态，14家处于未核对状态），二手车鉴定评估机构4家，均办理审批手续。

二、报废车

2006年，永州市回收、拆解报废老旧汽车2103辆，其中符合补贴标准大型载货、载客汽车129辆，按4000元/辆标准计算，补贴金额51.6万元。欧Ⅱ型公交车11辆，按1.5万元/辆标准计算，补贴金额16.5万元。

2007年，永州市报废汽车回收1382辆，其中轿车25辆、客车431辆（其中大型250辆、中型112辆、轻微型69辆）、载货车（含越野车）350辆（其中重型87辆、中型55辆、轻型187辆、微型21辆）、摩托车570辆。符合补贴条件报废汽车135辆，其中大型载货汽车10辆，大型载客汽车125辆。申请补贴资金54万元，其中大型载货汽车4万元（每辆4000元），大型载客汽车50万元（每辆4000元）。国家下达补贴资金51.6万元。实际发放补贴资金54万元，其中大型载货汽车4万元，大型载客汽车50万元。上年度结余2.4万元，在本年度改发放。协调工商、公安等部门严厉打击非法报废汽车回收点。指导企业完成2006年报废汽车回收补贴资金68.9万元，办理报废汽车回收拆解工程职业资格认定培训，保证服务管理工作连续性。

2008年，全市回收报废汽车1319辆，其中轿车28辆、客车434辆（其中大型229辆、城市公交车15辆、中型105辆、轻微型85辆）、载货车（含越野车）305辆（其中大型96辆、中型66辆、轻型117辆、微型26辆）、摩托车552辆。符合补贴条件报废汽车94辆，其中大型载货汽车15辆，大型载客汽车64辆，城市公交车15辆。申请补贴资金54.1万元，其中大型载货汽车6万元（每辆4000元），大型载客汽车25.6万元（每辆4000元），城市公交车22.5万元（每辆1.5万元）。永州市农村客运车辆，都是个体营运，有部分报废车车主留着拆配件用，不做报废处理，私自转让没有过户，手续不全，没有回收农村客运车辆记录。是年4月16日，市商务局下发《关于限期取缔道县非法报废汽车回收拆解场的通知》，道县金属回收公司非法设立报废汽车拆解场，严重威胁到道路交通和人民生命财产安全，擅自伪造“报废汽车回收证明”，性质和影响十分恶劣。为规范报废汽车回收工作秩序，加强对报废汽车回收拆解活动管理，保障人民生命财产和道路交通安全，根据《报废汽车回收管理办法》有关规定，限于2008年5月底以前取缔该非法拆解场。

2009年，全市回收拆解报废机动车1077辆，其中报废汽车564辆，摩托车513辆。7月20日，向各县区及相关部门下发永州市《报废汽车回收证明使用操作细则》，将《报废汽车回收证明》管理工作纳入管理化、规范化、制度化轨道。次年，回收拆解报废机动车2986辆，其中报废汽车1586辆，摩托车1400辆。

2011年12月21日，永州市商务局下发《关于印发永州市2011—2015年报废汽车回收拆解行业发展规划的通知》，为加强报废汽车回收拆解行业管理，保障道路交通秩序和人民生命财产安全，更好地为永州经济建设服务，根据《报废汽车回收管理办法》《报废汽车回收拆解企业技术规范》文件精神，杜绝无照经营，非法拼装出售报废车辆等违法违规行为，逐步建立与全市经济社会发展相适应，且布局合理、功能完善、统一开放、竞争有序的回收拆解市场体系。根据2010年，永州市机动车保有量54.68万辆，每年机动车环比增长保持在10%，依此推算，到2015年底，全市机动车保有量88.06万辆。按照全市机动车总量8%计算报废量，全市年报废汽车将达到7.05万辆。根据预测分析，2011—2015年期间，全市规划报废汽车回收拆解企业5家，其中零陵区1家、祁阳县1家、东安县1家、道县1家、江华瑶族自治县1家。回收拆解网点6个，其中蓝山县1个、双牌县1个、新田县1个、江永县1个、金洞管理区1个、回龙圩管理区1个。报废汽车回收拆解网点由设立报废汽车回收拆解企业负责建设。

2012年，为加强报废汽车行业管理，推动报废汽车行业健康有序发展，按照《湖南省人民政府办公厅关于转发省商务厅等部门〈湖南省报废汽车专项整治工作方案〉的通知》统一部署，永州市政府办公室下发《关于调整永州市报废汽车回收协调和整治领导小组的通知》，调整永州市报废汽车回收协调和整治领导小组。永州市政府副市长罗双全任组长、市政府副秘书长邓群、市商务局局长翟方奇任副组长，各有关部门分管负责人任成员。市商务局牵头市直相关部门制定《永州市报废汽车专项整治实施方案》，设立商务举报电话0746—12312。各县区人民政府相应成立领导小组并制定整治工作方案，按中央和省厅要求展开专项整治行动。市商务局对辖区内2家报废汽车回收拆解企业日常经营中存在偏差，提出指导性意见，帮助企业按照现代化企业要求进行升级改造。对辖内11个县区进行全面监督检查外，重点检查永州市2家报废汽车回收拆解企业及下属回收网点、二手车交易公司。采取现场督查、约谈企业负责人、发放整改通知书等方式，要求企业对不符合规范的地方加强整改。各县区通过在电视、广播、报纸等新闻媒体上发布专项整治通告，宣传专项整治工作重要性和必要性。通过媒体通报专项整治工作进展情况，组织新闻记者深入专项整治行动一线采访报道，印发宣传资料1000多份，媒体宣传报道20次，整治成效明显。依据职责分工，采取企业自查与专项检查相结合，集中力量对辖区报废汽车回收拆解企业及其回收网点、汽车维修企业、废旧金属回收和二手车、汽车配件市场进行拉网式清查，对报废汽车回收拆解企业加强业务指导，引导企业依法依规经营。

2013 年 1 月 22 日，永州市商务局下发《关于对宁远县宏达报废汽车回收拆解有限公司限期整改的通知书》，宁远县宏达报废汽车回收拆解有限公司报废汽车拆解面积不达标，存储场地没有进行地面硬化和防渗漏处理，没有配备必需拆解设备和安置必须消防设施，不符合国家规定环境保护标准，没有建立详细收车、拆解台账和回收可用件销售记录及原始凭证，未经省商务厅批准将经营权擅自转包给多个经营户进行拆解，只收取租赁费用，没有进行有效管理。依照《报废汽车回收管理办法》第三条、第七条、第十六条的规定和《报废汽车回收拆解企业技术规范》的强制性条款，湖南省商务厅《关于加强报废汽车回收拆解行业监管的通知》要求，责令宁远县宏达报废汽车回收拆解有限公司于 2013 年 7 月 30 日前完成整改，若逾期不整改或者整改不到位，市商务局按程序上报省商务厅撤销宁远县宏达报废汽车回收拆解有限公司报废汽车回收拆解资质。

2015 年，永州市有报废车回收拆解企业 4 家，回收拆解报废车 2943 辆，其中轿车 238 辆。

永州市报废汽车回收拆解企业一览表

表 5-11

公司名称	所在县区	详细地址	联系人
永州市报废汽车回收拆解有限公司	冷水滩区	冷水滩区曲河大桥旁	张　晖
宁远县宏达报废汽车回收拆解有限公司	宁远县	宁远县水市路	黄秋福
祁阳县群力报废汽车回收拆解有限公司	祁阳县	祁阳县浯溪镇群力村	张三明
永州市三利报废汽车回收拆解有限公司	零陵区	零陵区河西工业园内	李　群

2009—2018 年永州市报废机动车回收一览表

表 5-12

年份	合计	客车						货车					三轮农用车	摩托车	其他	备注
		大型	中型	小型	微型	轿车	小计	重型	中型	轻型	微型	小计				
2009	69	2	2	30	6	9	49								20	
2010	958	123	279	26	12	491	931	1	14	10		25			2	

续表5-12

年份	合计	客车						货车					三轮农用车	摩托车	其他	备注
		大型	中型	小型	微型	轿车	小计	重型	中型	轻型	微型	小计				
2012	1022	243	293	32	22	209	799	13	21	35	19	88	61	64	10	
2013	859	142	111	70	27	412	762	7	17	32	6	62	21	1	13	
2014	1300	185	171	90	24	470	940	22	10	28	3	63	6	272	19	
2015	1227	116	180	150	17	139	602	33	33	52	2	120	10	446	49	
2016	1505	184	266	127	18	422	1017	90	17	80		187	21	238	42	
2017	3131	252	308	399	32	453	1444	154	177	1044	6	1381	27	165	114	
2018	2201	517	191	455	39	390	1592	45	37	254	5	341	39	170	59	

第十节　社会消费品零售总额

2000 年，国内贸易平稳发展。永州市实现消费品零售总额 69. 02 亿元，比上年增长 9. 5%。其中城镇零售额 44. 09 亿元，增长 9. 5%；农村零售额 24. 93 亿元，增长 9. 5%. 按经济成份分类，公有经济实现消费品零售额 17. 74 亿元，增长 5. 9%；非公有经济 51. 28 亿元，增长 10. 8%。物价总体水平波动不大。全市居民消费价格总指数为 102. 2%，上升 2. 2 个百分点。分类看：食品价格上升 0. 7%，衣着价格下降 104%，家庭设备及用品价格下降 0. 9%，交通和通讯工具价格下降 6. 1%，医疗保健价格上升 108%，服务项目价格上升 9. 1%，其中学杂费、保育费上升 14. 7%。全年商品零售物价总指数为 99. 9%，下降 0. 1 个百分点。其中农业生产资料价格下降 5. 2 个百分点，农产品收购价格下降 6. 1 个百分点。

2001 年，在国家连续两次增加公务员工资和城镇中低收入阶层居民收入，扩大消费信贷等多种促进消费政策措施作用下，国内市场商品销售稳中趋活。永州市实现社会消费品零售总额 75. 92 亿元，比上年增长 10%。其中市零售额 21. 39 亿元，增长 10. 4%；县零售额 27 亿元，增长 9. 2 亿元；县以下零售额 27. 54 亿元，增长 10. 5%。分行业为，批发零售贸易业零售额 48. 88 亿元，增长 11. 5%；餐饮业 6. 91 亿元，增长 4. 0%；其他行业 20. 13 亿元，增长 4. 6%。分经济类型是，公有经济实现零售额 17. 74 亿元，增长 4. 0%；非公有经济 57. 48 亿元，增长 12. 1%。大型市场成为商品交易市场主体。是年，永州市1亿元商品销售市场有8家，商品成额15.2亿元，占全市商品交易市场成交额30.4%。连锁超市等新型业态发展迅速，全市建成一批像飞龙、万客隆、万家乐等具有一定规模超市，极大改善市民消费环境。

2005年，永州市实现社会消费品零售总额113.41亿元，同比增长14.0%。其中，城市实现67.96亿元，同比增长15.4%，占全社会消费品零售总额的59.9%；农村市场实现消费品零售额45.44亿元，同比增长12.1%。分行业看，批发零售贸易业实现销售额100.84亿元，增长13.7%；餐饮业实现零售额12.12亿元，增长16.7%；其他行业实现零售额0.45亿元，增长13.8%。“十五”期间，永州市社会消费品零售总额年均增长10.4%，比预期目标高0.9个百分点。以汽车、住房、高档电器等为主大宗消费品消费升温，成为引领居民消费上扬主要源动力。是年，永州市限额以上批发零售贸易企业零售额中，食品类增长23.8%，服装类增长30.6%，日用品类增长27.9%，化妆品类增长28.3%，文化办公用品类增长59.6%，电器类增长131.9%，药品类增长33.7%，石油及制品类增长35.5%，汽车类增长18.9%。

2010年，永州市实现社会消费品零售总额242.4亿元，比上年增长19.5%，增幅排全省第三。其中，批发零售业实现社会消费品零售额214.8亿元，增长23.5%；住宿业实现零售额8.6亿元，增长16.7%；餐饮业实现零售额19.1亿元，增长16.1%。从城乡看，城镇实现社会消费品零售额205.8亿元，增长20%；农村市场实现社会消费品零售额36.6亿元，增长16.9%。在限额以上批发零售业零售额中，通讯器材类增长190.7%，日用品类增长114.2%，建筑及装潢材料类增长119.1%，家用电器和音像器材类增长68.7%，汽车类增长65.6%，服装鞋帽、针纺织品类增长33%，食品、饮料、烟酒类增长15.9%，书报杂志类增长42.1%，机电产品及设备类增长34.3%。

2013年，市场消费淡中有旺。永州市完成社会消费品零售总额374.88亿元，增长13.8%。其中，城镇完成消费品零售额326.56亿元，增长14.2%；乡村完成消费品零售额48.32亿元，增长11.6%。住宿和餐饮业增长趋缓，全年营业额10.22亿元和27.32亿元，分别增长8.0%和11.2%。城乡居民消费水平升级，部分行业增长较好，汽车持续热销，零售额完成24.39亿元，增长39.1%；家用电器类消费额14.25亿元，增长19.8%；金银珠宝类、家俱类、文化办公用品类分别增长19.4%、20.9%、22.6%。

2015年，永州市完成社会消费品零售总额527.83亿元，增长12.1%。城镇消费品零售额434.1亿元，增长11.3%；乡村消费品零售额93.73亿元，增长

16.1%。批发和零售业零售额464.21亿元，增长11%；住宿和餐饮业零售额63.62亿元，增长21.5%。按企业规模分，限额以上企业零售额204.55亿元，增长13.7%；限额以下企业零售额323.28亿元，增长11.2%。全市限额以上批零法人企业商品零售额160.82亿元，增长12.2%，其中家具类、建筑及装潢材料类、通讯器材类、化妆品类增长较快，分别实现零售额5741.1万元、572.5万元、582.5万元、4472.5万元，分别增长253.3%、85%、39%、35.2%。是年，永州市成为全国首个整体推进农村淘宝地级市，全市电子商务交易总额达56.1亿元，同比增长101%，网络零售额达6.3亿元，同比增长153%。

2018年，永州市完成社会消费品零售总额719.54亿元，增长10.2%。按销售单位所在地分，城镇消费品零售额597.79亿元，增长10.6%；乡村消费品零售额121.74亿元，增长8.3%。按行业分，批发业完成86.14亿元，增长11.0%；零售业完成541.16亿元，增长10.7%；住宿业完成26.47亿元，增长4.4%；餐饮业完成65.75亿元，增长7.6%。全市限额以上批零法人企业商品零售额217.89亿元，增长16.9%，其中家具类、建筑及装潢材料类、通讯器材类增长较快，分别实现零售额3.66亿元、2.23亿元、8765.6万元，分别增长36.2%、35.7%、76.6%。是年，全市电子商务交易总额达283.1亿元，同比增长44.6%，网络零售额达43.7亿元，同比增长21.46%。

1995—2018年永州市社会消费品零售总额表

表5-13 **单位：万元**

年份	合计	批发零售业	住宿餐饮业	其他
1995	437662	409513	24935	3214
1997	486505	439473	44145	2887
1998	525786	475214	47648	2924
1999	570583	511055	56510	3018
2000	624694	562068	59414	3212
2001	687196	614697	69153	3346
2002	760635	678223	78926	3486
2003	793388	700449	89376	3563
2004	900099	793049	103086	3964
2005	1023413	894690	124202	4521
2006	1172636	1005448	162351	4837

续表5-13

年份	合计	批发零售业	住宿餐饮业	其他
2007	1385414	1179619	200257	5538
2008	1704367	1451452	246614	6301
2009	2035979	1738229	290667	7072
2010	2424079	2147676	276403	—
2011	2851608. 8	2535105	316504	—
2012	3293356	2938113	355243	—
2013	3748832. 7	3373431. 6	375401. 1	—
2014	4707364. 1	4195556. 5	511807. 6	—
2015	5278339. 6	4642097. 0	636242. 6	—
2016	5899046. 3	5173589. 4	725456. 9	—
2017	6530048. 2	5710179. 3	819868. 9	—
2018	7195457. 1	6273177. 5	922279. 6	—

第六章 粮油贸易

第一节 粮油收购

一、粮食收购

1995 年，湖南省粮食局对地市粮食购销调拨包干一定三年不变和下放粮食财务管理体制第一年。零陵地区粮食系统深化企业改革，转换经营机制，强化管理，保证城乡供应，稳定社会大局。正值撤区并乡，机构人事变动大，给粮食收购入库带来一定困难。零陵地委、行署高度重视，粮食部门增设 49 个收购网点，方便农户就近交粮。实行户交户结，当场付款，粮价稳定，粮食收购进度快。9 月，收购粮食 2.25 亿公斤，比上年增加 2127 万公斤。收购进度在湖南省名列第 3 位。次年，深化粮食流通体制改革，实行政策性、经营性两条线运行。永州市收购粮食 3.57 亿公斤，其中定购粮 2.25 亿公斤，支灾粮 2500 万公斤，募捐粮 125 万公斤，议价粮 1.05 亿公斤（含各级政府作价转给粮食部门的水费粮及各种上交粮）。

1997 年，粮食部门推行“四分开一完善”（政企分开、中央与地方责任分开、储备与经营分开、新老财务账目分开，完善粮食价格机制）流通体制改革，经过理顺体制、转换机制、划分责权、科学管理、完善价格，建立有利于国家宏观调控、政府分级负责、企业自主经营、符合现代企业制度要求粮食流通体制，保护农民种粮积极性。粮食部门在完成国家定购任务后对农民余粮按保护价收购，全年收购粮食 3.54 亿公斤（早、中稻 3.03 亿公斤，晚稻 5097 万公斤），其中定购粮 1.53 亿公斤（晚稻 3252 万公斤），保护价粮 2.01 亿公斤（晚稻 1845 万公斤）。

1998 年，永州市粮食部门围绕“三项政策、一项改革”（按保护价敞开收购农民余粮，粮食收储企业实行顺价销售粮食，粮食收购资金实行封闭运行和加快国有粮食企业自身改革）为重点，先后制定粮改纪律和国有粮食收储企业主、附营业务分离制度与纪律。在保障国家粮源，农户完成定购任务外，自愿出售粮食，各粮食收储企业按省定保护价敞开收购，不停收、不限收、不拒收、不压级、不压价、不打白条、不扣款，执行“谁交粮谁得钱、付现款户交户结”政策。全年入库粮食7100万公斤，其中定购粮4900万公斤，保护价粮2200万公斤。

1999—2001年，永州市粮食部门深化粮食流通体制改革，贯彻落实《粮食收购条例》，按照社会主义市场经济规律要求，加强粮食市场管理，完善粮源控制、加工、销售环节监管连锁责任制。严明粮食收购纪律，强化优质服务，增设临时收购网点437处，实行常年挂牌敞开收购，3年收购粮食9.05亿公斤。其中2000年国有粮食购销企业和粮食经营企业按照购得进、销得出和随行就市原则，收购早籼稻谷1.1亿公斤，按照保护价收购中晚稻谷1.47亿万公斤。

2002年4月1日，永州市粮食购销步入市场化轨道。粮食主管部门依据市场经济发展变化，转变职能，履行指导、协调和监督，加强服务。粮食收购实行目标管理，指导国有粮食企业开发优质稻种植基地32万亩，发展“订单粮食”农户25万户，实行一乡多点收购、上门收购，直接收购与间接收购相结合，敞开收购农民余粮。全年收购粮食3.1亿公斤，其中早中稻1.15亿公斤，比上年增加3000万公斤。2003年，全市完成早、中稻收购任务1.4亿公斤。

2004年，永州市粮食部门执行国务院颁布《粮食流通管理条例》，粮食行业协会加强行业指导，给粮食企业、民营企业和个体户联络外地客商，提供粮食供求价格信息，协调双方关系，指导全市粮食购销企业按市场方式运作。江华瑶族自治县粮食局指导农户种植优质稻10万亩，收购粮食4000万公斤。祁阳县粮食局服务优质稻种植基地，发展订单优质稻种植面积130万亩，企业以高于常规稻20%的价格收购优质稻谷1.5亿公斤。零陵区粮食局指导全区粮食企业和个体经营户收购粮食1.08亿公斤。全市收购早中稻8.75亿公斤，其中16家粮食股份制企业收购3亿公斤，粮食经纪人收购5.75亿公斤，收购价格由上年每50公斤48~52元提高到70~76元，种粮农民增收5亿元。

2005年，永州市粮食部门发展优质稻“订单粮食”，以优质产品竞争粮食市场。永州市粮食企业按高出常规稻10%~25%合同收购价与103个乡镇，33.37万户农户签订“天龙”、“九嶷香”、“银光”等系列品种优质稻“订单粮食”种植面积186万亩，收购“订单粮食”1.45亿公斤。新田县培植民营粮食经营户25家，收购粮食1500万公斤，全市粮食行业收购粮食6.31亿公斤。

2006年1月1日，国家取消农业税，减轻农民负担，农民种一亩田，国家还补助100元，农民种粮积极性高涨。粮食收购在执行最低价收购预案同时，鼓励多元粮食购销主体入市。按照购得进、销得出、有利润原则，坚持多样购销方式，执行多样购销价格，拓宽粮食流通渠道，激活粮食流通市场。冷水滩区丰穗公司开设8个固定收购点，增设9个延伸点，方便农户交粮，冷水滩区收购粮食1.09亿公斤。经省粮食局、省农业发展银行、中国储备粮食管理总公司湖南分公司批准执行最低价收购预案28家粮食企业，依托105个最低价收购网点挂牌收购粮食，采取随到随收，不压斤压价，不打白条，收粮付款，收购农民余粮1.4亿公斤。

2007年，永州市粮食部门围绕“保安全、保加工、广流通”目标，在自然灾害频繁，晚稻种植面积减少，粮食产量受到影响，粮食收购形势严峻情况下，粮食部门协调农户与粮食企业关系，督促双方履行粮食订单合约，引导各类粮食经营企业下乡入市，采取自主收购、上门收购、订单收购、委托收购、组织经纪人收购等办法收购粮食，全市收购稻谷6亿公斤。

2008年，永州市粮食行业以县区粮食局为目标管理单位，以企业为主体，以行业协会为纽带，形成合力，为优质粮源基地提供全程式服务。在全市推广“公司+协会+基地+农户”运作模式，完善“订单粮食”经营体系，加快优质粮源基地建设。湖南省天龙米业公司企业发动全市40万户粮农种植“天龙香3号”订单高档优质稻72万亩。湖南湘妹食品有限公司、永州市亮达米业有限公司发动1万户粮农种植订单特种“黑米稻”2万亩。农业产业化龙头企业改善粮源基地设施，增加高档优质稻和新品种稻谷，投入资金2100万元。粮食行业协会指导农民科学种粮，推广“稻—沼—稻”，稻鸭共生等生态种植方式，发展绿色食品原料，增加粮食产量，提升原料品质。湖南省天龙米业公司在祁阳县租赁2万亩稻田，育秧、种植、收割、烘干等环节采用全程机械化新技术，实现订单优质稻面积360万亩，其中高档优质稻和特种稻面积74万亩，占20.6%。全市农业产业化龙头企业按照高于市场价20%以上价格收购优质稻谷5.2亿公斤，其中道县收购粮食1800万公斤，名列全市粮食收购前茅。次年，农业产业化经营持续发展，完善“订单粮食”经营体系，落实优质稻订单面积400万亩，开展产前、产中和产后服务，提高粮食商品率。收购粮食7.46亿公斤，比上年增加2.25亿公斤。

2010年，永州市粮食部门完善粮食宏观调控体系，扶持粮食产业发展，搞活粮食流通和粮食收购。全市组织粮食收购人员2830名，培训粮食经济人798名，设立粮食收购网点194个，准备储粮仓容4亿公斤，落实粮食企业收购资金5亿元，鼓励粮食收购多元主体依法入市，满足农民售粮需要，收购粮食7.7亿公斤。其中东安县收购粮食2.7亿公斤，祁阳县收购粮食1.5亿公斤，道县收购粮食5200万公斤，冷水滩区收购粮食500万公斤，占全市粮食收购总量46.2%。早稻收购价格（均价比上年提高16元），中晚稻收购价格（均价比上年提高17元）都超过国家公布稻谷最低收购价格，仅价格因素一项就促进农民增收2

亿元。

2011 年，永州市各级粮食行政管理部门落实粮食收购政策，执行粮食市场准入制度，引导多元主体入市购销粮食，指导企业扩大产销对接合作，引导农民理性售粮，促进企业增效农民增收。在粮食企业收购资金紧缺，入市收购困难情况下，市粮食局与市农发行衔接，确定 21 家粮食收购企业贷款资质，协调粮食收购资金 5.5 亿元。全年收购粮食 7.2 亿公斤，超额完成粮食收购目标任务。

2012 年，永州市粮食部门贯彻国家粮食宏观调控政策，围绕“稳市场、保安全”主题，落实粮食收购政策，指导粮食企业按照粮食收购市场化收购，为企业争取粮食收购资金贷款 11 亿元，保障企业粮食收得进，不打“白条”。全市收购粮食 8 亿公斤。早稻开称价 125～128 元/百斤，中晚稻开称价 132/百斤。

2013 年，永州市粮食部门分别启动早、中晚籼稻最低收购价执行预案，国有粮食企业执行国家惠民政策，全市 73 个最低收购价收储库点（其中早籼稻 41 个，中晚籼稻 32 个）按国家质量标准敞开收购农民余粮，收购粮食 7.7 亿公斤，最低收购价收粮 1.51 亿公斤（早稻 9740 万公斤，中晚稻 5320 万公斤）。启动托市收购前，早籼稻市场价 110 元/百斤，托市收购时，早籼稻市场价 132 元/百斤，带动稻谷价格上扬，为种田农民增收 1.5 亿元以上。次年，继续启动早、中晚籼稻最低收购价执行预案，全市设立最低价收粮储库点 77 个（早稻 55 个，中晚稻 22 个），最低价收购粮食 9780 万公斤（早稻 6650 万公斤，中晚稻 3130 万公斤）。全年收购粮食 8.9 亿公斤，完成省粮食局下达 7.7 亿公斤收购计划 115%。

2015 年，永州市粮食系统第 3 年启动最低收购价执行预案，设立最低收购价收粮储库点 56 个（早稻 44 个，中晚稻 12 个），筹措收购资金 17 亿元，其中政策性收购资金 7 亿元，收购粮食 10.38 亿公斤，同比增长 2.9%，其中最低收购价收粮 2960 万公斤（早稻 1870 万公斤，中晚稻 1090 万公斤）。

2016 年，永州市粮食系统连续第 4 年启动最低收购价执行预案，设立早稻收粮储库点 25 个，中晚稻收粮储库点 23 个，最低价收购早稻 750.7 万公斤，中晚稻 2945.5 万公斤。

2018 年，永州市粮食部门贯彻国家粮食收储制度改革，引导多元主体市场化收购粮食，全年粮食企业收购粮食 9.06 亿公斤，其中早稻 3.58 亿公斤，中晚稻 5.4 亿公斤，商品粮市场化收购 8.8 亿公斤，占全部收购量 97.12%。

二、油脂油料收购

（一）食用油

1993 年 1 月 11 日，国家取消食油定购任务，价格随行就市，国营粮油企业参与市场竞争。为保证驻军部队，大专院校等单位食油供应，粮油企业积极从油料产地收购和省外调进。

1996—2006 年，永州市粮油企业收购（含从省外购进）加工食用油 1413.11 吨。1996 年，粮油企业收购食用油 970 吨，是粮油企业收购（含从省外购进）加工食用油最多年份。1997 年、1998 年没有收购加工统计数据。2003 年、2004 年也没有收购加工统计数据。2005 年，粮油企业收购加工食用油统计数据只有 0.11 吨。

2007—2010 年，永州市食用油加工企业，按照“购得进、销得出、有微利”原则和市场行情定价收购。全市粮油收购企业收购加工食用油 11340 吨，年均收购加工食用油 2835 吨，其中 2009 年粮油加工企业收购加工食用油 4033 吨。

2011—2013 年，永州市食用油产量提高，食用油收购量随着增加，按市场行情变化，价格随行就市。全市粮油收购企业收购加工食用油 8203 吨，年均收购加工食用油 2734 吨，其中 2013 年完成收购加工食用油 4060 吨。

2014 年，湖南省食安办下发通知，要求全省加强食用油质量安全监管工作。永州市按照省食安办通知要求，加强食用油生产企业监督检查和风险排查，加强食用油（含食用植物油、动物油脂及食用油脂制品）生产企业的监督检查力度，全面排查食用油行业可能存在的风险隐患。监督企业持续满足获证生产条件，严禁企业无证生产、超范围生产。重点检查企业原料采购、进货查验等。是年，全市粮油收购企业收购加工食用油 5817 吨。

2015—2018 年，国家加强油脂油料政策调控，在去除食用油融资性贸易的同时，增强食品安全监管。随着供需格局变化，原材料价格对食用油加工产业的影响越来越大，产能过剩带来利润下降，使得各个企业之间开始进行重组、兼并，实现产业集中化，使食用油行业进入快速发展新阶段。永州市粮油收购企业收购加工食用油 14940 吨。年均收购加工食用油 3735 吨，其中 2015 年收购加工食用油 6163 吨。全市从省外购进食用油 6952 吨。年均从省外购食用油 1738 吨，其中 2016 年从省外购进食用油 2127 吨。

（二）非食用油

非食用油主要是桐油。1996 年，永州市收购桐油 1 吨。2000 年，全市收购桐油 31 吨。2001 年，永州市非食用油收购退出由粮食部门统计范围，非食用油收购随行就市，均由市场调节经营。

1996—2018 年永州市粮油收购一览表

表 6-1 单位：万公斤、吨

年份	粮食	油脂		备注
		食用油	桐油	
1996	35650	970	1	油脂收购含从省外调进。
1997	35377			
1998	7100			
1999	25250	158		
2000	25700	142	31	
2001	39500	59		
2002	3100	84		
2003	49750			
2004	68500			
2005	87250	0. 11		
2006	96471			
2007	68799	2262		
2008	62393	1807		
2009	74563	4033		
2010	73843	3238		
2011	73037	2088		
2012	85170	2055		
2013	82889	4060		
2014	90638	5817		
2015	77719	6163		
2016	90083	3702		
2017	90184	2408		
2018	90576	2667		

1996—2000 年永州市粮食合同（定购）收购价格表

表 6-2　　　　单位：稻谷，原粮元/50 公斤

项目 年份	早籼稻	中籼稻	晚籼稻	优质稻
1996	61	68	72	78
1998	57	63		协商定价
1999	51			协商定价
2000	58	58	58	协商定价

2005—2018 永州市粮食系统部分年份粮食收购统计表

2005 年粮食收购表（一）

表 6-3　　　　单位：稻谷、吨；元/百斤

项目 县区	年累计									收购均价
	合计	最低价收购	其中：国有粮食经营企业							
			小计	上年同期	比上年+、-数	年累计中分品种				
						早籼稻	中籼稻	晚籼稻	优质稻	
合计	631165	164156	274798	210092	64706	228532	6102	35760	29289	70.8
零陵区	91241	34330	35591	8063	27528	35252		125	214	71.5
冷水滩区	84421	20031	20031	25760	-5729	20031				
东安县	62182	31676	40965	28869	12096	34624	3002	3828	210	71
道县	89025	15676	23524	12573	10951	17984		4027	1515	71.5
宁远县	28296	7140	9640	15186	-5546	9640				70
江永县	15501	4138	4139	2396	1743	4138				
江华瑶族自治县	33274	6237	6685	6607	78	6674		1		70
蓝山县	5057	1800	2130	2994	-864	1840	110		180	71
新田县	17227	3719	3836	3535	301	3207			628	
双牌县	12382	3381	5162	4901	261	4741		376	36	70
祁阳县	146827		78601	46503	32098	51009	504	27242	26139	
回龙圩	1957		719	902	-183		718			71
市直小计	43774	36028	43774	51803	-8029	39392	1768	161	367	
虎岩粮库	18657	14897	18657	40233	-21576	16521	1768		367	

续表6-3

项目 县区	年累计									收购均价
			其中：国有粮食经营企业							
	合计	最低价收购	小计	上年同期	比上年+、-数	年累计中分品种				
						早籼稻	中籼稻	晚籼稻	优质稻	
下河粮库	18796	14851	18796	9256	9540	16591		119		
零陵粮库	6321	6280	6321	2314	4007	6280		42		

2008年粮食收购表（二）

表6-4 **单位：稻谷、吨；元/百斤**

项目 县区	年累计										中晚稻收购均价
	合计	年累计中分品种				其中：国有粮食经营企业					
		早籼稻	中籼稻	晚籼稻	优质稻	小计	年累计中分品种				
							早籼稻	中籼稻	晚籼稻	优质稻	
合计	432179	269049	20684	97998	44448	105251	79748	20142	2095	3266	102.0
零陵区	67800	28947	19570	18610	673	23637	4027	19570	40		102.0
冷水滩区	63980	50080		13900		9380	9380				
东安县	20416	6003		13922	491	3232	2741			491	
道县	39246	29763		3720	5763	15779	13523			2256	
宁远县	40192	25109		9183	5900	6428	6428				
江永县	12440	8300		3340	800	2622	2622				
江华瑶族自治县	20929	20298		631		1647	1647				
蓝山县	2515	1394	1114	7		1224	652	572			
新田县	25077	14961		10116		377	377				
双牌县	7311	5017		1775	519	4958	3864		575	519	
祁阳县	112143	61527		20314	30302	17037	17037				
回龙圩	2760	2760				2560	2560				
下河粮库	13860	13360		500		13360	13360				
零陵粮库	3510	1530		1980		3510	1530		1980		

2010 年粮食收购表（三）

表 6-5 单位：稻谷、吨；元/百斤

项目 县区	年累计										中晚稻收购均价
	合计	年累计中分品种				其中：国有粮食经营企业					
						小计	年累计中分品种				
		早籼稻	中籼稻	晚籼稻	优质稻		早籼稻	中籼稻	晚籼稻	优质稻	
合计	599061	-58927	438335	107467	53259	31900	-64794	25003	5032	865	122
零陵区	100355	84	87810	12545		1210	-16418	1210			120
冷水滩区	96675	11172	86575	10100		4875	542	3875	1000		125
东安县	109762	-12348	93904	8683	7175	4745	3036	3670	1000	75	120
祁阳县	134690	-43199	45600	47018	42072	0	-38296				
道县	31363	2138	26820	1470	3073	965	-8105	465	500		120
宁远县	26453	-8412	18106	8347		1643	-806	342	552	749	120
江永县	13502	2045	9416	4086		500	-907	500			
江华瑶族自治县	30536	-200	25929	4607		0	-646				
蓝山县	1801	-1686	938	732	131	1062	162	880	80	102	
新田县	31800	-7624	24200	7600		0	-1524				122
双牌县	6624	1071	5769	462	393	1400	136	793	83	524	
回龙圩	500	500	500			500	500	500			
下河粮库	15000	-2468	12768	1817	415	15000	12768	12768	1817	415	126

2015 年粮食收购表（四）

表 6-6 单位：稻谷、吨；元/百斤

项目 县区	年累计										中晚稻收购均价
	合计	年累计中分品种				其中：国有粮食经营企业					
						小计	年累计中分品种				
		早籼稻	中籼稻	晚籼稻	优质稻		早籼稻	中籼稻	晚籼稻	优质稻	
合计	777194	-129183	368811	394506		31703	-75388	18404	13299		137
零陵区	80437	-17654	52980	27457		2000	-4050	2000			137
冷水滩区	100228	-2850	64070	33803		6783	-3784	6783			137

续表6-6

项目 县区	年累计										中晚稻收购均价
	合计	年累计中分品种				其中：国有粮食经营企业					
						小计	年累计中分品种				
		早籼稻	中籼稻	晚籼稻	优质稻		早籼稻	中籼稻	晚籼稻	优质稻	
东安县	112444	-37342	49212	63232		2426	-9554	2426			138
祁阳县	184869	-78295	86684	86752		3474	-776	199	3275		135
道县	99530	16718	41435	58095		9350	-19511	3715	5635		138
宁远县	46654	2565	24707	21947		560	-2939		560		
江永县	32864	18	14750	18114		2000	-2221	2000			
江华瑶族自治县	44912	7124	17091	27821		1250	0	781	469		139
蓝山县	16490	4171	855	15635		600	-3413		600		
新田县	52057	5922	15987	36070		1600	-171		1600		
双牌县	6370	-5923	790	5580		1660	-4993	500	1160		
回龙圩	250	250	250			250	250	250			

2018年粮食收购表（五）

表6-7 **单位：稻谷、吨；元/百斤**

项目 县区	年累计										中晚稻收购均价
	合计	年累计中分品种				其中：国有粮食经营企业					
						小计	年累计中分品种				
		早籼稻	中籼稻	晚籼稻	优质稻		早籼稻	中籼稻	晚籼稻	优质稻	
合计	905762	7179	358434	540400		31703	-69181	18404	13299		126
零陵区	95766	4309	47254	48512		747	-4253	747			126
冷水滩区	145565	48124	31511	114054		6850	-6162	6850			126
东安县	107622	-23380	36742	70880		1922	1920	1922			125
祁阳县	273205	9835	128464	144741		48540	-44798	24840	23700		126
道县	90138	-11450	45244	44894		20646	240	11306	9340		126
宁远县	48516	-467	10347	38169		1800	800		1800		126
江永县	32956	969	15015	14886		2000	250	2000			127

续表6-7

县区＼项目	年累计										中晚稻收购均价
	合计	年累计中分品种				其中：国有粮食经营企业					
						小计	年累计中分品种				
		早籼稻	中籼稻	晚籼稻	优质稻		早籼稻	中籼稻	晚籼稻	优质稻	
江华瑶族自治县	40098	-533	11585	28513		1005	287	735	270		126
蓝山县	14517	-6443	5860	8657		400	-200		400		124
新田县	41497	3830	17280	20344		500	0		500		126
双牌县	10350	-850	3600	6750			-500				125
回龙圩	250	-250	250	540400		250	-250	250			
下河粮库	5282	-16515	5282	48512		5282	-16515	5282			

1996—2018 年永州市粮油收储企业表

表 6-8 **单位：万吨**

名称	类别	个数	仓容	备注
市（地）粮食局直属收储企业	国家粮食储备库	2	17.16	
	粮（油）库	1	0.35	
县粮食局直属收储企业	国家粮食储备库	2	8.00	
	县粮（油）库	20	19.5937	
	收储公司			
	乡镇粮管所（库、站）	65	41.3451	
合计		90	86.4488	

1996—2018 永州市粮油收储企业一览表

表 6-9 **单位：吨**

企业名称	法人代表	仓容	地址
冷水滩虎岩国家粮食储备库	唐　波	108600	永州市冷水滩区伍家院街
冷水滩下河国家粮食储备库	廖大富	63000	永州市冷水滩区零陵路 720 号
永州市零陵粮库	王建国	3500	永州市芝山区回龙塔 78 号
凤凰园国有粮食收储站	方志兰	500	永州市凤凰园区凤凰园路

续表6-9

企业名称	法人代表	仓容	地址
邮亭圩湖南省粮食储备库	周建国	14250	永州市芝山区邮亭圩镇
水口山国有粮食收储站	扬国春	6600	永州市芝山区水口山镇
珠山国有粮食收储站	高贻民	14700	永州市芝山区珠山镇
黄田铺国有粮食收储站	文卫国	10800	永州市芝山区黄田铺镇
城区国有粮食收储站	伍助亮	14100	永州市芝山区芝山路9号
富家桥国有粮食收储站	黄新陵	6100	永州市芝山区富家桥镇
菱角塘国有粮食收储站	何敦义	6450	永州市芝山区菱角塘镇
黄阳司湖南省粮食储备库	唐梅生	26518	永州市冷水滩区黄阳司镇
石牌楼国有粮食收储站	曾祥南	20606	永州市冷水滩区零陵中路
岚角山国有粮食收储站	孙永忠	20568	永州市冷水滩区岚角山镇
普里桥国有粮食收储站	周进彩	14285	永州市冷水滩区普里桥镇
祁阳国家粮食储备库	李治军	15000	祁阳县黎家坪镇玉山岭
肖家村湖南省粮食储备库	王明言	6029	祁阳县肖家村镇
观音滩国有粮食收储站	蒋永红	5820	祁阳县观音滩镇
大忠桥国有粮食收储站	唐跃进	8980	祁阳县大忠桥镇
白水国有粮食收储站	朱元章	5270	祁阳县白水镇
黄泥塘国有粮食收储站	王安清	4245	祁阳县进宝塘镇
羊角塘国有粮食收储站	陈　旦	2585	祁阳县羊角塘镇
潘家埠国有粮食收储站	朱三元	3500	祁阳县潘家埠镇
下马渡国有粮食收储站	陈明生	4622	祁阳县下马渡镇
大村甸国有粮食收储站	唐小阳	5155	祁阳县大村甸镇
文明铺国有粮食收储站	杨光华	6740	祁阳县文明铺镇
黎家坪湖南省粮食储备库	蒋宜军	14003	祁阳县黎家坪镇
金洞国有粮食收储站	魏金元	2885	祁阳县金洞镇
浯溪国有粮食收储站	罗刚生	5572	祁阳县浯溪镇中仓路58号
东安国家粮食储备库	吴启燕	65000	东安县井头圩镇
大庙口国有粮食收储站	张宏友	10180	东安县大庙口镇
紫溪湖南省粮食储备库	李忠立	14440	东安县紫溪镇

续表6-9

企业名称	法人代表	仓容	地址
石期市国有粮食收储站	罗孝刚	10500	东安县石期市镇
井头圩湖南省粮食储备库	张道军	13615	东安县井头圩镇
鹿马桥国有粮食收储站	李天军	11460	东安县鹿马桥镇
芦洪市国有粮食收储站	唐之一	7945	东安县芦洪市镇
花桥国有粮食收储站	陈历政	6220	东安县花桥镇
白牙市国有粮食收储站	蒋跃进	6235	东安县白牙市镇
桐山湖南省粮食储备库	李富森	10195	宁远县舜陵镇
县直属粮库	彭四平	6455	宁远县舜陵镇
水市粮油管理站	唐文中	6380	宁远县水市镇
湾井粮油管理站	李永康	7280	宁远县湾井镇
冷水粮油管理站	奉小平	5675	宁远县冷水镇
太平粮油管理站	欧阳安平	4490	宁远县太平镇
禾亭粮油管理站	陈初民	6670	宁远县禾亭镇
中和粮油管理站	黄仁贵	7685	宁远县中和镇
柏家坪粮油管理站	屈少波	8720	宁远县柏家坪镇
鲤溪粮油管理站	李国安	4385	宁远县鲤溪镇
城北湖南省粮食储备库	陈克辉	5640	道县富塘乡
县直属粮库	何好芝	13905	道县道江镇
梅花国有粮食收储站	李佳如	5275	道县梅花镇
仙子脚国有粮食收储站	许庆福	6225	道县仙子脚镇
寿雁国有粮食收储站	李满瑞	7780	道县寿雁镇
清塘国有粮食收储站	蒋尚红	5115	道县清塘镇
祥林铺国有粮食收储站	刘广彩	8330	道县祥林铺镇
白马渡国有粮食收储站	刘跃兵	7960	道县白马渡镇
蚣坝国有粮食收储站	熊爱民	7595	道县蚣坝镇
四马桥国有粮食收储站	李主章	10140	道县四马桥镇
桃川湖南省粮食储备库	文解军	13000	江永县桃川镇
粗石江国有粮食收储站	陈祖旺	4360	江永县粗石江镇

续表6-9

企业名称	法人代表	仓容	地址
下层铺国有粮食收储站	石　林	4440	江永县下层铺镇
允山国有粮食收储站	何建平	6220	江永县允山镇
消浦国有粮食收储站	邓安祥	8870	江永县消浦镇
上江圩国有粮食收储站	伍技兵	2570	江永县上江圩镇
黄甲岭国有粮食收储站	敖喜华	3610	江永县黄甲岭乡
沱江湖南省粮食储备库	陈思进	5350	江华瑶族自治县沱江镇
桥头铺国有粮食收储站	唐德胜	4400	江华瑶族自治县桥头铺镇
码市国有粮食收储站	刘国忠	2310	江华瑶族自治县码市镇
大圩国有粮食收储站	卿三元	4830	江华瑶族自治县大圩镇
涛圩国有粮食收储站	林忠勇	8700	江华瑶族自治县涛圩镇
白芒营国有粮食收储站	李家松	7380	江华瑶族自治县白芒营镇
大路铺国有粮食收储站	蔡昭曦	6135	江华瑶族自治县大路铺镇
塔下湖南省粮食储备库	唐昭章	3850	蓝山县塔峰镇
所城国有粮食收储站	唐昭林	3650	蓝山县所城镇
竹市国有粮食收储站	雷三半	6465	蓝山县竹管寺镇
南市国有粮食收储站	伍志炎	6075	蓝山县南市镇
毛俊国有粮食收储站	彭邦清	3805	蓝山县毛俊镇
新圩国有粮食收储站	彭良雨	4165	蓝山县新圩镇
太平国有粮食收储站	黄维正	1980	蓝山县太平圩乡
城关湖南省粮食储备库	黄常光	5060	新田县城关镇
异村国有粮食收储站	彭知旺	1800	新田县异村镇
十字国有粮食收储站	杨朝树	2935	新田县十字镇
莲花国有粮食收储站	陈通学	1475	新田县莲花镇
新圩国有粮食收储站	邓祖国	5640	新田县新圩镇
石羊国有粮食收储站	宋荣生	4795	新田县石羊镇
知市坪国有粮食收储站	邓来生	1820	新田县知市坪镇
双牌湖南省粮食储备库	龚新辉	8360	双牌县泷泊镇
江村国有粮食收储站	唐明辉	4540	双牌县江村镇

续表6-9

企业名称	法人代表	仓容	地址
茶林国有粮食收储站	姜尚昆	1720	双牌县茶林乡
何家洞国有粮食收储站	蒋祝善	1300	双牌县何家洞乡

1996—2018 永州市粮油收储企业（县直属粮库含省储备库）一览表

表 6-10　　**单位：吨**

县（区）	企业名称	法人代表	仓容	地址
芝山区	邮亭圩湖南省粮食储备库	周建国	14250	永州市芝山区邮亭圩镇
	城区直属粮库	伍助亮	14100	永州市芝山区芝山路 9 号
冷水滩区	黄阳司湖南省粮食储备库	唐梅生	26518	永州市冷水滩区黄阳司镇
祁阳县	肖家村湖南省粮食储备库	王明言	6029	祁阳县肖家村镇
	浯溪直属粮库	罗刚生	5572	祁阳县浯溪镇中仓路 58 号
	黎家坪湖南省粮食储备库	蒋宜军	14003	祁阳县黎家坪镇
东安县	白牙市直属粮库	蒋跃进	6235	东安县白牙市镇
	紫溪湖南省粮食储备库	李忠立	14440	东安县紫溪镇
	井头圩湖南省粮食储备库	张道军	13615	东安县井头圩镇
宁远县	桐山湖南省粮食储备库	李富森	10195	宁远县舜陵镇
	县直属粮库	彭四平	6455	宁远县舜陵镇
道县	城北湖南省粮食储备库	陈克辉	5640	道县富塘乡
	县直属粮库	何好芝	13905	道县道江镇
江永县	桃川湖南省粮食储备库	文解军	13000	江永县桃川镇
	潇浦直属粮库	邓安祥	8870	江永县潇浦镇
江华瑶族自治县	沱江湖南省粮食储备库	陈思进	5350	江华瑶族自治县沱江镇
蓝山县	塔下湖南省粮食储备库	唐昭章	3850	蓝山县塔峰镇
新田县	城关湖南省粮食储备库	黄常光	5060	新田县城关镇
双牌县	双牌湖南省粮食储备库	龚新辉	8360	双牌县泷泊镇
凤凰园	凤凰园粮食收储站	方志兰	500	永州市凤凰园区凤凰园路

第二节 粮油销售

一、粮食销售

1996年，永州市库存粮食多，粮食销售市场不畅。9月，市粮食局连续3次召开各县区粮食局长紧急会议，研究销售粮食具体措施。市、县区站、店各级建立两个粮食推销班子，一手抓内销，一手抓外销。市粮食局将1.5亿公斤粮食推销任务分配到各县区粮食局，各县区粮食局将任务分解到站、店、人，实行销售与工资挂钩等奖励措施。各县区粮食部门先后派出30个推销组，700人次到外省外地寻找销售市场。下调销售价格，低于市场价销售。城镇居民口粮供应价下调到每斤大米1.05元。全市粮食部门销售粮食1.84亿公斤，其中政策性销售粮食8876万公斤（居民口粮、灾销粮、水淹粮、军供粮、“两劳”“两所”粮、大中专学生粮，下同），议价销售粮食9500万公斤。次年，粮食销售仍然疲软，为减少库存，推陈储新，粮食系统派出800人次，分别到8个省区90个县市推销粮食。全市销售粮食2.02亿公斤，其中政策性销售粮食5550万公斤，议价销售粮食1.46亿公斤，外销粮食7900万公斤，市内销售粮食6700万公斤。

1998年5月，根据国务院和省政府关于国有粮食收储企业必须实行顺价销售粮食指示，永州市粮食系统收储企业统一行动，按市政府批准顺价价格，实行一县一价，一律挂牌销售。新粮上市后，调整粮食顺销价格，政府只定中准价，各粮食收储企业随行就市，比照中准价上下浮动，按上浮不限，下浮保本不亏原则销售粮食。全市销售粮食1.65亿公斤，其中内销粮食1亿公斤、外销粮食6500万公斤，顺价销售粮食9000万公斤。

1999年，永州市粮食部门按照多收、快销、少储指导思想，市粮食局下达粮食顺价销售任务，制定层层分解销粮指标，任务到人，定期考核，奖励销粮等措施。粮食系统干部职工完成销粮任务，访信息，找市场，寻客户，推陈储新，内销与外销，销谷与销米相结合，实行不停收，边收边销，执行粮食顺价销售政策。全市顺价销售粮食2.45亿公斤，占省粮食局分配任务202%。次年，销售粮食3.6亿公斤，其中外销粮食2.2亿公斤，内销粮食1.4亿公斤。江永县粮食局拓展省内外粮食市场，发挥区位优势，顺价促销粮食1845万公斤，实现销售收入1794.6万元。同时，稳妥做好陈化粮处理工作，经质量监督部门鉴定，当地政府批准处理陈化粮1.4亿公斤。

2001年，永州市粮食部门落实粮改政策，以经济效益为中心，全市销售粮食4.1亿公斤。其中销售早稻2.25亿公斤，销售中晚稻1.85公斤。6个县区粮食购销企业实现盈利。

2002年，永州市国有粮食企业坚持边购边销、快购快销、多购多销、等量对策经营方式方法，与广东省、广西壮族自治区等销区建立购销协作关系。拓展市场，落实促销压库政策措施，全年销售粮食7.29亿公斤，其中顺价销售粮食3.25亿公斤。对永州市2002年3月31日前，老库存定购粮和保护价粮4.04亿公斤，以每50公斤价20~35元全部销售完。

2003年，永州市粮食部门根据市场商机，拓宽销售渠道，扩大广东省、广西壮族自治区、云南省、贵州省以及省内、市内粮食市场，抓住机遇处置老粮。销售粮食3.6亿公斤，保证退耕还林粮、军供粮、水淹粮、救灾粮等用粮供应。次年，全市粮食市场化经营全面实施，组建16家股份制粮食购销企业（市直3家、县区13家），受市、县区政府委托，行使政策性用粮，宏观调控，保障地方粮食安全职能。采取多购多销、快购快销、代购代销等形式常年收购农民余粮。粮食价格由上年48~52元/百斤，提高到70~76元/百斤，同比增加27~30元/百斤。种粮农民增收近5亿元。

2005—2007年，永州市粮食部门销售粮食23.5亿公斤，2006年销售粮食10亿公斤。其中冷水滩区销售粮食1.08亿公斤，新田县销售粮食150万公斤；永州市各军粮供应站（店）为部队上门送粮50万公斤。2007年拍卖最低价粮食1.4亿公斤。

2008年，永州市粮食企业坚持服务“三农”和消费者为宗旨，以市场为导向，利润最大化为经营取向，坚守诚信经营粮食，组织力量到湘北、湖北、河南等产粮地区寻找商机，采购粮食，把加工成品粮油销往广东、广西、云南、贵州、福建、海南等地市场，销售粮食8.3亿公斤。在粮食购销中，零陵区、祁阳县粮食局创新经营思路，发挥粮食经纪人作用，分别获“全国培育发展粮食经纪人先进单位”。

2009年，永州市国有、民营、个体户等多元购销主体入市，培育粮食经纪人1472名，成为联系城乡粮食购销主力军，祁阳县销售粮食1.82亿公斤。全市销售粮食13.2亿公斤，比上年增加1090万公斤，其中供应军粮49.2万公斤。湖南永州下河国家粮食储备库被批准为郑州期货商品交易所早籼稻期货交割库，注单130首（宗）共计130万公斤早籼稻期货，开创永州市粮食流通新纪录。

2010年，永州市粮食企业继续保持与广东省、广西壮族自治区客户长期购销合作关系，拓展与海南省、云南省等省产销衔接，组织粮油企业6次参加全国性粮食产销衔接和粮食展销会，推介永州粮食，外销名优粮油产品。道县销售粮食5600

万公斤，其中国有控股粮食企业销售粮食 1250 万公斤，非国有粮食经营企业销售粮食 4350 万公斤。在粮食市场价格波动情况下，全市销售粮食 13.79 亿公斤，其中销往外省粮食 2.41 亿公斤。

2011 年，全市各级粮食行政管理部门落实粮食购销政策，执行粮食市场准入制度，多元主体入市购销粮食，企业扩大产销对接合作，农民理性售粮，企业增效农民增收。全市销售粮食 6.8 亿公斤，超额完成粮食销售目标任务。在价格上涨、种粮成本增加情况下，农民增收 1.5 亿元。

2012 年，永州市销售粮食 7.5 亿公斤，完成全年任务 103.3%。次年，永州市粮食行政管理部门积极应对“镉”大米事件，开展“镉米事件”影响调查，对接外省粮食销售，推介永州粮食。向省财政争取粮食奖励资金 834 万元，其中上报外销粮食 60.2 万公斤，争取外销奖励资金 544 万元；上报商品粮库存 158.5 万公斤，争取库存商品粮增量部分补贴利息 290 万元。全年购销粮食 19.03 亿公斤，同比增长 10.8%。

2014 年，永州市销售粮食 9.2 亿公斤。次年，全市销售粮食 11.4 亿公斤，其中销往外省粮食 2.2 亿公斤。国有粮食企业销售粮食 1.1 亿公斤，重点非国有粮食企业销售粮食 10.3 亿公斤。

2018 年，永州市粮食企业销售 11.78 亿公斤，其中销往省外粮食 2.26 亿公斤。国有粮食企业销售粮食 1.34 亿公斤，重点非国有粮食企业销售粮食 10.32 亿公斤。

二、油脂油料销售

（一）食用油

1993 年，食用油经营放开，实行市场交易。根据食用油市场行情，永州市食用油经营企业开发名牌产品，参与市场竞争，拓宽销售市场。

1996—2006 年，永州市粮油企业销售食用油 47.23 吨。1996 年，粮油企业销售食用油 36.88 吨，是粮油企业销售食用油最多年份。1997 年、1998 年粮油销售企业没有销售统计数据。2003 年、2004 年也没有销售统计数据。2005 年，粮油销售企业食用油统计数据只有 0.11 吨。

2007—2010 年，永州市粮油销售企业，按照“购得进、销得出、有微利”原则和市场行情定价收购。全市粮油销售企业销售食用油 10328 吨，其中 2000 年粮油销售企业销售食用油 3382 吨。

2011—2013 年，永州市粮油销售企业根据市场行情变化，价格随行就市。全市粮油销售企业销售食用油 8552 吨，年均销售食用油 2851 吨，其中 2013 年粮油销售企业销售食用油 4546 吨。

2014年，永州市全面排查食用油行业可能存在的风险隐患，监督食用油销售企业原料采购、进货查验。是年，全市粮油销售企业销售食用油5789吨。

2015—2018年，国家加强油脂油料政策调控，增强食品安全监管。永州市粮油销售企业销售食用油15574吨。年均销售食用油3894吨，其中2015年粮油企业销售食用油6313吨。全市粮油企业销往省外食用油3849吨。年均粮油企业销往省外食用油962吨，其中2015年粮油企业销往省外食用油1344吨。

（二）非食用油

非食用油主要是桐油。1996年，永州市销售桐油17.1吨。1999年，全市销售桐油0.1吨。2000年，全市销售桐油0.7吨。2005年，全市销售桐油0.1吨。2006年，永州市非食用油桐油销售随行就市，由市场调节经营。

1996—2018年永州市粮油销售统计表

表6-11 **单位：万公斤、吨**

年份	粮食	油脂		备注
		食用油	桐油	
1996	18376	36.88	17.1	自2006年以后，食用油、非食用油销售随行就市。
1997	20150			
1998	16500			
1999	24500	6.25	0.1	
2000	18000	1.86	0.7	
2001	41000	1.23		
2002	72900	0.9		
2003	83059			
2004	93218			
2005	103377	0.11	0.1	
2006	121988			
2007	99008	1909		
2008	83030	1911		
2009	100984	3126		
2010	164696	3382		
2011	160358	2294		
2012	137894	1712		
2013	166169	4546		
2014	166641	5789		
2015	137655	6313		
2016	128845	3894		
2017	116721	2608		
2018	117762	2759		

2005—2018年永州市粮食系统部分年份商品粮销售统计表

表 6-12 **单位：原粮·吨**

年份	单位 \ 项目	商品粮销售 合计	其中：销往省外	国有粮食经营企业	重点非国有粮食经营企业	重点转化用粮企业	重点批发市场交易量
2005年	合计	1033777		270578	546941		216257
	零陵区	74054		3844	70210		
	冷水滩区	78790		1000	77790		
	东安县	102214		24961	77253		
	道县	81231		13754	67477		
	宁远县	39819		7769	32050		
	江永县	25737		3414	22323		
	江华瑶族自治县	35216		2813	32403		
	蓝山县	13571		2083	11489		
	新田县	25910		7719	18191		
	双牌县	14433		2836	11597		
	祁阳县	228491		103889	124603		
	回龙圩	2590		1034	1556		
	虎岩粮库	48064		47300			764
	下河粮库	258113		42620			215493
	零陵粮库	5543		5543			
2008年	合计	830299		72251	540601	13511	203936
	零陵区	114339		27478	86861		
	冷水滩区	74609		1086	73523		
	东安县	176870			165114	11756	
	道县	48130		5264	42866		
	宁远县	16745		2274	14471		
	江永县	38976		15126	23850		
	江华瑶族自治县	11120			11120		
	蓝山县	32764		1328	31435		
	新田县	6121		2505	3616		
	双牌县	48932		1111	46065	1756	
	祁阳县	26527		3887	22640		
	回龙圩	3160		2960	200		
	永州直属库	224899		2124	18839		203936
	下河粮库	7108		7108			

续表6-12

年份	单位＼项目	商品粮销售					
		合计	其中：销往省外	国有粮食经营企业	重点非国有粮食经营企业	重点转化用粮企业	重点批发市场交易量
2010年	合计	1379150	241017	58016	696234		176255
	零陵区	108820		1904	106916		
	冷水滩区	118016		6936	111080		
	东安县	162396	82730	15043	147353		
	道县	21094		7356	13739		
	宁远县	28316	24060	2920	25396		
	江永县	19447	19447	3551	15896		
	江华瑶族自治县	33163	18729		33163		
	蓝山县	7296	150	3601	3694		
	新田县	40927	12411	536	36489	3903	
	双牌县	9977		5246	4731		
	祁阳县	283625		2000	197779	83846	
	回龙圩	500		500			
	下河粮库	184678		8423			
	永州鼎立饲料公司	179533				179533	
	湖南恒惠饲料公司	181363				181363	
2015年	合计	1138417.6	219457.4	104000.9	1034416.7	241779	
	零陵区	69073		2000	67073	62384	
	冷水滩区	207809.7	5742.9	6783	201026.7	108994	
	东安县	109132.3	30361.4	2987	106145.3	6328.6	
	道县	98967.8	69728.7	7810	91157.8		
	宁远县	45927	12419	1257	44670		
	江永县	31100	27330	2000	29100		
	江华瑶族自治县	40305.7	3371.4	1250	39055.7		
	蓝山县	15643			15643		
	新田县	47941	10676	1250	46691	3302	
	双牌县	10997.1	900	1660	9337.1		
	祁阳县	270686	58928.1	76753.9	193932.1	60770.4	
	回龙圩	250		250			
	永州鼎立饲料公司					87156	
	湖南恒惠饲料公司					21838	

续表6-12

年份	单位	商品粮销售 合计	其中：销往省外	国有粮食经营企业	重点非国有粮食经营企业	重点转化用粮企业	重点批发市场交易量
2018年	合计	1177624	225550	133854	1072296	405151	
	零陵区	112550	15849	747	111803	126687	
	冷水滩区	286264	59210	6850	279414	164880	
	东安县	107038	15212	1922	105116	5952	
	祁阳县	377962	50147	58917	319045	98609	
	道县	110420	35212	24556	85864		
	宁远县	48857	14162	1800	47057		
	江永县	31007	24886	3250	27757	2933	
	江华瑶族自治县	38969	1351		38969		
	蓝山县	16092	400	400	15692		
	新田县	32143	8872	500	31643	6091	
	双牌县	10806		870	9936		
	回龙圩	250	250	250	0		
	下河粮库	5268	225550	5268	0		

第三节 粮食仓储

2002 年，永州市有国家粮食储备库 5 个，省储备库 11 个，市级粮站 87 个，点库 334 个，其中有收储任务点库 305 个，总仓容 7.6 亿公斤，仓库存粮 4.86 亿公斤。露天堆储粮 260 万公斤，租借仓储粮 2200 万公斤，主要集中在冷水滩区、零陵区、祁阳县、东安县 4 个产粮县区。

一、仓储设施

（一）仓库类型

永州市粮食仓库主要有：苏式房式仓、房式木板仓、简易仓、量式仓、土圆仓、基建房式仓、拱仓、组合仓、简易棚仓、基建棚仓等。

1989 年以后，仓库类型和质量提高，仓库类型主要有水平式房式仓和垂直式立筒仓两类。水平式房式仓高度一般小于宽度，向平面伸展，建造较易，占地面积大；垂直式立筒仓则高度大于直径或宽度，向空中发展，占地面积小。

苏式房式仓　20 世纪 50 年代接受苏联建筑技术和方法建成，苏式风格强烈，突破传统，梁架跨度大，适用性建筑为砖木结构。仓型在全国普遍推广建设，砖墙，5 米—10 米—5 米三跨木屋架（中间两根木柱），3 米开间，廒间长 54 米，檐墙堆粮高 2~2.5 米，斜堆，廒间仓容 250 万公斤（当时号称 500 万斤大仓），沥青砂地面，墙刷热沥青防潮，砂浆抹面。标准“苏式仓”考虑机械化作业，木屋架中部留有 2.0×2.0 米地沟，内装出粮皮带机。由于当时经济实力差，钢材、橡胶原材料不足等实际情况，后期建“苏式仓”时，取消天桥、地沟，此仓也成“标准仓”。

水平式房式仓　因构造不同，房式仓可分为：①基本类型房式仓。长方形平面布置，双坡屋顶，多为 20 米大跨度单层建筑，有较大有效面积和负载仓容，每幢容量为 250 万公斤。可散装，也可包装或围装，便于清理、熏蒸消毒、翻倒粮堆和机械化装卸粮食。湖南冷水滩虎岩国家粮食储备库，未进行仓库改建、新建以前都是这种水平式房式仓（苏式仓）。②拱形房式仓。用砖砌成拱形屋顶代替上述房式仓的双坡屋面，拱的形式有圆弧线、抛物线和悬索线 3 种。在横轴单向做拱的称单曲拱；大跨度砖拱屋面除在横轴做拱外，在纵轴向也做成小拱型联拱（或称拱波），称双曲拱。粮仓建筑节省木材，很坚固，密闭条件好便于熏蒸，施工难度较大。湖南永州下河国家粮食储备库，新建仓库全部都是拱形房式仓。③薄壳房式仓。用砖砌成壳体结构，以代替房式仓屋面容量小，供小批粮食贮藏之用。

垂直式立筒仓　属立体式垂直型深仓，由工作塔、仓筒群和接收装置 3 部分组成，容量较大，大多有较高机械化和自动化装置。工作塔一般为多层建筑，用钢筋混凝土或混合结构建成，是立筒仓的操作中心，内部安装有输送、称重、清理、吸尘、分流等各项设备。粮食在此经过各个处理步骤后由输送机送到各仓筒中。仓筒由筒顶层、筒底层和仓筒筒身 3 部分组成。筒顶层用来安置进粮用仓顶输送机；筒底层用来布置出粮用仓底输送机和出粮溜管；仓筒筒身用于储粮。一定数量仓筒组成仓筒群，其组合大都采用行列式，纵向为行，横向为列，行数取 2~4，列数取 4~8，4 个相邻筒仓之间空间称为星仓，也可储存粮食。接收装置主要指连接车站或码头铁路接收装置、公路接收装置和码头接收装置，由机械铲、吸粮机、皮带输送机和汽车倾斜器等组成。中央储备粮永州直属库新建仓库就属垂直式立筒仓（浅圆仓）。仓型具有密闭性能好、机械化和自动化程度高、容量大而占地少等优点，为世界各国广为应用。

（二）仓储建设

1996 年，永州市投入仓房维修资金 441.5 万元，维修仓库 446 栋，642 廒，仓容 2.79 亿公斤。宁远县维修 12 栋，56 廒，仓容 1693 万公斤；冷水滩区维修仓房

24栋，仓容2200万公斤。其中换屋面12栋，补墙裂5栋，砌地面3栋，更换天桥走板、扶手4栋，硬化库区地面1100平方米。次年，全市投入资金861.8万元。对383栋仓库进行维修，添置防保器材、改造通风网络等，改善粮油储存条件，提高科学保粮水平，保障储粮安全。

1998年，永州市投入仓房维修资金937万元，维修仓库299栋，仓容1.9亿公斤。其中多年未装粮的危仓38栋，仓容1615万公斤；新建仓房8栋，仓容950万公斤。危仓和新建仓增仓容2565万公斤。次年，全市投入仓房维修资金665万元，维修仓库141栋，仓容1.0亿公斤。仓房维修投入资金最多的是：新田县投入资金70万元、江华瑶族自治县投入资金66万元、宁远县投入资金60万元、湖南冷水滩虎岩国家粮食储备库投入资金5万元，对所有仓房门进行白铁皮包门，改善仓储条件。满足粮食储备需要，新建仓库6栋。

2000—2002年，湖南冷水滩虎岩国家粮食储备库和湖南东安国家粮食储备库扩建，仓容量10亿公斤。永州市5个（湖南冷水滩虎岩国家粮食储备库、湖南东安国家粮食储备库、湖南冷水滩下河国家粮食储备库、湖南祁阳国家粮食储备库、湖南省永州市零陵区五里堆国家粮食储备库）由国家发展计划委员会和国家粮食局批准立项建设及扩建工程，均按上级有关规定和要求相继完工，验收合格。

2006年，永州市全面启动骨干粮库网络建设项目，筹集资金1450万元，对湖南永州下河国家粮食储备库、湖南东安国家粮食储备库、湖南省永州市零陵区五里堆国家粮食储备库进行改造。为骨干粮库全部配备电子磅、输送机、米温计等新设备，添置部分粮情电子测控系统和环流薰蒸系统等储粮保管配套设施。

2007年，永州市确定24个市级骨干粮库，仓容总量2.2亿公斤。架构全市骨干粮库网络，维护粮食安全建立起储备基础。改善储粮条件，筹集资金1300万元，维修仓容1.65亿公斤，新建仓容4350万公斤，添置粮情电子测控、环流薰蒸以及电子磅、输送机、扒谷机、水份测量等先进储粮设备。

2009年，永州市确保粮食收购和储存需要，对骨干粮库网络建设投入资金827万元，维修仓容8480万公斤。骨干粮库有效仓容比上年增加9380万公斤，仓容完好率95%。通过处置闲置资产，调整仓库布局，整合粮食仓储资源，全市新建现代化标准仓库2栋，仓容量900万公斤。形成以中央粮食储备直属库和省储粮库为主体，市、县区粮储仓库为骨干加农户小型粮仓等五级粮食储备网络，为储存粮食、保管好粮食，保障粮食安全奠定基础。

2010年，永州市开展地方储备粮规范化管理年活动，提升仓储管理能力，市、县区两级粮食部门贯彻落实《湖南省地方储备粮管理办法》和《粮油仓储管理办法》，制定市、县区储备粮配套管理制度和承储企业的管理制度，实现地方储备粮管理科学化和规范化。推广应用微机控制、机械通风、环流熏蒸、双低储粮、绿色储粮等先进仓储管理技术，为粮食储藏品质提供技术保障。投入资金 1900 万元，维修仓容 2.5 亿公斤，仓容设施全面改善，仓容完好率提升。

2011 年，永州市投入仓库维修资金 1572 万元，维修粮库站点 111 个，仓库 215 栋，仓容量 2.4 亿公斤，全市储粮完好仓容 95%。道县梅花粮库争取国家发改委重点骨干粮库网络建设资金 500 万元，建设 2 栋 500 万公斤仓容。江永县向银行争取贷款 200 万元，扩建 2 栋 400 万公斤储备仓库。湖南永州下河国家粮食储备库争取新建项目，投入 1000 万元在马坪新库区新建 2500 万公斤仓容，成为永州市最大地方粮食储备库。

2012 年，中央财政安排永州市粮食仓库维修资金 174 万元，县财政配套补助资金 1.6 万元，粮食企业另行自筹资金 333.2 万元，共投入仓库维修资金 508.8 万元。维修仓房 71 栋（市本级及市辖区 32 栋，省直管县 39 栋），涉及仓容 1.39 亿公斤（市本级及市辖区 8580 万公斤，省直管县合计 5355 万公斤）。全市维修仓房容量 3.43 亿公斤（市本级及市辖区 2.27 亿公斤，省直管县合计 1.16 亿公斤）。

2013 年，改善永州市仓储条件，提升仓储能力，市政府向省政府递交《关于解决我市粮食仓库维修和新建仓容资金的请示》，争取“危仓老库”维修改造补助资金 3114 万元，维修改造资金在湖南省各市州中排第 3 位。

2014 年，永州市粮食部门实施“危仓老库”维修改造工程，用好省里下拨专项资金 3114 万元，通过处置闲置资产、财政支持等举措，落实配套资金 4290.24 万元。全市“危仓老库”维修改造完成一般维修仓容 1.25 亿公斤，大修仓容 2.83 亿公斤，功能提升仓容 2.52 亿公斤，全部 100%完成任务。“危仓老库”维修改造后增加符合储粮要求完好仓容 4.07 亿公斤，全市粮食仓储设施条件得到改善。

2015 年，永州市粮食部门加强军粮供应保障体系建设，提升永州市军粮供应综合保障能力，促进军供“五位一体”发展，向省粮食局申报“粮安工程”危仓老库维修改造（军粮专项）项目 9 个，总投资 3119.8 万元，申请中央补助 1103.7 万元，省粮食局于 10 月底批准并下达财政补助资金 630.06 万元。

二、仓储管理

（一）“四无”粮仓

1996 年，根据国家储备局《关于加强粮油安全保管工作的紧急通知》和湖南省粮食局《关于开展冬季安全储粮普查的通知》精神，永州粮食系统从国储粮储备库和省储粮储备库抽调保防骨干 19 人，先培训后实践，分成 6 个小组，按照“以防为主，综合防治”方针和“有仓必到，有粮必查”原则，对全市 11 个县区和湖南冷水滩虎岩国家粮食储备库、湖南冷水滩下河国家粮食储备库 2 个国家粮食储备库储存的各种粮食进行普查。全市农村粮站 93 个，普查 93 个，巩固“四无”粮仓 93 个；普查粮点 298 个，占粮点总数 90.6%，巩固“四无”粮仓 298 个；普查仓库 966 栋，占储粮仓库总栋数 93.1%，保持“四无”粮仓 966 栋；普查粮食 5.19 亿公斤，“四无”粮食 5.19 亿公斤，全市 11 个县区和 2 个国家粮食储备库巩固“四无”粮仓。

1997 年，永州市在储粮多、调销少情况下，仓储管理坚持以防为主，综合防治保粮方针，培育样板仓，加大科保力度，改善储粮条件，保障储粮安全。年末检查，全市 1.12 亿公斤专储粮达到“三专、四落实”（三专：专仓储存、专账记载、专人保管；四落实：即数量、质量、品种、地点，下同）要求，11 个县区和湖南冷水滩下河国家粮食储备库、湖南冷水滩虎岩国家粮食储备库全部实现“一符”（账实相符）、“四无”（无虫、无霉、无鼠、无雀）。

1998 年，永州市平均库存粮食 5.5 亿公斤，年末储粮 5 亿公斤，其中晚稻 5000 万公斤。因仓容紧缺，导致储存形式复杂多样，露天储粮 367.3 万公斤，3 县区 9 处租借仓储粮 2680 万公斤，其中洞库储粮 500 万公斤。经普查，粮情稳定，储粮安全，实现“一符四无”。全市有样板仓 260 栋，储粮 4000 万公斤。解决仓容紧张状况，储粮推陈储新，处理 1995 年以前陈粮 4100 万公斤。

1999 年，根据省粮食局文件精神，市粮食局在各县区粮库自查基础上，组织 8 人，分成 2 组，对 11 个县区和 3 个国储库、抽查 41 个站库、81 个点库，509 栋仓房、3.21 亿公斤粮食，均实现“一符四无”粮仓县区库。

2000 年，永州市按照“一符、三专、四落实”要求，管理储备粮，全市库存粮食 5.25 亿公斤，达到安全储粮标准。次年，永州市粮食库存保管实行目标管理，因地制宜，因仓制宜，因粮制宜，采取两次压盖、两次揭膜、间接重点杀虫等方法。其中薰蒸杀虫一次粮食 43%，安全、经济、卫生、有效。推陈储新，轮换国储粮 650 万公斤，省储粮 1001.5 万公斤，新库入新粮 1000 万公斤。全国组织储备粮食清仓查库，全市粮食库存实有数，账账相符，账实相符。

2002 年，粮食市场化第一年。永州市国有粮食企业落实安全储粮责任制，按照“一符、三专、四落实”要求，搞好粮食保防。承储中央储备粮稻谷 1.26 亿公斤，小麦 1800 万公斤，省储备粮 1500 万公斤，100%实现粮食库存“一符、四无”标准，达到高效储粮，安全储粮。

2003 年，永州市库存粮食 3.5 亿公斤，采用现代化储备方法和技术，保障储备粮数量真实，质量完好，100%实现粮食库存“一符、四无”。次年，根据中央充实地方储备粮要求和省政府确定地方规模及永州市粮食宏观调控需要，落实储备粮任务，确保地方粮食安全。市、县区储备粮入库 3500 万公斤，其中市级储备粮 1500 万公斤，县区级储备粮 2000 万公斤，按省储备粮竞标价格标准 77.5 元/百斤公开竞争招标储粮。

2005—2007 年，永州市粮食企业按照“一符、四无、三专、四落实”要求和市粮食局《关于加强最低价收购粮食监管的通知》精神，储存保管国储粮 1.54 亿公斤，省储粮 2000 万公斤，以及部分加工企业粮食，全市粮食安全无事故。先后组织粮食检验、保管、防治、安全等业务技术人员 185 人次参加省、市两级业务培训班，增强专业管理技能，100%人员持证上岗。湖南永州下河国家粮食储备库、湖南东安国家粮食储备库、中央储备粮湖南分公司永州直属库 3 个骨干粮库完好仓容 100%和 90%仓库利用率。各粮库采用环流薰蒸、机械通风、计算机粮情检测等先进技术，储粮保管达到科学化、现代化水平。全行业保管国储粮 1.54 亿公斤，省储粮 2000 万公斤，自主经营粮 1.87 亿公斤，实现“一符、四无”，保障储粮质量安全。

2008 年，市、县区两级政府重视粮食储备和市场供应工作，部署建立地方储备粮。全市落实市、县区级储备粮 2215 万公斤。其中市级储备粮 500 万公斤，县区级储备粮 1715 万公斤。次年，贯彻落实《国务院办公厅关于开展全国粮食清仓查库工作的通知》，市粮食局指导县区完成辖区内粮食企业自查工作，组织工作人员深入全市 107 个涉查点库，按照“有仓必到、有粮必查、有账必核、查必彻底”原则，清查 4.03 亿斤粮食库存。省粮食局复查和国家抽查，全市粮食库存数量真实，账实、账账相符，粮情稳定，质量完好。

2010 年，永州市、县区两级粮食部门贯彻落实《湖南省地方储备粮管理办法》和《粮油仓储管理办法》，制定市、县区储备粮配套管理制度和承储企业管理制度，实现地方储备粮管理规范化。全市各储粮单位严格执行储粮设施技术操作规程，推广应用微机控制等先进仓储管理技术，确保粮食储藏质量。全市代储省级储备粮 2000 万公斤，省级动态储备粮 1100 万公斤，市级储备粮 1500 万公斤，县区储备粮 2679 万公斤，实现“一符、三专、四落实”。

2011 年，永州市对地方储备粮开展规范化管理活动，制定《市、县区级储备粮规范化管理考评办法》，储备粮规范化管理纳入县区粮食局年终绩效考核。辖区内地方储备粮 7300 万公斤，其中代管省级储备粮 3100 万公斤（含调节粮 1100 万公斤）、市级储备粮 1500 万公斤、县区级储备粮 2700 万公斤，市、县区级储备粮超额完成 200 万公斤，全面完成各级储备粮轮换任务，实现“一符、四无、三专、四落实”。湖南永州下河国家粮食储备库获湖南省“储备粮工作先进单位”。

2012 年，永州粮食系统围绕“稳市场、保安全”主题，落实国家粮食宏观调控政策，保障全市地方粮食安全。储备粮轮换落实地方储备粮4250万公斤，完成全年任务106.3%，其中市本级储备粮任务完成1500万公斤。仓储规范化管理工作得到省粮食局肯定，永州市粮食局被评为“全省仓储规范化管理先进单位”，湖南永州下河国家粮食储备库被评为“省级储备粮工作先进单位”，湖南银光粮油股份有限公司被评为“省级调节储备粮先进单位”。次年，全市落实市、县区级储备粮4250万公斤，完成计划105.9%，各县区100%完成市下达粮食储备计划，无空白县区。道县梅花粮库新增省级静态储备粮任务600万公斤，填补省级储备粮在永州市南6县为零的空白，优化省级储备粮布局。专人负责省级储备粮轮换，完成省级储备粮轮换任务439万公斤，市级储备粮轮换任务192万公斤，县区级储备粮轮换任务730万公斤，是全省2个完成省级储备粮轮换任务市州之一。同时落实永州市中心城区成品粮储备计划290万公斤。

2014年，永州市对粮油仓储企业仓储设施情况进行摸底调查，采取GPS定位，粮库和仓房油罐拍照方式现场核实，永州市粮油仓储企业39家，总仓容10亿公斤，其中国有企业仓容6.59亿公斤（含中储粮仓容），民营企业仓容3.51亿公斤，符合储粮要求仓房容量5.05亿公斤，占总仓容50%。

2017年，永州市粮食系统维修改造粮食仓储库点73个，全市总仓容量117万吨，有效仓容84万吨。湖南永州下河国家粮食储备库、双牌县粮食局、蓝山县粮食局等7个单位获评省危仓老库维修改造工作优秀县区（单位），获奖励资金410万元。争取国家第一批新增400亿斤仓储设施建设项目6个，获国家投资补助资金2100万元。

（二）科学储粮

1996年，永州市粮食系统全面开展科学储粮活动，科学储粮新技术、新方法被越来越多粮食仓储企业应用。全市机械通风储粮4.09亿公斤，占储粮总数77%，粮温在20℃以下储存粮食3.35亿公斤，粮温在15℃以下储存粮食5787万公斤。湖南永州下河国家粮食储备库储粮粮温均在20℃以下，芝山区（现零陵区）储粮粮温均在15℃以下，占库存粮数86%，创全市之首。除机械通风低温储粮和压盖密闭储粮在全市广泛推广应用外，宁远县研制竹筒自然通风技术，蓝山县推广混合薰蒸技术，东安县采取混合薰蒸，结合磷化铝仓外投药微气流循环薰蒸，祁阳县、江永县使用薄膜压盖储粮，两次揭膜，两次压盖，双低储粮等办法，效果一直不错。国储粮库都添置微机，测温测湿，湖南冷水滩虎岩国家粮食储备库研究解决微机电路防腐问题处理。

1998年，永州市粮食系统加大科学保粮投入，推广普及机械通风，改造通风网络，增加基本设施，改进风道等，全市投入资金1583万元，添置排风扇124台，轴流风机 82 台。在科学保粮上，普及推广竹笼通风，地道、地槽、排风扇等方式环流薰蒸杀虫，全市有鼓风机 336 台，排风扇 1439 台，机械通风仓容 4.98 亿公斤，机械通风存粮 3.92 亿公斤，占总储粮 95%。祁阳县粮食局两次薄膜压盖储粮技术普及面 100%，一年一次杀虫率 60%；江永县使用薄膜压盖储粮率 90%；冷水滩区黄阳司省库在薄膜压盖储粮基础上，采用老糠壳压盖粮面，再在老糠壳上加盖薄膜试验，经 2 个仓对比试验，使用该技术粮仓粮温低 5℃，杀虫效果明显，每 3 年杀虫 2 次降低费用，能确保储粮安全。

1999 年，永州市粮食部门科学储粮主要体现在机械通风、低温储粮和低剂量薰蒸，抽查粮食 3.21 亿公斤，其中机械通风 2.84 亿公斤，占抽查数 88.6%，粮温 20℃以下粮食 2.61 亿公斤，占抽查数 81.3%。次年，全市粮食系统层层签订安全储粮，科学储粮责任书，采用和推广“二次揭膜、二次压盖”双低储粮技术，既节约费用，又确保储粮安全。全市库存粮食 5.25 亿公斤，达到安全储粮，科学储粮标准。

2001 年，永州市粮食部门粮食库存保管坚持“以防为主、综合防治”保粮方针，实行目标管理。因地制宜，因仓制宜，因粮制宜，采取二次压盖、二次揭膜、间接重点杀虫等低耗有效方法，科学保粮，实现“安全、经济、卫生、有效”。全市储备粮仓薰蒸杀虫一次粮食达到 43%。

2007—2009 年，永州市粮食部门开展农村科学储粮试点，道县、东安县农村开展科学储粮技术咨询和培训，指导改进储粮装具和推广无害储粮技术。指导粮油企业增加科学储粮投入，改善储粮条件，为科学储粮提供物资保障。科技手段在储粮过程中运用，延缓储备粮陈化，保持品质良好。全市保管粮食 2.65 亿公斤，省级储备粮 2000 万公斤、省级动态储备粮 1100 万公斤、市县储备粮 2200 万公斤以及自主经营粮食 1.9 亿公斤，全部实现“数量真实、质量良好、管理规范、储存安全”要求。组织科技人员深入东安县、道县农村，开展科学储粮进户活动，帮助全市 12.2 万户农民科学储粮，达到“四防”效果，按照农村储粮 3%以上损失浪费率计算，帮助农民减少粮食损失 450 万公斤。推进科学储粮进农村活动，组织国有粮食购销企业保管防化技术人员进村入户，指导农户运用科学储粮技术，确保粮食品质不受污染，减少储粮损失。全市科学储粮进农户覆盖 125 个乡镇，773 个村组，16.6 万户，17 万口小型粮仓。农户储粮 2.4 亿公斤，减少储粮损失 914 万公斤，减少损失损耗率 3.81%。

2010 年，永州市粮食部门开展地方储备粮规范化管理年活动，推广应用微机控制、机械通风、环流熏蒸、双低储粮、绿色储粮等先进储粮技术，为粮食储藏品质提供技术保障。次年，全市 27 家企业粮油仓储全面实施仓储备案管理，辖区内省、市、县区级储备粮所有承储粮库（站）统一账、卡、证、表规范仓房编号，储备粮库存数量真实、质量良好、储存安全、管理规范。落实农户科学储粮 1.1 万户。

2012、2013 年，永州市粮食部门农户科学储粮工作全面推进，永州市粮食局连续被湖南省粮食局评为“农户科学储粮督办先进单位”。

附：永州市国家粮食储备库简介

中央储备粮永州直属库 中央储备粮永州直属库（前身系零陵地区冷水滩粮食仓库）始建于 1956 年，后更名为湖南冷水滩虎岩国家粮食储备库。2005 年 9 月，上收为中央储备粮垂直管理，又更名为中央储备粮永州直属库（简称永州直属库），库区位于冷水滩区伍家院街 89 号。

永州直属库是国家大一型粮食仓储企业，占地面积 30 万平方米，建有平房仓 8 栋、浅圆仓 12 栋，粮食总仓容量 1.5 亿公斤，有全封闭式月台货位 45 个；拥有铁路专用线 1.46 公里，与湘桂线和洛湛线接轨，年中转粮食量 1 亿公斤。承担永州市辖区范围内最低价粮食和中央储备粮的监管任务。

1998 年，争取中央投资 5000 万元，扩建仓容 7500 万公斤，新建浅圆仓设施先进，采用微机检测粮情、谷物冷却、环流薰蒸、机械通风四合一储粮技术，现代化程度高，粮食保鲜效果显著。是年被评为“全国粮食仓储工作先进单位”。2005 年，上收中央直属库后，每年投入技改资金，改善仓房储粮条件，粮食保管连续 20 年实现“四无”粮仓。

2006 年，轮入中央储备粮 2616 万公斤，实现高仓满载，粮食储备总量创建库 50 年来历史最高水平，实现利润 107 万元，扭亏为盈。中转粮食货物吞吐量 4000 万公斤，发送车皮 650 个。

2008 年，配合国家粮食调控政策实施，拍出稻谷 798 万公斤，补入稻谷 798 万公斤；保质保量完成 1500 万公斤跨省玉米调运，全面完成各项调控任务。是年完成稻谷收购 3880 万公斤，销售稻谷 3900 万公斤，销售轮换用粮实现轮换盈利，全库实现利润 102 万元。次年，巩固“两个确保”，确保中央储备粮 7000 万公斤、进口小麦 2000 万公斤，监管库统贷统还中央储备小麦 1400 万公斤以及临时储备粮 3834 万公斤和租仓收购托市粮 1391 万公斤，数量真实、质量良好、依存安全，粮食宜存率 100%，各项指标合格率 100%。

湖南永州下河国家粮食储备库 湖南永州下河国家粮食储备库（前身系湖南省冷水滩面粉厂）始建于 1984 年。1992 年，国家粮食局命名为湖南冷水滩下河国家粮食储备库。2003 年 4 月，更名为湖南永州下河国家粮食储备库（简称下河粮库），库区位于冷水滩区零陵北路 411 号。

下河粮库集粮食储备、粮油物流、粮油检测、信息管理、粮食期货交割、中转服务为一体综合性国有粮食大型企业。属湖南省省级骨干粮库，郑州商品交易所指定早籼稻期货交割库，承担中央、省、市三级储备粮和期货交割粮储存责任。

2003年4月，更名的湖南永州下河国家粮食储备库

库区占地面积300亩，其中城区主库区占地面积148亩，马坪农业经济开发区分库占地面积152亩，建有平房仓13栋、储粮仓容量7500万公斤，拥有1.42公里铁路专用线，年吞吐货物量2亿公斤全天候作业封闭式月台面积1万平方米，现货交易门店4000平方米。

1999年，被湖南省授予省级储备粮定点库，新增储备粮550万公斤。2000年，争取中央粮库资金825万元，扩建仓容1500万公斤，储备粮食2070万公斤。次年，收购粮食670万公斤，销售粮食610万公斤，储备粮食1400万公斤。2002年，扩大储粮规模，储备粮食3638万公斤，其中国储粮2400万公斤、省储粮550万公斤、市级储备粮550万公斤，市场调节粮138万公斤。全年中转粮食货物1亿公斤。

2006年，自筹资金500万元，新建两栋高大平房仓（60米×21米），新增仓容1000万公斤。2008年，执行《中央储备粮管理办法（试行）》和《中央储备粮管理条例（试行）》，落实“一符四无三专四落实”，实行精细化管理，实现数量真实、账实相符、质量完好、管理规范。同时，抓紧粮食收购和轮换，扩大储粮规模。是年，收购粮食2150万公斤，按时、按质、按量完成中央、省、市级储备粮轮换任务，新增省级储备粮650万公斤、市级储备粮500万公斤。

2010年，扩建1亿公斤仓容一期工程竣工交付使用，储备粮规模平稳增加，储备粮食4300万公斤，轮换中储小麦600万公斤，省储稻谷342万公斤，市储稻谷482万公斤。收购粮食1944万公斤，销售粮食3794万公斤。粮食物流中转交易量2.15亿公斤，交易金额5.38亿元，实现利税100万元。

中央储备粮永州直属库零陵分库 中央储备粮永州直属库零陵分库（前身系五里堆国家粮食储备库）始建于1998年。2007年3月，上收为中央储备粮永州直属库零陵分库，正式纳入中储粮垂直管理体系。中央储备粮永州直属库零陵分库，库区位于零陵区石山脚乡五里堆村。

中央储备粮永州直属库零陵分库，库区占地面积83亩，建有现代化仓库10栋，总仓容量5120万公斤，年存中央储备粮4000万公斤。主要承担零陵区及周边地区粮食购销任务，担负中储粮湖南分公司委托的粮食宏观调控任务。拥有80吨电子磅称、全自动输送机、高效能的机械通风、制冷、吸湿、熏蒸设施和粮油检验室及粮情检测系统。

2007年，被零陵区评为文明单位。2009年，被评为市级文明单位。2010年，被评为省级文明单位。

中央储备粮祁阳直属库 中央储备粮祁阳直属库（前身系湖南祁阳国家粮食储备库）始建于1991年。2005年4月，上收中央储备粮垂直管理。2008年11月，国家六部委批文更名为中央储备粮祁阳直属库。库区位于祁阳县黎家坪镇。

中央储备粮祁阳直属库集储备、购销、加工于一体综合型粮库。库区占地面积135亩，建有仓房17栋，总仓容量7300万公斤；拥有日产60吨大米生产线1条和糠油生产线1条。2010年，储存中央储备粮3750万公斤，进口玉米1000万公斤。

中央储备粮祁阳直属库秉承“储备主业谋生存，贸易产业求发展”经营理念，强化“三个严格”，巩固和夯实“两个确保”基础，履行“三个维护”职责，开展产销协作、产业化建设、加工等业务。2009—2010年，中央储备粮祁阳直属库均实现利润150万元。

中央储备粮东安直属库 中央储备粮东安直属库（前身系湖南东安国家粮食储备库）始建于1991年。2008年10月，国家发展和改革委员会等六部门联合下文，划转上收为中央储备粮管理总公司直属库，命名为中央储备粮东安直属库，隶属中国储备粮管理总公司垂直管理。库区位于东安县井头圩镇。

中央储备粮东安直属库集粮食购销、储存、物流中转为一体综合型粮食企业。库区占地面积210亩，拥有现代化储粮仓库17栋，总仓容量9040万公斤，下辖本库和芦洪市分库两个收储点库。主要承担中央储备粮、最低收购价粮、临时存储粮等国家政策性粮食。储备品种有稻谷、玉米等。拥有完善的地磅房、检化验室、网络信息中心等基础设施。历年来粮食吞吐量均在1亿公斤。

中央储备粮东安直属库贯彻“两个确保”、“三个维护”工作要求，强化内部管理，夯实企业基础，在中央储备粮轮换、仓储管理和规范化建设方面取得良好成绩，经济效益和社会效益稳步提升。

第四节　粮油加工

永州市粮油加工业包括：大米（稻谷）加工，面粉（小麦粉）加工，食用植物油料（主要是油菜籽、油茶籽、米糠）加工，食品加工（主要是面条、米粉），饲料加工，粮油机械制造（主要是压力容器、糠粞分离筛、成套油脂精炼设备）。传统习惯称为粮油加工业，也称粮办工业。

一、大米加工

1995年，零陵地区粮食加工企业，深化企业内部改革，转变生产经营机制，行业管理和企业管理，依靠科技进步，主要经济指标和工作目标，都取得比预期要好成绩。加工总产值完成7011.68万元（90年价），比上年减少354.32万元，减4.8%。其中粮食加工4627.05万元，比上年增加602.05万元，增长15%。其中大米5893万公斤，比上年增加996万公斤，增长20%。同时筹措技改资金240万元，完成3个大米车间改造，更新生产设备38台（套）。

1998年，永州市大米加工能力2亿公斤，加工大米1.3亿公斤。市财委下达粮食加工产值6000万元（其中市直粮食加工企业3000万元），截至8月底实现粮食加工产值2478万元，占年任务的41%（市直粮食加工企业完成1267万元，占年任务的41%），各项经济指标完成情况较去年同期均有不同程度下降，在严峻形势面前，粮食系统减亏无异于创收。全市较去年同期减亏515万元。

1999年，粮价竞争激烈，永州市大米加工企业发展生产、开拓经营，加工大米4150万公斤，实现粮食加工总产值6031万元。次年，永州市29家独立核算粮食加工企业实现产值（现行价）7902万元、利润负890万元，同比产值减少1498万元、减亏87万元。全市14家独立核算大米加工企业，加工大米3098万公斤、实现加工总产值4105万元、利润负261万元，同比增产34.4万公斤、产值减少1170万元、增亏84万元。在14家大米加工企业中，全年加工较为正常企业有永州市香穗米业有限责任公司、祁阳米厂和黎家坪米厂、东安米厂和紫溪米厂5家企业。南部各县大米加工企业处于停产状态。

2001—2004年，永州市大米加工企业贯彻国家粮改政策，坚持以经济效益为中心，增强行业实力，大米加工企业经济效益回升。全市大米加工能力5.6亿公斤，粮食加工完成总产量4158万公斤，其中加工大米3154万公斤、实现粮食加工总产值8502万元。全市粮食行业注册登记获得QS标志粮油加工企业发展到77家，实现粮油加工产值8.28亿元，纳税812.7万元，安排置换身份职工和农民工就业5827人。其中产值1000~5000万元粮油加工企业9家，产值5000~10000万元粮油加工企业3家，产值过亿元粮油加工企业2家。2003年，永州市国有粮食企业进行以两个“置换”为重点改革。全市粮食系统193家主、附营企业整体改制，重组受市、县区政府委托，发挥主渠道粮食购销股份制企业16家，按现代企业制度运作赢利3065万元。

2005年，永州市粮食行业落实工业强市战略，推进科技兴粮，抓粮油加工业和多种经营业。实施粮油加工企业上规模、产品上档次，粮油加工企业发展到227家。其中年产值500万元以上规模粮油加工企业134家，年产值过亿元粮油加工企业6家。全行业实现产值16亿元，创利税1500万元。全市新增省级农业产业化龙头企业3家，湖南省著名商标3个，国家免检产品2个，中国粮食行业放心米15个，绿色粮油产品26个。永州市粮油加工业崛起，被湖南省粮食局誉为“北有常德，南有永州”跨越式发展粮油加工业模式。

2006年，永州市粮食部门推进粮食产业化“151”工程（“151”工程即湖南粮食产业化经营工程的简称，其内容：从2006年起，用5年时间，全省重点培育1个年综合加工能力达5亿公斤、销售收入过30亿元，5个年综合加工能力达2亿公斤、销售收入过10亿元，10个年综合加工能力达1亿公斤、销售收入过5亿元的农业产业化龙头企业）。全市各类粮食企业发展到387家。其中新增省级农业产业化龙头企业3家，市级农业产业化龙头企业4家。湖南金浩茶油股份有限公司被审核为全国经济林产业化龙头企业，进入湖南省食用油加工五强企业。湖南省天龙米业有限公司被认定为全国农产品加工示范企业。湖南省天龙米业有限公司、湖南省银利来米业有限公司，进入湖南省大米加工五强企业。全市获有机产品、绿色产品、无公害产品50个，比上年增加9个；放心米、面、油产品51个，比上年增加19个。国家免检产品3个。有6个产品在中国粮油食品及加工技术交易会上获金奖。新增全国放心粮店3家，实现永州放心米粮店零的突破。全市实现粮油加工产值21.48亿元。

2007年，永州市大米加工企业252家，加工大米13亿公斤，比上年增加2亿公斤，粮油加工企业实现加工产值22亿元。全市粮油企业安排4000人就业。创新“中国名牌”大米产品2个，实现永州“中国名牌”产品零的突破。次年，永州市粮食局指导粮食企业编制可行性研究报告、筛选、包装加工业项目36个，指导粮油加工企业采用高新技术和精深加工设备、改造、新建加工项目22个，新增粮油加工产值2.8亿元。全行业克服特大冰冻灾害，面对国际金融危机冲击，科学调度粮油加工要素，全市粮油加工企业实现产值 23.5 亿元，同比增长 6.8%。其中湖南金浩茶油股份有限公司产值 3.1 亿元，晋升为国家级农业产业化龙头企业。全行业获得中国名牌大米 2 个，全国知名粮油品牌 1 个，全国放心粮油 51 个，有机产品、绿色产品、无公害大米 65 个，湖南名牌粮油 8 个，湖南著名商标 4 个。

2009 年，永州市粮食部门争取湖南省财政技术改造贴息项目 5 个，贴息贷款额度资金 2690 万元。其中湖南金浩茶油股份有限公司投资祁阳基地 9092 万元，改造日产 20 万公斤茶油浸出生产线。新增产值 1.2 亿元，为国家创利税 1500 万元。全市国家级、省级、市级农业产业化龙头企业增至 28 家。获中国驰名商标 2 个，实现永州“中国驰名商标”零的突破。全市粮油加工企业实现产值 26.03 亿元，同比增加 2.53 亿元。

2010 年，永州市粮食部门上规模粮油加工企业发展到 252 家，其中国家级农业产业化龙头企业 1 家、省级农业产业化龙头企业 7 家、市级农业产业化龙头企业 23 家。新增中国驰名商标 1 个，12 家粮油加工企业被授予全国放心粮油示范企业。形成大米、油脂、饲料、薯类、面制品等多类加工业，年处理稻谷、油脂、饲料、小麦、杂粮能力超过 16 亿公斤，实现粮油加工年产值 27 亿元。

2011 年，永州市粮食系统启动粮油“百亿产业”工程建设，推进粮油产业发展。争取技术改造扩能建设项目、粮油“千亿产业”补贴项目、深加工贷款财政贴息项目 13 个，争取补贴资金 900 万元。全市国家级、省级、市级农业产业化龙头企业增至 36 家。新增湖南著名商标 9 个。完成粮油加工总产值 53.8 亿元。次年，全市粮油加工总产值 66 亿元，同比增长 32%。全行业新增市级农业产业化龙头企业 6 家，市级以上农业产业化龙头企业 40 家。

2013—2015 年，永州市粮食系统突出产业发展，争取项目资金 4248.3 万元。推进粮油“百亿产业”工程，全行业新增投入资金 2.2 亿元，落实专项奖励扶持资金 200 万元。新增市级农业产业化龙头企业 3 家，新增销售收入过亿元粮油加工企业 3 家，粮油加工总产值实现 75.8 亿元。同比增长 16.6%。争取到湖南省粮油“千亿产业”项目 10 个，到位补贴资金 646 万元。促成湖南银光粮油股份有限公司和湖南粮食集团战略合作，支持永州市华利工贸有限责任公司在县区整合米粉加工小作坊，扩大加工规模。全市实现粮油加工产值 100 亿元，同比增长 14.7%。

二、面粉加工

1995 年，永州市唯一国有面粉加工企业湖南省冷水滩面粉厂（简称面粉厂）全年加工面粉 780 万公斤，比上年减少 129 万公斤，减 14.4%。实现销售收入 1730 万元，利税 42 万元。次年，投入资金 500 万元，对面粉生产进行扩能改造，引进瑞士布勒公司生产的先进磨粉机12台，扩大面粉加工能力。加工面粉突破1000万公斤。实现销售收入2160万元，利税52万元。

1997—1999年，面粉厂年加工面粉能力5000万公斤。面粉销价市场竞争激烈，面粉加工企业努力发展生产，开拓经营，3年加工面粉3650万公斤，实现销售收入6770万元，利税181万元。

2000年，面粉厂加工面粉1049万公斤，完成产值2443万元，亏损190万元。同比减产300万公斤、产值减少831万元、减亏63万元。

2001、2002年，面粉厂加工面粉915万公斤。实现销售收入2310万元，利税55万元。

2003年，湖南省冷水滩面粉厂根据永州市国有企业改革领导小组《永州市市直国有企业产权制度改革试行办法》和《永州市市直国有企业置换职工身份试行办法》，实施“两个置换”改革，企业退出国有粮油加工领域，走向市场；职工置换国有粮食企业身份，自谋职业。

三、油脂加工

20世纪80年代始，永州油脂加工使用机械榨油。90年代中期引进先进设备和技术，精炼加工油脂。湖南金浩茶油股份有限公司，以湖南丰富油茶资源为本，走“公司+基地+农户”农业产业化发展道路，先后在湖南省祁阳县、益阳市、衡阳市，江西省萍乡市建设4大生产基地，上马10条工艺先进预榨、浸出、精炼、灌装自动化生产线，购置配套完整精密实验、检测与检验设备，精准检测出油脂纯度、脂肪酸含量、油脂中营养成分含量等指标。直接或间接带动2000万农民致富。公司被评为全国经济林产业龙头企业、国家农业产业化重点龙头企业、湖南省粮油工业千亿产业突出贡献企业。

1995年，湖南金浩茶油股份有限公司引进一批精炼茶油生产线。

2000—2002年，公司经过技术改造，产销规模增大，完成产值5091万元，同比增长224%；销售销售收入6451万元，同比增长321%。期间投入资金1600万元，引进国际先进预检、精炼全套现代化生产设备，植物油加工能力为2500万公斤。

2005年，公司投资2000万元，引进国外先进冷榨工艺技术及配套新一代冷榨生产线。被祁阳县列为过亿元企业，实现产值1.4亿元，占年计划140%，同比增长115%。

2009年，公司投入资金7000多万元，建设100吨/日全自动精炼生产线，整个车间为全不锈钢设备，采用PLC可编程序控制器，构成PLC控制系统，对生产线上所有设备进行程序自动控制，完成对设备故障、仓、料位实时检测与报警，根据物料流程、料位和设备故障信息对设备进行联锁控制。采用工艺技术，是油脂油料加工领域先进实用、节能降耗技术。

2010 年，公司投入资金 1000 万元，引进全自动灌装生产线，从吹瓶到贴标、灌装、压盖、封箱全部实现自动化，杜绝生产过程中带来污染，保证产品质量，提高生产效率。

2013 年，公司投入资金 4000 多万元，建设 2 万吨/年茶籽油脱蜡先进精炼脱蜡生产线，提高精炼得率、降低生产成本、增强产品耐寒性、提高产品质量。次年，投资 5000 多万元，新建 2 万吨/年茶油冷藏生产车间，完善相关配套设施、设备，保障油茶籽油在恒温下贮藏，保证油茶籽油品质。2015 年，实现工业总产值 8.22 亿元，同比增长 15.1%。

2016 年，公司投入资金 9000 万元，建设 100 吨/日茶饼浸出生产线和日产 500 吨小包装食用油一体智能化生产线，完善后续机器人码垛系统及自动化控制系统。

四、食品加工

1996 年以前，永州市粮油食品业除传统面条、米粉加工外，便民食品、方便食品、冷冻食品、保健食品还是空白。跨行业工业只有祁阳编织袋厂，产值 150 万元，年亏损 13 万元。

1996 年，永州市华利工贸责任有限公司（简称华利公司）租赁永州市木材总厂厂房，成立华利米粉厂，生产鲜湿米粉，当年顺利投产，供应冷水滩城区。鲜湿米粉量少利薄，经营亏损。公司从严治厂，内抓管理，外拓市场，生产经营走上正规，1998 年，实现扭亏为盈。1996—2000 年，实现销售收入 413 万元，利税总额 5 万元。

2001 年，华利公司以市场为导向，建设干米粉生产线，营销扩大，建立现代企业管理模式。2002 年 6 月，注册成立永州市华利工贸有限责任公司。2004 年，投入资金 2100 万元，在冷水滩区凤凰园银象路购置土地建设新厂区。2005 年，完成新厂区工程建设，实施发展战略定位。2001—2005 年，公司实现销售收入 2230 万元，创利税 152 万元。

2006—2010 年，华利公司开拓创新，走品牌经营、规模化之路，先后获“永州市农业产业化龙头企业”、“守合同重信用单位”、“全国放心粮油进农村进社区先进单位”等资质。成功注册“阳光华利”商标，湿米粉被认定为绿色食品、通过质量管理体系认证。“十一五”期间，实现销售收入 5160 万元，创利税 322 万元。

2011—2015年，华利公司奋力拼搏，克服国内外宏观环境偏紧，成本上涨等因素影响，加大产学研合作，运用专利技术提高产品附加值，投入资金3600万元，扩建干米粉生产线，对鲜湿米粉生产线进行技术改造，同时进行电子商务建设，提高生产效率和产能，扩大市场占有率。“十二五”期间，被授予“全国节粮减损示范企业”、获永州市科技进步奖、通过诚信管理体系认证、产品认定为湖南名优特产商品，公司进入高效有序发展轨道。实现销售收入3.18亿元，创利税1100万元，较“十一五”期间分别增长19.4%和41.24%。

2016年，华利公司实施产业结构转型升级，被评为湖南省农业产业化龙头企业，获中国粮油学会科学技术奖，通过危害分析与关键控制点（HACCP）体系认证。实现销售收入7888.11万元，创利税486.96万元。

五、饲料加工

新中国成立前，养猪只是农民私事，政府不予领导，也不加干预，故无饲料工业。农民以青草、薯藤、红薯、碎米、剩饭等为喂养饲料。新中国成立后，政府加强对饲养业领导，永州饲料加工业从无到有、从小到大、从土到洋发展起来。永州市粮食部门有饲料加工企业12个，年饲料生产能力达9940万公斤，从业人员有542人，资产总计4813万元，其中流动资产1883万元，固定资产2930万元。饲料生产最多年产量达7288万公斤，完成总产值3423万元，设立饲料销售网点50个，实现销售收入3023万元，实现利润134.4万元，跃入湖南省饲料加工业先进行业。

1995年，永州市饲料加工完成产值2384.63万元，比上年减少956.42万元，减28.6%。饲料加工业亏损275万元，比上年减亏411万元，减亏60%。加工饲料3306万公斤，比上年减少796万公斤，减19.4%。

1998年，永州市饲料加工能力9000万公斤，全市加工饲料6000万公斤。次年，饲料市场竞争激烈，饲料加工企业努力发展生产、开拓经营，全市加工饲料1420万公斤。

2000年，永州市11家独立核算饲料加工企业，加工饲料1701万公斤，完成产值1544万元，利润负395万元。同比增产4645万公斤、产值增加953万元、减亏71万元。全市11家饲料企业开工生产企业只有6家，其中产量相对较大的只有东安县饲料厂、新田县饲料厂、祁阳县饲料厂。

2001、2002年，永州市饲料加工能力7000万公斤，全市加工饲料191万公斤。

2003年，永州市国有饲料加工企业根据永州市国有企业改革领导小组《永州市市直国有企业产权制度改革试行办法》和《永州市市直国有企业置换职工身份试行办法》，实施“两个置换”改革，企业退出国有饲料加工行业，全面走向市场，职工置换国有饲料企业身份，自谋职业。

1995—2001 年饲料加工业生产统计表

表 6-13

年度	产量（吨）	总产值（万元）	利润（万元）
1995 年	37480	4131	-297
1996 年	26490	3231	-229
1997 年	20022	2553	-837
1998 年	17231	2737	-880
1999 年	8183	399	-466
2000 年	12392	1021	-395
2001 年	10340	624	-114

六、粮油机械制造

1996 年，永州市粮油机械厂开发制造“料风绞龙闭风器”、“防堵关风器”和组合米机除尘器等新设备，全市粮食系统对新设备适应性强，一度要求批量生产、广泛使用。

2000 年，永州市粮油机械厂与武汉工学院合作开发 LCB 步进反吹除尘器。加工储粮用通风阀 48 台，除尘器 4 台。完成产值 35 万元，销售收入 56 万元，亏损 31 万元，同比产值减少 66 万元，销售收入减少 37 万元、减亏 54 万元。

2003 年，永州市粮油机械厂根据永州市国有企业改革领导小组下发的《永州市市直国有企业产权制度改革试行办法》和《永州市市直国有企业置换职工身份试行办法》，实施“两个置换”改革，企业退出国有粮油机械制造领域，走向市场，职工置换国有粮油机械企业身份，自谋职业。

七、其他加工（附营业务）

2000 年，永州市粮食系统独立核算附营业务企业 52 家（不含加工企业），加上购销企业中附营项目，附营业务从业人员 4002 人。附营业务以粮油贸易为主，其次为小机组粮食加工、餐饮服务和种植业、养殖业。

（一）粮油贸易

粮食系统粮油贸易实现贸易收入 1.95 亿元，利润 296 万元。发挥粮食企业在粮食流通中主渠道作用，为购销企业腾出仓容，适时入库新粮做出贡献。

（二）餐饮服务业

粮食部门宾馆、招待所、酒店在全市餐饮服务业中占有重要位置。除南华大酒店由港商承包经营外，粮食职工自主经营43个餐饮服务经营单位（非法人单位），实现营业收入1094万元，利润70万元。经营状况较好有江华瑶族自治县粮食宾馆、宁远县金穗大酒店、永州市粮运车队金运大酒店。餐饮服务业巩固、发展，拓宽职工就业渠道，安置480人就业。

（三）种植业

全市粮食系统从事种植业生产经营单位（非法人单位）42个，种植面积2420亩，其中200亩以上种植场2个，100亩以上种植场8个，集中分布在冷水滩区、江永县、新田县。种植业实现利润8万元。

（四）养殖业

粮食系统以生猪饲养为主，规模5000千头以上猪场3个。出栏生猪18465头，存栏生猪12563头。各类养殖收入767万元，创利润17万元，安置职工156人。

2014年永州市粮油加工业主要经济指标统计表

表6-14 **单位：万元**

序号	法人单位	加工总产值	产品销售收入	利税总额	利润总额	资产总计
	永州市合计	873655.6	854870.7	47707.6	31629.1	441700.6
1	永州亮达米业有限公司	12910	12953	472.5	286.6	3310
2	永州市零陵泰丰米业有限公司	12456	12119	472.5	286.6	4287
3	永州餐餐米业有限公司	3950.8	3918.4	144.5	87.7	4295
4	永州市隆安米业有限责任公司	867	860	31.7	19.2	385.1
5	湖南永州湘大骆驼饲料有限公司	16376.9	16540.6	827	562.3	9640.7
6	永州市零陵福田米业有限公司	0	0	0	0	0
7	永州市零陵区长江米厂	67	66.4	2.4	1.5	29.7
8	永州市零陵区恒盛米业有限公司	71	70.4	2.6	1.6	31.5
9	永州零陵区正贤米厂	76	75.4	2.8	1.7	33.8
10	艾月大米厂	70	69.4	2.5	1.5	31.1
11	永州市金湘米业有限公司	1656	1642.7	60.6	36.7	146.8
12	永州市龙山农业综合开发有限公司	13500	13300	1340.6	1020	9121.5

续表6-14

序号	法人单位	加工总产值	产品销售收入	利税总额	利润总额	资产总计
13	永州市漓源饲料有限公司	27951.6	28231.1	1411.5	959.8	6642.5
14	永州市雅大科技实业有限公司	7568	7478	753.7	573.5	1877.1
	零陵区合计	97520.3	97324.4	5524.9	3838.7	39831.8
15	湖南恒惠饲料有限公司	45789.2	46248.7	2312.3	1572.4	39102
16	湖南湘君面业有限公司	15886	15648.4	1178.3	794.3	9811.2
17	永州市冷水滩区丰穗粮油贸易有限公司	11631	12318.2	425.7	258.2	6687.2
18	永州市华利工贸有限责任公司	11520	11039.6	1078.5	814.7	2699.6
19	永州市兴农粮食有限责任公司	4928.8	4890.5	180.4	109.4	437.8
20	湖南金三和粮油有限公司	22422.4	23095	820.7	497.8	6871.9
21	永州庆源农副产品加工有限公司	6051.9	6315.5	221.4	134.3	537.2
22	湖南九鼎科技（集团）永州鼎立饲料有限公司	49801.4	50299.4	2514.9	1710.1	10504.6
23	永州市冷水滩区五谷香有限公司	13600	13491.2	497.7	301.9	1207.6
24	永州市冷水滩凤凰如意大米厂	11656.6	11561.7	426.6	258.7	1034.9
25	永州市冷水滩长安大米加工厂	2665.2	2643.7	97.5	59.1	236.6
26	永州市冷水滩区乾龙米厂	2065.2	2048.5	75.6	45.8	183.4
27	永州市冷水滩亿利米厂	1998.1	1984	73.2	44.4	177.6
28	永州市冷水滩湘江大米厂	1865.2	1850	68.2	41.4	165.6
29	湖南省永州市冷水滩军粮供应站	1936.4	1919.5	70.8	42.9	890.4
30	永州市冷水滩区宏旺米厂	12204.3	12107.3	446.7	271	1083.8
31	湖南味百信粮油有限公司	15028.8	14909.7	550.1	333.6	6475.6
32	湖南大自然制药有限公司	30820	30049	2559	1748	21568.1
33	湖南林之神林韵油茶科技发展有限公司	9350	9116.2	747.5	510.5	6482
34	永州市冷水滩顺风大米厂	1560.1	1547.5	57.1	34.6	138.4
35	永州市冷水滩区鑫健米业店	1206.5	1195.3	44.1	26.8	107
36	永州市冷水滩区怡香米厂	1412.1	1398.7	51.6	31.3	125.2
37	永州市冷水滩区岚江大米厂	1333.2	1324.3	48.8	36.8	147.2
38	永州市冷水滩区永丰大米厂	1513.3	1502.8	55.4	33.6	134.5

续表6-14

序号	法人单位	加工总产值	产品销售收入	利税总额	利润总额	资产总计
39	永州市冷水滩区一品香米厂	1000. 3	992	36. 6	22. 2	88. 8
40	永州市冷水滩区文君米厂	1062. 3	1051. 5	38. 8	23. 5	94. 1
41	永州市红八方米业有限责任公司	500	496	18. 3	11. 1	222. 1
42	永州市利源农产品开发有限责任公司	1955	1939. 3	71. 5	43. 4	173. 6
43	湖南熙可食品有限公司	20892	18802. 8	2015. 7	1476	45715. 9
	冷水滩区合计	303655. 3	301786. 3	16783	11287. 8	163103. 9
44	湖南省天龙米业有限公司	44313	39415	1454. 2	882	19786
45	湖南银光粮油股份有限公司	51660	48613	1365	828	17450
46	湖南湘妹食品有限公司	22514	21388	3635. 9	2288. 5	40366. 4
47	湖南怡神米业有限公司	0	0	0	0	0
48	湖南七里香米业有限责任公司	25054	23049	850. 4	515. 8	6779. 7
49	湖南天圣有机农业有限公司	7785	7395. 6	745. 4	567. 1	8527. 1
50	湖南金浩茶油股份有限公司(祁阳)	62087	60847. 6	4989. 4	3407. 4	56121. 4
51	永州市北大农牧有限公司	21649	21865. 5	1093. 2	743. 4	11269
52	湖南湘城食品有限公司	14010	12183. 3	1228	934. 2	8885
53	祁阳县观音滩镇大众米厂	4100	4067. 2	150	91	364
54	祁阳县宝塔街大米厂	3300	3273. 6	120. 8	73. 2	293
55	祁阳县八宝镇爱民大米厂	4200	4166. 4	153. 7	93. 2	373
56	祁阳县黎家坪镇黎峰大米厂	3900	3868. 8	147. 4	86. 5	346. 3
57	祁阳县九龙米业有限公司	4500	4464	164. 7	99. 9	399. 6
58	祁阳县黎家坪镇大喜大米厂	3500	3472	128. 1	77. 7	310. 8
59	祁阳县浯溪镇白竹大米厂	3800	3769. 6	139	84. 3	337. 4
60	祁阳县浯溪飞达大米厂	3700	3670. 4	135. 4	82. 1	328. 4
61	祁阳县浯溪镇宏泰米业	3400	3372. 8	124. 4	75. 4	301. 9
62	祁阳县文明铺粮油购销有限公司	3850	3819. 2	140. 9	85. 4	341. 8
63	祁阳县金穗大米厂	3950	3705. 1	144. 5	87. 7	350. 7
64	湖南鸿达园食品有限公司	9745	8770. 5	940. 2	688. 5	7033. 4

续表6-14

序号	法人单位	加工总产值	产品销售收入	利税总额	利润总额	资产总计
	祁阳县合计	300017	285176.6	17850.6	11791.3	179964.9
65	湖南省东安县舜皇米业有限责任公司	0	0	0	0	0
66	湖南省东安县金源米业有限公司	0	0	0	0	0
67	东安粮通大米厂	4089	4057.2	149.7	90.8	363.2
68	湖南省东安县粮食购销有限公司	6587	6532.3	241	146.1	5368.1
69	东安县禾丰米业有限公司	3815	3784.4	139.6	84.7	338.8
70	湖南省龙凤米业有限公司	2758	2732.9	100.8	61.1	244.8
71	东安县津燕米厂	3983	3953.1	145.8	88.4	353.8
72	东安县珍玉米厂	4045	4012.6	148	89.8	359.2
73	湖南九龙福食品有限公司	2254.2	2212.3	135	68.6	2164.3
	东安县合计	27531.2	27284.8	1059.9	629.5	9192.2
74	双牌县阳明粮油购销有限责任公司	3432	3404.5	125.6	76.2	1134
75	湖南省双牌县潇水米业公司	2805	2782.5	102.6	62.3	249.1
76	湖南省双牌县潇江大米厂	1189.3	1180.4	43.5	26.4	105.7
77	湖南省双牌县泷泊镇江源大米厂	600.5	595.2	21.9	13.3	53.3
	双牌县合计	8026.8	7962.6	293.6	178.2	1542.1
78	道县金穗粮油贸易有限公司	10360	10277.1	379.1	230	10785
79	谷源粮油食品（湖南）有限公司	7985	7921.1	292.2	177.2	6840
80	道县建华米业公司	7180	7122.5	262.7	159.4	637.5
81	道县谷丰米厂	6575	6522.4	240.6	145.9	583.8
82	湖南湘浩油茶生物科技有限公司	8864	8642.4	736.2	502.9	5600
83	道县梅花米厂	4865	4826	178	108	432.4
84	道县潇水米厂	2250	2232	82.3	49.9	199.8
85	道县香湘粮贸公司	3200	3174.4	117.1	71	284.1
	道县合计	51279	50717.9	2288.2	1444.3	25362.6
86	江永县金榄果油脂有限责任公司	770	750	64	44	1100
87	江永县君诚米业实业有限公司	6695	6641.4	244.3	148.1	1100

续表6-14

序号	法人单位	加工总产值	产品销售收入	利税总额	利润总额	资产总计
88	江永县顺星食品厂	30	27	7	5	80
89	江永县合欢粮食加工厂	7200	7142. 4	263. 5	159. 8	639. 3
	江永县合计	14695	14560. 8	575. 8	356. 9	2919. 3
90	宁远县利元米业有限公司	14210	14096. 3	520	315. 4	1261. 8
91	宁远县九疑山植物油有限公司	7200	7020	598	408. 5	2000
92	柏家坪培志大米厂	4000	3968	146. 4	88. 8	355. 2
93	宁远县联谊大米厂	6800	6745. 6	248. 8	151	604
94	宁远县九疑山兴农米业有限公司	6000	5952	219. 6	133. 2	532. 8
	宁远县合计	38210	37781. 9	1732. 8	1096. 9	4753. 8
95	蓝山县通达米厂	264	262. 8	9. 7	5. 9	43. 5
96	蓝山县龙湾三蓝生态园开发有限公司	770	668	154. 3	119. 2	3246. 5
97	蓝山县恒华米业有限公司	285	282. 7	10. 4	6. 3	45. 3
98	蓝山县粮油购销有限责任公司	1100	1091. 2	40. 2	24. 4	98
	蓝山县合计	2419	2304. 7	214. 6	155. 8	3433. 3
99	新田县恒丰粮油有限公司	12655. 3	12553. 8	463. 1	280. 9	3048. 7
100	新田永丰贸易有限公司	1108	110. 1	40. 6	24. 6	98. 8
101	新田县祥丰大米加工厂	1367. 2	1354. 1	50	30. 3	121. 2
102	新田县达利粮油食品加工厂	310	290. 7	11. 3	6. 9	100
	新田县合计	15440. 5	15299. 7	565	342. 7	3368. 7
103	江华瑶族自治县同丰粮油食品公司	8882. 5	8809	325	197. 1	5200
104	江华瑶族自治县化忠米厂	350	347. 2	12. 8	7. 7	120
105	江华瑶族自治县志兴米厂	150	148. 8	5. 5	3. 3	40
106	江华瑶族自治县天安粮油贸易有限公司	1831	1815. 3	66. 9	40. 6	162. 5
107	江华瑶族自治县三里亭米厂	248	243	8. 9	5. 4	41. 7
108	江华瑶族自治县新华大米厂	600	595. 2	21. 9	13. 3	80
109	江华瑶族自治县王氏食品有限公司	2500	2420	353. 3	222. 6	1583. 8

续表6-14

序号	法人单位	加工总产值	产品销售收入	利税总额	利润总额	资产总计
110	湖南湘瑶泰达生物科技有限公司	300	292.5	24.9	17	1000
	江华瑶族自治县合计	14861.5	14671	819.2	507	8228

第五节　粮油检测与计量

一、检测

（一）粮油质量检测体系建设

2009年3月，为加强粮油质量检验和监督，永州市机构编制委员会办公室《关于设立永州市粮油质量检测中心和撤销永州市军粮供应处的批复》，批准同意成立永州市粮油质量检测中心，唐自云兼任市粮油质量检测中心主任。2011年5月，屈少剑任市粮油检测中心副主任主持工作。11月，永州市粮油质量检测中心通过湖南省质量技术监督局质量体系认证。12月，永州市粮油质量检测中心通过湖南省质量技术监督局计量认证。2012年1月，永州市粮油质量检测中心通过国家粮食局专家组验收。6月，永州市粮油质量检测中心成为授权挂牌国家粮食质量监测站。

2014年，国家粮食局、国家发展和改革委员会拨款230万元，在湖南省粮食局统一组织下，购置液相色谱仪、原子吸收光度计、近红外谷物分析仪和微波消解仪等先进检验检测仪器设备。同时，组织检验检测人员业务技能培训。

2015年，永州市粮油质量检测中心，有检验检测实验室14间，主要仪器设备118台（套），仪器设备原值300万元。中心工作人员7人，其中具有中级职称1人。建立健全粮食质量监测体系，形成以市粮油质量检测中心为中心，各县区粮油监测站为骨干，全市农业产业化龙头企业为基础粮食质量检验检测管理体系。

（二）粮油质量检测工作开展

2009年3月，筹备组建永州市粮油质量检测中心。

2011年，按永州市机构编制委员会办公室文件精神，配备粮油质量检测中心工作人员；安装调试各类检验检测仪器设备。先后派出人员参加湖南省粮油监测中心、南京财政大学和有关仪器设备生产厂家学习培训，提高检验检测人员和业务技能水平。

2012—2018 年，永州市粮油质量检测中心对全市县区级储备粮质量检查监管和军粮质量监测与托市粮、委托检测粮油、收获粮食扦样检测。检测储备粮油 325 批次，平均合格率为 96.6%；检测军供粮 154 批次，合格率 100%；检测托市粮 432 批次平均合格率为 94.2%；检测食品安全委员会委托检测粮油 280 批次，平均合格率为 98.9%；收获粮食扦样检测 1261 批次。并将检测结果及整改意见告知被检单位，确保储备粮和军粮质量、托市粮、委托检测粮油、收获粮食安全。按照《实验室资质认定评审标准》和市粮油质量检测中心质量手册、程序文件及相关作业文件。建立完善粮油样品检验工作从抽样、收样、样品保管及处理，到检测、发送检测报告原始记录，粮油质量检验检测工作具有可追溯性，粮油质量检验检测结果具有公正性和准确性，完成市粮食局和市食品药品安全委员会办公室等部门分配的粮油质量检验检测工作任务。

2012—2018 年永州市粮油质量检测统计表

表 6-15 **单位：批次、%**

年份	储备粮油	合格率	军供粮	合格率	托市粮	合格率	食安委委托	合格率	收获粮食扦样
2012	44	100	22	100	60	95	40	100	186
2013	46	97.8	22	100	60	90	40	100	186
2014	46	95.6	22	100	60	96.7	40	97.5	186
2015	46	97.8	22	100	60	95	40	95	186
2016	46	93.5	22	100	60	93.3	40	100	186
2017	49	95.9	22	100	66	93.9	40	100	186
2018	48	95.8	22	100	66	95.5	40	100	145
合计	325		154		432		280		1261

（三）粮油质量检测管理制度

粮食入库质量检验制度 粮食收购和储存企业按照国家粮食质量标准对入库粮食进行质量检验，中央和地方储备粮承储企业还应对粮食储存品质进行检验。

市、县区级储备粮入库质量应符合规定质量等级要求，省内收购新粮，企业可以自行检验或委托检验，从省外调入作为地方储备粮食，对方必须出具质量检验报告，入库单位必须逐车检验，符合储备粮质量和储存品质要求，方可入库。

市、县区级储备粮每年定期由有资质的粮油质检机构进行一次储存品质检验，特殊情况可以不定期进行检验。

粮食收购、储存企业和其他粮食经营者，应建立粮食质量档案。内容包括：仓库（货位）号，粮食品种、收获年度、入库时间、质量等级、水分、杂质等项目和指标，属于储备粮的还应标明粮食储存品质指标。

中央地方储备粮入库质量应符合规定质量等级要求。储备粮承储企业应建立和完善质量管理制度，加强储备粮入库检验，严格执行日常监测制度，合理安排轮换，确保粮食储存安全、质量良好。

粮食销售出库质量检验制度　粮食收购和储存企业在粮食销售出库时，应出具质量检验报告，销售粮食质量应与检验结果相一致；检验报告中应标明粮食品种、等级、代表数量、产地和收获年度等；粮食出库检验报告应随货同行，报告有效期为3个月；检验报告样式由国家粮食行政管理部门统一制定；检验报告复印件经销售方代表签字、加盖公章有效；开展代储业务储存企业，应承担粮食入库索证和出库检验义务。

粮食出库检验项目：正常储存年限内粮食，检验项目主要为国家粮食质量标准规定各项质量指标；在储存期间使用过化学药剂并在残效期限内粮食，应增加药剂残留量检验；色泽、气味明显异常的粮食，应增加相关卫生检验指标。

正常储存年限内粮食销售出库，可由粮食收购、储存企业自行检验并出具检验报告。

超过正常储存年限粮食销售出库，应当经过有资质粮食质量检验机构进行质量鉴定；检验机构在接受委托检验申请后，应在15个工作日内完成扦样、检验和出具检验报告。

超过以下储存年限粮食，视为超过正常储存年限（按照收获年度计算），粮食销售出库时应委托有资质粮食质量检验机构进行质量鉴定：永州地区稻谷2年，小麦3年，玉米2年，大豆2年；食用植物油（四级）2年。

粮食质量和原粮卫生的抽查、监测制度　各级粮食行政管理部门，应按照各自职责对中央储备粮、地方储备粮和政策性供应粮食质量进行定期监督抽查。

储备粮质量抽查扦样、检验方法，按照国家有关规定执行。

各级粮食行政管理部门应定期对收购、储存活动中粮食质量和原粮卫生进行抽查和监测。

市商务和粮食局按照市食品药品安全委员会年度粮油质量监督监测计划，负责制定辖区内粮食质量和原粮卫生抽查、监测工作年度计划并组织实施。

粮食收获质量调查和品质测报制度　建立以各级粮食检验机构为依托粮食质量调查和品质测报体系，由省级粮食行政管理部门负责组织，对当年收获主要粮食品种进行采样和检测；建立国家、省、市、县区各级粮食质量信息数据库，定期发布粮食质量信息。

二、计量

(一) 计量认证

2011 年 12 月，永州市粮油质量检测中心首次通过湖南省质量技术监督局计量认证。2015 年 1 月，永州市粮油质量检测中心通过湖南省质量技术监督局复审。

(二) 认定程序 (试行)

粮食收购经营者质量检验能力要求 从事粮食收购活动经营者，应具备与其经营规模和粮食品种相适应粮食质量检验能力。法人和其他经济组织应具备下列条件：

具有或者聘用与经营规模相适应、经过职业培训取得粮油质量检验员职业资格证书人员。年收购量在 500 吨以下，应有 1 名兼职检验人员；年收购量在 500~10000 吨，应有 1 名专职检验人员；年收购量在 10000 吨以上，应有 2 名以上专职检验员。

具有与经营规模和所经营粮食品种国家标准规定质量检验项目相适应并经计量检定合格基本仪器设备。年收购量在 500 吨以下，应配有粮食水分测定仪、谷物筛选器、检验砻谷机、检验碾米机、扦样工具、感量 0.01 克天平；年收购量在 500 吨以上，除配有上述仪器外，还应配有分析天平、电热干燥箱、分样器。从事油料收购应有相应油料检验仪器。

具有满足独立开展粮食质量检验工作场所。

具有相应质量管理制度。包括仪器设备使用和管理、检验员业务培训、粮食出入库质量检验、质量档案、质量事故处理等制度。检验原始记录和质量检验报告应存档备查。

个体工商户从事粮食收购活动，应当具有基本粮食质量检验器具及其使用常识，也可委托有检验能力检验机构和企业进行粮食质量检验。

粮食收购经营者质量检验能力认定程序 粮食收购经营者粮食质量检验能力由县级（含）以上粮食行政管理部门认定。认定按以下程序办理：

从事粮食收购活动经营者，应向办理工商登记部门同级粮食行政管理部门提出书面申请，提供规定粮食质量检验能力要求证明材料。

粮食行政管理部门可根据企业实际条件和申请材料进行粮食质量检验能力认定审核，必要时到现场核查。

粮食行政管理部门接到申请材料后，应在 15 个工作日内完成审核认定工作。

粮食质量检验能力证明时效应与粮食收购资格许可时效相一致，有效期同为 3

年，并进行定期复审或者年审。有效期届满，需要延续应在有效期届满前提出延续申请。

第六节 粮食行政执法

永州市粮食行政执法分两个阶段：第一阶段为 1998 年 6 月前行政执法；第二阶段为 1998 年 6 月后行政执法。

1998 年 6 月前行政执法。

1989—1992 年，以县为单位在未完成国家定购任务之前，除粮食部门外，其他任何单位和个人不准插手粮油经营。农户完成任务后，可在当地集市出售余粮，以便生产者与消费者之间进行自食自用余缺调剂，不得转于倒卖。县区为单位完成全年定购任务后，粮食市场放开，允许县区内工商行业用粮单位在县区内集市采购自用粮食。

1994 年，政府恢复粮食定购制度，对主要粮食品种销售实行国家定价，国家定购以外粮食价格实行市场调节。以县区为单位，在未完成粮食定购任务之前，国家粮食市场以外任何单位不能直接到乡村和农户去收购粮食。市外采购粮食，一律到县以上粮食批发市场交易。除粮食部门外，不能接受外省收购单位委托代收代运业务。农贸市场常年开放，允许生产者和消费者在市场调剂余缺，互通有无，但任何单位和个人都不能设点收购粮食。国家建立粮食风险基金制度，组建中国农业发展银行，对粮食收购资金实行封闭式管理。

1996—1997 年，粮食市场主体开始发生变化，私营粮店、个体大米加工企业不断产生，永州市粮食零售店、个体加工企业及公司 700 家，其中具有一定规模粮食加工企业 120 家，承担一定数量批发业务和 50%以上城镇人口口粮供应，市场占有率 50%，中央提出粮价和市场并轨开始形成。

1998 年 6 月 6 日，国务院发布《粮食收购条例》，自发布之日起生效，是粮食统购统销以来又一个重要粮食行政法规。《粮食收购条例》明确规定收购粮食必须严格执行国家粮食收购政策和价格政策。只有经县级人民政府粮食行政管理部门依照本条例规定条件批准的国有粮食收储企业，方可按照国家有关规定从事粮食收购活动。未经批准，任何单位和个人不得直接向农民和其他粮食生产者收购粮食。是年 8 月 5 日，国务院发布《粮食购销违法行为处罚办法》，自发布之日起生效。《粮食购销违法行为处罚办法》明确规范粮食购销活动，惩处粮食购销活动中违法行为。国有粮食收储企业、中国农业发展银行及其分支机构、粮食行政管理部门和其他有关行政机关，以及与粮食购销活动有关其他组织和个人，必须遵守国家有关粮食购销规定。

1998 年 6 月后行政执法。

2004 年 5 月 26 日，国务院公布《粮食流通管理条例》，自公布之日起施行。条例公布施行，为各级粮食行政管理部门依法管粮，规范行政执法行为等方面有新依据。

一、执法主体

永州市粮食局是粮食行政执法主体，永州市粮食行政执法支队是市粮食局粮食行政执法机构。

2005 年，永州市各县区组建 13 个粮食行政执法机构后，根据工作需要，陆续配备粮食执法人员。次年，永州市粮食行政管理部门有监督检查机构 13 个，获得监督检查行政执法资格人员 171 人；组建粮食行政执法大队 12 个，购置必要执法器材。

2008 年，永州市粮食部门加强粮食执法队伍力量，在原有人员基础上进行调整，新增 5 人。全市各县区粮食局抽调业务熟悉，通晓法律法规，精明强干工作人员成立粮食行政执法队。冷水滩区粮食局成立副科级粮食行政执法大队；零陵区粮食局成立股级粮食行政执法大队；道县、宁远县、江华瑶族自治县、江永县、冷水滩区、零陵区、双牌县、新田县与工商、物价、质监等部门成立粮食市场监管联合执法队。

2009 年 9 月 10 日，永州市机构编制委员会《关于市粮食局政策法规科加挂“永州市粮食行政执法支队”牌子的批复》，加强粮食流通市场监管，确保粮食有序流通和粮食质量安全，同意在市粮食局机关政策法规科上加挂“永州市粮食行政执法支队”牌子。其他事项维持原定不变。11 月 23 日，永州市粮食局《关于成立永州市粮食行政执法支队的通知》，成立永州市粮食行政执法支队。同时，市粮食局下发《关于曾亚涛同志职务任职的通知》，局党组研究决定，曾亚涛任永州市粮食行政执法支队支队长。次年，全市组建粮食执法机构 13 个。永州市机构编制委员会办公室批准独立设立监督检查科、股 5 个，县区粮食局调整加挂监督检查科、股 8 个。市粮食局成立市粮食行政复议委员会、粮食行政处罚委员会和全市粮食行政执法考核评议领导小组等监督检查机构。全市有粮食执法人员 123 人。市粮食行政执法队伍建立后，为提高粮食执法人员业务水平和工作能力，先后分批组织粮食执法人员进行轮训。全市 123 名粮食执法人员全部换证，其中 73 人获国家粮食局颁发的粮食流通监督证，4 人获国家粮食局粮食库存专项检查资格证。

2011 年，永州市粮食部门组织 120 人/次到县、市、省级以上培训机构参加执法资格、执法业务和素质培训。重点放在落实执法工作经费、配备装备和建立监督机构上。冷水滩区粮食局、零陵区粮食局、新田县粮食局从财政争取到执法工作经费，配备执法用车。

2017 年，永州市粮食行政部门设立监督检查机构 13 个（9 县 2 区各 1 个、管理区 1 个和市本级 1 个）。13 个监督检查机构内部组建独立监督检查科（股）13 个。获监督检查行政执法资格 148 人，落实经费 61 万元。

二、执法范围

依据《粮食流通管理条例》《湖南省行政程序规定》赋予粮食管理部门职责，以粮食安全为中心，强化市场监管，开展粮食行政执法，其行政执法范围为：

粮食收购　规范审核粮食经营者粮食收购资格条件；粮食收购资格核查，打击无证无照收购行为。以欺骗、贿赂等不正当手段取得粮食收购资格许可行为；粮食收购者不执行国家粮食质量标准，损害种粮农民和其他粮食生产者利益行为；粮食收购者不及时支付售粮款行为；粮食收购者代扣、代缴税费和其他款项行为；接受委托粮食经营者在从事政策性用粮购销活动中未执行国家有关政策行为；不按规定报告收购数量行为等。实施监督检查，依法进行处理和处罚。

粮食销售　对政策性用粮购销活动中违反规定，低价卖人情粮和挪用政策性用粮销售贷款行为；对将不具备规定资质条件企业认定具有政策粮食销售资格、或委托代理资格行为；对接受委托粮食经营者在从事政策性用粮购销活动中未执行国家有关政策行为等。实施监督检查，依法进行处理和处罚。

粮食储存　从事粮食收购、加工、销售经营者粮食库存低于规定最低库存量或超出最高库存量行为；粮食经营者使用不符合国家粮食储存有关标准和技术规范要求粮食仓储设施问题；粮食经营者将粮食与可能对粮食产生污染有害物资混存，且造成污染问题；粮食经营者在储存粮食过程中，使用国家禁止使用化学药剂或超量使用化学药剂行为；粮油仓储单位未按要求备案，或不符合设定条件，或名称使用不规范问题等。实施监督检查，依法进行处理和处罚。

粮食运输　粮食经营者在运输粮食时不执行国家粮食运输技术规范，使用被污染运输工具或包装材料运输粮食行为等。实施监督检查，依法进行处理和处罚。

粮食统计　不按规定建立并严格执行粮食流通统计制度，不及时收集、整理和上报有关统计数据行为；从事粮食收购、销售、储存、加工粮食经营者以及饲料、工业用粮食企业未建立粮食经营台账行为等。实施监督检查，依法进行处理和处罚。

粮食质量和原粮卫生 粮食经营者在收购、储存活动中不严格执行国家粮食质量标准行为；原粮卫生状况不符合国家粮食卫生标准行为；陈粮出库未按规定进行质量鉴定行为；不严格执行粮食销售出库质量检验制度行为等。实施监督检查，依法进行处理和处罚。

三、执法活动

（一）法制宣传教育

2002年，市粮食局在市粮食干部中等专业学校，举办3期粮食法律法规及经营管理学习班。市粮食局机关干部、各县区粮食局长、市直粮食企业法人代表和全市粮油质量监督检验人员100人参加学习培训。次年，市粮食经济科技学会举办2次新时期发展粮食经济，推进依法治粮理论研讨会。

2004年，《行政许可法》《粮食流通管理条例》颁布实施后，市粮食局组织200人参加省粮食局和永州市组织《行政许可法》等行政法规和《粮食流通管理条例》培训班；市粮食行业协会举办10期粮食经营者（含国有参股粮食企业、个体经营户）法规培训班，参加培训人员300人/次。出动宣传车30台/次，走访粮食经营户300户，发表电视讲话10场/次；办宣传专栏136期，悬挂宣传条幅48条，张贴宣传资料和宣传标语3000份，市粮食局翻印《粮食流通管理条例》1500份张贴各县区乡镇、农贸市场和交通路口，组织编印《永州市粮政工作手册》2000份，下发各县区粮食局和粮食经营企业，赠送全市县区各级党委、政府和工商、质检、卫生、财政等部门。同时在政府网站市粮食局网页上开辟粮食政策法规专栏。

2005年5月12日，市粮食局在市广电中心大楼举办粮食法规宣传文艺演出，进行粮食法规知识问答。5月20日，组队参加湖南省粮食法规知识竞赛，获二等奖。组织市粮食局机关、县区和市直粮食企业干部职工分别参加国家粮食局《粮食流通管理条例》网上答题竞赛活动，以及“中华粮网杯”《中央储备粮管理条例》有奖知识大赛。组织法律法规调研征文活动，各县区粮食局和市直粮食企业撰写法制征文和调研报告20篇。其中《市县区粮食局行政职能转变的障碍及对策》一文，被中《国粮食经济》杂志第六期刊用。全行业381家民营粮食企业按规定建立统计台账和资料数据库，按时上报各项统计资料和数据，其中217家粮食企业核发或申领《粮食收购许可证》。

2006年，市粮食局组织全市各种所有制粮食企业64名质量检验人员以及粮食行政执法人员70人进行培训，申办《粮食质量检验证》和《监督证》。利用电台电视等宣传媒体，开辟宣传平台，出动宣传车30台/次，印发粮食宣传资料8万份，张贴各类宣传横幅标语 2000 条，进企业下乡镇入农户，开展送法上门服务。

2008 年，市粮食局组织全市 171 名持证粮食行政执法人员进行学习培训。冷水滩区粮食局对粮食行政执法人员，就相关粮食政策法规条文、执法办案程序等内容，进行 1 个月时间封闭式学习培训和考试。江华瑶族自治县粮食局 2 次举办执法培训班，聘请县法制办专家对行政执法调查、取证、处罚以及执法文书填制等有关内容进行讲解和培训。8 月 4—10 日，零陵区粮食局联合司法局、工商局等部门开展粮食政策法规宣传活动，出动宣传车 3 辆，在城区、乡镇、田间地头以及重要集市进行广播宣传，悬挂各类横幅 50 条，标语 1 万条，办墙报 50 期，印发宣传资料 1 万份，整个活动零陵区电视台进行跟踪报道。宁远县、江永县、新田县等粮食局翻印《关于加强粮食收购市场管理的公告》，下发粮食经营户，张贴各乡镇；新田县粮食在县电视台开辟粮食法规宣传专栏；双牌县粮食局请县政府分管领导就贯彻落实《粮食流通管理条例》发表电视讲话。全市各县区举办粮食经营者法规培训班，设立举报电话；道县粮食局组织全县 20 个粮食经营户召开座谈协调会，学习有关粮食政策法规，要求各企业在粮食收购期间，不得损害农民利益，不得抬价抢购，自觉守法经营，维护正常市场秩序。

2009 年 5 月 23—31 日，永州市开展《粮食流通管理条例》颁布实施 5 周年宣传活动。全市各县区悬挂横幅标语 52 条，张贴宣传画 2100 幅（条），发放宣传资料 1 万份，形成学习、贯彻《粮食流通管理条例》良好氛围。冷水滩区粮食局辅导 11 家粮食企业建立统计台账，对 4 家申请粮食收购资格企业，实行上门服务和现场考察及业务辅导，免费为粮食企业经营者办理国家粮食局统一印制新版《粮食收购许可证》。祁阳县粮食局领导带领宣传小组对全县各乡镇和集贸市场上经营粮油店铺、销售点、粮食收购企业及个人、城区内大型超市进行宣传，与工商部门配合，检查粮食经营户 35 家，责令关闭 5 家无证收购经营户。东安县粮食局请县政府分管粮食工作领导发表电视讲话，出动宣传车 3 台/次，上街到乡镇开展《粮食流通管理条例》宣传，面对面解答群众提出问题，发放宣传资料 3000 份。道县粮食局围绕粮食流通管理，规范粮食流通秩序，维护粮食流通安全为主题，出动车辆 16 台/次，投入 1.5 万元，印发《粮食流通管理条例》宣传小册子 500 份，全县宣传面 98%。江永县粮食局利用县有线电视台进行一个星期宣传，县政府分管粮食工作领导发表贯彻执行《粮食流通管理条例》电视讲话。江华瑶族自治县粮食局摘录印制宣传资料 1000 份发给农户，为种粮农户、粮食经济人、大米加工企业提供法律服务。蓝山县粮食局组织干部职工学习《粮食流通管理条例》和湖南省实施《粮食流通管理条例》办法，增强干部职工和粮食执法人员法制观念，与县政府法制办、工商局等部门互相配合，开展联合行政执法行动。新田县粮食局“以粮食法规宣传月”活动为契机，请县政府分管粮食工作领导发表《坚持依法行政、强化法规宣传》电视讲话，局党组人员深入乡镇、村组、集贸市场和粮食经营企业，开展粮食政策宣传咨询活动，解答群众提出粮食收购政策、收购价格、收购办法等问题。双牌县粮食局请县政府分管粮食工作领导发表电视讲话，组织宣传车到各乡镇宣传国家最低价收购政策、粮食收购市场准入制度、粮食质量和卫生制度、粮食应急措施等。零陵区粮食局广泛开展《粮食流通管理条例》宣传，在粮食行业内部组织学习，提高粮食行政执法人员业务素质。对持有《粮食收购许可证》粮食经营户、经纪人入户下店面对面座谈、宣传，帮助他们提高法律意识。回龙圩粮食局制定出《粮食收购资格审批流程表》《粮食收购须知》等操作规程，在区政府网公布。对全区粮食经营企业进行普查登记，确保全区粮食直补（国家补钱）订单粮食收购全面完成。全市各级粮食行政管理部门报送贯彻《粮食流通管理条例》总结调研论文13篇，其中在湖南省《粮食科技与经济》杂志发表3篇。市粮食局在湖南省举办《粮食流通管理条例》5周年座谈会上被指定作专题调研发言。

2010年，市粮食局成立依法行政工作领导小组，局长负总责，一名分管局长具体抓。先后选派30人/次参加省、市组织行政程序规定、行政许可和粮食行政法规等学习班学习培训，全系统学习培训人员1005人/次。粮食行政执法队伍组织120人/次，到县、市、省级以上培训机构参加执法资格、执法业务和素质培训。5月，推进依法管粮，维护粮食安全为主题宣传月活动，全市各县区粮食局按照市粮食局统一部署，开展粮食行政法规宣传活动。次年，依法履行粮食行政执法管理职责，坚持日常工作与普法宣传相结合，宣传《粮食流通管理条例》，全市发放各种宣传资料2000份，悬挂宣传横幅100条。加强粮食行政执法人员资格、执法业务和素质培训工作，组织全市监督检查人员参加上级举办食用植物油库存检查培训班和流通监督检查行政执法培训班。

2016年，永州市商务和粮食局在永州电视台播放《关于启动2016年中晚稻最低收购价执行预案的公告》在永州日报张榜公示《公告》，通过网站和微信平台广泛宣传中晚稻最低收购价政策和公示最低价收购价、收储库点名单。各县区粮食行政管理部门和收收储库点充分利用报刊、电视、电台、网络等媒体和宣传栏、公告牌、横幅、标语等多种形式，加大宣传力度让农民知晓明白，让社会各界、收购企业和粮食经营个体户充分了解这项政策。各收购企业、库点做到“五个一”，即：设立一块质价公告牌、一个最低价政策宣传栏、一个样品质量展示柜、一条以上的政策宣传横幅，有条件的地方设立一个服务大厅，让农民交“明白粮”。

（二）粮食执法检查

1998年6月5日，市粮食局与市工商行政管理局联合下发《关于进一步加强粮食市场管理的通知》，加强粮食市场管理，提出5条要求。各县区从有关部门抽调100人，对399家个体米厂、966家个体私人米店，进行清理整顿，重新核发营业执照。全市各县区政府发布《加强粮食市场管理的布告》或《通告》，成立粮食稽查队。截至8月底，全市查处非法收购稻谷39.8万公斤，大米5万公斤，罚没金额17.8万元。

1999年，永州市各县区从工商、粮食、公安、监察、交通物价等单位抽调负责人，成立粮食市场管理领导小组，1名副县级领导负责，指导粮食市场管理工作。全市各县区建立稽查队12个，172人，乡镇成立169个分队，1673人，专门管理粮食市场。查处违法粮食案件211起，没收粮食29.45万公斤，罚款金额20.8万元，吊销个体私营粮食执照9户，打击粮食经营活动中违法行为，查处违法经商行为435起，没收粮食65.5万公斤。

2004年，市粮食局加强对社会粮食市场监管，宣传《粮食流通管理条例》举办培训班；办理执法证60本；核发粮食收购许可证298家，其中新发证109家；5次组织有关人员下基层督查工作。次年，永州市粮食系统建立健全粮食行政执法体系，粮食行政执法机构完善，粮食行政执法队伍加强，申领国家粮食监督检查证73本，市、县法制部门颁发行政执法证98本。对全市粮食市场进行2次监督检查，下发《永州市粮食局2005年行政执法监督检查工作重点及内容》《关于加强2005年早籼稻最低收购价收购粮食监管的通知》，分2片开展粮食行政执法人员培训，核发粮食收购许可证300家。

2006年，市粮食局会同工商、公安、物价等涉粮部门组成联合执法队，开展粮食流通监督检查，处理涉粮案件214起，其中责令改正176起，警告26起。次年，维护粮食市场秩序，开展粮食行政执法，市县粮食主管部门主动会同工商、物价、质监等部门，开展粮食收购资格核查、粮食经营检查、库存粮食清查、粮食质量抽查等专项检查233例/次，处理各类涉粮案件162例/次，其中警告17例/次，整改98例/次，移交案件6例/次。

2008年，永州市12个县区粮食行政执法人员，深入辖区内300家粮油企业，对业主粮食收购资格、统计制度执行情况、库存粮食质量和原粮卫生等进行全方位、拉网式检查。处理涉粮案件195例，涉查粮食30万公斤，暂停和取消粮食收购资格30家。冷水滩区粮食局出动3辆执法车，历时20天，对全区所有乡镇98户粮食经营户，进行一次地毯式综合排查，检查企业粮食收购资格、统计制度执行情况、库存粮食质量和原粮卫生等内容。涉查案件47例，对34家粮食经营企业下发整改通知书；暂停9户粮食企业收购资格；取消2家资格条件不合格粮食经营企业粮食收购资格；对1家企业发烧霉变3万公斤库存粮食，责令作饲料粮销售处理；

移交工商部门查处1家无证无照个体收购户收购粮食10万公斤。道县粮食局与县工商密切配合，查处无证无照粮食收购案件3例，涉查非法收购粮食1万公斤。宁远县粮食局与工商、质监等部门组成一支12人联合执法队伍，对粮食收购市场联合检查，查处案件1例。

2009年，贯彻落实《粮食流通管理条例》和《湖南省行政程序规定》，依法行政，文明和谐执法。永州市粮食行政执法队员会同工商、物价、质监等部门，出动600人/次，以粮食收购资格、统计制度执行情况、库存粮食质量和原粮卫生检查为主要内容，组织粮食流通监督检查90次，查处各类案件133起，没有发生行政不作为、乱作为、慢作为现象，全市粮食流通市场秩序平稳。

2010年，市粮食局实施对入市企业资格审查，把好粮食市场监管源头，通过优化“窗口”服务，提高办事效率，对不符合市场准入条件和严重违反相关政策规定的取消经营资格。审核粮食收购许可资格343家，其中核销粮食收购许可资格18家。依法对45家企业核定粮食最高库存量。组织全市粮食行政执法人员，对粮油库存、质量及收购行为监管，联合工商、物价、质监等部门，对大型批发市场、重点超市、农村集贸市场等重点市场进行全面检查，出动800人/次，开展粮油市场检查99次，查处各类案件130件。

2011年，市粮食局进行粮食专项检查，出动检查人员800人/次，开展以粮食收购资格、统计制度执行情况、政策性粮食检查、库存粮食质量和原粮卫生检查为主要内容粮食监督检查170次，检查企业680个（次），查处各类案件190起。次年，依法管粮出动执法人员674人/次，开展粮油市场检查220次，查处各类案件29起。

2013年，永州市粮食部门加强市场监管，依法管粮开展粮食库存、粮食收购检查等粮食行政执法306次，检查涉粮企业646个/次，查办涉粮案件43例。开展粮食应急预案体系建设工作专项调查，落实粮食应急加工企业30家，粮食应急储运企业14家，应急网点172个。

2014年，永州市粮食系统加强粮油质量安全监管，组织开展执法检查311次，出动检查人员185次，督促各类粮食企业800家，抽检军供粮油13批次。开展收获稻谷和去年托市收购粮油送检293份，大米外销送省强制性检测181批次，没有发生“镉超标”现象。先后组织开展粮食库存检查、政策性粮油收购检查、国家粮食仓库使用情况检查、促销腾库情况检查和“转圈粮”、“顶包油”专项整治行动。全市查办各类涉粮案件27例，其中责令改正18例、警告2例、罚款7例，处罚金额2.16万元，全市无例案件被复议。

2016年，永州市粮食部门强化监督检查，维护粮食收购市场秩序，对具有粮食收购资质的214家粮油经营企业、个体经营户进行监督检查，其中政策性粮油委托收储库点23家。组织开展检查75次出去检查人员304人次，检查收购主体96家，重点检查政策性粮油委托收储库点23家。督查中未发现有违法违规现象。同时加强对外地流入粮食监管，防止不正当市场行为扰乱永州粮食市场秩序。

2017年，永州市开展“大快严”专项整治工作，涉粮企业全面进行自查自纠活动，按照属地管理原则，对地方储备粮和中央储备粮企业均要开展自查自纠活动。属地粮食行政主管部按照“双随机、一公开”工作机制进行抽查。督查组重点检查自查发现问题的15家粮食企业，对42个隐患问题进行复查，提出整改意见与措施，发现隐患问题全部及时处理。组织开展粮食流通监督综合检查350次，出动检查人员684人次，检查粮食企业320家，责令改正企业1家建立监督检查信息档案企业107家。

第七章　供销合作

第一节　机构

永州市供销合作联社（简称市供销社）机构地址位于冷水滩区湘江东路 166 号潇湘大厦 26 楼，是市政府直属正处级参照公务员管理事业单位，是全市供销合作社市级联合组织。市供销社依据市政府授权，对全市供销合作社系统负有指导、协调、监督和服务职能。市供销社机关现有编制 32 个，在编人员 30 人，离退休人员 31 人，内设 7 个职能科室。市供销社拥有控、参股企业 8 个。市供销社一直担负着为“三农”服务重任，在活跃城乡物资交流、促进全市经济发展中起到不可替代的作用。全市供销合作社系统在参与社会主义新农村建设，推进“新网工程”（新农村现代流通服务网络工程）和重点项目建设，构建农资、农产品、日用工业品、再生资源四大农村现代流通经营网络，推进开放办社，发展“两社一会”（农民专业合作社，农村综合服务社和农产品行业协会）等方面发挥重要作用。

1998 年，市、县区供销社在总结改革经验基础上，精简机构，分流人员，科股室职能从单一走向综合，科股室设置合理，机关工作人员由专职专责变成多职多责，按照“精简、高效、服务”要求，全市供销合作社系统精简科股室 35 个，分流干部 160 人，减轻机关经费开支，充实基层单位领导力量。1999 年，市供销社机关从芝山区回龙塔路 14 号搬至冷水滩区潇湘东路 67 号农关综合楼办公。

2001 年 12 月 17 日，根据市政府办公室《关于印发永州市供销合作联社职能配置、内设机构和人员编制规定的通知》，设主任 1 名，副主任 3 名，纪检组长 1 名，内设机构 6 个职能科室：办公室、政工科（加挂养老统筹办牌子）、财务审计科、合作指导科、经贸科（加挂永州市供销合作联社资产管理办公室牌子）、储运安全科，纪检（监察）机构按有关规定设置，人员编制在机关编制总额内单列。市供销合作联社机关全额拨款事业编制33名。次年3月，按照市委、市政府要求，对原6个职能科室改为5科2室，即：办公室、政工科、财会审计科、合作指导科、经贸科、储运安全科、纪检监察室，（业务科改为经贸科、科技生产科改为合作指导科）。

2003年5月，永州市机构编制委员会《关于市供销合作联社配备总经济师职数的批复》，同意配备总经济师1名。

2005年6月25日，永州市委常委会议研究，同意市供销合作联社领导职数调整：由市供销联社主任1名、副主任3名，调整为市供销合作联社理事会主任1名、副主任3名，另设监事会主任1名、副主任1名（由纪检组长兼任）。其他领导职数，维持2001年12月17日市政府办公室《关于印发永州市供销合作联社职能配置、内设机构和人员编制规定的通知》规定不变。同年7月20日，永州市机构编制委员会办公室下发《关于调整市供销合作联社领导职数的批复》。

2006年2月9日，出台《永州市供销社机关内设机构、资产经营公司资产管理事务部及原企业托管中心机构设置、职能配置和人员配备调整方案》，依据国家对事业单位改革基本思路和职能上下基本对口原则以及供销社目标任务、工作重心等不断变化需要，特就市供销社机关内设机构、资产经营公司资产管理事务部及原企业托管中心机构设置、职能配置和人员配备做以下调整：市供销社机关内设机构在保持原“三定”方案中已设置7个职能科室基本不变前提下，根据工作需要，对原科室机构、职能、人员作适当调整，调整后科室为：办公室（加挂维稳办）、政工科、纪检监察室（两块牌子一套人马，加挂机关党委办）、财审科（加挂社有资产管理办）、合作指导科（加挂招商引资办）、经贸科（加挂法律顾问室）、协会指导办公室。

2009年6月10日，永州市机构编制委员会办公室《关于市供销合作联社调整内设机构的批复》，调整内设机构：撤销储运安全科，将其指导全市系统仓储运输管理和安全防范工作职能转至经贸科，将其做好机关内部安全保卫工作，负责本系统维稳工作职能调至办公室，设置监督审计科（加挂“监事会办公室”牌子），将财会审计科更名为财会统计科，将其有关监督和审计职能调至监督审计科（监事会办公室），将合作指导科普法职能调至监督审计科。

2016年4月，永州市机构编制委员会办公室《关于明确市直机关（参公事业单位）监察室主任和机关党委专职副书记领导职数的通知》，明确市供销社纪检监察室主任和机关党委专职副书记领导职数（均为正科级）。

1996—2018年永州市供销合作联社领导一览表

表 7-1

年度	机构名称	历届领导人			任职时间	备注
		职务	姓名	性别		
1996—1997	永州市供销合作联社	党组书记、主任	何能林	男	1996.9—1997.10	免职
		党组成员、副主任	黄启汉	男	1996.9—1997.10	
			陈继善	男	1996.9—1997.10	
			唐德智	男	1996.9—1997.10	
			周建宏	男	1996.9—1997.10	
		工会主席	黄启汉	男	1996.9—1997.10	(兼)
1997—2001	同上	党组书记、主任	毛秋元	男	1997.10—2001.10	调离
		党组成员、副主任	黄启汉	男	1997.10—1998.2	退休
			陈继善	男	1997.10—1998.10	退休
			唐德智	男	1997.10—1999.2	转任助理调研员
			周建宏	男		
			黄亚平	男	1999.2—	
			刘志强	男	1999.7—	
		党组成员、纪检组长	蒋聘言	男	1999.2—	
		助理调研员	周美姣	女	1999.2—	
			何能林	男	2001.10—	
			唐德智	男	—2001.5	提前退休
2001—2007	同上	党组书记、主任	唐树成	男	2001.11—2007.2	调离
		党组成员、副主任	黄亚平	男		
			刘志强	男		
			贾玉权	男	2002.11—	
			周建宏	男	—2002.11	转任助理调研员
		党组成员、纪检组长	周治水	男	2002.11—	
			蒋聘言	男	—2002.11	转任调研员
		调研员	蒋聘言	男	2002.11—	
		助理调研员	何能林	男		
			周建宏	男	2002.11—2003.6	调离
		总经济师	蒋江明	男	2003.6—	

续表7-1

年度	机构名称	历届领导人 职务	姓名	性别	任职时间	备注
2007—2015	同上	党组书记、理事会主任	黄亚平	男	2007.2—2015.4	提前退休
		党组副书记、监事会主任	刘志强	男	2007.7—2012.1	调离
			唐甫忠	男	2012.5—2015.4	转任党组书记、理事会主任
		党组成员、理事会副主任	贾玉权	男		
			周治水	男	—2010.1	调离
			罗德宝	男	2007.8.—	
			雷治贵	男	2010.1—	
			雷安术	男	2013.8—	
		党组成员、纪检组长	雷治贵	男	2007.12—2010.1	转任党组成员、理事会副主任
			雷安术	男	2010.1—2013.8	转任党组成员、理事会副主任
			肖八妹	女	2013.8—	
		总经济师	蒋江明	男	—2010.6	转任副调研员
			杨顺成	男	2010.12—	
		调研员	蒋聘言	男	—2011.8	退休
			罗德宝	男	2012.6—2015.6	提前退休
		副调研员	何能林	男	—2015.6	提前退休
			蒋江明	男	—2012.5	退休
2015—	同上	党组书记、理事会主任	唐甫忠	男	2015.4—	
		党组副书记、监事会主任	梁仁初	男	2015.4—	
		党组成员、理事会副主任	黄洪德	男	2016.9—2017.11	任调研员
			贾玉权	男		
			雷治贵	男	2015.4—2016.8	任调研员
			吴仁海	男	2015.9—	
			伍四清	男	2017.11—	
		党组成员、总经济师	杨顺成	男	2015.4—2015.9	任党组成员
		党组成员、纪检组长	肖八妹	女	—2017.7	任原党组成员、原纪检组长
		副处级干部	唐小青	男	2017.10—	

第二节　经营服务

一、农资储备供应

1996年，市供销社举全系统之力，将农资储备供应作为工作重中之重来抓，积极组织化肥、农药等主要农业生产资料供应市场，开展形式多样惠农服务活动，满足全市农业生产春耕秋种需求。全市供销合作社系统供应各种化学肥料36.95万吨，其中尿素销售7.16万吨，碳铵销售14.37万吨，磷肥销售9.82万吨，复合肥销售2.92万吨，库存各类化肥10.33万吨。次年，供应各种化学肥料34.09万多吨，其中尿素销售6.01万吨，碳铵销售11.93万吨，磷肥销售9.35万吨，复合肥销售3.83万吨，库存各类化肥10.66万吨。

1998年—2000年，全市供销合作社系统供应各种化学肥料70.19万吨，其中尿素销售13.73万吨，碳铵销售22.57万吨，磷肥销售17.83万吨，复合肥销售9.32万吨，库存各类化肥20.75万吨。

2015年，兴建的永州市农资总公司农资批发市场

2001年，全市供销合作社系统采取“强化管理、节约开支、强化责任、落实任务、开拓经营、扩购促销”等办法，全市供销合作社系统走出持续亏损低谷，实现历史性突破，商品销售额8.3亿元，扭亏为盈84万元。费用支出同比减少1018万元，减幅19.53%，减少亏损单位42个，11个县（区）供销社全部扭亏为盈。主导农产品农资销售3.5亿元，市场占有率60%。全市供销合作社系统供应各种化学肥料21.02万吨，其中尿素销售3.64万吨，碳铵销售7.14万吨，磷肥销售5.45万吨，复合肥销售3.16万吨，库存各类化肥3.82万吨。次年，全市供销合作社系统按照“废除旧机制，创建新机制，争取新发展”整体思路，锐意改革、大胆创新，扩购促销，扭亏增盈，参与农业产业

化经营，培育新增长点。商品购进总额4.1亿元，同比增长18%；商品销售总额4.7亿元，同比增长24.5%；实现资产收入1500万元，同比翻一番；出口创汇突破2000万元，同比增长150%；招商引资首次突破5000万元大关，开发项目15个，同比分别增长3000%和400%；实现利润122万元，同比增长121.82%，亏损单位减少98个。全市供销合作社系统供应各种化学肥料21.41万吨，其中尿素销售5.82万吨，碳铵销售4.67万吨，磷肥销售4.56万吨，复合肥销售3.96万吨，库存各类化肥5.73万吨。

2003—2005年，全市供销合作社系统贯彻落实市委、市政府和湖南省供销总社指示精神和确定“五个三”目标任务，艰苦拼搏，攻克难关，全市供销合作社系统改革、发展、稳定保持良好势头。完成商品购销总额28.8亿元，其中商品购进总额4.4亿元，农产品购进总额1.4亿元；完成销售总额10.77亿元，社办工业产值完成3.1亿元，上缴利税857万元。招商引资5196万元；清收各项欠款4020万元；完成供销合作社系统企业改革面72%，安排再就业人数1243人。全市供销合作社系统供应各种化学肥料82.92万吨，其中尿素销售19.39万吨，碳铵销售20.37万吨，磷肥销售18.15万吨，复合肥销售16.03万吨，库存各类化肥20.37万吨。

2006年，全市供销合作社系统完成商品购销总额17亿元，同比增长15%，其中完成农资销售总额4.8亿元，同比增长12%；农副产品购销额1亿元，同比增长11%；社办工业产值完成2亿元，同比增长18%；上交利税670万元，同比增长20%；社会贡献总额1900万元，同比增长10%；帮助农民增收7000万元。全市供销合作社系统供应各种化学肥料35.11万吨，其中尿素销售11.95万吨，碳铵销售6.3万吨，磷肥销售5.36万吨，复合肥销售6.82万吨，库存各类化肥6.17万吨。

2007年，全市供销合作社系统解放思想，脚踏实地，真抓实干。完成商品购进总额11.02亿元，同比增长36.48%；销售总额12.03亿元，同比增长28.08%；销售收入10.74亿元，同比增长33.44%；利润总额616万元，同比增长104.65%；上交税费总额686.7万元，同比增长84.25%；销售额中农资销售额6.26亿元，同比增长30.38%；化肥销售额达44.5万吨，同比增长20.07%；消费品零售额1.88亿元，同比增长4.84%；社办工业产品销售额完成2.7亿元，同比增长32.66%；农副产品购进1.05亿元，同比增长24.7%。

2008—2010年，全市供销合作社系统紧密围绕服务“三农”中心工作，贯彻落实国务院《关于加快供销合作社改革发展的若干意见》和省政府《关于加快供销合作社改革发展的实施意见》文件精神。全市供销合作社系统一手抓改革，一手抓为农服务。2010年，完成商品销售总额26.49亿元，其中，农资销售收入14.56亿元，社办工业企业产品销售额3.43亿元，实现利润总额1934.9万元，上缴国家税费 1125.7 万元。供应各种化学肥料 231.12 万吨，其中尿素销售 64.64 万吨，碳铵销售 47.45 万吨，磷肥销售 42.88 万吨，复合肥销售 53.76 万吨，库存各类化肥 107.93 万吨。

2011 年，全市供销合作社系统将“提供优质足量农资”作为服务“三农”首要职责，开展进村入户调研，及时掌握市场动态，保障农资供应充足，稳定农资价格，满足农业生产需求。实现商品销售总额 30.12 亿元，农资销售额 16.39 亿元，实现销售利润 3367 万元，所有者权益总额 46.6 亿元。全市供销合作社系统成立农资配送中心 16 家，经营网点 1400 个，实现网络销售额 13.85 亿元。供应各种化学肥料 65.9 万吨，其中尿素销售 16.98 万吨，碳铵销售 12.5 万吨，磷肥销售 11.79 万吨，复合肥销售 16.66 万吨，库存各类化肥 84.58 万吨。次年，全市供销合作社系统完成商品销售总额 43.41 亿元，其中，农资销售额 21.01 亿元，实现利润总额 4697.46 万元，上缴国家税费 2240.39 万元，所有者权益总额 6.1 亿元，供应各种化学肥料 84.83 万吨，其中尿素销售 22.08 万吨，碳铵销售 15.10 万吨，磷肥销售 15.75 万吨，复合肥销售 20.28 万吨，库存各类化肥 94.08 万吨。

2013 年，全市供销合作社系统以服务“三农”为宗旨，以发展供销合作经济为工作重点。全市供销合作社系统完成商品销售总额 52.15 亿元，同比增长 20.15%；实现利润总额 6211.66 万元，同比增长 28.22%；上缴国家税费 2841.59 万元，同比增长 26.83%；所有者权益总额 6.77 亿元，同比增长 16.35%。供应各种化学肥料 76.25 万吨，其中尿素销售 20.15 万吨，碳铵销售 14.25 万吨，磷肥销售 13.37 万吨，复合肥销售 16.83 万吨，库存各类化肥 104.69 万吨。次年，全市供销合作社系统完成商品销售总额 55.7 亿元，同比增长 6.9%；实现利润总额 7010.1 万元，同比增长 12.9%；所有者权益总额 8.5 亿元，同比增长 26.3%。供应各种化学肥料 76.79 万吨，其中尿素销售 20 万吨，碳铵销售 14.22 万吨，磷肥销售 16.71 万吨，复合肥销售 14.52 万吨，库存各类化肥 83.7 万吨。

2015 年，市供销合作社系统围绕“三农”工作大局，深化综合改革，强化为农服务，整体实力提升，供销合作经济健康发展。完成商品销售总额 67.54 亿元，同比增长 21.17%；实现利润总额 9279.84 万元，同比增长 32.38%；上缴税费总额 3462.83 万元，同比增长 26.61%。供应各种化学肥料 80.38 万吨，其中尿素销售 20.49 万吨，碳铵销售 15.01 万吨，磷肥销售 17.77 万吨，复合肥销售 16.16 万吨，库存各类化肥 91.45 万吨。

2016 年，市供销社充分发挥系统网络优势，以全系统市县农资配送中心、乡镇农资连锁店为依托，采取“配送中心+农资超市+连锁店”经营模式，构建农资连锁经营网络体系，减少流通环节，化肥储备做到淡储旺供，确保春耕秋播生产用肥不断档、不脱销。全市供销合作社系统组织各类化肥 37.7 万吨，其中：尿素 17.9 万吨，碳铵 5.4 万吨，磷肥 4.7 万吨，钾肥 2.1 万吨，复合肥 7.6 万吨。

2017 年，全市供销合作社系统各农资经营企业围绕农业生产需要和农资供应特点，加强产销衔接，制定调运计划，与省内外大型企业合作，组织采购适销对路农资商品。全市供销合作社系统销售各类化肥 41.2 万吨，其中：尿素 18.6 万吨，碳铵 4.7 万吨，磷肥 5.8 万吨，钾肥 2.7 万吨，复合肥 9.4 万吨，销售农药 4200 吨，确保全市农资保质保量保价供应，满足全市农业生产需要。

2018 年，市供销社在分析市场形势基础上，指导县区社组织货源，对系统农资供应工作进行总体安排。各农资经营企业围绕不同区域种植特点、农民用肥习惯和化肥农药使用减量化的实际，多途径筹集资金，组织采购适销对路农资商品，保障市场供应。全市供销合作社系统组织各类化肥 43.7 万吨，其中：尿素 19.8 万吨，碳铵 4.9 万吨，磷肥 6.1 万吨，钾肥 3.4 万吨，复合肥 9.5 万吨，销售农药 5000 吨。

二、综合经营

1996 年，永州市供销合作联社（简称市供销社）总结分散经营、品种单调、市场占有率低经验，实行集团经营，把原有民营大、中型商场收回集体经营。祁阳县、东安县、道县、宁远县供销合作社相继成立工业品、日用产品集团公司和连锁经营店铺，调整品种结构，组织适销产品投放市场。当年收购农副产品总额 4926 万元，同比增加 11.25%，获利 300 万元。

1998 年，市供销社对全市农副产品、工业品实行集团经营、全市一盘棋，支持市棉麻公司收购棉麻 1.3 万担。

2018 年永州陈兰供销东安井头圩惠农服务中心大厅

2000 年，永州市各县（区）供销合作社系统组干部职工入股经营，发展订单农业，创办农副产品生产基地，建有江华瑶族自治县香楠村山苍籽基地，祁阳县肖家村欧家茶场，冷水滩区伊塘镇农业综合开发等基地，基地面积 15 万亩，订单购销额 3.5 亿元。

同年，市供销社成立烟花爆竹经营管理办公室，各县（区）成立由政府领导挂帅烟花爆竹市场清理整顿领导小组，组建烟花爆竹专营公司，全市供销合作社系统设销售网店1550个，社会网店1156个，全年完成销售额5500万元。

2001年，市供销社参与经营报废车辆拆解业务。次年，取得报废汽车回收拆解权，组建永兴达有限责任公司，与物资系统金属材料回收公司合股成立报废汽车拆解公司。同年，市供销社调整经营结构，创新经营方式，实施多元化经营，兴建“永州生资城”项目，经营农药、化肥、种子、饲料、煤炭、钢材、水泥、农机具等。芝山区供销社招商引资30万元，联合开发兴建湘桂边贸大市场。道县供销社创办3家规模超市，合资兴建1家边贸市场，完成交易额900万元。蓝山县供销社将供销大厦改造为股份制大超市，实现销售总额400万元。东安县供销社果品大厦超市实现净收益100万元。是年，全市供销合作社系统建成大小超市和边贸市场12家。

2003年，市山香油脂油料公司改造为省湘农公司控股，市供销社参股，职员入股多元结构股份制公司。是年，全市供销合作社系统开发边贸市场8家，上规模的有4家，分布在江永、芝山、蓝山、道县、江华等县区，全年边贸额达200万元。次年，山香油脂油料公司购进、加工、销售山苍籽油系列产品500吨，实现产值3000万元，利税200万元。新产品柠檬醛被省科技厅授予“湖南省高新技术产品”，企业被授予“湖南省高新技术企业”、“湖南省农业产业化龙头企业”。是年，道县供销社投入资金30万元，将县内仙子脚供销社改建成仙子脚商场，经营面积800平方米，年交易额600万元。

2005年，市供销社、祁阳县供销社及肖家村镇供销社共同投入股金200万元，组建永怡生态茶业开发公司，与肖家村镇九泥村签订500亩荒山租赁协议用于种植茶叶。次年，市供销社与香港开元实业公司合股组建新公司，签订合作开发协议，整合果品冷库资源，重新启动湘南果菜批发大市场建设。是年，山香油脂公司投资800万元，建设新厂区（占地面积40亩），其中土建投入资金600万元，设备投入资金200万元。公司开发出紫苏油、杉木油、白樟油等新产品，建立省内外连锁初级加工点25个，完成工业产值1.15亿元。

2007年，永州市供销合作社系统推进“新网工程”，打造农资现代化经营服务网络、日用消费品现代经营网络、农副产品市场购销网络、再生资源回收利用网络和烟花爆竹安全经营网络。全市供销合作社系统建立市县级商品配送中心30个，整合、规范发展乡镇连锁超市和连锁网点328个、村级农家店1100个，实现销售额9.16亿元，农产品产销额1.8亿元，烟花爆竹销售额2000万元，日用消费品零售额1.5亿元，再生资源回收利用额4000万元。次年，“新网工程”建设投入资金

6904.5万元（用于标识、牌匾、购地、网点改造、设施新建等项目建设）。新增配送中心、农家店等经营网点629个，其中县级配送中心8个，乡镇超市或配送分部71个，村级农家店550个。至年底，全市供销合作社系统构筑各类经营网点3405个，其中农资网点1652个，日用消费品经营网点498个，再生资源回收网点175个，农副产品购销网点45个，烟花爆竹营销网点1035个。经营网点遍及乡镇村组，覆盖率65%，农资和烟花爆竹市场占有率超过80%。

2009年，永州市供销合作社系统围绕重点项目攻坚，进入湖南省供销社“新网工程”项目库10个，进入全国供销合作总社“新网工程”建设项目库3个。双牌县供销社“雪莲果”种植专业合作社列入国家级农业综合开发备选项目。江永县供销社招商引资，与福建省客商共同创办食用菌专业合作社，产品销售覆盖江永县、道县、江华瑶族自治县，远销福建、广东等省，年产值1000万元。祁阳县供销社从浏阳市引进客商创办烟花厂，客商投资1000万元，在祁阳县茅竹镇大岭村创建“祁阳县华泰出口烟花厂”，安排当地就业人员400人，年产值3000万元。

2010年，市供销社投资600万元，在冷水滩伊塘镇建设食用菌示范种植基地3万平方米，带动周边3000户农民发展种植食用菌。东安县供销社投资6400万元，建设高17层、总建筑面积2.07万平方米的东安商厦，集日用消费品配送中心、连锁超市、卖场、写字楼、商住楼为一体多功能大楼。

2011年，市供销社“新网工程”五大网络体系向纵深发展，“小超市、大连锁，小网点、大网络”雏形显现。全市供销合作社系统建商品配送中心62个，乡镇超市、市场1198个，村级农家店3633个，（其中农资配送企业16家、日用消费品龙头企业14家、农副产品企业6家、再生资源企业8家）。

2012年，市政府将“网上供销社”建设列入2012—2016五年发展规划，纳入2012年市政府为民办实事考核范围，市供销社将农村电商作为发展商贸流通领域重要手段，投入资金100万元，组建供销电子商务公司，研发网上供销社电商平台。是年，市供销社被列为“农超对接”试点单位。为落实对接工作市供销社组织人员对中心城区周边农产品生产基地进行摸底调查，建立专业合作社信息库，使中心城区“农超对接”工作落实。次年，全市供销合作社系统完成“网上供销社”项目实体网络布局，建成“网上供销社”服务中心12个，乡（镇）、村级服务站点266个。组织全市农副产品生产加工企业、各类农民专业合作社及其产品进驻永州“网上供销社”电子商务平台，在平台中进行推介和交易。全市供销合作社系统进驻电子商务平台企业512家，网上销售农产品达779种，实现网上交易额1.27亿元。

2014年，市供销社推进农村可利用垃圾回收利用体系建设，各县区均组建农村可利用垃圾回收利用龙头企业。全市建设乡镇垃圾回收站155个，村级垃圾回收点

1625个，各行政村均安排保洁员、配置垃圾桶。村收集、乡（镇）转运、县（区）处理运行机制形成。农村电子商务网络拓展，全年新增“网上供销社”乡村服务站点100个，吸收36家涉农服务企业和农民专业合作社进入重新开发“网上供销社”平台开店经营；“网上供销社”平台进驻涉农企业和专业合作社300家，入网产品2000种。

2015年，永州市各县（区）供销合作社系统完成县级可利用垃圾集散处理中心选址、规划工作，建成和正在建设县级可利用垃圾集散处理中心13个；建设乡镇回收站212个，实现100%全覆盖；建设村级回收点4266个，覆盖率82.64%。同年，贯彻落实《中共中央国务院关于深化供销合作社综合改革的决定》精神，根据创新企业经营理念，创新为农服务方式，创新网络建设模式，市供销社通过资产重组，整合市依塘食用菌公司、市供销电子商务公司等涉农社有企业，联合零陵区和冷水滩区供销社共同出资组建注册资本2000万元农业服务平台公司——永州市合永兴农业科技贸易发展有限公司，公司主要兴建土地托管、农村电商、农村幼教三大服务平台。成立以来发展市级惠农服务公司公司2家、县区惠农服务公司7家、乡镇惠农服务公司（中心）10家、农民专业合作社联合社2家、农民专业合作社30家、幼儿园1家，农业社会化服务集团公司平台搭建见成效。公司及子公司开展土地托管服务面积达3万亩，其中提供育秧服务面积2万亩，水稻烘干3万吨，农机服务1万亩，经营规模得到提升。

2016年，组建市供销惠万家互联网发展公司，在全市大力实施供销惠万家项目。

三、基地建设

（一）茶叶生产基地

2005年，为发展永州市茶叶产业，带动农民群众产业致富。永州市供销社、祁阳县供销社及肖家村镇供销社共同投入股金200万元，组建永怡生态茶业开发公司，与肖家村镇九泥村签订500亩荒山租赁协议，开工建设茶叶生产基地。市供销社以此茶叶生产基地为龙头，扩展影响周边村镇形成10000亩茶叶生产区。次年，完成500亩茶叶生产示范基地内机耕道路建设、茶园撩壕、施放有机底肥、苗木移栽、隔离带建设等工作，种植优质茶苗400万株，经济林木4万株；开挖水井、修建水池，架通输电线路。茶叶生产示范场建设发展，吸引周边村镇农民兴趣，带动农民开始自发小面积试种茶叶。

2009年，永怡生态茶业开发公司茶叶生产基地加工车间设备调试完毕，竣工验收投产。茶叶品质获得湖南省茶叶研究所认证，获许在湖南省茶业公司专卖店贴牌销售。是年，“永怡茶叶配送中心”通过中央“新网工程”项目申报，实现工业产值400万元。

2005年，市供销合作联社直属企业永怡茶业公司茶叶生产示范基地（祁阳县肖家村镇九泥村）

2011年，根据市政府“十二五”规划要求，扩大茶叶生产基地示范效益，市供销社对祁阳茶叶生产进行扩建，种植面积1000亩，带动农民种植有机茶5000亩，配套修建茶叶生产基地农用道路2公里，茶叶生产示范基地区域内渠道桥梁一座，排水沟4600米。

2015年8月，湖南永怡茶业公司完成与全国茶业名企省社湘茶集团、潇湘茶业集团股权重组。重新组建湖南永怡茶业公司各股东股份比例为：永州市供销社资产经营有限责任公司44.624%、湖南潇湘茶业有限公司42.876%、湖南省茶业集团股份有限公司12.5%。依托潇湘茶业公司市场平台，湖南永怡茶业公司解决饱受困扰的茶叶产销问题，迎来发展新机遇。

2017年，湖南永怡茶业公司加工成品茶突破70吨，产值200万元。

（二）食用菌生产基地

2010年，为实现“农超对接”，市供销社、冷水滩区供销社投资100万元成立“永州市依塘食用菌有限公司”，建设永州市食用菌物流配送网络升级改造项目，永州市、冷水滩区两级供销社占50%股份。公司于冷水滩区伊塘镇东风村，征用土地20亩作为建设食用菌标准化示范基地，建设食用菌示范种植基地3万平方米，修建制种菌房900平方米，种植菌房4500平方米，示范带动当地农户种植10万平方米，改造食用菌配送中心（含仓储区2000平方米，恒温冷库区250平方米，食用菌加工包装厂2000平方米及配备电子交易网络系统，办公区信息网络系统，农产品检验检测系统等设施设备），收购网点10个，直营店和加盟店4个。开发产品有香菇、双孢菇、手菇等。项目建成后，年生产双鲍菇菌种30万瓶，年营业收入560万元。

（三）永州湘合作物流产业园

永州湘合作物流产业园项目原定位为永州市再生资源交易大市场，后因再生资源行业陷入低谷，认为永州市场对高标准仓储物流需求大，将项目重新定位。于

2015年改为“以仓储物流为主，再生资源交易为辅”的电商仓储物流集散中心。项目于2010年10月立项，由省市区三级供销社下属公司全资控股的永州市湘合作再生资源有限公司主导开发。公司注册资本6000万元，股权结构为：湖南省湘合作再生资源发展有限公司9.17%、永州市供销社资产经营有限责任公司15%、永州市合作贸易有限公司30%，湖南南华供销投资管理有限公司45.83%。

产业园位于冷水滩区春江路西天龙路南侧，占地面积103亩，工程总投资9000万元。2018年，投入建设资金4000万元，计划续建投资5000万元，规划总建筑面积4.1万平方米。其中：仓库建筑面积3.5万平方米，配套设施0.6万平方米（含综合楼）。结合全市实际情况，将该项目划分为电商仓储、新能源城市共同配送中心、快递快运分拨中心、零担专线、智慧物流公共信息平台五个功能区，打造永州市规模最大、最规范、最齐全、最标准化电商仓储物流园，成为“全国先进，省内一流”仓储物流园，打造成国家级物流园区示范基地。

四、项目建设

（一）项目招商引资

2015年宁远县供销大厦金印百货楼

2002年，市供销社“生资城”从外地引进生产农业生产资料厂4家，吸纳资金2000万元，实现工业产值1.5亿元。江华瑶族自治县供销社吸引外资1000万元，创建腐乳厂、塑料制品厂、珍珠椒厂、家具厂、食用菌种植基地、牲猪养殖基地，实现社办工业产值400万元。芝山区供销社引资200万元，进行房地产开发，盘活资产800万元。

2003年，全市供销合作社系统采取“引进来，走出去”方法，实施让利投资商策略，吸引一批客户来投资新建项目。市供销合作社系统招商引资项目30个，融资5197万元（到位资金4800万元），其中市供销社引资1840万元创建“生资城大市场”、“山香油脂油料公司”、“万隆商贸城”。道县供销社引资1680万元，建设综合超市和商业市场。冷水滩区、祁阳县、新田县、宁远县、东安县、芝山区、江华瑶族自治县、蓝山县、市直等供销社都有不同程度引资。

2004年，市供销社“生资城”引进流通客商13家，固定资产投资和商品流通资金2000万元，其中56万美元，人民币1609万元。万隆集团投入资金300万元，完成万隆商贸城建设。修配厂、山香油脂等公司引进资金800万元，扩大企业生产规模。

2018年双牌县五里牌基层供销社庄稼医院和配送中心

2007年，永州市再生资源大市场项目（后改为湘合作物流产业园项目）引进湖南省湘合作再生资源公司来投资合作，由省、市、区三级供销社共同出资合作，引进资金9000万元。

2015年江华瑶族自治县白芒营基层供销社办公地

2011年，全市供销合作社系统招商力度增大，引进外资400万美元、内资2.35亿元，其中，山香油脂公司引进香港华宝集团投资400万美元，对山香油脂公司项目升级改造，建设香料园。市兴农物流中心与深达置业公司进行战略合作，引进资金2000万元。

2015年，市供销社引进长沙安拓药业有限公司共建永州生态农业加工物流园项目。

2016年，市供销社直属企业市合永兴农业科技贸易发展公司分别引进深圳、本地两委土地托管项目战略合作者，分别组建了市陈兰供销农业服务公司、市象丰生态农业发展公司，共引进项目资金5000万元以上。

（二）争取项目资金

2010年，永州市供销合作社系统向中华全国供销合作总社、湖南省供销合作总社和农业综合开发部门申报建设立项项目 18 个，争取项目资金 400 万元。次年，市供销合作社系统坚持“抓项目、促发展”理念，推动项目申报和建设力度，有 19 个涉农重点建设项目，总投资 5 亿元。

2012 年，永州市供销合作社系统开展项目申报工作，推荐上报国家、省“新网工程”和农业综合开发办项目 39 个。其中永州市农资配送连锁网络升级改造项目获国家“新网工程”项目资金 150 万元；永州市再生资源回收利用集散基地项目争取商务部专项资金 500 万元。

2013 年，永州市供销合作社系统贯彻“项目兴社、项目强社”战略，加大项目储备、申报力度，向国家、省争取项目资金 324 万元，占全省市州总额 2176 万元的 14.89%。争取“新网工程”资金 254 万元。永州市再生资源集散基地项目获国家“新网工程”扶持资金 169 万元。

2015 年，全市各县（区）供销社对基层组织建设和农业开发项目进行最终申报争取到项目资金 340.6 万元。同年，向湖南省供销社、湖南省农业综合开发办公室上报 3 个土地托管项目和 1 个产业融合项目，争取到湖南省供销社合作项目资金 2000 万元。

2017 年，供销合作社发展土地托管事业，引进两大战略合作伙伴，向湖南省供销社、湖南省农业综合开发办公室上报 2 个土地托管项目，争取到项目资金 560 万元。

2017—2018 年，全市供销合作社系统有 4 个县区供销社争取到省综合改革惠农综合服务工程示范县项目资金 1055 万元。

2018 年，省、市、区三级供销社共同兴建的永州湘合作物流产业园

2010—2018 年永州市供销社系统农业综合开发项目资金一览表

表 7-2 **单位：万元**

时间	项目实施主体	项目名称	财政资金
2010 年	江永县秸秆养牛专业合作社	江永县秸秆养牛示范基地扩种项目	90

续表7-2

时间	项目实施主体	项目名称	财政资金
2011 年	祁阳县永怡茶叶专业合作社	祁阳县永怡茶叶专业合作社 2000 亩有机茶叶扩种项目	70
	双牌县反季蔬菜专业合作社	双牌县 3000 亩无公害雪莲果种植新建项目	56
2013 年	零陵区香零山蔬菜专业合作社	零陵区香零山蔬菜科技示范基地改建项目	70
2014 年	祁阳县永怡茶叶专业合作社	祁阳县 500 亩茶叶示范基地改建项目	84
2015 年	东安县联农水果合作社	东安县 500 亩优质棉桔种植园新建项目	70
	新田县宏旺菌业合作社	新田县 150 亩优质云耳种植新建项目	70
	江华瑶族自治县富华食用菌合作社	江华瑶族自治县 166 亩食用菌示范基地改扩建项目	70
	东安县欣荣生态种养专业合作社	东安县 8 万羽绿壳蛋鸡养殖基地改扩建项目	70
2017 年	永州市合永兴农业科技贸易发展有限公司	永州市冷水滩区水稻土地托管新建项目	280
	祁阳县供销安邦农业服务有限公司	祁阳县水稻土地托管新建项目	280
2018 年	永州市双牌县陈兰供销现代农业发展有限公司	双牌县水稻土地托管新建项目	280
合计			1490

2007—2015 年永州市供销社系统获中央、省级“新网工程”项目资金一览表

表 7-3　　**单位：万元**

时间	项目个数			“新网工程”项目资金		
	市直	县区	小计	中央	省级	小计
2007 年	1	4	5		24. 00	24. 00
2008 年	2	7	9	33. 00	83. 60	116. 60
2009 年	3	7	10	80. 00	148. 00	228. 00
2010 年	3	8	11	65. 00	150. 00	215. 00
2011 年	3	10	13	50. 00	175. 00	225. 00
2012 年	1	1	2	150. 00	49. 00	199. 00
2013 年	2	1	3	169. 00	85. 00	254. 00
2014 年	2	2	4	84. 70	117. 00	201. 70

续表7-3

时间	项目个数			“新网工程”项目资金		
	市直	县区	小计	中央	省级	小计
2015年	1	1	2	145.00		145.00
合计	18	41	59	776.70	831.60	1，608.30

2017—2018年永州市供销社系统综合改革惠农综合服务工程示范县项目资金一览表

表7-4 **金额单位：万元**

时间	县区	项目实施单位	金额
2017年	零陵区	永州市零陵区新嘉禾生态农业服务有限公司	240.00
	冷水滩区	永州市聚丰生态农业开发有限公司	235.00
2018年	双牌县	双牌县昌源电子商务公司	290.00
	道县	道县永盛供销农业发展有限公司	290.00
合计			1，055.0

第八章　专营商品业

第一节　中国石化永州石油分公司

一、机构

（一）机构沿革

1952 年，衡阳石油运销站冷水滩供应组成立，1959 年改称为衡阳地区商业局冷水滩批发转运站。1961 年成立衡阳地区冷水滩石油运销站。

1962 年，衡阳、零陵分家，恢复零陵专员公署，成立中国石油公司湖南省冷水滩石油运销站，1963 年改称为中国石油公司湖南省零陵石油运销站。

1969 年，零陵石油运销站搬迁至冷水滩滩头湾油库办公，与煤炭、生资合并为零陵地区生产资料公司。

1973 年，零陵地区生产资料公司分为零陵地区革命委员会商业局生产资料公司、石油公司。

1978 年，零陵地区革命委员会商业局石油公司改称湖南省石油公司零陵石油站，业务交湖南省石油公司接管。

1985 年，零陵石油站成建制移交中国石化销售总公司湖南省石油公司管理，机构更改为湖南省石油公司零陵分公司。

1996 年，湖南省零陵地区改设湖南省永州市，湖南省石油总公司零陵地区公司更名为湖南省石油总公司永州市公司。

1998 年 6 月 13 日，中国石油化工集团公司与湖南省政府签订湖南省石油集团有限公司划转交接协议，自即日起，湖南省石油总公司永州市公司划归中国石油化工集团有限公司管理。改称中国石油化工股份有限公司湖南永州石油分公司。

2014 年，中国石油化工股份有限公司湖南石油分公司变更为中国石化销售有限公司湖南永州石油分公司。

（二）经营机构

1996 年，湖南省零陵地区改设湖南省永州市。湖南省石油公司零陵分公司更名为湖南省石油公司永州市公司。1998 年 6 月 13 日，中国石油化工集团公司与湖南省政府签订湖南省石油集团有限公司划转交接协议，自即日起，湖南省石油总公司永州市公司划归中国石油化工集团有限公司管理，改称中国石油化工股份有限公司湖南永州石油分公司。

1999 年 2 月，永州石油分公司设立监察审计科，加上原设有的办公室、财务科、业务科、人事科、企管科、零贸科、油库共 8 个科室。3 月，永州石油分公司成立润滑油分公司，贸易分公司、石油运输公司，石油运输公司仍为永州石油分公司直辖独立核算单位。是年，公司职工总数 666 人，比 1996 年增长 3 倍。

2000 年 4 月，根据中国石化重组上市改革部署要求，湖南永州石油分公司按照“三分离”“五分开”（即主业与辅业分离、优良资产与不良资产分离、企业智能与社会职能分离，业务、资产、财务、机构、人员分开）原则，实施整体重组改制，将永州石油分公司分为两大部分，即主业部分和辅业部分，主业部分使用中国石油化工股份有限公司湖南永州石油分公司名称，下辖祁阳、东安、宁远、新田、蓝山 5 个县支公司（原芝山区公司撤并到市石油分公司），实现当年分离上市。辅业部分属非上市存续企业，沿用原名称湖南省石油总公司永州市公司，下辖双牌、道县、江华、江永 4 个县支公司。

2003 年，中国石油化工股份有限公司湖南永州石油分公司撤销非上市部分存续企业（湖南省石油总公司永州市公司），将原属的双牌、道县、江永、江华 4 个县公司并入中国石油化工股份有限公司湖南永州石油分公司，行政上称为经营部。

2005 年，中国石油化工股份有限公司湖南永州石油分公司取消祁阳、东安、宁远、蓝山、新田 5 家县支公司和江永、江华、双牌、道县 4 家经营部一切管理职能和机构，对外保留县支公司牌子和营业执照，上收祁阳县支公司黎家坪油库、东安县支公司东安油库。原县支公司（经营部）所有人员及工资全部上移，由市分公司直接管理。实现资产、资金、费用由市分公司统一管理。全市区域内各类资产由市分公司统一管理购置，统一设立台账，统一分配使用，统一提取折旧。市分公司成立预算管理委员会，将管理费用、经营费用和财务费用规范分类，落实到经营管理各个环节，建立起“横向到边、纵向到底”全面费用预算管理体系，实现经营统一管理。市分公司对下属销售单位实施油品配送制，落实零库存管理，推动二次物流优化项目，实现成品油物流高效、快捷、顺畅运行。

2014 年，中国石化集团对下属销售板块业务实施混合制经济体制重组改制，公司名称由中国石油化工股份有限公司湖南石油分公司变更为中国石化销售有限公司湖南永州石油分公司。公司下辖祁阳、东安、双牌、宁远、道县、江永、江华、新田、蓝山9个县公司及冷水滩、零陵2个本部片区。公司设有经理办、非油管理部、政工监察科、人力资源科、项目部、资产科、安全质量科、法规科、财务科、零售管理部、物流部、营销部、滩头湾油库等13个科室（部门）。2015年，公司科室继续沿2014年设置。

1996—2018年中国石化永州石油分公司领导一览表

表8-1

年度	机构名称	历届领导人			任职时间
		职务	姓名	性别	
1996—1999	湖南省石油总公司永州市公司	经理	易洪化	男	
		党委书记	何玎玉	女	
		副经理	何玎玉	女	
			赵明星	男	
			周重陵	男	
			冯晓明	男	
			李孝生	男	
			梅昌杰	男	
2000—2001	中国石化股份有限公司湖南永州石油分公司	经理	易洪化	男	
		党委书记	何玎玉	女	
		副经理	周重陵	男	
			李孝生	男	
			梅昌杰	男	
		纪委书记	何玎玉	女	2000. 1—2001. 12
			郭蓓蕾	女	2000. 10
		工会主席	周重陵	男	
2002—2004	同上	经理	何玎玉	女	
		党委书记	易洪化	男	
		副经理	周重陵	男	
			李孝生	男	
			梅昌杰	男	
			潘振芳	男	
		纪委书记	郭蓓蕾	女	

续表8-1

年度	机构名称	历届领导人			任职时间
		职务	姓名	性别	
2005	同上	经　理	潘振芳	男	2005. 6 另有任用
			戴安宁	男	2005. 6
		党委书记	周重陵	男	2004. 12
		副经理	郭蓓蕾	女	
			申　志	男	2005. 12
2006	同上	经理	戴安宁	男	
		党委书记	周重陵	男	
		副经理	郭蓓蕾	女	
			申　志	男	
2007—2008	同上	经理	戴安宁	男	
			晏力农	男	2008. 6
		党委书记	周重陵	男	
		副经理	申　志	男	
2009—2010	同上	经理	晏力农	男	
			周重陵	男	2010. 10
		党委书记	申　志	男	2010. 10
		副经理	周芳金	男	2010. 4
2011—2014	同上	经理	周重陵	男	
		党委书记	申　志	男	2012. 1 另有任用
			李小辉	男	2012. 1—2015. 2
		副经理	潘晓卿	男	2012. 11
		党委副书记、纪委书记	潘晓卿	男	2014. 4
		副经理	周芳金	男	2011. 1—2014. 12
2015—2017	中国石化销售有限公司湖南永州石油分公司	经理	周重陵	男	2015. 1—2017. 12
		党委书记	潘晓卿	男	2015. 2
		副经理	周芳金	男	
			刘青松	男	2017. 8
			卢运仰	男	2017. 8

续表8-1

年度	机构名称	历届领导人			任职时间
		职务	姓名	性别	
2018	中国石化销售有限公司湖南永州石油分公司	经理	潘晓卿	男	2017.12
		党委书记	丁海华	男	2017.12
		副经理	周芳金	男	2019.8 解聘
			卢运仰	男	
			何四贵	男	2017.12

二、油料购进

（一）资源配置

1996 年，湖南省石油公司永州市公司坚持以市场为导向，改变经营观念、经营方式、经营机制，在竞争中掌握主动，抢占市场，巩固和提高市场占有率。公司与当地党政部门，铁路运输部门，税务、物价、银行等经济杠杆部门和有关炼油厂关系，集中力量抓资源调运，以量取胜，薄利多销。全年调进油品 6.64 万吨。次年，公司制定“以长炼为重点，茂名、荆门为突破口，南北交叉，全面推进”调运方针，强化资源调入，全年调进油品 8.28 万吨，同比增长 24.59%。

1998 年，中国石油化工集团公司与湖南省政府签订湖南省石油集团有限公司划转交接协议，湖南省石油总公司永州市公司划归中国石油化工集团有限公司管理。公司承受市场疲软、竞争激烈、资源结构失衡和油品价格一路下跌压力，油品销量下滑，全年调进油品 6.36 万吨。

2000 年，根据中国石化重组上市改革部署要求，湖南石油实施整体重组改制，主业部分成立中国石油化工股份有限公司湖南石油分公司，并在当年实现分离上市，辅业部分沿用原名称成立湖南省石油总公司。同年 6 月，中国石油化工股份有限公司湖南永州石油分公司正式组建，全省成品油经营体制和价格机制都发生变化，省公司对成品油资源实行“五统一”，市分公司自主组织资源和市场调控主动权相对削弱。针对市场波动幅度大，资源时紧时松、价格时高时低、铁路运输不畅、柴汽油比不协调、品种结构矛盾突出形势，市分公司及时汇总信息进行分析，积极组织货源，降低成本，拉动价格，扩大销售。市县两级公司按照合理经济流向推行“统一资源配置、统一油品调运、统一作价协调、统一货款结算、统一资金运作”的“五统一”管理，合理配置和调度资源，减少资金占用，降低运杂费和财务费用。

2003 年，成品油市场起伏较大。新年伊始，便出现资源紧张、供应困难，加之受非典疫情、阴雨天气及中石油低价倾销影响，市场一度疲软萎缩。4 季度，永州市境内持续干旱，柴油资源极度紧缺。在机遇与挑战并存背景下，公司把调运工作摆到中心位置，领导挂帅带队南下北上驻厂催调落实资源配置，共调进各类油品 15.92 万吨。

（二）计划外采购

2000 年 3、4 季度，油料异常紧缺、价格节节攀升，永州市石油分公司果断作出“调运压倒一切”决策，争取省公司在配置资源时调整油料结构，对永州市油品需求向柴油倾斜。当永州市分公司得知配置柴油有困难时，立即研究行动方案，主动出击。及时协调与炼厂的关系，广泛寻找省内外炼厂柴油资源，争取追补计划，想办法购进计划外柴油 4000 吨，平抑境内油品价格，解决急需，保证市场供应，促进社会稳定。

2008 年，湖南省冰冻、四川省汶川特大地震及永州市南部严重洪涝等多起自然灾害，造成成品油资源供应持续紧张。永州市石油分公司按照“以日保旬，以旬保月，以月保季，以季保年”要求做好资源调运工作。1 月中旬至 2 月上旬，在境内湘桂铁路、衡枣高速公路、永连公路、207 国道、322 国道均被冰雪封冻、交通完全中断情况下，分公司领导多次赴省公司、炼油厂和铁路部门催调资源，先后组织油罐车 60 台次，绕道 150 公里，从广西桂林石油分公司羊角山油库采购计划外成品油 1000 吨，配送到南六县应急保供，解决大面积脱销问题。

三、油料销售

（一）销量

90 年代初，永州市境内个体户大量涌入石油经营市场，个体加油站逐年增多，销售市场竞争激烈。永州石油分公司发挥主渠道作用，增强市场经济意识和竞争意识，发挥区位优势和集团优势，以市场为导向，优质服务为手段，巩固和提高市场占有率。

1996 年，永州石油分公司销售各类油料 6.26 万吨，实现利润总额 230.2 万元。1997 年，销售各类油品 8.21 万吨，同比增长 31.13%。

1998 年，受市场疲软、竞争激烈、资源结构失衡和油品价格下跌压力，油品销量下滑，全年销售总量 5.33 万吨，同比减幅 34.99%。1999 年，公司抓网络发展和市场整顿，油品销量大幅上升，全年实现销售总量 10.9 万吨，同比增幅 104.34%。

2000 年，是中国石油化工股份有限公司湖南永州石油分公司完成重组改制全面发展的一年，公司全年调进各类成品油 13.4 万吨，销售 12.82 万吨，其中零售 6.58 万吨，分别比上年增长 14.3%、13.3%、67%。上市公司实现利税 574 万元，非上市公司创利 59 万元，消化历史债务 186 万元。

2001 年，永州石油分公司购进各类油品 14.19 万吨，同比增加 7123 吨，增长 5.28%，其中汽油购进 3.94 万吨，柴油购进 10.12 万吨；销售 14.01 万吨，同比增加 1.23 万吨，增长 9.63%，其中汽油 40643 吨，柴油 9.8 万吨，润滑油 1298 吨。零售市场占有率提高，零售比重为 54%，零售总量跃上新台阶，达 7.6 万吨，同比增加 1 万吨，增幅 15.3%。

2006 年，永州石油分公司经过市县一体化改革，制约企业发展体制性和机制性障碍得到消除，公司油品销售跨上新台阶。永州石油分公司销售成品油 20.12 万吨，比上年同期增加 2.51 万吨，是 1996 年销量的 3.2 倍。其中零售完成 16.45 万吨，比上年同期增加 2.15 万吨；直销批发完成 3.67 万吨，比上年同期增加 3632 吨。

2016 年中国石化永州石油分公司宁远泠江路加油站工作人员加油场景

2010 年，国际油价持高不下、成品油市场疲软，资源供应供过于求，各成品油经营主体在质量、价格、服务等传统竞争手段方面差距缩小，竞争手段多样化明显加快。面对严峻形势，永州市石油分公司开展“比学赶帮超”活动、“强化管理年”管理模式，把“拓展市场、发展网络、强化管理”三大任务作为强大营销动力，营造“你追我赶”、“互帮互促”营销氛围，推动全年成品油经营工作正常开展，是年，永州石油分公司调进各类成品油 29.56 万吨，同比增加 1.17 万吨，增幅 4.11%。经营总量完成 29.89 万吨，同比增加 1.26 万吨，增幅 4.41%。其中汽油销售 10.55 万吨，同比增加 6995 吨；柴油销售 19.34 万吨，同比增加 5633 吨。

2011 年，是“十二五”开局之年，公司实施合理摆布资源、增量增效并重、强管理树形象经营策略，市场竞争力、控制力和市场盈利能力提升，1—11 月，销售成品油 30.64 万吨，比 2006 年净增 10 万吨，比 1996 年净增销量 24 万吨。

2014年，永州石油分公司成品油销售突破40万吨大关，销售成品油41.65万吨，完成年度目标105.89%，同比增幅8.03%。

2015年，永州石油分公司针对雨季长，造成成品油零售销量下滑，公司开展各种促销活动，在百日直销竞赛活动中，公司把握好时间差、进度差、价格差，帮助客户从“价格、服务和赢利”等角度对比分析，实现淡季不淡，直销批量成品油7412吨，同比增幅14.00%。直分销采取差异化经营策略，在竞争激烈区域，细分市场，把市场客户按购油量及效益贡献率分成钻石级、黄金级、高级、普通级4个等级，对客户实行购油追踪、个性化定价和无缝隙服务制，对区域市场大客户实行无缝隙对接，定制服务，全年走访客户106家，开发客户40家，增量1500吨，占直批总量5.86%。是年，公司在营加油站111座，销售成品油44.58万吨，完成年度目标106.32%，同比增幅7.04%。其中汽油销售18.22万吨，同比增加2.3万吨，增幅14.62%；柴油销售26.36万吨，同比增加0.6万吨、同比增幅2.36%。零售完成40.45万吨，完成年度目标104%，同比增幅5.01%；直销实现4.12万吨，同比增幅32.04%。

（二）措施

零售配送 2002年，公司强化配送手段，开创配送新局面，建立市分公司集中调度，县公司和各加油站细分市场一体化配送管理机制。市分公司配送中心负责全市系统油品配送组织实施与日常管理，各县公司和加油站以属地市场为依托开展配送业务，全体配送人员把配送直销提升到创造新效益增长点高度，以点带面拓展市场，积少成多创造利润。对不同类型终端用户采取不同营销方法与配送措施，对信誉好、需求量大社会加油站和集团客户，充分给予配送价格和结算方式优惠，对用量较小零星散户，则在优质服务上下功夫，以电话预约、送货上门配送方式积极合作，稳定客源。是年，公司调进各类油品12.38万吨，销售各类油品13.47万吨。

2003年，公司销售各类油品15.34万吨，零售9.89万吨，同比增长25%；配送5.15万吨，同比增长23.2%；销售燃料油522吨。是年，公司突出做大零售配送，企业核心盈利能力增强。按照“功北守南，抓大活小”方针，对辖区加油站服务项目、功能配置进行动态跟踪、整体筹划，加强市场细分，开展形式多样宣传促销活动；从体制调整和机制改革入手，对县公司按零售量拨付工资、非油，打破分配上大锅饭，调动零售积极性；开展加油站整顿，采取明察暗访，对基础工作、现场管理、站容站貌、优质服务和挖潜增效等方面进行考核督查，促进零售板块管理上水平、销量上台阶；加强专业化垂直管理，自上而下推行配送绩效挂钩制，收入上拉开差距，调动配送人员工作积极性；规范直分销运作流程，采取“量价挂钩、定向优价、专户特价”灵活作价办法，加大全面促销力度，发展特价加油站4座，开发长期合作大客户 20 家，公司全年零售占经营总量比重 64.51%，零售、配送量同比分别净增 1.99 万吨、0.97 万吨，零售、配送比达到整个经营总量 98%，位列全省前茅。

2015 年，向省分公司申请站级配送政策，抢占市场“空白点”，以县域市场为重点，启动撬装加油站，在双牌五里牌、江华沱江等 4 座竞争激烈加油站推广“小额配送”和“以站代库”业务，全年实现零售配送 1023 吨。

协议销售　2014 年，中国石化集团对下属销售板块业务实施混合制经济体制重组改制，公司名称由“中国石油化工股份有限公司湖南石油分公司”变更为“中国石化销售有限公司湖南永州石油分公司”。是年，公司在把握市场、优化结构上下功夫，在直分销上，加强市场调研，做好市场预判，扩大市场份额。每月开展市场调研，了解客户动向，掌握市场动态，调整营销策略。公司利用汽油资源优势，对桂林、富川、灌阳等境外客户强化销售跟进，全年对境外客户汽油销售比例为 11.11%。公司对内巩固优质客户群，实施差异化管理、多元化服务，增加销量。与海螺水泥、华新水泥等市级大企业续签购油协议，前 20 名重点客户全年销售量同比增幅 9.81%。同时，公司发展新大客户，与江永永明面粉有限公司、湖南福源物流等 30 家新客户签订协议，销量增 2000 吨，占直销总量的 7.49%。是年，公司成品油销售突破 40 万吨大关，销售成

2015 年 4 月，中国石化永州石油分公司与道县政府签订合作协议现场

2018 年 6 月 15 日，中国石化永州石油分公司与永州市人民政府战略合作框架协议签约仪式

品油 41.65 万吨，同比增幅 8.03%。其中汽油销售 15.89 万吨、同比增加 1.84 万吨、增幅 12.23%；柴油销售 25.76 万吨，同比增加 1.45 万吨、同比增幅 5.59%。

开卡充值 2010 年，公司狠抓终端开发，多管齐下扩大润滑油销量：按照“勤进快销、以销定进、确保供应、兼顾特殊”原则，合理调进资源，优化品种结构，坚持“以大户为重点、批发为龙头、终端零售为基础”营销策略，深入厂矿企业做好终端开发。加大宣传力度，突出品牌优势，首次在永州市汽车展览会上推出零售 IC 卡、非油、长城润滑油联合展厅。开辟县级润滑油市场，利用轻油庞大零售网络，发挥片区优势，实现资源最大化共享，使长城润滑油县级市场销售成为量效双赢、可持续发展一个重要支撑点。江华、双牌等片区加大轻润组合、非润组合等组合销售力度，提前超额完成润滑油销售任务，仅 9 月，全市加油站润滑油零售 45 吨，创历史最高纪录。恢复散油销售，在做好长城包装油销售基础上，增加散装润滑油进销管理工作，扩大润滑油销量。公司全年销售润滑油 970 吨，完成年度目标 62.6%，同比下降 22.7%，其中销售长城包装油 948 吨，完成年度目标 75.8%，同比下降 20.7%。加油站零售润滑油 251 吨，同比增长 28.7%。

2018 年 5 月，中国石化永州石油分公司与中国移动永州公司开启全面战略合作签约仪式现场

2011 年是“十二五”开局之年，面对成品油资源日趋紧张，市场竞争复杂多变，滩头湾油库扩容改造，油品运输异地出库等新形势、新困难，永州石油分公司重点围绕加油卡开展全方位品牌营销。每月开展一次 IC 卡营销活动，演示积分兑奖、展示润非商品、音画宣传、充值送保险等形式，深化“油中感谢”积分增值服务，促进充值额和沉淀资金稳步提高。对不同目标客户开展特色营销，深入楼盘社区广泛宣传，开发私家车客户，简化充值程序，现场办理开卡充值业务。活动新增加油卡用户 630 张，充值 800 万元。对所有进站加油客户进行集中分类建档，建立和完善加油站用油客户档案。对积分客户消费情况进行跟踪管理，完善客户积分返利档案，规避经营风险，保障客户利益。开展大客户联谊会、移动客户联谊座谈会等活动，提高客户忠诚度和满意度。开展加油站规范化管理现场会，打造“万吨大站要站”等形式，用品牌形象和规范化管理锁定客户，因

地制宜制定直销批发营销措施。在客户集中区开展诚信等级管理，在农村客户分散区开展片区客户经理就近管理，注重量价互动、量效互动。对大客户实行客户经理“点对点”服务，对邵永高速等重点客户，积极争取资源、逐单报批，稳固优质客户群体。全市区域内有700家直销客户，稳定直销客户率95%。

2014年，永州石油分公司与“市移动公司”、“人保财险”、“太平洋保险”、“安邦保险”、“邮储银行”等单位达成充值卡采购合作。是年，移动公司充值卡采购量达1850万元，其他单位充值卡采购量合计逾200万元。持卡消费比达47.02%，全省排名第2。

奖励机制　2015年，全球宏观经济不振，国内国四车柴升级置换，成品油消费需求低迷，资源供大于求，轻油非油经营压力大，市场竞争加剧，各种困难错综交织。面对严峻形势和挑战，永州石油分公司贯彻执行总部和省公司决策部署，围绕提高经营质量和效益这个中心，以“人在阵地在”团结协作精神，紧盯目标拓市场，用心用情谋经营，应对市场新常态，以客户为中心，由竞争市场向竞争客户转变，在营销组织上抓早、抓实、抓主动，巩固扩大传统优势，保持经营质量和效益稳定增长。年初，早谋划抓机会，做好元旦、春节、清明和五一等节假日经营文章，4个节假日销售油品1.62万吨，一季度销售9.02万吨，同比增量9276吨，增幅11.46%，实现“开门红”，为完成全年目标任务打下良好基础。是年，公司加大考核激励力度，落实“一站一策”促销措施，个人业绩站里天天比，油站业绩片区周周比，片区业绩公司月月比，层层传递扩销增量压力，促使全体员工自定目标、自我加压，切实落实“以日保旬、以旬保月、以月保季”要求。公司每月及时兑现增量奖励和先进奖励，评选销售能手和明星加油站，调动全员扩销增量积极性。

四、品种结构

（一）品种

20世纪90年代后期，永州石油公司销售油品主要分汽油、柴油、煤油、润滑油四大类，汽油又分为70#汽油、90#汽油、93#汽油，柴油分为0#柴油、20#农用柴油，煤油当时只销售灯用煤油。1999年7月1日，以中国石化、中国石油为代表炼油企业停止生产70#汽油和含铅汽油，70#汽油退出销售舞台，公司销售汽油品种为90#汽油、93#汽油和97#汽油。2012年，油品升级，90#汽油退出公司销售舞台。2005—2015年，公司先后完成车用柴油2、3、4质量升级，所售柴油全部为0#普柴和0#车用柴油。随着国家电网发展和电力照明普及，灯用煤油逐渐退出居民消费舞台，2007年，永州石油停止煤油销售业务。随着汽油制造工艺完善和家用汽车市场迅猛增长，公司细分润滑油市场，经营重心向汽车用润滑油市场倾斜，润滑油销售最终归入公司非油品业务。2012 年，公司成品油销售只保留汽油、柴油二个大类品种。

（二）结构

1996—2005 年，公司油品销售包括汽油、柴油、煤油、润滑油四大类，汽油和柴油为销售主力，在历年销售结构中占比不断增大，煤油市场逐渐没落，2006 年退出公司销售名单，润滑油保持较低份额，起伏不大。1996 年，公司销售汽油 2.87 万吨，占比 45.84%；销售柴油 2.98 万吨，占比 47.61%；销售煤油 1421 吨，占比 2.27%；销售润滑油 2675 吨，占比 4.27%。市场经济全面开放，国家工业步入快速发展阶段，基础设施建设投入加大，柴油需求量呈现上升，煤油市场萎缩，2000 年，公司销售油品 12.78 万吨，其中汽油占比减少 32.25%，柴油占比激增 65.96%，煤油市场份额大幅下降，只占比 0.62%，润滑油占比为 1.17%。2005 年，公司油品销量增长 17.72 万吨，汽油、柴油、润滑油销售占比没变，分别为 32.74%、65.98%、1.22%，煤油销售占比下降 0.05%。2006 年，煤油品种退出公司油品销售舞台，汽油、柴油、润滑油成为拉动公司销售三驾马车。全年公司销售油品 20.38 万吨，其中汽油占比 30.03%，柴油占比激增 68.69%，润滑油占比 1.27%。2007 年四季度，柴油资源出现持续紧缺严峻形势，公司一方面采取限量销售柴油临时应急措施控制销售节奏，一方面奔赴省公司、铁路、炼厂争取资源计划、疏通运输渠道、催调柴油资源，10—12 月调入柴油 4.32 万吨，保障工农业生产和人民生活用油及维护市场供应稳定，该年，柴油销售 15.49 万吨，柴油销售占比突破 70%。2012 年，润滑油销售并入公司非油销售板块，成品油销售只销售汽油、柴油两大品种。

五、网点建设

（一）选址布局

20 世纪 90 年代初期，零陵地区境内加油站由零陵分公司统一规划建设，统一经营。由于资金匮乏，加上选址、征地非常困难，加油站建设十分缓慢，与当时机动车燃油需求形成尖锐矛盾，“加油难”成为社会各方关注社会问题。

1995 年，市场经济发展，燃油供应和销售政策全面开放，特别是经营加油站稳定丰厚利润驱动，大大小小社会加油站如雨后春笋般涌现，呈现出“疯长”趋势。是年，全区有加油站、点 678 个，其中加油站 222 个。678 个站、点中，零陵分公司加油站 37 个，零售点 4 个，合计 41 个，占总数的 6.05%；供销部门站、点 228 个，占总数的 33.63%；农机部门站、点 127 个，占总数的 18.73%；个体户加油站

134 个，零售点 148 个，合计 282 个，占总数的 41. 59%。湖南省石油公司零陵分公司作为成品油经营主渠道单位，如何选址布局，成为公司当务之急。鉴于此情况，湖南省石油公司下达收购社会加油站工作部署，1996 年，湖南省石油公司永州市公司开始着手收购工作，辅以选址、新建、改造等手段，扩张加油站网点建设。公司加油网点遍及永州市 9 县 2 区，在营加油站 112 座，主要分布在高速公路、国道、省道和中心城区，在营油库 1 座，库容 2. 75 万立方米。在建道县油库投资 1. 8 亿元，建成后，总库容量 6. 95 万立方米。

2009 年，中国石化永州公司主动衔接政府，配套地方经济发展，加强企地联合，提升企业竞争实力，以多元化发展服务。公司与广东联泰集团合作成立湖南联泰石油（公司设冷水滩），是湖南省最大石油销售合资公司，合作模式集约两大品牌优势，在邵永高速公路和永蓝高速公路打造 5 对集加油站、汽修、餐饮住宿、便利店、广告、场地租赁等一体化高速公路多功能综合性服务区。

2013 年，中国石化永州分公司投入资金 4000 万元，对滩头湾油库扩容改造，缓解成品油仓储瓶颈。投入资金 1. 8 亿元，新建道县油库，缓解永州地区成品油保供运输压力，拉动永州南 6 县经济增长。

“十二五”期间，中国石化永州公司主动对接市委、市政府“六大战役”，加快企业向一流综合服务商发展转型。确定 18 座规划建设站点。公司与永州市经济建设投资发展集团有限公司签订合作协议，双方以成立能源合资公司为平台，利用各自经营资源和政策优势，投资建设加油、加气、充电桩等项目，推动永州地区实体经济和能源产业持续发展，开拓合作共赢新模式。

公司加大对成品油仓储、物流和销售网络投入力度，形成遍布城乡供应网络格局。投资 5 亿元，对油库扩容、加油站隐患、环保油气回收、双层油罐、加气站建设改造，加速网络提质增效总体进程，确保广大客户用上优质放心油。投资 3 亿元用于加油站点网络布局，推行 IC 卡加油，开通网上充值业务，扩大“易捷”便利店零售网点，开展汽服、水电费代缴等便民设施服务，为广大客户精心打造一座座“汽车生活驿站”，为永州城市展示靓丽的形象窗口。让“一卡在手，全国加油”中国石化 IC 卡和“易捷”商品深入永州消费群体，满足永州城乡居民日益增长生产生活需求。让“易捷”便利店线上线下平台在技术、品牌、销售网络优势和经验，促进永州香柚、富硒产品等“永品出永，永品出湘”，走向全国。按省委、省政府提出“气化湖南”号召，公司参与“气化湖南”工程，发展车用天然气加气业务，加大投资力度，完成 2 座加气站建设，1 座在营。

（二）站库建设

1998 年，公司新建加油站 5 座，收购加油站 2 座，至年底，公司有加油站 42

座，其中按省公司标准图样统一设置装饰6座。1999年，公司把增设加油站网点作为提高市场占有率重要措施，认真实施品牌+服务零售经营战略，全市系统投入资金1200万元，新建加油站3座，改建6座，收购3座，租赁2座，新建加油网点19个。公司对34座国、省道及城市中心加油站进行标识改装，形象包装。

2000年，贯穿永州市境内“衡枣”、“太澳”、“厦昆”3条高速公路和“冷东”公路开工建设，省二级公路“永连”公路建成通车，湖南省石油公司永州市公司抓住这一千载难逢机遇，迅速新建一批加油站，满足市场需求。根据当时加油站分布不合理，规模小且集中密布在县区中心地带，广大农村集镇却没有一座加油站，社会加油站不善管理，设备落后，存在较大安全隐患等现象。分公司落实集团公司战略决策，抓住国家清理、整顿、规范成品油市场，加大网点建设投入历史性机遇，把拓展终端销售工作作为重中之重来抓，按照“固城、守线、占乡”网络布局要求，大力收购社会加油站，抢滩布点，新建上规模、上档次加油站，销售网络建设保持强劲发展势头，把握住市场竞争控制权和主动权。发展零售网点上收、建、改、管四管齐下，投入建设资金6500万元，收购社会加油站38座，新建加油站12座，改造加油站31座，发展壮大石油公司主渠道终端销售网络。截止2000年底，公司系统加油站102座，较1999年底52座翻一番，占全市加油站（点）总数36%，零售市场占有率70%，提前2年完成市公司“10620”（一级批发县公司每10人一座加油站，二级批发县公司每6人一座加油站，市公司每20人一座加油站）零售攻坚计划。

2001年，公司继续加大网建步伐，全年投入建设资金5200万元，收购社会加油站21座，改造加油站19座，新建征地6宗，新建加油站6座。

1998—2005年期间，永州市石油分公司在城区重要道路、国道和省道以及高速公路、部分乡村集镇新建加油站29座，收购加油站62座，对存在较大安全隐患加油站全部进行改造，投入资金1.3亿元。

2006—2010年，永州市工业化、城镇化步伐加快，交通路网完善，永州石油分公司将终端销售网络建设作为谋求持续发展重要策略，推动加油（气）站发展。期间，公司新建加油站2座，“置换”后又新建2座，与联泰公司联营新建高速服务区1对，并全面启动滩头湾油库扩容改造和道县油库新建两项成品油战略储备工程。

2011—2015年，永州石油分公司新建加油（气）站4座，置换后新建加油（气）站3座，收购加油站1座，由省公司投资新建高速服务区4对，与联泰公司联营新建高速服务区3对。期间，永州石油分公司在营加油站111座，其中国、省道布设加油站39座，市、县城区重要道路布设加油站56座，县、乡道布设加油站8座，零售市场占有率为73.7%。

2016—2018年，新建运营加油（加气）站2座，整体改造加油站1座，恢复营业加油站1座，拆一还一加油站1座，取得政府商务批文16个。

六、设施建设

（一）仓储设施

中国石化销售有限公司湖南永州石油分公司有油库2座，滩头湾油库和道县油库，总储量6.95万立方米。其中滩头湾油库总储量2.75万立方米。

滩头湾油库位于永州市冷水滩区西郊，距离市区7公里，总占地面积12万平方米。

滩头湾油库现有14个立式金属储油罐全部为铝制内浮顶油罐。其中1#、2#、3#、8#罐为2000立方米92#汽油内浮顶罐，4#罐为1000立方米95#汽油内浮顶罐，5#罐为500立方米95#汽油内浮顶罐，9#、10#为1000立方米95#汽油内浮顶罐，6#、7#罐为2000立方米车用柴油内浮顶罐，11-14#为3000立方米普通柴油内浮顶罐，都安装霍尼韦尔854XTG伺服液位计、差压变送器3051S系列。卸油栈桥1座，铁路专用线一条，卸油鹤管15组，可同时接纳30个槽车。75千瓦管道泵4组，扫仓泵2组。变压器1台，发电机机组2台，消防泵房1座，4台带柴油机消防泵，2座1000立方米消防水罐。发油微机房1座，综合计量、化验大楼1座。

（二）仓储改造

滩头湾油库（1966年建库）在改造中扩容。1989年，该油库进行一期改造，1998年，滩头湾油库进行二期改造，总容量扩大为1.55万立方米。

2007年9月，油库对付油台进行改造，次年1月投产，由原来的自流式付油改为带泵发油，节约发油时间。

2010年，中国石化永州石油分公司滩头湾油库全景

2009年8月，油库对卸油栈桥和卸油泵房进行改造，把原来水泥栈桥改为全钢架结构现代化栈桥，泵房由原来半封闭式改为全敞开式泵房，杜绝油蒸汽扩散不了的隐患，改造期间实行边生产边改造，生产改造两不误。2010年8月，油库解决消

2010 年 11 月，中国石化永州石油分公司滩头湾油库实施消防演练场景

防泵房距离油罐区太近隐患，对消防泵房进行改造，同年 11 月验收合格。新建消防系统配有 4 台消防泵，1 台泡沫发生器及两个容量为 2000 立方米消防水罐，提升滩头湾油库消防能力，油库安全生产得到保障。

2011 年 8 月，油库进行扩容改造。第一阶段对旧罐区、卸油泵房、进出油管线、配电房、发油台进行改造，第二阶段对污水处理系统进行改造，改造后油库库容提升 2.75 万立方米。

2015 年 9 月，油库为油气排放量达标，对发油装置进行改造，将上装发油改造为下装发油。经改造，滩头湾油库在存储量、出库量和环保要求上均达到标准油库要求，为永州市成品油供应提供保障。

（三）仓储功能

滩头湾油库分卸油区、发油区、储油区、辅助生产区、办公区五个部分。其中：卸油区占地 0.65 万平方米、发油区占地 0.725 万平方米、储油区 2 万平方米、办公区占地 0.75 万平方米、辅助生产区占地 7.68 万平方米，各区域隔道毗邻。油库集柴油（普通柴油、车用柴油）、汽油（92、95）两大类四品种接卸、储存、付出为一体，进货方式是铁路卸油，付油方式为上装发油给公路油罐车配送。各种油品主要来源于长岭炼化厂、岳阳化工厂和株洲 815 油库，主要供应区域为永州地区（9 县 2 区）。

公路发油泵棚内 5 个发油岛、每个发油岛都按 2 个油罐车下装发油鹤管设计，依据车辆配送实际情况，1 号和 2 号岛位按全汽油品号设置，3 号和 4 号岛位按全车用柴油设置，5 号岛位按全普通柴油设置，自控付油系统采用青岛艾特电子有限公司下装付油系统，该系统具防溢防静双重保护功能。

（四）工艺参数

油库铁路栈桥分为两股道，栈桥阀组至卸油泵房 4 条铁路集油管线，管径均为 DN200。

卸油泵房至罐区 10 条管线，其中 PL206-DN200 和 PL113-DN150 为非车用柴油管线，PL203-DN200 和 PL115-DN200 以及 PL112-DN150 和 PL204-DN200 为 $92^{\#}$ 汽油管线，PL202-DN200 和 PL109-DN150 为 $95^{\#}$ 汽油管线，PL207-DN200 和 PL114-DN150 为车用柴油管线，4 个车用柴油罐区至公路发油岛共 1 条管线 PL105-DN200，2 个普通柴油罐区至公路发油岛共 1 条管线 PL106-DN200。8 个汽油罐区至公路发油岛共 3 条管线，PL115-DN200 为 $92^{\#}$ 汽油，PL109-DN200 为 $95^{\#}$ 汽油，PL112-DN200 为汽油备用管。

卸油泵参数，卸油泵四台每台四进两出，可做为倒罐泵及铁路路卸油泵，其中三台泵型号为 150GY60，流量 260 立方米每小时扬程 59 米，电动机功率 75 千瓦，另一台为 150GY60B，流量 250 立方米每小时，扬程 45 米，电动机功率 55 千瓦。进口 4 条管线型号 DN200，DN150，DN100，DN200。出口 2 条管线管径均为 DN200。发油泵 10 台，型号 100GY25A8 台，其中 2 台发车用柴油，5 台发汽油，1 台发普通柴油，具体参数为流量为 85 立方米每小时，扬程为 18.1 米。型号 50GY20A2 台，1 台发车用柴油，1 台发普通柴油，具体参数为流量为 10.6 立方米每小时，扬程 18 米。

七、仓储管理

（一）管理体制

2001 年，成品油价格随国际油价波动频繁，成品油 10 次降价，市场低迷，销售不畅。中石油在中石化控制市场范围内竞争力度加大，中油桂林公司在兴安设立油库后，千方百计向永州渗透，市场争夺空前激烈。2002 年，永州石油分公司减少经营环节，管理体制进行改革，实行市、县公司一体化改制重组，上收县公司二级批发业务，油品直接配送到站业务管理办法，县公司集中精力抓好终端销售，扩展农村市场；调整对县公司考核指标，按销量核拨有关费用，各县公司逐日上报油品销量，打破县公司各自为政局面，树立绩效联动，上下互补观念，增强一体化经营管理自觉性，公司整体竞争实力提升。对加油站管理，公司大胆尝试“一人一站打天下、一家一站闯市场”经营管理路子，蓝山县公司成功推出“姊妹站”、“夫妻站”、“父子站”等新型加油站管理模式，精简人员，降低费用，提高效率。

2005 年，为完善和建成营销管理先进，内部分工合理，管理运行协调和核心竞争力强新型市县一体化经营管理模式，消除制约企业发展体制性和机制性障碍，根据省公司安排部署，市分公司在全市系统展开市县一体化改革，人事、劳资统一由市分公司管理。取消祁阳、东安、宁远、蓝山、新田 5 家县支公司和江永、江华、双牌、道县 4 家经营部一切管理职能和机构（对外保留县支公司牌子和营业执照，便于协调处理与当地政府及有关部门关系），上收祁阳县支公司黎家坪油库、东安县支公司东安油库，在各县级公司设置 ME 岗位，由市公司零售科派出代表担任

(主要负责地方关系协调、终端市场拓展和城区站等大站要站日常管理，对外称县公司经理)，原县支公司（经营部）所有人员及工资全部上移，由市分公司直接管理。撤销原县支公司（经营部）会计机构，取消其独立核算职能，实现财务核算全部上移至市分公司，由市分公司派驻报账员到各县，报账员可行使ERP查询数据，核对和检查分析等职责，资产、资金、费用由市分公司统一管理。全市区域内各类资产由市分公司统一管理购置，统一设立台账，统一分配使用，统一提取折旧。市分公司成立预算管理委员会，将管理费用、经营费用和财务费用规范分类，落实到经营管理各个环节，建立起“横向到边、纵向到底”全面费用预算管理体系。市分公司对下属销售单位实施油品配送制，落实零库存管理，推动二次物流优化项目，成品油物流快捷、顺畅运行。市县一体化改革提升公司经营创效能力，全年实现成品油销售16.22万吨，同比增量8900吨，增幅5.8%。

（二）市场整顿

1999年6月，永州石油分公司成立成品油市场清理整顿领导小组，配合政府抓好成品油市场清理整顿工作，3家销售上万吨社会成品油批发企业中，有2家被确定为清理取缔对象，公司与另一家社会成品油批发企业签订收购意向协议。

2002年，根据国务院、湖南省及永州市关于开展加油站专项整治文件精神，永州石油分公司成立专项整治领导小组，制定适应本司系统网点建设发展需要全市2002—2010年加油站行业发展规划；配合政府及有关执法部门，对违规经营社会加油站进行严格整治，查封和取缔13座违规社会加油站。芝山区永成加油站业主利用不正当手段篡改政府规划部门文件，将加油站从富家桥搬迁至芝山城区，市分公司掌握情况后，向政府有关部门汇报反映，阻止其违规搬迁。

2003年，衡阳“11·3”火灾事故发生，永州石油分公司向市委、市政府作专题汇报，引起市委、市政府高度重视，组织在全市范围开展大规模加油站点整治行动，新田县查封拆除城区6座无证、无照加油站。整治行动中清查出所有无证照、偷税漏税和存在重大安全隐患站点全部停业整顿。

附：道县油库简介

2011年，道县油库建设项目启动，项目总投资1.78亿元，选址道县营江乡白地头村，规划占地面积120亩，规划总库容4.2万立方米，为二级油库，分二期建设。一期库容为3万立方米，其中汽油罐1.2万立方米、柴油罐1.8万立方米；预留二期1.2万立方米成品油储罐位置；拟建铁路专用线一条，全长701.1米，布置2条卸油线198米，可停靠34个车位；卸油泵房1座；汽车装油棚1座4栈台8鹤位；油气回收装置1套，事故存液池1座；消防泵房、消防水罐（2x800立方米）及变配电房；综合楼1座（约1200平方米）等配套设施、设备。

2011 年，开展各项申报工作，按照工程建设程序进行项目报批手续，先后进行油库选址设计、消防选址意见批复、选址地质初勘、地矿压履、地质灾害报告、选址环境评估、环保批复、选址安全评估、安全批复、道县政府批复、建设用地规划许可证、项目选址申请表、项目选址意见书、建设用地规划定点通知单、成品油仓储经营申报表、省商务厅道县油库建设批复、省发改委核准道县油库项目批复、省国土厅建设项目用地预审意见复函、用地预审申请表等手续办理。

2017 年，中国石化永州石油分公司建设中的道县油库

2013 年，政府进行换届，新一届领导到油库选址地进行察看，认为设计布局不太合理，公司及时向省公司进行汇报，省公司组织设计单位、铁路设计单位到道县与相关政府部门进行现场协商，拿出最终设计方案。

2014 年 4 月 25 日，设计方案经县政府规划管委会会议通过，设计方案在布局和土地面积进行调整，原办理各项项目手续进行相应变更。

2015 年 4 月，公司与道县政府签订《中石化道县油库建设框架协议》《中石化道县油库建设框架协议补充协议书》。9 月 21 日，道县油库建设用地挂牌，公司以成交价 1897 万元摘牌，年底完成项目征地拆迁、用地林业手续，为下一步建设做好准备。

2015 年 9 月，取得土地成交确认书，开始征地拆迁工作。

2016 年 12 月，启动土石方场地平整工程。

2017 年 8 月，道县油库建设项目全面启动。

2018 年 12 月，道县油库主体工程全面完工。

第二节　中国石油永州销售分公司

一、机构

2004 年 11 月 29 日，中国石油天然气股份有限公司湖南永州销售分公司（简称永州销售分公司）在湘西南配送中心永州经销部的基础上组建并注册成立，系中国石油湖南销售公司的二级单位。永州销售分公司，负责所辖区域成品油市场开发、用户管理、网络建设和加油站管理等业务。永州销售分公司成立之初，机关设3部1室，即综合办公室、财务部、加油站管理部、投资部。

2005年，永州销售分公司增设安全环保部。同年3月，永州销售分公司增设销售部，同时永州销售分公司工会、团总支成立，分别隶属中国石油湖南销售公司工会管辖、中国石油湖南销售公司团委管辖。

2005年6月，永州销售分公司党支部成立，隶属湖南销售公司党委管辖。

2006年9月，永州销售分公司取得成品油批发资质。

2012年6月，永州销售分公司党委成立，隶属湖南销售公司党委管辖。

2013年，永州销售分公司所属客户服务中心正式营业。

2014年5月，永州销售分公司进行机构优化改革，机关设4部1中心，即综合管理部、财务部、业务运作部、运维与安全管理部、客户服务中心。

2015—2018年，永州销售分公司机构设置4部1中心一直沿用至今。

2004—2018年中国石油湖南永州销售分公司领导一览表

表8-2

年度	机构名称	历届领导人			任职时间
		职务	姓名	性别	
2004—2010	中国石油湖南永州销售分公司	经理（负责人）	姜昌龙	男	2004.12—2008.4
		总经理	李远平	男	2008.4—2010.8
		支部书记	姜昌龙	男	2005.6—2008.4
			李远平	男	2009.7—2010.8
		副经理	赵大明	男	2004.12—2006.6
			曾友旺	男	2004.12—2010.8
			龙成刚	男	2006.6—2009.7
			石　磊	男	2009.7—2010.8
		工会主席	赵大明	男	2005.3—2006.6
			龙成刚	男	2006.9—2009.7
			石　磊	男	2010.1—9

续表8-2

年度	机构名称	历届领导人			任职时间
		职务	姓名	性别	
2010—2013	中国石油湖南永州销售分公司	总经理	李远平	男	2010. 8—2011. 11
			汉 征	男	2011. 11—2013. 12
		支部书记	尚海峰	男	2010. 8—2012. 6
		副支部书记	李远平	男	2010. 8—2011. 10
			汉 征	男	2011. 10—2012. 6
		副总经理	曾友旺	男	2010. 8—2013. 12
			石 磊	男	2010. 8—9
			尚海峰	男	2010. 8—2012. 6
			黎 明	男	2012. 6—2013. 12
			刘柏杨	男	2012. 8—2013. 12
		党委书记	黎 明	男	2012. 6—2013. 12
		党委副书记	汉 征	男	2012. 6—2013. 12
		工会主席	尚海峰	男	2011. 1—2012. 6
			黎 明	男	2012. 6—2013. 12
2014—2015	中国石油湖南永州销售分公司	总经理	汉 征	男	
		副总经理	黎 明	男	
			曾友旺	男	
			刘柏杨	男	
		安全总监	刘柏杨	男	2014. 12—2015. 12
		党委书记	黎 明	男	
		党委副书记	汉 征	男	
		纪委书记	黎 明	男	
		工会主席	黎 明	男	

续表8-2

年度	机构名称	历届领导人			任职时间
		职务	姓名	性别	
2016—2018	中国石油湖南永州销售分公司	总经理	汉　征	男	2016. 1—2017. 4
			朱立军	男	2017. 4 任职
		支部书记	尚海峰	男	
		副总经理	黎　明	男	2016. 1—2017. 11
			谭　萧	男	2017. 11 任职
			曾友旺	男	
			刘柏杨	男	
			龙成刚	男	2018. 7 任职
		安全总监	刘柏杨	男	2016. 1—2017. 12
		党委书记	黎　明	男	2016. 1—2017. 11
			谭　萧	男	2017. 11 任职
		党委副书记	汉　征	男	2016. 1—2017. 4
			朱立军	男	2017. 4—2018. 12
		纪委书记	黎　明	男	2016. 1—2017. 11
			谭　萧	男	2017. 11 任职
		工会主席	黎　明	男	2016. 1—2017. 11
			谭　萧	男	2017. 11 任职

二、党群组织

2014 年，中国石油湖南永州销售分公司（简称永州销售分公司）加大人文关怀，开展青年大讲堂、青年员工座谈会、篮球友谊赛、“三八”妇女节及送“送清凉”、“送温暖”等活动，丰富员工业余文化生活。经常性开展思想动态调查、谈心、关怀等活动，疏导情绪，传递正能量。重新梳理建立 27 名困难员工档案，对 14 名员工进行困难补助。

2015 年，永州销售分公司开展“庆元宵 · 迎三八节”、素质拓展运动会、志愿服务及思想动态调查、慰问、谈心、捐款献爱心等活动，给予 16 名困难员工补助，促进队伍整体和谐。

2016 年，永州销售分公司以关怀凝聚人心，组织开展踏青春游活动、趣味游戏、野外烧烤、球类等集体活动，开展思想动态调查，收集调查问卷 360 份，持续实施关爱工程，慰问病、丧、产假员工 13 人次，向上级工会上报困难员工 30 名。

2017 年，永州销售分公司每季度开展员工思想动态调查，倾听员工呼声，了解员工想法，及时化解矛盾，发现问题 15 项，及时跟踪妥善解决。开展“助残一日捐”、“爱心捐款”活动，参与“交通文明我先行”公益活动，参与永州市抗洪救灾，捐赠资金 21.01 万元。

2017 年 7 月 10 日，中国石油永州分公司参加“交通文明行，百日无违章”公益活动场景

2018 年，永州销售分公司坚持以人为本，关心关怀员工工作和生活。开展走访慰问活动，深入基层困难员工家中慰问，提高帮扶标准，全年慰问困难员工 22 人次，帮扶工作既有力度，又有温度，做到真贫困、真帮扶。以非油销售为平台，宣传推广江永香柚、道州脐橙等永州特色农副产品。5 月，开展销售“锦绣潇湘·美在永州”旅游卡活动，销售旅游卡 2960 张，销售额达 50 万元。帮助外贸企业湖南果秀食品有限公司度过寒冬，在加油站参与“一元换购”扶贫助农展销活动，促销额度达到 811 万元。

2018 年 1 月 26 日，在中国石油永州分公司九嶷加油站召开“中油助农·换购有礼”启动会场景

2018 年 7 月，中国石油永州分公司领导在金洞举办扶贫现场办公场景

2018年6月，中国石油永州分公司总经理朱立军（右一）走访贫困户

2018年，永州销售分公司为驻村帮扶点祁阳县金洞镇双乌村，帮扶贫困户44户。永州销售分公司领导班子成员、各党支部书记、团委书记与贫困户结对帮扶人员，落实未脱贫户一月一走访，脱贫户一季度走访具体举措，通过走访调研、建言献策、现场办公，全面推进帮扶工作。在省公司支持下，共捐款22万元用于双马村基础设施建设及扶贫项目推进。祁阳县金洞镇双马村44户贫困户均脱贫，并通过验收。是年，永州销售分公司派出扶贫工作员工被评为市优秀驻村工作队员，驻村工作队被评为金洞管理区先进驻村工作队。

2018年，永州销售分公司被评为省公司“先进单位”，永州销售分公司领导班子被评为“四好领导班子”，永州销售分公司党委被评为“先进基层党组织”。永州销售分公司总经理朱立军被公司推荐为央企劳动模范。

三、油料购进

（一）配额调运

2005年1—5月份，成品油资源紧张，配送一直不能到位，6月份以后配额油料才陆续调进。永州销售分公司为巩固市场、拓展市场，采取油品串换与互共措施，签订油料代保管协议，填补了资源的不足，保证各类油料正常批发经营。2013年，永州油库尚未投运，永州销售分公司成品油主要从衡阳、邵阳等油库配送，配送距离远，周期长。

2016年，永州销售分公司制定保供应急方案，提前谋划，多方协调，增加运力，根据加油站销售节奏及时调整配送计划。同时通过积极价格政策，利用小额配送车送油等方式，拉旺淡季销售，稳定柴油市场份额，全年小额配送车送油2076吨。

2017—2018年，为确保加油站油品正常供应，在节假日、春耕夏忙等油品需求高峰期，加强油站日销量和库存监控，与上级公司衔接，增加汽油罐车车辆，指派专人跟踪油品配送，保障油品供应无脱销、断档现象。

（二）外地采购

2006 年，永州市成品油市场相对开放，永州销售分公司利用中国石油油库资源共享政策，与中国石油广西桂林分公司协调，外采柴油 4000 吨，保障自营加油站柴油供应。

2008 年二季度，柴油资源出现持续紧张严峻形势，永州销售分公司调整采购策略。与省公司衔接，增加柴油配额外，派出 3 队人马到毗邻衡阳、邵阳、郴州、桂林等市协调外采。是年，外采柴油 2 万吨，占销售柴油总量 54.96%。

2012 年，永州销售分公司密切关注本地与广东、广西地区资源、价格情况，加强市场走势预判，开展资源外采和串换。全年资源外采 3000 吨，串换资源 5000 吨，开发机构用户 10 个。同时，永州销售分公司与桂林中国石油和中国石化建立合作关系，为资源外采工作畅通渠道打下基础。

四、油料销售

（一）品种

根据市场需要，永州销售分公司历年经营的油品为：90#汽油、93#汽油、97#汽油、92#汽油、95#汽油、98#汽油、0#柴油、昆仑牌润滑油。

2017 年 1 月 1 日，全面升级油品标准到国五标准。加油站不再供应 93#和 97#汽油，只供应国 V 标准的 92#、95#汽油以及 98#汽油，柴油标号不变。

（二）销量

2006 年，永州销售分公司密切关注市场变化情况，调整销售策略，调动加油站销售汽油的积极性，出台《汽油销售奖励办法》，全年销售汽油 2.122 万吨，增长率 224%。

2008 年，成品油经营不平凡之年，一季度冰灾，90%经营活动停止；二季度油荒，销售受限；7 月中旬后国际经济海啸，油价一路下滑，油品需求峰回路转进入萧条时期。在诸多困难面前，永州销售分公司迎难而上，负重奋进，抓住效益这个中心，全年销售油品 5.56 万吨，其中零售量完成 4.13 万吨。

2012 年，永州销售分公司解放思想、更新理念、小步快跑，销售业绩迈上了新台阶，油品销售总量 9.33 万吨，同比增长 35.73%，其中零售纯枪完成 8.05 万吨，同比增长 27.28%。销售业绩迈上新台阶，实现了销量、利润双倍增长，综合竞争实力增强。

2013 年，永州销售分公司以打造效益好、基础管理好、班子好、队伍好、风气好的“五好”公司为目标，实现成品油销售总量 11.59 万吨，同比增幅 24.24%。其中纯枪销售 8.3 万吨，同比增幅 3.03%。是年，永州销售分公司获“中央企业先进集体荣誉称号”，永州市“消防工作先进单位”、“工伤保险工作先进单位”称号。

2017 年，永州销售分公司面对市场增长乏力、行业竞争加剧、价格政策调整、最严环保监管等复杂形势，永州销售分公司迎难而上，多措并举、逆势前行，销量快速增加，市场份额有效提升，综合竞争力不断增强，企地关系融洽。全年油品销售总量完成 15.8 万吨，同比增幅 22.96%；纯枪销售完成 11.54 万吨，同比增幅 8.97%。

2018 年，永州销售分公司面对供需矛盾扩大、市场持续低迷、价格竞争加剧、利润空间收窄、行政管理升级等严峻形势，永州销售分公司全体干部员工树牢“四个意识”，坚定“四个自信”，做到“两个维护”，将“中共十九大”精神贯彻落实于实践工作中，贯彻上级公司决策部署，取得来之不易成绩。全年纯枪销售完成 11.83 万吨，同比增幅 2.52%。

永州销售分公司年销售量从成立当年 2.32 万吨，发展到 2018 年 13.38 万吨（自营销售），累计销售成品油 94.88 万吨。

五、销售措施

（一）开发客户

2006 年，永州销售分公司积极开发终端用户，举办客户座谈会，购销双方达成共识，建立合作关系。是年，开发年销量 500 吨以上终端用户 7 家。

2007 年，永州销售分公司制定出台大销售方案，开展“全员参与、目标一致、信息完整、量效齐增”大销售调研活动，历时半年，行程 1500 公里，调研客户 900 家，实现调研覆盖面 100%，全方位掌控客户信息，培育大批忠诚客户，整体销售量提升。

2012 年，永州销售分公司把取得成功经验市场大调查，客户大普查工作制度化，制定客户开发奖励标准，提高全员参与客户开发主动性。通过走访调研，进一步细分客户，对月消费量 3 吨以上客户实行“一对一”差异化、个性化服务。永州销售分公司对不同节假日、天气、交通、资源、价格等情况建立短信信息库，对客户不定期进行短信或电话回访。全年普查客户 1200 家，新开发客户 432 家，实现增量 1.1 万吨。

（二）以卡为媒

2010 年，永州销售分公司加大 IC 卡推行力度，每月开展 IC 卡主题促销活动，提高加油站纯枪销售量。推行全员营销理念，将任务分配到人，责任到人，考核到人。是年，机关员工超额完成月度卡任务。

2011 年，永州销售分公司积极利用 IC 卡优惠政策，以 IC 卡为依托，与合作单位联合促销，共享客户资源，挖潜 IC 卡市场。全年销售 IC 卡 9456 张，新开发单位 46 家。

2015 年，永州销售分公司深入开展售卡进车展、进厂矿、进社区、进单位等活动，并定期以电话、短信方式对持卡客户进行寻访。以卡为媒，丰富联合促销形式与内容，跨界合作单位增至 10 家。深化与电信、移动、保险、银行、酒店等外界合作，与交行、建行、电信、移动开展“最红星期五”、“龙卡星期六”“电信翼支付”“移动电子券支付”等活动，跨界合作单位增至 10 家，全年销售 IC 卡 16459 张，同比增长 13. 71%，电信翼支付、移动电子券支付业务不断扩大。积极运用 O2O 营销模式，开展支付宝充值、电商平台等新业务，并积极推广微信营销，微信促销新增 9575 个关注客户。

2016 年，永州销售分公司坚持以加油卡为平台，一体化运作，改善客户体。与中国移动、中国电信、汽车 4S 店、酒店、保险等保持长期合作关系，整合双方资源，开展“工行融 e 购”、“电信翼支付”、“超级最红星期五”、“持油卡享酒店折扣”等活动，为客户提供便捷支付、享受优惠服务。开展“贺岁迎春”、“送红包砸金蛋”、“油礼有约”、“微信关注送礼”等富有实效促销活动，沉淀资金同比增加 441 万元。抓住“10 惠”品牌促销时机，引导客户参与形式多样充值赠礼、消费抽奖等活动，储值 2242 万元。利用互联网特点与优势，推广微信、支付宝充值，开展微信充值送红包、代金券、砸金蛋、“一升油”等线上促销活动及形式多样电子券营销活动。

2017 年，永州销售分公司紧盯市场形势，灵活营销策略，以点带面，对价格敏感性高东安大道、道县农机加油站、马坪加油站、恒通加油站实行“一客一策”，加大客户开发与维护力度，其中马坪加油站、恒通加油站增量最大，分别增幅 66. 05%、188. 16%。

2018 年，永州销售分公司优化绩效二次分配、实行“一客一策”等方式开发客户，全年新开发柴油消费 3 万元以上客户 38 家。开展办卡“五进”活动，到政府、企事业单位、学校推卡，宣传中国石油品牌形象及加油卡、电子券政策，全年上门办卡 43 家，售卡 2100 张。

（三）现场服务

2005 年，永州销售分公司对加油站狠抓以加油“十三步曲”为主要内容基本功训练，组织员工排练“十三步曲”，推行“十三步曲”早操活动，提高员工服务质量。

2008 年，永州销售分公司借鉴学习先进管理经验，以现场管理为重点，从硬件改造、软件提升入手，对南津渡、岚角山、道县农机等 3 座加油站按照规范要求进行硬件包装改造和基础管理、规范服务、现场内务等提质整改。成立“三查三整改”专项工作小组，定人、定站、定目标、定时间，逐站开展查思想整改不规范行为，整改不符合项目，加油站服务、形象、账表管理日趋标准化。

2012 年，永州销售分公司实施“感动客户—规范化服务—优质服务—亲情服务”服务升级（“感动客户”理念提出，是服务客户最初的探索）。2013、2014 两年，永州销售分公司对加油“十三步曲”、“自助加油五步曲”、“收银六步曲”等标准与内容进行细化，对员工进行集中培训、分片区引导、小分队示范等方式提升服务意识与技能。

2014 年 11 月 19 日，中国石油永州分公司在珊瑚西路加油站组织开展优质服务技能竞赛活动场景

2015 年，永州销售分公司把握服务内涵，向客户发送油品价格、优惠促销、合适加油时点等消息及节日祝福慰问短信，主动提供积分查询、车辆和油品使用知识等内容。拓宽免费茶水、简易维修工具、应急医药用品、免费 WIFI 等应用站点；新增擦车服务、自助加油、代缴费用、为客户提供加水等服务项目，丰富服务内容，在“亲”“情”两方面下功夫，鞭策和激励员工通过“亲”“情”创新和感动推进服务再升级。

2016 年，永州销售分公司坚持从提升品牌形象软硬件着手，真正把品牌做优做精、做出特色，积极打造舒适、安全、高效、被尊重亲情化服务环境。制定下发《2016 优质服务升级及活动方案》，修订《现场稽查管理实施细则》，在巩固经验成果基础上，增值服务增至 16 项。将服务培训融入服务竞赛，在每季度集中开展技能竞赛基础上，每月分片区开展“开口营销竞赛活动”。开展加油站环境、卫生间、办公室及仓库等专项整治，规范加油夜间照明管理，制定加油站照明灯管理规定，推进油站标准化、定置化、目视化管理。

2017 年，永州销售分公司落实“6S”管理规范，以永州市国卫办专项督查为契机，突出问题导向，强化加油站关键区域、关键部位管理。根据《永州市城市容和环境卫生管理条例》，开展库房、卫生间、加油现场等区域专项整治活动，整理、整顿，规范现场秩序，加强加油站站容站貌和环境卫生管理，创造干净、整洁、舒适的消费环境。从整体形象、专项改造、油气回收、罐区标准化等方面完成改造站13座，定期开展设备设施巡检，每月维修90站次，外观形象明亮化。

2018年，永州销售分公司持续提升现场管理与服务水平，在萍州、珊瑚西、永成、浯溪等17座站引进智能无人洗车机，增强客户体验。针对永州地区停电、断网频发现状，要求各站对关键设备开展自查，安排专人进行巡查、维修，电瓶及充电器等备用充足，避免因停电而停业现象。按照“PDCA”管理要求，每月对油站进行全覆盖稽查，形成全员齐抓共管局面，为客户营造干净、整洁、美观消费环境。

（四）考核奖励

2005年，永州销售分公司出台加油站员工《考核办法》及《薪酬管理办法》，鼓励员工多劳多得，激发员工创效增量热情，使零售量得以稳步增长。

2007年，永州销售分公司在销售低迷期出台多种激励机制，二季度开展有奖销售、三季度零售竞赛等活动，实行“以奖促销”，同时进一步建立健全加油站考核机制，完善绩效考核体系，通过有效考核，拉开加油站收入档次，调动员工积极性。2008年，永州市境内受冰灾影响严重，结合受灾程度及恢复进度调整各站考核任务量，调整考核机制，调动激发各站销售潜力，抓紧恢复灾后生产经营。

2012年，永州销售分公司采取机关员工对加油站进行挂点承包，挂点人员帮助加油站开发、维护客户，绩效考核与加油站销售挂钩，加强机关和加油站联动，测算汽柴油奖励标准，制定成品油、IC卡激励政策，对超额完成月度计划的加油站，超出部分给予超额增量奖励，每月兑现奖励。

2016年，永州销售分公司建立动态考评机制。每季度对加油站经理、前庭主管从工作能力、态度、业绩等方面考核评价，全年进行综合考评，考核结果与绩效挂钩，年度考核实行末位淘汰，进一步优化人员结构。

2017年，永州销售分公司修订完善薪酬考核激励机制，健全绩效考核与薪酬分配挂钩机制，搞活内部分配机制，实施薪酬分配向关键岗位、基层一线倾斜，结合各专业线与加油站实际细化考核指标，加大考核力度，增强考核针对性与实效性。

2018年，永州销售分公司发挥考核指挥棒作用，在批发上量、纯枪增量、非油增收、降费降耗、精细管理、管理创新、安全合规上倾斜。

六、网点建设

（一）加油站点

2004年，永州销售分公司成立，有加油站11座，2005年投运6座，"'十一五'期间"，加油站座数所占永州辖区内加油站比重由最初5%提高到11.7%。

2007年，永州销售分公司按照"网络体系化、布局合理化、回报高效化"总体思路和原则，攻坚克难，投运零陵区萍洲和阳明加油站。

2010年，中国石油湖南销售公司与永州市人民政府签订《战略合作框架协议》，双方就天然气利用、加油站、CNG加油加气站、油库建设等方面达成合作共识，争取新建4座名额，优化"中国石油"在永州市发展环境。

2011年，永州销售分公司积极衔接"十二五"加油站行业规划，将投资重心向冷水滩区、零陵区两区转移，争取政策支持、优化整合部分社会资源，"冷零2区"城区站13座。全年加油站立项1座、新开工建设加油站6座，建成投运加油站2座，累计投运加油站35座。

2012年初，永州销售分公司在营加油站26座，运营率84%，对投资收益造成较大影响。全年以解决遗留项目根本问题为出发点，逐项目进行分析研究并制定解决方案，落实责任人，限期督办、考核，经过全员不懈努力，新田县立新、宁远水市、蓝山县蓝郴等6座加油站恢复运营。

2015年，永州销售分公司投运加油站39座。其中2004年投运加油站11座，2005年投运加油站6座，2006年投运加油站3座，2007年投运加油站7座，2009年投运加油站4座，2010年投运加油站1座，2011年投运加油站4座，2012年投运加油站2座，2013年投运加油站1座。

2018年12月21日，中国石油建成投运的湖南永州油库图

2018年，永州销售分公司坚持"时间就是效益"理念，加快推进九嶷站项目实施，制定项目投运进度表，分工协作、明确责任、强化考核，创造"九嶷"速度，2018年5月16日，九嶷加油站投入运营，当年增量2482吨。

（二）油库

2018 年 12 月 21 日，中国石油湖南永州油库全景

2010 年 4 月，中国石油永州油库取得中国石油湖南公司立项批复，2011 年 12 月 1 日动工，2013 年 1 月份开始处于半停工状态，施工单位于 2014 年 8 月 26 日复工，至同年 11 月初再次停工。历时八载，2018 年 6 月 16 日进油试生产，2018 年 12 月 21 日，永州市安监局颁发永州油库“危险化学品经营许可证”，永州油库正式投运。

油库坐落于零陵区河西工业园，占地面积 144 亩，距零陵城区中心 4 千米，南面距离 322 国道 0.5 千米，西侧为工业大道，东北面距离洛湛铁路线零陵站 1 千米，交通十分便捷。

油库建有 5000 立方米内浮顶柴油储罐 4 座，3000 立方米内浮顶汽油储罐 4 座，2000 立方米内浮顶汽油储罐 1 座，1500 立方米拱顶消防水罐 2 座，铁路卸油栈桥 1 座，汽车发油台 3 座，配套设施有综合办公楼、营业控制室、中心化验室、消防泵房及变配电室以及工艺配管、通信、安防、暖通等。

七、管理

（一）经营管理

2006 年，永州销售分公司开展以“争创文明站，争做文明人”为主题优质文明服务建设活动，制定《加油站现场管理办法》《加油站内务管理办法》，出台《现场会议制度》及《加油站稽查办法》，促进加油站管理工作井然有序。

2011 年，永州销售分公司对加油站经理、计量员、核算员实行内部岗位任职资格考核，一批既有理论又有实践经验优秀员工走上加油站关键岗位，解决关键岗位工作之需，形成学理论、强素质良好氛围。

2014 年，永州销售分公司开展岗位测时写实，目标责任制、合并管理、叫醒与夜间间歇营业等方式，减轻员工劳动强度。机关干部下站帮扶，改善加油高峰及特殊时段人手相对紧张局面。

2015年，永州销售分公司开展“强基层、转作风、促发展、创和谐”等活动，听取员工意见和建议，把握员工思想导向，对业绩考核、损耗控制、薪酬分配、员工生活等热点难点问题，现场答疑释惑，将矛盾化解在基层。收集整理有效意见，对反映的问题要求机关员工制定整改措施、落实整改期限，督促领导干部加强和改进服务意识，把为基层服务思想落到实处。通过夏天发放防暑降温用品，开展防暑慰问，冬季开展帮困活动，为员工发放冬衣及更换冬被，切实关心员工冷暖，改善劳动环境和工作条件，营造和谐工作氛围。

2016年，永州销售分公司用培训提升技能，开展各类业务培训40期，将技能鉴定持证情况作为晋升、考核重要依据，新增高级工2人，获得技能鉴定中级工以上证书55人。以关怀凝聚人心，组织开展踏青春游活动、趣味游戏、野外烧烤、球类等集体活动，开展思想动态调查，收集调查问卷360份，持续实施关爱工程，慰问病、丧、产假员工13人次。

2017年，永州销售分公司想员工之所想，急员工之所急，解决金林站投运以来洗衣、洗浴、吃喝等生活用水“老大难”和仁湾加油站用水问题。从安全上关心关爱员工，与蓝山县、双牌县当地公安系统联系，在蓝山平安加油站、双牌麻江加油站制作警民联系牌，为加油站提供安全保障。

2017年7月20日，中国石油永州分公司举办的“交通安全知识大赛”启动仪式场景

2018年，永州销售分公司提取加油站系统内分时段销售数据，规范28座站夜间歇性模式，新增7座站开展夜间全自助、叫醒、歇业服务管理，有效减轻员工劳动强度，提高工作效率。开展互促交流活动，落实先进带后进，座谈交流、现场学习，进一步激发后进站拼搏进取精神，加油站销量与管理实现新提升。加大偏远站关注力度，通过谈心交流、榜样勉励、合理分配，引导偏远站员工坚定信心，制作警民联系牌，为偏远站提供安全保障。深入基层困难员工家中慰问，提高帮扶标准，使帮扶工作有力度，有温度。

（二）财务管理

2007年，永州销售分公司建立资金安全紧急预案，提高突发事件应变能力，该预案从事前预防、事中妥善处理、事后上报程序等各方面进行详细的说明，增强加油站队伍资金管理意识。

2017 年 6 月 23 日，中国石油永州分公司开展消防安全培训场景

2010 年，永州销售分公司推行加油站预算管总额、审批管开支费用管理办法，推行模拟完全成本核算，引入升油损耗、上门收款费用、边际贡献等新核算理念，全员养成降费增效意识。

2017 年，永州销售分公司加强资金安全管控。加油站资金实行“全过程”监管，将资金管理职能前移，从传统资金到账后对账，前移到资金交接各环节行为管控。

（三）安全管理

永州销售分公司每年组织开展设备设施、安全管理、HSE、数质量等培训，每月集中或分片区从安全知识、操作技能、处置能力等方面加强培训，通过培训和考核，员工技能、知识都有显著提高。永州销售分公司对加油站视频监控系统升级，整改加油站照明设施、发电机、电器线路等设备设施中存在问题，消除设备安全隐患，确保设备本质安全。对应急储备库设备，定期检查维护，及时报废过期、损坏灭火器，确保设备设施符合标准，安全运行。

2015 年，永州销售分公司开展安全相关检查 188 站次，检查整改隐患问题 1225 项，辨识整改风险 118 项。开展预案演练 7 次，专项整治活动 12 次，完成 13 座站点应急预案评审，员工安全意识提高，扑救车辆自燃、周边区域起火、防范漏油风险等事件 6 起。所属 36 座加油站取得永州市安监局安全标准化企业证书。实现安全生产事故为零、交通安全事故为零、环境保护事故为零“三项为零”目标，安全生产平稳运行。

2016 年，永州销售分公司组织开展夜查 46 站次、安全大检查 4 期，治理隐患问题 745 项。持续开展到加油站纠正一次安全违章提醒、上一堂安全课、开展一次安全考试及一次安全规范操作示范安全“四个一”活动。进行阶段性风险提示及防控 5 次，编制各专业线风险管控手册。通过安全检查、体系运行审核、隐患排查、质量监督管理、施工监督等工作，员工安全意识强化，无严重质量、计量问题，无施工安全事故，加油站管理人员安全资格持证率 100%。

2017年6月23日，中国石油永州分公司开展应急处置演练场景

2017年，永州销售分公司根据每月安全主题活动，开展安全、消防、数质量、防雷等安全环保主题培训班14期，200人参加培训。开展设备维修2067次，其中处理电器故障360次、加油机故障1456次、发电机维修223次、其它维修28次，为设备安全运行和生产经营提供有力保障。组织加油站夜间稽查、体系运行审核、安全管理检查12期，开展视频稽查48期。对散装汽油销售管理，提前预判“中共十九大”前后严峻反恐防恐态势，对散装汽油进行升级管理，杜绝散装汽油危害。

2018年，永州销售分公司以提升安全意识与技能控风险，分批次、分主题开展各类安全培训班27期，开展各类实操演练21次，提升员工安全意识与技能，诸葛、仁和等站及时处置车辆自燃事件。开展加油站隐患排查和治理，开展“十二个”杜绝项整改，推进质量、HSE体系量化审核问题整改。落实国六油品置换工作，送检油样87批次，质量抽检合格率100%。

（四）规章制度

2012年初，永州销售分公司根据上级公司要求，结合自身实际，修订《加油站安全管理考核细则》和《分公司安全生产责任制》，细化各管理部门、各岗位安全生产职责。

2013年，永州销售分公司根据上级公司要求结合分公司实际，修订《加油站安全管理考核细则》和《加油站安全管理奖惩条例》等制度，调整《机关管理人员安全挂点办法》，细化各管理部门、各岗位安全生产职责，树立“管经营必须管安全”理念。加油站安全管理工作用数据进行考核，纳入绩效考核，每月、每季度、全年对加油站进行排名，起到激励先进、鞭策后进的作用。

《中国石油天然气集团公司安全禁令》《中国石油天然气湖南销售公司交通安全禁令》《加油现场“十不准”》《加油操作注意事项》《加油站营业现金管理》《中国石油湖南永州销售分公司安全风险管理办法》《中国石油湖南永州销售分公司安全生产责任制》《中国石油湖南永州销售分公司加油站季度安全大检查管理办

法》《永州分公司安全管理考核实施细则（安全生产亮黄牌制度）》。

第三节　食盐经营

一、机构

湖南省轻工盐业集团有限责任公司永州分公司（湖南盐业股份有限公司永州市分公司、永州市盐务管理局），位于冷水滩区湘永路 169 号，有固定资产 1265 万元。1984 年组建，担负永州市盐产品经营与市场管理双重职责，实行“人、财、物、购、销、存”六统一管理体制，确保全市人民食用盐安全。主要负责全市加碘食盐、多品种营养盐、工业盐、农牧畜产品用盐专营管理和批发销售工作，兼营生产、销售塑料制品、包装物料、激光图象制品、轻工机械及仪表，提供经济信息咨询服务。公司内设部室 4 个，经营部 2 个，下辖县支公司 8 个，在职员工 121 人。局司职能分设、合署办公。

公司本着“便于管理，方便群众，布局合理，辐射到位”原则，在全市推行食盐流通终端网络建设，全面实行食盐配送制度。销售区域覆盖 9 县 2 区，配送范围 2. 22 万平方公里。

1996 年 4 月 26 日，根据湘盐办发《关于变更公司（局）名称的批复》，与新行政区域名称衔接，湖南省盐业公司零陵地区公司更名为湖南省盐业公司永州市公司，原湖南省零陵地区盐务管理局更名为湖南省永州市盐务管理局，其公司（局）职能、隶属关系等维持不变。

1998 年 2 月 10 日，根据湘轻总办发《关于转发〈湖南省人民政府办公厅关于组建湖南盐业集团的批复〉的通知》，设立湖南盐业集团有限责任公司永州分公司。

2002 年 12 月 1 日，根据湘轻盐办发《关于启用湖南省轻工盐业集团有限责任公司印章的通知》，湖南盐业集团有限责任公司更名为湖南省轻工盐业集团有限责任公司，湖南盐业集团有限责任公司永州分公司更名为湖南省轻工盐业集团有限责任公司永州分公司。

2003 年 1 月 12 日，根据湘轻盐人发《关于机构升格的通知》，湖南省轻工盐业集团有限责任公司永州分公司、湖南省永州市盐务管理局由副处级单位升格为正处级。

2010 年 4 月 1 日，根据湘轻盐企发《关于蓝山县和新田县盐业支公司划归永州盐业分公司管辖的通知》，蓝山、新田盐业支公司成建制从郴州分公司划归永州分公司管理，蓝山、新田县盐务管理局划归永州市盐务管理局管理。

2011 年 12 月 15 日，根据湘国资委《关于同意设立湖南盐股份有限公司暨国有股权管理方案有关问题的批复》，集团公司改制设立湖南盐股份有限公司。

2011 年 12 月 21 日，根据湘盐股人发《关于湖南盐业股份有限公司机构设置的通知》，设立分支机构湖南盐股份有限公司永州市分公司，永州分公司专职党委书记兼任盐业管理管理局局长，盐政科长、综合专干、资产管理专干留集团，其余人员转入股份公司，支公司成建制转入股份公司。

2002 年湖南盐业股份有限公司永州市分公司办公大楼外貌

2018 年 1 月 1 日，根据国务院《关于印发盐业体制改革方案的通知》和永州市食品药品监督管理局《关于明确食盐质量安全监管职能调整期间有关事项的通知》，永州市盐务管理局承担全市食盐质量安全管理与监督、盐政执法与监督工作职责划入永州市食品药品监督管理局。2018 年 1 月 1 日—2018 年 12 月 31 日，盐业体制改革过渡期间，根据《关于盐业体制改革过渡期间加强食盐监管有关工作的意见》，全市食盐质量监管工作由永州市食品药品监督管理局负责，监督执法工作仍由永州市盐务管理局及其分局负责。

1996—2018 年永州市盐业公司历届行政领导一览表

表 8-3

年度	机构名称	历届领导人			任职时间	备注
		职务	姓名	性别		
1992—2001	湖南盐业公司永州市分公司	经理	唐宏发	男	1992. 2—2001. 3	
		副经理	朱盛钾	男	1992. 2—1998. 2	
			刘正生	男	1992. 2—1999. 7	
			伍东风	男	1992. 2—2001. 2	
			刘昌福	男	1996. 1—2001. 3	
			朱永发	男	1999. 7—2001. 2	

续表8-3

年度	机构名称	历届领导人			任职时间	备注
		职务	姓名	性别		
2001—2004	湖南盐业集团有限责任公司永州分公司	常务副总经理	张荣朝	男	2001. 3—2003. 12	
		副总经理	伍东风	男	2001. 3—2002. 1	
			朱永发	男	2001. 3—2004. 1	
			欧亚雄	男	2002. 1—2003. 12	
			吴牧肃	男	2002. 1—2003. 12	
2004—2012	湖南轻工盐业集团有限责任公司永州分公司	总经理	欧亚雄	男	2004. 1—2012. 1	
		副总经理	张荣朝	男	2004. 1—2007. 1	
			伍东风	男	2004. 1—2012. 1	
			吴牧肃	男	2004. 1—2004. 10	
			唐骋时	男	2007. 1—2012. 2	
2012—2016	湖南盐业股份有限公司永州市分公司	总经理	陈　楚	男	2012. 2—2016. 1	
		副总经理	张荣朝	男	2012. 2—2014. 6	
			伍东风	男	2012. 2—2016. 1	
			陈章勇	男	2013. 4—2016. 1	
2016—	湖南盐业股份有限公司永州市分公司	总经理	陈章勇	男	2016. 2—	
		副总经理	丁朝晖	男	2016. 11—2017. 7	
			伍东风	男	2016. 2—2016. 11	
			唐　健	男	2016. 11—	
			蒋毅峰	男	2018. 2—	

二、食盐购销

2001 年，湖南省盐业集团有限责任公司永州分公司贯彻落实省公司制定工作方针，强化食盐专营、净化盐业市场、抓运销管理、规范企业行为、加强企业内部管理。全年购进各类盐 2. 58 万吨，完成年计划 105. 2%；销售各类盐 2. 85 万吨，完成年计划 105. 6%，超额完成省公司下达各项经济指标。次年，湖南省盐业集团有限责任公司永州分公司（湖南省永州市盐务管理局）实行两块牌子一套人马制度，行使盐业经营管理双重职能，负责全市 7 县 3 区加碘食盐、多品种营养盐、工业盐、农牧畜产品用盐的专营管理和批发销售工作。全年购进各类盐 2. 57 万吨，销售各类盐 2. 48 万吨。

2003年，湖南省轻工盐业集团有限责任公司永州分公司（永州市盐务管理局）隶属湖南省轻工盐业集团有限责任（湖南省盐务管理局），实行两块牌子一套人马管理模式，行驶盐业经营、管理双重职能，负责全市加碘食盐、多品种营养盐、工业盐、农畜牧产品用盐专营和批发销售工作。全市盐业系统购进各类盐2.45万吨，销售各类盐2.87万吨。次年，全市盐业系统购进各类盐2.59万吨，销售各类盐2.58万吨，实现利税383万元。

2005年，湖南省轻工盐业集团有限责任公司永州分公司（永州市盐务管理局）隶属湖南省轻工盐业集团有限责任（湖南省盐务管理局），实行两块牌子一套人马管理模式，行使盐业经营、管理双重职能，负责全市加碘食盐、多品种营养盐、工业盐、农畜牧产品用盐专营和批发销售工作，依照盐业法规对全市实施盐业市场稽查、管理职能。全年购进各类盐2.27万吨销售各类盐2.64万吨，实现利润324万元。次年，永州盐业分公司购进各类盐2.31万吨，其中省产食盐2.05万吨，完成计划100%；实现销售收入5751万元，比去年同期5446万元增加305万元，增长5.6%，完成目标利润152%。净盐产收益率为22%，超过目标任务15%的7个百分点，吨盐可控费用控制在集团公司下达96元/吨之内。

2007年，永州分公司以“中共十七大”精神为指引，贯彻湖南省集团公司“两会”精神，以科学发展观为统领，树立“融化自我、造福社会”企业文化意识，推行品牌发展战略，在稳定和谐中求发展，求真务实中争一流，开拓创新中谋进步。全年购进各类盐2.44万吨，其中省产食盐2.02万吨，完成年计划任务100%，购进省外盐703吨。销售各类盐2.43万吨，完成年计划2.33万吨（调整数）104.2%，其中销售小包盐1.75万吨，完成年计划100.01%，销售350g小包盐710吨的100%；销售多品种盐95.77吨，完成年计划120吨的79.81%。实现销售收入5888万元，比上年5750万元增加138万元，增长2.4%，实现利润530万元，为目标利润415万元的127.71%。净资产收益率23.59%，超过目标任务20.5%的3.4个百分点。

2008—2009年，永州盐务管理局围绕“保增长、扩销售、调结构、细管理、促发展”方针，在调结构上下功夫，细管理上做文章，保稳定上抓落实。购进计内省产食盐1.82万吨，完成计划任务100%。销售各类盐2.68万吨，完成计划2.55万吨104.9%，其中销售小包盐1.75万吨，完成计划1.94万吨90%；销售350克小包盐9200吨，完成计划7100吨的129.58吨；销售多品种盐625吨，完成计划670吨的93.28%。分装小包盐1.22万吨，其中500克小包盐4200吨，350克小包盐8000吨。

2010年，永州盐务局以“创先争优”为契机，促销提效为目的，购进计划内省产食盐 2.03 万吨，完成年计划任务 100%。销售各类盐 2.99 万吨，完成年计划 106.31%，实现销售收入 58589 万元，利润 375 万元。

2011 年湖南盐业股份有限公司永州市分公司下河线盐仓库内“雪天”品牌小包装食盐堆码实况

2011 年，永州盐业分公司围绕集团公司“抓改革、转方式、调结构、保稳定、促发展”工作方针，攻坚克难，奋发进取。购进计划内省产食盐 2.02 万吨，完成年计划任务 110%。销售各类盐 3.02 万吨，完成年计划 107.5%。其中销售各类小包盐 2.08 万吨，占年计划 99.13%，销售多品种盐 7663 吨，完成年计划 354.8%。分装小包盐 1.08 万吨。期末库存控制在集团公司核定范围之内。次年，公司购进各类盐 2.56 万吨，销售各类盐 2.73 万吨。食盐计划完成率、食盐碘盐合格率、合格碘盐覆盖率分别为 100%、100%和 98%。

2013 年，湖南省轻工盐业集团有限公司永州分公司（湖南盐业股份有限公司永州市分公司、永州市盐务管理局）坚持改革创新为动力，奋力求实为抓手，负重加压为手段，购进省产盐 2.96 万吨，销售各类盐 2.92 万吨。以 400 克绿色加碘精制盐为主打产品，带动 400 克普通低钠盐及其他新品种盐销售。实现绿色小包盐、400 克普通低钠盐及其他新品种盐销售占小包盐比重 90%，低钠盐、多品种盐网点覆盖率 100%。次年，公司以提质增效为目的，三项建设为抓手，结构调整为重点，市场监管为手段，凝心聚力，攻坚克难，盐业市场稳定，经营管理提升，主要经济指标全面完成。全年购进省产盐 3.10 万吨，销售各类盐 2.82 万吨。盐产品市场占有率 98%。

2015 年，湖南省轻工盐业集团有限公司永州分公司以食盐专营、强化监管为基石，三项建设客户为尊为抓手，结构调整、提质增效为目的，精准发力，攻坚冲刺，盐业市场稳定，经营管理提升，主要经济指标全面完成。全年销售各类盐产品 2.34 万吨，占个计划 99%；完成新品种盐销售 3929 吨，占年计划的 124%；完成非盐销售总额 1750 万元，占年计划 133%。销售收入突破亿元大关。以 400 克绿色小包盐作量、320 克新品种盐作质，1—12 月全市销售新品种盐 3929 吨，完成年计划 124%。

2016 年，湖南盐业股份有限公司永州市分公司实现“五增五创”。全市销售各类盐 2.38 万吨，占年计划 91.18%；完成小包盐销售 1.79 万吨，占年计划 89.14%；完成新品盐销售 7041 吨，占年计划 100.23%，同比增加 3113 吨、增长 80%、增利 370 万元。完成非盐销售总额 3161 万元，占年计划 159.65%，同比增加 1400 万元。实现销售收入 1.15 亿元，同比增加 1500 万元、增长 15%。实现利润 1170 万元，完成目标任务 101.74%，同比增长 6.75%。净资产 4786 万元、货币资产 2987 万元。

2017 年，湖南股份有限公司永州市分公司以盐改为主线，“两学一做”为动力，发展为目的，创新为手段，创新实干、砥砺前行。主要经济指标逆势增长，全市盐业系统销售各类盐 2.40 万吨，完成预算 2.06 万吨的 117.90%，其中小包盐销售 1.90 万吨，完成预算 1.58 万吨的 120%，同比增长 18%。全年非基盐销售 4800 吨，完成预算 5530 吨的 87%，实现销售收入 4500 万元。公司获评全省盐业系统“文明单位”、永州市国资委先进党委。

2018 年，湖南盐业股份有限公司永州市分公司创新实干，推进提质增效。围绕“直达终端年、规范经营年、品牌建设年”工作思路。实施结构调整，营销创新，市场秩序较好，价格体系平稳，“雪天”牌食盐市场占有率 95%。全市盐业系统销售各类盐 2.07 万吨，占年计划 1.63 万吨的 127%，同比增长 10%。其中小包盐销量 1.64 万吨，占年计划 1.43 万吨的 115%。高端盐销量 1984 吨，占年计划 3575 吨的 56%。实现销售收入 4184 万元。

三、市场监管

2001 年，湖南盐业集团有限责任公司永州分公司与卫生防疫站等部门密切配合，运用报刊、电视、标语、宣传单等形式，深入重点地区进行盐业法规宣传，散发各类宣传品 5 万份，电视报道 8 次，张贴标语 116 幅，刊登盐业法规信息 3 次，参加宣传活动人数 153 人/次。次年 8 月 1 日，《湖南省盐业管理条例》颁布实施，全市盐务系统将条例制成镜框，悬挂于各个盐业批发经营点，市盐务局与永州电视台联合摄制“依法治盐、消除碘缺乏危害”电视宣传片，在全市各地广泛播映。全年印发宣传资料 3 万份，发送《条例》2000 本，使人民群众了解食用碘盐作用，提高消费者自我保护意识。

2003 年，湖南省轻工盐业集团有限责任公司永州分公司，在巩固盐业仓储达标工作基础上，全市盐业系统以完善“三账”管理为重点，坚持随机抽查制度，严把小包盐加工质量关，加强对原包盐销售审核力度，杜绝非碘盐和工业盐进入食盐市场，保障人民群众身体健康。“非典”疫情导致全市在年初发生食盐抢购风潮，来势非常迅猛，全市盐业系统迅速行动，发布电视公告，深入市场宣传教育，做说服工作，在一天时间内控制抢购风潮，平抑盐业市场。次年，永州市盐务管理局开展盐业法规宣传活动，提高全市人民食盐专营意识，认识私盐、假盐危害，盐业系统在各宣传日邀请各相关职能部门和新闻媒体共同参与，深入各乡镇、农贸市场及边界地区开展盐业法规宣传咨询活动，出动宣传车 20 台/次，行程 3000 公里，发放宣传资料 2 万份，张贴图片 30 张，标语 60 条。

2005 年，永州盐业公司以“改革、发展、管理”为主线，围绕“深化改革，强化产销，细化管理”做文章，推进内部改革，撤并销量 3000 吨以下江永县支公司、零陵盐业批发部。分公司领导层试行年薪制绩效考核，普遍推行竞聘上岗、以岗定薪制。4 月 1 日，永州市纸塑小包盐全面上市。永州盐业本着“便于管理，方便群众，布局合理，辐射到位”原则，在全市范围推行食盐流通终端网络建设，对县城以上范围实行全面配送，农村乡镇采取特许经营户附带自然村延伸点。拟布点 1080 个，已布点 638 个，成立配送中心 1 个，配送点 6 个，配送人员 52 人，实施配送零售价倒扣结算，一级配送，直达零售格局形成。次年，市盐务局把盐政管理作为第一要务，“以盐政管理为重点，规范和净化盐业市场；以促销增效为起点，加强管理，增强两个效应；以现代流通为亮点，完善网络建设；以目标管理为考点，激活盐业内部活力”盐政运销工作思路，以“百日打假专项行动”为契机，强化市场管理。永州盐务局兵分三路，深入湘桂、湘粤省际边界 12 天，检查村庄 31 个、农户 260 家、代销店 36 个，缴广西私盐 1200 斤，访销食盐 50 吨，进村送货 1000 斤。与当地卫生局、疾控中心等单位开展“普及碘盐十年，人口素质提高”为主题碘缺乏病知识普及宣传活动，发放宣传资料 1.5 万份，提供咨询服务 3000 人/次。对全市学校进行一次全面食盐安全宣传检查活动，检查各类学校 315 所，发现 34 所学校使用私假劣质盐和散盐，不合格率 10.8%，查获各类私假劣质盐 3000 斤，张贴发放宣传资料 1200 份，受教育人数 5 万人。

2007—2009 年，永州盐业分公司加强零售终端网络规范化管理，实行食盐零售许可证制度，全市换发新“食盐零售许可证”1985 份，登记造册，统一编码，录入食盐零售终端管理信息系统。规范食盐零售终端网点经营行为，对食盐零售终端网点、零售商管理，全市新增食盐特许经营销点 115 个。市县盐务管理局联合卫生、工商、消协、食安委、电视台等部门开展“3·15”、“5·15”、《食品安全法》等宣传。在城乡主要街道、路口、超市、广场等地设置宣传咨询台，张贴宣传画、播放广播，散发各种图片、宣传单，发放《食盐专营办法》《食品安全法》、“如何预防碘缺乏病”、“公民食用碘盐须知”小册子，展示查获的各种私假劣质盐，发放宣传资料 3 万份，提供咨询服务 1000 人/次，出动宣传车辆 18 台/次。接受现场咨询群众 2000 人/次。开展大型集贸市场食盐专营专项检查、流通环节食盐安全大检查专项行动。建立《大型集贸市场及其周边地区长效监管制度》《永州盐业市场巡查制度》等8项制度。设立大型集贸市场盐政稽查机构，公布举报电话。在永州市政务中心设立窗口审批盐业行政许可项目，落实8条具体整改措施，保证全市食盐市场安全、稳定、和谐。

2010年，永州市盐务局政管科派员长驻市政务中心窗口办理许可证年检事务，年检“食盐零售许可证”2558份，换发新证610份，确保一点一证、亮证经营。

2011年3月16日，全国范围内的食盐抢购风潮波及永州盐业市场。面对突发紧急事件，永州盐业紧急召开总经理办公会议，全面部署应急方案，落实责任。张贴《关于平息全市“盐风”的通告》，组织调运50吨小包加碘食盐投放永州市场，对所有大中超市紧急补货，小包盐分装加工线满负荷运行。实行临时限购措施，各支公司临时摆摊设点，缓解食盐供应紧张局面。次年，永州市盐务局坚持“预防为主，打防并举”盐政管理工作方针，宣传盐业法规，履行盐业市场管理职能，依法稽查盐业经营市场。

2013年，永州盐业分公司坚持市场管理与片区经理责任制挂钩，实现稽查、配送、访销三位一体。冷水滩区零陵北路土地开发、江永县支公司仓库购置、新田县支公司整体搬迁进展有序。突破泰丰公司土地错误变卖两大瓶颈问题。开展企业“对标管理”活动，全市食盐市场占有率99%。全面起动盐产品上架销售计划，建立健全食盐安全管理制度。次年，公司开展企业对标管理、对标追赶活动，提升企业管理水平。全市食盐市场占有率99%。综合费用、业务及会议费、车辆费同比下降。严控资金险，非盐货款回笼率99%，追回问题账款130万元。公司所属冷水滩区零陵北路土地开发项目进入招投标程序，江永县支公司仓库购置完成，新田县支公司整体搬迁启动前期准备工作，公司发展后劲增强。响应湖南盐业股份有限公司关于分、支公司改革试点号召，选取新田县支公司作为试点，迈出永州盐业创新转型重要一步。宁远县支公司定位为永州片区经理责任制示范区，作为永州盐业片区经理第一块试验田。组织全市盐务系统实地考察、拜师学艺、取长补短，总结经验与做法，推广宁远县支公司经验。

2015年，永州盐业分公司率先在全省建立省际边界食盐安全示范村28个，发挥自然幅射作用，确保省际边界食盐市场占有率。全市每个季度开展一次一调查一宣传专项活动1次，宣传盐业法规、“雪天”牌新产品盐知识。在全省首推员工私驾车“车载广告”，全市200台私车参与活动，成为宣传“雪天”品牌、新品种盐流动“广告”。在全省首开盐与非盐销售积分奖励先河，全市终端客户一网一卡，对年末达到一定积分客户按2‰奖励非盐产品。暑假聘用100名大学生（含员工子弟在校大学生），以青年志愿者名义在大型商超、社区、老年公寓、老年大学、乡镇集市等场所，义务宣传新品盐知识，通过路演或赠品帮助客户促销新品种盐。为终端客户提供POS机刷卡全过程服务，建立客户信息平台，为客户提供商品供需信息，发放宣传资料1.2万份，召开客户联宜会暨信息发布会32场，开通客户服务热线，收到客户建议与意见316条。在全省率先将盐业法规和食盐安全写进村民公约。开展“一送一调查一宣传”活动，通过电视、报纸、公告、广告、图片、问卷等形式全方位、立体式地宣传盐业法规和“雪天牌”新品种盐知识。

2016年，湖南盐业股份有限公司永州市分公司适应市场变化施策。在质与量上，以400克绿盐作量，320克新品盐作质；以边界市场作量，内地市场作质，抢抓市场6—9月旺季作质。适时补充社会库存，利用6月、9月社会库存空档期，以400克绿色小包盐带动新品盐销售，促销各类盐5600吨，其中新品盐3000吨。创建永州盐业工作群11个，实行“五统一”（时间统一、宣传统一、口径统一、协调统一、政策统一）。在促销上，制定线上交易、客户签约、龙牌酱油客户入网、产品陈列、新品盐促销等奖励办法，拓宽营销渠道；采取积分有奖促销、竞赛促销、新老客户回馈促销等手段，举行新品种盐促销会30场，销售新品种盐3000吨，新品种盐销售完成情况全省排第2名。在新产品上，首创厂商联合推出臻品腌制盐、天然钙盐等新盐品，年销售量890吨，占新品种盐销售总量13%。在价格体系上，采取先高后低价格体系，严控400克绿色小包盐投放，按时间节点逐步放宽，客户接受度高。创建电商平台，成为湖南省盐业系统电商平台第一批试点单位，永州“开门生活”用时20天完成一系列前期工作。全市“开门生活”平台注册用户入网1093户，产生交易流水1501万元，名列全省前茅。全市系统同步上线，省略试点环节，一步到位。新品种盐全部上线，线下严控400克绿色小包盐等市场投放区域和比例。小工业盐与饲料用盐销售，实行一厂一策、一户一签、一月一价营销新模式，在全省小工业盐与饲料用盐普遍下降情况下，永州分公司销量同比上升，全市新增原包盐用户3家。消除客户疑虑，集答谢客户、政策宣讲、市场维护、设立网点等于一体，召开“感恩客户暨盐改政策宣讲会”30场次。引导盐改舆论，统一印制“告全市食盐零售商及全体市民书”1万份、“盐改政策知识问答”1万份、悬挂大型条幅600条。开设盐业体制改革热线电话，全天候为市民和消费者解答宣讲盐改政策，对重点地区、重点客户、重点渠道进行“一对一”、“一帮一”式政策宣讲。与工商部门联合执法，检查市场，加大警示力度，严防境外假冒伪劣盐产品侵入。

2017年，湖南盐业股份有限公司永州市分公司推进“三主动三创新”（主动调整营销策略，创新市场供需；主动改革考核薪酬模式，创新考核分配模式；主动宣传“雪天”品牌形象，创新营销模式）。主动调整营销策略，创新市场供需。面向客户小量多批均匀供给基盐，用足货源紧缺利好，推动“非基盐”销售。分时段下调价格，维系价格体系，兼顾公司、客户利益。全年销售小包盐超过1.90万吨，非基盐达4800吨，实现市场、效益双赢。主动改革考核薪酬模式，创新考核分配模式，区分管理、业务岗，实行岗位工资+绩效工资+提成工资模式，引入营销人员市场化考核机制，实行费用吨盐包干。加大盐、非盐及电商销售考核与激励力度，限时考核，及时兑现。开展百日竞赛活动，鼓励员工业绩竞赛。主动宣传“雪天”品牌形象，创新营销模式。利用分公司综合大楼楼顶最高点，设置5米高“雪天盐、放心盐”发光大字，制作400幅“雪天牌”墙体和店招广告，覆盖全市188个乡镇，利用“3·15”、“5·15”、“双百三下乡”活动，全渠道、全方位、全过程宣传“雪天”品牌。加强终端网点陈列管理，形象展示“雪天”品牌。借助媒体发布“臭味盐”案情，造势“雪天盐、放心盐”宣传。实行大客户“合同+返点”模式、终端小网点赠送或捆绑有奖销售方式、商超“打地堆”特价促销活动等差异化营销。对农村市场采取车销模式，沿路进村进店销售。激励员工，打好业绩竞赛、费用支持、销售有奖等组合拳。重新疏理城市、农村渠道，打造核心网点群，对网点布局和结构精准定位，重新洗牌。稳定重点区域，分析竞品渠道，按实战化要求，针对性采取措施，扩大网点密度，调整销售策略，遏制竞品冲击，提升渠道掌控能力。二次细化城市渠道，由专人负责商超，与多家餐饮送货商合作等。农村市场则以镇为中心，采用辐射延伸村组方式，与农村淘宝、邮政合作。用好政策、奖罚和费用支撑，构建陈列网点用具、制度和服务标准平台，推进产品陈列规范化、标准化、常态化，加强终端建档和访销管理，抢占“终端”重要阵地。

2018年，湖南盐业股份有限公司永州市分公司围绕“稳销量、提结构、增效益”主线，深挖消费、终端、品牌、市场机制潜力，实现“三个确保”（确保市场份额不减，确保中高端销售比例高于全省平均水平，确保完成目标任务）；达到“三个提升”（中高端盐品销量比上年度同期提升，小包盐平均销售价格比上年度提升，平均吨盐毛利比上年度提升）。直供网点销售中高端盐比例60%，全系统同比增销高端盐800吨、增长73.19%。率先在全省调整500克特价盐批发价，推出组合营销方案，取消二批商特价盐销量等级优惠措施，确保市场占有，提升经营效益。与市内各类连锁药店等合作，推进功能性中高端盐品销售，全市新增专售中高端盐网点119个。强化终端直配，加强监管，优化路线，融合盐与非盐，访销与补货相结合，实现挖潜金额44万元。推进外勤365系统使用，访销系统使用率100%，月均拜访终端客户2000个，客户拜访覆盖率70%。推进网点陈列签约活动，上半年签订陈列协议858家，每个网点确保有2个以上中高端盐品。推进规范化经营，梳理业务流程，实施直达终端“一点一票”、“三单合一”标准化管理，通过访销单进行食盐专营政策和货款管理提示，规范化经营管理。储备盐现场管理，出台《仓库盘库管理办法》，滞销盐产品由455.5吨下降至217.7吨，促销220吨滞销产品。扎实推进品牌建设。投入宣传专项费用80万元，推进“品牌升级、产品换装”工作，印制各类宣传物料5万份，张贴到全市城区、乡镇各个网点。开展“雪天盐为中国菜提味”主题宣传活动，举办大型路演7场、地推412场次，发放宣传单8000份，受众5000家网点、餐饮店。制作“雪天牌”墙体广告400幅、繁华地段店招广告257家。开设“永州盐业”微信公众号、推送产品宣传短信7000条。开展“3·15”“5·15”“双百三下乡”活动，创建“我是雷锋，我是党员”志愿者宣传小分队，深入社区开展“三主动、三创新”咨询服务，宣传“雪天”品牌。终端网点陈列管理，形象展示“雪天”品牌新Logo和产品新包装。履行专营新使命，推进许可换证，市盐业公司成立以总经理任组长食盐定点批发企业许可换证工作领导小组，各县分公司成立相应工作机构，确定有关部门和专人负责落实，将换证工作列为生存工程、一把手工程。开展食盐批发许可换证培训40场，自查问题5个，制定整改措施16条。规范标准，建章立制33个，发放“未加碘食盐指定销售点”号牌560户，“食盐零售网点销售台账登记表”4000本，对直接管理和接触食盐人员全部办理“食品从业人员健康证”。投入资金122万元，增加、更换、新购有关仓储达标码架、牌匾、换气扇等设施200件，维护改造仓储面积3000平方米。

四、盐政执法

2001年，湖南盐业集团有限责任公司永州分公司坚持依法治盐，抓住维护盐业专营体制和消除碘缺乏病关键所在，与公安、质监等部门联合执法，整顿盐业市场，对255个乡镇进行2688次稽查，查处各类涉盐案件630件，没收私盐62.7吨，查获地下加工、批发、储存私盐窝点6个，没收假冒复合膜小塑料袋5.4万个，假冒单膜袋2.6万个，假冒防伪商标1.7万枚，移交公安涉盐案件5起，立案5起，传唤留置10人，取保候审4人，批捕3人，判刑2人，打击私盐贩卖行为，净化盐业市场。次年，永州市盐务系统建立一支44人盐政执法队伍，定时、定期组织学习盐业法规及行政知识，全市盐务系统盐政执法人员均取得“湖南省行政执法证”，联合公安、质监等部门开展执法行动，重点打击私、假盐泛滥地区。查处盐业违法案件565起，没收假冒小塑袋2万个，没收伪劣盐57.3吨，其中私盐29.7吨，工业盐27.6吨，捣毁私盐窝点5个，公安留置20人，刑事拘留1人，批捕在逃1人，判刑2人。

2003年，永州市盐业系统根据湖南省盐务管理局、湖南省公安厅联合下发

《关于严厉打击非法涉盐经济犯罪活动的通知》精神，与市公安部门联合开展“打击涉盐经济犯罪专项行动”，集中整治重点、难点地区，出动稽查人员800人/次，车辆400台/次，发放资料3万份。查处涉盐违法案件90起，刑事拘留2人，没收私、假盐171.9吨。次年，永州市盐务管理局针对私盐贩卖活动日趋隐蔽，手段多变情况，盐务系统加强对全市盐业市场监控，发动人民群众自觉抵制、检举私盐购销行为，联合公安部门对重点、难点地区和边界市场进行集中整治。

2005年，永州盐政管理坚持“预防为主，打防并举”工作方针，规范全市盐业市场秩序，查处涉盐违法案件741起，查获违法盐产品28吨，收缴罚没款16200元。次年，永州盐务局查获涉盐违法案件2105起，没收制假设备1套，捣毁地下加工窝点1处，公安传唤16人，留置6人立案侦查1起，罚款7300元。

2007年，永州市盐务管理局联合公安、工商、教育、食安委等部门，开展整治小包装盐市场专项行动。查获各类涉盐违法案件74起，查获私假盐57.99吨，捣毁地下加工窝点2个，收缴私盐加工工具一批，罚款7250元，公安传讯涉盐违法分子5人，立案2起。次年，永州市盐务管理局围绕“加强盐政管理，规范市场秩序，维护食盐专营，确保全市人民吃上放心盐”方针，通过内强素质，外树形象，坚持“六不”抓盐政，涉盐案件大幅下降，查处各类涉盐违法案件52起，其中一般程序案件3起，查获各类违法盐9.35吨，罚款9000元，传讯涉盐违法分子3人。

2009年，永州市盐务管理局坚持“预防为主，打防并举”盐政管理工作方针。涉盐案件大幅减少，盐业市场日益稳定和规范。查获各类违法案件30起，其中一般程序案件2起，简易程序案件7起，批评教育21起，查获各类违法盐34.25吨，罚款10960元，传讯涉盐违法分子4人。

2010年，永州市盐务管理局组织开展“3·15”、“5·15消除碘缺乏病日”与《食品安全法》3项活动，出动宣传车125台/次，行程5万公里，宣传地域及授众人群85%。组织开展整顿规范盐业内部经营行为、整治小包装食盐市场两项大型专项行动，规范内外市场行为，加强集贸市场、小包盐市场、原包盐市场、省际边界市场监管，查获盐业违法案件1起，没收广东省版私盐0.25吨。

2011年，永州市盐务管理局开展融雪盐市场专项检查和盐业市场专项整治行动，查处各类盐业违法案件6起，查获各类违法盐1.2吨，传讯不法分子4人，提高盐政执法威慑力。全年无重大私假盐案件发生，盐业市场稳定、规范。3月16日，全国范围内食盐抢购风潮波及永州盐业市场，面对突发紧急事件，全市盐政稽查人员与公安、工商、物价、卫生等部门联合执法，打击贩卖假冒伪劣私盐、囤积涨价等非法行为，查获涉盐违法案件15起、乱涨价行为12起，没收违法盐0.1吨。开展“3·15”、“5·15、”《食品安全法》“食盐安全访万家”宣传，设咨询处10

个，悬挂横幅 22 条，现场接受群众咨询 5.2 万人，发表电视讲话 7 场/次，发放宣传资料 6 万份，出动宣传车 25 台/次，行程 5 万公里，抽样检测居民食盐 200 份，合格率 100%。对全市 9 县 2 区进行为期 10 天巡回宣传，宣传地域及授众人群 85%。举行湘桂两省（区）第十三届边界盐政管理座谈会，加强边界市场联合稽查和管理，加大跨省涉盐案件侦查配合，强化省际边界协作机制，构建和谐边界盐业市场。次年，查处各类涉盐违法案件 4 起，查获违法盐产品 1.05 吨，传讯不法分子 5 人。全年无大私假盐案件，盐业市场稳定，管理规范。

2013 年，永州市盐务管理局查处三湘化工等小工业盐违法大案 4 起；查获各类盐业违法案件 27 起，各类违法盐 167.89 吨。次年，在全省盐业系统率先创建“食盐安全示范村”，首次将“食用合格小包盐”写入村民公约。打响工业盐市场捍卫战，查处长沙勃威化工贸易有限公司非法购销 40 吨小工业盐大案。查获各类盐业违法案件 36 起，各类违法盐 43.58 吨。永州市盐务局获全省盐政执法先进单位。

2015 年，永州市盐务管理局查处涉盐案件 16 起，没收盐产品 30.5 吨；查获大型自动包装机 1 台、电子称 2 台、假冒小塑袋 7.8 万个。发放各种宣传资料 3 万份，张贴《关于打击涉盐违法犯罪行为的通告》1.3 万份。查处道县“1·30”以广东工业盐非法加工分装“雪天”牌 400 克绿色加碘盐案件，判处陈某某、刘某某两犯非法经营罪获有期徒刑一年，并处罚金 2 万元。以此案件为典型，在全市范围内开展为期 100 天专项整治行动。以邵阳“5·18”、“6·14”部分消费者食用 320 克海澡碘盐呕吐事件为鉴，市、县盐业各公司全体员工参与，检查网点 1600 个、机关、学校、集体食堂、餐饮酒店等 1200 家、城乡居民 2000 户、拆箱打包 800 吨，收回二次封口的海澡碘盐及破损小包盐 12 吨，发生费用 23.6 万元。是年，永州市盐务局获全省盐政执法先进单位，三项基础工作名列全省第 2 名。

2016 年，永州市盐务管理局整治盐业市场，联合冷水滩公安局查处冷水滩盈洁商贸有限公司非法跨区域购销食盐一案，查获非法盐 5.8 吨；永州市盐务局、祁阳县盐务局联合查处祁阳县陶某某盐业违法一案，查获非法盐 10.2 吨。1—12 月，全市查处各类涉盐违法案件 127 起，其中一般程序案件 7 起，查获各类违法盐 19.28 吨，传讯涉盐违法分子 10 人。贯彻省经信委、省工商局、省盐务局《关于加强全省食盐市场经营管理的通告》，与当地工商局联合执法，对传统渠道和特殊渠道进行地毯式大检查，对冷水滩区、零陵区、祁阳县开展为期半年重点整治。夯实“三项基础工作”，开展为期 17 天“一进一调查一宣传”，市分公司本部就覆盖全市 2 区 1 县 22 个乡镇（街道），检查各类食盐零售网 615 个、餐饮场所 115 个，走访农村及城镇居民 388 户，发放宣传资料 3000 份，上门促销配送盐产品 110 吨。首次组织全市盐业系统执法人员参加行政执法考试。规范内部经营行为，处理内部侵销案

1起。与广西桂林、贺州，广东清远、连州等外省兄弟单位沟通，举行省际边界联席会议2场、座谈会6次。

2017年，永州市盐务管理局查处涉盐案件323起，其中简易程序78起、一般程序18起。查处违法食盐492.62吨，其中没收261.06吨。联合执法，移送公安等部门涉盐案件9起，查处违法食盐265吨，行政罚款6.85万元，传唤11人，刑事拘留9人。在全省盐务行业首次由政府主导召开联席会议，市政府下发《关于印发〈永州市食盐市场专项整治行动方案〉的通知》，组织协调各县区政府、公安、工商、食药、卫生、盐务等执法部门，在全市范围内开展食盐专项整治行动，出动执法人员100名，查处违法违规盐产品300吨，其中“臭味盐”210吨，立案6起。市经信委、食药、公安、卫计委、质监、工商和盐务7部门联合下发《关于规范全市食盐市场经营管理秩序的通告》。市、县盐务局与工商、公安等部门配合，查处进入永州市场12个省（市）区20种品牌违法违规经营行为。联合公安重点查处永州中盐皓龙臭味盐、道县重庆盐小厨、江华中盐榆林及祁阳云南“白象”等大案要案。成立永州市盐务局盐政执法办公室，创新市、县独立执法与市县联合执法相结合，当地执法与外地封存相结合，查处打击与劝阻劝退相结合模式，劝阻劝退省外生产批发企业20家，经营户51个，盐产品360吨。依托政府专项行动、“3·15”、“5·15”宣传日、“双百三下乡”活动，印发《关于规范全市食盐市场经营管理秩序的通告》8000份、《关于盐业体制改革答疑》《食盐消费提示通告》1.2万份；利用“臭味盐”典型案例，通过市经信委、市卫计委、市盐务局发表电视讲话，刊登《永州日报》《当代商报》提醒广大消费者和经营者购销食盐风险，宣传“雪天”盐、放心盐理念。

2018年，永州市盐务管理局强化责任担当，查处各类涉盐案件116起，其中：一般程序11起，简易程序22起，批评教育（责令改正）85起。查处各类盐产品203.2吨，其中：没收盐产品87.2吨，扣押116吨，罚款13.5万元。涉盐案件移送公安机关2起，传讯6人。主动与市政府法制办、市食药局衔接，经市政府批复同意，明确市盐务局食盐市场执法监管主体。2月13日，永州市食药局与永州市盐务局联合下发《关于明确食盐质量安全监管职能调整期间有关事项的通知》，明确由市食药局委托市盐务管理局及其分支机构在调整期间履行全市食盐质量安全管理、盐政执法监督职能。4月28日，市食药局、盐务局联合召开“永州市食盐质量安全监管工作会议”，联合下发《关于盐业体制改革过渡期间加强食盐监管有关工作的意见》。搭建永州市食药盐务食盐监管工作群，形成联合执法信息平台。开展联合市场检查专项行动，对学校、幼儿园、宾馆、酒店、集体食堂等场所食用盐、全市食盐二批市场、终端零售网点进货渠道、进货台账、销售发票等进行专项检查。开展联合执法办案，查处双牌“众恒商行”、零陵黄某无证批发四川久大古兰真牌食盐；蓝山彭某、祁阳刘某无证批发中盐新干食盐等案件，依法封存、没收食盐 74.15 吨，罚款 1.2 万元。联合查处双牌县“众恒商行”胡 X 与四川久大签订“阴阳合同”、无证批发食盐案，扣押违法经营小包食盐 25.02 吨。联合开展食盐专营政策宣传活动，印发《食盐专营政策告知书》1.8 万份，《食盐专营办法》8000 份，从城镇到乡村，零售网点到终端消费者进行地毯式宣传。争取市食药局拨付公司行政执法经费 10 万元，增强执法财力保障。湖南盐业股份有限公司永州市分公司在市场占有绝对主导地位，“雪天”牌小包盐市场占有率 95%，食盐市场秩序稳定，小包盐价格平稳，食盐安全得到保障。

五、多种经营

2001 年，湖南盐业集团有限责任公司永州分公司下属永州盐业工贸公司是以销售多品种营养盐、塑料加工、餐饮住宿、物业管理为主多种经营实体。从初期“办实体、养自己、打基础”经营思路开始探索，推广多品种营养盐及规范物业管理等方面取得业绩，为盐业内部改革闯出一条新路子，自身实力得到发展，经营规模不断扩大，实现经营收入 130 万元。次年，永州市盐务管理局为确保合格碘盐正常供应，全市盐业系统对原包碘盐、非碘盐销售实行审批手续，各类盐分仓储存，加强小包盐加工质量管理，做到计量准确，封口牢固，包装规范，打码浅析，交验手续完备；由于食盐价低量重，为方便食盐经销及人民群众需要，全市盐业系统对食盐进行局部配送，为交通落后乡村配送食盐 3000 吨。

2004 年，永州市盐务管理局在巩固全市盐业仓储达标基础上，对非碘盐实行审批制度，对工业用盐、饲料加工盐、猪、牛皮加工、酱菜加工等用盐户进行专项清理，杜绝原包非碘盐冲击食盐市场。建立全市食盐用户档案，进行重点配送，实行进村入户、送货上门。

2005 年 4 月 1 日，永州市盐务管理局创新经营模式，纸塑小包盐全面上市。永州盐业本着“便于管理，方便群众，布局合理，辐射到位”原则，在全市范围内推行食盐流通终端网络建设，对县城以上范围实行全面配送，农村乡镇采取特许经营户附带自然村延伸点，拟布点 1080 个，已布点 638 个，成立 1 个配送中心和 6 个配送点，配备工作人员 52 人，实施配送零售价倒扣结算，一级配送，形成直达零售的格局。

2006 年，永州盐业分公司运销系统实施流通终端网络建设，实行食盐配送服务。在原有 670 个特许经营店基础上新增零售点 600 个，实行跟踪服务，科学调配盐产品。实施配送环节管理和监控，降低配送成本，内强管理，外求发展，发挥直销模式优势，量化考核配送运费、装卸费、差旅补助。改“官商”为“行商”，定时访销客户，接单后3个工作日内配送到户，保证货款及时回笼。

2015年，湖南省轻工盐业集团有限公司永州分公司结合永州市正在兴起“阿里巴巴农村电子商务淘宝”营销模式，通过线上采购，线下配送。新田县分公司12月份就销售福临门食用油700件。

2018年，湖南盐业股份有限公司永州市分公司强化盐与非盐融合。推进渠道下沉、直达终端，专设非盐经营部、名盐名酒直营店，补齐非盐经营短板。引进粮油调味类产品：福临门油、米、五俏油等，实现盐与非盐产品高度融合、同步直达终端网点，摊薄、降低经营成本。制订新非盐考核激励措施，让利一线业务员，多劳多得，增强直达终端动力与活力，实现盐与非盐进终端，形成相辅相成、相互支撑、良性循环。线上线下整合，线上客户2552个，线上融合率62.6%，实现线上线下同步推广。利用厂商资源支持，举办国窖1573VIP客户答谢会1场，销售国窖1573酒530瓶，实现销售额44.38万元。

六、安全管理

2011年，永州盐业分公司落实安全生产责任制和坚持“一岗双责”，推进安全生产标准化建设，印发《安全事故报告制度》《安全生产通报警示制度》等6项规章制度，规范安全管理工作。加强安全隐患整治，安全生产工作监督检查和指导协调，国庆、元旦前组织安全生产大检查，强化危险源控制，开展“清剿火患”工作，实现一般火灾隐患整改率100%，遏制重特大火灾事故发生。举行安全专题会议6次、安全例会12次，交通安全知识讲座1场，组织安全大检查6次，消防培训10人次，开展安全生产月活动、“送安全知识进基层”活动。

2012—2014年，湖南省轻工盐业集团有限公司永州分公司开展企业对标管理活动，对标追赶，提升企业管理水平。食盐市场占有率99%。综合费用、业务及会议费、车辆费同比下降。非盐货款回笼率99%，追回问题账款130万元。建立健全食盐安全管理制度，严把安全生产关，实现安全生产零事故。

2015年，湖南省轻工盐业集团有限公司永州分公司强化POS机刷卡管理，规避资金风险。年初，召开POS机管理专题会议，“一把手”负总责，开展自查、整改，对POS机刷卡率下降单位进行通报批评。下达POS机管理紧急通知，规范POS机刷卡业务。全市做到三单合一，POS机刷卡率95%。每个季度开展一次对标分析，查找原因，研究对策，调整标杆值，增加对标内容，提高永州盐业经营管理水平。坚持“安全生产重于泰山，安全生产无小事”理念，按制度办事、按程序操作，确保人、财、物安全。全市盐业系统安全责任事故为零。

2016年，湖南盐业股份有限公司永州市分公司盐产品货款无赊销、无欠款，非盐产品货款回款率99.5%。POS刷卡率99%。对全市盐业系统商品库存、预留、铺货、资金、折扣返点等专项资金使用情况进行清理核查、整改3次。报损处理各类盐1.5万元，清理收回非盐铺货款30万元，挽回间接损失达60万元。坚持“安全生产重于泰山，安全生产无小事”理念，严格按制度办事、按程序操作，开展安全生产月活动，整治排查安全隐患，确保人、财、物安全。

2017年，湖南盐业股份有限公司永州市分公司为全省盐业系统第一家通过供应链系统进行业务、财务数据共享制作商品成本表单位，对存货及相关业务核算实现财务与业务系统无缝对接。实行销货款日清常态化管理，盐与非盐核对日清月结。逐级签订安全工作责任状，落实安全责任追究制度。加大安全检查督查，深入重点单位、重点场所开展巡检、组织整改。加强安全设施投入，实现盐与非盐访销、配送过程中人、财、物安全，全年无一例安全责任事故。

2018年，湖南盐业股份有限公司永州市分公司严格省公司关于货款管理的规定，不准赊销，严禁收现，控制资金风险。开展安全生产月、平安创建活动，安全检查督查，安全宣传教育，安全设施投入。全年无一例安全责任事故。

第九章　行业监督与管理

第一节　生猪定点屠宰监管

1995 年，永州市按照国务院、省政府有关文件精神开展生猪定点屠宰工作。1998 年国务院《生猪屠宰管理条例》颁布实施，为全面推行生猪定点屠宰工作提供法律保证。是年，永州市 11 个县区全部实现生猪定点屠宰，有的县区已推广到乡镇，全市设立定点屠宰场 40 个，其中县城以上定点屠宰场 13 个，乡镇定点屠宰场 27 个。每个定点屠宰场都配备管理人员，检疫检验人员和稽查人员。凡是设立定点屠宰场城乡肉食进入市场，都实行宰前检疫、宰后检验，遏制病害肉、“注水肉”进入市场，打击不法屠商和肉贩牟取暴利违法行为，让人民群众吃上“放心肉”。

2005 年之前，永州市生猪定点屠宰监管由市政府批准成立的市生猪定点屠宰管理办公室履行。2005 年，永州市商务局成立后，市商务局市场运行调节科和市商务局行政执法支队进行监管，没有专门机构编制。12 月 14 日，市政府办公室下发《关于调整永州市牲畜定点屠宰工作领导小组成员的通知》，人员变动和工作需要，市政府决定调整永州市牲畜定点屠宰工作领导小组成员。副市长蒋吉秀任组长，市商务局局长钱国平、市政府办公室副主任兰卫平任副组长，成员单位有：市工商局、市畜牧水产局、市国税局、市地税局、市物价局、市财政局。领导小组下设办公室，市商务局副局长欧道明兼任办公主任，办公室设市商务局。

2009 年 2 月 12 日，永州市机构编制委员会办公室《关于市商务调整内设机构的批复》，加强全市生猪定点屠宰管理，协商指导县区生猪定点屠宰工作，同意将加挂在市商务局市场运行调节科“市生猪定点屠宰管理办公室”分开设置，为市商务局机关内设机构。

一、监管与整治

1996年，永州市11个县区推行生猪定点屠宰工作，取缔非法和不合要求生猪屠宰场点320个，统一由各县区食品公司承办，建立生猪定点屠宰场点62个。次年，全市11个县区实行生猪定点屠宰，设立定点屠宰场（点）39个，其中城镇定点屠宰场（点）17个，乡镇定点屠宰场（点）22个。39个定点屠宰场（点）中，属于国有食品公司承办37个，其他部门承办2个。芝山区采取过硬措施，取消10个个体户屠宰权，建成一个有22间屠宰间大型定点屠宰场，制定9条管理制度，加强肉食市场稽查。

1998年1月，国务院颁布《生猪屠宰管理条例》，为全面推行生猪定点屠宰提供法律保证。在各级党委、政府重视和各有关部门支持，永州市11个县区全部实现生猪定点屠宰（有些县区推广到乡镇），每个生猪定点屠宰场点配备管理人员，检疫检验人员和稽查人员，凡设立生猪定点屠宰场点城乡肉食进入市场，都实行宰前检疫、宰后检验，遏制病害肉、“注水肉”进入市场，打击不法屠商和肉贩牟取暴利违法行为，保护人民群众身体健康和生猪生产者，经营者与消费者合法权益，促进生猪生产与流通发展。推行生猪定点屠宰还启动食品行业闲置资产，扩大企业职工再就业，使食品企业走出低俗。各县区加强内部管理和市场稽查，屠宰量增长20%有道县、双牌县、芝山区、冷水滩区、宁远县、江永县、新田县、东安县，其中道县增幅41.57%。税费收取额200万元有祁阳县、芝山区、冷水滩区、道县，其中冷水滩区税费收取216.9万元，比1997年增长54.12%。全市出现生猪生产发展、市场供应、消费心理“三稳定”，国家税收、企业效益、社会效益“三增加”，政府、企业、群众“三满意”良好局面，获全省地州市交叉检查验收评比二等奖。

2001年，永州市财贸委员会《关于开展生猪定点屠宰质量管理年活动的通知》，生猪屠宰工作上新台阶。新增固定检疫检验人员27名，投入添置检验设备资金45万元，检验出病猪318头。东安县定点屠宰办，投资3.2万元添置检验设备，新增检疫检验人员7名。严格活猪进场先检疫，宰杀过后严管理，市场肉品严检验，肉品质量得到提高。祁阳县定点屠宰办检出1头有5号病隐患生猪后，立即作出全县定点屠宰场10天暂停杀生猪决定，迅速采取消毒措施，消灭病源保障肉品质量。是年，全市查处各类违法案件170起，被公安机关拘留28人，捣毁私屠滥宰黑窝点39个，处以罚款12万元，检验出病猪92头。全市县以上城镇定点屠宰率98%。次年，全市检出病猪178头，查处注水肉96起，捣毁私屠滥宰黑窝点21个。依法整治生猪屠宰行秩序，县及县级以上城区生猪进场点率屠宰98%。

2005年11月，市商务局下发《关于加强屠宰管理做好流感和“五号病”防控工作的通知》。根据湖南省、永州市高致病性禽流感防控工作紧急会议精神，防止动物疫情传播，对定点屠宰场监管工作，督促屠宰场建立健全检疫检验规章制度。按程序严格宰前、宰中、宰后检疫检验，无“三证”、无产地检疫证生猪不允许进点屠宰；不屠宰、不贩运、不销售病死猪肉，严防病死猪流入市场。对屠宰场及肉制品市场严格消毒。发现疫情，不准宰杀，不准食用、不准出售，不准转运，对病死猪按无害化要求就地销毁深埋。开展联合执法检查，打击私屠滥宰行为，取缔私宰窝点。实行24小时轮流值班制度，生猪进场检疫每天登记，不检或漏检造成疫猪进场屠宰要追究责任。

2006年5月，贯彻落实省商务厅《关于在全省开展生猪屠宰加工行业专项整治工作的通知》精神，永州市结合实际情况，开展生猪屠宰加工行业专项整治活动。打击私屠滥宰和制售注水肉、病害肉等不法行为；清理和整顿定点屠宰企业；规范肉品流通秩序，创造公平竞争环境；加强屠宰管理和执法监督检查。提高生猪定点屠宰厂（场）标准化建设水平，年底前70%县以上城区屠场实行机械化屠宰；生猪定点屠宰企业出场肉品合格率100%；县城以上生猪进点屠宰率95%，乡镇85%；县以上生猪定点屠宰企业建立生猪购销档案和上下游客户信息，建立健全信用惩戒机制和信用评价机制。各级定点屠宰部门与工商、卫生等部门密切配合，集中整治与日常巡查并重，整治巡查重点区域、重点市场和市场重点部位。实行“一证一卡”制度，开展“放心肉销售点”创建活动。着重抓肉制品加工户、宾馆、饭店和学校等集体伙食单位用肉管理，严把生猪产品销售渠道关。各级屠宰部门与用肉量大单位签订定点采购协议，各用肉单位设专人负责采购，不到非定点屠宰场收购、加工、销售肉制品。完善检验检疫制度，做到屠宰加工与肉品检验同步进行，严厉打击各类私屠滥宰行为，规范肉品市场秩序，确保上市肉品质量。

2007年，市商务局加强肉品质量安全管理和疫病防控工作，对所有进场屠宰生猪一律凭有效动物检疫证明才能进场屠宰，按照操作程序和肉品检验规程进行生产、检验，对染疫或疑似染疫生猪一律不准宰杀，严格进行无害化处理，确保合格肉品上市流通。打击私屠滥宰、制售注水肉和病害肉等不法行为。严查市场内非定点屠宰企业猪肉、未经检疫猪肉、病死猪肉、“高温猪肉”、注水肉等不合格肉品，对宾馆、饭店和集体食堂单位肉品监管，依法查处采购和使用未经检疫和非法屠宰肉品行为。全市开展生猪屠宰专项整治工作，对生猪养殖、屠宰、加工、流通和消费等环节全过程监管和集中整治，强化生猪检疫制度，根除私屠宰现象，杜绝非法肉品交易。围绕“两个100%和一个95%”工作目标（县城以上城市进点屠宰率100%，乡镇进点屠宰率95%；县城以上城市所有市场、超市、集体食堂、餐饮单位销售和使用猪肉100%来自定点屠宰企业）开展工作。贯彻修改后《生猪屠宰管理条例》，保证猪肉市场货源足、质量优、价格稳，不出现断档、脱销现象。建立健全生猪、猪肉可追溯管理制度。各县区县城定点屠宰场对照《生猪屠宰管理条例》和商务部生猪屠宰场等级规范要求，进行一次整改，在换发新证时一次通过。各县区商务局、屠宰办领导，分管领导带队深入一线，帮助屠宰企业加大其经营行为规范运作，对督查队执法行为监督，对执法过程中违法行为，及时加以处理，接受社会监督，公布举报投诉电话，建立完善举报投诉制度。

1998 年 12 月成立的湖南恒惠集团办公地

2009 年 2 月 12 日，永州市机构编制委员会办公室《关于市商务局调整内设机构的批复》，加强永州市生猪定点屠宰管理，协调指导县区生猪定点屠宰工作，市编委会议研究，同意将加挂在市商务局市场运行调节科“市生猪定点屠宰管理办公室”分开设置，为局机关内设机构，同时增加局机关科长职数 1 名，所需人员在局机关内部调剂解决，其它机构编制事项暂维持不变。8 月 5 日，市政府下发《关于永州市县城以上生猪定点屠宰厂（场）设置规划的批复》，同意全市县城以上生猪定点屠宰厂（场）11 家，其中冷水滩区 1 家、零陵区 1 家，其他各县城各设 1 家。同意湖南恒惠食品有限公司设立肉类加工企业屠宰场 1 家，按商务部要求设置。中心城区和各县城屠宰场按商务部确定一星级以上标准建设。

2010 年 7 月，永州市牲畜定点屠宰工作领导小组办公室《关于进一步规范冷水滩城区生猪定点屠宰收费的通知》，根据省物价局《关于切实加强生猪定点屠宰收费管理及有关问题的通知》要求，规范生猪定点屠宰收费行为，减少税费流失，确保生猪定点屠宰行业公平竞争，执行省物价局规定屠宰收费标准（按每头猪计算）。即：检疫检测费不超过 7 元（含“瘦肉精”检测费），屠宰管理服务费不超过 3 元，屠宰加工服务费不超过 17 元，日存栏费不超过 2 元，收费合计不超过 29 元。生猪定点屠宰数以检疫日志登记宰杀数为准。冷水滩区生猪定点屠宰办要与检疫部门衔接好数字统计工作。屠宰稽查队、检疫组、屠宰场每天核对宰杀数，每月底由市、区两级屠宰办与屠宰场结算一次。屠宰场按实收取和上缴有关收费，对瞒报和少缴屠宰场限期整改，整改不到位进行处罚。湖南恒惠食品有限公司肉类加工屠宰场试产期内按此《通知》执行。除收费标准进行重新明确外，其它相关工作仍按原规定执行。《通知》自2010年8月1日起执行。9月2日，市商务局印发《开展强化畜禽屠宰监管确保肉品质量安全专项整治方案的通知》，开展定点屠宰企业集中清理，各县区商务局按照《商务部办公厅关于做好生猪定点屠宰企业审核换证工作的通知》要求，在当地政府统一领导下，会同公安、财政、环保、农业、卫生、工商、质检等部门，以审核换证为契机，对定点屠宰厂（场）集中清理整顿，淘汰不达标企业。对不符合设置规划、存在严重违法违规行为，取消定点屠宰资格。对符合当地设置规划但达不到规定条件和标准，责令限期整改，整改后仍不达标，报请设区市级政府取消定点屠宰资格。按照市场规律，公平竞争，自然淘汰原则，不鼓励、不支持屠宰新建扩建和升级改造。对在边远和效能不便农村地区设置仅限于本地供应生猪产品小型生猪屠宰场点，按照《湖南省生猪定点屠宰厂（场）设置管理办法》中关于乡（镇）生猪定点屠宰场点设置规定进行审核清理。开展瘦肉精等禁用物质以及注水肉整治，各县区商务局督促定点屠宰厂（场）改善检测条件，提高对瘦肉精等禁用物质检测能力。会同有关部门，加强屠宰环节瘦肉精抽检工作，防止喂食瘦肉精生猪进入屠宰环节。根据注水肉发生规律，加强对注水高发区域和时段巡查，依法查处对生猪（牛、羊）注水或注入其他物质，以及为上述活动提供场所等违法行为。对定点屠宰厂（场）肉品水分含量监督检查，查处屠宰注水或注入其他物质的猪（牛、羊）行为。发现定点屠宰厂（场）对生猪（牛、羊）注水或注入其他物质，责令停业整顿，情节严重，报请设区市级政府取消定点屠宰资格。是年，各县区商务局结合《2010年湖南省商务领域食品安全整顿工作方案》加强私屠滥宰高发时段和地域巡查，监控城乡结合部、私宰专业村（户）和肉食品加工比较集中区域。发现私屠滥宰、冒用或使用伪造定点屠宰证书或标志牌，依法予以取缔，没收生猪、生猪产品、屠宰工具和设备以及违法所得，严惩不法分子。严肃查处定点屠宰厂（场）出借（租）、转让定点屠宰证书和标志牌行为，一经发现，报请设区市级政府取消定点屠宰资格。为私屠滥宰提供场所或储存设施单位或个人，责令改正、依法没收违法所得，并处以罚款。各县区商务局在当地政府统一领导下，加强与畜牧、工商、质监、食品药品监管等部门加强沟通协调，严厉打击生猪养殖、屠宰、流通、加工等环节违法行为，发现涉嫌犯罪行为，依法及时移送公安机关，对社会反响强烈、情节严重、影响恶劣重大肉品安全案件，协调公安机关提前介入，惩处犯罪分子。

2011年，永州市商务局把生猪定点屠宰纳入单位工作议事日程。成立生猪定点屠宰专项整治工作领导小组，制定《2011年生猪屠宰工作实施方案》，将生猪定点屠宰监管与滥用添加剂作为重点工作。生猪定点屠宰率持续保持99.9%，定点屠宰检疫率 100%，市域内所有市场、超市、学校、医院、餐饮单位、集体食堂和肉制品加工企业等销售和使用猪肉 100%来自定点屠宰企业。同年，根据国务院《全国生猪屠宰行业发展规划纲要》和《湖南省生猪定点屠宰厂（场、点）设置规划意见》要求，牵头组织畜牧、规划、环保等 7 个部门对全市县城以上 11 家定点屠宰企业和 1 家肉类加工企业进行现场审核。4 个县城以上定点屠宰企业和一家肉类加工企业验收合格，7 个生猪定点屠宰企业被下整改通知书。现场验收，同意肉类加工企业屠宰场湖南恒惠食品有限公司生猪屠宰线投产。规范入市生猪及猪肉准入制度，配合食品安全委员会组织食品安全联合执法检查活动，推进动物疫病标识追溯体系和畜产品质量可追溯体系建设，无耳标生猪不许调运。根据动物防疫法，规范外埠肉准入制度，车辆消毒制度、准出制度、入市报验制度。

2012 年 3 月，永州市贯彻落实商务部等 9 部门《关于加强生猪定点屠宰资格审核清理工作的通知》及《商务部办公厅关于成立生猪定点屠宰资格审核清理工作领导小组》要求，搞好永州市生猪定点屠宰资格审核清理工作，成立以副市长罗双全为组长，市政府分管副秘书长、市商务局局长为副组长，市经济和信息化委员会、市财政局、市环境保护局、市畜牧水产局、市卫生局、市工商行政管理局、市质量技术监督局、市食品药品监督管理局、市商务局 9 部门分管领导为成员市生猪定点屠宰资格审核清理工作领导小组，领导小组下设办公室为日常工作机构，各县区（管理区）相应成立专门领导小组和办公室。市商务局建立领导机构和办公机构。以市政府或市政府办公室名义发出通知、文件、函件 10 份。市政府印发《永州市生猪定点屠宰资格审核清理工作实施方案》。召开专题会议 4 次，电视媒体宣传 4 次，发出通知、通告、报告 30 份，收集、制作各种表格、文书 3600 页，现场查看生猪定点屠宰企业 60 家。全市生猪定点屠宰厂（场）12 家，纳入本次审核清理 12 家，小型生猪屠宰点 55 家，纳入审核清理范围 55 家。纳入审核清理 12 家生猪定点屠宰厂（场），全部自查符合条件并提交《生猪定点屠宰资格审核换证申请书》。

是年，县、市两级审核清理领导小组办公室严格按照商务部、省厅要求，对提交《申请书》12 家生猪定点屠宰厂（场）进行现场联合审核，符合条件 5 家，占总数 42%；不符合条件 7 家，占总数 58%。不符合审核清理标准屠宰企业经过整改后仍不能达到标准，市屠审办主任（受市政府分管领导委托）分别约见 7 个县区政府分管副县区长，直接督办，限期达标。全市 55 家小型生猪屠宰点，审核清理中 54 家屠宰企业提交审核换证申请书，1 家屠宰企业未提交申请书，视同自动放弃定点屠宰资格。经县、市两级联合审核 54 家屠宰企业均不符合审核清理标准，市生猪定点屠宰资格审核清理工作领导小组办公室督促各县区按规定下发整改通知书。复核清理中，经整改后符合审核清理标准 B 类屠宰企业 49 家，其中，冷水滩区 9

家、东安县6家、道县8家、双牌县9家、祁阳县11家、江华瑶族自治县3家、金洞管理区2家、回龙圩管理区1家。整改后仍不符合审核清理标准6家、拟取消B类屠宰企业资格（双牌县2家、江华瑶族自治县3家、祁阳县1家，于11月底关闭）。

2013年2月，永州市审核清理达标生猪定点屠宰企业4家；审核清理不达标，经湖南省商务厅复函同意并经市政府批准搬迁新建，延期至2013年9月30日关闭老屠宰场生猪定点屠宰企业6家，延期整改生猪定点屠宰企业1家，报经湖南省商务厅同意保留设点，易址迁建延期关闭老屠宰场生猪定点屠宰企业1家。按照延期整改生猪定点屠宰厂（场）提交申请，市商务局、市环境保护局、市畜牧水产局等部门对其进行验收，验收合格A类生猪定点屠宰企业1家、B类生猪定点屠宰企业2家。对异地新建7家生猪定点屠宰企业，关闭老生猪定点屠宰场情况进行督查。是年，根据市委、市政府创建国家卫生城市工作总体要求，增强食品质量安全意识，加强源头监管，指导和规范食品生产加工行为，督促生猪定点屠宰企业落实食品质量安全主体责任，明确“创卫”任务，落实“创卫”责任，提高全市猪肉食品生产质量和安全水平，对市区内生猪定点屠宰企业100%纳入监管范围。生产加工活动符合有关法律、法规及标准规定，有健全食品安全管理制度；生产场所布局和工艺流程合格，各种卫生设施齐全；内外环境卫生整洁，无交叉污染；生猪屠宰环节病害猪100%实行无害化处理。打击私屠滥宰，屠宰、买卖病害猪（猪肉、猪肉制品）违法行为，制定重大食品安全事故应急预案和工作规范，处置疫情举报和食品生产质量安全事件，做好相关信息报送和发布。按照国家商务部对生猪定点屠宰企业规范要求进行打分考核，考评工作责任实行100分制。包括现场抽查，台账检查，自测、自评，集中评分考评等形式。

2015年，永州市开展屠宰专项整治活动，采用电子显示屏宣传活动标语和发放宣传资料、现场咨询等方式，开展以“严禁私屠滥宰、制售注水肉、病害肉、瘦肉精”为主题宣传活动。悬挂宣传标语56幅，向定点屠宰企业发放各种宣传资料400份。专项整治工作中，对辖区内生猪定点屠宰场（点），重点检查肉品检疫检验等管理制度落实情况、台账登记情况、屠宰操作规程规范情况等。全市依法取消6个乡镇定点屠宰场（点），取缔7个私屠滥宰点，查获疑似病害猪肉6.2吨，查处违反《动物防疫法》和《屠宰管理条例》案件16起。是年，永州市联合对生猪定点屠宰企业资质进行审核清理，审核合格屠宰场重新颁发生猪定点屠宰证和标志牌，不合格要求定期整改、搬迁，整改后不合格按要求关停。同年8月，全市有永州天成肉食品公司、湖南恒惠集团公司、江华瑶族自治县、双牌县、祁阳县、宁远县6个定点屠宰场通过审核，道县、江永县屠宰场建成待验收，东安县食品公司屠宰场整改，零陵区、新田县定点屠宰场搬迁新址在建设中，蓝山县食品公司屠宰场搬迁选址。取消双牌县开发区、南岭，江华瑶族自治县水口、大圩、大路铺，祁阳县金洞镇 6 个定点生猪屠宰点。永州市有合法牲畜定点屠宰场、点 63 个，其中城区定点屠宰场 12 个，乡镇定点屠宰点 51 个。10 月 16 日，根据市委、市政府机构改革部署，生猪定点屠宰管理办公室监督管理职能划转永州市农业委员会，生猪定点屠宰工作移交至永州市畜牧水产局。

二、定点屠宰目标考核

2005 年 7 月，永州市商务局《关于对全市 2005 年生猪屠宰工作实行目标考核的通知》，落实湖南省市场运行调节工作会议精神，加强生猪屠宰管理，推动永州市生猪定点屠宰工作规范有序发展，确保人民群众真正吃上“放心肉”，根据省商务厅 2005 年生猪屠宰工作目标考核内容，市商务局局务会议研究决定，制定生猪屠宰工作目标考核标准。目标考核标准实行 100 分制，60 分为合格，80 分为良好，90 分以上为优秀，达到优秀者给予表彰。永州市定点屠宰管理办公室采取每月一次调度，每季度一次小结，年终进行考核评比（考核标准详见附表 9-1）。对各县区有关责任人（领导小组正副组长、屠宰办正副主任）给予奖励，考核总分低于 60 分取消评奖资格，扣除全部保证金。各县区屠宰办分别向市屠宰办交目标管理保证金。开展牛羊定点屠宰工作，实行加分制。

2005 年永州市生猪屠宰工作目标考核计分标准表

表 9-1

内容	分数	得分
1. 设立专门领导机构和办事机构，有专人负责，设立专业或综合稽查队伍	10	
2. 宰杀场地干净卫生，无臭味、无污水、无废水、无苍蝇、无蛛网	10	
3. 城区屠宰场地实行机械化屠宰	20	
4. 添置检验设备，配置固定专业检疫检验人员，每天有检疫检验记录，无一头带病猪进入屠宰场宰杀上市，肉品合格率 95%	20	
5. 开设“放心肉”专柜和专店，加大执法监管力度，打击私屠滥宰等行为，进场屠宰率 90%，每年有 2 次以上集中整治行动	15	
6. 组织业务和法律法规知识培训，建立岗位责任制和纪律制度，严格按照《生猪屠宰行政处罚程序规定》办事	10	

续表9-1

内容	分数	得分
7. 建立严格的目标管理、票证管理、财务管理、安全生产和值班管理制度，规范经营行为	10	
8. 每月及时上报生猪定点屠宰工作月报表、工作总结	5	

2006年3月，落实国务院、省人大常委会《生猪屠宰管理条例》，加强屠宰管理，推动永州市生猪定点屠宰工作规范有序发展，确保人民群众真正吃上“放心肉”，根据省商务厅《关于对生猪屠宰工作目标考核的通知》要求，市商务局决定2006年生猪屠宰工作实行目标考核。目标考核标准实行100分制。考核办法：适时抽查、参阅上报情况报表、询问调查等形式，分别逐项打分（考核标准详见附表9-2）。各县区屠宰办向市屠宰办交目标管理保证金。奖励办法：从高分到低分评取一等奖1名。二等奖2名，三等奖3名；对各县区有关责任人（领导小组正副组长、屠宰办正副主任）给予奖励，考核总分低于60分和发生肉类食品安全事故县区取消评奖资格，扣除全部保证金。

2006年永州市生猪定点屠宰工作目标考核记分标准表

表9-2

序号	内容	分数	记分
一	领导重视，组织落实	20	
1	设立专门领导机构和办事机构	5	
2	配备专职人员具体落实屠宰工作	5	
3	设立专业或综合稽查队伍	10	
二	屠场建设	30	
1	城（区）屠场设置符合省定规划	5	
2	城（区）屠场实行机械化屠宰	15	
3	屠场清洁卫生、消毒经常	5	
4	屠场环境优良	5	
三	肉品质量	40	
1	坚持进场检疫并有登记	10	
2	宰后检验，肉品合格率95%	5	
3	打击私屠滥宰，城（区）定点屠宰率95%	5	

续表9-2

序号	内容	分数	记分
4	开设“放心肉”专柜和专店	5	
5	有必要的检验检疫设备。	5	
6	没有发生肉品安全事故，没有败诉记录	10	
四	目标管理，制度建设	10	
1	各项制度健全并依章办事	2	
2	年初制定目标管理	2	
3	半年有小结，年终有总结	2	
4	报表按时上报	4	

2010年9月，市商务局印发《做好生猪定点屠宰企业审核换证工作实施方案的通知》，贯彻落实《省商务厅转发商务部办公厅关于做好生猪定点屠宰企业审核换证工作的通知》精神，定点屠宰企业审核换证工作，市场生猪定点屠宰市场准入，淘汰落后产能，屠宰企业上规模上水平，提高肉品质量安全。A类屠宰企业必须符合国务院《生猪屠宰管理条例》第八条规定生猪定点屠宰（场）应当具备8个条件。B类屠宰企业必须按照《湖南省生猪定点屠宰厂（场）设置管理办法》第八条规定，小型屠宰场设立由县级商务部门书面征求市州商务主管部门意见后，由县级政府批准。必须符合《湖南省生猪定点屠宰厂（场）设置管理办法》所规定设置条件。县城以上屠宰企业审核换证工作由市商务局统一组织安排，逐一逐个对企业进行现场审核清理，乡镇屠宰场由县区政府屠宰主管部门组织，到现场进行审核把关，报市商务局备案，对不符合要求限期进行整改，限期整改后仍达不到要求，报请市政府予以取缔。

2011年3月，市政府《关于全市县城以上生猪定点屠宰企业审核换（发）证的批复》，市政府召开专题会议听取相关部门汇报，研究同意湖南恒惠食品有限公司为肉类加工企业设立生猪定点屠宰场。对符合设置规划，达到审核条件和标准双牌县金东肉联食品有限公司、东安县食品公司、江华瑶族自治县食品公司、冷水滩仁湾牲畜定点屠宰场4家生猪定点屠宰（点），同意换发生猪定点屠宰证书和标志牌，准予继续从事屠宰经营活动。对符合设置规划，达不到审核内容中所列法规规定条件和标准零陵区牲畜定点屠宰场、祁阳县清溪牲畜定点屠宰有限公司、道县城关生猪定点屠宰场、宁远县牲畜定点屠宰场、江永县市场服务中心屠宰场、蓝山县食品公司6家生猪定点屠宰场（点）责令整改，整改期限不得超过12个月，整改期间不得从事屠宰活动；整改期结束后仍不达标，报请市政府取消定点屠宰资格，予以公告。新田县2家屠宰场（新田民主屠宰场、新田县食品公司屠宰场）均未达到审核标准，新田县政府负责整改，再报一家到市政府审批，市政府组织商务、环保、畜牧水产、规划、卫生、工商、质检部门验收。各级商务、环保、畜牧水产、规划、卫生、工商、质检公安等部门按照各自职能认真履行职责，密切配合，强化监管，促进永州市生猪屠宰行业和肉食品行业健康发展。各生猪定点屠宰企业人依法上缴各种税费，不得对外承包和转包，不得出租和出让屠宰证书和标志牌，做好生猪屠宰产品质量检验等相关工作。

2011年永州市责令整改生猪定点屠宰厂（场）一览表

表9-3

序号	企业名称	定点编号	批准文号	发牌日期	法人代表	整改内容	整改日期
1	江永县市场服务中心屠宰场	A08100601	永政函〔2009〕124号	2009.2.2	陈　嵩	1. 未经环保审批，废水处理系统不完善，未建生化处理系统，超标排放，雨污未分流；2. 距居民区不足200米；3. 手工屠宰	2010.4.20
2	宁远县牲畜定点屠宰场	A08100501	永政函〔2009〕124号	2009.2.2	黄子峰	1. 未经环保审批，废水处理系统不完善，未建生化处理系统，超标排放，锅炉无除尘脱流系统，雨污未分流，无排污许可证；2. 距居民区不足200米；3. 手工屠宰	2010.4.20
3	祁阳县清溪牲畜定点屠宰有限公司	A08101001	永政函〔2009〕124号	2009.2.2	李顺福	1. 未经环保审批，无废水处理系统，超标排放，无排污许可证；2. 距居民区不足200米；3. 手工屠宰；4. 卫生状况极差	2010.4.20
4	道县城关生猪定点屠宰场	A08100401	永政函〔2009〕124号	2009.2.2	林　跃	1. 未经环保审批，废水处理系统不完善，未建生化处理系统，超标排放，雨污未分流；2. 距居民区不足200米；3. 手工屠宰	2010.4.20
5	蓝山县食品公司	A08100701	永政函〔2009〕124号	2009.2.2	黄生社	1. 未经环保审批，废水处理系统不完善，未建生化处理系统，超标排放，雨污未分流；2. 距居民区不足200米；3. 手工屠宰	2010.4.20

续表9-3

序号	企业名称	定点编号	批准文号	发牌日期	法人代表	整改内容	整改日期
6	零陵区牲畜定点屠宰场	A08100201	永政函〔2009〕124号	2009.2.2	王先杰	1. 未经环保审批，废水处理系统不完善，未建生化处理系统，超标排放，雨污未分流；2. 距居民区不足200米；3. 手工屠宰	2010.4.20
7	新田县龙泉机械化屠宰场	A08100801	永政函〔2009〕124号	2009.2.2	骆柄全	1. 未经环保审批，废水处理系统不完善，未建生化处理系统，超标排放，雨污未分流；2. 距居民区不足200米；3. 手工屠宰；4. 卫生状况差	2010.4.20

第二节　酒类监管

2005年，市政府办公室印发《永州市商务局职能配置内设机构和人员编制规定》，市经济委员会承担酒类产销职能划入市商务局，并加挂永州市酒类产销管理办公室牌子，负责日常工作。市商务局把酒类日常检查和酒类监管作为工作重点，采取日常检查和专项整治相结合方式，组织开展日常检查和专项整治行动。

一、酒类稽查

2006年7月，市商务局下发《关于对全市酒类批发市场进行执法检查的通知》，贯彻落实湖南省《酒类流通管理条例》、商务部《酒类流通管理办法》和《酒类商品批发经营管理规范》，加强酒类市场管理，提高市场准入制度，全市酒类批发企业进行全面清理整顿。重点检查酒类批发企业有无“湖南省酒类批发许可证”、“湖南省进口酒类批发许可证”；已办批发许可证是否过期；已办证对照《酒类商品批发经营管理规范》是否符合条件，是否纳入全国酒类统一编码；是否配备经过专业培训，并按国家或行业规定取得岗位资格证人员；库存酒类商品数量、进货期、保质期、价格、销售量、销售额情况，是否建立酒类商品购销台账；是否索取“酒类流通随附单”、“酒类批发许可证”复印件等；是否有经销伪劣酒类商品行为；其他有关存在问题。由各县区商务局通知企业先进行自查，在各县区商务局组织全面检查基础上，市检查小组组织抽查。执行检查时，对符合条件酒类批发企业，提出批发许可申请，市酒管办将依法办理“湖南省酒类批发许可证”或申请“湖南省进口酒类批发许可证”；指导填制“酒类流通随附单”并向社会公示达标办证企业，未取得许可证者，不得从事酒类批发业务。对那些不符合条件酒类批发企业，限期整改，逾期不改或整改后仍不合格，从9月1日起予以取缔，有违法违规行为依法予以处罚。依据商务部《酒类流通管理办法》和湖南省《酒类流通管理条例》，加强酒类流通备案登记工作，酒类食品安全宣传，定期在商务之窗上公布酒类备案信息，强化经营者酒类食品安全意识。是年，全市办理酒类批发企业176家，零售备案登记4500户，发放“酒类流通随附单”5000份。全市查处无证批发、零售案件136起，无酒类随附单和不规范使用酒类随单261起，各类假冒伪劣酒类商品520瓶，立案处理78件，罚没款30万元，发放整改通知书321份。同年，冷水滩区贯彻落实商务部《酒类流通管理办法》和湖南省《酒类流通管理条例》，坚持日常稽查和节前整治相结合，查处酒类违法案件33起，立案25起，结案18起，责令改正6起，查获假冒五粮液、水井坊、茅台、酒鬼和非法进口洋酒400瓶，价值10万元。次年，永州市全面推行酒类流通溯源制度，建立台账管理制度，办理酒类批发许可证168家，酒类零售备案登记4000家，实现酒类商品从出厂到消费终端全过程监督管理，建立酒类市场准入机制。

2008—2010年，永州市推行酒类溯源制度，建立台账管理制度，办理酒类批发许可证168家，办理酒类备案登记4160户，其中批发企业172户，发放“酒类流通随附单”5000份；印发宣传册2000本，媒体宣传20次，市本级宣传3次；出动执法车辆200次，参与执法人员200人/次；查处假冒伪劣啤酒1.2吨，涉案金额7.5万元。实现酒类商品从出厂到消费终端全过程监督管理。2008年，建立酒类市场准入机制。组织大规模酒类产销交叉检查，查获各类假冒名酒400瓶（价值30万元），规范全市酒类产销行为和酒类从业人员管理。2010年，下发酒类随附单945本，警示牌619张。组织联合行动，查处违规案件426件，没收假酒2000瓶。

2012年，永州市各县区利用日常监管和执法时机，出动执法人员2535人次，检查各类酒类经营户1332户，查处各类案件120件，立案处理12件，没收假冒酒品8000瓶，罚没款20万元，查获各类侵犯商标注册专用权假冒白酒120箱，发放整改通知书158份。

2013年，召开全市酒类流通市场专项整治工作会议。专项整治活动中，市直、中心城区和各县区开展酒类市场联合执法行动230次；出动执法车辆458台；出动执法人员2290人/次；发放宣传资料和宣传手册11670份；发现无证经营和证件过期酒类经营店铺220家；下发整改通知书557份；立案100件；结案76件，处罚款19.95万元；查扣违规销售酒品和假酒4139瓶，价值66.1万元。市商务执法支队出动执法人员200人次，检查各类经营主体200家，下发整改通知书70份，查封扣押假酒92瓶，价值10万元。

二、专项整治

2010年7月1日，永州市组织进行为期100天酒类市场专项检查，重点检查“酒类流通随附单”和“经营台账”使用及销售国家与省名优酒情况。

2011年3月23日，市商务局印发《2011年永州市酒类管理工作考核办法》。11月17日，市政府下发《关于明确市与冷水滩区、零陵区酒类行政执法管辖范围的通知》，规范市与冷水滩区、零陵区酒类行政执法管辖范围，保障公民、法人或者其他组织合法权益，促进酒类市场健康、有序、规范发展，理顺市、区酒类行政执法关系，减少酒类行政执法层次，避免重叠执法行为，优化酒类行政执法结构，提高酒类行政执法效能，形成权责一致，分工合理，监督有力酒类执法体系。根据权责明确原则，市、区两级酒类市场管辖范围采用概括方式进行管理。两区范围内属于市商务主管部门管辖酒类生产经营者为：从事酒类批发经营者；各类进口酒经营者；三星级及其以上宾馆（酒店）；取得注册商标酒类生产企业。零陵区、冷水滩区商务主管部门管辖酒类生产经营者为：从事酒类零售经营者；各类超市、宾馆（酒店）及酒吧、迪吧、咖啡厅、歌舞厅；市局交办酒类执法活动；各类散装酒类生产者和经营者。要求市、区商务主管部门要顾全大局，贯彻好中心城区一盘棋思想，服从市里统一安排和调度，加强配合，形成运转高效，执法有力酒类行政执法格局。市、区商务主管部门按照各自职责，加大酒类综合执法力度，共同抓好酒类市场监督管理工作，确保广大群众喝上“放心酒”。不作为、乱作为、以罚代管单位和个人，按照有关法律、法规及规定给予处理。新增、变更生产者、经营者按照市、区管辖原则和比较同类型情况确定归属。

2011年9月，市政府办公室印发《关于永州酒类市场专项整治工作会议纪要》，副市长唐能武主持召开市酒类市场专项整治工作会议，市政府办、市商务局、市公安局、市财政局、市卫生局、市国税局、市地税局、市工商局、市食品药品监管局、市质监局、市广电局、永州日报社等成员单位负责人参加会议。会议审议《永州市酒类市场专项整治方案》，明确目标任务，突出整治重点，达到“两个贯彻、两个整治、两个确保”，即：贯彻酒类流通备案制度，贯彻酒类流通随附单管理制度；整治生产环节制假行为，整治流通环节售假、贩假行为；确保永州人民喝上放心酒，确保国家税费不流失。专项整治历时6个月，市整治办牵头，开展一次全面排查，抓一批典型案件，规范酒类市场正常秩序。市、县区有专门执法队伍，县区成立酒类市场专项整治领导小组，安排得力人员具体抓。各项整治任务细化、落实到岗到人，工作有部署、有检查，明察暗防相结合。建立举报制度，设立举报电话，对违法行为依法严查，涉嫌犯罪移交司法部门，市酒管办组织各县区进行交叉检查。

2012年7月8日，市商务局下发《2012年永州市酒类流通秩序专项整治工作方案》通知，决定在全市范围内开展酒类流通秩序专项整治行动，制定《2012年永州市酒类流通秩序专项整治工作方案》，执行酒类批发许可制度和酒类零售备案登记制度。

酒类批发许可制度，根据《湖南省酒类管理条例》相关规定，从事酒类批发经营者，必须依法办理“酒类批发许可证”。未办理“酒类批发许可证”而从事酒类批发经营，依法予以查处。对已办理“酒类批发许可证”，进行一次全面核查，到期没有进行核查换发“酒类批发许可证”酒类经营单位，视同无照经营依法查处。

核查范围：凡在2011年12月31日前经省、市商务部门、酒管办批准并颁发“进口酒类批发许可证”、“国产酒类批发许可证”酒类批发企业。

核查内容：酒类批发许可证已到期需要继续经营，必须到原发证机关换发证；已到期不再经营，发证机关收回酒类批发许可证和留存“酒类流通随附单”；企业名称、住所、法定代表人、注册资本等事项发生变更，督促企业及时办理变更手续；酒类批发许可证上“经营品种”栏目必须填写经营酒类品种，不能只笼统填写“国产酒”、“进口酒”、“白酒”、“红酒”等。超许可经营品种范围必须到发证机关备案，办理增加经营品种事项；核查有无涂改、倒卖、出租或者出借酒类批发许可证行为；有无在经营活动中违反《湖南省酒类管理条例》、商务部《酒类流通管理办法》及有关法律、法规、规章其他行为。不具备条件，有违法违规行为或严重扰乱酒类流通市场企业，视情节轻重予以限期整改、停业整顿或吊销其“酒类批发许可证”。

核查工作采取谁许可发证谁负责核查原则。零陵区、冷水滩区和凤凰园管理区国产酒类批发许可证由市酒管办直接核查；其他县区（管理区）国产酒类批发许可证由市商务局、酒管办委托各县区（管理区）商务局、酒管办初审合格后，统一将材料审查汇总报市酒管办核查；对核查合格企业，市酒管办在“国产酒类批发许可证”副本上注明核查合格，署上日期，加盖市酒管办公章。

进口酒类批发许可证由市酒管办初审合格后统一将材料送省酒业协会核查汇总，由省酒业协会对核查合格企业报省酒管办，省酒管办审定后在“进口酒类批发许可证”副本上加盖公章。

酒类零售备案登记制度，对从事酒类零售业务经营单位（含零售商店、超市、宾馆、饭店、酒吧、娱乐业等）或从事地下经营酒类业务窝点，依法办理酒类零售备案登记证。未办理“酒类零售备案登记证”而从事酒类零售经营和办理“酒类零售备案登记证”超范围从事酒类批发经营单位和个人，依法予以查处。已办理“酒类零售备案登记证”，进行一次全面核查，到期没有进行核查换发“酒类零售备案登记证”酒类经营单位，视同无照经营依法查处。

核查范围：凡在2011年12月31日前经县区（管理区）商务局、酒管办批准并颁发“酒类零售备案登记证”酒类零售企业。

核查内容：酒类零售备案登记证已到期需要继续经营，必须到原发证机关换发证；已到期不再经营，发证机关收回酒类零售备案登记证；企业名称、住所、法定代表人等事项发生变更，督促及时办理变更手续；办理“酒类零售备案登记证”单位不得超范围从事酒类批发经营，超范围从事酒类批发经营，按酒类批发企业未办理“酒类批发许可证”依法处理；核查有无涂改、倒卖、出租或者出借酒类零售备案登记证行为；有无在经营活动中违反《湖南省酒类管理条例》、商务部《酒类流通管理办法》及有关法律、法规、规章其他行为。不具备条件，有违法违规行为或严重扰乱酒类流通市场企业和工商经营户，视情节轻重予以限期整改、停业整顿或吊销其“酒类零售备案登记证”。

核查工作采取谁许可发证谁负责核查原则。各县区（管理区）酒类零售备案登记证由各县区（管理区）酒管办核查，核查合格企业，各县区（管理区）酒管办在《酒类零售备案登记证》副本上注明核查合格，署上日期，加盖酒管办公章。市酒管办届时到各县区随机抽查。

各县区（管理区）商务局、酒管办全力推进酒类流通溯源制度，严格规范“酒类流通随附单”使用与管理。全面检查酒类批发经营者是否按规定认真填写“酒类流通随附单”，酒类零售经营单位购进酒类商品是否索取“酒类流通随附单”，是否存在“酒类流通随附单”转借、代开、伪造、和买卖行为，酒类经营者是否按规定和要求妥善保管“酒类流通随附单”。对违规者要督促企业进行整顿规范，情节严重依法予以查处。督查企业严格落实不得向未成年人销售酒类商品规定，在经营场所显著位置悬挂“不得向未成年人销售酒类商品”标牌标识。销售假冒伪劣酒品批发、零售单位，依法处理时，市商务局、市酒管办将统一将其列入“黑名单”，通过新闻媒体向社会公告，发挥震摄作用，促进酒类市场健康有序发展。

专项整治行动为期6个月，从7月8日开始至12月31日结束，分3个阶段实施。第一阶段（7月8日至31日），宣传发动，摸底调查，制定方案；第二阶段（8月1日至11月20日），按照整治主要内容进行核查、清理、整顿和规范；第三阶段（11 月 21 日至 12 月 31 日），采取自下而上形式进行验收。（11 月 21 日至 12 月 5 日），市商务局、市酒管办对各县区（管理区）专项整治工作进行验收；（12 月 6 日至 31 日），迎接省商务厅、省酒管办对专项整治工作验收。

2013 年 7 月 15 日，市政府办公室下发《关于印发永州市酒类市场专项整治行动工作方案》通知。解决酒类市场存在突出问题，规范酒类市场秩序，保障酒类消费安全，保护名优酒品牌知识产权，维护酒类生产者、经营者和消费者的合法权益，市政府同意，在全市开展酒类市场专项整治行动。

整治重点：酒类制假售假和各种仿冒侵权行为；欺行霸市、买卖专场等不正当竞争行为；酒类偷税漏税、无证经营、无“酒类流通随附单”等违法行为。

整治目标：铲除一批酒类制假窝点，查处一批销售假酒对象，办理一批酒类侵权刑事案件；地产酒销售渠道畅通，所有零售终端积极销售地产酒；普及“酒类流通随附单”，杜绝无证经营行为；遏制酒类逃税现象；改善酒类零售终端卫生环境。酒类专项整治行动，从 7 月下旬开始到 9 月下旬结束。整治行动分为 3 个阶段：第一阶段（7 月下旬）召开会议，全面进行动员，制定具体方案。市直有关部门和各县区行动方案于 7 月 26 日前报市商务局。第二阶段（7 月下旬至 9 月中旬）建立联动和协作机制，市与县、县与县、部门与部门之间进行 1~2 次联合行动，重大案件实行协作办案。各相关职能部门在市、县政府统一领导下开展工作，认真履责，密切配合；坚持依法依规从重从快工作原则，适用法律法规准确，程序合法，处罚严格，打击有力，确保整治目标实现。第三阶段（9 月下旬）市里对县区专项整治行动情况进行检查。专项整治行动结束后，市直有关部门和各县区在 9 月 25 日前将专项整治行动工作总结报市商务局，市商务局综合情况后报市政府。

按照“认真履责，紧密配合、市县联动，形成合力”要求。商务部门（酒管办）履行酒类行政主管部门职责，负责酒类市场专项整治行动组织协调；依法检查酒类市场，对无证经营、无“酒类流通随附单”、无法定检验机构出示的质检、卫检报告等行为进行查处，对市场上销售部分白酒、葡萄酒和所有啤酒进行质量抽检；搜集掌握酒类打假信息，组织各有关部门开展联合打假行动；配合税务部门抓好酒税征收管理。工商部门负责查处酒类流通领域各种不正当竞争行为，检查酒类商品在商标、包装、装潢等方面是否存在相近似等仿冒侵权行为，检查本地小酒厂产品包装、装潢及名称是否存在侵权行为。质监部门负责检查酒类生产企业是否生产假冒伪劣产品，委托加工或贴牌生产酒类是否依法备案，啤酒瓶是否使用 B 瓶、是否超过保质期等，组织开展捣毁酒类制假窝点行动，配合酒管办完成酒类商品质量抽样检测。公安部门负责酒类制假售假和侵犯酒类知识产权案件的侦办工作，受理相关部门移送案件，参与有关酒类打假和市场整治联合行动，保障酒类专项整治行动顺利进行。国税、地税部门负责检查酒类生产和销售环节税收征收情况，查处偷税漏税行为，创造公平税收环境，促进酒类市场监管。物价部门负责搞好价格评估。财政部门解决市本级专项整治行动所需工作经费。卫生部门检查酒类经营场所卫生状况和从业人员健康状况。食品药品监管部门做好药酒、保健酒监督管理工作。城管执法部门负责酒类夜市市场环境规范和整治。宣传部门负责组织报社、广播电视台等新闻媒体对整治行动新闻宣传报道，宣传地方酒业发展取得新成就，倡导机关单位和广大市民优先选用地产酒。加强对专项整治行动领导，成立永州市酒类市场专项整治行动工作领导小组，市政府分管副市长任组长，各相关部门负责人为成员。各县区政府和市直各相关职能部门统一思想认识，加强组织领导，成立专门班子，集中开展整治。

2014 年 11 月，根据《湖南省人民政府关于改革完善市县食品药品监督管理体制的实施意见》文件精神，湖南省将省商务厅酒类产销管理工作职能划入省食品药品监督管理局，市县政府原则上参照省里模式执行。市商务局同意将市酒类产销管理办公室工作职能、编制、人员划转永州市食品药品监督管理局。

第三节　特种行业监管

一、拍卖与典当

（一）拍卖

国家对拍卖企业设立实行行政许可，由市级有关行政主管部门进行资料初审，报省级相关行政主管部门审核批准颁发《拍卖经营批准证书》。

永州市拍卖公司成立后从事经营活动，其行政主管部门先后归口市财贸办、市经贸委及其所辖市内贸办、市商务局、市商务和粮食局管理。

2005 年 1 月，市商务局组建以后，履行《拍卖法》赋予职能，对全市拍卖行业履行指导、服务、监管职能。督促企业在全国拍卖行业管理信息系统录入拍卖信息，开通在线审批备案、企业信息上报、数据统计分析，实现行业信息化，提高监管效率。进行宏观指导，制订《永州市 2005—2009 拍卖行业发展规划》《永州市公物拍卖监督管理办法》，印发《关于进一步加强全市拍卖市场管理的通知》，明确相关工作任务和落实保障措施。从 2005 年起，实施年度核查。市商务局每年都对拍卖企业经营活动实施核查，记录在案，出具年度核查意见。发挥职能部门牵头引导作用，鼓励拍卖行业有序竞争和拓展新业务领域，实行良性发展。提升企业设立、变更等初审事项服务水平，简化办事程序，减少企业成本，提高办事效率。推动拍卖规范化进程，在行业中推动拍卖流程和档案管理标准化，开展诚信体系建设。2006年，永州市龙腾拍卖有限公司被评为“省先进拍卖企业”、“中国拍卖A级企业”称号。

2009年，按照湖南省商务厅统一部署，永州市完成15家拍卖企业年检年审工作，其中2家拍卖企业不符合拍卖法要求，下发限期整改通知书，整改到位。

2011年，永州市对14家拍卖公司加强监管，对7家经营许可证使用到期拍卖企业，向湖南省商务厅申请给予换发新证。是年，冷水滩区新增拍卖企业1家。次年，加强对全市14家拍卖公司监管，依法依规对拍卖企业进行日常监管，履行职责，实行定期、不定期检查制度，实施动态监管和全过程监管。

2015年1月，根据《中共永州市委永州市人民政府关于永州市人民政府机构设置、职能职责变化及部分单位机构级别调整的通知》和《中共永州市委永州市人民政府关于印发〈永州市人民政府职能转变和机构改革方案的实施意见〉的通知》，设立永州市商务和粮食局，履行《拍卖法》赋予职能不变。

（二）典当

2005年1月，市商务局组建后归口管理典当行业。市商务局针对全市典当行业标准化体系不完善、行业组织化程度较低，企业经营行为有时不规范和典当行业发展相对滞后等问题，依据2005年2月9日，颁布《典当管理办法》（以下简称《办法》），履行指导、服务、监督管理职能。

根据《办法》规定，国家对典当公司设立实行行政许可，市级商务主管部门负责资料初审，省级商务主管部门负责审核，商务部批准核发《典当经营许可证》。典当公司设立后，各级商务部门根据《办法》等有关法规对其实行监管。

根据《办法》相关规定和商务部、省商务厅指示，市商务局开展对典当企业执行国家法律法规和政策引导和服务，定期或不定期对典当企业经营状况，包括典当企业资金来源、息费水平、当金流向、经营合规性、行业风险等指标进行检查；约谈企业相关负责人，了解典当经营中出现难点与困惑，交流经营管理经验，畅通与银监、人民银行、公安、工商等监管部门协调机制，指导企业规范经营，避免失误，化解经营风险。是年，市商务局对典当行业组织年检年审，2家典当公司被评为A级，新成立典当企业1家，按时开业。

2005年，规范典当经营行为，加强监督管理，促进典当行业规范发展，国家商务部颁发实施《办法》。市商务局按照《办法》有关规定实行行业监管，在线管理，督促企业在国家商务部典当行业监督管理信息系统如实录入典当信息。实现当票机打、典当企业每笔业务数据实时管控。信息系统建立起典当企业违规经营每周通报制度，实现企业经营活动常态化管理。现场督导，定期或不定期走访企业了解企业经营状况，适时给予指导。实施年审制度，查处企业超业务范围经营和超过规定标准收取利息、费用等违规行为，建立重大事项报告制度，实行动态监管和全过程监督结合。

2006年6月，永州市民众典当有限责任公司法人股涉嫌聚众赌博、放高利贷等涉黑行为被公安机关逮捕，民众典当公司被公安机关查封，查封后10个月时间，公司注册资金抽逃一空。根据《典当管理办法》第二十一条："典当公司" 营业后自行停业连续达6个月以上，省级商务主管部门、设区市（地）级政府公安机关应当分别收回《典当经营许可证》《特种行业许可证》。原批准文件自动撤销的规定，撤销永州市民众典当有限责任公司。

2009年，提高典当行业人员业务水平，典当人员持证上岗，永州市组织辖区内典当从业人员参加全国第43期业务培训。是年，冷水滩区新增典当企业1家。

2011年，依法依规对典当企业进行日常监管，履行职责，实行定期、不定期检查制度，实施动态监管和全过程监管。在典当行业年检年审工作中，永州市4家典当企业通过湖南省商务厅检查验收。

2012年，永州市依法依规对典当企业进行日常监管，履行职责，实行定期、不定期检查制度，实施动态监管和全过程监管。加强对典当行业从业人员培训，提高管理水平，增强典当企业依法经营和风险防范意识，在典当行业年检年审工作中，全市6家典当企业通过湖南省商务厅检查验收。

二、报废车回收

（一）经营资质监管

1980年，国家建立老旧汽车更新报废回收管理体制，国家相关部、委先后出台一系列老旧汽车报废回收政策。1997年12月12日国家经贸委、国内贸易部联合下发《关于印发〈报废汽车回收（拆解）企业资格认证实施管理暂行办法〉的通知》。市政府根据《通知》精神，确认市金属回收总公司为永州市报废汽车回收（拆解）企业，并报全国汽车更新领导小组备案。

1998年3月31日，国内贸易部再生资源管理办公室、全国汽车更新领导小组办公室，批准永州市金属回收总公司为永州市报废汽车回收（拆解）企业，并颁发《资格认证书》。是年，市政府下发《关于印发〈永州市报废汽车回收和更新管理暂行办法〉的通知》，明确规定由市物资行业办主管全市汽车报废回收和更新管理工作，公安、交警、工商、交通、物价等部门协调配合；市金属回收公司是报废汽车的回收单位，其他单位和个人不得经营报废汽车回收业务。

2001年6月16日，国务院颁发《报废汽车回收管理办法》，8月1日，国家经贸委下发《报废汽车回收企业总量控制方案》。永州市政府下发《关于确认市金属回收公司为报废汽车的回收企业的函》上报省经贸委备案。

（二）行业运行监管

2005年5月，报废汽车回收行业归口管理工作由市内贸办移交给新组建的市商务局。从工作移交之日到2014年12月，市商务局对报废汽车回收行业运行实施监管。

2005年，市商务局根据永州市国民经济发展水平，全市汽车实际拥有量和报废汽车保有量，按照“遵循法律、法规政策；坚持以人为本，便民利民和行业发展与全市汽车保有量相适应”原则，制订《永州市2005—2009年报废汽车回收行业发展规划》。

市商务局组建后，派人深入报废汽车回收拆解企业，对《报废汽车回收证明》领用、报废登记制度进行检查，防止《报废汽车回收证明》流入社会，扰乱市场秩序，影响到国家报废更新补贴政策实施。

2007年，永州市回收拆解报废汽车1189辆，其中摩托车580辆，较去年同期增加16.38%。期间协调工商、公安等部门严厉打击非法报废汽车回收点；指导企业完成2006年报废汽车回收补贴资金申报，申请补助资金68.9万元，同时办理报废汽车回收拆解工程职业资格认定培训报名等事项，保证服务管理工作连续性。

三、老旧汽车更新补贴

永州市自起动老旧汽车报废更新补贴以来，每年都开展此项活动。具体工作由市商务局、市财政局联合进行。

发布公告 财政部、商务部（2003年是国家经贸委）一般在每年上半年发布报废汽车更新补贴公告，面向社会公布更新补贴车辆范围及补贴标准，并规定领取补贴所需提供的材料。市商务局和市财政局即通过媒体联合发布电视和纸质公告，告知符合补贴标准车主领取补贴具体时间、地点、所需资料等事项。

资料审核 符合补贴范围车辆，应是车主于本年度之内交售到报废汽车回收公司报废车辆。该报废车辆信息已由回收公司通过网络录入商务部市场体系建设司主办的老旧汽车报废更新信息管理系统（以下简称报废管理系统），并向车主出具《报废汽车回收证明》。

车主申领补贴需提交资料：《老旧汽车报废更新补贴资金申请表》《报废汽车回收证明》第三联原件、《机动车注销证明》原件及复印件、更新车辆购车发票原件及复印件、车主有效身份证明原件及复印件、与车主同名个人银行账户存折或单位账户开户证复印件、单位机构代码等，申请农村客运车辆报废更新补贴车主，还需同时提供中华人民共和国道路运输证、运输管理部门出具意见。

资料审核由市商务局会同市财政局等相关单位进行。市商务局在检查车主资料是否完备且合规基础上，在报废管理系统中查询该车辆信息是否存在，再在原信息基础上录入相关网上初审信息。初审通过再由市财政局进行网上复审。财政部门复审通过后，商务部门打印一式三联审批单，分别由经办工作人员和车主签署认可，加盖市商务局和市财政局专用审批印章后审核完成。审核中不符合规定资料予以退回。

补贴发放　市商务局、市财政局审核盖章确认后，在上级补贴资金拨付到位后15个工作日内由市财政部门直接将补贴资金划拨到车主提供个人银行账户或车主单位账户。

补贴发放统计　国家规定领取报废更新补贴车型各年有所变化，因而领取补贴车辆数量和金额变化较大。

2011年，市商务局联合市财政局开展老旧汽车报废更新补贴资金办理工作，全市办理老旧汽车补贴车辆67台，其中农村客运车辆22台，城市公交车辆45台，补贴资金105.2万元。

2012年，市商务局联合市财政局开展老旧汽车报废更新补贴资金办理工作。截止12月31日，全市办理老旧汽车补贴车辆199台，其中农村客运车辆106台，城市公交车辆93台，补贴资金271.4万元。

2015年，会同市财政局对申请领取老旧汽车更新补贴资金车辆进行全面核查，全市有符合补贴条件报废车辆30台，补贴资金52万元。

四、直销

2005年1月，永州市商务局组建后，根据《条例》和《办法》，对经商务部核准直销企业及其执有“直销经营许可证”和商务部核准服务网点方案等证明文件和资料进行查验，并对其在辖区内设立服务网点进行实地核查。

对设立在市城区的服务网点，由市商务局组织核查；对设立在各县区服务网点则按属地原则，由服务网点所在地商务部门进行核查。经属地各县区商务部门核查后，向市商务局出具服务网点确认函，并附申报企业服务网点方案。

核查主要内容：核查直销企业所提供资质和证明材料合法性和有效性。对拟从事直销企业网点是否符合《办法》具体要求而进行实地核查，看其是否违规设在居民住宅、学校、医院、部队、政府机关等场所；看网点设立是否符合当地县级以上人民政府规划和其它合符法规要求。对直销产品和直销培训员进行核查，依据国家相关规定，直销产品必须符合国家认证、许可或强制性标准。直销培训员必须向省商务厅报备，未经省商务厅备案企业培训员，不得开展直销培训活动。

2005 年 8 月 10 日，国务院颁布《直销管理条例》（以下简称《条例》），是年 12 月 1 日起施行。

根据《条例》解释，直销即依法取得贸易权和分销权直销企业，经批准采取直销方式将产品（化妆品、保健品、保洁用品、保健器材和小型厨具），通过招募直销员在固定营业场所（服务网点）之外直接向消费者销售的一种营销方式。

根据国家相关规定，直销产品必须符合国家认证、许可或强制性标准。

2006 年 10 月 20 日，为规范直销行为，加强对直销活动监管，商务部发布《直销行业服务网点设立管理办法》（以下简称《办法》）中规定：对依法取得直销经营许可证企业，应于批准文件下发之日起 6 个月内，上报经商务部核准服务网点方案并完成服务网点设立。6 个月内不能按商务部核准服务网点方案完成服务网点设立企业，不得在未完成服务网点方案地区从事直销业务，若该企业要在上述地区开展直销业务，应按《条例》规定另行申报。《办法》同时规定：省、自治区、直辖市商务主管部门会同服务网点所在地的区、县级以上（含县级）商务主管部门，根据《条例》及有关规定对直销企业已设立服务网点进行核查，并将核查结果逐级上报商务部备案。

根据上述规定，对直销虽没有设立行政许可，但实行备案制，即商务部对直销企业及直销范围进行核准，对直销企业在各地服务网点则由省、市、县三级商务主管部门进行核查。

2014 年，永州市商务局现场查验炎帝生物工程有限公司直销网点设置情况。

五、单用途商业预付卡

2012 年 8 月 24 日，商务部第 9 号令发布《单用途商业预付卡管理办法（试行）》（以下简称《办法》），是年 11 月 1 日起施行。

为加强单用途商业预付卡管理，维护当事人合法权益，防范资金风险，《办法》规定：单用途商业预付卡，发行主体系从事特定行业的企业即：从事零售业、住宿和餐饮业、居民服务业的企业法人；使用限于特定范围即：在本企业或本企业所属集团或同一品牌特许经营体系内；性质上明确其为一种预付凭证；形式上不限载体，包括实体卡和虚拟卡。

《办法》将管理对象详细划分为规模发卡企业、集团发卡企业、品牌发卡企业和其他发卡企业 4 类。同时明确单用途商业预付卡的管理方式是依据属地管理、分类监管原则施行备案制管理，重点对“实名购卡制”、“非现金购卡制”、“限额购卡制”

三项制度和资金存管制度实行监管，其中“实名购卡制”规定：个人或单位购买充值记名卡，或一次性购买1万元（含）以上不记名卡，应实名购卡。“非现金购卡制”规定：单位一次性购买单用途卡金额达5000元（含）以上或个人一次性购卡金额达5万元（含）以上，以及单位或个人采用非现场方式购卡，应通过银行转账，不得使用现金。“限额购卡制”规定：单张记名卡限额不得超过5000元，单张不记名卡限额不得超过1000元。资金存管制度规定：规模发卡企业、集团发卡企业和品牌发卡企业应将部分预收资金委托商业银行进行监管。同时各级商务部门将利用商务部“单用途商业预付卡业务信息系统”对发卡企业进行动态监测。

《办法》同时规定：发卡企业应在开展单用途卡业务之日起30日内按照规定办理备案：集团发卡企业和品牌发卡企业向其工商登记注册地省、自治区、直辖市政府商务主管部门备案；规模发卡企业向其工商登记注册地设区的市政府商务主管部门备案；其他发卡企业向其工商登记注册地县（市、区）政府商务主管部门备案。

2013年，永州市开展单用途商业预付卡备案和执法检查工作，检查单用途商业预付卡发卡企业66家，责令整改企业7家，6家企业完成备案，6家企业完成资金存管，6家企业完成业务报告。组织其中符合在永州备案发卡企业进行执法培训。

2014年，永州市按照《办法》开展对单用途商业预付卡发卡企业日常管理，要求各规模发卡企业按季度上报企业业务经营情况，包括该季度发卡数量和规模，贯彻执行“三项制度”情况，以及资金存管情况。通知各企业与合作银行联系，就本企业在合作银行开立资金存管账户予以确认。永州市已备案规模发卡企业5家。湖南南华大酒店有限公司因不开展相关业务已经注销备案。5家规模发卡企业均能及时按要求报送业务情况表。

2015年，永州市已备案规模发卡企业5家，其他发卡企业28家。全市备案规模企业经确认为8家，备案规模发卡企业5家，完成资金存管企业5家，备案企业5家，完成业务系统季度报告企业5家，每季度对企业填报数据都进行确认；开展单用途商业预付卡宣传活动1次。

第四节　商务投资企业监管

一、审批

（一）审批权限

1993年5月，湖南省对外经济贸易委员会（湖南省商务厅），逐步下放三资企业审批权。各地州市审批权限从最初500万美元加大到1000万美元、3000万美元；2009年8月，对鼓励类和允许类外商投资企业投资额审批权限达到1亿美元（不含1亿美元）。

（二）审批程序

中外合资、中外合作企业申办审批程序：境外投资者、中方企业→洽谈意向→项目建议书→论证、立项→可行性研究报告→评估、审批→协议、合同、章程→审查、批复→批准证书→登记、注册→营业执照→银行开户、税务登记、海关登记。

外商独资企业申办审批程序：外国投资者→出具独资企业申请表、企业章程、可行性研究报告、注册登记证明、法人证明→审批→批准证书→法人资格审查登记→营业执照→银行开户、税务登记、海关登记。

外商投资企业设立、变更审批依据《中外合资经营企业法》《中外合资经营企业法实施条例》《中外合作经营企业法》《中外合作经营企业法实施细则》《外资企业法》《外资企业法实施细则》《公司法》等国家公布的有关法律、法规依法进行。

1995年，国家一直坚持以鼓励外商投资为主的产业导向政策，首次颁布《外商投资产业指导目录》，作为内部文件被施行。根据经济发展和对外开放需要，特别是在中国加入WTO后，为适应进一步扩大对外开放要求，至2015年历经8次修订。

1995年6月20日，国家计划委员会、国家经济贸易委员会、国家对外贸易经济合作部发布第5号令，对外商投资项目和方向予以明确和规定，发布《指导外商方向暂行规定》和《外商投资产业指导目录》，作为审批外商投资项目依据。《外商投资产业指导目录》中外商项目分为鼓励、允许、限制和禁止4类。其中鼓励类项目涉及农、林、牧、渔业及相关工业、轻工业、纺织业等17个行业；限制类项目分限制类（甲）项目涉及轻工业、纺织业、黑色冶金工业、医疗器械、服务业等12人行业；限制类（乙）涉及农、林、牧、渔业及相关工业、轻工业、纺织业、有色金属工业、交通运输、邮电通信业、内外贸、旅游、房地产及服务业、金融及相关行业等15个行业；禁止类项目涉及广播影视业、贸易业、电力工业及城市公用事业、新闻业。

鼓励类、限制类和禁止类外商投资项目，列入《外商投资产业指导目录》。不属于鼓励类、限制类和禁止类外商投资项目，为允许类外商外资项目。允许类外商投资项目不列入《外商投资产业指导目录》。限制类外商投资项目，根据国家产业政策和宏观经济调控需要，分别列入限制类（甲）或者限制类（乙）。限制类（甲）外商投资项目，按照现行规定程序和办法审批、备案。其中，属于国务院规定审批限额以下限制类（甲）外商投资项目，按照项目建设性质，分别由省、自治区、直辖市以及计划单列市计划部门或者主管企业技术改造部门审批。此类项目审批权不得下放。限制类（甲）外商投资项目，产品出口销售额占其产品销售总额70%以上限制类外商投资项目，经主管部门批准，可以视为允许类外商投资项目。

限制类（乙）外商投资项目，属于国务院规定审批限额以下，项目建议书由国务院行业归口管理部门审批；项目可行性研究报告按照项目建设性质，分别由省、自治区、直辖市以及计划单列市计划部门或者主管企业技术改造部门审批，并报国家计划委员会或者国家经济贸易委员会备案。此类项目审批权不得下放。属于国务院规定审批限额以上，按照现行规定程序和办法审批。

（三）审批条件与要求

外商投资企业设立审批条件、具体流程及要求：

项目建议书审批　由拟设立外商投资企业中方向项目审批机关提交项目建议书和其他必要文件。经审批机关批准后，方可申请下一步审批。

可行性研究报告审批　项目建议书经审批机关批准后，由项目各方在项目建议书基础上，共同编制项目可行性研究报告，报审批机关审批。

合同、章程审批　外商投资项目建议书和可行性研究报告经批准后，合营各方便开始签订合同，制定章程，报审批机关审批。

合营企业合同应包括下列10项主要内容：

合营各方名称、注册国家、法定地址和代表人的姓名、职务、国籍；

合营企业名称、法定地址、宗旨、经营范围和规模；

合营企业投资总额、注册资本、合营各方出资额、出资比例、出资方式、出资缴付期限以及出资额欠缴、转让规定；

合营各方利润分配和亏损分担比例；

合营企业董事会组成、董事名额分配以及总经理、副总经理及其他高级管理人员职责、权限和聘用办法；

采用主要生产设备、生产技术及其来源；

原材料购买和产品销售方式，产品在中国境内和境外销售比例；外汇资金收支安排；财务、会计、审计处理原则；

有关劳动管理、工资、福利、劳动保险等事项规定；合营企业期限、解散及清算；违反合同责任；

解决合营各方之间方式和程序；

合同文本采用文字和合同生效条件。合营企业合同附件，与合营企业合同具有同等效力。

合营企业章程包括下列8项主要内容：

合营企业名称及法定地址；

合营企业宗旨、经营范围和合营期限；

合营各方名称、注册国家、法定地址、法定代表人姓名、职务、国籍；

合营企业投资总额、注册资本、合营各方出资额、出资比例、出资额转让规定，利润分配和亏损分担比例；

董事会组成，职权和议事规划，董事任期，董事长、副董事长职责；

管理机构设置、办事规则，总经理、副总经理及其他高级管理人员职责和任免方法；

财务、会计、审计制度原则；解散和清算；

章程修改程序。

申请设立中外合资经营企业，应向审批机关提交以下文件：

设立合营企业申请书；

合营各方共同编制可行性研究报告；

由合营各方授权代表签署的合营企业合同和章程；

由合营各方委派合营企业董事长、副董事长、董事人选名单；

中方合营者企业主管部门和合营企业所在地省、自治区、直辖市政府对设立该合营企业签署意见。

审批机关自接到上述材料之日起，3个月内决定批准或不批准。

设立中外合作经营企业，应当向审批机关提交以下文件：

设立合作企业项目建议书，并附送主管部门审查同意文件；

合作各方共同编制可行性研究报告，并附送主管部门审查同意文件；

由合作各方法定代表人或其授权代表签署的合作企业协议、合同、章程；

合作各方营业执照或者注册登记证明、资信证明及法定代表人有效证明文件，外国合作者是自然人，应当提供有关其身份、履历和资信情况有效证明文件；

合作各方协商确定合作企业董事长、副董事长、董事或者联合管理委员会主任、副主任、委员人选名单；

审查批准机关要求报送其他文件。

审批批准机关应当自收到规定全部文件之日起45天内决定批准或者不批准。

外国投资者拟在中国境内设立外资企业，应当通过拟设立外资企业所在地的县级或者县级以上人民政府向审批机关提出申请，并报送下列文件：

设立外资企业申请书；

可行性研究报告；

外资企业章程；

外资企业法定代表人（或者董事会人选）名单；

外国投资者法律证明文件和资信证明文件；

拟设立外资企业所在地县级或者县级以上地方人民政府书面答复；

需要进口物资清单；

其他需要报送文件。

两个或者两个以上外国投资者共同申请设立外资企业，应当将其签订合同副本报送审批机关备案。

审批机关应当在收到申请设立外资企业全部文件之日起 90 天内决定批准或者不批准。

外商投资项目合同、章程经审批机关批准并颁发批准证书后，标志着项目审批最后完成。外商投资项目各方应在合同章程批准之日起 30 天内到登记主管机关办理登记手续，领取营业执照。

（四）变更审批

一般变更（含增加注册资金的变更）需提交的资料：

申请报告；

增资董事会决议；

补充合同、章程条款，要分别注明增资前各方出资额、出资方式、出资期限及新增注册资金中各方出资额、出资方式、出资期限；

前一次审批批文；

前一次审批合同与章程；

原董事会名单；

验资报告；

批准证书原件；

营业执照副本复印件。

股权转让（比例）变更，除一般变更应提交资料外，另需增加：

原合营各方认可股权转让协议（属委托人签字的，则需出具授权委托书）；

新的董事会成员名单（不变的不需提供）；

新任董事委派书及其个人简历；

经国外投资者所在国家公证机关公证并经中国驻该国使（领）馆认证外国投资者主体资格证明或身份证明（限增加境外新股东），香港、澳门和台湾地区投资者主体资格证明或身份证明应当依法提供当地公证机构公证文件（限增加境外新股东）；

外国投资者（授权人）与境内法律文件送达接受人（被授权人）签署《法律

文件送达授权委托书》（该委托书应当明确授权境内被授权人代为接受法律文件送达，并载明被授权人地址、联系方式）。（限增加境外新股东）；

属新增建设项目，则应提供规划、环保、国土等部门同意批复。

减少注册资本变更需提交的资料：

董事会一致通过决议和董事长签署申请书；

经中国注册会计师验证资产负债表、财产清单、债权人名单和营业执照副本；

审批机关初步答复；

减资公告（报纸原件，公告期45天）；

债务清偿或债务担保情况说明；

经原合营各方签字盖章合同、章程补充条款或重新修定合同、章程（独资企业无合同）；

有股权转让，另加股权转让资料；

有董事增减（更换），另提供新增董事委派书、个人简历及身份证复印件；

审批机关认为其他资料。

1997年，永州市审批外商投资企业204家，在工商行政管理局注册企业196家。先后开工、投产、开业外商投资企业115家，除去中止合同、合同到期、不具备经营条件被吊销、搬迁外地、破产倒闭等以外，应检外商投资企业80家。在80家应检企业中，未通过年检企业5家，另有3家企业或因法人代表在境外，或因企业股份发生变化等原因推迟年检。通过年检企业72家，年检合格率90%。

1998年（含1998年）以前审批三资企业228家，其中市直59家，县区及凤凰园经济开发区169家；独资企业60家，合作企业15家，合资企业153家；利用香港资金149家，利用台湾资金52家，利用澳门资金9家，利用美国资金10家，利用菲律宾、泰国资金各2家，利用法国、匈牙利、智利、斯里兰卡资金各1家，实际到位外资1.60亿美元；开工投产企业130家，正在筹建企业28家，因各种被吊销执照企业70家。

二、年检

（一）年检方式

涉外单位各自年检 1997年以前，永州市各涉外单位各自对企业出资、生产经营、财务、外汇、进出口等方面情况进行年检审查。市外经贸部门主要是对外商投资企业注册资本金进行核查，会同工商部门联合发催缴函，要求企业投资者之间按合同期限缴付注册资本金。同时依法对外商投资企业进行年检、年度审验、换发证件等工作。

联合年检 1998—2005 年，根据国家对外商投资企业管理有关规定，对外贸易经济合作部、国家工商行政管理局、国家经贸委、财政部、国家外汇管理局、国家税务总局和海关总署决定自 1997 年起对外商投资企业（包括台湾、香港、澳门、华侨社团投资企业，以下简称企业）出资、生产经营、财务、外汇、进出口等方面情况进行联合年检。

联合年检时间为每年 3 月 1 日至 4 月 30 日，为提高参检率延长至 5 月 30 日。要求企业认真、如实、完整地进行年检报告书及其他相关文书填写。企业向市招商局提供年检报告书复印件；批准证书正本原件及复印件；营业执照副本复印件；验资报告复印件（仅限应在上年度缴纳出资的企业，下同）；经会计师事务所审计的年度资产负债表和损益表复印件；企业年度财务审计报告复印件。

1998 年，按照国务院 7 部门及湖南省政府统一部署，永州市首次开展对外商投资企业联合年检工作。联合年检在市政府办公室指导下，由市招商局牵头，市工商行政管理局、市财政局、国家外汇管理局永州市中心支局、市国家税务局、市地方税务局、市经济委员会等单位参加。为使联合年检成功实施，市政府办公室主持召开由各参检单位代表参加联席会议，确定联合年检工作思路和指导思想，成立以招商局牵头联合年检工作机构。联检机构投入运作后，采取报纸、电视公告、发文、电话、上门通知等办法对应检外商投资企业进行通知通告。经过联合年检，对永州市外商投资企业现状做一次全面了解。

网上联合年检 2006—2012 年，根据国院批准《关于对外商投资企业实行联合年检的实施方案》规定及国家商务部等 6 部委联合下发《关于开展 2006 年外商投资企业联合年检工作的通知》和湖南省商务厅等 7 部门《关于开展 2006 年外商投资企业联合年检工作的通知》等文件精神，优化投资环境和企业经营环境，完善公开办事制度，实现纸质年检、人工年检向电子年检、网上年检过渡，摸清全市外商投资企业投资和经营现状，实现政府职能部门对企业有效管理。2005 年 12 月 31 日以前批准成立，注册地在永州市的所有外商投资企业，均需向市商务局、市国家税务局、市地方税务局、市工商行政管理局、国家外汇管理局永州市中心支局等部门申报联合年检。

2006 年，全面实行网上年检，参检企业首先进行互联网注册，然后向各年检部门录入年检信息，最后将年检报告书等资料报送联合年检办公室（市政务中心 2 楼）。

2007 年，永州市外商投资企业实行网上年检第 2 年，在各县区商务局和市直有关部门共同努力下，全市应检外商投资企业 200 家，实际到检企业 182 家，参检率 91%。

2009年，根据《湖南省人民政府关于进一步扩大市州和县市区及国家级开发区外商投资企业设立和变更核准权限的通知》和《湖南省商务厅关于进一步做好外商投资企业设立及变更审批工作的通知》文件要求，从2009年8月1日起，投资总额1亿美元以下鼓励类和允许类外商投资企业的设立和变更由市商务局负责核准。永州经济技术开发区核准投资总额3000万美元以下鼓励类和允许类外商投资企业的设立和变更；其他县区商务局核准投资总额1000万美元发下鼓励类和允许类外商投资企业的设立和变更。各县区、管理区、开发区商务局核准设立的外商投资企业凭批准文件统一由市商务局负责录入《全国外资审批统计系统》，通过系统审核后发证。外商投资企业存量超过80家或新批外商投资企业数量连续3年平均每年超过12家的县区、管理区、开发区可以申请独立发证端口。

（二）年检结果处理

年检结果处理主要有4种：合格、不合格、黄牌、吊销。

1996年，关于外商投资企业实行联合年检有关规定要求，实施一年一度联合年检时，有严重违反法律法规、没有经营地址、在规定期限内没有出资以及开业但半年以上或连续一年没有经营活动企业，定为年检不合格企业。工商行政管理部门将通知不合格企业限期整改。逾期未改者，要依法予以处罚；情节严重者，外经贸部门将依法撤销其批准证书，工商行政管理部门依法注销或吊销营业执照。不申报年检企业，按年检不合格企业处理，逾期参加年检企业，工商行政管理部门将依法给予罚款处罚。联合年检中发现有其他违规行为企业，则依据部门规章单独或联合采取处罚措施、予以黄牌警告。

1996—2005年期间，通过年检、联合年检、换证等方式，对逾期未到资、经营不善、企业内部矛盾撤资、到期、企业改制等原因，撤销企业批准证书26家。

2006—2015年期间，通过年检、联合年检、换证等方式，对逾期未到资、经营不善、企业内部矛盾撤资、到期等原因，撤销企业批准证书8家。

2016—2018年期间，通过年检、联合年检、换证等方式，对逾期未到资、经营不善、企业内部矛盾撤资、到期等原因，撤销企业批准证书3家。

第五节 市场运行秩序和安全生产监管

一、市场秩序整顿

2007年，永州市推行酒类流通溯源制度，建立台账管理制度，全年办理酒类批发许可证 168 家。酒类零售备案登记 4000 家，实现酒类商品从出厂到消费终端全过程监督管理。建立酒类市场准入机制。是年，因生猪高致病性“蓝耳病”疫情发生，猪源减少，猪肉价格上涨，猪肉市场供应一度出现紧张状况，市、县两级商务部门迅速启动市场供应应急预案，完善生猪定点屠宰目标管理考核责任制。推行定点屠宰和检验检疫制度，开展生猪屠宰加工行业专项整治活动，打击私屠滥宰和制售病死猪肉、注水猪肉等违法行为，对染疫或疑似染疫的生猪进行审查和无害化处理。

2008 年 1 月，永州市遭受 50 年一遇冰冻灾害，为确保在灾害天气情况下，城乡人们正常生活和市场供应，市县区商务部门组织调运生猪 1.72 万头、大米 2.86 万吨、食用油 3176 吨、成品油 7600 吨、蔬菜 1.31 万吨、蜡烛 60 万支等主要生活必须品供应市场。

2010 年 11 月 23 日，零陵区、冷水滩区开展肉酒烟市场专项整治联合行动。市商务局牵头联合工商、卫生、质监、畜牧、环保、公安部门和新闻媒体单位组成肉酒市场整治行动组。市烟草局牵头联合工商、卫生、质监、公安部门和新闻媒体单位组成烟草市场整治行动组。

肉品市场以《屠宰条例》《屠宰管理办法》和《纲要》为依据，整治手续不全，不符合商务部门规划纲要要求屠宰企业，打击私屠滥宰行为和屠宰过程中违规违法行为，打击以肉品加工为主黑窝加工厂和作坊等据点。

酒类市场以《酒管条例》《酒类管理办法》等文件为依据，打击酒类批发许可证或酒类零售备案登记证无证经营行为，不使用或不规范使用酒类流通随附单行为，制售假冒伪劣酒类违法违规行为，查验酒类随附单购、销、存登记台账和不悬挂酒类警示牌行为。

烟草市场以《烟草专卖法》为依据，打击无烟草专卖许可证无证经营行为，制售假冒伪劣卷烟违法违规黑窝点，非法在中心城区销售卷烟行为。

2011 年 4 月 29 日，市委、市政府关于印发《永州市人民政府机构改革的实施意见的通知》和《中共永州市委永州市人民政府关于永州市人民政府机构设置的通知》，明确规定市商务局设立商务综合行政执法支队。承担牵头协调整顿和规范市场经济秩序的相关工作；推动商务领域信用建设，指导商业信用销售，推进商务领域“诚信经营”示范创建活动，建立市场诚信公共服务平台；参与组织打击侵犯知识产权、商业欺诈等工作；承担 12312 商务举报投诉相关工作；贯彻执行商务行政执法法律法规、规章制度；指导、监督县区商务行政执法；承担全市酒类、生猪屠宰、食品流通、外资外贸及特种行业（典当、洗染、成品油、旧货流通、再生资源回收、报废汽车回收、零售商促销）等领域行政执法和稽查工作。

二、安全生产检查

每年年初，市商务局与市政府、市消防委签订安全生产目标责任状，将安全责任层层分解到所属商贸流通企业和相关企业、事业单位，召开商务系统安全生产工作会议，对全年的安全生产工作进行安排部署，与之签订“安全生产责任状”。

结合重大节日和季节，不同时期安全工作重点，组织开展企业自查和市商务局重点抽查，局领导亲自带队，每季度不少于 1 次，日常检查每月不少 1 次，督促隐患整改。重大假日、重大活动期间、非常时期安排专人实行全天值班，落实领导带班，确保信息畅通。

商贸领域安全检查，结合全市文明创建工作，对全市大型超市安全隐患和突出问题进行全面检查，督促整改。重点对商场、超市、市场等人员密集场所使用电梯、电器设备、游乐设施、消防通道等安全设施进行检查。检查设备是否定期检验；是否办理使用登记；管理人员和操作人员是否持证上岗；相关管理制度和操作规程是否建立和贯彻执行；对超市经营占用消防通道问题，商务局专门组织力量下到门店进行全面排查和指导改造。

2005—2012 年，永州市商务系统召开安全生产工作会议 21 次，对市城区商贸企业安全生产大检查 86 次。全市商务系统安全生产形势稳定，未发生安全生产责任事故。

2015 年 3 月，永州市开展商务系统重大安全隐患排查、清剿专项行动。对江华东升加油站、山城购物广场、沱江加油卡站、永州市步步高商业连锁有限公司江华分公司等 20 家单位开展综合治理非法生产经营、无照经营工作，重点对成品油经营企业开展地毯式摸底调查。发现存在灭火器过期、安全人员不在岗、消防水泵不会操作等安全隐患和问题，提出处理意见和改进措施。

2016—2018 年，永州市商务系统召开安全生产工作会议 28 次，市城区商贸企业安全生产大检查 730 次。全市商务系统安全生产形势稳定，未发生安全生产责任事故。

第六节　成品油监管

20 世纪 80 年代以前，国家按计划拨给交通运输、农业机械等系统各加油站和相关单位销售。20 世纪 80 年代以后，各种民营加油站、炼油厂大力发展，大部分原乡镇农机部门加油站经改制，变卖给私人经营，交通运输部门道路、水上加油站大部分归原来各地石油公司（中国石化前身）经营，少部分经改制，变卖给私人经营。20 世纪 80—90 年代成品油生产经营中，出现诸如以次充好、偷逃税款、短斤少两、事故多发等现象。国家有关部门对成品油市场进行全国性清理整顿。

1999 年，国务院办公厅发布《国务院办公厅转发国家经贸等部门关于清理整顿小炼油厂和规范原油成品油流通秩序意见的通知》和《国务院办公厅转发国家经贸等部门关于进一步整顿和规范成品油市场意见的通知》。永州市关闭不合格加油站经营条件加油站和油库，中国石化系统 122 家加油站和民营、集体企业 174 家加油站由省经贸委颁发《成品油零售经营批准书》，并对证书开始年检。经过清理整顿，成品油市场秩序有所好转，加油站经营管理进一步规范，由于利益驱动，加油站违规建设、布局不合理、过多过滥等问题还相当严重，税负不均、征收难度大等问题也较突出。国务院决定从 2002 年 2 月起，在全国范围内用半年时间开展加油站专项整治工作，2 月 27 日下发《国务院办公厅关于开展加油站专项整治工作的通知》。永州市根据国务院办公厅和省政府有关文件精神，市政府成立以主管副市长为组长、市政府分管副秘书长、经贸委、计委、公安、工商、消防、质监、国税、地税、石油公司等单位负责人为副组长和成员市清理整顿存成品油市场秩序领导小组，下设专门办公室，经贸委主管负责人任办公室主任，各县区亦成立相应领导小组，在全市范围内开展加油站专项整治工作。经过专项整治，全市没有发现不符合条件有证加油站，和不符合经营条件加油站和油桶点。对有证但不符合规范要求 27 家加油站进行搬迁改建，处罚一批偷逃税款加油站，针对相关问题签发 61 份整改通知书，对无证站点发出 35 份停业或限期拆除通知书。制定有关民营加油站由中国石化特许经营条件和相关规定，全市各颁证合法加油站统一由质监、税务部门完成税控机安装和计量装置安装检校。根据省经济贸易委员会、省工商行政管理局颁布《湖南省成品油经营资格年审办法》，规定对加油站进行经营资格年审，年审工作成为每年例行工作。按照省经贸委要求，全市建立加油站基本情况档案。制定《成品油零售经营许可证》申请条件及程序。按照省经贸委、省建设厅文件精神，制定永州市加油站行业发展规划（2003—2010）。全市成品油市场秩序好转，走向规范化、程序化。

2003 年，省安全生产监督管理局、省经济贸易委员会等 6 部门联合印发《关于规范危险化学安全管理的意见》通知，永州市在成品油行业开展全面实施危险化学品许可证制度。

2004 年，国家机构调整，成品油行业管理职能由原国家经贸委转移到国家商务部管理。为规范成品油市场管理，12 月 24 日，商务部颁发《成品油市场管理暂行办法》，从成品油经营许可申请与受理、成品油经营许可审查程序与期限、成品油经营批准证书颁发与变更、成品油市场监督管理以及法律责任都作出明确规定。

2005 年，市政府机构改革，成立永州市商务局。成品油市场管理职能由原市经贸委转移到市商务局。是年，特制定 2005—2007 年整顿和规范市场经济秩序工作规划，将成品油市场专项整治列入 16 项重点工作之一。

2006 年 12 月 4 日，《成品油市场管理暂行办法》施行 2 年后，经修改补充，商务部正式发布《成品油市场管理办法》。

2010 年，成品油市场管理一直按照《成品油市场管理暂行办法》执行。为方便对该办法操作，商务部印发《成品油经营企业指引手册》，对新建加油站、营运加油站歇业、注销、变更、遗失补证、年检等都作出具体操作规定。同年，根据《湖南省商务厅关于转发〈商务部成品油分销体系“十二五发展规划编制工作总体方案”〉的通知》，市商务局编制《成品油行业“十二五”（2011—2015）发展规划》。编制成品油行业（零售体系、配送体系）发展规划促进全市成品油市场健康发展和有序开放，是各级商务主管部门审批成品油经营企业重要依据。

2013 年，市商务局牵头，会同市公安、安监、消防、供电、工商、交警等部门以及珠山镇、水口山镇、梳子铺乡政府联合整治零陵区非法加油站，出动人员 200 人次，车辆 31 台次，取缔非法加油站（点）32 个，查封证照不全加油站（点）3 个。维护规范零陵区成品油市场秩序，消除涉及成品油市场消防安全隐患。

第七节　商务行政执法

2008 年，商务部提出加强商务行政执法，永州市本级和 9 县 2 区商务行政执法工作从争取执法试点入手展开。市、县区均挂商务综合行政执法支（大）队牌子，搭起执法队伍架子。从酒管、生猪定点屠宰、成品油市场、报废汽车回收、单用途商业预付卡监管等领域展开执法活动，由被动参与执法转向主动由商务部门牵头其他部门实施联合执法。

一、执法队伍与制度

（一）执法队伍

2011年4月，市政府办公室下发《永州市商务局主要职责内设机构和人员编制》的通知，明确设立商务执法队伍，支队长高配副处级。

2012年5月18日，永州市机构编制委员会办公室根据永府阅《关于研究商务综合行政执法工作的会议纪要》精神，推进商务行政执法体系建设，市商务综合行政执法支队增加全额拨款事业单位编制8名。市商务综合行政执法支队有专职行政执法人员12名（不含所辖零陵区、冷水滩区两区商务行政执法大队人员）。完善和拓展商务行政执法工作，祁阳县、东安县、双牌县、道县、江华瑶族自治县、蓝山县、零陵区、冷水滩区先后都组建专职商务行政执法队伍。

（二）执法制度

2012年，市县两级商务行政执法队伍建立健全《商务综合行政执法办案制度》《商务行政执法责任制》《商务行政执法过错责任追究制度》《永州市商务局廉政执法制度》《永州市商务行政处罚流程》《永州市商务综合行政执法车辆使用管理制度》《永州市商务综合行政执法支（大）队内部管理制度》等主体商务行政执法规章制度。按照国家商务部统一格式规范商务行政执法程序和执法文书，商务行政执法在规章制度框架内有序进行。执罚收入严格执行收支两条线规定，所有罚没款全部按照财政规定由被处罚单位和个人直接缴入市财政局专户，行政执法人员一律不许接触任何现金罚款。

二、执法机制及范围

（一）执法机制

2013年，为形成商务行政执法合力，市商务局与公安、工商、税务、质监、食药、农业等相关部门建立推行《永州市商务行政执法打击违法行为协作和信息共享机制》，与县级商务主管部门建立《永州市市县商务行政执法上下联动工作机制》，与常德市、娄底市兄弟市建立商务行政执法工作联系机制。专门制定《关于商务行政执法与刑事司法衔接的内部工作守则》。

2014年上半年，永州市中心城区和所辖9县全部开通12312商务举报投诉咨询服务热线。发挥12312商务举报投诉服务网络作用，依法受理、处理、转交、督办社会公众、企事业单位对违反商务领域法律法规行为举报投诉，配合商务行政科（股）室开展商务行政执法和商务业务咨询服务。

2015 年，贯彻落实省商务厅《关于开展单用途预付卡领域非法集资风险专项排查的通知》文件精神，永州市制定非法集资风险排查工作方案，开展非法集资风险专项排查工作。市商务局成立由局长邓群任组长，副局长陈军杰、李烨、徐明华、单春兰、张宏、刘大平为成员的非法集资风险专项排查工作领导小组。领导小组办公室设局市场秩序科，负责牵头组织协调、督促各单位完成工作任务。排查中现场查阅发卡企业发卡章程、购卡协议以及宣传海报、手册等资料；网上查阅发卡企业官方网站内公示资料。当面询问营业网点售卡人员，查看发卡企业业务系统记录，调取发卡企业预付卡业务数据等方式进行排查，经过非法集资风险宣传和排查工作，企业做得不到位地方得到整改，流通领域员工和群众认识到非法集资危害性，人民群众防范非法集资意识增强，识假防骗能力提高，对社会公众提示风险，群众自觉远离非法集资，远离犯罪，营造一个安全有序消费环境。

（二）执法范围

2012 年，全市 11 个县区、2 个管理区、1 个经济开发区范围内，凡是商务行政所覆盖的地方都实现商务行政执法监管。其中，金洞管理区、回龙圩管理区、凤凰园经济开发区有条件实施商务行政执法由本区商务部门执法，不具备执法条件，由市商务行政主管部门授权市商务执法支队或所在行政县商务行政主管部门承担执法职责。中心城区统一由市商务综合行政执法支队承担执法责任，区级不重复设立商务行政执法队伍。

2014 年 11 月，移交酒管执法。2015 年 10 月，生猪定点屠宰执法业务移交。商务行政执法围绕国家和省、市、县商务工作重心，开展成品油、报废汽车回收、单用途商业预付卡、流通领域食品安全、再生资源回收、典当、拍卖和商品流通业监管和执法。全面履行商务行政执法监管职责。

三、行政执法活动

2005 年，商务综合行政执法突出食品打假专项整治工作，整顿和规范市场经济秩序。商务综合行政执法下发各种宣传资料 15 万份，出动行政执法人员 1.31 万人次，车辆 2719 台次，检查各类市场 385 个、企业 1277 家、经营户 48685 户，检查各类商品 2918 种，查处各类经济案件 248 起，查获假冒伪劣食品 2620 件。

2006 年，商务综合行政执法坚持日常稽查和专项整治相结合，配合工商、质监、卫生等部门严查酒类和生猪屠宰管理。商务综合行政执法酒类行政执法检查，出动行政执法人员 1000 人次，车辆 300 台次，查处各类案件 300 起，查处酒类违法案件 120 起，立案 60 起，结案 40 起，查获假冒名优酒 1000 余瓶，封存不合格酒类 210 件，没收过期酒类 80 件。开展打击私屠滥宰专项行动，出动行政执法人员

2695人次，检查经营户（含屠宰场）253次，查处违法案件35起，收缴违法肉品8000公斤，取缔私屠滥宰23起，查处注水肉7起共950公斤，病害肉7起230公斤。

2007年，商务综合行政执法围绕食品打假，药品、医疗器械专项整治和农资专项整治等15项工作，下发各种宣传资料15万份，出动行政执法人员10291人次、车辆2774台次，检查各类市场285个、企业2277家，经营户58685户，检查各类商品2346种，查处各类经济案件348起，案值8689万元。次年，全市组织一次大规模酒类产销交叉检查，查获各类假冒名酒400瓶。

2009年，商务综合行政执法严格实行酒类市场准入和随附单制度规范酒类市场。证照不全、资金不足，没有取得酒类从业资格证书、经营场所和仓储设施不符合要求，一律不办理酒类批发许可证。新上市酒类商品先行登记，在规定时间内申报审批，经审核合格后，才允许上市销售。全年为156个酒类批发经营户换发新酒类批发许可证。组织各县区开展10次专项整治行动，没收假劣酒1200多瓶。打击私屠滥宰专项行动，查处私屠滥宰33起，处理违法肉品4160公斤，查处病害肉362起57007公斤，深埋病害生猪产品100头，查处瘦肉精肉品2起240公斤。

2011年，商务综合行政执法对酒类、生猪屠宰管理采取部门协调、联合执法形式，开展专项整治工作，打击私屠滥宰、注水、病害猪肉上市等违法行为，查处以假充真、以劣为好、假冒伪劣产品等非法经营行为。开展专项商务综合行政执法20次，出动宣传车和执法车辆100台次，查处无证经营酒类企业34家，收缴假冒伪劣酒2000瓶。查处私屠滥宰和违规注水行为12起，收缴白板肉和注水肉3000公斤，查处病害猪肉3起600多公斤。

商务综合行政执法开展农资市场专项整治，查处假冒伪劣化肥3600吨，农药160件。配合文化、出版、知识产权局开展打击侵犯知识产权专项整顿，取缔违法广告50条，涉嫌冒充专利产品50起，捣毁制假窝点12个。

2013年5月，商务综合行政执法人员对中心城区百货超市、名烟名酒店进行执法检查，重点打击销售假冒伪劣酒类商品行为，检查酒类经销商执行《酒类流通管理办法》的相关规定。加强酒类流通领域食品安全监管，从源头上杜绝假酒，不能溯源的酒类产品混入市场流通。执法人员没收超市、名酒店、假冒伪劣、没有经营权的茅台、五粮液、卡斯特等名酒50件。

第八节 商务举报投诉中心

一、12312 举报投诉中心

12312 商务举报投诉中心又称为 12312 商务举报投诉服务中心。

2009 年初，省商务厅传达国家商务部决定在各省部分地市进行商务举报投诉中心试点工作决定，市商务局即着手以法规科为主，开始商务举报投诉中心筹建工作。

2011 年 4 月 29 日，市委、市政府关于印发《永州市人民政府机构改革的实施意见的通知》和《关于永州市人民政府机构设置的通知》，明确规定市商务局设立永州市商务综合行政执法支队。承担牵头协调整顿和规范市场经济秩序相关工作；推动商务领域信用建设，指导商业信用销售，推进商务领域“诚信经营”示范创建活动，建立市场诚信公共服务平台；参与组织打击侵犯知识产权、商业欺诈等工作；承担 12312 商务举报投诉相关工作；贯彻执行商务行政执法的法律法规、规章制度；指导、监督县区商务行政执法；承担全市酒类、生猪屠宰、食品流通、外资外贸及特种行业（典当、洗染、成品油、旧货流通、再生资源回收、报废汽车回收、零售商促销）等领域行政执法和稽查工作。

2012 年，永州市作为国家商务部确定商务综合行政执法试点推进城市，开通 12312 商务举报投诉热线。同年 7 月 30 日，市商务局与中国电信股份有限公司永州分公司签订 12312 商务举报投诉热线呼叫中心服务合同。8 月 1 日，全市范围内开通 12312 热线电话。市民可通过该热线电话，对永州市酒管、屠宰、成品油、再生资源回收、商业特许经营、流通领域食品安全等商务领域行政违法案件进行举报、投诉。实行 24 小时待机服务投诉机制。服务热线开通，有工作人员 3 名，与市商务行政综合执法支队合署办公，有 5 间办公室和 1 间服务厅，总面积 130 平方米。拥有全国统一的 12312 商务综合执法举报投诉服务热线电话和相应计算机服务处理系统等设备，配备执法专用车辆及执法防护装备。8 月 17 日，中心工作人员参加国家商务部举报投诉服务热线 12312 中心上岗培训，考试合格，获得商务部市场秩序司颁发 12312 商务举报投诉服务中心工作上岗资格证书，实行执证上岗。

2014 年底，全市实现中心城区和 9 县 12312 商务举报投诉热线全覆盖。2015 年 1 月，在国家商务部电子商务中心协助下，永州市 12312 商务举报投诉服务系统平台建成启用，全市 12312 商务举报、投诉 24 小时全天候接听、受理、交办、回复、统计、上报等由手工操作转为自动化、智能化操作。

12312 商务举报投诉服务系统受理范围涉及商贸流通、服务领域诸如：单用途商业预付卡、成品油经营、报废汽车拆解、典当、拍卖、特许经营、零售商促销、零供交易、技术进出口、再生资源回收管理、对外贸易、对外劳务合作、对外承包工程，以及反倾销、反补贴、反垄断等扰乱市场秩序行为和违反商业诚信行为举报投诉，提供商务政策咨询、办事程序咨询等方面服务。

12312 投诉举报咨询服务，建立《永州市 12312 投诉举报咨询服务中心工作制度》《永州市 12312 服务中心业务受理流程》等管理制度。

二、投诉案件处理

2012 年，冷水滩区曲河居民举报，曲河屠宰场非法排污，影响群众生活。市商务局行政执法支队现场调查，情况属实，将此案转市生猪定点屠宰资格审核清理工作领导小组办公室处理。市生猪定点屠宰资格审核清理工作领导小组办公室，根据《湖南省生猪屠宰厂（场）设置管理办法》第二章第五条第四款规定和商务、环保、畜牧等部门联合现场查验确认，冷水滩区上岭桥曲河屠宰场不符合设置规划设立条件，依据《湖南省屠宰管理条例》于 2012 年 11 底前关闭该定点屠宰场。

2013 年 1 月 8 日，接市民举报，祁阳县肖家村镇有私屠滥宰点。接案后，中心向分管领导汇报，市商务行政执法支队现场调查，形成报告转由祁阳县肖家村镇政府妥善处理。3 月 9 日，接市民投诉，8 名顾客在印象巴黎兰州拉面馆喝啤酒，其中 1 名顾客喝到一瓶啤酒感觉不对，余下小半瓶未喝完之后，反应强烈，呕吐、腹泻，随后送医院检查并输液，次日早晨症状消失出院，怀疑啤酒中毒，要求 12312 调查处理。市商务行政执法支队现场了解情况，作为消费维权移交工商行政管理局处理。8 月 15 日，接市民举报，零陵区非法加油站被取缔后，又有几家加油站死灰复燃，非法经营，强烈要求予以打击取缔。接案后，市商务行政执法支队零陵区商务局进行现场查处，维护成品油市场秩序，拆除非法经营加油站。

2014 年 1 月 9 日，市民举报，零陵区有非法加油站。接案后，中心向市商务局行政执法支队汇报。市商务局行政执法支队采取联合执法行动，取缔非法经营成品油站 1 家。3 月 16 日，市民咨询，农贸市场建设的优惠政策和项目资金。中心转交市商务局市场体系建设科，按有关政策规定给予回复。7 月 13 日，市民举报，永州市政旭拍卖有限公司违规拍卖旧机动车辆。市商务局综合行政执法支队直接下达终止拍卖行为通知。10 月 9 日，市民举报，江华瑶族自治县城郊加油站无证无照经营。市商务局综合行政执法支队，协同江华瑶族自治县商务局调查处理。江华瑶族自治县商务局下发责令整改通知书。

2013—2014年，12312商务投诉举报中心，接到受理投诉举报咨询电话50起(其中2013年27起，2014年23起)，转递给相关职能部门或市商务局的有关科室处理的主要案件8起，其中成品油案3起，肉类食品安全2起，酒类食品安全1起，其他2起。

第九节　行业内部管理

一、商会

2015年1月13日，市委、市政府下发《关于鼓励支持永州异地商会发展的意见》。文件指出：加强永州异地商会建设、支持永商发展，是塑造永商形象、打造永商品牌、提升永州经济实力的重要内容；是加强企业家队伍建设，推动企业做大做强重要举措；是创新区域经济合作模式，推动区域经济发展重要途径；是鼓励全民创业、提升永州区域竞争力、建设品质活力永州现实需要。截至2018年12月，永州在全国各地成立永州异地商会14家，全国各地在永州成立异地永州商会5家。

(一) 异地永州商会

湖南潇湘经济促进会　2006年1月，湖南潇湘经济促进会成立。是以在长株潭地区永州籍企业家和曾经在永州工作生活过以及愿意为潇水流域地区经济发展做贡献国内外各界人士，自愿组成，经省工商联合会批准、省民政厅民间组织管理局登记注册的综合性、服务性民间社会组织。有会员单位800家。经济促进会设会长1名、常务副会长7名、副会长11名，秘书长1名、副秘书长1名。

广东省湖南永州商会　2007年10月，广东省湖南永州商会成立。由湖南省永州籍在广东省各行业从事工商业活动各种所有制企业、事业单位，广东地区工作、创业和学习的永州籍企业家、优秀企业高层管理人员、专家学者人士和个人自愿参加自愿发起综合性社团组织。有团体会员600家，个人会员6000名。商会设名誉会长6名、执行名誉会长1名、创会会长1名、执行会长2名、监事长1名、常务副会长36名、副会长64名、副秘书长1名、秘书1名、兼职副秘书长1名。

北京永州企业商会　2010年6月，北京湖南企业商会永州分会批准成立。2015年12月，经北京市民政局批准成立北京永州企业商会。2016年4月挂牌营运，有会员企业200家。北京永州企业商会是永州人在京开办企业、事业单位以及在京工作、生活和学习的永州人自愿组成非盈利性社团组织。是北京、永州两地文化经济融合纽带，是企业家交流合作，创业发展开放平台。商会设名誉会长 2 名、会长 1 名、执行会长 6 名、常务副会长 14 名、副会长 14 名、秘书长 1 名。

东莞市湖南永州商会 2011 年 9 月，东莞市湖南永州商会成立。由湖南永州籍在东莞从事工商业活动优秀企业家自愿参加自愿发起社团组织，是永州籍乡贤在东莞地区唯一合法商会。有团体会员 200 家。商会设名誉会长 2 名、会长 1 名、监事长 1 名、常务副会长 9 名、副会长 7 名、秘书长 1 名（常务副会长兼）。

南宁永州商会 2012 年 9 月，南宁永州商会成立。是永州籍企业家在南宁进入新发展阶段，为南宁市和永州市经济合作与交流搭建一座坚实桥梁，促进两市交流合作，培养高素质优秀企业家，构建永州南宁两地经济技术合作新平台。商会设会长 1 名、常务副会长 8 名、副会长 13 名、秘书长 1 名（执行会长兼）。

上海永州商会 2013 年 6 月，上海永州商会成立。由永州地区籍贯以及在永州工作、生活、学习过人士在沪（或异地）依法成立的各种经济组织，自愿结成具有法人资格地方性、经济性、非盈利性社会团体组织。商会设会长 1 名、执行会长 1 名、常务副会长 7 名、副会长 21 名、副秘书长 2 名。

沈阳永州商会 2013 年 8 月，沈阳永州商会成立。在沈阳永州籍人士为商会会员，其所经营企业经申请批准后可成为商会企业会员。有个人会员 60 人，会员企业 30 家。是永州人在沈阳开办企业、事业单位以及在沈阳工作、生活和学习的永州人自愿组成非盈利性社团组织。商会设会长 1 名、执行会长 1 名、第一常务会长 1 名、常务会长 2 名、副会长 2 名、秘书长 1 名。

株洲市永州商会 2014 年 3 月，株洲市永州商会成立。经株洲市民政局批准依法成立社会组织，面向所有在株洲永州籍经商企业非营利性团体组织。本着自愿互助、共同发展原则，促进企业间商品、资金、技术、物资和先进经营理念交流，致力于永州、株洲两市经济发展和构建和谐社会。商会常驻会员单位 99 家，常务理事、理事单位 7 家，会员单位 71 家。商会设会长 1 名，常务副会长 1 名，副会长兼秘书长 1 名，副会长 18 名。

广州市湖南永州商会 2014 年 5 月，广州市湖南永州商会成立。以都市大广州为核心，汇聚永州市 11 个县区含永州经济技术开发区、金洞管理区、回龙圩管理区、湖南省福田茶场等所属永州市管辖的行政区域精英及热爱广州湖南商会，支持商会工作友好单位及个人而组成的独立社会团体。利用广州区域拥有最多永州企业，最富永州人才，最强永州实力天然条件来打造永州商会百年基业。商会设会长 1 名、监事长 1 名、常务副会长 6 名、副会长 21 名、副秘书长 1 名。

珠海永州商会 2014 年 5 月，珠海永州商会成立。本着自愿互利，共同发展原则，办成相互交流、合作、学习平台，办成展示、奉献、发展舞台。为会员在项目建设、招商引资、技术推广、创建品牌、人才引进、信息交流等活动提供服务与帮助，为会员发展提供信息交流、资源共享良好平台。商会设名誉会长1名、会长1名、执行会长1名、监事长1名、常务副会长8名、副会长18名、副会长兼秘书长1名、主任1名。

郴州市永州商会 2015年12月，郴州市永州商会注册登记。2016年7月，在郴州市华天大酒店召开成立大会。有企业会员130家、个人会员113名。由永州籍在郴州从事各种行业工商活动企业家，具有一定行业代表性社会经营人士组成社团组织。利用郴州、永州睦邻区位优势，通过商会发展平台，为郴州经济建设增砖添瓦，为永州经济建设增光添彩。商会设会长1名、监事长1名、常务副会长8名、副会长4名、副会长兼秘书长1名。

海南省永州商会 2016年7月，海南省永州商会经海南省民政厅批准成立。2017年1月，召开第一届第一次会员大会。有企业会员106家、个人会员267名。由在琼永州籍企业家共同发起，在海南省工商行政管理局登记注册社会团体。是在琼永州人的家，让更多在琼异乡人抱团发展，资源共享，让在琼永州人有家的归属感。商会设会长1名、执行会长1名、监事长1名、常务副会长5名、副会长4名、秘书长1名。

云南省永州商会 2017年1月，云南省永州商会成立。以在云南省昆明市常住或长期从事工商业活动湖南省永州籍企业法人代表、个体经营者为主体，团结和吸纳在云南省各地域湘永籍工商界同仁，自发自愿组成联合性、非政治性、非营利性具有法人登记社会团体。有创始会员及企业单位200家。商会凝结乡情友谊，汇聚滇昆永商，整合在滇老乡资源，立足七彩云南，情系永州家乡。商会设会长1名、监事长1名、常务副会长7名、副会长24名、特邀顾问兼秘书长1名。

重庆市永州商会 2018年12月，重庆市永州商会成立。商会成立为永州在渝企业家进行资源共享、优势互补和抱团发展创建新载体，为永州与重庆市交流合作搭建新平台，对促进永州在渝企业做大做强，助推两地携手合作起到积极作用。商会设会长1名、执行会长1名、副会长4名、监事1名、秘书长1名。

异地永州商会会长一览表

表9-4

商会名称	成立时间	姓名	备注
湖南潇湘经济促进会	2006年1月	刘祥华	
广东省湖南永州商会	2007年10月	秦保国、黄钟汉	
北京永州企业商会	2010年6月	唐金龙	

续表9-4

商会名称	成立时间	姓名	备注
东莞市湖南永州商会	2011 年 9 月	黄盅日	
南宁永州商会	2012 年 9 月	赵书志	
上海市湖南永州商会	2013 年 6 月	周序学	
沈阳市永州商会	2013 年 8 月	周遵贤	
株洲市永州商会	2014 年 3 月	陈文义	
广州湖南永州商会	2014 年 5 月	温精华	
珠海永州商会	2014 年 5 月	皮社胜	
郴州永州商会	2015 年 12 月	邓　辉	
海南省永州商会	2016 年 7 月	黄劲培	
云南省永州商会	2017 年 1 月	谢一鸣	
重庆市永州商会	2018 年 12 月	唐　兵	

说明：异地永州商会名录以成立日期先后排序，截止日期 2018 年 12 月。

（二）永州异地商会

永州市宝庆商会　1992 年 12 月，永州市宝庆商会成立。有会员 1200 人，是永州市成立时间最早、影响最大行业商会、先进商会。永州市宝庆商会以其搭桥梁、促合作、凝力量，为永州经济和社会发展取得令人注目成绩，受到社会各界广泛赞誉和关注。商会设会长 1 名、执行会长兼党支部书记 1 名、常务副会长 1 名、副会长 6 名、秘书长 1 名。

永州市浙江商会　2005 年 8 月，永州市浙江商会成立。是永州市第一家由相关部门批准市直商会和第一家市直异地商会、市先进社会组织。在永浙商 3 万人，有会员单位 200 家，其中会员企业 76 家。商会积极参与永州市国企改革、市政建设、商贸流通、招商引资、以及能源建设等领域。商会设会长 1 名、执行会长 1 名、常务副会长兼监事会主任 1 名、常务副会长 11 名、副会长 9 名、秘书长 1 名。

永州市福建总商会　2012 年 4 月，永州市福建总商会成立。由在永闽商投资企业自愿组成非营利性社会团体。在永州投资兴业闽商从业人员有 3 万人，致力搭建永州与福建两地政府与企业相互沟通联系与合作。总商会有正副会长 37 名。其中会长 1 名、执行会长 1 名、常务执行会长 1 名、常务副会长 19 名、副会长 15 名，理事单位 9 个，个人会员 123 名。

永州市祁东商会　2015 年 6 月，永州市祁东商会成立。有会员 210 人，着眼于传播乡情，弘扬祁东人独具创业精神，展示祁东人民良好精神面貌，为永州经济发展和祁东商人成长做最大贡献。商会设名誉会长 2 名、设会长 1 名、执行会长 5 名、常务副会长 1 名、副会长 6 名、秘书长 1 名、副秘书长 1 名。

永州市衡阳总商会 2016 年 9 月，永州市衡阳总商会成立。由衡阳籍人士在永州市投资兴业私营企业、个体经营者及相关人士自愿组成、自律管理具有法人资格非营利性社团组织。总商会设名誉会长 1 名、会长 1 名、执行会长 4 名、监事长 1 名、常务副会长 4 名、副会长 12 名、常务副会长兼秘书长 1 名、副秘书长 1 名。

永州异地商会会长一览表

表 9-5

商会名称	成立时间	姓名	备注
永州市宝庆商会	1992 年 12 月	姚芳明	
永州市浙江商会	2005 年 18 月	毕贤程	
永州市福建总商会	2012 年 4 月	杨光勇	
永州市祁东商会	2015 年 6 月	熊中铁	
永州市衡阳总商会	2012 年 9 月	左雪飞	

说明：永州异地商会名录以成立日期先后排序，截止日期 2018 年 12 月。

（三）商会主要活动

2015 年 12 月 12 日，首届永州市异地商会会长年会在深圳凯宾斯基大酒店隆重举行。是市委、市政府将联络服务商会确定为全市重要工作后首次召开会长年会。市委书记陈文浩，市委副书记、市长易佳良，市政协主席唐定率市直有关部门和各县区、管理区、经开区党政代表团，与来自全国各地 13 个永州异地商会（10 个异地永州商会、3 个在异地在永商会）会长、秘书长以及广东湖南永州商会常务副会长等 80 人出席，会议由副市长罗双全主持。是年，市委、市政府高度重视商会发展，出台《关于鼓励支持永州异地商会发展的意见》。各永州异地商会充分履行职能，加强自身建设、服务会员参与家乡建设。投资 5000 万以上工业或商贸物流项目 19 个、总投资 62 亿元，公益事业捐款 260 万元，协助政府举办永州市在粤企业家座谈会、2015 “港洽周”、清明恳亲会等系列活动，牵头联系客商 200 人次，回永考察 11 次，为家乡经济社会发展发挥特殊平台作用。特别是通过广东省湖南永州商会牵线搭桥，促成广东广谱生物科技发展有限公司、深圳天汇财富投资管理有限公司与永州市达成合作意向，计划投资 50 亿元建设天汇广谱生物医药产业园。其中崧顺科技电子信息等 4 个项目竣工投产。

2018 年 12 月 22 日，海南省永州商会承办第四届永州异地商会会长年会在海南省会海口市举行，市委常委、统战部长石艳萍，副市长李旦梅，市政协副主席、市工商联主席吕斌，市政府副秘书长邓海波，市商务和粮食局党组书记、局长邓群等领导，永州异地商会会长或秘书长参加会议，会议由副市长李旦梅主持。会上宣读《永州市人民政府关于表彰2018年度优秀异地商会的通报》。上海永州商会、广东省湖南永州商会、海南省永州商会、珠海永州商会、云南省永州商会、永州市衡阳总商会、永州市浙江商会被授予“2018年优秀永州异地商会”荣誉称号。永州市异地商会工作进展顺利，各异地商会健康蓬勃发展，为促进永州对外经贸交流和经济社会发展作出应有贡献。各异地商会先后参加和协助政府举办举办第九届清明恳谈会、学位建设座谈会、首届永州农民丰收节、长三角洽谈周，中国首届进口博览会等活动，牵头联系客商150人次，回永考察40次，引进项目33个，总投资169.23亿元人民币，为永州市招商引资发挥良好平台作用。这些考察活动，促成永州（深圳）智能硅谷产业园、华维灌溉项目等项目落户永州。永州异地商会在协助政府招商的同时，参与家乡公益事业，为家乡公益事业捐款408.33万元。

二、协会

（一）汽车行业协会

2013年8月28日，永州市商务局《关于同意成立永州市汽车行业协会的审查意见》，成立永州市汽车行业协会，有利于促进永州经济社会发展，发挥企业与政府之间桥梁纽带作用。经过对《章程》审查，同意办会宗旨、业务范围以及今后工作主要任务。经审查，第一次会员代表大会选举产生会长刘夏明，常务副会长兰明荣，副会长邓向民、李湘伟、申伟、雷跃斌、唐锦涛、唐文武、曾小轩，秘书长周立江符合社会团体负责人任职条件，同意担任。同意挂牌永州市汽车行业协会，办公地址设永州市冷水滩区梅湾路翠竹园一巷39号。依照国家《社会团体登记管理条例》规定登记程序，到市民政局办理登记注册手续。并自觉遵守国家法律、法规，依照登记《章程》开展活动，为永州汽车行业和永州经济社会作出贡献。

2014年，汽车行业协会在永州火车站广场，组织主办3次汽车展销会，参展品牌单位60家，成交品牌车1200台，总成交额1.32亿元。

2015年3月，汽车行业协会进行换届选举，兰明荣当选会长，刘夏明为名誉会长，选举产生常务副会长1名，副会长4名，副会长唐文武当选秘书长。是年，汽车行业协在冷水滩区、江华瑶族自治县、宁远县、道县主办8次汽车巡展展销会，成交汽车5186台，交易额5.1亿元，自搭大棚147个，为会员参展单位节约展费764.4万元。利用车展与保险公司合作，为会员单位创造200万元保险返点费。新吸收汽车经销商会员单位3家，汽车行业协会有会员单位36家。汽车行业协会成为湖南省汽车商会会员单位。

2016年，汽车行业协会召开会长会议21次，召开会员单位负责人会议9次，为会员单位协调解决问题10项（个）。组织会员学习有关政策法规，《关于促进汽车维修业转型升级提升服务质量的指导意见》《汽车品牌销售管理办法》《关于进一步做好新能源汽车推广应用工作的通知》等。是年，汽车行业协会分别在冷水滩区、零陵区、江华瑶族自治县、宁远县、道县主办汽车巡展8次，成交汽车6730台，成交额8.7亿元，分别比上年增加29.7%和70%。汽车行业协会增加会员7个。汽车行业协会被评为湖南省优秀市州协会。

2017年3月，永州市社会组织综合委员会《关于同意成立永州汽车行业协会社会组织党支部的批复》，经市社会组织综合党委会议研究，同意成立永州市汽车行业协会党支部，兰明荣任党支部书记，邓向民、唐建荣任支部委员。完善管理制度，汽车行业协会印发《永州市汽车行业协会自律公约》《永州市汽车行业协会规范化管理条例》《永州市汽车行业协会会议制度》《永州市汽车行业协会财务管理制度》等规章制度。4月，邀请市工商局、零陵区工商分局专业人员到汽车行业协会给全体会员讲课培训，普及提高会员有关经商法规知识，为个别经销商纠正广告宣传夸大、合同存在霸王条款、客户投诉处理不及时等法规缺失问题。6月，汽车行业协会组织会员单位经理赴改革开放前沿地区厦门考察学习经商先进理念和经验。7月，汽车行业协会响应中央省市扶贫号召，到冷水滩区黄阳司镇天里坪村走访贫困户，帮助脱贫，为该村捐扶贫款5万元。是年，汽车行业协会分别在冷水滩区、江华瑶族自治县、宁远县、道县主办汽车展销会6次，成交品牌车3450台，成交额3.5亿元，为参展会员单位节约费用920万元。汽车行业协会车展成效显著，获取湖南省财政年度展位培育专项资金20万元。

2018年，汽车行业协会召开会长会议20次，为会员单位排忧解难。6月，汽车行业协会派专人与零陵区政府和市商务和粮食局衔接，帮助潇湘汽车城经商业主解决经销店、4S店土地、房产证问题。组织会员单位经理到云南丽江学习考察。10月，汽车行业协会向零陵区政府、市商务和粮食局反映汇报，解决市汽车协会与潇湘汽车城汽车商会长期互相排斥问题。11月；汽车行业协会组织相关会员赴欧洲学习考察汽车经营经验。是年，汽车行业协会在冷水滩永州大市场主办汽车展销会3次，在李达大道主办车展1次。4次车展参展品牌单位126家，成交品牌车2716台，成交额2.7亿元，为参展会员单位节约参展费用189万元。参与扶贫攻坚战，为祁阳县满明村、石湾村，东安县白牙水村各捐扶贫款5000元，共捐1.5万元。为汽车城受灾农户捐慈善款1万元；为接履桥派出所赞助办公经费1.5万元。汽车行业协会3名会员单位被评为省汽车商会表彰优秀4S店。汽车行业协会被评为永州市“诚信服务承诺单位”。

2013—2018 年永州市汽车行业协会历届领导一览表

表 9-6

年度	机构名称	历届领导人			任职时间	备注
		职务	姓名	性别		
2013—2015（第一届）	永州市汽车行业协会	会长	刘夏明	男	2013. 8—2015. 3	
		常务副会长	兰明荣	男	2013. 8—2015. 3	
		副会长	邓向民	男	2013. 8—2015. 3	
			李湘伟	男	2013. 8—2015. 1	
			申　伟	男	2013. 8—2015. 3	
			雷跃斌	男	2013. 8—2015. 3	
			唐锦涛	男	2013. 8—2015. 1	
			唐文武	男	2013. 8—2015. 3	
		秘书长	周立江	男	2013. 8—2015. 1	
2015—（第二届）	永州市汽车行业协会	会长	兰明荣	男	2015. 3—	
		名誉会长	刘夏明	男	2015. 3—2017. 12	
		常务副会长	邓向民	男	2015. 3—	
		副会长兼秘书长	唐文武	男	2015. 3—	
			申　伟	男	2015. 3—	
			雷跃斌	男	2015. 3—2017. 12	
			曾小轩	男	2015. 3—2017. 12	

（二）餐饮行业协会

1988 年 9 月 1 日，经零陵地区民政局登记同意，零陵地区烹饪协会在冷水滩成立，挂靠零陵地区商业局，业务上受零陵地区商业局指导，协会地址设冷水滩泉陵宾馆。会长李云亮，选举产生副会长 7 名，副会长冯祥发兼任秘书长。

1995 年 11 月，国务院批准，撤销零陵地区建置，设立地级永州市，零陵地区烹饪协会随此更名为永州市烹饪协会。因企业改制，人员变动，没有及时到民政部门登记年审，协会处于半瘫痪状态。会长刘运武，选举产生副会长 3 名，副会长冯祥发兼任秘书长。

2005 年，湖南省首届湖湘文化烹饪创新大赛，永州推选 3 人参赛，获 1 枚金牌，2 枚银牌，获突出贡献奖。

2008 年，第六届全国烹饪技能竞赛暨湖南省第二届烹饪创新菜大赛，永州市推选 2 人参赛，获得 1 枚金牌、1 枚银牌、1 枚铜牌，获优秀组织奖。

2010 年，首届中国乡土菜烹饪大赛，永州市推选 4 人参赛，获得 3 枚铜牌和 1 个优秀奖。

2011 年 9 月 20 日，经市民政局重新登记，成立永州市餐饮行业协会，原永州市烹饪协会自行消失。原烹饪协会已召开二届会员大会，考虑烹饪协会到餐饮行业协会人员、业务延续性，经反复酝酿，餐饮行业协会员大会通过，永州市餐饮行业协成立后就沿用原烹协第三届会员代表大会序列。唐绩祚任会长。

2012 年，市商务局举办，市餐饮行业协会承办，永州 10 大地方名菜评选活动。评选出永州 10 大地方名菜为：东安鸡、永州血鸭、永州喝螺、瑶家冬笋炒腊肉、宁远酿豆腐、永州红煨异蛇、永州盘龙鳝鱼、永州虎皮香芋扣肉、道州粉蒸灰鹅、东安水岭羊肉。是年，参加湖南省第七届湘菜美食文化节烹饪服务大赛，永州推选 9 人参赛，获 2 枚金牌，1 枚银牌，4 枚铜牌，获优秀组织奖。

2013 年 6 月，冯祥发主撰《永州美食》一书出版，该书图文并茂，共 30 多万字，收录永州菜点 336 个。创永州 3 个第一：即第一次将永州 2000 多年美食文化用文字形式表现出来；第一次将永州 336 个菜点美食集聚一书；第一次集中介绍永州餐饮名师、名店。开创湖南省市州无美食专著先河。同年 10 月，第 23 届中国厨师节，永州市参赛选手取得 5 枚金奖、2 枚银奖、2 枚铜奖。同月，全国酒家酒店等级评定委员会培训、考试、考核、公示，授予李一凡、陈国才、冯祥发、周文 4 人“国家级酒家酒店等级评定评审员”。11 月，永州市首届美食文化节在永州万喜登酒店举行，产生 10 枚金奖、10 枚银奖、10 枚铜奖；优秀组织奖 3 个，突出贡献奖 2 个。

2014 年 3 月，市餐饮行业协会黄青柳任会长，选举产生副会长 15 名，监事长 1 名，冯祥发任秘书长。是年，参加湖南省第三届湘菜创新大赛，永州市推选 6 人参赛，获 1 枚金牌，3 枚银牌，2 枚铜牌，获优秀组织奖。同年 11 月 28—29 日，第九届湘菜美食文化节招牌菜大赛在浏阳市举行。永州市代表团获 10 枚奖牌，其中湘菜金牌招牌菜奖 3 枚、湘菜地方特色招牌菜奖 7 枚。次年 10 月，永州市第二届美食文化节，评出永州市金牌特色餐饮店和永州市特色餐饮店 20 家（其中永州市金牌特色餐饮店 10 家、永州市特色餐饮店 10 家）；产生 10 枚金奖、10 枚银奖、8 枚铜奖，7 个优秀组织奖。11 月 28 日—30 日，首届中国湘菜博览会在长沙举行，永州市万喜登酒店获湖南餐饮百强企业称号，永州 9 家酒店获湖南特色餐饮门店称号。

2016 年 8 月，永州市第三届美食（米粉）文化节，评选出 9 家永州特色米粉店，10 人获永州米粉烹饪名师；围绕永州米粉为主题开展专题研讨会，有 31 人作品获奖。

2017 年 3 月 22 日，永州市社会组织综合委员会《关于同意成立永州市餐饮行业协会社会组织党支部的批复》，市社会组织综合党委会议研究，同意成立永州市餐饮行业协会党支部，支部委员由冯祥发、郑际敦、谢德义 3 人组成，冯祥发任党支部书记。6 月，湖南省食文化研究会，考试考核公示，授予永州市餐饮行业协会常务副会长兼秘书长冯祥发“湖南省餐饮文化大师”称号。8 月 18 日，永州市餐饮行业协会第四届会员大会召开，选举产生第四届理事会和新一届领导班子。黄飞当选为会长，李一凡为名誉会长，选举产生常务副会长 1 名，副会长 35 名，常务副会长冯祥发兼任秘书长。同日，成立永州市名厨专业委员会，餐饮行业协会常务副会长、秘书长兼任名厨委主任。组建湖南永州菜研发中心。9 月 18 日，“中国食餐博览会厨王争霸赛”，永州市参赛选手胡先雨制作“永州牛扣”、“红煨异蛇”，唐树恒制作“东安鸡”、“羊肚菌酿莲”同获金奖。10 月 14 日，第 27 届中国厨师节全国中餐技能创新大赛，永州市参赛选手钱建军制作“东安鸡”、“潇水野生鱼”获 2017 年度“中华金厨奖”称号、“全国烹饪大赛十佳创新能手”两项全国厨师最高奖项。12 月 7 日，中国烹饪协会举行首届“中国地域十大名小吃”和“中国地域十大名小吃代表品牌企业”发布仪式。永州市“宁远下灌状元水丸子”、“永州喝螺”和“江永瑶山油茶”获中国地域十大名小吃。宁远县下灌旅游开发有限责任公司、江永女书大酒店和永州九福楼、满堂红食府、江南湘酒店被授予中国地域十大名小吃代表品牌企业。

2018 年 7 月，省餐饮行业协会考试考核公示，授予钱建军、唐树恒、李芳 3 人“中国湘菜大师”称号，冯祥发“中国湘菜文化大师”称号。授予邓文田、唐玉秋、严兴学、肖琪 4 人“中国湘菜名师”称号。9 月 17 日，“中国食餐博览会厨王争霸赛”，永州市参赛选手肖琪制作“红煨异蛇”、“酿扒羊肚菌”获金奖。10 月，中国烹饪协会举办注册中国烹饪大师晋级培训考试，永州市钱建军、胡先雨、唐建波、彭岳、毛学政 5 人被中国烹饪协会授予“注册中国烹饪大师”称号。同月，中国饭店协会授予钱建军、彭岳、毛学政 3 人“中国烹饪工匠奖”称号。11 月，国际饭店与饭馆协会授予彭岳“亚洲名厨精英奖”称号。12 月，第二届中国湘菜博览会，永州市故乡缘餐饮管理有限公司获“湖南省地方特色餐饮品牌企业奖”，市餐饮行业协会秘书长冯祥发获“湖南省餐饮功勋人物奖”称号。

1998—2018年永州市餐饮行业协会历届领导一览表

表 9-7

年度	机构名称	历届领导人			任职时间	备注
		职务	姓名	性别		
1988—1995(第一届)	零陵地区烹饪协会	会长	李云亮	男	1988.9—1995.6	
		副会长	郑林祥	男	1988.9—1995.6	
			欧阳森泰	男	1988.9—1995.6	
			宋仕成	男	1988.9—1995.6	
			冯祥发	男	1988.9—1995.6	
			蒋克林	男	1988.9—1995.6	
			谢德义	男	1988.9—1995.6	
			雷开兴	男	1988.9—1995.6	
		秘书长	冯祥发	男	1988.9—1995.6	(兼)
1995—2011(第二届)	零陵地区烹饪协会	会　长	刘运武	男	1995.7—2011.8	
		副会长	何明玲	男	1995.7—2011.8	
			唐先文	男	1995.7—2011.8	
			冯祥发	男	1995.7—2011.8	
		秘书长	冯祥发	男	1995.7—2011.8	(兼)
1995—2011(第三届)	永州市餐饮行业协会	会长	唐绩祚	男	2011.9—2014.2	
			黄青柳	男	2014.3—2017.7	
		副会长	郑际敦	男	2011.9—2017.7	
			郭德志	男	2011.9—2017.7	
			朱建中	男	2011.9—2017.7	
			黄　飞	男	2011.9—2017.7	
			李思成	男	2011.9—2017.7	
			刘季豪	男	2011.9—2017.7	
			彭　飞	男	2011.9—2017.7	
			周　赟	男	2011.9—2017.7	
			夏元春	男	2011.9—2017.7	
			尹世安	男	2011.9—2017.7	
			王满福	男	2011.9—2017.7	
			钱建军	男	2011.9—2017.7	兼副秘书长
			彭　岳	男	2011.9—2017.7	
			朱老满	男	2011.9—2017.7	
			宋国林	男	2011.9—2017.7	
		秘书长	冯祥发	男	2011.9—2017.7	
		监事长	周　文	男	2011.9—2017.7	

续表9-7

年度	机构名称	历届领导人			任职时间	备注
		职务	姓名	性别		
2017—（第四届）	永州市餐饮行业协会	会长	黄　飞	男	2017. 8—	
		名誉会长	李一凡	男	2017. 8—	
		常务副会长	冯祥发	男	2017. 8—	
		副会长	尹世安	男	2017. 8—	
			石茂清	男	2017. 8—	
			朱国樟	男	2017. 8—	
			刘季豪	男	2017. 8—	
			刘　雄	男	2017. 8—	
			李　芳	男	2017. 8—	
			李思成	男	2017. 8—	
			邹卫东	男	2017. 8—	
			宋国林	男	2017. 8—	
			陈忠杰	男	2017. 8—	
			郑际敦	男	2017. 8—	
			周　文	男	2017. 8—	
			周　赟	男	2017. 8—	
			周小波	男	2017. 8—	
			周秋红	女	2017. 8—	
			周于军	男	2017. 8—	
			奉永德	男	2017. 8—	
			姜炳钊	男	2017. 8—	
			夏元春	男	2017. 8—	
			钱建军	男	2017. 8—	兼副秘书长
			顾玉华	男	2017. 8—	
			徐晓辉	女	2017. 8—	
			陶继新	男	2017. 8—	
			彭　岳	男	2017. 8—	
			魏清正	男	2017. 8—	
			蒋宗霖	男	2017. 8—	
			曾　权	男	2017. 8—	
			谭慧艳	女	2017. 8—	
			谭得亮	男	2017. 8—	
			郭德志	男	2017. 8—	
			向小军	男	2017. 8—	
			屈晓明	男	2017. 8—	
			周子俊	男	2017. 8—	
			吴才云	男	2017. 8—	
			杨继文	男	2017. 8—	
		秘书长	冯祥发	男	2017. 8—	（兼）

（三）家政服务行业协会

2016年12月26日，市民政局《准予永州市家政服务行业协会名称预先核准登记通知书》和永州市商务粮食局《关于同意筹备成立永州市家政服务行业协会的审查意见》，同意成立永州市家政服务行业协会。永州市家政服务行业协会由永州市各县区家政、家庭、保洁服务公司以及具有家庭保洁服务项目单位和个人自愿结成行业性、地方性非营利性社会组织。家政服务行业协会宗旨是团结广大从事家政、家庭、保洁服务业社会力量，遵守宪法、法律、法规和国家政策，遵守社会道德风尚；发挥协会作为政府与企业之间桥梁与纽带作用；按照建立社会主义市场经济总体要求，开展对家政家庭保洁服务业发展方向研究，引导行业发展方向，贯彻国家有关政策法规，帮助企业开拓满足群众生活需要服务项目，依法维护会员单位、雇主和雇员合法权益。坚持为民、便民、利民、安民原则，协调和促进市家政服务业健康发展。家政服务行业协会接受社团登记管理机关市民政局监督管理、业务主管单位市商务和粮食局业务指导。办公地址设冷水滩区零陵南路农资路DA4楼。

2017年1月11日，市民政局批复，同意召开市家政服务行业协会第一届第一次会员大会。12日，市家政服务行业协会召开第一届第一次会员大会。省家庭服务业协会秘书长杨飞、副市长李旦梅出席会议作重要讲话。筹备工作小组副组长刘时华作筹备工作报告。会议通过《永州市家政服务行业协会章程（草案）》《永州市家政服务行业协会财务管理办法（草案）》《永州市家政服务行业协会选举办法》《永州市家政服务行业协会行业自律公约（试行）》。冷水滩区旺家家政服务有限公司董事长刘海军当选会长，选举产生副会长7名，理事4名，冷水滩区好帮手家庭服务有限公司总经理刘时华当选副会长兼秘书长。全市申请入会办理工商登记手续家政服务企业34家，从事家政服务个人会员36人。是年3月22日，市社会组织综合委员会《关于同意成立永州市家政服务行业协会社会组织党支部的批复》，经市社会组织综合党委会议研究，同意成立永州市家政服务行业协会党支部，吴湘泓任党支部书记。

2018年，市家政服务行业在工商部门登记注册家政企业200家，其中专门从事家政服务60家，其他140家。均含有多种经营项目，其经营模式主要是员工制、中介制和员工与中介混合制等。市家政服务业仍在起步发展阶段，注册时间最长15年。家政服务范围主要为机关、企事业单位、宾馆、社区居民提供搬家、清洗外墙、擦玻璃、维修、保姆、保洁、老人陪护等初级服务。较为固定从事家政服务从业人员有2万人，主要是外来务工妇女和周边农村失地无业人员。年龄结构35～55岁妇女是永州市家政服务主力军，占85%；文化程度初中及以下文化程度占70%。家政服务员月平均工资2000元。文化偏低、年龄偏大、技能单一、工资收入低是家政服务人员特点。

永州市消费者对家政服务需求日趋多元，由搬家、保洁等比较初级家政服务发展到清洗外墙、维修、陪护老人等较为专业服务；月嫂、家庭教育等新兴项目也开始起步，家庭月收入在7000元以上中等收入家庭成为消费主要群体。消费者最关心是安全问题、服务质量及价格问题，大多数消费者更希望在正规家政机构中聘到优秀服务员和有资质服务员，受过专业培训、口碑较好优秀服务员深受欢迎。永州市家政服务行业存在主要问题：政策扶持不够；社会保障不足，家政服务从业人员整体处于弱势地位；缺乏有效培训，服务人员技能不能满足社会多元化需求；企业宣传力度不够，品牌意识不强。

（四）电子商务协会

2016年1月，永州市电子商务协会，经市民政局批准成立。市电子商务协会由永州市范围内从事电子商务相关领域企事业单位和个人自愿结合组成地方性、联合性、非营利性社团组织，旨在促进流通领域信息化建设，推进行业内电子商务经营、服务水平提高，利用全社会电子商务行业技术资源，开展咨询、培训、人才、交流等活动，为永州本地电商企业、电商商家、电商创业群体提供资源整合、信息共享、技术互助、交流合作平台，团结会员、服务会员、服务行业、服务政府、服务社会。市电子商务协会接受社团登记管理机关市民政局监督管理、业务主管单位市商务和粮食局业务指导。办公地址设永州市冷水滩区远志新外滩7栋24楼。

2016年1月7日，市电子商务协会成立大会暨第一届第一次会员大会召开。副市长罗双全，市政协副主席张建亮，市政协副主席、市工商联主席吕斌、市政府副秘书长何德波等领导及市直有关部门负责人出席。76家会员单位代表参加会议。省电子商务协会会同长沙、株洲、湘潭、娄底、衡阳、浏阳等地电子商务协会会长及行业精英参会祝贺。市民政局代表宣读《同意召开永州市电子商务协会第一届第一次会议的批复》，市电子商务协会筹委会汇报筹备工作情况。表决通过《永州市电子商务协会章程（草案）》《永州市电子商务协会会费收取标准》《永州市电子商务协会财务管理办法》，选举永州市电子商务协会首届会长、常务副会长、副会长、秘书长并颁牌。永州市杰夫电子商务有限公司董事长蒋之恒当选会长，选举产生常务副会长3名，副会长23名，永州澳丰汽车电子有限公司董事长蒋沛妮当选副会长兼秘书长。省电子商务协会会长张新亮发表贺词祝贺永州电子商务协会成立。

2017年3月22日，永州市社会组织综合委员会《关于同意成立永州市电子商务协会社会组织党支部的批复》，经市社会组织综合党委会议研究，同意成立永州市电子商务协会党支部，蒋飞跃任党支部书记，支部党员5名。

市电子商务协会成立后，配合业务主管部门组织会员单位开展各类电商沙龙、外出学习、参展考察等活动。组织协会企业赴广州考察广东省现代移动互联网研究院，席医创社·众创空间发起“互联网+”时代下孵化器发展专题研讨会；承办“互联网+永州传统产业”培训班；协办“邮储银行杯”永州市首届青年电商创业大赛提供创业指导；组织协会企业参加“小善众创”青创赛复盘沙龙；携手湖南经视“芒果好评”开展“我在原产地永州之野”系列直播活动。

（五）粮食行业协会

2002年6月3日，市民政局《关于同意成立永州市粮食行业协会的批复》，经审核，符合国家社会团体登记有关规定，具备全市性社会团体法人条件，同意成立并准予注册登记（登记证号：〔2002〕110号，统一标识代码：50168284-7），业务主管单位为永州市科学技术协会。9月24日，市粮食行业协会（简称粮食协会）成立。市粮食局局长刘锦坤当选粮食协会会长，选举产生1名常务副会长、8名副会长；罗善文当选秘书长，吴国侠当选常务副秘书长。粮食协会吸纳30家个体粮油经营大户为协会理事和协会会员。开展“厂会协作行动”中，指导湖南冷水虎岩国家粮食储备库科技攻关，将原粮立筒库风运为升运，将原4组风网改为1组风网，吨谷电耗由原5.438千瓦时降为2.865千瓦时，节约电费3.6万元，调整更新大米车间工艺、设备，吨米电耗由过去47.65千瓦时降为43.49千瓦时，节约电费4.2万元。

2003年，市粮食协会开展放心粮油品牌创建活动，培植粮食种植、加工销售私营企业25家，名优名牌产品5个，5个粮油产品被中国粮食行业协会评为“放心粮油”品牌。发展农业产业化龙头企业中，为湖南省天龙米业有限公司提供产、供、销信息、产销衔接和技术咨询服务，使公司扩大生产规模。是年，湖南省天龙米业有限公司与农户签订8万亩优质稻种植合同，收购优质稻谷加工精米5.6万吨，实现销售收入1.02亿元，上缴国家税金261万元，实现利润298万元，种植优质稻农户普遍增收。

2004年，市粮食协会组建完善全市各县区粮食行业协会组织，建立健全联系各种粮食中介组织，吸引不同所有制企业和个体会员，开展放心粮油活动，维护全市粮价稳定，管理社会粮食流通。组织全市11个县区30家粮食企业参加首届湖南粮油精品昆明展示交易会，销售粮油产品18吨，签约销售粮油产品4.56万吨，取得全省签约和成交额2个第1名。

2005年，市粮食协会组织57人次分别参加省粮食局和省粮食“两会”（粮食行业协会，粮食经济科技学会）举办“两会”秘书长和专职工作人员培训班、省粮食行业协会组织举办全省精米加工新技术新设备交流推介会，中国（南宁）东南亚粮农产品绿色食品暨粮农加工技术设备展示会。选送27人次参加中国粮食行业协会、省科学技术协会和市科学技术协会举办社团工作人员培训班。指导2家公司申报国家级农业产业化龙头企业，4家公司申报省级农业产业化龙头企业。市粮食协会组织队伍扩大，有团体会员单位62个，个人会员1672人。培训65名质量管理人员。全市新增省级农业产业化龙头企业3家，省级优质稻加工龙头企业6家，市级农业产业化龙头企业6家。其中1家公司被中国粮食行业协会授予“全国十大大米加工企业”称号。全市粮食行业有湖南省著名商标3个，国家级免检产品2个，中国粮食行业“放心米”15个，绿色粮油产品26个，“放心粮油”品牌5个，“省名牌粮油产品”5个，特色大米产品2个。市粮食协会组织40家粮食加工企业粮油产品，赴昆明展销，2次在永州市内举办“放心粮油展销活动”，悬挂横幅、彩球160个（幅），印发宣传资料10万份。是年10月，市粮食协会被中国粮食行业协会评为“优秀会员”。

2006年，市粮食协会申报11个团体会员加入省粮食“两会”组织。利用会议或粮油展会培训，组织县区学会会长、秘书长参加在山东省济南市召开“全国放心粮油进农村”会议观摩9个现场。12人赴在河南省郑州市举办“第6届中国粮油精品展示交易会”，29人参加在省长沙市举办“中国粮油食品及加工技术交易会”，29人参加“第5届中国优质稻米博览会”，27人参加“中国第8届（国际）农博会观摩学习”，15人参加“湖南绿色食品博览会”。组织15名粮食“两会”工作人员赴外省粮油市场学习考察。市粮食协会指导市粮油企业做大做强，全市粮食行业有省级农业产业化龙头企业7家，比上年增加1家；市级农业产业化龙头企业17家，比上年增加6家。指导帮助5家粮油企业联系市农业开发办，争取农业开发资金，撰写申报“国家星火计划书”，1家公司创“全国知名粮油品牌”；6家粮食企业创中国粮食行业“放心米面油”产品19个，比上年增加4个；3家粮食企业获全国“放心粮店”，实现永州“放心粮店”零的突破。推荐湖南省冷水滩面粉厂厂长廖大富获“全国粮食行业优秀创业企业家”、祁阳县粮食行业协会获“全国粮食行业先进单位”、湖南省天龙米业有限公司、湖南银利来米业有限公司获“全国放心粮油进农村先进单位”。推荐国有粮食企业“置换身份”职工1人聘为总经理，9人聘为生产经营技术骨干，82人录用为员工。宣传推介永州粮食企业和地产名优粮油产品，3家粮油超市按“放心粮店”标准建设，以供应地产名优粮油为主。组织22家（次）粮食企业10大品牌、117种粮油产品参加5次大型粮油展示交易会；3家粮食企业参加“全国科普日活动”；配合永州电视台开展“永粮杯”新农村新闻大赛活动，提升永州粮食企业和地产名优粮油知名度和美誉度。市粮食协会会长刘锦坤获“中国粮食行业协会先进工作者”称号。

2007年，市粮食协会组织全市农业产业化龙头企业发展优质粮源基地种植面积

70 万亩，“订单”优质稻种植面积 350 亩。全市粮油加工企业 5 次参加全国粮油精品展示交易会，创“中国名牌”大米产品 2 个，实现永州“中国名牌”产品零的突破。中国粮食行业协会《关于表彰全国放心粮油进农村、进社区先进单位的决定》，湖南金浩植物油有限公司、湖南省天龙米业有限公司、湖南省永州市粮食协会 3 个单位受到中国粮食行业协会表彰。

2008 年，市粮食协会协助指导永州粮食行业推广“公司+协会+基地+农户”运作模式，完善“订单粮食”经营体系，全市 40 万户粮农种植天龙香 3 号等“订单高档优质稻”品种 72 万亩；1 万户粮农种植“订单特种黑米稻”品种 2 万亩。全行业落实“订单”优质稻种植面积 360 万亩，优质油茶籽林种植面积 10 万亩，其中高档优质稻和特种稻种植面积 74 万亩。指导帮助企业撰写可行性研究报告、筛选、包装加工业项目 36 个，落实技改贴息贷款额度 3020 万元。发展市级以上农业产业龙头企业 2 家，组织龙头企业参加国家级、省级粮油精品展示交易会 3 次；新增“三品认证”产品 2 个，湖南名牌产品 1 个。

2009 年，市粮食协会与中介组织发挥桥梁纽带作用，引进新品种，应用新技术，降低生产成本，加快优质粮源建设步伐，完善“订单粮食”经营体系，落实优质稻订单种植面积 400 万亩。发展国家级、省级、市级农业产业化龙头企业 28 家，比上年增加 2 家，培育中国名牌 2 个，湖南省著名商标 4 个，湖南名牌 8 个，中国驰名商标 3 个，实现永州“中国驰名商标”零的突破。部分粮油名优产品进入沃尔玛、步步高、心连心等连锁超市，扩大永州粮油产品知名度和美誉度。

2010 年，市粮食协会制定下发《关于严格加强全市粮油产品质量管理的通知》，赢得省粮食行业“放心粮油示范企业”建设经验交流会在祁阳县召开。湖南省 120 名与会者参观永州市 2 家“全国放心粮油”生产企业，2 家省级农业产业化龙头企业，1 家市级农业产业化龙头企业生产现场。是年，中国粮食行业协会认定，永州市 12 家粮食企业获“全国放心粮油示范企业”称号。湖南省粮食行业协会认定，永州市 7 家粮食企业获“省级放心粮油示范企业”称号。市粮食协会被湖南省粮食行业协会评为“全省粮食行业协会先进单位”。市粮食协会秘书长吴国侠自 2007 年—2010 年连续被中国粮食行业协会授予全国粮食行业协会先进工作者。

2011—2013 年，市粮食协会助力推进“粮油百亿产业工程”，发展优质稻订单粮食，创办优质稻订单基地 36 个，建立优质稻原料基地面积 80 万亩，签订优质稻种植合同面积 400 万亩。3 年争取省粮油加工“千亿产业”项目 28 个，项目补贴资金 2294.3 万元。全市粮食行业有中国名牌 2 个，中国驰名商标 3 件，湖南名牌 8 个，湖南著名商标 13 件，绿色食品、无公害产品、有机食品 65 个。国家、省、市级农业产业化龙头企业 43 家；新增全国放心粮油示范企业 9 家，市级农业产业化龙头企业6家。省粮食行业管理现场会在永州市召开，被定为湖南省粮食“千亿产业”成果巡礼现场之一。全市24家粮食企业争取省里批复商品粮库存15.49万吨，获得贷款贴息补贴资金290万元。组织18家粮油企业参加长沙、广西、福建、上海、黑龙江等地粮食洽谈会或展销会，开辟上海、北京、福建、江西新市场。

2014—2015年，市粮食协会争取省粮油加工“千亿产业”项目资金1133万元，农户科技储粮项目2.4万户。指导整合4个县区33家米粉小作坊，统一经营和质量管控保障米粉质量安全。创建中国驰名商标2件，新增全国放心粮油示范企业8家，省级农业产业化龙头企业4家，湖南省著名商标3件；5家粮油企业获全国首批“节粮减损示范企业”。全市粮食行业有中国名牌2个，中国驰名商标5件，湖南名牌8个，湖南著名商标16件。国家级农业产业化龙头企业3家，省级农业产业化龙头企业11家，市级农业产业化龙头企业35家。

2016年6月5日，市粮食协会召开第二届会员暨理事会和市粮经学会第五届会员大会暨理事会（简称粮食行业“两会”）。市商务和粮食局党组副书记、副局长李燕军出席会议作重要讲话。市粮食协会第一届理事会副会长、市粮经学会第四届理事会副会长王硕球作工作报告。会议通过《永州市粮食行业协会章程（修正草案）》《永州市粮食经济科技学会章程（修正草案）》《永州市粮食行业协会第二届会员大会暨理事会、永州市粮食经济科技学会第五届会员大会暨理事会选举办法（草案）》《永州市粮食行业协会和永州市粮食经济科技学会财务管理办法（草案）》《永州市粮食行业协会行业自律公约（草案）》。选举产生粮食协会会长1名，副会长13名，秘书长1名；粮经学会会长1名，副会长12名。吸纳46家粮油经营企业和个人为粮食行业“两会”会员单位和个人会员。粮食行业“两会”和会员单位组织调研活动1186次，召开座谈会973次，走访种粮农户、粮食经济人、粮食企业和消费者45896人次，为推动永州粮食产业健康发展起到积极作用。粮食行业“两会”联系粮食经济发展和粮食科技创新，组织发动会员3265人次开展学术研究，撰写676篇文章参加中国科协学术年会、湖南粮食产业化经营研讨会、永州科技论坛、永州市自然科学论文评选，其中12篇文章被选录“中国科协年会”。先后自办“放心粮油工程建设论坛”、“稻米生产及精深加工技术论坛”、“稻谷期货论坛”、“粮食企业创新驱动发展战略论坛”、“油药复合产业论坛”等学术活动70场，促进全市粮食行业科技进步。开展放心粮油工程建设，确保食用粮油和外销粮油质量放心，全市粮食行业有9个单位获“全国放心粮油进农村进社区先进单位”、3家企业被评为“中国质量万里行全国先进单位”。

2017年3月22日，永州市社会组织综合委员会《关于同意成立永州市粮食行业协会社会组织党支部的批复》，市社会组织综合党委会议研究，同意成立永州市粮食行业协会党支部，吴国侠任党支部书记。

2002—2018 年永州市粮食行业协会历届领导一览表

表 9-8

年度	机构名称	历届领导人			任职时间	备注
		职务	姓名	性别		
2002—2017（第一届）	永州市粮食行业协会	名誉会长	崔永平	男	2002. 9—2017. 6	
			唐绩祚	男	2002. 9—2017. 6	
			唐际绍	男	2002. 9—2017. 6	
		顾问	蒋成荣	男	2002. 9—2017. 6	
			龚跃林	男	2002. 9—2017. 6	
			黄明华	男	2002. 9—2017. 6	
		会长	刘锦坤	男	2002. 9—2017. 6	
		常务副会长	唐建华	男	2002. 9—2017. 6	
		副会长	龙遗俊	男	2002. 9—2017. 6	
			彭富胜	男	2002. 9—2017. 6	
			樊云辉	男	2002. 9—2017. 6	
			蒋正元	男	2002. 9—2017. 6	
			王克维	男	2002. 9—2017. 6	
			张小青	男	2002. 9—2017. 6	
			廖大富	男	2002. 9—2017. 6	
			李财儒	男	2003. 9—2017. 6	
		秘书长	罗善文	男	2002. 9—2017. 6	
		常务副秘书长	吴国侠	男	2002. 9—2017. 6	
		副秘书长	胡汝耀	男	2002. 9—2017. 6	
			蒋玉平	男	2002. 9—2017. 6	
			钟炳跃	男	2002. 9—2017. 6	
		党支部书记	吴国侠	男	2017. 3—2017. 6	（2016 任）
2017—（第二届）	永州市粮食行业协会	会长	何日繁	男	2017. 6—	
		副会长	尹新利	男	2017. 6—	
			龙训锋	男	2017. 6—	
			冯祥发	男	2017. 6—	
			刘翔浩	男	2017. 6—	
			李春梅	男	2017. 6—	
			李柏义	男	2017. 6—	
			何国尧	男	2017. 6—	
			何京旺	男	2017. 6—	
			余有德	男	2017. 6—	
			罗济民	男	2017. 6—	
			黄俊成	男	2017. 6—	
			蒋永忠	男	2017. 6—	
			蒋珍凤	男	2017. 6—	
		秘书长	蒋先迹	男	2017. 6—	

三、学会

永州市粮食经济科技学会 1988年3月4日，零陵地区民政局注册登记，成立零陵地区粮食经济科技学会，挂靠零陵地区科学技术协会，业务上受零陵地区粮食局指导，办公地址设永州市（县级市，现零陵区）中山南路24号零陵地区粮食局内。

1995年11月，零陵地区粮食经济科技学会更名为永州市粮食经济科技学会（简称市粮经学会）。次年3月27日，市粮经学会传达省粮食经济科技学会（益阳）召开地（市）学会秘书长会议精神，研究市粮经学会工作。市粮食局党组书记、局长蒋新华到会作重要讲话，要求学会围绕粮食部门“两线运行”（政策性业务和商业性经营分开）扭亏增盈、不挂账和“三包一放”（粮食购、销、调拨包干和财务体制下放）体制及“两个根本性转变”（经济体制的根本性转变和经济增长方式的根本性转变），深入调查研究新对策，提出解决办法和途径。5月27—29日，市粮经学会与东安县粮经学会组织召开“两线运行”理论研讨会。市粮食局及部分县区粮食局领导、论文作者65人参加会议，就“两线运行”，进行学术研讨，交流论文27篇。市粮经学会会长龙遗俊作重要讲话。

1997年，市粮经学会开展“科技兴粮”和“创名牌”活动。湖南省冷水滩面粉厂“湘君牌”面粉获“湖南省质量管理奖”，冷水滩虎岩国家粮食储备库“香穗牌”大米经检查组复查，符合“湖南省名牌产品”称号。4项科研成果纳入市科委评审计划；组织实施“组合米机除尘设备及新技术”和“运用TQC防止饲料霉变”科研攻关课题。指导市粮油机械厂开发生产“料封绞龙闭风器”、“防堵关风器”和“组合米机除尘新设备”，推荐2家企业参加国内贸易部质量管理成果发布会，选题攻关TQC成果12项，7项获省粮食局成果奖；1人获湖南省“QC活动先进个人”，3个单位获湖南省“TQC活动”奖，4人获省粮食行业“QC活动先进个人”。组织11人参加省粮食局统计员培训，12人参加省粮食局“质量管理工作研讨会”，2人参加国内贸易部“质量标准工作会”，49人参加省粮食局“QC成果发布会”、“新粮机新设备和新技术推广会”、“餐饮工作座谈会”、“多种经营现场会”，2人参加永州市科委“科技成果培训班”。组织19批287人次赴外地考察学习。提供企业改革、行业管理、多种经营、科技成果等材料37份（套），指导26家粮油企业撰写和修改各种材料100份（套），向国内贸易部和省粮食局申报“划类定型”企业11个、“湖南省出口大米加工定点企业”3个；上报国内贸易部材料4份，省粮食局材料25份，报送湖南省和永州市有关部门材料3（套）。4月7日，市粮经学会召开换届会议。第二届理事会会长邓震凡作工作报告，副会长文华中作关于修改学会章程若干问题说明，市粮食局党组书记、局长蒋新华作重要讲话。选举产生市粮经学会第三届理事会理事72人，常务理事31人，名誉会长1人，会长1人，副会长7人。蒋新华选为粮经学会名誉会长，蒋立新当选会长，吴国侠当选秘书长。

1999年，市粮经学会参与市粮食行业改革调查，撰写专题调查材料10份（篇），其中国家级刊物采用刊发1篇，省、市级刊物各采用刊发1篇。传递转发各种信息及经验材料800份，组织6家粮油企业10人，赴辽宁省大连市参加“全国首届粮油精品展销会”。组织全市粮食行业169人，名优特新产品48个，参加广州湖南粮油交易会，25人参加省技术监督局和省粮食局联合举办“优质稻米质量标准宣贯班”，29人参加省粮食局举办“榨油新技术培训班”。指导2家大米厂获得湖南省优质稻米加工龙头企业资格，2家大米厂获湖南省出口大米定点加工企业资格。修改各种申报材料、典型材料、QC成果材料360份。粮油科技工作获市委宣传部、市科学技术委员会、市科学技术协会科普宣传活动二等奖。冷水滩面粉厂生产“湘君牌”面粉，市粮油机械厂生产“零粮牌”高效反吹除尘器，双牌山野菜厂生产“碧源牌”山野菜3个产品获广州湖南第二届名特优新农产品展销会金奖；“零粮牌”蒸炒锅和糠粞分离筛获展销会银奖。

2000年，市粮经学会组织会员撰写论文和调查报告。4篇论文在国家级报刊发表，14篇论文在省级报刊登载，15篇论文在各级理论研讨会上交流，8篇论文被湖南省粮政管理与“入世”对策论坛录用（2篇获优秀论文奖），5篇论文被永州市商贸经济与永州发展理论研讨会录用（获优秀论文二等奖和三等奖各1篇）。组织28人参与调查研究4次，撰写调查报告4篇。组织科技人员16人，宣传永州市粮食企业和粮油名优特新产品与新技术。组织会员46人参加全国（厦门）粮油精品展示会和第二届全国（北京）粮机产品展示会。制作科普宣传展板和挂图46块（幅）。次年，市粮经学会参与粮食流通体制改革和企业改制调查研究，撰写专题调查材料6份，组织20名科技人员参加湖南省“大米加工新技术、新工艺、新设备推介会”，9人到湖南省粮油科学研究设计院学习咨询科技知识，研讨粮机、纸质餐盒、糠油等新产品开发项目，8人赴北京参加“全国第三届粮油精品展示会”，4家市直粮油加工企业28人参加永州市农副产品交易会，宣传推介和销售粮油产品；5个市直粮食单位25人参加永州市科普知识宣传，推介粮食行业名优特新产品。

2002年9月24日，市粮经学会第四届理事会换届选举。市粮食局副局长龙遗俊当选粮经学会会长，选举产生8名副会长，曾亚涛当选秘书长，吴国侠当选常务副秘书长。是年，市粮经学会撰写论文和调研报告69篇，在省、市以上报刊发表29篇，参加省级以上研讨会交流18篇，传递粮改、科技和经济信息90条。次年，市粮经学会结合粮食行业“两项改革”，修改完善学术活动、调查研究、科普宣传等制度。发动会员927人次开展调查研究和科技攻关，撰写论文和调研报告200篇，在国家、省、市级报刊发表以及参加研讨会交流97篇，其中2篇论文在中国科学技术协会学术年会上交流，2篇论文在湖南省科技论坛交流，2篇论文分别被中国农业科学院和湖南省民间组织促进会评为优秀论文。举办“粮食经济发展理论研讨会”，收到论文和调研报告48篇，40篇入选参加研讨会交流，评选出2篇一等奖、3篇二等奖、5篇三等奖、30篇优秀论文。指导2个公司创建“放心米”、“无公害米”品牌，申报省级农业产业化龙头企业。组织6个企业86人次上街进行科普宣传活动2场次，传递改革、科技、经济信息267条。2003年，抗击“非典”期间，2次派员参加市委组织的督查组，圆满完成督查任务。

2005年，市粮经学会组织各县区粮食局、市直粮食企业会员单位和会员撰写论文、调研报告87篇。其中1篇论文参加第8届亚太质量组织论坛交流获优秀论文奖；2篇论文参加中国科学技术学会年会交流；2篇论文参加中国农业科学院交流均获优秀论文奖；4篇论文参加中南6省区粮食经济研讨会交流；5篇论文参加湖南科技论坛交流（3篇获优秀论文奖）；11篇论文在省级以上报刊发表；60篇论文参加市粮食局、市粮食“两会”联合举办“粮食经济理论研讨会”交流。是年，市粮经学会被中国粮食经济学会评为“先进学会”。

2006年，市粮经学会发动会员撰写论文、调研报告与信息297篇，125篇被采用和刊发。110篇文章在《中国经济导报》《湖南日报》《粮油市场报》《永州日报》《永州通讯》等报刊杂志发表。17篇论文参加“湖南省农业产业化经营研讨会”（获一等奖3篇、获二等奖3篇、获三等奖1篇）。申报10篇论文参加“永州市第6届自然科学优秀学术论文”评奖。是年，市粮经学会被中国科学技术协会社团评价中心授予“全国学会之星”，中国粮食经济学会特邀出席全国粮食经济学会秘书长工作会议介绍经验。科普宣传活动被省科学技术协会授予“全国科普宣传先进集体”。

2007年，市粮经学会组织撰写稻米质量安全科研课题“无公害稻米种植、储藏、加工技术研究与应用”，被国家科技部列入国家级星火科技计划项目。次年，市粮经学会秘书处工作纳入市粮食局目标岗位管理责任制，指导各县区粮经学会做好年检、年审、统计报表、材料上报和日常工作。

2010年，市粮经学会开展学术活动，《一碗小米粉牵涉大民生——永州市米粉加工业情况调查及思考》《建设“粮企农庄”发展粮食产业》等10篇文章，为各级领导决策提供依据。《一碗小米粉牵涉大民生——永州市米粉加工业情况调查及思考》在《中国粮食经济》杂志第9期刊发。开展科技讲座、科普咨询9场（次），培训员工骨干和种粮农民2847人（次）；制作粮食科普网页、传播优质粮油种植、食品营养及粮食科技知识，印发粮食科技宣传资料3万份；组织265名粮食专业人员深入农村，开展“优质稻订单”活动，实现优质稻种植面积400万亩。其中高档优质稻种植面积86万亩、特种稻种植面积4万亩，订单收购率70%。是年，市粮经学会被省粮食经济科技学会评为“全省粮食经济科技学会先进单位”。市粮经学会秘书长吴国侠自2007年—2010年连续被中国粮食经济学会授予“全国粮食经济学会先进工作者”。

2011—2013年，市粮经学会以《粮食流通管理条例》颁布7周年为契机，以“维护市场秩序，放心消费粮食”为主题，下乡镇、进社区、到企业，召开座谈会议，发放各种宣传资料4500份，悬挂宣传横幅标语230条。

2014—2015年，市粮经学会利用各种媒体、产品展销和经贸洽谈平台，宣传粮油产品和粮油品牌。经过“食用油和米粉放心工程”建设，实现全市食用油、米粉生产经营标准化、合格化。组织会员参加永州市第十届自然科学优秀学术论文评选，报送4篇学术论文，全部获优秀论文奖。

2016—2018年，市粮经学会组织会员深入江永县3家粮油企业指导申报“粮油千亿产业项目”，指导蓝山县3家粮油企业设计商讨发展规划；指导新田县政府策划申报“中国好粮油示范工作县”，组建全省首家“新田县富硒杂粮产业发展促进会”，6家粮油加工企业申报项目与策划发展规划。组织粮经学会专家团队进入18家粮油企业出谋献策，规划发展蓝图。指导策划永州市“放心豆腐创建工程”、组织召开“新田县优粮果产业创新发展专家座谈会”、“江永县瑶族传统油茶创新发展专家座谈会”、“科学技术普及基地创新发展座谈会”、“开展产业扶贫、旅游扶贫座谈会”，协助组建“永州市家政服务行业协会”、“永州市农村青年致富带头人协会”。组织会员参加永州市第十一届自然科学优秀学术论文评选，报送6篇学术论文，获一等奖2篇，获二等奖1篇、获优秀论文奖3篇。7篇稻米加工储藏和小麦制粉技术文章在《粮食加工》杂志刊登；8篇小麦制粉技术学术论文被《现代面粉工业》杂志发表；4篇粮油加工与农产品加工文章在《粮食科技与经济》《粮油市场报》登载；6篇粮油加工与农产品加工文章在永山永水公众平台发布。

2017年3月22日，中共永州市社会组织综合委员会《关于同意成立永州市粮食经济科技学会社会组织党支部的批复》，市社会组织综合党委会议研究，同意成立永州市粮食经济科技学会党支部，李林轩任党支部书记。

1988—2018 年永州市粮食经济科技学会历届领导一览表

表 9-9

年度	机构名称	历届领导人			任职时间	备注
		职务	姓名	性别		
1988—1993（第一届）	零陵地区粮食经济科技学会	名誉会长	刘云楼	男	1988—1993	
		会长	邓震凡	男	1988—1993	
		副会长	欧阳继荣	男	1988—1993	
			赵同春	男	1988—1993	
			何抗夫	男	1988—1993	
			何荣金	男	1988—1993	
			文华中	男	1988—1993	
			龙遗俊	男	1988—1993	
			张铁锚	男	1988—1993	
		秘书长	吴国侠	男	1988—1993	
1993—1997（第二届）	零陵地区粮食经济科技学会（1995 年 11 月更名为永州市粮食经济科技学会）	名誉会长	李邦述	男	1993—1997.4	
		会长	邓震凡	男	1993—1997.4	
		副会长	欧阳继荣	男	1993—1997.4	
			蒋立新	男	1993—1997.4	
			彭富胜	男	1993—1997.4	
			蒋兆麟	男	1993—1997.4	
			樊云辉	男	1993—1997.4	
			李祖贵	男	1993—1997.4	
			何抗夫	男	1993—1997.4	
			赵同春	男	1993—1997.4	
			文华中	男	1993—1997.4	
			蒋正元	男	1993—1997.4	
			龙遗俊	男	1993—1997.4	
			张铁锚	男	1993—1997.4	
		秘书长	欧阳继荣	男	1993—1997.4	（兼）
		副秘书长	吴国侠	男	1993—1997.4	
			肖书贤	男	1993—1997.4	

续表9-9

年度	机构名称	历届领导人			任职时间	备注
		职务	姓名	性别		
1997—2002（第三届）	永州市粮食经济科技学会	名誉会长	蒋新华	男	1997.4—2002.3	
		会长	蒋立新	男	1997.4—2002.3	
		副会长	龙遗俊	男	1997.4—2002.3	
			蒋兆麟	男	1997.4—2002.3	
			彭富胜	男	1997.4—2002.3	
			樊云辉	男	1997.4—2002.3	
			何抗夫	男	1997.4—2002.3	
			文华中	男	1997.4—2002.3	
			蒋正元	男	1997.4—2002.3	
		秘书长	吴国侠	男	1997.4—2002.9	
		副秘书长	廖晓华	男	1997.4—2002.9	
			罗善文	男	1997.4—2002.9	
			甘新春	男	1997.4—2002.9	
2002—2017（第四届）	永州市粮食经济科技学会	名誉会长	崔永平	男	2002.9—2017.6	
			唐绩祚	男	2002.9—2017.6	
			唐际绍	男	2002.9—2017.6	
		顾问	蒋成荣	男	2002.9—2017.6	
			刘锦坤	男	2002.9—2017.6	
			单　萍	男	2002.9—2017.6	
			义正荣	男	2002.9—2017.6	
		会长	龙遗俊	男	2002.9—2017.6	
		副会长	彭富胜	男	2002.9—2017.6	
			樊云辉	男	2002.9—2017.6	
			唐建华	男	2002.9—2017.6	
			何抗夫	男	2002.9—2017.6	
			胡普鹰	男	2002.9—2017.6	
			张小青	男	2002.9—2017.6	
			廖大富	男	2002.9—2017.6	
			李和田	男	2002.9—2017.6	
		秘书长	曾亚涛	男	2002.9—2017.6	
		副秘书长	吴国侠	男	2002.9—2017.6	（常务）
			杨建科	男	2002.9—2017.6	
			蒋玉平	男	2002.9—2017.6	
			钟炳跃	男	2002.9—2017.6	
		党支部书记	李林轩	男	2017.3—2017.6	（2016任）

续表9-9

年度	机构名称	历届领导人			任职时间	备注
		职务	姓名	性别		
2017—（第五届）	永州市粮食经济科技学会	会长	蒋永忠	男	2017.6—	
		副会长	尹新利	男	2017.6—	
			龙训锋	男	2017.6—	
			刘翔浩	男	2017.6—	
			李春梅	男	2017.6—	
			李柏义	男	2017.6—	
			何日繁	男	2017.6—	
			何国尧	男	2017.6—	
			何京旺	男	2017.6—	
			余有德	男	2017.6—	
			罗济民	男	2017.6—	
			黄俊成	男	2017.6—	
			蒋珍凤	男	2017.6—	
		秘书长	蒋先迹	男	2017.6—	
		党支部书记	李林轩	男	2017.6—	

第十节　粮油科技

一、粮油技术改造

1996年，永州市粮油加工业投入技改资金1083万元，抓技术改造和质量管理，完成10项技改项目。湖南省冷水滩面粉厂投资500万元，对面粉生产线进行扩能改造，引进瑞士布勒公司MDDK磨粉机12台，扩大面粉生产能力。是年，生产面粉1万吨，产品质量跃上新台阶，全省排位第3名。

1997年，市粮油机械厂开发生产“料风绞龙闭风器”、“防堵关风器”和“组合米机除尘器”新设备。投入资金100万元，对湖南冷水滩虎岩国家粮食储备库等4家米厂进行技术改造。安排资金938万元，对新田县饲料厂进行搬迁改造。

1998年，市粮食系统投入技改资金1583万元，购置排风扇124台，轴流风机82台；推广机械通风，采用薄膜压盖方法，减少药剂使用量，实现低耗高效科学保粮。次年，全市粮食系统投入资金950万元，其中自筹资金350万元，维修储粮仓库143栋，新建仓库6栋，推广“三低”储粮、“管槽密闭”等科学保粮办法，降低粮食损失损耗，确保储粮安全。

2000—2002 年，市粮油机械厂与武汉工学院合作，开发 LCB 步进反吹除尘器。争取中央专项建仓资金 3000 万元，扩建湖南永州下河国家粮食储备库、祁阳国家粮食储备库。投入技改资金 66 万元，推行大米精碾新技术，更新改造设备 16 台(套)。全市粮食系统实施科技兴粮，投入技改资金 1680 万元，购置精碾、抛光、色选、小包装等先进设备，提高大米产品质量和包装档次，粮食结构升级和产品更新换代，实现粮油产品精深加工和高附加值，全市粮食行业加工产值实现 3.3 亿元。

2007 年，市粮食行业投入粮油加工技改资金 5182 万元，新增和改造粮油生产线 2 条，提高粮油产品质量档次和新产品开发层次。湖南湘妹食品有限公司投资 1368 万元，新建年产 1 万吨水磨糯米粉生产线，新增加工产值 4200 万元。生产糯米粉填补省内空白，产品外销河南省等地 8000 吨。次年，粮食企业编写可行性研究报告、筛选、包装粮油加工项目 36 个，跑省进厅争取项目资金。湖南金浩植物油有限公司等企业投资 6.1 亿元，采用高新技术和精深加工设备，改造、新建生产项目 22 个，新增加工产值 2.8 亿元。湖南省天龙米业有限公司、湖南银光粮油股份有限公司、湖南神怡米业有限公司、湖南湘妹食品有限公司、道县谷源米业有限公司 5 家企业落实技改贴息贷款额度 3020 万元。

2009 年，市粮油加工企业争取省财政技改贴息项目 5 个，贴息资金额度 2690 万元。湖南金浩茶油股份有限公司投入 9092 万元，改造日产 200 吨茶油浸出生产线。项目运行后新增产值 1.2 亿元，创利税 1500 万元。

2010 年，市粮食行业争取省财政技改贴息项目 3 个，总投资 2370 万元，安排贴息资金额度 1890 万元。11 月，3 个技改项目完成，通过省检查验收。次年，争取技改扩能建设项目 3 个，总投资 2010 万元，安排贴息额度 1610 万元，争取全省第一批“粮食千亿产业”补贴项目 8 个，补贴资金 700 万元，争取全省第二批“粮食千亿产业”深度加工贷款贴息项目 2 个。湖南湘妹食品有限公司在祁阳县工业园区投资 1 亿元，扩建年产 16 万吨速冻食品生产线投入生产，新增产值 2 亿元。湖南省天龙米业有限公司日处理 1000 吨稻谷干燥中心，10 万吨/年碎米淀粉糖生产线和 1 万吨/年米糠油生产线建成投产。全行业争取外部门投资 639 万元。

2012 年，市粮油加工业加大争资跑项力度，上争资金 2059 万元。湖南湘妹食品有限公司年产 16 万吨速冻食品扩建项目，完成 1.4 亿元，添置全自动冰淇淋生产线 11 条（启动 5 条），新增全自动汤圆生产线 8 条，高速水饺机 40 台、最新型面点系列制作机械 40 台，日产 600 吨速冻隧道 9 条。湖南金浩植物油有限公司与中国中纺集团达成合作意向，中国中纺集团拟投资 3 亿元，促成湖南金浩植物油有限公司上市。

2013 年，推进粮油“百亿产业”工程，全市粮食行业新增投入 2.2 亿元。争取省粮油“千亿产业”项目资金 904.3 万元，其中重点支持祁阳县粮油企业 600 万元，推动粮油产业发展和升级。是年，全市粮油加工总产值实现 75.67 亿元；粮食物流产值实现 13.92 亿元。次年，全市以上争项目推动行业发展，争取省粮油加工“千亿产业”项目资金 1133 万元，争取农户科学储粮项目 2.4 万户。

2015 年，争取省粮油千亿产业项目 10 个，到位补贴资金 646 万元。促成湖南银光粮油股份有限公司和湖南粮食集团战略合作，支持永州市华利工贸有限责任公司在各县区整合米粉生产小作坊，扩大生产规模。省粮食局和国家财政部联合组织“危仓老库”集中维修改造工作验收，湖南永州下河国家粮食储备库、双牌县粮食局、蓝山县粮食局等 7 个单位获评“危仓老库”维修改造优秀县区（单位），获得奖励资金 410 万元。争取到国家第一批新增 400 亿斤仓储设施建设项目 6 个，获得国家投资补助 2100 万元。是年，全市实现粮油加工产值 100 亿元，实现粮食物流产值 15 亿元。

二、粮油科技成果

“科学技术是第一生产力”，科技成果作为科研人员创造性劳动结晶，是人类社会宝贵财富。改革开放以来，尤其是撤区建市以后，永州市粮食系统各级各部门贯彻实施“科技兴粮”战略，科技成果转化快速发展，一大批科技成果，推动永州市粮食系统科技进步和经济发展做出贡献。

2017 年 11 月，中国粮油学会理事会会长张桂凤（左一）为华利工贸有限公司董事长尹新利（右一）颁发中国粮油学会科技奖

1996—2018 年，全市粮食系统获市级以上奖励科技成果 29 项，其中市级科学技术进步奖 18 项，市级科学技术发明奖 9 项，湖南省技术发明奖 1 项，中国粮油学会科学技术奖 1 项。29 项科技成果奖，其中获中国粮油学会科学技术三等奖 12 项，湖南省技术发明三等奖 12 项，市级科技进步一等奖 5 项、二等奖 6 项、三等奖 7 项，市级科学发明二等奖

3 项、三等奖 6 项。

全市粮食系统获市级以上自然科学优秀论文奖 16 项，其中市级自然科学优秀论文奖 8 项，省级自然科学优秀论文奖 8 项。16 项自然科学优秀论文奖，其中获市级优秀论文一等奖 3 项、二等奖 5 项；省级自然科学优秀论文二等奖 2 项、三等奖 6 项。

永州市粮食系统粮油产品获中国名牌产品 2 个，国家免检产品 3 个，全国粮油知名品牌 1 个。中国粮食行业协会“放心米、面、油”产品 51 个，其中大米 38 个，面粉、面条个 6 个，食用油 7 个。有机产品 6 个，绿色食品 34 个，无公害产品 11 个，中国驰名商标 3 个，湖南省著名商标 13 个。

（一）永州市科学技术进步奖

1996—2018 年获永州市科学技术进步奖一览表

表 9-10

年度	项目名称	完成单位	主要研究人员	奖励等级
1997	小型粮食工业企业转换经营机制的难点及建议	永州市粮食局及所属 36 家粮食工业企业	吴国侠、蒋兆麟、吴湘泓、龙开泰、汪荣生	二等奖
2003	“天龙”系列高档精米综合技术开发	湖南省天龙米业有限公司	罗济明、黄爱民、罗冬林、马祖迪、胡友齐	一等奖
2004	籽色拉油及系列产品开发	湖南金浩植物油有限公司	刘翔浩、刘友佳、唐艳萍、刘继忠、刘　盾、龙冬春、刘小春、周建平	一等奖
2005	三万亩生态优质稻标准化栽培技术推广	湖南银利来粮油实业有限公司	李　蔚、胡友齐、邓远财、唐水田、李翠玲、周双寿	三等奖
2007	冷榨茶籽油生产工艺开发	湖南金浩茶油股份有限公司	刘翔浩、刘友佳、刘思明、刘继忠、刘　盾、秦小平	二等奖
	糯米水磨法制粉及优质糯稻栽培配套技术的应用与开发	湖南湘妹食品有限公司	周太平、杨海艳、周智灵、谢佩宏、胡彦方、周志刚、李剑英	三等奖
2008	“超泰米”加工技术研究与开发	湖南省天龙米业有限公司	罗济明、黄爱华、罗冬林、牛德明、谭先德、王永发、周光友	一等奖
	油茶油连续式精炼工艺应用与开发	湖南金浩茶油股份有限公司	刘翔浩、刘友佳、刘忠明、秦素君、龙冬春、刘　伟	二等奖

续表9-10

年度	项目名称	完成单位	主要研究人员	奖励等级
2009	红薯淀粉高效分离技术的研究与应用	湖南天圣有机农业有限公司	李拥军、石柱新、许航宇、李 玲、陈爱林、李凯伦、夏苏梅、李裙芝、黄 威	一等奖
	干式三段成熟法米粉生产设备的研究与应用	湖南省天龙米业有限公司	罗济明、罗拥军	三等奖
	优质猪配套系技术推广应用	湖南恒惠饲料有限公司	陈平衡、葛汉根	三等奖
2011	米粉连续自动生产线关键技术研究	永州市华利工贸有限责任公司	尹新利、王 頔、杨朝国、左湘玲、李 文、吴湘泓、钱和民	三等奖
2012	泥鳅人工繁殖关键技术研究与应用	永州市顺康生态农业发展有限公司	卞国民、彭贵凤、尹文英、钟 辉、唐亚亮、罗永波、杨 姝	二等奖
	亚临界低温低压提取茶油技术	湖南湘浩油茶生物科技有限公司	何辉贤、蒋青峰、何想忠、李冬元、何夸贤、何新彩	二等奖
2013	年产20吨厚朴酚粉剂GMP生产线关键技术研究	湖南大自然制药有限公司	李文东、邹先明、李春梅、龙亮、唐永凤、郑晓宏、唐华兰	三等奖
2014	优质稻“天龙1号”的选育与应用推广	湖南省天龙米业有限公司、永州市农业科学研究所	雷春生、邹全胜、阳建虎、李成业、马祖迪、秦新国、罗连元、李 频、陶 卫、王松柏、黄加勤	一等奖
	工业化生产干米粉关键技术研究与产业化开发	永州市华利工贸有限责任公司	尹新利、左湘玲、杨朝国、刘友宏、吴湘泓、柏华平、钱和民	二等奖
	高效型大米生产技术集成研究及应用	湖南味百信粮油有限公司	龙 锋、李刚、朱建军、唐金和、何洁、杨明刚、龙建寒	三等奖

（二）永州市科学技术发明奖

1996—2018 年获永州市科学技术发明奖一览表

表 9-11

年度	项目名称	完成单位	主要研究人员	奖励等级
2011	油茶籽毛油精炼新工艺研究与开发	湖南金浩茶油股份有限公司	刘翔浩、刘友佳、文雨雁、唐艳萍、何建新、陈素君	二等奖

续表9-11

年度	项目名称	完成单位	主要研究人员	奖励等级
2012	一种治疗糖尿病的中成药及其制备方法	湖南大自然制药有限公司	李文东、邹先明、蔡忠延、郑晓宏、孙兴力	三等奖
2014	高品质茶油的制备工艺及产业化应用	湖南大自然制药有限公司	李文东、李春梅、郑晓宏、李林轩、孙兴力、唐华兰	三等奖
	水磨糯米粉的研发与应用	湖南湘妹食品有限公司	周太平、周继灵、蔡忠央、游国华	三等奖
	即食油茶加工技术中试与应用	蓝山县龙湾三蓝生态园开发有限责任公司	唐成辉	三等奖
2015	鲜湿米粉关键技术研究及产业化示范应用	永州市华利工贸有限责任公司	尹新利、吴湘泓、蒋清君、李　文、钱和民、李嘉欣	二等奖
	油茶籽油脱蜡加工新工艺研究与应用	湖南新金浩茶油股份有限公司	唐艳萍、陈　勇、龙冬春、刘小春、陈素君	二等奖
	富硒茶油的制备方法与应用	湖南大自然制药有限公司	李文东、李春梅、李林轩、管天球、邹先明、唐华兰	三等奖
	提高精粉率的面粉加工方法	湖南湘君面业有限公司	何日繁、李进英、蒋晓玲、张缘麟、王晓曦	三等奖

（三）永州市自然科学优秀论文奖

1996—2018 年获永州市自然科学优秀论文奖一览表

表 9-12

年度	论文题目	作者	奖励等级
2002	面粉加工业技术跨越式发展的对策和建议	李林轩	二等奖
2005	中国稻米品质提升的难点及对策	吴国侠、吴梦春	一等奖
2007	开发绿色稻米的思考	吴国侠	二等奖
2009	提升农村储粮技术水平的思考	吴国侠	二等奖
2011	建设“粮企农庄”发展粮食产业	吴国侠、杨增久	二等奖
2018	鲜湿米粉生产关键控制点分析探讨	李林轩、尹新利、吴梦春、张虬琪	一等奖
	稻米加工过程中的工艺控制与操作管理	龙训锋、李　刚	一等奖
	小麦制粉企业的发展与技术创新	王晓芳、李林轩、黄　鹏	二等奖

（四）湖南省自然科学优秀论文奖

1996—2018 年获湖南省自然科学优秀论文奖一览表

表 9-13

年度	论文题目	作者	奖励等级
1996	粮食工业小型企业转换经营机制的难点及建议	吴国侠	二等奖
1998	粮办工业扭亏增盈的难点及对策	吴国侠	二等奖
	中型面粉厂小麦面包粉生产探讨	莫航佳	三等奖
2000	稻米加工业障碍我省 21 世纪稻谷种植业的思考	吴国侠	三等奖
	麦佳胚的生产与利用	莫航佳	三等奖
2002	谷物粉源与危害的综合治理	吴国侠、吴湘泓	三等奖
2008	提升农村储粮技术水平的思考	吴国侠	三等奖
2010	建设“粮企农庄”发展粮食产业	吴国侠、杨增久	三等奖

2016 年，主要完成单位：永州市华利工贸有限责任公司、市粮食经济科技学会、湖南科技学院；主要研究完成人：尹新利、吴国侠、邓胜国、付晓如、吴湘泓、尹文忠；由中国粮油学会米制品分会推荐《鲜湿米粉关键技术研究及产业化示范应用》项目获中国粮油学会科学技术三等奖。2018 年获湖南省技术发明三等奖。

2017 年 11 月，中国粮油学会首席专家王瑞元（中）与中国粮食行业协会理事吴国侠（左一）华利工贸有限责任公司董事长尹新利（右一）在第 11 届中国米粉、粉丝产业发展大会上合影

（五）粮油产品奖

中国名牌产品　天龙牌大米、银光牌大米。

国家免检产品　天龙牌大米、银光牌大米、金浩牌茶籽油。

全国粮油知名品牌　金浩牌茶籽油。

中国粮食行业协会“放心米、面、油”产品

大米　天龙牌特等亮黎早籼大米、天龙牌特等金秋晚籼大米、天龙牌米博士优质大米、天龙牌龙江粘米、天龙牌天龙贡米、天龙牌米博士、天龙牌金秋米、天龙牌万家乐米、天龙牌桃花香米、天龙牌满堂香米、九嶷香牌特等早籼米、九嶷香牌特等晚籼米、银光牌靓日子特等早籼米、银光牌饭佳乐特等晚籼米、银光牌饭佳欣特等晚籼米、银光牌饭佳乐一级晚优籼米、银光牌瑶家香一级晚优籼米、银光牌瑶家香米、银光牌饭佳乐米、银光牌靓日子米、银光牌银利来米、银光牌油粘香米、彩莲牌标一早籼米、彩莲牌标一晚籼米、文昌阁牌标一晚优米、豪鏔牌标一晚优米、香神怡牌特等晚优米、光洁牌浯珍标一早籼米、光洁牌浯珍标一晚籼米、光洁牌浯珍标一晚优米、天香谷源牌标一早优米、天香谷源牌标一晚优米、舜皇牌福康香米、舜皇牌金籼晚籼米、湘妹牌标二籼糯米、湘妹牌标三粳糯米、餐餐牌碧玉丝苗米、餐餐牌碧玉香米。

面粉 湘君牌高级精粉、湘君牌特制一等小麦粉、湘君牌特级二等小麦粉、湘君牌强力面条、湘君牌银须面条、湘君牌玉带面条。

食用油 金浩牌100%纯茶油、金浩牌茶籽调和油、金浩牌油茶籽油、金浩牌茶籽调和油、金浩牌橄榄调和油、金浩牌茶籽玉米调和油、金浩牌茶籽花生调和油。

有机产品 金浩牌100%纯茶油、金浩牌山茶油、金浩牌茶籽营养油、天龙牌天龙王米、天龙牌金天龙米、天龙牌天龙贡米。

绿色食品 金浩牌100%纯茶油、金浩牌茶籽调和油、金浩牌茶籽色拉油、天龙牌天龙贡米、天龙牌龙江香米、天龙牌龙江粘米、天龙牌泰香米、天龙牌桃花香米、天龙牌粘米、天龙牌马坝粘米、天龙牌新马粘米、天龙牌玉蟾岩香米、天龙牌软米、银光牌靓日子大米、银光牌饭佳乐大米、银光牌饭佳欢大米、银光牌饭佳饮大米、银光牌瑶家香大米、香神怡牌美餐香米、香神怡牌丝苗米、香神怡牌中国贡米、香神怡牌中国香米、香神怡牌农夫米、餐餐牌碧玉早籼米、餐餐牌碧玉晚优米、餐餐牌碧玉泰香米、餐餐牌碧玉丝苗米、餐餐牌碧玉香米、天香谷源牌丝苗米、天香谷源牌泰香米、天香谷源牌天香米、天香谷源七彩米、天香谷源牌八桂香米、溜溜康华利米粉。

无公害产品 天龙牌金秋大米、天龙牌满堂香大米、天龙牌旺家乐大米、银光牌银轮大米、银光牌美未来大米、香神怡牌银穗大米、香神怡牌金兔大米、香神怡牌美餐香大米、七彩香大米、舜皇牌大米、龙凤牌大米、

（六）商标

中国驰名商标 天龙牌、金浩牌、银光牌。

湖南省著名商标 湘君牌、恒惠牌、金浩牌、天龙牌、银光牌、湘妹牌、七里香牌、舜皇牌、天圣牌、湘诚牌、神怡牌、北大红牌、九鼎牌。

第十章　机构队伍

第一节　机构

一、永州市商务局

（一）机构沿革

1985年，在零陵地区经济开发中心基础上成立零陵地区对外经济贸易委员会，主管对外经济技术合作和国内经济技术协作等工作。1986年，湖南省对外经济贸易厅零陵地区办事处并入零陵地区对外经济贸易委员会，同时成立零陵地区对外经济贸易委员会党组。1988年，零陵地委撤销零陵地区对外经济贸易委员会党组，同年6月，零陵地区对外经济贸易委员会召开直属单位党员代表大会选举产生零陵地区对外经济贸易委员会总支委员会。1989年，恢复零陵地区对外经济贸易委员会党组。1990年9月17日，零陵地区对外经济贸易委员会机关从永州市（县级市）迁往冷水滩市（县级市）河东沿江路新址办公。

1995年4月，成立零陵地区招商局，为全额拨款正处级事业单位，归口零陵地区对外经济贸易委员会管理。同年11月，撤区建市，设立地级永州市，县级永州市改为芝山区，冷水滩市改为冷水滩区。

1996年5月，零陵地区对外经济贸易委员会改称永州市对外经济贸易委员会。

2001年，根据市委、市政府关于印发《永州市人民政府机构改革方案实施意见的通知》，永州市对外经济贸易委员会、永州市招商合作局合并，成立永州市对外贸易经济合作局（简称市外经贸局），保留永州市招商合作局牌子。

2004年12月，根据市委、市政府关于印发《永州市人民政府机构改革方案实施意见的通知》，永州市对外贸易经济合作局和内贸工作领导小组办公室合并，成立永州市商务局（加挂永州市招商合作局牌子）。

2005年8月，省政府《关于永州市芝山区更名为零陵区的通知》，根据民政部

《关于湖南省永州市芝山区更名为零陵区的批复》，国务院批准，永州市芝山区更名为零陵区，行政区域不变，区人民政府驻地不变。

2015年1月30日，市委、市政府关于印发《永州市人民政府职能转变和机构改革方案的实施意见的通知》，组建永州市商务和粮食局，不再保留永州市商务局、永州市粮食局。

（二）行政机构

1995年11月21日，根据国务院文件精神，撤销零陵地区，设立地级永州市。1996年5月，零陵地区对外经济贸易委员会改称永州市对外经济贸易委员会，赵宏斌任主任。撤区建市前1年设立全额拨款正处级事业单位零陵地区招商局同步改为永州市招商局，赵宏斌任局长（兼）。

1996年，核定永州市对外经济贸易委员会人员编制32名，内设机构有办公室、政工科、财基科、外经科、外贸科、储运科、科教科、基地科、监察室9个科室。下属企业有湖南省永州市粮油食品出口公司、湖南省永州市对外经济贸易公司、湖南省永州市对外经济贸易华湘公司、湖南省进出口总公司永州市公司、湖南省永州市对外经济贸易五化机公司、湖南省永州市对外经济贸易轻工矿产医药公司、湖南省永州市对外经济贸易土畜产品公司、湖南省外运永州市公司、湖南省永州市对外经济贸易基地公司、湖南省永州市潇湘综合进出口有限公司、湖南省永州市外经贸工贸公司（未开展业务）11个公司。

1997年，永州市对外经济贸易委员会内设机构在原来基础上新增茶叶科、纪检组（监察室），共计11个科室。同年3月，外经委党组研究决定，成立国家公务员实施工作领导小组，赵宏斌任组长，张玉芝任副组长，下设办公室，办公室主任郭建峰，成员汤建成。

1998年，永州市对外经济贸易委员会按“三定”方案（即定职能、定机构、定编制）进行科室调整，内设机构有办公室、政工科、财务基建科（审计科）、外经管理科、外贸管理科（储运包装科）、科技教育科、基地建设科、纪检组（监察室）8个科室。

1999年，永州市对外经济贸易委员会成立市直外经贸系统稳定工作领导小组，领导小组由赵宏斌、张玉芝、欧阳声六、蔡保乐、成仕和、罗伏生、乐解德、严兴友、罗新民、周巧明、李燕军、汤建成、郑荣茂13人组成，赵宏斌任组长、张玉芝任副组长，其他人为成员。内设机构与1998年相同，行政编制30人。同年6月，外经委党组研究决定，委派赵宏斌、史一民、李烨3人为永州市对外劳务合作有限公司董事会成员，赵宏斌任董事长，史一民任副董事长，李烨任董事。

2000年，永州市对外经济贸易委员会领导班子成员中，文贻宣不再担任副主任，任副处级干部兼任永州市对外经济贸易公司总经理。

2001 年，永州市对外经济贸易委员会、永州市招商合作局合并，成立永州市对外贸易经济合作局（简称市外经贸局），保留永州市招商局牌子，下辖中国国际贸易促进委员会永州市支会（正处级单位，简称市贸促会）和永州市对外贸易经济合作局科教培训中心（副处级单位，简称培训中心）两个全额拨款事业单位。永州市对外贸易经济合作局局长史一民（兼市招商局局长、市贸促会会长），副局长蔡保乐、夏和成、罗中民，纪检组长欧阳声六，市招商局副局长唐铭蔚，副处级干部文贻宣。内设机构有办公室、政工科、财务审计科、外贸发展科、外经管理科、外资企业管理科、对外联络科、纪检组（监察室）、直属机关党委 9 个科室，行政编制 25 人，事业编制 3 人。

2002 年，根据市委、市政府及市国有企业改革领导小组统一部署，国有外贸企业改革启动，局党组研究决定成立永州市国有外贸企业改革领导小组，史一民任组长，蔡保乐、夏和成、罗中民、欧阳声六、唐铭蔚任副组长。下设办公室，唐铭蔚兼任办公室主任，办公室成员文贻宣、王铁良、金常锐、钱玉森、郭建峰、邓广平、汤建成、黄秋莲、郑际敦、黄元华、项小龙、罗新民、蒋少辉、肖时友 14 人。公司企改由外经贸局派工作组具体实施。同年 4 月，李燕军兼任中国国际贸易促进委员会永州市支会秘书长，王铁良兼任永州市对外贸易经济合作局科教培训中心主任。11 月，永州市国家安全局纪委书记唐孝才挂任市对外贸易经济合作局副局长，不参加局党组；永州市国家安全局副处级侦察员欧庆忠挂任市招商局副局长，不参加局党组。2003 年 6 月，李烨任中国国际贸易促进委员会永州市支会副会长（试用期一年）。

2004 年 5 月，唐铭蔚任永州市贸易促进支会（永州国际商会）会长，李烨任永州市贸易促进支会（永州国际商会）副会长。12 月，根据市委、市政府关于印发《永州市人民政府机构改革方案实施意见的通知》，永州市对外贸易经济合作局和内贸工作领导小组办公室合并，成立永州市商务局（加挂永州市招商合作局牌子）。办公地点设永州市政府办公大楼 12 楼。同月，市政府发文任命欧道明、夏和成、李燕军、冷剑、李烨为市商务局副局长，冷剑、黄忠国为市招商合作局副局长，王铁良为市商务局总会计师。

2005 年 1 月，钱国平任市商务局局长，启用永州市商务局新印章，永州市对外贸易经济合作局、永州市内贸工作领导小组办公室印章废止。市商务局内设机构有办公室、综合调研室（加挂政策法规科牌子）、规划财务科、对外贸易科、加工贸易科、市场体系建设科、商业改革发展科、市场运行调节科（加挂永州市生猪定点屠宰管理办公室、永州市酒类产销管理办公室牌子）、外商投资联络科、外资管理科（加挂市外商投诉协调中心牌子）、外经管理科（加挂科技科牌子）、政工科12个职能科室。

2006年，市商务局行政编制39名，实有在岗行政人员40名。内设机构有办公室、综合调研室、规划财务科、商业改革发展科、市场体系建设科、市场运行调节科、外商投资联络科、外资管理科、外贸管理科、加工贸易科、外经管理科、政工科、监察室、机关党委办14个职能科室。

2007年，根据国务院《生猪屠宰管理条例》和《湖南省生猪屠宰管理条例》、商务部《流通领域食品安全管理办法》《酒类流通管理办法》和《湖南省酒类管理条例》要求，依照市政府常务会议2000年12月5日第十九次纪要和市政府办公室《关于印发永州市商务局职能配置内设机构和人员编制的通知》，设置永州市商务综合执法支队。永州市商务综合执法支队是市商务局管理具有行政执法职能副处级全额拨款事业单位。根据授权、履行商务流通领域食品安全管理和执法职能。内设机构有综合科、行业管理科、稽查科3个科室，全额拨款事业编制15名。同年3月，欧道明调任永州市粮食局党组书记。

2008年11月，根据《永州市人民政府关于加快承接产业转移大力发展加工贸易的实施意见》，市政府研究同意，成立蓝宁道加工贸易建设工作办公室，市商务局副局长李燕军任办公室主任。同月，李晓峰任市商务局副局长，李顺利任市招商合作局副局长，邓湘祁任市市场服务中心主任。2009年2月，市商务局加挂在市场运行调节科内"市生猪定点屠宰管理办公室"分开设置，为单独内设机构。

2010年1月，张宏任市商务局副局长、刘大平任市招商合作局副局长。同月，蒋健民任市商务局工会主席。6月，李燕军任永州市口岸办主任（正处级）。12月，艾克海任市商务局副局长。

2011年，徐明华任市商务局副局长。内设机构有办公室（加挂规划财务科牌子）、综合调研科、行政审批科（法规科）、市场运行调节科（加挂生猪定点屠宰办公室牌子）、市场体系建设科、商贸服务管理科、市场秩序科（对外称永州市商务执法支队）、对外贸易科、加工贸易科、外商投资促进科、外资管理科（永州市外商投诉协调中心）、对外经济合作科、政工科13个科室，行政编制45名。

2012年，翟方奇任市商务局局长。同年，根据市政府第七次常务会议和2011年5月12日市委常委会议精神，永编办《关于改变永州市人民政府驻深圳办事处隶属关系的通知》，永州市人民政府驻深圳办事处归口市商务局管理，负责永州市沿海招商引资工作，取消接待往返永州深圳公务活动有关人员服务。原深圳办事处主任周德林任调研员，黎拥军任市商务局总经济师，金常锐任市商务执法支队支队长（副处级）。

2013年，裴兴宇任市政府驻深圳办事处主任（副处级）。

2014年1月，市商务局根据《永州市国企改革工作总体方案》精神和局党组2013年11月21日会议决定，成立市商务系统国企改革领导小组，翟方奇任组长，李晓峰、李烨、徐明华、单春兰、张宏、刘大平、艾克海、李一凡、李才胜任副组长。领导小组下设办公室，徐明华兼任办公室主任，李一凡、李才胜、黎拥军兼任办公室副主任，局机关各科室负责人和各改制企业负责人为办公室成员。是年10月29日，市人大常委会《关于邓群的决定任免通知》，邓群任永州市商务局局长。(办公地点租赁永州市公路局办公大楼11楼)。

2015年1月30日，市委、市政府关于印发《永州市人民政府职能转变和机构改革方案的实施意见的通知》，组建永州市商务和粮食局。市商务局承担除生猪定点屠宰监督管理职责和酒类食品安全监督管理职责以外职责、市粮食局职责整合，组建市商务和粮食局，为市政府工作部门。不再保留永州市商务局、永州市粮食局。4月15日，根据永州市“十三五”规划领导小组办公室《关于编制永州市“十三五”重点专项规划的通知》，市商务局党组研究决定，成立编制永州市“十三五”商务发展规划领导小组。邓群任组长，陈军杰、李烨、徐明华、单春兰、张宏、刘大平、黎拥军任副组长，成员：蔡朝晖、宋结友、唐亚辉、唐圣、李艳晖、傅三喜、李明、李滢、周勇新、刘韶军、谭能为、杨伟燕及各县区（管理区、经开区）商务局局长。领导小组下设办公室，刘大平兼任领导小组办公室主任，蔡朝晖、宋结友为副主任。4月24日，市人大常委会《关于邓群的决定任免通知》，任命邓群为永州市商务和粮食局局长，免去永州市商务局局长职务。9月，贯彻落实中央和省委全面深化改革部署和决定，推进永州市商事制度改革工作顺利进行，成立永州市商务和粮食局商事制度改革领导小组。邓群任组长，曾全国、李烨、张宏、刘大平任副组长，成员各科室科长。同月，市政府办公室《关于成立永州市电子商务工作领导小组的通知》，成立永州市电子商务工作领导小组，市委副书记、市长易佳良任组长，市委常委、常务副市长任副组长，市直有关单位主要负责人28人为成员，领导小组办公室设市商务和粮食局，市商务和粮食局党组书记、局长邓群兼任办公室主任。市政府办公室关于印发《永州市投资促进事务局主要职责内设机构和编制规定的通知》，组建永州市投资促进事务局，为市商务和粮食局所属副处级公益一类事业单位，全额拨款事业编制6名，内设2个职能科室（综合科、投资联络科），市口岸办公室承担公益性职能4名工作人员和市商务局用于承担东盟招商职责2名工作人员（挂靠市酒类产销管理办公室）连人带编一并划入市投资促进事务局。11月，设立永州市商业企业改制服务办公室，为市商务和粮食局所属事业单位，内设机构综合科、政工科、财务科（加挂内审科牌子）、改制改革科

(加挂政策法规科牌子)、信访维稳科、国有资产经营科（加挂安全生产监督管理科牌子)，人员编制 19 名。永州市商业企业改制服务办公室由商业、物资、粮食、外贸 4 个系统合并组成，方便对口管理，设置 5 个临时管理办公室：商业系统企业改制临时管理办公室，物资系统企业改制临时管理办公室，粮食系统企业改制临时管理办公室，外贸系统企业改制临时管理办公室，万利集团改制临时管理办公室。是年，市商务和粮食局内设机构有办公室、综调信息科、财务审计科、政工科、机关党办、纪检监察室、法规科、市场运行科、电子商务科、市场体系科、口岸管理科、对外投资科、市场监督科、加工贸易科、投资管理科、异地商会科、粮食调控科、流通行业科 18 个科室。

2016—2018 年，市商务和粮食局机构设置维持 2015 年现状未变。

1992—2014 年永州市商务局及前身历届行政领导一览表

表 10-1

<table>
<tr><th rowspan="2">年度</th><th rowspan="2">机构名称</th><th colspan="3">历届领导人</th><th rowspan="2">任职时间</th><th rowspan="2">备注</th></tr>
<tr><th>职务</th><th>姓名</th><th>性别</th></tr>
<tr><td rowspan="4">1992—1994</td><td rowspan="4">零陵地区对外经济贸易委员会</td><td>主任</td><td>胡建瑞</td><td>男</td><td>1992. 4—1994. 10</td><td></td></tr>
<tr><td rowspan="3">副主任</td><td>卿 文</td><td>男</td><td>1986. 3—1994. 12</td><td></td></tr>
<tr><td>文贻宣</td><td>男</td><td>1992. 4—1994. 10</td><td>“三讲”未通过被定为副处级干部</td></tr>
<tr><td>周进松</td><td>男</td><td>1992. 9—1994. 10</td><td></td></tr>
<tr><td rowspan="11">1994—2000</td><td rowspan="11">零陵地区对外经济贸易委员会（1995. 11 至 2000 为永州市对外经济贸易委员会）</td><td>主任</td><td>赵宏斌</td><td>男</td><td>1994. 10—2000</td><td></td></tr>
<tr><td rowspan="10">副主任</td><td>文贻宣</td><td>男</td><td>1994. 10—2000. 6</td><td></td></tr>
<tr><td>卿 文</td><td>男</td><td>1994. 10—1994. 12</td><td></td></tr>
<tr><td>周进隆</td><td>男</td><td>1994. 10—1998. 4</td><td></td></tr>
<tr><td>周进松</td><td>男</td><td>1994. 10—1998. 4</td><td></td></tr>
<tr><td>张玉芝</td><td>女</td><td>1994. 10—</td><td></td></tr>
<tr><td>夏和成</td><td>男</td><td>1994. 10—2000. 12</td><td></td></tr>
<tr><td>张旺生</td><td>男</td><td>1994. 10—1997. 7</td><td>撤销副主任、开除党籍</td></tr>
<tr><td>史一民</td><td>男</td><td>1997. 11—2001</td><td></td></tr>
<tr><td>罗中民</td><td>男</td><td>1999. 10—</td><td>辞职改为副处级干部</td></tr>
</table>

续表10-1

年度	机构名称	历届领导人			任职时间	备注
		职务	姓名	性别		
2001—2004	永州市对外贸易经济合作局	局长	史一民	男	2001. 1—2004. 8	
		副局长	蔡保乐	男	2001. 1—	
			罗中民	男	2001—2003. 6	
			夏和成	男	2002—2004. 12	
			李燕军	男	2004—2004. 12	
			冷 剑	男	2004—2004. 12	
			黄忠国	男	2004—2004. 12	
		副处级干部	文贻宣	男	2002—	
2004—2012	永州市商务局	局长	钱国平	男	2005. 1—2012. 3	
		副局长	欧道明	男	2005. 1—2007. 3	
			夏和成	男	2005. 1—2007. 12	
			李燕军	男	2005. 1—2010. 6	(2010年任口岸办主任)
			冷 剑	男	2005. 1—2007. 7	
			黄忠国	男	2005. 1—	
			李 烨	男	2005. 1—	
			郑 仪	男	2006. 6—2008. 12	
			颜小毛	男	2007. 8—	
			李晓峰	男	2008. 12—	
			艾克海	男	2010. 12—2012. 3	
			徐明华	男	2011. 6—2012. 3	
			张 宏	男	2010. 1—2012. 3	
		总会计师	王铁良	男	2005. 1—	
		市场服务中心主任	邓湘祁	男	2008. 12—2017. 11	
		总经济师	黎拥军	男	2012. 5—2014. 9	
		执法支队长	金常锐	男	2012. 5—	

续表10-1

年度	机构名称	历届领导人			任职时间	备注
		职务	姓名	性别		
2012—2014	永州市商务局	局　长	翟方奇	男	2012. 3—2014. 9	
		副局长	李晓峰	男	2012. 3—2014. 9	
			李烨	男	2012. 3—2014. 9	
			徐明华	男	2012. 3—2014. 9	
			艾克海	男	2012. 3—2014. 9	
2014—2015	永州市商务局	局长	邓　群	女	2014. 9—2015. 1	
		副局长	陈军杰	男	2014. 9—2015. 1	
			李　烨	男	2014. 9—2015. 1	
			徐明华	男	2014. 9—2015. 1	
			张　宏	男	2014. 9—2015. 1	
			艾克海	男	2014. 9—2015. 1	
		总经济师	黎拥军	男	2014. 9—2015. 1	
		执法支队长	金常锐	男	2014. 9—2015. 1	

1995—2015 年永州市招商合作局行政领导一览表

表 10-2

年度	机构名称	历届领导人			任职时间	备注
		职务	姓名	性别		
1995—2000	零陵地区招商局、永州市招商合作局	局长	赵宏斌	男	1995. 4—2000	（兼）
		副局长	周进松	男	1995. 4—1998. 4	第一副局长（兼）
			向望东	男	1995—2000	（兼）
			胡安江	男	1995. 4—2000	（兼）
			蔡保乐	男	1995. 4—2000	
			梁杰华	男	1995. 4—2000	
2001—2004	零陵地区招商局、永州市招商合作局	局长	史一民	男	2001—2004. 8	（兼）
		副局长	黄忠国	男	2004. 6—2004. 8	
			冷剑	男	2004. 6—2004. 8	
			唐铭蔚	女	2001—2004. 8	

续表10-2

年度	机构名称	历届领导人			任职时间	备注
		职务	姓名	性别		
2004—2012	零陵地区招商局、永州市招商合作局	局长	钱国平	男	2004—2012	（兼）
		副局长	黄忠国	男	2004. 8—2007. 12	
			李顺利	男	2007. 12—2010. 1	
			冷　剑	男	2004. 8—2007. 7	
			刘大平	男	2010. 1—2012. 3	
2012—2014	同上	局长	翟方奇	男	2012. 3—2014. 9	（兼）
		副局长	刘大平	男	2012. 3—2014. 9	
2014—2015	同上	局长	邓　群	女	2014. 9—2015. 1	
		副局长	刘大平	男	2014. 9—2015. 1	

（三）党群组织

党组织 1994 年 10 月，赵宏斌任零陵地区对外经济贸易委员会党组书记，党组成员：文贻宣、卿文、周进隆、周进松、张玉芝、夏和成、张旺生。1995 年，撤区建市，设立地级永州市，零陵地区对外经济贸易委员会于 1996 年 5 月改称永州市对外经济贸易委员会，赵宏斌任党组书记，文贻宣任副书记。是年，永州市对外经济贸易委员会机关党支部有党员 48 人，支部书记汤建成，组织、统战委员郑荣茂，宣传委员李燕军，群工委员伍庚生，纪检、保卫委员郭建峰。机关支部分 4 个党小组：办公室、财基、外经、科教党小组；纪检、政工、外贸党小组；基地、进出口公司党小组；芝山老院子党小组。

1997 年，永州市对外经济贸易委员会机关党委下属 1 个局、10 个直属公司、9 个党支部，有党员 184 人。

2000 年，根据市委统一部署，永州市对外经济贸易委员会研究决定，成立“三讲”（讲学习、讲政治、讲正气）教育领导小组，领导小组由赵宏斌、文贻宣、张玉芝、夏和成、史一民、罗中民、欧阳声六、蔡保乐、郭建峰、李燕军、钱玉森、郑荣茂组成，赵宏斌任组长，文贻宣、张玉芝任副组长，其他人为成员，领导小组下设办公室，张玉芝兼任办公室主任。

2001 年，永州市对外贸易经济合作局成立，史一民任党组书记，党组成员：蔡保乐、夏和成、罗中民、欧阳声六、唐铭蔚。是年，永州市对外贸易经济合作局党员 56 人。局机关设 3 个党支部：办公室、财审科、政工科、纪检监察室、机关党办为第一支部，党员 28 人，支部书记钱玉森；外贸发展科、外经管理科、外资企业管理科、对外联络科为第二支部，党员 7 人，支部书记李烨；第三支部为离退休人员支部，党员 21 人，支部书记詹孝开。

2002 年 8 月，沈秋林任永州市对外经济贸易合作局党组成员，永州市对外贸易经济合作局党组在 2001 年基数上增加 1 人，党组成员 7 人。

2003 年，永州市对外贸易经济合作局党组书记史一民，党组成员蔡保乐、夏和成、罗中民、欧阳声六、唐铭蔚，党组成员恢复到 2001 年 6 人。

2004 年 6 月，李燕军、黄忠国、冷剑、唐铭蔚任永州市对外贸易经济合作局党组成员，永州市对外贸易经济合作局党组成员由 2003 年 6 人增加到 8 人。12 月，永州市对外贸易经济合作局和内贸工作领导小组办公室合并，成立永州市商务局（加挂永州市招商合作局牌子）。同月，夏和成、李燕军任市商务局党组成员；李晓峰任市商务局纪检组长。同月，钱国平任市商务局党组成员、书记，欧道明任市商务局党组成员、副书记。

2008 年 5 月，市商务局直属机关委员会党支部换届选举，市商务局机关第一党支部新一届支部委员会由黄秋莲、宋结友、欧阳建屏 3 人组成，黄秋莲任支部书记，宋结友任纪检、组织委员，欧阳建屏任宣传、群工委员。市商务局机关第二党支部新一届支部委员会由邓广平、唐钰、张造龙 3 人组成，邓广平任支部书记，唐钰任纪检、组织委员，张造龙任宣传、群工委员。市商务局机关第四党支部新一届支部委员会由郭德法、刘庚云、周顺玉 3 人组成，郭德法任支部书记，刘庚云任纪检、组织委员，周顺玉任宣传、群工委员。12 月，李顺利任市商务局党组成员。

2009 年 6 月，李燕军任市商务局党组副书记，王铁良任市商务局党组成员。8 月，单春兰任市商务局党组成员、纪检组长。

2010 年，市商务局党组书记钱国平，副书记李燕军，党组成员李晓峰、唐铭蔚、李烨、颜小毛、王铁良、单春兰、张宏、刘大平。1 月，张宏、刘大平任市商务局党组成员。3 月 15 日，市商务局直属机关第二次代表大会召开，投票选举唐铭蔚、金常锐、胡砖玉、黎拥军、李艳晖、唐仁芳、唐钰 7 人为市商务局直属机关第二届委员会委员。3 月 17 日，市商务局直属机关党委书记唐铭蔚，副书记兼组织委员金常锐，纪检委员胡砖玉，宣传委员唐钰，群工委员李艳晖，统战委员唐仁芳，保密委员黎拥军。8 月 10 日，市商务局直属机关党委机关党支部换届选举，机关第一党支部新一届支部委员会由黎拥军、陈景军、王丽彬 3 人组成，黎拥军任支部书记，王丽彬任组织委员、纪检委员，陈景军任宣传委员、群工委员；机关第二党支部新一届支部委员会由宋结友、唐圣、袁杰 3 人组成，宋结友任支部书记，唐圣任宣传委员、纪检委员，袁杰任组织委员、群工委员；机关第四党支部新一届支部委员会由蔡保乐、刘庚云、周顺玉 3 人组成，蔡保乐任支部书记，刘庚云任组织委员、纪检委员，周顺玉任宣传委员、群工委员。

2011 年 4 月 30 日，市商务局直属机关党委第三党支部换届选举，新一届支部委员会由汤建成、周进隆、文贻宣 3 人组成，汤建成任支部书记，周进隆任宣传委员、纪检委员，文贻宣任组织委员、群工委员。6 月，徐明华任市商务局党组成员。

2012 年 3 月，翟方奇任市商务局党组书记。

2014 年 2 月，市商务局开展党的群众路线教育实践活动，成立领导小组，翟方奇任组长，徐明华任常务副组长，李晓峰、李烨、单春兰、张宏、刘大平、艾克海、李一凡、李才胜、周德林、邓湘祁任副组长，成员蒋健民、黎拥军、金常锐、郭建峰、吴小芳。3 月，市商务局机关党委书记唐铭蔚退休，局党组指定工会主席蒋健民代理机关党委书记。9 月，邓群任市商务局党组书记（试用期一年），陈军杰任市商务局党组成员。10 月，市商务局机关党委组织下属 20 个党支部参加第二批党的群众路线教育活动，党员评议时，悉数 332 名党员有 298 名参加评议：合格党员 228 名，基本合格党员 70 名，没有不合格党员。是年，市商务局党组书记邓群，党组成员陈军杰、李烨、徐明华、单春兰、张宏、刘大平、艾克海。

2015 年 1 月 30 日，根据《中共永州市委永州市人民政府关于印发〈永州市人民政府职能转变和机构改革方案的实施意见〉的通知》，组建永州市商务和粮食局（2015 年 3 月 20 日挂牌）。市商务和粮食局党组书记邓群，副书记李燕军，党组成员陈军杰、曾全国、李烨、徐明华、李乾亮、王硕球、张宏、刘大平、单春兰、蒋健民、邓建华、谢科平。直属机关委员会书记唐铭蔚、副书记金常锐，委员胡砖玉、黎拥军、邓广平、唐仁芳、唐钰、李艳晖。直属机关委员会下辖 1 个党总支，23 个党支部（18 个机关党支部，5 个退休党支部），党员 438 人（男 352 人，女 86 人），在职党员 210 人，离退休党员 228 人。1 个党总支，湖南永州下河国家粮食储备库党总支。18 个机关党支部，原市商务局机关一、二党支部，商业事务办党支部，物资事务办党支部，对外贸易进出口总公司党支部，商业城党支部，基地进出口公司党支部，对外经济贸易轻工矿产医药公司党支部，金属回收总公司党支部，机电设备公司党支部，商业临管办党支部，粮油食品公司党支部，轻化建材总公司党支部，五化机公司党支部，对外经济贸易土畜产品公司党支部，外运公司党支部，原永州市粮食局机关党支部，原口岸办党支部。5 个退休人员党支部：原市商务局机关三、四党支部，原市粮食局退休人员党支部，市商业临管办退休人员党支部，市物资事务办公室离退休人员党支部。3 月，市商务局直属机关委员会下文，确定局机关 4 个党支部人员组成。机关第一党支部 22 人，党支部书记黎拥军；机关第二党支部 24 人，党支部书记宋结友；机关第三党支部 17 人，党支部书记汤建成；机关第四党支部（退休人员党支部）17 人，党支部书记蔡保乐。

2016 年 6 月，市商务局直属机关委员会改选成立市商务和粮食局直属机关委员会，机关党委书记李燕军、专职副书记曾亚涛、组织委员蒋芸、纪检委员廖春华、宣传委员周娟、群工委员刘明刚、统战委员蔡朝晖。下辖 1 个党总支，22 个党支部（机关党支部 18 个，离退休人员党支部 4 个）。1 个党总支，湖南永州下河国家粮食储备库党总支（书记陶晓华）。18 个机关党支部，机关一党支部（书记张小军）、机关二党支部（书记宋结友）、机关三党支部（书记傅三喜）、商业企业改制办机关党支部（书记蒋利民）、驻深圳办事处党支部（书记裴兴宇）、粮油质量检测中心党支部（书记屈少剑）、粮油食品公司党支部（书记郑际敦）、外贸土产公司党支部（书记黄元华）、外贸轻工公司党支部（书记尹卫荣）、外运公司党支部（书记欧德忠）、五机化公司党支部（书记徐开成）、基地公司党支部（书记曾昭武）、经贸公司党支部（书记周克文）、永州商业城有限责任公司党支部（书记林仲秋）、商改办临管办党支部（书记蒋朝辉）、金属回收公司党支部（书记李明德）、机电设备公司党支部（书记吴建胜）、轻化建材公司党支部（书记汪灵斌）。4 个离退休人员党支部，机关离退休人员一党支部（书记周顺玉）、机关离退休人员二党支部（书记蒋孔吉）、商改办商业退休人员党支部（书记陈国才）、商改办物资退休人员党支部（书记肖柏华）。是年 10 月，专职副书记曾亚涛工作调整，增补唐自云为专职副书记。

2017 年 5 月，粮油食品公司党支部、外贸土产公司党支部、外贸轻工公司党支部、外运公司党支部、五机化公司党支部、基地公司党支部、经贸公司党支部、金属回收公司党支部、机电设备公司党支部、轻化建材公司党支部、商改办临管办党支部等 11 个党支部 204 名党员移交冷水滩区相关社区党组织。是年 7 月，湖南永州下河国家粮食储备库党总支改选调整为党支部（书记陶晓华）。

2018 年 11 月，机关党委组织委员蒋芸、纪检委员廖春华、群工委员刘明刚、统战委员蔡朝晖工作调整，增补组织委员曾亚涛、纪检委员宋结友、统战保密委员李明、群工委员龙千勇。是年，市商务和粮食局直属机关委员会党员总数 228 名（男 174 人，女 54 人），在职党员 117 人，离退休人员党员 111 人。

1992—2014 年永州市商务局及前身历届党组成员一览表

表 10-3

年度	机构名称	历届党组成员			任职时间	备注
		职务	姓名	性别		
1992—1994	零陵地区对外经济贸易委员会	党组书记	胡建瑞	男	1992. 4—1994. 10	
		党组成员	卿　文	男	1986. 3—1994. 12	
			文贻宣	男	1992. 4—1994. 10	因“三讲”未通过被定为副处级干部
			周进松	男	1992. 9—1994. 10	
1994—2000	零陵地区对外经济贸易委员会（1995. 11 至 2000 为永州市对外经济贸易委员会）	党组书记	赵宏斌	男	1994. 10—2000	
		党组成员	文贻宣	男	1994. 10—1999. 6	1998 任副书记，2000 副处级干部
			卿　文	男	1994. 1—1994. 12	
			周进隆	男	1994. 10—1998. 4	1999 助调
			周进松	男	1994. 10—1998. 4	
			张玉芝	女	1994. 10—	
			夏和成	男	1994. 10—	
			张旺生	男	1994. 10—1997. 7	撤销副主任、开除党籍
			史一民	男	1997. 11—2001	
			罗中民	男	1999. 1—2000. 12	因辞职改为副处级干部
			欧阳声六	男	1996—2000. 12	纪检组长
2001—2004	永州市对外贸易经济合作局	党组书记	史一民	男	2001—2004. 8	
		党组成员	蔡保乐	男	2001—2004. 12	
			罗中民	男	2001—2003. 6	
			夏和成	男	2002—2004. 12	
			唐铭蔚	女	2001. 1—2004. 12	
			沈秋林	男	2002—	
			欧阳声六	男	2001. 1—2004. 12	纪检组长
			李燕军	男	2004. 1—2004. 12	
			冷　剑	男	2004—2004. 12	
			黄忠国	男	2004—2004. 12	

续表10-3

年度	机构名称	历届党组成员			任职时间	备注
		职务	姓名	性别		
2004—2012	永州市商务局	党组书记	钱国平	男	2005. 1—2012. 3	
		党组副书记	欧道明	男	2005. 1—2007. 3	
		党组成员	夏和成	男	2005. 1—2007. 12	
			李燕军	男	2005. 1—2010. 6	(2010年任口岸办主任)
			冷　剑	男	2005. 1—2007. 7	
			黄忠国	男	2005. 1—	
			李　烨	男	2005. 1—	
			李顺利	男	2007. 12—	
			郑　仪	男	2006. 6—	
			颜小毛	男	2007. 8—	
			李晓峰	男	2008. 12—	纪检组长
			单春兰	女	2009. 8—2012. 3	
			艾克海	男	2010. 12—2012. 3	
			徐明华	男	2011. 6—2012. 3	
2012—2014	永州市商务局	党组书记	翟方奇	男	2012. 3—2014. 9	
		党组成员	李晓峰	男	2012. 3—2014. 9	
			唐铭蔚	女	2012. 3—2014. 9	
			李　烨	男	2012. 3—2014. 9	
			徐明华	男	2012. 3—2014. 9	
			单春兰	女	2012. 3—2014. 9	
			张　宏	男	2012. 3—2014. 9	
			刘大平	男	2012. 3—2014. 9	
			艾克海	男	2012. 3—2014. 9	
2014—2015	永州市商务局	党组书记	邓　群	女	2014. 9—2015. 1	
		党组成员	陈军杰	男	2014. 9—2015. 1	
			李　烨	男	2014. 9—2015. 1	
			徐明华	男	2014. 9—2015. 1	
			单春兰	女	2014. 9—2015. 1	
			张　宏	男	2014. 9—2015. 1	
			刘大平	男	2014. 9—2015. 1	
			艾克海	男	2014. 9—2015. 1	

工会组织　1998年，永州市总工会审批同意，成立永州市招商局工会委员会。14月15日，招商局工会根据工会组织法，召开第一届会员大会，大会通过民主选举办法，选举产生工会委员会，周顺玉、黄忠国、龙飞銮3人当选为委员。5月16日，市总工会批复同意周顺玉为永州市招商局工会主席，黄忠国、龙飞銮为副主席，龙飞銮兼女工部部长。

2008年4月3日，市商务工会第一届委员会选举大会在市政府二楼会议室召开，会员代表大会应到代表50人，实到代表49人，发出选票49张，收回选票49张，有效选票49张。通过无记名投票选举，张宏、郭建峰、李洁、黄秋莲、毛学军、王建民、肖伯盛、周彩梅、谢永红9人当选永州市商务工会第一届委员会委员。4月9日，市总工会批复同意张宏任工会委员会主席，郭建峰、黄秋莲任工会委员会副主席；郭建峰、李洁、王建民、谢永红4人为经费审查委员会委员，郭建峰兼任经费审查委员会主任；黄秋莲、周彩梅、谢永红3人为女职工委员会委员，黄秋莲，兼任女职工委员会主任。同时，同意由黄秋莲、宋结友、唐钰、李洁、毛学军5人组成市商务局机关工会第一届委员会。黄秋莲任市商务局机关工会第一届委员会主席，宋结友任副主席。

2010年1月，蒋健民任市商务局工会（商务工会）主席。

2014年12月，市商务局工会组织在职干部职工开展爬山健身活动，总指挥邓群，副总指挥徐明华、蒋健民。

2015年，成立市商务和粮食局，商务工会改称商贸服务工会。同年1月9—11日，举办2015年迎新春商务口岸杯乒乓球赛。

（四）事业单位

永州市市场服务中心　2000年1月，永州市编制委员会《关于成立永州市市场服务中心的批复》成立永州市市场服务中心，机构规格为副处级事业单位，经费从市场网点建设费中解决，暂定事业编制3名。李晓峰任市市场服务中心主任。人员从市财委机关内部调剂解决，归口市财委管理。市市场服务中心其宗旨为市场建设和管理提供服务，业务范围及主要职责是本级市场规划、开发、维修、物业管理及日常服务工作；为市场内经营户提供交易场所和服务施设；指导全市市场服务中心（局）业务工作；传达省、市委、市政府及省商务厅有关批示精神；承担市商务局安排中心城区农贸市场创卫指导、督促、检查工作。

2018年12月，邓湘祁任市市场服务中心主任。

2001年1月，市政府常务会议，明确市市场服务中心不再管理农贸市场，规定市市场服务中心由原来的规费纳入市财政全额拨款。

2014年12月，永州市编制委员会下发《市商务局所属事业单位分类有关事项的通知》，确定市市场服务中心为公益一类事业单位。

2017年11月，陈哲任市市场服务中心主任。

永州市投资促进事务局　2015年9月21日，市政府办公室关于印发《永州市投资促进事务局主要职责内设机构和编制规定的通知》，根据《中共永州市委永州市人民政府关于永州市人民政府机构设置、职能职责变化及部分单位机构级别调整的通知》和《中共永州市委永州市人民政府关于印发〈永州市人民政府职能转变和机构改革方案的实施意见〉的通知》，组建永州市投资促进事务局，为市商务和粮食局所属副处级公益一类事业单位。内设综合科、投资联络科两个机构。第一任暨现任局长为吴小芳。

其主要职责：组织开展承接产业转移专题招商活动；负责重要经贸活动会务组织工作；组织和参加与市级、省级和国家级招商活动；负责外来投资者接待、洽谈、考察组织工作；负责调度考核全市外资签约项目履约工作；会同有关部门做好对外招商项目前期工作；承办市商务和粮食局交办其他事项。

永州市酒类产销管理办公室 2000 年，市政府办公室《关于加强酒类产销管理工作的通知》，成立永州市酒类产销管理办公室（简称市酒管办）。是年，市政府第 19 次常务会议对市酒管办机构编制进行研究，同意市酒管办为副处级全额拨款事业单位，定编 10 人，后因各种原因未能落实。

2002 年，依照湖南省编委湘编办《关于省酒类产销管理办公室机构编制的函》文件精神，设置永州市酒类产销管理办公室（简称市酒管办）为市商务局管理具有行政职能副处级事业单位。根据授权，履行酒类生产和流通行业管理职能。市酒管办内设综合科、行业管理科、稽查科 3 个职能科，全额拨款事业编制 10 名，其中主任（副处级）1 名，副主任（正科级）1 名；副科级领导职数 3 名；其他工作人员 5 名（含机关后勤服务人员 1 名）。管理人员实行公务员制度。

2006 年 1 月，永州市酒类产销管理工作领导小组成立。市商务局局长钱国平任副组长，副局长欧道明兼任领导小组办公室主任，办公室设市商务局市场运行调节科。

2011 年 4 月 14 日，永州市机构编制委员会办公室《关于设立永州市酒类产销管理办公室的批复》，同意设立永州市酒类产销管理办公室，为市商务局管理正科级全额拨款事业单位，核定事业编制 3 名，其中主任 1 名。其主要职责：参与拟定并组织实施全市酒类产品产业结构调整方案和发展规划；负责全市酒类流通管理与服务；负责酒类营销政策法规宣传教育与人员培训；承担酒类产品批发、营销备案登记管理及组织实施可追溯体系工作。是年 11 月 14 日，市商务局下发《关于邓湘祁同志兼任永州市酒类产销管理办公室主任（法定代表人）的通知》，邓湘祁兼任市酒类产销管理办公室主任（法定代表人）。

2012 年 1 月 20 日，欧阳高强任永州市酒类产销管理办公室主任。

2013 年 7 月 15 日，市政府办公室下发《关于成立永州市酒类产销管理和酒类流通市场专项整治工作领导小组的通知》。副市长唐能武任组长，市政府副秘书长邓群、市商务局局长翟方奇任副组长，市商务局分管副局长李晓峰任成员兼办公室主任。

2014 年 11 月，根据《湖南省人民政府关于改革完善市县食品药品监督管理体制的实施意见》文件精神，湖南省将省商务厅酒类产销管理工作职能划入省食品药品监督管理局，市县政府原则上参照省里模式执行。为理顺关系，按照“编随事走，人随编走”原则，市商务局同意将永州市酒类产销管理办公室工作职能、编制、人员划转市食品药品监督管理局。

永州市牲畜定点屠宰管理办公室　1996 年，永州市生猪定点屠宰管理办公室（简称市屠管办）成立。主要职能：负责贯彻落实生猪屠宰管理法规、规章和有关标准，进行日常监督检查；负责向市政府提出城区定点屠宰厂（场）设置意见，经批准后组织实施；负责向市政府审查确定的屠宰厂（场）发放定点屠宰标志牌；负责查处未经定点，擅自屠宰生猪违法行为；负责对定点屠宰厂（场）生产经营行为进行监督管理；负责全市生猪屠宰行业管理。

2005 年之前，全市生猪定点屠宰监管，由市政府批准成立的市生猪定点屠宰管理办公室履行。

2005 年，市商务局成立后，市商务局市场运行调节科和市商务局行政执法支队履行，没有专门机构编制。其职能调整为：负责全市生猪定点屠宰场规划、设置和审批；全市生猪定点屠宰场证、章、票统一印制和监管；负责肉品质量安全政策法规贯彻落实；负责肉品流通秩序规范整顿；负责全市生猪无害化处理资金使用监督管理；负责全市肉品检验人员培训。

2009 年 2 月 12 日，永州市机构编制委员会办公室《关于市商务调整内设机构的批复》，同意将加挂在局市场运行调节科上“市生猪定点屠宰管理办公室”分开设置，为局机关内设机构。

2015 年 10 月 16 日，按照永州市机构改革统一部署，原市商务和粮食局承担生猪定点屠宰管理职能划转永州市农业委员会，将生猪定点屠宰管理工作移交至永州市畜牧水产局。

永州市商务局科教培训中心　1991 年 4 月 16 日，零陵地区对外经济贸易委员会设立科教培训中心。零陵地区对外经济贸易委员会科教培训中心为科级事业单位，事业编制 3 名（2016 年 6 名）。

1995 年，撤区建市，零陵地区对外经济贸易委员会科教培训中心更名永州市对外经济贸易委员会科教培训中心。2004 年更名为商务局科教培训中心。2012 年，欧阳高强任科教中心主任（2012 年 1 月 20 日—2016 年 12 月 31 日）、王丽彬（2016 年底—）。科教培训中心办公地点设冷水滩市（县级市）河东沿江南路 8 号，零陵地区对外经济贸易委员会办公楼内。科教培训中心宗旨：为出口创汇、提高经济效益服务。业务范围：有计划地对各级各类专业技术管理人员进行培训以及举办职工高、中等专业教育和必要的文化基础教育。

二、永州市财贸委、内贸办

1962年10月，恢复零陵专署。次年4月，成立零陵专署财贸办公室。1968年6月，成立零陵专署生产指挥组，内设财贸组，原财贸办公室随之消失。1972年撤销生产指挥组财贸组，成立零陵地区革命委员会财贸办公室，1980年3月，改为零陵地区行政公署财贸办公室。1983年8月，撤销零陵行署财贸办公室，在零陵行署办公室内设财贸组。1984年9月，设立零陵地区财贸委员会（以下简称财委），同时撤销零陵地区行署办财贸组。1994年8月，零陵地区财贸委员会更名零陵地区财贸办公室，属行署直属办事机构。

1995年11月，撤区建市，原零陵地区财贸办公室于次年4月改为永州市财贸工作办公室。1996年6月17日，永州市机构编制委员会办公室下发《关于市农办、财办和乡镇企业局机构名称调整的通知》，永州市财贸工作办公室更名为永州市财贸委员会，为市政府组成单位。时有干部、职工35人。内设6个职能科室。即秘书科、政工科、（加挂纪检、监察室）、财税金融科、商贸管理科、商办工业科、蔬菜科（对外称永州市蔬菜领导小组办公室），7月增设烤烟科。归口财委的处级单位有：市财政局、市工商局、市审计局、市粮食局、市商业局、市供销社、市国税局、市地税局、市烟草局、中国人民银行、中国工商银行、中国农业银行、中国农业发展银行、中国建设银行、中国银行、中国人民保险公司、中国人寿保险公司、中国平安财产保险公司。归口财委的县级企业单位有：湖南省冷水滩面粉厂、湖南冷水滩虎岩粮库、湖南万利食品工业集团公司3个。归口财贸战线的正处级中等专业学校有：零陵商业学校、市财政干部学校、市粮食干部中等专业学校3个。

2001年12月18日，根据市委、市政府《关于印发永州市机构改革方案的实施意见的通知》精神，设置市内贸领导小组办公室（简称市内贸办）。市内贸办主管全市商品流通、金融证券的行政管理机构。同日，市内贸领导小组办公室下发《永州市内贸领导小组办公室职能配置、内设机构和人员编制方案》，设置6个职能科室即：综合科、政工科、金融证券市场调控法规科（加挂市政府牲畜定点屠宰领导小组、证券领导小组办公室）、商贸管理科（加挂市政府市场网点建设领导小组办公室牌子）、蔬菜科（加挂市政府蔬菜工作领导小组办公室牌子）、烤烟科（加挂市政府烤烟工作领导小组办公室牌子）、纪检（监察）机构按有关规定设置，人员编制在行政编制总额内单列。市内贸办行政编制22名，其中主任1名，副主任3名，纪检组长1名，工会主席1名，调研员（助理调研员）2名，正副科长10名。

机关后勤人员暂维持原状。所属事业单位，市市场服务中心，市市场网点建设办公室，市蔬菜科技推广站（加挂市无公害蔬菜监测中心牌子），机构级别、人员编制及经费开支渠道仍维持现状，待事业单位机构改革时予以确定。

2004 年 12 月，根据市委、市政府关于印发《永州市人民政府机构改革方案实施意见》的通知，市对外贸易经济合作局和市内贸办合并，组建永州市商务局（加挂永州市招商合作局牌子）。

1996—2004 年永州市财贸委、内贸办历届行政领导一览表

表 10-4

年度	机构名称	历届领导人			任职时间	备注
		职务	姓名	性别		
1996—2003	永州市财贸委员会	党组书记、主任	唐绩祚	男	1997. 3—1999. 1	1999. 1 改任市委助理巡视员
		党组副书记、副主任	郭德法		1989. 6—1997. 3	
		党组成员、副主任	刘运武	男	1996. 8—2001. 12	
			黄国荣	男	1996. 8—2001. 12	
			欧道明	男	1996. 8—2001. 12	
			唐树成	男	1996. 8—2001. 12	
			刘庚云	女	1996. 8—2001. 12	纪检组长
		工会主席	张连庆	男	1996. 8—2001. 12	
		调研员	郑林祥	男	1996. 6—2001. 12	
		副调研员	顾善辉	男	1996. 6—2001. 12	
2003—2004	永州市内贸领导小组办公室	党组书记、主任	向望东	男	2001. 12—2004. 12	
		党组成员、副主任	黄国荣	男	2001. 12—2004. 12	
			欧道明	男	2001. 12—2004. 12	
			唐树成	男	2001. 12—2004. 12	
			胡荣安		2001. 11—2004. 12	
			刘庚云	女	2001. 12—2004. 12	纪检组长
		工会主席	张连庆	男	2003. 9—2004. 12	
		调研员	郑林祥	男	2003. 9—2004. 12	
			顾善辉	男	2003. 9—2004. 12	

三、永州市粮食局

（一）行政机构

1996年7月28日，核定市粮食局人员编制41名，其中行政编制25名，机关后勤服务人员事业编制16名。内设机构有办公室、政工科、财务基建科、计统科、购销科、储运科、工业科、审计科、纪检监察室、多种经营办公室及联合工会。是年9月9日，经市委提名，市政府任命蒋新华为市粮食局局长，龙遗俊、彭富胜、蒋兆麟、樊云辉为市粮食局副局长，何抗夫为市粮食局总工程师。

1997年，市粮食局行政编制25名，事业编制16名，有编制人员41名，其中：局长1名，副局长3名，纪检组长1名，总会计师、总工程师各1名，正副科长18名。内设机构有办公室、政工科、计划统计购销科、储备储藏调运科、财务基建科、科技与行业管理科、纪检监察室、审计科8个职能科室。直属事业单位：市粮食局机关后勤服务中心，事业编制6名；市粮食局财务结算中心，事业编制5名；市粮食局多种经营办公室、粮油产品质量监测站予以撤销，11名事业编制予以收回。9月10日，根据《永州市人民政府办公室关于印发永州市粮食局职能配置、内设机构和人员编制方案》文件规定，设立“永州市粮食局机关后勤服务中心”，为永州市粮食局直属科级事业单位，独立核算、自收自支、自负盈亏。主要职能：为永州市粮食局机关后勤提供服务。设立“永州市粮食局财务结算中心”，为市粮食局直属科级事业单位，独立核算、自收自支、自负盈亏。主要职能：负责省、市、县间储备粮、定购粮调拨、销售款项结算业务。10月30日，永州市机构编制委员会下发《关于设立永州市军粮供应处的批复》，同意市粮食局设立永州市军粮供应处，为科级事业单位，定事业编制3名，经费列入财政预算。

1999年3月，王克维任市粮食局总会计师。1997—1999年，市粮食局内设机构未变，人员编制未变。

2000年7月，市粮食局机关从芝山区中山南路24号搬迁到冷水滩区翠竹路93号办公。8月，撤销市粮食局财务结算中心。9月，根据中华人民共和国《粮食收购条例》和《国务院关于进一步深化粮食流通体制改革的决定》精神，设立“永州市粮食批发市场服务中心”，为自收自支事业单位，实行独立核算，企业化管理，核定事业编制4名。10月，唐建华任市粮食局副局长。

2001年3月，樊云辉兼任市粮食批发市场服务中心主任，王克维兼任常务副主任，下设业务部和财务部，罗善文兼任业务部部长，张海秀兼任财务部部长。9月14日，刘锦坤任市粮食局局长。12月17日，根据《永州市机构改革方案的实施意见》，对市粮食局职能配置、内设机构和人员编制作出规定。职能调整，对县区粮食财务管理职能下放给县区政府。取消因国家建设征地失去土地农民“农转非”粮食关系审批；取消粮食企业自筹投资项目和粮油工业企业技术改造立项核准；取消粮油企业产品申报“湖南名牌”、“湖南省产品质量奖”审核。增加审核非国有粮食购销企业直接收购、经营粮食资格。内设机构有办公室、政策法规科、调控储管科、财务审计科、行业发展指导科、政工科 6 个职能科室。纪检（监察）机构按有关规定设置，人员编制在局机关行政编制总额内单列。行政编制 14 名，省拨经费事业编制 16 名，离退休人员管理服务事业编制 1 名。

2002 年，市粮食局深化改革，科室实行竞争上岗，人员编制由原来 35 人精简到 28 人，内设机构未变。2002 年 4 月 25 日，市政府下发《永州市人民政府关于进一步深化粮食购销体制改革的通知》。通知明确：从 2002 年 4 月 1 日起，全市粮食购销价格和市场全部放开，全市粮食收购价格随行就市，粮食企业自主收购、自主经营、自负盈亏。

2003 年 2 月，市粮食局党组研究决定，部分科室职能职责调整，政策法规科与办公室合署办公，纪检监察室与政工科合署办公，行业发展指导科与调控储管科合并为业务科，新设招商项目建设科。调整后，原科室保留牌子。3 月，湖南冷水滩下河国家粮食储备库更名湖南永州下河国家粮食储备库。是年 6 月，邓显双任市粮食局总工程师（试用期一年）。

2004 年 3 月 30 日，刘锦坤任市粮食批发市场服务中心主任。6 月 15 日，邓显双任市粮食局总工程师。11 月 18 日，罗太平任市粮食批发市场服务中心主任。12 月 14 日，王硕球任市粮食局副局长。

2005 年 8 月 1 日，根据民政部《关于湖南省永州市芝山区更名为零陵区的批复》经国务院批准，永州市芝山区更名为零陵区，行政区域不变，区人民政府驻地不变。是年，市粮食局内设机构有办公室、政策法规监督检查科、调控科、行业管理招商科、财务科、政工科、纪检监察室 7 个职能科室。

2006 年 7 月 15 日，廖晓华任市粮食局总会计师（试用期一年）。

2007 年，市粮食局行政编制 29 名。内设机构有办公室、政策法规科、调控储管科、行业管理指导科、财务审计科、政工科、纪检监察室 7 个职能科室。粮食流通体制改革和《粮食流通管理条例》颁布实施，市粮食局对内设机构进行适当调整，行业管理指导科变更为行业管理科，政策法规科变更为政策法规监督检查科，调控储管科变更为调控统计科。3 月 30 日，欧道明任市粮食局局长。7 月 15 日，廖晓华任市粮食局总会计师。

2008 年，市粮食局行政编制 34 人，实有在职 35 人，临时工 5 人，离休 3 人，退休 38 人，总计 81 人。内设机构有办公室、政工科、财务科、调控科、行业发展指导科、政策法规监督检查科、纪检监察室、军粮供应处、粮食行业协会和粮食经济科技学会。2 月 28 日，廖大富任市粮食局副局长。3 月 10 日，胡汝耀任市粮食批发市场服务中心主任。10 月 17 日，曾全国任市粮食局副局长。

2009 年 3 月 12 日，永州市机构编制委员会办公室《关于设立永州市粮油质量检测中心和撤销永州市军粮供应处的批复》，市编委会议研究同意，撤销永州市军粮供应处，其职能划入永州市粮食局调控储管与统计科，设立永州市粮油质量检测中心。9 月 10 日，永州市机构编制委员会办公室《关于永州市粮食局政策法规科加挂“永州市粮食行政执法支队”牌子的批复》，同意为市粮食局管理正科级事业单位，核定全额拨款事业编制 5 名，（其中 3 名由原市军粮供应处划入，1 名从市林业干部中等专业学校连人带编划入），领导职数配主任 1 名、副主任 1 名。

2011 年，市粮食局行政编制 23 名，省拨经费事业编制 8 名，在岗 31 人。内设机构有办公室、监督检查科（加挂市粮食行政执法支队牌子）、调控与统计科（军粮供应科）、行业管理科、财务审计科、政工科。

2012 年，市粮食局在编干部职工 28 人，内设机构与 2011 年相同。3 月 29 日，李旦梅任市粮食局局长。

1993—2014 年永州市粮食局历届行政领导一览表

表 10-5

年度	机构名称	历届领导人			任职时间	备注
		职务	姓名	性别		
1993—1995	零陵地区粮食局	局长	李邦述	男	1991. 4—1995. 9	
		副局长	蒋立新	男	1991. 4—1995. 9	
			彭富胜	男	1991. 4—1995. 9	
			蒋兆麟	男	1991. 4—1995. 9	
			樊云辉	男	1993. 7—1995. 9	
		调研员	赵同春	男	1991. 4—1993. 8	1993. 8 退休
		副调研员	胡普鹰	男	1994. 12—1995. 9	

续表10-5

年度	机构名称	历届领导人			任职时间	备注
		职务	姓名	性别		
1995—2001	永州市粮食局	局长	蒋新华	男	1995.10—2001.9	
		副局长	龙遗俊	男	1995.10—2001.9	(正处级)
			彭富胜	男	1995.10—2001.9	
			蒋兆麟	男	1995.10—2001.9	
			樊云辉	男	1995.10—2001.9	
			蒋立新	男	1995.1—1997.2	1997.2退休
			刘于生	男	1995.10—2001.9	
			唐建华	男	2000.10—2001.9	
		总工程师	何抗夫	男	1995.10—2001.9	
		总会计师	王克维	男	1999.3—2001.9	
		调研员	蒋正元	男	1995.10—2001.9	
		副调研员	胡普鹰	男	1995.10—2001.9	
2001—2007	永州市粮食局	局长	刘锦坤	男	2001.9—2007.3	
		副局长	龙遗俊	男	2001.9—2007.3	(正处级)
			彭富胜	男	2001.9—2007.3	
			樊云辉	男	2001.9—2007.3	
			唐建华	男	2001.9—2007.3	
			王硕球	男	2004.12—2007.3	(正处级)
		总工程师	邓显双	男	2003.6—2007.3	
			何抗夫	男	2001.9—2005	2001.11任调研员，2005年退休
		总会计师	王克维	男	2001.9—2007.3	2004.12任副调研员
			廖晓华	男	2006.7—2007.3	
		调研员	蒋正元	男	2001.9—2007.1	2007.1退休
		副调研员	胡普鹰	男	2001.9—2007.3	
			罗善文	男	2004.2—2007.3	

续表10-5

年度	机构名称	历届领导人			任职时间	备注
		职务	姓名	性别		
2007—2012	永州市粮食局	局长	欧道明	男	2007.3—2012.3	
		副局长	龙遗俊	男	2007.3—2012.8	2009.9任调研员，2012.8退休（正处级）
			彭富胜	男	2007.3—2010.9	2008.10任调研员，2010.9退休
			樊云辉	男	2007.3—2010.11	2008.10任调研员，2010.11退休
			唐建华	男	2007.3—2012.3	
			李乾亮	男	2010.11—2012.3	任副局长
			王硕球	男	2007.3—2012.3	（正处级）
			曾全国	男	2008.10—2012.3	
			廖大富	男	2008.3—2012.3	（正处级）
			邓建华	男	2010.12—2012.3	（正处级）
		总工程师	邓显双	男	2007.3—2012.3	
		总会计师	廖晓华	男	2007.3—2012.3	
		副调研员	胡普鹰	男	2007.3—2010.1	2009.6任调研员，2010.1退休
			王克维	男	2007.3—2009.6	2009.6退休
			罗善文	男	2007.3—2008.12	2008.12病故
			杨增久	男	2008.12—2012.3	
			张海秀	女	2009.8—2012.3	
2012—2014	永州市粮食局	局长	李旦梅	女	2012.3—2014.12	
		副局长	唐建华	男	2012.5—2014.12	任党组书记
		原局长	欧道明	男	2012.3—2014.3	2014.3退休
		副局长	曾全国	男	2012.3—2014.12	
			李乾亮	男	2012.3—2014.12	
			王硕球	男	2012.3—2014.12	（正处级）
			廖大富	男	2012.3—2014.12	（正处级）
			邓建华	男	2012.3—2014.12	（正处级）
		总工程师	邓显双	男	2012.3—2014.12	
		总会计师	廖晓华	男	2012.3—2014.12	
		副调研员	杨增久	男	2012.3—2014.12	
			张海秀	女	2012.3—2014.12	

（二）党群组织

党组织　1995年10月，市粮食局党组由7人组成，蒋新华任党组书记，龙遗俊任副书记。彭富胜、蒋兆麟、李组贵、樊云辉、刘于生为党组成员。

1996年8月15日，市粮食局党组成员蒋新华、龙遗俊、彭富胜、蒋兆麟、樊云辉、李祖贵。党组书记蒋新华，党组副书记龙遗俊，纪检组组长李祖贵。

1997年，市粮食局党组书记蒋新华，副书记龙遗俊，成员彭富胜、蒋兆麟、樊云辉、李祖贵。同年12月，永州市直属工委批复成立市粮食局机关委员会，书记彭富胜，副书记李祖贵，组织委员刘桂生，宣传委员陈礼仁，纪检保卫委员袁德宇。机关一党支部党员30人，党支部书记彭富胜，副书记樊云辉，组织委员郭雄德，宣传、青年委员刘桂生，纪检、保密委员陈雪华。机关二党支部（老年党支部）党员23人，党支部书记肖绅乾，组织、宣传委员蒋立新，纪检委员曾干吾。

2000年9月，唐建华任市粮食局党组成员。

2001年，市粮食局党组成员刘锦坤、龙遗俊、彭富胜、樊云辉、唐建华。党组书记刘锦坤，党组副书记龙遗俊。

2003年6月30日，冷水滩辖区市粮油机械厂、中泰饲料公司、粮贸总公司、粮食多种经营公司、华联公司和芝山区辖区市粮运队、零陵粮库、粮食局劳动服务公司党员组织关系全部移交到相关办事处。7月，市粮食局8个直属单位完成全部改制工作，有185名党员，其中离退休人员党员94名，置换身份人员党员91名。与芝山区、冷水滩区组织部和相关办事处签订移交协议。是年12月，李乾亮任市粮食局纪检组长、党组成员（试用期一年）。

2004年12月13日，王硕球任市粮食局党组成员。

2005年，市粮食局党组成员刘锦坤、龙遗俊、彭富胜、樊云辉、唐建华、李乾亮、王硕球7人。党组书记刘锦坤，副书记龙遗俊，纪检组长李乾亮。2005—2007年，市粮食局机关党支部党员31人。是年6月，市粮食局机关党委部署安排6个工作小组，由各分管副局长带队分别到8个直属单位对其党组织进行清查摸底，帮助协调衔接党员组织关系移交。

市粮食局机关党委所属8个党支部185名党员，其中离退休人员党员94名，置换身份人员党员91名。7月1日，参加各街道办事处和社区第二批党员先进性教育活动。

2007年3月28日，欧道明任市粮食局党组成员、书记。

2008年，市粮食局党组成员欧道明、龙遗俊、彭富胜、樊云辉、唐建华、李乾亮、王硕球7人，党组书记欧道明、副书记龙遗俊、纪检组长李乾亮。2月26日，廖大富任市粮食局党组成员。

2009年8月3日，中共湖南永州下河国家粮食储备库总支部成立，下设3个党支部。

2011年，市粮食局党组成员欧道明、唐建华、曾全国、李乾亮、王硕球、廖大富、邓建华、谢科平8人，党组书记欧道明、副书记唐建华、纪检组长谢科平。2月25日，永州市粮食局机关党委研究决定，局机关党支部下设3个党小组，廖春华为第一党小组组长，艾玲为第二党小组组长，唐自云为第三党小组组长。2月28日，邓显双任市粮食局党组成员。3月3日，市粮食局机关委员会换届选举。市粮食局机关委员会由李乾亮、杨增久、谢治玉、曾亚涛、陶晓华、蒋立新6人组成，李乾亮任书记，杨增久任副书记，谢治玉任组织委员，曾亚涛任宣传委员，陶晓华任纪检委员，蒋立新任群工委员。12月31日，谢科平任市粮食局党组成员、纪检组长（时间误差，早在2月局分工时已是党组成员）。

2012年5月14日，唐建华任市粮食局党组书记（试用期一年）。

2013年，市粮食局党组成员唐建华、欧道明、曾全国、李乾亮、王硕球、廖大富、邓建华、谢科平、邓显双9人，党组书记唐建华，纪检组长谢科平。5月14日，唐建华任市粮食局党组书记（试用期满）。是年，市粮食局机关党支部有党员30人。

2014年8月，市粮食局机关支部委员会改选，谢治玉、曾亚涛、唐自云、廖春华、彭灵佳5人组成新支部委员会。

1993—2014年永州市粮食局历届党组成员一览表

表10-6

年度	历届党组成员			任职时间	备注
	职务	姓名	性别		
1993—1995	党组书记	李邦述	男	1991.4—1995.9	
	党组副书记	蒋立新	男	1991.4—1995.9	
	党组成员	彭富胜	男	1991.4—1995.9	
		蒋兆麟	男	1991.4—1995.9	
		樊云辉	男	1993.7—1995.9	
		李祖贵	男	1991.4—1995.9	纪检组长

续表10-6

年度	历届党组成员			任职时间	备注
	职务	姓名	性别		
1999—2001	党组书记	蒋新华	男	1995. 10—2001. 8	
	党组副书记	龙遗俊	男	1995. 10—2001. 8	（正处级）
	党组成员	彭富胜	男	1995. 10—2001. 8	
		蒋兆麟	男	1995. 10—2001. 8	
		樊云辉	男	1995. 10—2001. 8	
		蒋立新	男	1995. 10—2001. 8	
		刘于生	男	1995. 10—2001. 8	
		唐建华	男	2000. 9—2001. 8	
		李祖贵	男	1995. 10—2001. 8	纪检组长
2001—2007	党组书记	刘锦坤	男	2001. 9—2007. 3	
	党组副书记	龙遗俊	男	2001. 9—2007. 3	（正处级）
	党组成员	彭富胜	男	2001. 9—2007. 3	
		樊云辉	男	2001. 9—2007. 3	
		唐建华	男	2001. 9—2007. 3	
		王硕球	男	2004. 12—2007. 3	（正处级）
		李祖贵	男	2001. 10—2005	纪检组长 2001. 10 任调研员，2005. 12 退休
		李乾亮	男	2003. 12—2007. 3	纪检组长
2007—2012	党组书记	欧道明	男	2007. 3—2012. 3	
	党组副书记	龙遗俊	男	2007. 3—2000. 9	2009. 9 任调研员（正处级）
		唐建华	男	2000. 9—2012. 4	2010. 任党组副书记
	党组成员	彭富胜	男	2007. 3—2008. 10	2009、8. 10 任调研员
		樊云辉	男	2007. 3—2008. 10	2008. 10 任调研员
		王硕球	男	2007. 3—2012. 3	（正处级）
		曾全国	男	2008. 9—2012. 3	
		廖大富	男	2008. 2—2012. 3	（正处级）
		邓建华	男	2010. 12—2012. 3	（正处级）
		邓显双	男	2011. 2—2012. 3	
		李乾亮	男	2007. 3—2010. 11	纪检组长 2010. 11 任副局长
		谢科平	男	2010. 12—2012. 3	纪检组长
2013—2014	党组书记	唐建华	男	2012. 5—2014. 12	
	党组成员	欧道明	男	2012. 3—2014. 3	2014. 3 退休
		曾全国	男	2012. 3—2014. 12	
		李乾亮	男	2012. 3—2014. 12	
		王硕球	男	2012. 3—2014. 12	（正处级）
		廖大富	男	2012. 3—2014. 12	（正处级）
		邓建华	男	2012. 3—2014. 12	（正处级）
		邓显双	男	2012. 3—2014. 12	
		谢科平	男	2012. 3—2014. 12	纪检组长

工青妇与老龄工作 1993年，零陵地区粮食局工、青、妇与老龄工作由局联合工会和局政工科负责。是年，举办青工培训班12期，培训青工812人，让青工在粮食流通体制改革中发挥桥梁和纽带作用，增强主人翁责任感和参与管理意识。同年，零陵地区粮食局落实系统内离退休人员两个待遇，使之老有所养。

1996—2001年，市粮食局组织工、青、妇及离退休人员学习贯彻《工会法》《劳动法》《企业法》和《妇女权益保障法》，召开各种类型座谈会和举办各种类型培训班。期间，开展《工会法》《劳动法》知识竞赛3场，为老干部、老职工送温暖5次，召开离退休老干部座谈会8次，组织各类文体活动30次。

2002年，市粮食局成立首届妇委会，市直粮食企业相应成立妇委会。次年，市粮食系统工、青、妇组织引导青年、妇女积极参与以“两个置换”为重点的粮食企业改革。是年“三八”妇女节，市局妇委会在虎岩粮库举办永州市粮食直属企业文艺晚会，市政府、市委宣传部、市妇联、市直工委、市总工会、市文明办、市直属妇委会领导应邀参加。同年，市粮食局投资7.9万元，在局机关大院新建200平方米活动中心，配备乒乓球、按摩器、跑步器等健身器材，营造一个学习、健身、娱乐新场所。

2005年，永州市粮食局工、青、妇、老龄委组织引导青年、妇女职工参加“保先”教育活动，在各自工作岗位上积极工作，为全局创建市级文明单位做贡献。活动中，市局退休老同志写学习心得20篇，提整改建议21条。是年，局妇委会组队参加市妇联组织秧歌舞大赛获二等奖。2006年，市粮食局妇委会组队参加市妇联拔河比赛，系统内冷水滩面粉厂代表队获一等奖，虎岩粮库代表队获二等奖。

2008年，市粮食局妇委会被市妇联评为先进妇委会和“三八”红旗集体。

2010年，市粮食局老龄委被市委组织部、市老龄委评为先进单位。

（三）事业单位

永州市粮油质量检测中心 2009年3月12日，永州市机构编制委员会办公室《关于设立永州市粮油质量检测中心和撤销永州市军粮供应处的批复》，同意设立永州市粮油质量检测中心，归口市粮食局管理正科级事业单位，核定全额拨款事业编制5名（其中3名由原市军粮供应处划入、1名从市林业干部中等专业学校连人带编划入），领导职数配主任1名、副主任1名。

市粮油质量检测中心，位于冷水滩区零陵北路411号。有700平方米检验和办公场地，工作人员7人，各类检验检测设备113台（套）。提供一站式粮油检测服务，出具专业数据报告，是永州市唯一专业粮油检测机构。

2009年5月8日，市粮食局下发《关于唐自云同志兼职的通知》，唐自云兼任永州市粮油质量检测中心主任。2011年11月，获得省级计量认证资格，2012年1

月，通过国家粮食局挂牌考核，独立承担第三方公正性检验、独立对外行文和开展业务活动。

2014 年 12 月 29 日，永州市机构编制委员会办公室下发《关于市粮食局所属事业单位分类有关事项的通知》，报市委常委会审定，市粮食局所属的市粮油质量检测中心为公益一类事业单位。

永州市粮食干部中等专业学校　1980 年 4 月 28 日，市粮食干部中等专业学校挂牌成立，校址位于冷水滩区西安路，系市粮食局主管一所从事成人中等教育及粮食系统职工培训学校。占地面积 2.2 万平方米，有固定资产 322 万元，教室 10 间，586 型计算机 104 台，教职员工 49 人。粮食流通体制改革中，采取挂靠大中专学校和自己办班形式，提高学员学历、培养技工技能，培养大中专学生 1209 人，培养技术人才 4000 人，职工短期培训 6000 人次，为粮食系统及社会培养输送大批适应粮食事业及社会需要各类人才。

2004 年，市粮食局根据市长办公会议纪要和《关于研究市粮食干校整体移交冷水滩区问题的会议纪要》文件精神，市粮食干部中等专业学校整体移交给冷水滩区政府管理。

2005 年 7 月 1 日，市委、市政府同意，市粮食局与冷水滩区政府签订协议书，市粮食干部中等专业学校整体移交冷水滩区政府管理。

永州市粮食批发市场服务中心　2000 年 9 月 1 日，根据中华人民共和国《粮食收购条例》和《国务院关于进一步深化粮食流通体制改革的决定》文件精神，永州市机构编制委员会办公室下发《设立永州市粮食批发市场服务中心通知》，同意设立永州市粮食批发市场服务中心，为自收自支事业单位，实行独立核算，企业化管理，核定事业编制 4 名，其中主任 1 名，所需人员从局机关人员中调剂解决。其主要职能：提供粮食现货或期货交易场所；提供信息服务；规范进入粮食市场双方合同执行和交易行为。市粮食批发市场服务中心，是永州市重点粮食批发市场，集信息、展示、交易、仓储、中转、研发、物流配送、检测、商务于一体，开展政策性粮食批发交易。

2001 年 3 月 6 日，市粮食局下发《关于市粮食批发市场服务中心组成人员任职的通知》，樊云辉兼任市粮食批发市场服务中心主任。

2004 年 3 月 30 日，市粮食局《关于刘锦坤等同志任免的通知》，刘锦坤任市粮食批发市场服务中心主任。是年 11 月 18 日，市粮食局下发《关于罗太平同志职务任职的通知》，罗太平任市粮食批发市场服务中心主任。

2008 年 3 月 10 日，市粮食局下发《关于胡汝耀同志职务任职的通知》，胡汝耀任市粮食批发市场服务中心主任。

2011年7月8日，市粮食局下发《关于曾亚涛同志职务任职的通知》，曾亚涛兼任市粮食批发市场服务中心主任。

永州市粮食局机关后勤服务中心 1997年9月10日，市粮食局根据《永州市人民政府办公室关于印发永州市粮食局职能配置、内设机构和人员编制方案的通知》文件精神，下发《关于设立永州市粮食局机关后勤服务中心和永州市粮食局财务结算中心的通知》，设立永州市粮食局机关后勤服务中心，核定编制6人，为市粮食局直属科级事业单位，独立核算、自收自支、自负盈亏。

市粮食局机关后勤服务中心，位于冷水滩区翠竹路，其主要职能：为市粮食系统提供住宿、饮食等后勤服务，经营粮油及其制品，开展信息、科技咨询服务。

永州市粮食局财务结算中心 1997年9月10日，永州市粮食局根据市政府办公室关于印发《永州市粮食局职能配置、内设机构和人员编制方案的通知》文件精神，下发《关于设立永州市粮食局机关后勤服务中心和永州市粮食局财务结算中心的通知》，设立永州市粮食局财务结算中心，核定编制5人，为市粮食局直属科级事业单位，独立核算、自收自支、自负盈亏。

市粮食局财务结算中心，位于冷水滩区翠竹路，其主要职能：负责省、市、县间储备粮、定购粮调拨、销售款项结算业务。

2000年8月28日，永州市机构编制委员会办公室《关于撤销湘海公司等8家事业单位的通知》，撤销市粮食局财务结算中心，核定事业单位编制予以核销。

永州市军粮供应中心 1997年10月30日，永州市机构编制委员会办公室《关于设立永州市军粮供应处的批复》，同意市粮食局设立永州市军粮供应处，为科级事业单位，定事业编制3名，经费列入财政预算。人员配备从市局内部调剂解决。办公地点位于芝山区中山南路24号。其主要职责：指导全市3个军粮供应站，8个军粮供应店做好军粮组织、供应、结算差价、军粮决算工作，落实军粮供应安全与保密责任制度，保障军粮供应质量。

1997年9月，朱惠莲任市粮食局军粮供应处主任。

2002年4月19日，市粮食局《关于邓显双同志任职的通知》，邓显双兼任市粮食局军粮供应处主任。

2003年4月17日，市粮食局《关于罗太平等同志职务任免的通知》，罗太平任市军粮供应处主任。

2009年，永州市机构编制委员会办公室《关于设立永州市粮油质量检测中心和撤销永州市军粮供应处的批复》，市机构编制委员会议研究，同意撤销永州市军粮供应处，其职能划入市粮食局调控与统计科。

2010年，《永州市粮食局主要职责内设机构和人员编制》规定，调控与统计科加挂（军粮供应科）。

四、永州市商务和粮食局

2015 年 1 月 30 日，市委、市政府《关于永州市人民政府机构设置、职能职责变化及部分单位机构级别调整的通知》和市委、市政府《关于印发〈永州市人民政府职能转变和机构改革方案的实施意见〉的通知》，设立永州市商务和粮食局，为市政府工作部门。9 月 21 日，市政府办公室关于印发《永州市商务和粮食局主要职责内设机构和人员编制规定的通知》，市商务和粮食局设 17 个内设机构：办公室、政工科、财务审计科、综合调研信息科、法规科、市场运行和消费促进科、电子商务科、市场体系建设科、市场秩序和监督检查科（对外称永州市商务和粮食执法支队）、对外贸易科、对外投资和经济合作科、加工贸易科（挂蓝宁道新江加工贸易走廊建设工作办公室牌子）、投资管理科、异地商会联络服务科、口岸管理科（挂永州市口岸办公室牌子）、粮食调控统计科（军粮供应科）、流通行业发展科。市商务和粮食局机关行政编制 61 名、省拨经费事业编制 8 名，其中局长 1 名，副局长 4 名，纪检组长 1 名，工会主席 1 名，市口岸办公室主任 1 名；正科级领导职数 17 名，副科级领导职数 10 名。机关党组织、纪检（监察）机构和群团组织负责人职数按有关规定及章程核定。机关后勤服务人员编制暂维持不变，人员只出不进。

2019 年 1 月 14 日，市委、市政府下发《关于永州市市级党政机关机构设置的通知》《永州市机构改革方案》经省委、省政府批准，设立永州市商务局，市商务局对外加挂永州市人民政府口岸办公室牌子；市发展改革委员会对外加挂永州市粮食和物资储备局牌子。1 月 18 日，市委《关于邓群等职务任免的通知》，邓群任市商务局党组书记，李燕军任市商务局党组副书记，陈军杰、李烨、徐明华、王硕球、刘大平、单春兰、蒋健民、邓建华、谢科平任市商务局党组成员，何志荣任市纪委、市监委驻市商务局纪检监察组组长，市商务局党组成员，杨增久、邓广平任市商务局副调研员。机构改革，原市商务和粮食局党组书记、党组副书记、党组成员、市纪委市监委派驻纪检监察组组长、调研员、副调研员等职务自行免除，不再办理免职手续。1 月 31 日，市政府《关于李燕军等职务任免的通知》，李燕军、陈军杰、李烨、徐明华、王硕球、刘大平、单春兰、邓建华任市商务局副局长。机构改革，原市商务和粮食局局长、副局长、总经济师、总工程师、总会计师等职务自行免除，不再办理免职手续。2 月 1 日，市人大常委会《关于邓群的决定任免通知》，任命邓群为永州市商务局局长。

2015—2018年永州市商务和粮食局行政领导一览表

表10-7

年度	机构名称	主要领导人			任职时间	备注
		职务	姓名	性别		
2015—2018	永州市粮食和商务局	局长	邓　群	女	2015.1—2018.12	
		副局长	李燕军	男	2015.1—2018.12	(正处级)
			陈军杰	男	2015.1—2018.12	
			曾全国	男	2015.1—2018.12	
			李　烨	男	2015.1—2018.12	
			徐明华	男	2015.1—2018.12	
			李乾亮	男	2015.1—2018.12	
			王硕球	男	2015.1—2018.12	(正处级)
			张　宏	男	2015.1—2018.12	
			刘大平	男	2015.1—2018.12	
			单春兰	女	2015.1—2018.12	
			邓建华	男	2015.1—2018.12	(正处级)
		市场服务中心主任	邓湘祁	男	2015.1—2017.11	
			陈　哲	男	2017.1—2018.12	

2015—2018年永州市商务和粮食局党组成员一览表

表10-8

年度	机构名称	党组成员			任职时间	备注
		职务	姓名	性别		
2015—2018	永州市粮食和商务局	党组书记	邓　群	女	2015.1—2018.12	
		党组副书记	李燕军	男	2015.1—2018.12	(正处级)
		党组成员	陈军杰	男	2015.1—2018.12	
			曾全国	男	2015.1—2018.11	
			李　烨	男	2015.1—2018.12	
			徐明华	男	2015.1—2018.12	
			李乾亮	男	2015.1—2017.7	
			王硕球	男	2015.1—2018.12	(正处级)
			张　宏	男	2015.1—2017.11	
			刘大平	男	2015.1—2018.12	
			单春兰	女	2015.1—2018.12	
			蒋健民	男	2015.1—2018.12	工会主席
			邓建华	男	2015.1—2018.12	(正处级)
			何志荣	男	2017.8—2018.12	纪检组长、市纪委派驻
		纪检组长	谢科平	男	2015.1—2017.7	
		党组成员	谢科平	男	2017.7—2018.12	

五、永州市人民政府口岸办公室

2010年1月19日，永州市机构编制委员会《关于设立永州市口岸办公室的批复》，市委常委会议研究报省机构编制委员会批准，设立永州市口岸办公室（简称市口岸办），为市政府办公室归口管理副处级事业单位，人员编制5人，口岸办主任1名、副主任1名。是年5月，市委《关于提名李燕军等同志职务任免的通知》，李燕军任市口岸办主任（正处级，试用期一年）。其工作职能：负责管理和协调处理全市口岸和外贸企业货物通关工作；负责协调管理永州市各类口岸，全市新增口岸、直通点调研、论证和审核、报批工作以及口岸开放或关闭审查、报批工作；机场开通重要航线调研、报批协调与联系工作；负责全市口岸发展战略和发展规划研究，编制全市口岸开放规划并组织实施；会同有关部门制定全市口岸建设计划并督促实施；负责协调全市进出口外贸货代管理工作，促进口岸物流发展和出入境便捷通关；督促口岸查验单位，按各自职责和规定，对出入境人员、交通工具、货物和行李物品进行检查、检验、检疫及监督管理工作；负责协调处理口岸各单位（包括外贸运输、船货代理、装卸理货、仓储转运、检查检验、公证鉴定、对外索赔、供应服务、接待宣传等有关单位）工作中发生矛盾和问题，必要时作出仲裁；负责组织口岸各单位对职工进行涉外政策、纪律和加强治安宣传教育，并会同有关部门对口岸重大涉外问题和严重违反纪律情况进行检查，提出处理意见；负责国家和省、市下拨口岸专项经费分配、管理、使用及国家投资口岸配套设施项目论证、审定和组织实施工作。负责征收和代征口岸有关的国家行政性收费和监督口岸企业经营性收费；负责全市与口岸工作相关建设工作（包括海关、出入境检验检疫、边防、公路口岸、航空口岸及辅助设施建设）；完成上级领导和部门交办各项任务。

2011年5月，市委、市政府调整大通关平台建设工作协调小组成员，小组办公室设在市口岸办，接管海关、检验检疫等筹建工作。

2012年6月，永州市领导指示同意，按照“人、财、物、事彻底交接和硬件充分保障”原则，市口岸办将蓝宁道新加工贸易建设工作办公室移交市商务局。7月8日，海关总署同意调整衡阳海关驻永州办事处隶属关系，衡阳海关管辖改为长沙海关管辖，对外称长沙海关驻永州办事处。10月12日，国家质量监督检验检疫总局同意，设立湖南出入境检验检疫局永州办事处，同时挂牌运作。

2015年4月，机构改革，市口岸办合并至新组建永州市商务和粮食局。9月21日，市政府办公室关于印发《永州市商务和粮食局主要职责内设机构和人员编制规定的通知》，明确规定：市口岸办公室撤销后，8名工作人员，其中4名符合条件工作人员划入市商务和粮食局机关，另外4名工作人员划入市投资促进事务局。原核定的 8 名全额拨款事业编制，其中 4 名划入市投资促进事务局，其余 4 名收回到市级编制库。划转人员名单由市商务和粮食局研究确定。12 月 16 日，市政府《关于周勇新职务任免的通知》，周勇新任市口岸办公室主任（试用期一年）。

2016 年 12 月 29 日，市政府《关于唐亚辉任职的通知》，唐亚辉任市口岸办公室主任（试用期一年）。

六、永州市商业企业改制服务办公室

2015 年 9 月 21 日，市政府办公室关于印发《永州市商务和粮食局主要职责内设机构和人员编制规定的通知》，明确规定：市商业企业改制服务办公室为市商务和粮食局管理过渡性事业机构，主要承担市商业系统、市物资系统企业改制相关事务和离退休人员管理服务工作，不核定人员编制和领导职数，不制定“三定”规定。其所需人员从已撤销市商业事务办公室、市物资事务办公室人员中划转。

撤销市商业事务办公室、市物资事务办公室，商业事务办公室、市物资事务办公室承担国有资产管理和行业管理职责划入市商务和粮食局。暂设立市商业企业改制服务办公室，为市商务和粮食局所属事业单位，主要承担市商业系统、市物资系统企业改制相关事务和离退休人员管理服务工作。企业改制工作完成后予以撤销。

2017 年 11 月 26 日，市委《关于张宏职务任免的通知》，张宏任市商业企业改制服务办公室党组成员、书记（试用期一年），邓湘祁任市商业企业改制服务办公室党组成员。

2015—2018 年永州市商业企业改制服务办公室领导一览表

表 10-9

年度	机构名称	历届领导人			任职时间	备注
		职务	姓名	性别		
2015—2018	永州市商业企业改制服务办公室	党组书记、主任	文善林	男	2015. 4—2017. 11	
			张　宏	男	2017. 11—	
		党组成员、副主任	蒋易郓	男	2015. 4—2017. 11	
			周良发	男	2016. 8—	
			邓湘祁	男	2017. 11—	

附：先进集体表录

1996—2018年获省部级表彰先进集体一览表

表10-10

受表彰集体	荣誉称号	表彰时间	表彰单位
市粮食行业协会	粮食行业优秀协会	2005	中国粮食行业协会
市粮食经济科技学会	粮食经济科技先进学会	2005	中国粮食经济科技学会
道县金穗粮油贸易有限公司	全国粮食系统先进集体	2006	国家人事部、国家粮食局
祁阳县粮食局行业协会	全国粮食行业协会先进单位	2006	中国粮食行业协会
冷水滩区粮食局	全国粮食流通监督检查工作先进单位	2006	国家粮食局
市粮食行业协会	全国放心粮油进农村、进社区先进单位	2007	中国粮食行业协会
零陵区粮食行业协会	全国粮食经纪人培育发展工作先进单位	2008	中国粮食行业协会
祁阳县粮食局行业协会	全国粮食经纪人培育发展工作先进单位	2009	中国粮食行业协会
道县粮食局	全国粮食经纪人培育发展工作先进单位	2010	中国粮食行业协会
冷水滩区惠民食用菌专业合作社	全国供销合作社农民合作社示范社	2013	中华全国供销合作总社
道县富民油茶种植农民专业合作社	全国供销合作社农民合作社示范社	2013	中华全国供销合作总社
中国石油天然气股份有限公司湖南永州销售分公司	中央企业先进集体	2013．9	国务院国资委
东安县供销合作社	全国百强县级社	2014	中华全国供销合作总社
东安县芦洪市供销合作社	全国供销合作社基层社标杆社	2014	中华全国供销合作总社
东安县大庙口供销合作社	全国供销合作社基层社标杆社	2014	中华全国供销合作总社
道县道江镇中加农资有限公司	全国供销合作社基层社标杆社	2014	中华全国供销合作总社
东安县横塘民富柑桔专业合作社	全国供销合作社农民合作社示范社	2014	中华全国供销合作总社

续表10-10

受表彰集体	荣誉称号	表彰时间	表彰单位
江永县上江圩香姜农民专业合作社	全国供销合作社农民合作社示范社	2014	中华全国供销合作总社
祁阳县宏发养殖专业合作社	全国供销合作社农民合作社示范社	2014	中华全国供销合作总社
宁远县福泽肉牛养殖专业合作社	全国供销合作社农民合作社示范社	2014	中华全国供销合作总社
东安县绿源早熟蜜梨农民专业合作社	全国供销合作社农民合作社示范社	2014	中华全国供销合作总社
祁阳县金丽鸽业养殖合作社	全国供销合作社农民合作社示范社	2015	中华全国供销合作总社
东安县恒祥特种养殖农民合作社	全国供销合作社农民合作社示范社	2015	中华全国供销合作总社
江永县华玲农副产品合作社	全国供销合作社农民合作社示范社	2015	中华全国供销合作总社
道县柑子园东升生态养殖农民合作社	全国供销合作社农民合作社示范社	2015	中华全国供销合作总社
道县濂溪供销合作社惠农服务中心	全国供销合作社基层社标杆社	2015	中华全国供销合作总社
新田县	国家级出口食品农产品质量安全示范区	2015．11	国家质检总局
道县	国家级出口食品农产品质量安全示范区	2015．11	国家质检总局
江永县	2015年全国电商进农村试点县	2015	商务部、财政部、国务院扶贫办
永州市合永兴农业科技贸易发展有限公司	全国供销合作社农业产业化重点龙头企业	2016	中华全国供销合作总社
祁阳县供销合作社	全国百强县级社	2016	中华全国供销合作总社
道县中加农资有限公司	全国供销合作社基层社标杆社	2016	中华全国供销合作总社
东安县大庙口供销合作社	全国供销合作社基层社标杆社	2016	中华全国供销合作总社
蓝山县花葛源葛根种植专业合作社	全国供销合作社农民合作社示范社	2016	中华全国供销合作总社
双牌县阳明葡萄种植专业合作社	全国供销合作社农民合作社示范社	2016	中华全国供销合作总社

续表10-10

受表彰集体	荣誉称号	表彰时间	表彰单位
祁阳县	全国电子商务进农村综合示范县	2016	国家商务部
蓝山县	国家级出口食品农产品质量安全示范区	2016. 9	国家质检总局
宁远县	国家级出口食品农产品质量安全示范区	2016. 9	国家质检总局
江华瑶族自治县	国家级出口食品农产品质量安全示范区	2016. 11	国家质检总局
东安县	国家级出口食品农产品质量安全示范区	2017. 9	国家质检总局
零陵区商务和粮食局	国家级出口食品农产品质量安全示范区	2017. 9	国家质检总局
祁阳县	国家级出口食品农产品质量安全示范区	2017. 9	国家质检总局
祁阳县	“中国好粮油”行动示范县	2017	国家粮食局
江华瑶族自治县商务局	创建国家级生态原产地产品保护示范区	2017	国家质检总局
江永县	2017 年全国电商进农村先进县	2017	商务部、财政部、国务院扶贫办
祁阳县	2017 年度站抓实干落实开放崛起等政策措施成效明显县	2018. 1	省政府
祁阳县商务和粮食局	全国粮食流通执法督察创新示范单位	2018. 4	国家粮食和物资储备局
江华瑶族自治县商务局	全国电子商务进农村综合示范县	2018	商务部、财政部、国务院扶贫办
道县商务和粮食局	国家级出口食品农产品质量安全示范区	2018. 9	国家质检总局
祁阳县	“中国好粮油”行动示范县	2018. 10	国家粮食和物资储备局
市供销合作联社	全国供销合作社系统先进集体	2018	人力资源社会保障部、中华全国供销合作总社
祁阳县新三湘农资有限公司	全国供销合作社基层社标杆社	2018	中华全国供销合作总社
江永县绿涛生态农业种植专业合作社	全国供销合作社农民合作社示范社	2018	中华全国供销合作总社

续表10-10

受表彰集体	荣誉称号	表彰时间	表彰单位
冷水滩区喜农杂交水稻种植专业合作社	全国供销合作社农民合作社示范社	2018	中华全国供销合作总社
江永千家峒昌盛食用菌专业合作社	全国供销合作社农民合作社示范社	2018	中华全国供销合作总社
祁阳县	2018 年度真抓实干成效明显县	2019．1	省政府

1996—2018 年获市厅级表彰先进集体一览表

表 10-11

受表彰集体	荣誉称号	表彰时间	表彰单位
祁阳县粮食局	全市思想政治工作先进单位	1996	永州市委
零陵区粮食局	先进基层党组织、精神文明建设先进单位	1996	永州市委
新田县粮食局	下岗再就业先进单位	1997	省粮食局
祁阳县粮食局	全省内审工作先进单位	1999	省粮食局
湖南长丰车身制造有限公司	市明星三资企业	1999	市政府
冷水滩区粮食局	粮油统计工作先进单位	2000	省粮食局
祁阳县粮食局	全省粮食系统扭亏增盈先进单位	2000	省粮食局
东安县粮食局	全省粮食系统扭亏增盈先进单位	2000	省粮食局
江永县粮食局	全省粮食系统扭亏增盈先进单位	2000	省粮食局
江永县粮食局	粮油仓储工作先进单位	2000	省粮食局
市粮食局	全省粮食系统扭亏增盈先进单位	2001	省粮食局
东安县粮食局	全省粮食系统扭亏增盈先进单位	2001	省粮食局
江永县粮食局	全省粮食系统扭亏增盈先进单位	2001	省粮食局
江华县粮食局	全省粮食系统扭亏增盈先进单位	2001	省粮食局
祁阳县粮食局	全省粮食工作先进单位	2001	省粮食局
江永县粮食局	全省粮食工作先进单位	2001	省粮食局
东安县对外经济贸易合作局	2002 年度外经外贸工作先进单位	2003．2	市政府
市粮食局	敬老模范单位	2004	市政府
祁阳县商务局	完成出口目标任务先进单位	2004	市政府

续表10-11

受表彰集体	荣誉称号	表彰时间	表彰单位
冷水滩区商务局	完成出口目标任务先进单位	2004	市政府
东安县商务局	完成出口目标任务先进单位	2004	市政府
宁远县商务局	完成出口目标任务先进单位	2004	市政府
蓝山县商务局	完成出口目标任务先进单位	2004	市政府
凤凰园招商局	完成出口目标任务先进单位	2004	市政府
市粮食局	园林式单位	2004	省绿化委员会
市粮食局	建整扶贫先进单位	2005	市委、市政府
市粮食局	粮食工作目标管理特等奖	2005	省粮食局
市粮食局	军粮供应工作先进单位	2005	省粮食局
市粮食局	促进农民增收先进单位	2005	省粮食局
零陵区商务局	2005 年全省酒管工作先进单位	2005. 12	省酒类产销管理办
零陵区商务局	商贸流通工作先进单位	2006	市政府
东安县对外经济贸易合作局	2005 年度县（区）招商引资目标管理考核工作一等奖	2006. 3	市委、市政府
东安县对外经济贸易合作局	2005 年度外资工作先进单位	2006. 3	市政府
冷水滩区商务局	商贸流通工作先进单位	2006	市政府
宁远县商务局	商贸流通工作先进单位	2006	市政府
道县商务局	商贸流通工作先进单位	2006	市政府
蓝山县商务局	商贸流通工作先进单位	2006	市政府
东安县商务局	商贸流通工作先进单位	2006	市政府
市粮食局	2005 年度全省粮食工作目标管理一等奖	2006	省粮食局
市粮食局	2005 年度“全国科普日”活动全省先进集体	2006	省科协
市粮食局	2005 年度全省粮食政策法规工作先进单位	2006	省粮食局
市粮食局	2005 年度国有粮食购销企业改革先进单位	2006	省粮食局
市粮食局	2005 年度招商引资先进单位	2006	省粮食局
市粮食局	2005 年度粮食产业化经营先进单位	2006	省粮食局

续表10-11

受表彰集体	荣誉称号	表彰时间	表彰单位
市粮食局	2006年度全省档案宣传工作先进单位	2006	省档案局
市粮食局	省级文明单位	2006	省文明委
宁远县商务局	2006年度全省酒管系统先进单位	2007. 1	省酒类产销管理办
东安县商务局	2006年度全省酒管工作先进单位	2007. 2	省酒类产销管理办
东安县商务局	2006年度全市商贸流通工作先进单位	2007. 2	市政府
零陵区商务局	2006年全市商贸流通工作先进单位	2007. 3	市政府
零陵区商务局	2006年全市出口工作先进单位	2007. 7	市政府
宁远县	第四届泛珠三角区域合作与发展论坛暨经贸洽谈会组织工作先进单位	2007. 7	市政府
宁远县商务局	2006全市商贸流通工作先进单位	2007	市政府
市粮食局	完成政府主要工作目标任务先进单位	2007	市政府
蓝山县粮食局	抗冰救灾先进单位	2008	省粮食局
江永县电商办	2008年全省内联引资先进单位	2008	省商务厅东安县对外经济
贸易合作局	2008年度承接加工贸易产业转移招商引资工作考核三等奖	2009. 2	市政府
零陵区商务局	2008年度承接产业转移和招商引资工作第二等奖	2009. 2	市政府
冷水滩区粮食局	全省清仓查库工作先进单位	2009	省政府办公厅
祁阳县粮食局	全省清仓查库工作先进单位	2009	省政府办公厅
东安县粮食局	全省清仓查库工作先进单位	2009	省政府办公厅
零陵区粮食局	全省清仓查库工作先进单位	2009	省政府办公厅
双牌县商务局	湖南省市场运行监测先进单位	2009. 9	省商务厅
市粮食局	政府工作部门绩效评估先进单位	2009	市政府
市粮食局	清仓查库先进单位	2009	省粮食局

续表10-11

受表彰集体	荣誉称号	表彰时间	表彰单位
市供销合作联社	全省供销合作社系统综合业绩考核特等奖	2009	省供销合作总社
东安县商务局	2009年度全市承接加工贸易产业转移和招商引资工作三等奖	2010. 3	市政府
下河国家粮食储备库	先进集体	2010	省人力资源和社会保障厅、省粮食局
双牌县商务局	商务综合行政执法试点县	2010. 11	商务部
东安县商务局	2010年度全省商务（外贸）工作先进单位	2011. 4	省商务厅
市商务局	“排忧解难服务月”活动先进单位	2011	市政府
江华瑶族自治县商务局	全市招商引资和承接产业转移工作三等奖	2011	市委、市政府
市供销合作联社	全省供销合作社系统综合业绩考核特等奖	2011	省供销合作总社
市农业生产资料总公司	全省供销合作社农业生产资料流通十强企业	2011	省供销合作总社
东安县商务局	2011年度全市重点项目建设目标管理三等奖	2012. 2	市委、市政府
东安县商务局	2011年度全市招商引资和承接产业转移工作三等奖	2012. 2	市委、市政府
市商务局	“2012年度全省市场运行监测工作”先进单位	2012	省商务厅
江华瑶族自治县商务局	全市开放型经济先进县区	2012	市委、市政府
冷水滩区普利桥镇建荣家电综合服务社	全省省级农村综合服务社示范社	2012	省供销合作总社
冷水滩区普利桥镇雨花综合服务社	全省省级农村综合服务社示范社	2012	省供销合作总社
冷水滩区黄阳司镇家电综合服务社	全省省级农村综合服务社示范社	2012	省供销合作总社
新田县骥村镇综合服务社	全省省级农村综合服务社示范社	2012	省供销合作总社
江永县粗石江镇粗石江村综合服务社	全省省级农村综合服务社示范社	2012	省供销合作总社

续表10-11

受表彰集体	荣誉称号	表彰时间	表彰单位
祁阳县茅竹镇友谊综合服务社	全省省级农村综合服务社示范社	2012	省供销合作总社
祁阳县窑头铺综合服务社	全省省级农村综合服务社示范社	2012	省供销合作总社
道县桔子园主才综合服务中心	全省省级农村综合服务社示范社	2012	省供销合作总社
道县桥头来来来综合服务社	全省省级农村综合服务社示范社	2012	省供销合作总社
东安县芦洪市供销社西江桥综合服务社	全省省级农村综合服务社示范社	2012	省供销合作总社
东安县紫溪市供销社塘夫综合服务社	全省省级农村综合服务社示范社	2012	省供销合作总社
东安县大庙口供销社白沙综合服务社	全省省级农村综合服务社示范社	2012	省供销合作总社
市供销合作联社	全省供销合作社系统综合业绩考核特等奖	2012	省供销合作总社
宁远县商务局	2012年全省商务工作（内贸）先进单位	2013. 3	省商务厅
中国石油天然气股份有限公司湖南永州销售分公司	2012年度消防工作先进单位	2013. 3	市政府
江华瑶族自治县商务局	全市发展开放型经济先进单位	2013	市委、市政府
江华瑶族自治县商务局	全省商务（外资）工作先进单位	2013	省商务厅
市供销合作联社	全省供销合作社系统综合业绩考核特等奖	2013	省供销合作总社
新田县供销合作联社	全省供销合作社系统先进集体	2013	省人力资源和社会保障厅、省供销合作总社
东安县供销社	全省供销合作社二十强县级供销合作社	2013	省供销合作总社
道县供销社	全省供销合作社二十强县级供销合作社	2013	省供销合作总社
东安县大庙口供销合作社	全省供销合作社十强基层供销合作社	2013	省供销合作总社
东安县民兴绿化苗木专业合作社	全省供销合作社农民合作社示范社	2013	省供销合作总社

续表10-11

受表彰集体	荣誉称号	表彰时间	表彰单位
双牌县神仙葡萄种植专业合作社	全省供销合作社农民合作社示范社	2013	省供销合作总社
宁远县合丰野山椒种植专业合作社	全省供销合作社农民合作社示范社	2013	省供销合作总社
江永县秋实牲猪养殖专业合作社	全省供销合作社农民合作社示范社	2013	省供销合作总社
江永县祥瑞食用菌专业合作社	全省供销合作社农民合作社示范社	2013	省供销合作总社
永州新合作脐橙专业合作社	全省供销合作社农民合作社示范社	2013	省供销合作总社
双牌县黑雷公猪养殖专业合作社	全省供销合作社农民合作社示范社	2013	省供销合作总社
东安县欣荣生态种养专业合作社	全省供销合作社农民合作社示范社	2013	省供销合作总社
宁远县	2013 年全市发展开放型经济先进单位	2014. 2	市委办
新田县	2013 年度全市发展开放型经济先进单位（三等奖）	2014. 2	市委、市政府
新田县商务局	全省商务工作（外贸）先进单位	2014. 3	省商务局
市商务局	全省商务工作（外经）先进单位	2014	省商务厅
市粮食局	“农户科学储粮专项工作”先进单位	2014	省粮食局
江华瑶族自治县商务局	市发展开放型经济优秀县区	2014	省商务厅
江华瑶族自治县商务局	省出口食品农产品质量安全示范区	2014	省出入境检验检疫局
蓝山县供销社贸易公司	全省供销合作社系统先进集体	2014	省人力资源和社会保障厅、省供销合作总社
市供销合作联社	全省供销合作社系统综合业绩考核一等奖	2014	省供销合作总社
东安县供销社	全省供销合作社十强县级社	2014	省供销合作总社
江华瑶族自治县白芒营供销合作社	全省供销合作社基层社标杆社	2014	省供销合作总社

续表10-11

受表彰集体	荣誉称号	表彰时间	表彰单位
东安县芦洪市供销合作社	全省供销合作社基层社标杆社	2014	省供销合作总社
东安县大庙口供销合作社	全省供销合作社基层社标杆社	2014	省供销合作总社
道县道江镇中加农资有限公司	全省供销合作社基层社标杆社	2014	省供销合作总社
东安县绿源早熟蜜梨农民专业合作社	全省供销合作社农民合作社示范社	2014	省供销合作总社
祁阳县宏发养殖专业合作社	全省供销合作社农民合作社示范社	2014	省供销合作总社
宁远县福泽肉牛养殖专业合作社	全省供销合作社农民合作社示范社	2014	省供销合作总社
江永县上江圩香姜农民专业合作社	全省供销合作社农民合作社示范社	2014	省供销合作总社
东安县横塘民富柑桔专业合作社	全省供销合作社农民合作社示范社	2014	省供销合作总社
中国石油天然气股份有限公司湖南永州销售分公司	2014 年度安全生产工作先进单位	2015．2	市委、市政府
中国石油天然气股份有限公司湖南永州销售分公司	2014 年度消防工作先进单位	2015．3	市政府
江华瑶族自治县商务局	全市发展开放型经济先进单位	2015	市委、市政府
蓝山县商务局	全省商务工作（外贸）先进单位	2015	省商务厅
市商务局	全省商务工作（招商引资）先进单位	2015	省商务厅
祁阳县商务局	全省商务工作（招商引资）先进单位	2015	省商务厅
市口岸办	全省商务工作（口岸）先进单位	2015	省商务厅
永州经济技术开发区	全省经济技术开发区先进单位	2015	省商务厅
永州市供销合作联社	全省供销合作社系统综合业绩考核一等奖	2015	省供销合作总社
江永县华玲农副产品合作社	全省供销合作社农民合作社示范社	2015	省供销合作总社

续表10-11

受表彰集体	荣誉称号	表彰时间	表彰单位
道县柑子园东升生态养殖农民合作社	全省供销合作社农民合作社示范社	2015	省供销合作总社
冷水滩区喜农杂交水稻种植专业合作社	全省供销合作社农民合作社示范社	2015	省供销合作总社
零陵区同心水果种植专业合作社	全省供销合作社农民合作社示范社	2015	省供销合作总社
道县中加农资有限公司	全省供销合作社基层社标杆社	2015	省供销合作总社
东安县大庙口供销合作社	全省供销合作社基层社标杆社	2015	省供销合作总社
江华瑶族自治县白芒营供销合作社	全省供销合作社基层社标杆社	2015	省供销合作总社
市商务和粮食局	落实粮食安全省长责任制优秀市州	2016	省粮食局
市商务和粮食局	军供工作先进单位	2016	省粮食局
中国石油天然气股份有限公司湖南永州销售分公司	2015 年度安全生产工作先进单位	2016. 2	市委、市政府
江华瑶族自治县商务局	全市发展开放型经济先进单位	2016	市委、市政府
江华瑶族自治县商务局	全省商务工作（招商引资）先进单位	2016	省商务厅
零陵区商务和粮食局	省级出口食品农产品质量安全示范区	2016. 10	省出入境检验检疫局
市供销合作联社	全省供销合作社系统综合业绩考核一等奖	2016	省供销合作总社
道县中加农资有限公司	全省供销合作社基层社标杆社	2016	省供销合作总社
东安县大庙口供销合作社	全省供销合作社基层社标杆社	2016	省供销合作总社
宁远县福泽肉牛养殖专业合作社	全省供销合作社农民合作社示范社	2016	省供销合作总社
祁阳县宏发养殖专业合作社	全省供销合作社农民合作社示范社	2016	省供销合作总社
零陵区商务和粮食局	2016 年市场秩序工作先进单位	2016. 12	省商务厅
东安县商务局	2016 年度市场秩序工作先进单位	2016. 12	省商务厅
宁远县商务和粮食局	2016 年商务行政执法优秀队伍	2016. 12	省商务厅

续表10-11

受表彰集体	荣誉称号	表彰时间	表彰单位
新田县	2016年市场秩序工作先进单位	2016. 12	省商务厅
市商务和粮食局	全省商务工作先进单位	2017	省商务厅
零陵区商务和粮食局	省级出口食品农产品质量安全示范区	2017. 2	省出入境检验检疫局
零陵区商务和粮食局	2016年落实粮食安全省长责任制工作优秀	2017. 4	市政府
冷水滩区商务和粮食局	全省商务工作（内贸）先进单位	2017	省商务厅
新田县	2017年全国电子商务进农村综合示范县	2017. 6	省商务厅、省财政厅、省扶贫开发办
宁远县商务和粮食局	全省商务工作（外贸）先进单位	2017	省商务厅
江华瑶族自治县商务和粮食局	全省商务工作（招商引资）先进单位	2017	省商务厅
祁阳县商务和粮食局	全省商务工作（外经）先进单位	2017	省商务厅
祁阳县经济开发区	全省经济技术开发区先进单位	2017	省商务厅
零陵工业园区	全省经济技术开发区先进单位	2017	省商务厅
永州经济技术开发区	全省经济技术开发区先进单位	2017	省商务厅
市商务和粮食局	落实粮食安全省长责任制优秀市州	2017	省商务厅
市商务和粮食局	军供工作先进单位	2017	省粮食局
江华瑶族自治县商务局	全市发展开放型经济先进单位	2017	市委、市政府
永州市供销合作联社	全省供销合作社系统综合业绩考核一等奖	2017	省供销合作总社
祁阳县联胜孔雀养殖专业合作社	全省供销合作社农民合作社示范社	2017	省供销合作总社
东安县湘源养殖农民专业合作社联合社	全省供销合作社农民合作社示范社	2017	省供销合作总社
永州市小珍种养专业合作社	全省供销合作社农民合作社示范社	2017	省供销合作总社
江永县绿涛生态农业种植专业合作社	全省供销合作社农民合作社示范社	2017	省供销合作总社

续表10-11

受表彰集体	荣誉称号	表彰时间	表彰单位
永州绿而康农业发展有限公司	全省供销合作社基层社标杆社	2017	省供销合作总社
东安县花桥供销合作社	全省供销合作社基层社标杆社	2017	省供销合作总社
宁远县湾井供销合作社	全省供销合作社基层社标杆社	2017	省供销合作总社
东安县商务和粮食局	2017 年省出口农产品质量安全示范区	2017. 11	省商务厅
道县商务和粮食局	2017 年市场秩序工作先进单位	2017. 12	省商务厅
新田县	2017 年市场秩序工作先进单位	2017. 12	省商务厅
祁阳县商务和粮食局	全省商务工作（外经）先进单位	2018. 1	省商务厅
祁阳县	2017 年商务行政执法优秀队伍	2018. 1	省商务厅
宁远县商务和粮食局	2017 年全省商务工作（外贸）先进单位	2018. 1	省商务厅
道县商务和粮食局	全省粮食生产优秀县	2018. 1	省商务厅
零陵区商务和粮食局	2017 年全省市场工作秩序先进单位	2018. 2	省商务厅
宁远县	2017 年全市发展开放型经济先进单位	2018. 3	市发展开放型经济领导小组
道县商务和粮食局	电商扶贫专项行动考核优秀县	2018. 4	省商务厅
江永县	2017 年湖南省电商扶贫专项行动绩效考核结果优秀一类县	2018. 4	省商务厅
新田县	2017 年湖南省商务厅电商扶贫专项行动优秀一类县	2018. 4	省商务厅
江华瑶族自治县商务局	全省发展开放型经济优秀县市区	2018	省开放办
宁远县	2018 年电商综合工作优秀县区	2018	永州电子商务工作领导小组办公室
双牌县科技商务粮食和经济信息化委员会	2017 年度电商扶贫专项行动实施优秀县区	2018	省商务厅
双牌县科技商务粮食和经济信息化委员会	2018 年获得省维护市场秩序“一等奖”	2018	省商务厅
宁远县	2018 年商务行政执法优秀大队（优秀县市区大队）	2018. 12	省商务厅
双牌县科技商务粮食和经济信息化委员会	2018 年市场秩序工作先进单位	2018. 12	省商务厅

续表10-11

受表彰集体	荣誉称号	表彰时间	表彰单位
永州市供销合作联社	全省供销合作社系统综合业绩考核一等奖	2018	省供销合作总社
中国石化永州公司	2017 年度市安全生产工作先进单位	2018	市委、市政府
双牌县科技商务粮食和经济信息化委员会	2018 年全省商务工作（外经）先进单位	2019. 1	省商务厅
中国石化永州公司	2018 年度市安全生产工作先进单位	2019	市委、市政府
宁远县商务和粮食局	2018 年全省商务工作（招商引资）先进单位	2019. 1	省商务厅
湖南宁远工业园区	2018 年全省经济技术开发区先进单位	2019. 1	省商务厅
零陵区商务和粮食局	2018 年全省市场工作秩序先进单位	2019. 2	省商务厅
双牌县科技商务粮食和经济信息化委员会	2018 年度电商扶贫专项行动实施优秀县区	2019. 3	省商务厅
新田县	2018 年湖南省商务厅电商扶贫专项行动优秀一类县	2019. 3	省商务厅
江永县	2018 年湖南省电商扶贫专项行动评定结果优秀一类县	2019. 3	省商务厅

第二节　队伍

一、技术培训

（一）商务培训

2013 年，市商务局科教培训中心，以培训提高全市商务系统职工素质为目标，对全局及县区新进人员业务培训。全年开展 2 次集中培训，培训人数 80 人次，内容涉及商务执法及商务业务等方面，全局 30 名干部、职工取得商务执法资格，掌握商务组成、屠宰、酒管、成品油工作执法程序和行政工作程序。2014 年，培训人数 70 人次，全局有 20 名干部职工取得商务执法资格。

2015年，科教培训中心为各县区商务系统业务骨干、全市外经贸企业有关从业人员150人开展外贸知识培训2次，邀请海关、商检、国税等相关部门骨干讲解外贸进出口业务中重要知识，提高从业人员业务水平。

（二）粮食培训

1996年，“九五”计划第一年，市粮食局抓学历教育和岗位培训，规定45岁以下没有达到高中、中专文化程度干部，参加中专以上专业文化学习；市局以上管理人员，有计划地安排学习有关专业，到2000年达到大专以上毕业学历。市粮食干校1996年完成300人以上成人大中专招生计划，适应新世纪人才市场需求和粮食职工队伍素质提高。根据“先培训，后就业”规定，岗位培训率30%。5月，市粮食局根据省粮食局通知精神，举办一期储备科（股）长、骨干培训班，参训12人。同年12月，市粮食局举办储粮技术骨干培训班，培训国库和省库防化员16人。

1997年3月17日，提高粮油检验人员业务水平，加强检验队伍建设，适应对外贸易和市场经济发展需要，国家粮食储备局统一组织粮油检验人员技术培训、考试、发证工作（原由省粮食局考试颁发“资格证书”作废）。市粮食系统46人参加培训、考试、发证。

1998年，市粮食局举办保防人员学习班65期，2400人次参加培训，市粮食局派9人参加省局保防培训。市粮食局组织编写监检人员学习资料，配合上级主管部门专门办两期学习班，对全市粮食行业198名监检人员和检验骨干分成6片进行培训，考试合格后发证上岗。

1999年5月6—15日，市粮食局举办全市粮食系统“安全保卫、消防安全管理”培训班。参训人员为市直单位保卫科（股）长或专干，各县区粮食局保卫科（股）长或专干，各收储企业、附营企业分管安全保卫、消防工作负责人。5月16—22日，举办“信息”培训班，参训人员40人。5月23—29日，举办“财会”培训班，参训人员104人。6月2—10日，举办“质检”培训班，参训人员89人。

2002年7月22—26日，市粮食局在永州市粮食干校举办“粮油质量检验员”培训班。参训人员63人，发证63人。

2006年，市粮食局举办两期培训班（培训内容：《粮食流通管理条例》和粮食产业化经营）。第一期5月29—6月2日，全市粮食系统参训人员36人；第二期6月12—16日，全市粮食系统参训人员16人。

2011年，市粮食系统举办培训班42个，培训人次2019人，市级部门办班3次，参与党校培训、初任培训及公务员培训，10人次参与，县（区）局办班39次，参与政治理论培训、公务员培训、企事业管理人员培训、专业技术人员培训、职业技能培训及其他培训。其他培训办班23次，1652人次参与，零陵区52人次参与零陵区粮食经济科技学会组织粮食收购培训，1600人次参与各县区企业组织职工内部培训。

2012年，市粮食系统举办各类培训班28期，比上年增加133%；培训人员629人次，比上年增加105%。培训班类型：政治理论培训班13期，培训人员450人次；企事业单位管理人员培训班5期，培训人员100人次；专业技术人员培训班2期，培训人员15人次；职业技能培训4期，培训人员64人次。

二、职工教育

（一）思想政治教育

1996年，市粮食局制定全市粮食行业思想政治工作目标，组织职工学习邓小平关于“两手抓、两手都要硬”指示，增强党员干部组织纪律观念，转变工作作风。

1999年，全市粮食系统按照《湖南省粮食系统“九五”职工教育培训规划》，开展“为人民服务”为核心内容职业道德教育和共产主义理想信念“三讲”教育活动，受教育职工95%。

2001年，市粮食局组织机关干部学习“三个代表”重要思想，对市直10家粮食企业27名班子成员和52名中层管理人员进行年度考核。冷水滩虎岩国家粮食储备库、冷水滩下河国家粮食储备库、中泰饲料实业公司、粮油贸易总公司4家企业领导班子成员讲“三个代表”专题课，75名购销企业法人进行业务培训。

2002年，市粮食局党组组织系统内干部职工学习“中共十六大”精神，加强基层组织和企业领导班子建设，局党组成员深入企业和县区调研，写论文和调研报告69份，其中省级报刊发表29篇。

2005年，市商务局制定共产党员先进性教育实施方案，安排10天时间自学，人人制订学习计划；安排5天时间组织全体党员进行“封闭式”集中学习，集中学习时间每人不少于40学时，原原本本学理论，支部书记上党课，建立学习考勤考核制度，全局所有党员普遍接受一次共产党员先进性教育。

2008年，市粮食局党组组织全市粮食系统开展“解放思想、科学发展、富民强市”大讨论活动，在讨论中学习“中共十七大”精神，干部职工素质得到全面提升。

2009年，市商务局组织全市商务系统职工学习“科学发展观”，3月—8月，第一批学习结束，参加学习培训人员160人。第二批学习实践科学发展观活动9月启动，市商务系统参加学习培训人员120人。

2010年，市粮食局党组创建“五个好”先进党支部、争取“五带头”优秀共产党员为主要内容，加强思想政治工作，推进创先争优活动，发挥党支部战斗堡垒作用和党员先锋模范作用。

2014年，市商务局加强教育实践活动组织领导，成立党组书记、局长任组长，分管副局长为副组长，局班子其他党组成员为成员教育实践活动“回头看”领导小组，统筹推进全局教育实践活动“回头看”工作，教育实践活动结束，领导机构不撤、人员不散、工作力度不减。制定30个实施方案，从“六个方面”开展“回头看”，在岗党员、职工40人进行切身自查，寻找差距，深受教育。

2015年，市商务局与市粮食局合并，成立“市商务和粮食局”（简称商粮局）。是年，响应市委、市政府对基层领导干部教育号召，在副处级以上领导干部中开展“三严三实”专题教育。市商粮局党组制定实施方案，把“三严三实”专题教育作为本年度工作重点。

（二）安全生产教育

1993年，零陵地区粮食系统安全保卫工作坚持“谁主管、谁负责”原则，各级有领导分管，有部门负责，有人员落实，发现问题及时整改，消除事故隐患。是年，全系统添置灭火器488个、消防栓28个、保险柜48个、防盗器50件、维修水塔15座、水池34个，拆修危房67间，办安全知识及灭火器使用培训班3期，培训人员670人次。

1996年，永州市粮食系统投资80万元，购置消防器材495件，让职工熟练掌握各种消防器材使用要领，召开消防器材使用表演现场会2场，职工安全意识增强。

2002年，永州市粮食系统将安全保卫工作纳入目标岗位管理责任制。2004年，全市粮食系统对职工进行警戒教育。

2010年，按照省、市政府要求，市局与县区粮食局签订安全生产责任书14份，宣传《安全生产法》横幅、标语、挂图1400条（幅），增强粮食行业职工《关爱生命，安全发展》安全生产意识。

三、职称评定

（一）初级职称

1995年，零陵地区职称改革工作领导小组批准，冷水滩面粉厂郭晓春为档案馆助理馆员，零陵中泰饲料实业总公司陈敏为助理馆员。

1996年，永州市粮食系统评定具备初级专业技术职务任职资格1174人（行政管理部门118人、事业单位15人、企业单位1041人）。同年10月，根据湘人职文件精神，市粮食局审核同意李元雄等 12 名正规全日制院校毕业生初任专业技术职务任职资格。其中助理讲师 1 人，助理工程师 4 人，助理畜牧师 1 人，技术员 3 人，会计员 1 人，经济员 1 人。

1999 年，根据湘人职文件精神，市粮食干部中等专业学校，确认周四方、王赟两名正规全日制院校毕业生初任专业技术职务任职资格，10 月 27 日确认为助理讲师。

2003 年 4 月，湖南省粮食行业举行技师资格考试，永州市粮食系统参考人员 917 人，理论考试和技能操作均及格人员 879 人，评定技师 879 人。

（二）中级职称

1995 年，根据省人事厅、省外经贸委湘人职文件，转发国家人事部、对外经济贸易合作部《关于（经济系列外经贸类）专业技术职务转为国际商务专业技术职务的办法的通知》的通知，县市、地直各单位初审呈报，零陵地区外经委综合，零陵地区职称改革办公室审查，零陵地区对外经贸公司文贻宣等单位 11 人符合转换条件，同意由经济系列（外经贸类）中级专业技术职务转为国际商务中级专业技术职务。

永州市商务局经济系列（外经贸类）中级专业技术职务
转为国际商务中级专业技术职务人员一览表

表 10-12

序号	姓名	原技术职务	转为职务	所在单位
1	文贻宣	经济师	国际商务师	地区对外经贸公司
2	唐炳芳	经济师	国际商务师	地区对外经贸公司
3	夏和成	经济师	国际商务师	地区粮油食品出口公司
4	杨智生	经济师	国际商务师	地区粮油食品出口公司
5	邹高佳	经济师	国际商务师	地区外经贸土畜产品公司
6	蒋少辉	经济师	国际商务师	地区进出口公司
7	罗伏生	经济师	国际商务师	地区轻工、矿产、医药公司
8	蒋新生	经济师	国际商务师	地区轻工、矿产、医药公司
9	杨国新	经济师	国际商务师	地区五化机外经贸公司
10	何远佳	经济师	国际商务师	地区外经贸华湘公司
11	周友文	经济师	国际商务师	祁阳县外经贸公司

同年，地区工程系列中级专业技术资格评审委员会评审通过，零陵地区职称改

革工作领导小组批准，地区粮油机械厂张继青、伍世璠为工程师，地区昌穗粮贸有限责任公司刘吉群为工程师。

1996 年，永州市粮食系统评定具备中级专业技术职务任职资格 9 人，其中馆员 1 人，讲师 3 人，工程师 3 人，畜牧师 2 人。

（三）高级职称

1996 年，永州市粮食系统评定具备高级专业技术职务任职资格 17 人（行政管理部门 1 人、事业单位 3 人、企业单位 13 人）。

1998 年，全市粮食系统专业技术人员 1456 人，其中高级职称 17 人（行政管理部门 1 人、事业单位 3 人、企业单位 13 人）；中级职称 265 人（行政管理部门 55 人、事业单位 16 人、企业单位 194 人）；初级职称 1174 人（行政管理部门 118 人、事业单位 15 人、企业单位 1041 人）。

人　物

一、先进模范人物简介

钱国平　男，汉族，1954 年 10 月出生，湖南省冷水滩区人。1971 年 2 月参加工作，中共党员，研究生。历任零陵地区商业局副局长、党组副书记，东安县委常委、常务副县长，市地税局党组书记、局长，市政府副秘书长等领导职务。先后转换 12 个工作岗位，无论在哪个岗位工作，都是恪尽职守，干一行爱一行钻一行。2005—2012 年，任永州市商务局局长、党组书记。2006—2010 年，连续 5 年被市委、市政府评为优秀共产党员、先进工作者。期间 2008 年被国家人事部、国家商务部评为“全国商务系统先进工作者”称号。2011 年被省委、省政府评为“参与 2010 上海世博会先进个人”称号。2012 年调市政府任党组成员。

龙遗俊　男，汉族，1952 年 8 月出生，湖南省冷水滩区人。1971 年 11 月参加工作，中共党员，大学文化。历任零陵地区冷水滩粮食仓库副科长、科长、党委副书记、副主任、主任，兼任“五一”米厂车间主任、生产科科长等。1995 年任永州市粮食局党组副书记、副局长。多次被评为优秀共产党员、先进工作者。2006 年被中国粮食行业协会授予“全国粮食系统先进个人”称号。

廖大富 男，汉族，1957年12月出生，湖南省东安县人。1980年2月参加工作，中共党员，大学文化。历任零陵地区粮食局财计科科长，零陵粮食仓库副主任，零陵地区粮贸总公司总经理，湖南省冷水滩面粉厂厂长、湖南永州下河国家粮食储备库主任。1998年被市政府授予“永州十杰职工劳动模范”，2006年被中国粮食行业协会授予“第四届全国粮食行业优秀企业家”称号。2008任市粮食局党组成员、副局长。2015年在市商务和粮食局离岗退养，享受副厅级医疗待遇。

阳国秀 女，汉族，1954年9月出生，湖南省零陵县人。大学文化，高级会计师。1974年参加工作，历任永州羽绒厂财务科长、副厂长，湘南罐头厂副厂长，永州罐头厂董事长兼总经理，湖南果秀食品有限公司董事长。20年累计出口果蔬罐头产品45万吨，创汇5.9亿美元，柑桔罐头行业全国排名第一位。2004年获“全国乡镇企业建设社会主义新农村十大新闻人物”、“第五届全国乡镇企业家”称号，2008年当选第十一届全国人大代表。2010年任中国罐头工业协会副理事长，2011年兼任中华民营企业联合会副会长。2013年当选第十二届全国人大代表，2014年获全国“三八”红旗手和“中国优秀民营科技企业家”称号。

刘翔浩 男，汉族，1965年2月出生，湖南省祁阳县人，毕业于湖南大学。1993年，创建湖南金浩植物油有限公司。2009年获得清华大学工商管理硕士学位。担任公司董事长兼总经理期间，研发实施科研课题和项目23个，获得授权发明专利15件。其中，“茶籽色拉油精炼新工艺”获2004年湖南省科技进步三等奖，2005年获永州市科技进步一等奖。个人获得“湖南省乡镇企业家”、“全国农村青年创业致富带头人”、“湖南十大经济人物”、“当代湖南杰出经济人物”、“优秀民营林工企业家”称号。2008年当选第十一届全国人大代表。2013年当选第十二届全国人大代表。

吴国侠 男，汉族，1950年7月出生，湖南省零陵县人。1968年参加工作，中共党员，大专学历。历任零陵地区粮食局办公室副主任、工业科科长，市粮食局行业管理与科技科科长。1997年被国内贸易部授予“全国商业、粮食系统质量管

理小组活动优秀推进者”称号。2005年被中国粮食行业协会会长白美清在全国粮食产业发展会上赞誉：创造“永州粮食现象”。同年，被中国粮食行业协会授予“2004—2005年度全国粮食行业优秀协会工作者”。2010年被授予“2007—2010年度全国粮食行业优秀协会工作者”。2013年当选中国粮食行业协会第五届、中国粮食经济学会第七届理事会理事。撰写粮油科技经济类文章126篇，在省级以上报刊发表和研讨会交流，32篇被评为全国和省优秀学术论文奖。科技成果“鲜湿米粉关键技术研究及产业化示范应用”获中国粮油学会“科学技术三等奖”、“湖南省技术发明三等奖”。

蒋孔吉 男，汉族，1950年11月出生，湖南省宁乡县人。1969年11月参加工作（参军），中共党员，中专学历。1998年第一个报名到双牌县黄泥山村搞建设扶贫。2004—2010年担任驻村建设扶贫工作队队长期间，带领村民开发种植脐橙2700亩、桉树1500亩、烤烟500亩；养殖生猪2.5万头；修建村级水泥路15条；实现90%耕地灌溉自动化。2011年国务院扶贫领导小组授予蒋孔吉“全国扶贫开发先进个人”称号。同年，湖南省委授予蒋孔吉“省优秀共产党员”称号。

李一凡 男，汉族，1955年11月出生，湖南省邵阳县人。1972年10月参加工作，中共党员，大专学历。1997年任永州市商业总公司副总经理，永州市商业行业管理办公室副主任，兼任永州商业城总经理。多次被评为优秀共产党员、先进工作者。2000年被国家人事部、国内贸易局评为“全国内贸系统劳动模范”称号，享受省部级劳动模范和先进工作者待遇。2010年任市商业事务管理办公室主任、党组书记。

胡顺开 男，汉族，1963年10月出生，湖南省双牌县人。1992年9月参加工作，本科学历，国家食品高级工程师，国家一级品酒师，国家高级酿酒师，国家高级酒体设计师，国家葡萄酒品酒师。1999年任永州市雅大科技实业有限公司董事长。获得国家专利权75项，实现专利技术成果转化45项；专利酿酒技术及设备转让1.56万家。“雅大牌”系列产品畅销全国30多个省

(市)，出口越南、老挝、俄罗斯及非洲国家。1999 年“雅大牌”高效节能酿酒器获中华爱迪生发明金奖。2003 年被农业部、共青团中央授予“全国农村青年创业致富带头人”称号。2004 年被共青团湖南省委授予“湖南省青年星火带头人标兵”称号。

彭建华 男，汉族，1962 年 10 月出生，湖南省冷水滩区人。1982 年 12 月参加工作，中共党员，大专学历。2001 年任冷水滩区粮食局岚角山粮站站长、党支部书记，2000—2004 年连续被评为冷水滩区粮食系统先进工作者。2003 年任冷水滩军粮供应站站长、党支部书记，所管辖的军粮供应站被省粮食局评为“四好军粮供应站”。2005 年被国家粮食局、财政部、解放军总后勤部评为“全国军粮供应管理工作先进个人”称号。

张四玲 女，汉族，1964 年 8 月出生，湖南省江永县人。1980 年参加工作，1996 年创办湘运酒楼，1997 年被市政府评为“优秀个体户”、“下岗再就业标兵”。1998 年被市政府授予“百岗明星”。2002 年被市委授予“永州优秀中国特色社会主义建设者”。是年任江永县瑶家综合有限责任公司董事长。2006 年创建江永特色农副产品开发有限公司任董事长。2012 年当选湖南省第十二届人大代表。2015 年被评为“湖南省百名最美扶贫人物”和“湖南十佳创业最美人物”称号，同年，被中华全国妇女联合会授予“全国巾帼建功标兵”称号。

李文东 男，汉族，1969 年 10 月出生，湖南省宁远县人。1991 年 6 月，湖南湘潭大学毕业，1991—2000 年就职于湖南永州市九嶷山制药厂，期间（1998—2000 年于广西师范大学中国近现代史专业攻读硕士研究生学位）。2000—2004 年任圣茗天然物制品有限公司董事长，2004 年任湖南大自然制药有限公司董事长兼总经理。研发实施科研课题和项目 18 个，获得授权发明专利 33 件。2014 年获“中国侨界（创新成果）突出贡献奖”称号。同年，被 5 部委授予“2013—2014 年度全国‘讲理想、比贡献’活动创新标兵”称号。

周太平 男，汉族，1952年8月出生，湖南省祁阳县人，高级工程师，湖南湘妹食品有限公司董事长。1981年从事食品生产经营工作。2002年创办祁阳县湘妹食品厂。2005年成立湖南湘妹食品有限公司。2006年被市委、市政府评为“永州市十大杰出农民”。2007年被市政府特授予“永州市自强模范”。2008年被国务院农民工工作联席会议（国家人力资源和社会保障部代章）评为“全国优秀农民工”称号。2009年获省政府“创业标兵”称号。

胡先雨 男，汉族，1977年11月出生，湖南省祁阳县人。1995年8月参加工作，中共党员，大专学历，高级烹调技师，一级中式烹调师。2008年参加全国第六届烹饪技能竞赛暨湖南省第二届创新菜大赛，获全国大赛铜牌、湖南省大赛金牌。2011年参加“大湖股份杯”湖南省第三届湘菜创新大赛获热菜“金奖”；同年，被授予“湘菜名师”。2013年参加“嘉豪詹王杯”第五届全国中餐技能创新大赛荣获热菜“金奖”。2014年参加第九届湘菜美食文化节招牌菜比赛，荣获热菜“金奖”。2015年被人力资源社会保障部、中国商业联合会授予“劳动模范”称号。2018年被中国烹饪协会授予“注册中国烹饪大师”称号。

钱建军 男，汉族，1970年5月出生，湖南省冷水滩区人。1989年参加工作，大专学历。永州餐饮协会副会长兼副秘书长、永州名厨专业委员会执行主席。创办双牌阳明人家餐饮管理有限公司任董事长；永州之野酒店管理有限公司任执行董事长。深入研究永州食材，餐饮文化与酒店管理工作，获“国家高级技师”、“中国烹协名厨委常务委员”、“国家职业技能高级评委”、“中国烹协职业技能竞赛注册裁判员”、“湖南省烹协名厨委副主席”。2017年获第27届中国厨师节全国中餐技能创新大赛“中华金厨奖”、“全国十佳创新能手”称号。2018年被中国烹饪协会授予“注册中国烹饪大师”称号、中国饭店协会授予“中国烹饪工匠奖”称号。

彭　岳 男，汉族，1972年9月出生，湖南省东安县人，中共党员，结业于湖南省行政事务职业学院。1989年从事烹饪工作，对地方食材（东安鸡、水岭羊肉、

豆腐渣、龙溪喝螺等）一直深有研究，对永州餐饮文化做出过卓越贡献。2017 年，担任永州市餐饮行业协会副会长，永州市名厨专业委员会常务副主任。先后被评“国家高级技师”、“注册中国烹饪大师”、“注册中国烹协技能竞赛职业裁判员”称号。2018 年，被国际饭店与餐馆协会授予“亚洲名厨精英奖”称号、被中国饭店协会授予“中国烹饪工匠奖”称号，湘菜传播万里行比赛活动中获“金奖”和“食神”荣誉。

二、先进个人名录

1996—2018 年获市厅级表彰先进个人一览表

姓名	单位（职务）	荣誉称号	表彰时间	表彰单位
黄正平	江华瑶族自治县粮食局	粮食储备储藏调运先进工作者	1996	省粮食局
宋少行	新田县粮食局	纪检工作先进者	1996	省粮食局
张玉林	新田县粮食局	审计工作先进个人	1996	省粮食局
陈流堂	蓝山县粮食局	省粮食局内审先进个人	1996	省粮食局
张春红	道县粮食局	内审工作先进工作者	1997	省粮食局
廖大富	冷水滩面粉厂厂长	市十杰职工劳动模范	1998	市政府
高德远	新田县粮食局	粮油仓储先进工作者	1999	省粮食局
王健民	市商业事务管理办公室	1999—2001 年全省内部审计工作先进个人	2001	省审计厅
刘　斌	新田县粮食局	财务信息先进工作者	2002	省粮食局
张小青	虎岩粮食库	市十杰职工劳动模范	2004	市政府
李晓彦	道县粮食局	粮油仓储先进工作个人	2005	省粮食局
刘劲明	零陵区商务局	2005 年全省酒管工作先进个人	2005．12	省酒类产销管理办
吴国侠	市粮食局	省粮食行业协会优秀工作者	2006	省粮食行业协会
刘　飞	祁阳县粮食局	省粮食行业协会优秀工作者	2006	省粮食行业协会
张　宏	市商务局	商贸流通工作先进个人	2006	市政府

续表

姓名	单位（职务）	荣誉称号	表彰时间	表彰单位
金常锐	市商务局	商贸流通工作先进个人	2006	市政府
邓湘祁	市商务局	商贸流通工作先进个人	2006	市政府
蒋健民	市商务局	商贸流通工作先进个人	2006	市政府
李顺利	市商务局	商贸流通工作先进个人	2006	市政府
黄丽琴	市商务局	商贸流通工作先进个人	2006	市政府
刘展萍	市商务局	商贸流通工作先进个人	2006	市政府
朱石旺	市商务局	商贸流通工作先进个人	2006	市政府
乐廷喜	市商务局	商贸流通工作先进个人	2006	市政府
李跃球	市商务局	商贸流通工作先进个人	2006	市政府
袁湘波	市商务局	商贸流通工作先进个人	2006	市政府
唐导国	市商务局	商贸流通工作先进个人	2006	市政府
王建军	市商务局	商贸流通工作先进个人	2006	市政府
陈金日	市商务局	商贸流通工作先进个人	2006	市政府
李连勇	市商务局	商贸流通工作先进个人	2006	市政府
郑运辉	市商务局	商贸流通工作先进个人	2006	市政府
何仙云	市商务局	商贸流通工作先进个人	2006	市政府
蒋明文	市商务局	商贸流通工作先进个人	2006	市政府
赵　刚	市商务局	商贸流通工作先进个人	2006	市政府
吕　波	市商务局	商贸流通工作先进个人	2006	市政府
印　群	市商务局	商贸流通工作先进个人	2006	市政府
杨顺安	宁远县商务局	2007 年全省酒管工作先进个人	2007. 1	省酒类产销管理办
郑运辉	宁远县商务局	第四届泛珠三角区域合作与发展论坛暨经贸洽谈会组织工作先进个人	2007. 7	市政府
蒋连桂	江华瑶族自治县商务局	抗冰救灾市场供应先进个人	2008. 3	省商务厅
欧道明	市粮食局局长	省粮食清仓查库工作先进个人	2009	省粮食局

续表

姓名	单位（职务）	荣誉称号	表彰时间	表彰单位
曾亚涛	市粮食局政策法规科科长	省粮食清仓查库工作先进个人	2009	省粮食局
胡汝耀	市粮食局调控科科长	省粮食清仓查库工作先进个人	2009	省粮食局
王新国	冷水滩区粮食局	全省粮食系统抗冰救灾先进个人	2009	省粮食局
费天喜	祁阳县粮食局	全省清仓查库工作先进个人	2009	省办公厅
唐中林	东安县粮食局	全省清仓查库工作先进个人	2009	省办公厅
欧道明	市粮食局局长	省粮食系统先进个人（记一等功）	2010	省人力资源和社会保障厅、省粮食局
彭琳华	零陵区粮食局	全省粮食系统先进工作者	2010	省粮食局
蒋海民	市供销合作联社	全省供销社系统办公室工作先进工作者	2010	省供销合作总社
李　军	中国石油永州销售分公司运维与安全管理部主任	消防工作先进个人	2010	市政府
钱国平	市商务局局长	市劳动模范和先进工作者	2011	市政府
陈军杰	市商务局副局长	“排忧解难服务月”活动先进个人	2011	市政府
单春兰	市商务局副局长	“排忧解难服务月”活动先进个人	2011	市政府
唐　圣	市商务局市场运行科主任	省市场运行监测工作先进个人	2012	省商务厅
周　娟	市商务局市场运行科副主任	省市场运行监测工作先进个人	2012	省商务厅
欧阳高强	市商务局酒管办主任	省酒类管理工作先进个人	2012	省酒类产销管理办
李忠伟	东安县联农水果专业合作社	全省供销合作社优秀农民专业合作社社长	2012	省供销合作总社
谢科平	市粮食局纪检组长	2012年度全省反腐倡廉宣传报道优秀通讯员	2013．3	省纪委办公厅
唐自云	市粮食局	2012年度农户科学储粮项目督办工作先进个人	2013．10	省粮食局

续表

姓名	单位（职务）	荣誉称号	表彰时间	表彰单位
黄亚平	市供销合作联社	全省供销合作社系统先进个人（记一等功）	2013	省人力资源和社会保障厅、省供销合作总社
冯吉宝	冷水滩区供销合作社联社	全省供销合作社系统先进个人（记二等功）	2013	省人力资源和社会保障厅、省供销合作总社
蒋海民	市供销合作联社	全省供销社系统办公室工作先进工作者	2013	省供销合作总社
田诗豪	市供销合作联社	全省供销合作社信息报送工作先进个人	2014	省供销合作总社
田诗豪	市供销合作联社	全省供销合作社信息报送工作先进个人	2015	省供销合作总社
朱建平	中国石化永州公司	市安全生产先进个人	2016	市政府
唐石山	中国石化永州公司	2016 年度无偿献血工作先进个人	2017	市政府办
朱建平	中国石化永州公司	安全生产先进个人	2018	市政府
成国平	宁远县商务和粮食局副局长	2017 全市抗洪救灾先进个人	2017．8	市委、市政府

附 录

一、招商引资重要文件

永州市人民政府办公室
关于印发《永州市招商引资代理制暂行办法》的通知

各县区人民政府，各林场、管理区，市政府各委局、各直属单位：

《永州市招商引资代理制暂行办法》已经市人民政府同意，现印发给你们，请认真贯彻执行。

二〇〇三年五月二十三日

永州市招商引资代理制暂行办法

第一条 为加大招商引资力度，规范招商代理的管理，完善招商代理管理制度，提高引进外资效率和水平，根据国家和省有关法律、法规，结合本市实际，制定本办法。

第二条 本办法中所称招商代理是指招商代理人在代理权限范围内，以招商委托人的名义进行外商直接投资项目的招商活动及办理招商事务（不包括资金借贷和其他融资业务）。

第三条 本办法所称转代理是指招商代理人为招商委托人选任其他人代为处理招商事务。转代理人为接受转托的代理人。

第四条 凡本市或市外在本市注册的企事业单位、办事机构委托代理人代为招商的，适用本办法。

第五条 永州市外经贸（招商）局是本市招商代理业务主管部门，负责制定有关招商代理方面的管理细则。

第六条 招商委托人在申办招商委托时，须向代理中心提供委托授权书、签订招商委托合同和招商项目有关资料；招商代理人在申办招商代理时，由代理中心提供代理受权书，签订招商代理合同及招商项目相关资料，并报市外经贸（招商）局备案。

第七条 永州市境内外的法人、经济组织和自然人具备以下条件的，可作为招商代理人：

（一）达到法定责任年龄、具备完全民事行为能力的自然人；

（二）具有独立承担民事法律责任的法人或其他经济组织与社会团体；

（三）具有较好的信誉、招商能力和组织能力或能履行招商代理人职责；

（四）国家法律法规规定应具备的其他条件。

第八条 招商代理人的职责：

（一）利用媒体、网络等信息渠道，向投资者宣传本市引进外资的政策、投资环境等；

（二）了解、熟悉招商项目及其相关的政策要求，并根据项目特点，对项目资料进行策划和包装；

（三）根据项目需要，可组织项目单位参加境内外招商和与国外公司进行对口洽谈，并积极协助招商委托人处理有关代理项目的洽谈、签约、资金投入等工作；

（四）定期向永州市外商投资代理中心和永州市外经贸（招商）局反馈有关招商代理工作的进度；

（五）组织投资者与招商委托人之间的交流活动，邀请国外投资机构或公司来永州考察、洽谈；

（六）协助解决招商代理及引资过程中所发生的纠纷。

第九条 招商代理人的权利：

（一）有权要求委托方提供永州的投资环境、政策导向、发展重点以及有关招商项目的资料；

（二）有权享受《永州市招商引资中介人奖励办法》中明确的引资奖励；

（三）招商代理实行招商结果有偿服务。海外代理商每年引进 1 户以上全球 500 强企业（跨国公司）或 2 户以上海外中小企业到永州投资落户，项目单位（或税收入库的同级财政）另支付给代理商 20 万元人民币的业务活动费；国内代理商每年引进 2 户以上国内 500 强企业或 3 户以上市外大型企业集团到永州投资落户，项目单位（或税收入库的同级财政）另支付给代理商 10 万元人民币的业务活动费；

(四) 有权要求政府主管部门协调有关项目单位保证招商代理人实现佣金的回报。佣金的给付由招商委托人与代理中心依照国家、省、市有关规定所签订的协议执行。转代理人的酬金由招商代理人支付。招商代理人获取佣金后应按有关规定缴纳税金；

(五) 代理商接受永州市外商投资代理中心的招商委托后，由市招商主管部门颁发“永州市招商联络员”的聘书。

第十条 代理中心向招商代理人授予的代理权有效期为 1 年。在有效期满时，招商代理人如继续从事招商代理业务的，应提前 30 天向代理中心申请重新确认相应项目的代理人资格。否则，代理人资格在有效期届满时自动丧失。

第十一条 招商代理人向转代理人授予的转代理权有效期分为 3 个月、6 个月及 1 年三种。在有效期满时，转代理人如继续从事招商转代理业务的，应提前 30 天向招商代理人申请重新确认相应项目的转代理人资格。否则，有效期届满资格自动丧失。

第十二条 招商代理人必须定期向代理中心提交有关招商代理进展情况的书面报告。代理中心也要定期向招商委托人提交有关投资代理进展情况的书面报告。

第十三条 招商代理人、转代理人应在授权范围内从事招商代理活动，不得超越或违背。超越代理权或代理权终止后的代理行为，经招商委托人认可的视为有效代理；未经追认的行为，视为无效代理，由行为人自行承担民事法律责任。招商代理人违反或超越代理权限的，招商委托人有权终止代理权。

第十四条 本办法由市外经贸（招商）局负责解释。

第十五条 本办法自颁布之日起施行。

中共永州市委 永州市人民政府
关于实施开放崛起战略建设开放强市的实施意见

(2017 年 11 月 13 日)

为贯彻落实《中共湖南省委关于大力实施创新引领开放崛起战略的若干意见》(湘发〔2017〕8 号) 和《中共永州市委关于贯彻落实省委创新引领开放崛起战略的实施意见》(永发〔2017〕23 号) 精神，努力实现打造创新开放新高地、建设品质活力新永州的工作目标，提出如下意见。

一、指导思想

以党的十八届三中、四中、五中、六中全会和十九大精神为指引，按照“创新、协调、绿色、开放、共享”发展理念，大力实施创新引领开放崛起战略，以构建全市开放型经济新体制，培育新优势、实现新跨越为重点，立足我市对接东盟桥头堡区位优势，全面融入、主动对接国家“一带一路”战略，打造全方位、宽领域、多层次的立体式开放新格局，通过开放提升永州国际化水平，推动经济、产业、市场、技术融入国际产业，助推经济增长、产业转型、扩大投资、促进就业，在新的起点上实现永州开放型经济赶超式跨越发展，率先建设开放强市，努力在建设富饶美丽幸福新湖南的实践中走在前列。

二、牢固树立开放崛起新理念

开放是一个国家、一个地区繁荣发展的必由之路。当前我国改革开放步入新常态，周边省市开放发展迈入新阶段，我市正处于转型发展的爬坡期、全面小康的攻坚期、改革开放的关键期，面临不进则退、慢进也是退的严峻形势。开放是永州的短板，也是未来发展的潜力所在。永州要破解发展难题、厚植发展优势，必须摆脱内陆思维，牢固树立全球视野，在全面扩大开放中拓展发展空间，最大限度地激发全市经济社会发展动力和活力。要积极顺应我国经济深度融入世界经济新趋势，坚持引进来和走出去并重、引资和引技引智并举，努力发挥永州作为省域边界地区的“铆合”作用，积极对接国家“一带一路”和湖南省“一带一部”战略，加快融入长江经济带和珠江—西江经济带，积极对接粤港澳大湾区，以湘粤桂跨省合作为重点，构建开放合作大平台和新机制，培育发展新动能，打造增长新引擎。

三、科学谋划开放强市新思路

1. 明确发展目标。从2018年开始到“十三五”末，全市开放型经济指标增幅高于全省平均水平，主要指标年增长15%以上，力争挤进全省“第一方阵”，逐步形成全方位、宽领域、多层次开放新格局，打造内陆创新开放新高地、对接东盟桥头堡和产业集聚大基地。

2. 找准主攻方向。全面推进向东盟开放。引导永州有实力的企业在资源采掘、能源开发、食品加工、生物医药等方面加大对东盟国家投资。推进合作园区建设，采用“两国双园”国际园区合作的新模式，积极争取在东盟和永州分别建立经济合作区。积极探索向西开放。主动对接融入“一带一路”，吸引欧洲知名企业来永州投资，鼓励现有欧洲外商投资企业增资扩产，引导外资投向资源深加工、食品制造、生物医药、新能源汽车、电子信息等重点工业领域以及物流、金融、商务服务等现代服务业。加快与沿线国家的产业合作，尝试引导有实力的企业到中亚和中东欧投资或设立合作产业园区。大力深化区域合作。主动、积极对接北京、上海、广州和深圳等国家一线城市的大型企业（集团），承接产业转移，引大引强，靠大做强。积极对接粤港澳大湾区，充分利用土地资源和劳动力资源，积极承接来自粤港澳大湾区的优势产能转移，推动永州成为粤港澳大湾区的延伸前沿。加强湘粤桂三省边际城市的合作，与肇庆、清远、桂林、梧州、贺州共建湘粤桂合作特别试验区，推进湘桂经济走廊建设，推进永州—香港农产品合作平台建设。推进与衡阳、郴州、邵阳三市在电子信息、生物医药、新材料、新能源、先进制造、现代物流、文化旅游等领域的产业链合作。加强与长株潭岳合作。依托湘江生态经济带，加快对接长株潭城市群两型社会综合配套改革试验区和洞庭湖生态经济区，开展多层次的区域合作。

3. 优化区域布局。以建设潇湘城市群为目标，基本构建以冷水滩、零陵为主中心，以祁阳、东安、双牌为支撑，具有区域核心竞争力和影响力的潇湘城市群"半小时经济圈"。辐射带动以宁远、新田、蓝山为主的"二广高速经济带"和以道县、江华、江永为主的"生态经济圈"协同发展。努力构建"一区一轴一带"的产业发展格局，实现差异化发展。"一区"即将永州经济技术开发区打造成全市开放发展先行区，重点发展大制造、大数据、大健康、大商贸物流等产业。"一轴"即以冷水滩区、零陵区为中心，辐射东安、祁阳、双牌为核心轴的半小时经济圈，打造中心城区工业核心轴，重点发展先进装备制造、电子信息、生物医药、农产品精深加工、矿产品精深加工、现代物流、新能源汽车等产业。"一带"即打造"蓝宁道新江"一小时经济圈工业经济带，突出承接沿海电子信息、新材料新能源、轻纺制鞋、食品医药、农产品精深加工、矿产品精深加工等产业，形成一批产业链条完善的特色产业集群。

四、加快构筑承接对接新平台

1. 加快园区平台建设。发挥现有园区产业基础和资源优势，着力培育一批专业化、特色化产业承接对接园区。加快推进永州经济技术开发区申报国家级园区和积极推进道县等省级工业集中区升级；做大做强"蓝宁道新江"加工贸易走廊，重点围绕轻纺制鞋、矿产品加工、农产品加工、电子信息等产业，发挥其集聚优势。推动企业和项目向园区集聚，加强园区水、电、路、讯和标准厂房等基础设施建设，进一步增强园区产业承接和产业配套能力；以中心城区和省级工业园区为重点，引导转移产业和项目向园区集聚，吸引产业链条整体转移和关联产业协同转移，形成组团式承接发展格局，实现打造"百亿园区"和发展"百亿产业"的目标。

2. 加快交通平台建设。以构建区域性综合交通枢纽城市为核心，争取永清广、湘桂、呼南、兴永郴赣等四条铁路干线融汇贯通，打通连接南昆、京广、赣龙厦的快速通道，实现永州铁路网从"十字架"到"米字型"的转变。争取衡柳高铁提速至300公里，开通洛湛铁路动车组，实现与邻省主要城市三小时高铁经济圈。扩建永州站，建成集高铁干线、城际轨道交通、城市轨道交通和公共交通于一体的综合交通枢纽。加快新建永州北站，完善铁路货场和物流运输配套建设，实现客货分离。积极争取推动湘南地区城市轨道交通可行性研究和建设永州至衡阳、郴州、邵阳等城市间的城际铁路。加快推进衡道高速衡阳至冷水滩、冷水滩至零陵高速公路建设。启动衡道高速零陵至道县、永州至郴州高速、永州至新宁高速公路建设。全面改造国道、省道干线公路，构建全市“五纵十横十连线”公路大网络。建设湘江永州至衡阳千吨级航道改造工程，大力推进祁阳、冷水滩、零陵三个千吨级码头项目建设，全力打造永州境内潇湘水运大通道。大力推进永州零陵机场迁建前期工作，增开新航线，进一步完善和拓展永州航空、航线大格局。

3. 加快通关平台建设。优化物流通关，发挥湖南农副产品集中验放场作用，提升口岸功能。在中心城区、园区、火车站设置进出境货物固定施封场所。开通港澳直通车，形成鲜活农产品流通绿色通道，提升通关速度。创建国家富硒农产品检测重点实验室，力争在国内富硒农产品领域中处于领先地位，有能力承担国家重大科研任务。加快国际贸易“单一窗口”建设，全面推行“一站式作业”，推进全国通关一体化改革。

4. 加快物流平台建设。加快发展现代物流业，引导物流业向集聚化、规模化、一体化方向发展，促进物流业与支柱产业、区域经济联动发展，培育和扶持物流龙头企业和物流园区发展，高标准建设全国性物流园区和区域性物流园区，各县区重点建成 1 至 2 个物流中心、配送中心。打造湘粤桂核心商贸流通枢纽，重点建好广西—东南亚物流通道、珠三角产业转移物流通道、城区物流通道以及辐射全国的物流通道。加快物流基础设施建设，支持推进湘南万商红、永州内陆港、永州火车站物流园、永州粮食仓储物流产业园、潇湘汽车城、物流空港等项目建设，重点培育电子商务、冷链物流、优势产业物流和再生资源回收物流等特色物流，加快引进第三方物流和智慧物流，建立先进的物流管理体系，提升快递仓储物流配送能力，打通农村物流“最后一公里”。

五、全面促进招商质效新提升

1. 着力包装招商项目。结合推进供给侧结构性改革，重点围绕做强传统优势产业、培育战略性新兴产业、突出发展重点产品集群以及群众关心的热点问题，做好详细的产业规划，根据规划包装一批新生项目。对条件比较成熟、可以签约洽谈的招商项目，要突出吸引投资的特点、亮点和卖点，有针对性地进行包装。项目在推出前需由发改、商务、经信、国土、住建、环保及其他相关单位专家组成的评审组进行联合评审。

2. 着力开展精准招商。进一步完善小分队招商、商会招商等办法，制定适合地方的招商引资优惠政策和相关鼓励政策，以政府购买服务的形式，探索实行县区精英式专业招商、市直产业专业组招商、委托招商、点对点招商等招商引资新模式。建立针对世界500强、中国500强、民营500强等战略投资者电子信息库，着力招大引强。充分发挥“天下永商”的桥梁纽带作用，依托产业园区、创新基地、开发区等承接平台，积极鼓励永商回乡创业，掀起新一轮“归雁经济”发展热潮。积极推行市县行政首长重大招商项目联系制度，对重大龙头项目精准发力推动。将重大平台签约项目纳入政府绩效考核，力争履约率达到80%以上。

3. 着力推进加工贸易产业承接的转型升级。把握粤港澳大湾区、江浙、福建等沿海主要制鞋基地加大产业转移的机遇，大力引进制鞋企业总部、研发设计及上下游配套产业，形成完善的制鞋产业链，打造全国重要的制鞋产业基地。完善从原材料到成衣一体化的产业链，推动轻纺服装由低档品向中高档品的转型升级。把握沿海发达地区电子信息产业正在加速转移的大好机遇，大力培育电子信息产业带，形成新的加工贸易增长点。立足绿色有机农业，大力培育永州绿色农产品加工贸易产业集群，开展东盟农产品跨境贸易试点。

六、大力培育对外经贸新优势

1. 夯实外贸主体。依托园区外贸综合服务中心，引导已备案企业和招商引资企业开展实现进出口业绩“破零”，鼓励已有进出口业绩企业实现“倍增”。发挥国家级出口食品农产品质量安全示范市和湖南农副产品集中验放场的品牌和平台优势，大力发展农副产品加工产业，推动外贸转型升级。以江华瑶族自治县、新田县两个国家级扶贫县IPO新政为契机，引进、承接一批劳动密集型、技术密集型、农业产业化外贸企业总部，鼓励企业股份制股改，走IPO上市之路，创新开展“飞地模式”“母子模式”“股权模式”，形成整体优势。

2. 畅通对外通道。主动对接“一带一路”。中亚—俄罗斯—东欧方向，突出对接俄罗斯，引导上下游产业链转移和关联产业协同布局，带动一批配套中小企业和上下游产业“走出去”；东南亚—西亚—非洲方向，突出对接东盟各国及津巴布韦、伊朗等国；欧美方向，突出对接美国。打造对接东盟“桥头堡”。突出对接越南、老挝等东盟各国，着力加强农产品加工、轻纺制鞋、小型农业机械、矿山机械等产业合作。支持永州优势产业抢占东盟市场，巩固和扩大东盟市场。依托境外经贸合作园区、驻外机构、企业，在我市投资合作的重点国家和地区，在永州企业聚集度较高的东盟国家组建成立境外永州商会、永州同乡会。充分利用东盟博览会和国际国内各种展会，推动与东盟国家经贸合作。积极开展境外友好城市对接，大力发展对外人文交流。

3. 健全服务体系。积极推动外贸综合服务体入驻各省级产业园区和永州公路口岸（湖南农副产品集中验放场），为企业在业务培训、市场开拓、融资平台引进、一体化便捷通关、降低物流成本、绿色退税、结汇、外贸合同谈判、法律援助等方面提供综合服务。鼓励海关、国检在“蓝宁道新江”加工贸易走廊六县设立派出机构，由受益财政给予相应补贴。

七、深入推进互联网+商贸流通

按照“全市整体推进、服务资源共享、农村率先突破、县区特色发展”的原则，深入推进互联网+商贸流通，努力打造电商“永州模式”。加快整体推进步伐。大力抢抓机遇，积极申报创建国家级电子商务示范城市。积极争取国家支持，大力推进湘南桂北国家级电商精准扶贫合作发展示范区建设。鼓励支持永州外贸进出口企业积极开展跨境电商交易业务。健全市县公共服务体系。以永州电商公共服务平台和永州电商研究院为基础，整合全市电子商务资源，推进全市电子商务公共服务体系建设。大力发展城乡共同配送，重点加强城乡快递物流、城市配送、第三方物流企业等各方参与共同配送体系建设，实现宽带网络全覆盖，着力解决电子商务“最后一公里”问题。充分利用华为云计算中心资源优势和建设华为云生活城市的契机，开发永州电子商务数据统计平台。促进农村电商纵深发展。创建永州特色农产品上行电商交易平台，依托现有优质农产品生产基地，打造一批优质农产品品牌。积极推动永州阿里村淘项目全面升级，释放更多便民利民功能。强化农产品质量安全防伪溯源平台功能应用，提高产品赋码量，促进永州赋码产品在线上线下销售。引导阿里村淘、京东农村电商等知名电商落户贫困乡村，提升我市电商扶贫精准水平。突出县区电商特色发展。积极开展示范创建，鼓励条件成熟的县区建设国家级和省级电子商务示范县区，引导各类电子商务聚集区争取创建国家级和省级示范基地和示范园区，组织优秀企业积极申报国家级和省级电子商务示范企业和重点培育项目。在中心城区支持建设一批创客产业园区和孵化基地。深度挖掘“互联网+旅游”项目，打造永州电子商务旅游品牌。

八、切实完善开放强市新机制

1. 加强组织领导。把建设开放强市摆在更加突出的战略地位，组建由市长任组长、相关职能部门主要负责人为成员的实施开放崛起战略建设开放强市工作领导小组，建立定期工作协商机制，共同研究制定重大政策、协调重大问题。将开放型经济知识纳入党委中心组学习和党校培训内容。

2. 健全考核机制。进一步完善开放型经济考核办法。提高开放型经济主要指标对县区（管理区、经开区）党委、政府绩效考核的权重，综合考虑将农业、第三产业等招商纳入产业招商专题考核内容。进一步细化对成员单位的考核，督促提高服务开放的效率与水平。

3. 强化政策保障。进一步统筹安排好开放强市各项专项经费，设立市开放型经济发展专项资金。从 2018 年起连续 5 年，市财政预算每年安排不少于人民币 5000 万元，今后根据开放型经济发展情况和绩效评价予以调整，主要支持招商引资、承接产业转移、外经外贸、电子商务、口岸建设、重大活动开展、涉外商事法律服务援助及其他事项。各县区、园区要相应设立开放型经济发展专项资金，纳入年度财政预算。各相关部门要积极抢抓机遇，充分挖掘自身潜力，努力在招商引资、营商环境、企业用工、人才保障等方面，制定出台好相关优惠政策，努力营造政策洼地。

4. 优化发展环境。学习“北上广”的开放理念和创新精神，借鉴好的做法经验，全面开展营商环境调查和评估，着力破解制约和影响永州经济发展环境的突出问题，创造宽松有序的投资环境、高效务实的政务环境、快捷便利的贸易环境。

（发至县处级）

中共永州市委办公室

2017 年 11 月 15 日印发

永州市人民政府
关于印发《进一步扩大开放鼓励投资的若干政策措施》的通知

永政发〔2017〕11 号

各县区人民政府，各管理区，永州经济技术开发区，市直各单位：

现将《进一步扩大开放鼓励投资的若干政策措施》印发给你们，请遵照执行。

2017 年 11 月 20 日

进一步扩大开放鼓励投资的若干政策措施

根据《国务院关于扩大对外开放积极利用外资若干措施的通知》（国发〔2017〕5 号）和《国务院办公厅关于促进开发区改革和创新发展的若干意见》（国办发〔2017〕7 号）精神，为贯彻落实省委“创新引领、开放崛起”战略，推动“创新开放新高地、品质活力新永州”建设步伐，充分发挥我市“国家级承接产业转移示范区”金字招牌的作用，结合我市实际，坚持积极开放的原则，把鼓励投资作为全市对外开放的重中之重，特制定以下若干政策措施。

一、设立开放型经济发展专项资金

1、从2018年起连续5年，市财政预算每年安排不少于人民币5000万元的开放型经济发展专项资金，今后根据开放型经济发展情况给予适当调整。各县区（管理区、开发区）要结合自身实际设立适当规模的开放型经济发展专项资金，纳入年度财政预算。

二、优先保障项目用地

2、保障项目净地供应，每年新增建设用地计划指标优先保障招商引资项目，用于支持项目建设。产业用地可根据产业政策和项目类别采取长期租赁、先租后让、弹性年期出让等方式供应土地。符合《划拨供地目录》的，可采取划拨方式供地。

三、加大财税支持力度

3、固定资产投资额在人民币0.5~1亿元、1~3亿元、3~5亿元、5亿元及以上的新建项目（不含土地款），自投产之日起，按其所缴纳的企业所得税、增值税地方留成部分，前3年分别按40%、50%、60%、70%给予奖励，后2年分别按20%、30%、40%、50%给予奖励。

4、对年度纳税净入库额首次超过人民币500万元、1000万、1500万元的企业，分别奖励企业人民币20万元、40万元、60万元。对年度纳税净入库额过人民币1500万元的企业，以后年度以每新增人民币500万元为1个档次，每提升一个档次，奖励企业人民币20万元。其中不少于30%用于对企业高管、技术人员、创新人才等有突出贡献人员个人奖励。

四、支持引进战略投资者

5、对新引进的世界500强、国内500强、民营500强、央企、上市公司、行业领军企业投资的项目，自投产之日起，按其所缴纳的企业所得税、增值税地方留成部分，前3年按70%给予奖励，后2年按50%给予奖励。

6、对新引进的生产型的世界500强企业，投资额达人民币5亿元以上的，给予一次性奖励人民币2000万元；对新引进的生产型的国内500强、民营500强，投资额达人民币10亿元以上的，给予一次性奖励人民币1000万元。

五、鼓励引进生产型外贸企业

7、对于引进落户永州的生产型外贸企业，自建成投产后两年内实现外贸进出口业绩的给予物流补贴，其中，年内实现外贸进出口额10万美元~100万美元的（不含100万美元），补贴人民币5万元；实现外贸进出口额100万美元~500万美元的（不含500万美元），补贴人民币10万元；实现外贸进出口额500万美元~1000万美元的（不含1000万美元），补贴人民币20万元；实现外贸进出口额1000万美元~5000万美元（不含5000万美元），补贴人民币30万元；实现外贸进出口额5000万美元~1亿美元的（不含1亿美元），补贴人民币50万元；实现外贸进出口额1亿美元以上的，补贴人民币100万元。

六、鼓励发展总部经济

8、对新引进并经审核认定的总部企业（地区总部、运营中心、研发中心、采购中心、营销中心、结算中心等），从其投产或运营之日起，按其所缴纳的税收地方留成部分，前3年给予70%的奖励，后2年给予50%的奖励，其涉及缴纳的行政事业性收费和政府性基金，市、县（区）两级所得部分，前3年全部免收或返还，后2年减半征收或返还。对税收地方留成连续3年环比增幅超过30%的总部企业，给予突出贡献奖，按照累计增幅金额的30%进行奖励，若前一年度的税收下降，则以认定为总部企业后缴纳的税收年度最高额作为计算增量的基数，且已享受过的年份不可重复享受。

9、对运营中心、研发中心、采购中心等功能型总部发展升级为综合型总部的或非总部型企业发展升级为综合型总部企业的，给予一次性奖励人民币100万元。

10、对总部企业核心高层管理人员（董事长、副董事长、总经理、副总经理或相当层级职务人员，每家企业不超过10名），5年内其个人所得税地方留成部分全额返回。

11、对搬迁至我市的总部企业，给予一次性搬迁补贴人民币100万元。

七、拓宽企业融资渠道

12、积极吸引社会资金与政府联合组建产业基金，助推项目招引、产业发展。支持有实力的企业按照国家有关规定发行企业债券和短期融资券。加大财政投入力度，统筹整合市中小企业融资担保基金等财政性基金，对符合条件的在永投资重点企业通过股权、债权、资产证券化等方式融资给予贴息、奖补。鼓励和引导金融机构积极推进信贷产品创新，实行财政性资金存款与金融机构信贷投资贡献度挂钩，引导金融机构加强对工业园区、支柱产业、科技创新、重点企业和重点项目的信贷支持。对市场前景好、符合相关条件的重点企业，融资抵押资产不足时，市内融资担保公司可提供信贷担保。

八、支持企业上市

13、鼓励在我市注册的企业挂牌上市，企业在“新三板”成功挂牌后，一次性给予人民币100万元的费用补助。对企业在湖南股权交易所标准板或成长板成功挂牌的，一次性补助人民币10万元。企业在“新三板”等场外交易市场挂牌后，若转至创业板、中小板、主板上市（含境外上市）或企业直接申请IPO，同样享受上述扶持政策，若成功上市且募集资金60%以上在永州市内投资的，另行补助人民币100万元（上述补助不包含省补助资金）。

九、支持企业增资扩能

14、对企业用于增资扩能项目的贷款，按照同期中国人民银行基准利率计算的贷款利息额给予不高于50%比例的专项贴息。在贷款期限内，企业可每年申请一次贴息，最长不超过3年。对同一个企业的专项贷款贴息每年最高限额为人民币30万元。

15、对实施技术改造的增资扩能项目，投入资金在人民币500万元以上的，项目建成后，按投资额的1%给予一次性补贴，补贴金额最高为人民币200万元。

16、对旧厂房、旧生活设施进行升级改造或者在原用地范围内扩产新建厂房项目的企业，对新增建部分按50元/平方米给予补贴，单个项目最高补贴不超过人民币150万元。

十、支持企业科技创新

17、支持企业实施创新项目。充分发挥科技创新资金的引导作用，加大对企业技术创新支持力度。重点支持企业重大技术创新项目建设，重点项目技术攻关，产学研科技成果转化。每年组织实施一批重点技术创新项目，筛选确认为全市重点技术创新项目，在申报项目资金时给予政策倾斜。

18、鼓励企业提升创新能力。对获得国家级、省级新产品并有认定证书的企业，获得高新技术企业认定资质，参加国家级、省级科技创新创业大赛等竞技活动获奖的企业，获得国家级、省级发明奖，国家、省知识产权试点工作的企业，由受益财政按规定给予扶持、补助和奖励。

19、优化财政科技资金投入方式。对基础性、前沿性、战略性、公益性、共性技术及科技环境与能力建设等软科学研究项目，主要实行事前资助支持方式，支持额度不超过人民币10万元；对科技成果工程化产业化项目、科技创新服务平台的建设、省级国家级科技创新创业大赛等竞技活动、高新技术企业认定等，主要实行后补助支持方式，支持额度不超过人民币50万元；对科技中介服务主要实行政府购买服务和考核评估后补助支持方式。发挥财政资金杠杆作用，综合运用基金投入、风险补偿、保费补贴、绩效奖励等多种投入形式，吸引社会资本支持科技创新与成果转化。

十一、鼓励企业争创品牌

20、对获得中国驰名商标或名牌产品、地理标志商标的，奖励企业人民币20万元，对获得湖南省著名商标或名牌产品的，奖励企业人民币10万元。

十二、支持企业引进人才

21、对引进的院士科研工作站给予人民币50万元科研经费支持，博士后科研工作站给予人民币10万元科研经费支持。其他引进的人才带技术、带项目、带资金来永创新创业发展的，经评审后给予人民币 5~10 万元的科研经费支持。引进人才在申报各类科技计划项目、省科学技术奖和省重点实验室、工程技术研究中心时，同等条件下，相关部门应优先立项、优先推荐、优先支持。引进人才符合条件的，不受工作时间长短的限制，可优先推荐申报杰出人才、领军人才、拔尖人才、享受政府特殊津贴专家和有突出贡献的中青年专家。

22、新引进的创新创业人才团队经市委人才工作领导小组审定后，可给予人民币 200~600 万元团队资助。对永州市科技进步，产业升级具有重大拉动作用的创新创业人才团队，可"一事一议"，进一步加大支持力度。

23、对引进的急需紧缺人才，在本市购买首套商品房，给予一次性住房补贴：中国科学院院士、中国工程院院士补贴人民币 100 万元；国家有突出贡献的中青年专家，享受国务院特殊津贴人员，国家重点学科、重点实验室、工程技术研究中心的学术技术带头人补贴人民币 50 万元；省部级有突出贡献的中青年专家，省级重点学科、重点实验室、工程技术研究中心的学术技术带头人补贴人民币 30 万元；具有全日制博士研究生学历或正高级专业技术职务任职资格的补贴人民币 10 万元；其他引进的急需紧缺人才，补贴人民币 5 万元。

24、对引进来我市落户的中国科学院、中国工程院院士以及外籍院士，每人一次性给予人民币 500 万元奖励（含住房补贴）；未在我市落户，但每年在永工作天数不少于全年工作日一半的，给予人民币 100 万元到 200 万元不等的奖励。

25、引进人才愿意来我市落户的，优先安排落户，其配偶和未成年子女可随调随迁，引进人才未成年子女需在本市中小学校入学或幼儿园入托的，由教育等部门按照优先照顾的原则，妥善安排。

26、对引进人才的生活补贴、科研经费、发放的各类奖金，其个人所得税地方留成部分全额返回。

十三、加大招商激励力度

27、对于在招商引资工作中发挥重要作用的企业、商协会、中介组织和个人（国家公职人员除外）给予奖励（在项目竣工投产或运营后）：引进实际到位资金在人民币 2000 万元以上并形成等值固定资产（不含土地款）的生产型项目落户的，按外来投资实际到位额的 1%给予一次性奖励；引进服务型项目按产业分类，电子商务类实际到位资金在人民币 1000 万元以上（不含土地款）、现代物流类实际到位资金在人民币 2000 万元以上（不含土地款）、其他服务型项目实际到位资金在人民币 5000 万元以上（不含土地款）的按外来投资实际到位额的 0.5%给予一次性奖励。单个项目奖励金额不超过人民币 50 万元。引进世界 500 强、国内 500 强、民营 500 强、央企、上市公司、行业领军企业的另行给予一次性奖励人民币 10 万元。

28、鼓励产业链龙头企业引进配套企业。对龙头企业新引进配套企业的，按其引进配套企业所缴纳税收（增值税、企业所得税）地方留成部分20%的额度，连续3年奖励龙头企业；给予配套企业连续3年按其所缴纳税收（增值税、企业所得税）地方留成部分30%的额度奖励。

十四、切实减轻企业负担

29、对企业提出的用水申请，一律先行勘测，手续可并行办理，除收取工程费用之外的其他费用取消。对企业达到国家排放标准、未进排污管网的免收工业用水污水处理费。加大对高新技术等重点产业以及重点园区电价支持力度，对列入重点引进项目，由市发改委、市经信委等部门配合向省政府及有关省级单位提出申请，争取纳入全省大用户直接交易范围，帮助企业降低用电成本。对企业厂区用电产权分界点以上的配电设施建设由电力公司负责。企业可根据实际情况，对大工业基本电费自主选择按容量计费或按需计费。价格主管部门配合相关部门推进具备条件的用气大户与燃气公司协商议价。对企业生产经营场所内可单独计量的职工集体宿舍、食堂生活用电、用水，执行居民电价、水价、气价。对企业消费电水气热及通信网络等要素资源，不得收取各种押金、保证金、担保金等费用。

30、鼓励以县区乡镇、街道、村、社区和社会中介组织等为单位，为新引进企业输送员工，所输送的员工与用工企业签定一年以上劳动合同，实际工作满1年以上，分别按每人人民币100元标准给予用工企业和输送单位奖励。

31、全市各类园区和创业基地企业，按规定程序申请经省、市人社部门批准后，均可实行养老保险缴费费率过渡试点。其中，用工规模在2000人以上的企业，经审批同意第一年养老保险单位缴费费率按12%执行；用工规模在500人以上2000人以下的企业，经审批同意第一年养老保险单位缴费费率按14%执行。从第二年起每年提高1%，逐步过渡到统一缴费费率。用工规模在500人以下的企业，可以园区或基地为单位统一申请实施养老保险缴费费率过渡试点，经审批同意第一年养老保险单位缴费费率按14%执行，从第二年起每年提高1%，逐步过渡到统一缴费费率。

32、对按照中央和省有关规定参加企业新型学徒制培训、技师培训的企业在职职工，培训后取得职业资格证书的，按照技能培训补贴标准的40%给予企业补贴。

33、完善城市物流配送体系，优化资源配置，鼓励物流企业充分利用铁路开展货运业务。支持各县（区）根据实际情况对重点产业企业进行适当物流补助。

34、按国家规定上限执行增值税起征点政策，将符合政策规定的企业新增不动产所含增值税纳入抵扣范围。对符合企业所得税优惠条件的企业、经认定的高新技术企业，在政策规定范围内落实企业所得税优惠政策。推进财税制度改革，营改增四大行业税负只减不增；落实其他各类税收优惠政策，使纳税人应享尽享。

35、实行涉企收费目录清单管理，政府部门每年定期更新目录清单，清单以外的项目一律不得收取。贯彻落实降费减负政策。对涉企行政事业性收费和政府性基金项目，收费标准有浮动幅度的，按标准下限执行。引进工业企业，其涉及缴纳的行政事业性收费和政府性基金，市县（区）两级所得部分全部免收或返还，服务性收费按国家规定最低标准的 30%收取。鼓励各县（区）制定出台纳入本级财政收入的行政事业性收费减免政策措施。

十五、提高政务服务水平

36、在市、县（区）政务服务中心设立投资项目全程代办服务窗口，为企业提供政策咨询和业务指导，并全程代办行政审批手续。

37、对投资企业实行全程跟踪服务，主动及时协调解决项目建设和生产经营中的困难和问题。市“12345”公共服务热线设立投资项目服务专席，畅通企业诉求渠道。

十六、其他

38、本政策措施不适用于房地产项目、种养殖等农业项目、政府资金投资为主的基础设施建设类项目、PPP 项目以及国家、省、市限制类禁止类项目等。

39、本政策措施适用于工商注册地、税务征管关系及统计关系在本市范围内，有健全财务制度、具有独立法人资格、实行独立核算，且承诺 10 年内不迁离注册及办公地址、不改变在本市的纳税义务、不减少注册资本的企业或机构。若被扶持（奖励）企业违反承诺，将追回已发放的扶持（奖励）资金。

40、本政策措施所涉及的扶持、奖励、补助资金按现行财政体制由受益财政分别负责。

41、对符合我市产业发展规划、集聚力强的特别重大项目，可采取“一事一议”、“一企一策”的方式另行商定支持措施。

42、本政策措施自发布之日起施行。市人民政府可根据执行情况予以修订，遇国家、省相关政策另有规定的，从其规定。各县区（管理区、开发区）、园区可参照本政策措施自行制定本地鼓励投资的政策。

永州市人民政府办公室

2017 年 11 月 20 日

二、商务、粮食工作重要文件

永州市人民政府
关于加快承接产业转移示范区建设十项措施

永政发〔2012〕10号

为深入贯彻落实湖南省委、省政府关于加快湘南承接产业转移示范区建设的部署，大力引导产业转移集聚（不含房地产开发项目），促进开放型经济跨越式发展，特制定永州推进加快承接产业转移示范区建设十项措施：

一、承接产业转移用地应保尽保

对承接产业转移项目必需的用地应保尽保。对投资达2亿元的鼓励类产业转移项目，力争省级重点保障。并按省统一安排的土地利用计划，实行用地指标单列。对用地节约集约的鼓励类工业投资项目或省优先发展的工业项目，在确定土地出让底价时，可以最低价标准的70%执行。提高园区生产性和生活性配套服务用地比例，园区内生产性物流用地、廉租房用地可纳入工业用地范围。

二、承接产业转移环境保护优先

支持园区企业建设污染物集中治理。开展排污权有偿使用和交易试点，建立生态补偿机制。适当放宽能源消费总量指标，保障重大项目建设。加强污水处理设施建设，对新增污水管网建设予以适当奖励补贴。

三、承接产业转移配套引导资金

结合"推新"工作，从2012年起连续3年，设立永州承接产业转移示范区建设专项引导资金5000万元，纳入年度财政预算，专项用于基础设施、标准厂房、公共服务平台、配套能力和重大项目建设等。

四、承接产业转移强化金融支持

鼓励各类银行业金融机构来永州设立分支机构。并自开业之日起2年内给予房屋租赁补贴100万元。创新应收账款、知识产权、林权、矿权、仓单质押贷款、股权质押融资以及供应链融资等多种抵押担保形式。支持建立贷款付息长效机制，优先支持园区基础设施建设和入园重点企业的筹融资。积极为中小企业开展融资担保、再担保及借贷服务，对中小企业贷款给予贴息支持。对成功上市融资的企业按融资额给予适当奖励。

五、承接产业转移保障物流通关

全面实行“属地报关、口岸验放”和“属地报检、属地验放、口岸通行”的通关模式，落实24小时预约通关制度，建立关企、检企合作机制。简化出入境人员查验手续。推进永州公路口岸与沿海省份区域通关改革，合理构建保税物流监管体系。依法实行相关行政许可直接认可，能够直接确认的，予以认可；不能直接确认的，优先办理行政许可。支持企业开展多式联运，降低物流成本。

六、承接产业转移支持厂房建设

支持园区标准厂房建设，按照“集中连片、做大规模”的原则确定，土地依法挂牌后，办理工业用地相关手续。探索工业用地租赁制度，鼓励企业采取租赁土地获得建设用地建设标准厂房，逐步形成“出让土地使用权、出租土地使用权、租赁标准厂房”并存的工业用地格局。鼓励政府（园区）财政资金、银行贷款或民间资本参与建设标准厂房。标准厂房建设列为市、县区重点建设项目，市、县区财政对标准厂房建设进行补贴。按照“谁贷款、谁投资、补贴谁”的原则确定。鼓励园区集约节约用地，建设多层标准厂房。建二层每平方米补助40元，建三层以上每平方米补助60元。标准厂房建成后一年内未租出或售出的，由所在地县区政府按每月6元/平方米的标准补助一年。当年投资5000万元以上，一次性建设10万平方米以上标准厂房的，实行一事一议。金融机构加大对符合信贷规定的新建标准厂房项目信贷扶持力度。

七、承接产业转移吸引战略投资

对新引进的世界500强生产型企业，自投产年度起，企业缴纳税收（增值税、企业所得税）地方留成部分，由受益财政连续3年全额奖励给企业；新引进的投资5000万美元或3亿元人民币以上的生产型企业，自投产之日起3年内，每年入库的增值税、所得税地方分成部分由受益财政全额奖励给企业；配套企业，自投产之日起3年内，年入库税收200万元以上的，入库的增值税、所得税地方分成部分，由受益财政全额奖励给企业。对进出口企业、加工贸易企业以本年度较上年度的增量（以海关统计为准）为基数，由受益财政按每增加出口1美元补贴0.03元用于企业扩大再生产。

八、承接产业转移提供人才服务

引进海内外先进技术、管理和人才、智力资源。对落户的创新型或自主知识产权项目，按其自筹资金到位额的一定比例提供资助。经申请被列入省以上部门项目的入园企业，可获得相应的配套资金支持。对国外智力入园的，争取国家专项资助经费，受益财政按一定比例给予配套。对世界500强生产型企业高管人员缴纳的工资薪金个人所得税，按规定给予个人纳税奖励。各园区设立职业介绍机构，为企业输送劳动力，并对劳动力培训进行补贴。对用工 2000 人以上的劳动密集型企业，养老保险和医疗保险的缴纳标准与沿海省份保持基本平衡。

九、承接产业转移建设便捷交通

优化“两纵两横”高速公路网、“井”字型铁路网、国际航空港、湘江航运为主的立体交通网络。加速建成湘桂铁路复线和永蓝、厦蓉高速公路，力争尽早开工洛湛铁路扩能项目、靖永郴铁路、桂永郴赣铁路、湘南三市城际轻轨和永郴、祁冷道高速公路，加大干线公路、农村公路建设改造力度。完善永州机场建设，着力新开往上海、深圳等航线。扩建湘江航道改建工程，形成千吨级航运能力。

十、承接产业转移创新创优服务

对不违背国家法律法规、符合国家产业政策的建设项目，敞开大门予以吸纳。属市级审批的，代报代批，即报即批。需要上报的，争取在法定三分之一时限办结。对重特大项目实行全程代理服务，坚持“一事一议”、特事特办。园区内地方行政事业实行零收费制度。

二〇一二年五月九日

永州市人民政府办公室
《关于进一步加强酒类产销管理工作的意见》

永政办发〔2013〕30 号

各县区人民政府，各管理区，凤凰园经济开发区，市直有关单位：

为促进地产酒类消费，加快永州酿酒工业发展，现结合永州实际，经市人民政府同意，就加强酒类产销管理工作提出以下意见：

一、创新发展思路，明确地产酒发展目标

1、深入贯彻落实科学发展观，坚持“政府引导、市场运作、重点突出”的原则，以龙头企业为依托，以品牌建设为重点，以科技进步为动力，壮大产业规模，优化产品结构，提升产品质量，提高地产酒的市场竞争力，力争到 2018 年，全市实现地产酒类销售收入 15 亿元；到 2023 年，实现地产酒类销售收入 25 亿元以上。

二、实施品牌战略，增强地产酒发展活力

2、推进品牌发展战略。重点扶持地方酒业发展，充分发挥品牌优势和品种地域优势，促其做大做强；支持拥有生产许可证的企业生产上规模、产品上档次、管理上水平。用 2~3 年时间，力争新创中国驰名商标 2 个，新创中国名牌 2 个，新创湖南省著名商标 5 个，新创湖南名牌产品 5 个，新创永州名牌 10 个。定期组织全市地产酒评选活动，编制年度《地产名优酒品牌目录》和《地产酒企重点扶持目录》向社会公布。

3、加快科技创新步伐。鼓励科研院所和酒类生产企业开展合作，促进产学研结合，开展新产品开发和科技成果转化。鼓励和支持酒类生产企业引进新技术、新工艺，改进酿酒方式，创新生产工艺，提高产品质量，降低产品能耗，减少废弃物和有害物的排放，走新型工业化发展道路。

4、加强质量安全检测体系建设。加快酒类流通溯源体系建设，积极推进酒类流通随附单电子化试点。引导地产酒业完善酒类质量控制和检测体系，严格产品出厂检验，确保酒类卫生安全。

5、加快配套产业建设。根据酒类产业发展要求和农业资源特点，合理调整农业种植结构，整合资源，抓好以品种改良为主的新技术推广，鼓励和支持骨干地产酒生产企业建立原料基地，保障酒企生产对优质原料的需求。有针对性地引进知名酒类包装企业来我市建设酒类包装生产基地，提升酒类包装的开发、设计和生产水平。

6、完善营销网络。鼓励酒类生产企业和经销商积极拓展市场，培育营销团队、创新营销方式，加大营销渠道的建设力度。加大资金和政策支持力度，引导品牌酒类经销企业发挥管理、信息和资源优势，寻求战略合作伙伴，实施跨地区连锁经营，逐步做大做强。探索建设酒类营销展示中心和物流集散中心，积极引导行业共建集酒类产品展示、企业文化传播、酒类商品集散于一体的酒业文化物流园。

三、加强市场管理，规范酒类市场秩序

7、严格市场准入。商务、质监、工商等部门要按照《湖南省酒类管理条例》和商务部《酒类流通管理办法》的规定，严格酒类生产许可管理，严格对酒类生产经营企业的工商注册登记，严格执行酒类批发许可、零售备案登记、酒类流通随附单、进货查验及进货查验记录等制度，对证照不全或不符合生产经营条件的企业依法进行清理整顿，切实解决酒类生产经营中存在的散、小、乱、差等问题。

8、促进酒类产品合理流通。引导酒类流通企业公平竞争、合法经营，加大对宾馆、饭店、餐饮、酒楼、超市等酒类流通、消费场所的检查力度，坚决制止不合理收费、限制酒类产品上架销售等行为，防止垄断经营，确保酒类产品流通规范、顺畅。

9、严厉打击制售假冒伪劣酒类产品行为。市政府成立由分管副市长任组长，商务（酒管）部门牵头，工商、质监、食品药品安全监督和公安等相关部门参加的酒类联合打假维权领导小组，建立健全酒类监督管理部门联动机制，严厉打击制售假冒伪劣酒类产品行为，维护酒类生产经营秩序，确保人民群众身体健康。

10、规范市场执法管理。树立服务意识，创新执法方式，严格执法、规范执法，切实维护酒类生产经营企业的合法权益。坚决制止多头执法、重复执法等行为，严肃查处违规罚、没、卡、要等乱作为或不作为的单位和个人。

四、加大扶持力度，加快地产酒发展步伐

11、加大财政支持。各级财政要加大对地产酒发展的支持力度，重点支持地产酒的品牌宣传、市场开拓、人才培训、营销网络建设和产业结构调整、新产品研发、技术改造、节能环保以及地产酒配套产业建设。

12、加大金融支持。各类金融机构应加大对地产酒生产经营企业的贷款支持力度，积极试行非全额担保和非完全抵押贷款。

13、加大用地支持。鼓励酿酒及关联企业向园区集中，对从事酿酒、包装、物流集散等酒类生产经营的企业，所需建设用地指标予以优先安排；对列入政府重点扶持名录的酒类企业在用地上予以重点保障。

14、加强人才队伍建设。鼓励建立校企合作人才培养机制，通过学校培训、名师带徒、个人实践成才等形式，加快培养各类急需的酒类专业技术人才和经营管理人才。

15、加强宣传推广。充分利用报刊、电视、网络等各种新闻媒体，加大对地产酒的宣传力度，丰富地产酒历史底蕴与文化内涵，扩大地产酒知名度。积极支持地产酒生产经营企业参加各种展销会、博览会，利用重要节假日或重大活动适时举办地产酒宣传促销活动。

16、提倡公务活动使用地产酒。行政和企事业单位必要的公务接待活动，提倡使用地产酒。

17、评选地产酒经营示范店。积极开展“放心酒”诚信经营示范创建活动，严格评定标准，在市城区酒类零售终端中评选一批地产酒经营示范店。全市酒类零售经营场所，应积极支持地产酒上架参与商品陈列、展示和销售，并积极宣传、推介地产酒。

五、统一思想认识，充分发挥各级组织的作用

18、发挥市酒类产销管理工作领导小组的作用。成立永州市酒类产销管理工作领导小组，由市政府分管领导任组长，市直有关部门负责人为成员，负责研究制定促进地产酒产业健康发展的政策措施，协调解决地产酒发展中的重大问题。领导小组办公室设市商务局（市酒管办）。各县区（管理区、开发区）也要根据实际情况建立相应的工作机制，切实加强组织领导。各有关职能部门要认真履责，加强协作，共同促进地产酒的发展。

19、重视发挥酒业协会的作用。成立永州市酒业协会，充分发挥酒业协会行业服务、行业自律、行业代表和行业协调的基本职能和作用，努力维护行业公平竞争秩序，促进行业健康发展。

本意见自印发之日起实施。

永州市人民政府办公室
2013 年 7 月 15 日

永州市人民政府办公室
关于印发《永州市中心城区农贸市场建设管理办法（试行）》的通知

永政办发〔2014〕55 号

冷水滩区、零陵区人民政府，永州经济技术开发区，市政府各委局、各直属机构：

《永州市中心城区农贸市场建设管理办法（试行）》已经市人民政府同意，现印发给你们，请遵照执行。

永州市人民政府办公室
2014 年 11 月 6 日

永州市中心城区农贸市场建设管理办法（试行）

第一章 总则

第一条 为保障农贸市场开办者、经营者、消费者的合法权益，明确各职能部门的监管职责，维护市场交易秩序，规范市场交易行为，促进农贸市场健康有序发展，结合我市实际，制定本办法。

第二条 本办法所称的农贸市场是指经工商行政管理部门登记注册的，为经营者提供集中公开经营农副产品的公共交易场所，主要包括农产品批发市场和零售市场（中心农贸市场、社区农贸市场、生鲜超市）。

第三条 按照“属地管理”原则，冷水滩区政府、零陵区政府和永州经济技术开发区负责辖区内农贸市场的建设改造和日常监督管理工作。

第四条 中心城区范围内农贸市场的建设、改造、开办、经营和监督管理，适用本办法。

第二章 农贸市场建设和改造

第五条 农贸市场建设包括新建、重建和扩建；农贸市场改造是指在现有农贸市场的基础上，按照国家和省、市有关技术要求进行标准化改造。

第六条 农贸市场建设和改造必须严格按照永州市中心城区总体规划和农贸市场专项规划要求执行，任何单位和个人不得擅自变更农贸市场的使用性质，不得侵占、破坏农贸市场的场地和设施。因城市规划建设等特殊情况确需变更规划的，本着“拆一还一”和先建后拆原则易地新建，经市商务部门同意并报市人民政府批准。

第七条 农贸市场建设和改造必须遵循政府引导、市场运作、多元投资、有效监督的原则，积极鼓励各投资主体投资新建和注资改造。

对新建的中心农贸市场可由当地政府直接投资建设和管理；新建农贸市场不宜设在地下层，产权不能分割，必须集中管理。

第八条 农贸市场建设由项目单位向所辖区级商务部门提出申请，报市商务部门审核备案。市商务部门根据永州市中心城区总体规划和农贸市场专项规划要求，出具审核备案意见书抄送发改、住建、国土、消防、环保等行政主管部门，各相关职能部门按照有关规定和要求依法办理报建手续。

第九条 农贸市场建设必须由具有相应资质的单位按照国家、省、市相关标准进行设计和施工。项目建成后，农贸市场部分由市商务部门牵头组织验收，验收合格后房产部门方可发放产权证，农贸市场才能正式对外营业。

第三章 农贸市场开办与经营

第十条 开办农贸市场，应当符合下列规定：

（一）符合农贸市场布局规划和农贸市场建设标准；

（二）具备与农贸市场规模相适应的固定场地、设施、管理机构和专职管理人员及卫生保洁人员；

（三）设立农产品检测机构，配备检测设备和具有相应资质的检测人员。

（四）开办农贸市场的企业或其他经济组织均应进行工商登记，领取营业执照。

（五）法律、法规和规章规定的其他条件。

第十一条 开办者应履行以下职责：

（一）按照农副产品种类合理布局、划行归市、功能分区、设立摊位。

（二）建立健全公示制度。在农贸市场入口处等显著位置设置宣传栏和公示栏，向消费者公示与交易相关的基本事项和重大事项。公示内容主要包括：场内经营者的证照情况、市场管理制度（含市场食品准入管理制度）、消费者投诉电话、市场管理机构及管理人员、检测人员及保洁人员信息、农副产品的抽检结果、不合格商品退市情况、场内经营者违法违章记录等。

（三）安排市场管理人员，做好市场的日常管理工作。市场管理人员须佩戴证件上岗。按照相关法律、法规和规章的要求，建立健全食品安全、市场秩序、环境卫生、消防安全、计量管理、治安管理和设施设备维修等方面的管理制度，并报相关部门备案。

（四）不定期对经营户进行有关法律法规和政策的宣传教育，在经营户中开展文明经商活动。

（五）与经营者签订场地租赁、经营管理协议，明确双方的权利和义务，特别要明确对经营者经营区域的环境卫生责任。

（六）维护市场设施设备完好与安全，确保市场正常经营。

（七）制止并协助行政管理部门查处市场内扰乱市场经营秩序行为。

（八）设立公平交易秤杆，对经营户所使用的电子秤统一申请计量检定。

（九）承担农贸市场“门前三包”职责。

（十）法律法规规章规定的其他职责。

第十二条 市场开办者应当严格落实食品质量安全责任，建立健全市场食品准入制度，杜绝各类不安全食品上市：

（一）应当与场内经营者签订食品质量安全保证书（协议），订立食品质量保证及对不合格食品的退市、召回、退货等条款；

（二）应当督促场内经营者落实索证索票制度，建立食品经营台账，记录进货渠道；

（三）建立健全食品质量查验登记制度。市场开办者应当每天派专人检查场内经营者的重要食品进货凭证，审核重要食品供应商的经营资质和实际经营情况。

第十三条 市场责任人应当严格落实市场消防安全第一责任人职责，按要求做好消防安全工作：

（一）落实市场消防安全职责，制定本单位的消防安全制度、消防安全操作规定，制定灭火和应急疏散预案；

（二）按照国家标准、行业标准配置消防设施、器材，设置消防安全标志，并定期组织检查、维修，确保完好有效；

（三）对建筑消防设施每年至少进行一次全面检测，确保完好有效，检测记录应当完整准确，存档备查；

（四）保障疏散通道、安全出口、消防车通道畅通，保证防火防烟分区、防火间距符合消防技术标准；

（五）组织防火检查，及时消除火灾隐患；

（六）组织进行有针对性的消防演练；

（七）电器产品、燃气用具的安装、使用及其线路、管路的设计、敷设、维护保养、检测，必须符合消防技术标准和管理规定；

（八）法律、法规、规章规定的其他消防安全职责。

第十四条 农贸市场内严禁下列行为：

（一）对环境造成污染、对人体健康造成危害的行为；

（二）销售未经检疫检验或检疫不合格的畜禽及畜禽产品和病死、毒死或者死因不明的畜禽及产品、水产品；

（三）强买、强卖、欺行霸市、哄抬物价、缺斤短两的行为；

（四）销售假冒伪劣或者过期、失效、变质的产品；

（五）掺杂使假、以假充真、以次充好的行为；

（六）销售农药残留超标的蔬菜、水果等；

（七）销售法律法规规章禁止销售的（国家保护的）动植物及其他农（副）产品。

第十五条 市场经营者应当遵守下列规章：

（一）遵守法律法规、规章和市场的各项管理制度；

（二）服从市场管理机构的统一管理；

（三）具备相应的资质，并依法取得相关证照；

（四）除农民销售自产的农副产品外，其他经营者在经营场所内必须悬挂营业执照和其他相关证照；

（五）货物摆放整齐，讲究卫生，不乱扔垃圾；遵守交易规则，文明经商，使用依法检验的合格计量器具，并维护好经营区及周边的环境卫生；

（六）履行国家有关消费者权益保护、产品质量等法律法规规章规定的义务，因销售不合格产品给消费者造成损害的依法承担相应的责任；

（七）营业人员须持有效健康证明上岗。

第十六条 经营者依法自主经营，依法自主决定农副产品价格和服务收费标准，有权拒绝违法收费和摊派。

第四章 监督管理

第十七条 区政府（管委会）及相关职能部门根据各自职能，依法依规切实加强对农贸市场的监督管理，制定农贸市场的建设、改造、管理方案并组织实施，具体分工如下：

（一）区政府（管委会）按照“三位一体”的总体思想，组织工商、城管执法、街道（社区）成立农贸市场联合管理办公室，加强对农贸市场建设和周边环境整治综合工作，形成管理长效机制。

（二）商务部门负责制定农贸市场建设改造标准，牵头组织有关单位对农贸市场建设改造项目进行评估、验收和农贸市场环境卫生考核评比；指导市场业主开展行业交流和指导行业自律。

（三）工商行政管理部门负责核发、查验农贸市场建设单位、经营者的有关证照，监督经营者的经营行为，保护交易双方合法权益，调处交易纠纷，依法查处或协同有关部门查处经营中的违法行为。

（四）城管执法部门负责对农贸市场周边市容市貌环境秩序的监督管理，打击农贸市场周边的占道经营活动，取缔路边摊点及马路市场。

（五）住建部门负责根据城市总体规划和农贸市场专项规划确认农贸市场的选址，监督农贸市场专项规划实施，严把建设审批和质量关。

（六）卫生部门（爱卫办、疾控中心、卫生监督机构）负责督促指导农贸市场业主在农贸市场内开展健康教育宣传工作，督促指导农贸市场除“四害”措施的落实；加强“五小”行业监督管理和传染病防治；配合相关部门办理从业人员健康证。

（七）公安部门负责农贸市场的治安管理，督促农贸市场业主建立安全保卫机构，落实安全保卫措施。依法查处和打击农贸市场内阻碍执法、抗法和欺行霸市、强买强卖等各种扰乱市场治安秩序的违法犯罪行为。

（八）农业部门负责对农贸市场内农残检测人员培训工作，指导农贸市场农残检测室内检测管理制度的制定，对农贸市场内蔬菜、水果等农产品农药残留留量安全进行监督抽查并及时通报。

（九）畜牧水产部门负责在农贸市场设立检疫申报点，公布检疫人员姓名和电话，24 小时接受检疫申报；对农贸市场内的畜禽产品进行检疫管理，防止染疫产品流入市场。

（十）消防部门负责对农贸市场消防安全工作进行监督。

（十一）食品安全办公室负责督促食品安全相关部门做好农贸市场内食品安全监督管理工作。

（十二）质量技术监督负责农贸市场经营活动中计量器具的检定及监督管理。

（十三）环保部门负责对农贸市场环境保护的评估，监督管理；指导农贸市场做好废水、废物、废气的技术处理。

（十四）林业部门负责依法查处农贸市场非法经营野生动物的行为。

（十五）环境卫生部门负责农贸市场周边主次街道环境卫生、垃圾清运和公厕管理工作。

（十六）公安交警部门负责市场周边主次道路的交通秩序管理。

（十七）房产部门负责对验收合格的农贸市场发放产权登记证。

（十八）街道（社区）负责市场周边的环境卫生及场外秩序管理，组织人员开展集中整治活动。

（十九）市场业主：一是与市场经营户签订食品安全、环境卫生责任书，落实环境卫生和食品安全责任。二是督促市场经营户做到证照齐全、亮证经营。三是做好市场清扫保洁工作。四是做好市场秩序管理。五是做好农药残留检测工作。六是做好活禽、水产经营污物（水）的处置和消毒设施的完善，实行隔离屠宰，保持环境清洁卫生。七是做好食品安全管理。八是做好市场计量管理，九是做好消防安全管理。

第五章 优惠政策

第十八条 农贸市场作为准公益事业，凡按照国家和省、市农贸市场有关技术要求进行标准建设和改造，经相关职能部门验收合格后，纳入公共财政支持范围。

第十九条 市、区财政连续三年对标准化农贸市场的保洁补贴资金和农贸市场监管、考核经费给予支持；对经政府批准的临时便民市场由市、区财政给予1年的保洁补贴支持。

第二十条 中心城区农贸市场卫生保洁实行市场化运作，以三区为单位，采取招标的方式确定有资质、有实力的保洁公司进行保洁。保洁费用的核定以公开招标方式确定，市场业主和市、区财政按比例进行分担。保洁补贴资金经考核审定后拨付到保洁公司。

对不愿将市场保洁承包给保洁公司的私有市场业主，可自行负责保洁工作，但必须达到保洁标准，保洁资金经考核审定后按照上述标准将补贴拨付到市场业主。

第二十一条 农贸市场保洁和环境卫生管理由区政府（管委会）负责组织实施。市商务部门负责监管，每季度进行一次考核和通报。对考核合格的农贸市场，由市财政部门将补贴资金按季度拨付给区里，区里根据考核结果再将市场保洁补贴资金统一拨付到市场业主或保洁公司。农贸市场保洁考核不达标的，按比例扣减当年保洁补贴资金。

第六章 法律责任

第二十二条 凡违反中心城区农贸市场专项规划，改变市场用途的，依法责令改正，不再享受相关优惠；已享受优惠的，由财政部门追回补贴资金。

第二十三条 农贸市场的开办者和经营者违反本办法规定的，由相关行政管理部门按照有关法律、法规、规章的规定予以处罚。

第二十四条 相关职能部门及其工作人员在农贸市场监督管理中滥用职权、玩忽职守、徇私舞弊的，依照有关规定予以处理。

第七章 附则

第二十五条 本办法自印发之日起施行。

永州市人民政府
关于加快电子商务发展的实施意见

永政发〔2015〕9号

各县区人民政府，各管理区，永州经济技术开发区，市政府各委局、各直属机构：

为进一步优化电子商务发展环境，充分发挥电子商务在推动调整产业结构、转变发展方式、促进经济转型发展中的作用，根据《湖南省人民政府办公厅关于印发〈加快电子商务发展的若干政策措施〉的通知》（湘政办发〔2013〕67号）精神，结合永州实际，现就加快电子商务发展提出如下实施意见。

一、总体思路

（一）指导思想。以党的十八大和十八届三中、四中全会精神为指引，认真贯彻落实国家和省关于电子商务发展的决策部署，围绕加快建设品质活力永州，坚持政府引导、市场主导、创新驱动、集聚发展的原则，以深度融入实体经济、支撑全市经济社会持续健康发展为目标，以转变发展方式、调整经济结构、促进产业转型升级为主线，以壮大电商队伍、打造本土平台、促进广泛应用、开展创新孵化为重点，加大政策支持，完善支撑体系，优化发展环境，推动大众创业、万众创新，实现全市电子商务跨越式发展。

（二）奋斗目标。力争到2017年底，全市电子商务交易额和网络零售交易额年均增长90%，电子商务交易额突破200亿元，网络零售交易额超过60亿元，电子商务零售额占社会消费品零售总额10%以上；消费品销售手机支付占总额7%以上；商贸企业电子商务应用普及率达50%，规模以上工业企业和农业产业化龙头企业电子商务普及应用率分别达到60%和80%；发展年交易额500万元以上网店网商500家，培育电子商务交易额超1亿元的企业10家，打造支撑力强、辐射面广且特色鲜明的电商平台5个，培育2~3个省级以上电子商务龙头（示范）企业；建成与电子商务发展水平相适应的安全、信用、认证、金融、物流、人才、统计等电子商务支撑服务体系，建立协同、高效的电子商务管理与服务体制，形成良好的电子商务发展环境；电子商务发展达到全省先进水平，进入省级电子商务示范城市行列，电子商务服务业成为新兴的重要业态。

二、工作重点

（一）加快电子商务应用普及

1. 推动农产品电子商务率先突破。抓紧与国内知名电商、运营商对接合作，建立集信息发布、产品交易、便民服务、网上创业于一体的农产品电子交易平台，建设电子商务产业园，启动县级运营中心、村级服务站建设。支持特色农产品流通企业创新转型，发展线上线下相结合的网上批发、零售。鼓励农业产业化龙头企业、农民专业合作社、家庭农场借助第三方电子商务平台开辟特色农产品专区或网商网店，开展网上直销。举办“永州网购节”，联合本地知名平台和诚信网店开展网上促销。以“万村千乡”农家店信息化改造为载体，推动“农产品进城、工业品下乡”，每个行政村至少建设一个电子商务便民服务点。建立健全农产品网络营销标准化体系，加强农业生产技术规程和农产品保鲜、加工、包装、储存等标准制定，提高网上交易农产品信任度。推进农业信息进村入户工程，探索建立永州名优特产品网络销售体系。加强农村电商快递体系和物流中心建设。实施物流配送“村村通”工程建设，2015 年每个县区选择 2～3 个乡镇进行试点，2016 年初见成效，力争 2020 年全面完成。(牵头单位：市农业委；配合单位：各县区人民政府，各管理区，永州经济技术开发区，市商务和粮食局、市发改委、市经信委、市林业局、市质量技术监督局、市供销社、市邮政管理局、中国电信永州分公司、中国移动永州分公司、中国联通永州分公司)

2. 引导实体企业扩大电子商务应用。引导汽车零部件、机电设备、矿产品加工、针织服装、生物医药、食品加工等优势实体企业以自主品牌为支撑，入驻行业性、综合性的 B2B 电子商务平台或在知名第三方电子商务平台开设官方旗舰店、专卖店、专营店。支持本地知名电商企业对接知名第三方平台运营商，开展战略合作。探索发展跨境电子商务，与领先外贸电商平台建立合作机制，鼓励实体企业通过电子商务开拓国际市场。（牵头单位：市经信委；配合单位：各县区人民政府，各管理区，永州经济技术开发区，市商务和粮食局、市发改委、市质量技术监督局、中国电信永州分公司、中国移动永州分公司、中国联通永州分公司）

3. 支持重点领域和重点行业开展电子商务。在工业、农业、商贸、金融业、旅游业、物流业以及文化、教育、医疗卫生等重点领域，鼓励本地传统企业应用电子商务开拓市场，推进线上线下市场融合发展。鼓励传统商贸企业应用电子商务转型升级，推动全市商场、超市、专业市场等建立线上销售网络，依托现有实体网点、货源、配送等商业资源实现线上线下互动经营，形成传统零售业和网络零售互补的营销体系。引导文化旅游企业直接开展电子商务，与知名专业电商平台对接，大力宣传永州文化旅游产品，促进景点景区、娱乐餐宿和纪念品商店实现线上线下营销整合优化。支持中小微企业通过电子商务平台开展联合采购，降低流通成本。支持第三方电子商务平台在永落地，带动中小微企业电子商务应用。（牵头单位：市商务和粮食局；配合单位：各县区人民政府，各管理区，永州经济技术开发区，市发改委、市经信委、市农业委、市旅游外事侨务局、市林业局、市供销社、市教育

局、市金融办）

4. 积极发展移动电子商务。依托有实力的通信运营商，由运营商和银行通过推进 NFC 技术的快捷支付（QuickPay）和移动支付（MobilePay）在电子商务中的应用，促进网上订购、网上消费、网上支付。鼓励企业建设移动电子商务服务平台，提供移动电子商务服务。鼓励手机、平板电脑等智能移动终端在公共事业、交通旅游、就业家政、休闲娱乐、市场商情等领域的应用，发展移动支付服务、便民服务和商务信息服务。筛选名优产品入驻市内移动电商，推动企业开展安全芯片、SIM 卡、支付手机、智能读卡设备等移动电子商务核心产品的广泛应用。（牵头单位：市经信委；配合单位：市发改委、市商务和粮食局、市城管执法局、市交通运输局、市旅游外事侨务局、市城建投集团、中国人民银行永州市中心支行、市邮政公司、中国电信永州分公司、中国移动永州分公司、中国联通永州分公司）

5. 推动电子商务进社区。启动社区电子商务服务网络建设，支持社区建设公共家政服务网络平台，鼓励传统商贸企业进社区开设 O2O 网购体验店或体验终端，推进便民支付自助服务终端的普及应用，实现水费、电费、燃气费、通讯费等居民日常生活基本消费电子化。启动实施加载金融功能的市民卡推广应用，建立健全市民卡发行和应用服务管理体系，方便市民享受社会保障待遇和金融服务。（牵头单位：市商务和粮食局；配合单位：各县区人民政府，各管理区，永州经济技术开发区，市城管执法局、市人社局、国网永州供电公司、市邮政管理局）

（二）培育电子商务市场主体

1. 培育发展永州本土电子商务企业。整合永州本土电子商务网站资源，建设永州电子商务综合门户网站，提供产品展示和交易、市民生活服务、市内网商集聚和分销、与第三方平台进行对接、移动端 APP、微信应用等功能。加快企业官方网站建设，积极扶持、引导规模以上工业企业和商贸企业建设官方网站或将现有网站转型升级为在线销售商城。引导企业推广集“PC 网站+手机网站+微网站+APP”于一体的全网营销模式，扩大营销推广水平。组建永州市电子商务行业协会，推动电商企业抱团发展。（牵头单位：市商务和粮食局；配合单位：各县区人民政府，各管理区，永州经济技术开发区，市发改委、市经信委、市农业委、市邮政公司、中国电信永州分公司、中国移动永州分公司、中国联通永州分公司）

2. 引进国内外电子商务知名企业。积极谋划一批电子商务重大项目，制定优惠政策，吸引国内外知名电子商务运营企业分支机构对接永州；引进培育电子商务知名企业在永州建设区域运营中心、结算中心、客服（呼叫）中心、物流配送中心。（牵头单位：市商务和粮食局；配合单位：各县区人民政府，各管理区，永州经济技术开发区，市发改委，市经信委、市农业委）

3. 加快个体网商培育。支持大中专毕业生、个体工商户、私人企业、村官、城乡居民等通过电子商务创业，鼓励在外永州网商返乡创业；积极开展教育培训，提升网商整体运营水平，支持指导“创业团队”、“家庭网商”向现代电子商务企业转型。2015年在中心城区建设一家电子商务创业孵化基地。（牵头单位：市工商局；配合单位：各县区人民政府，各管理区，永州经济技术开发区，市发改委、市人社局、市商务和粮食局、市农业委、团市委）

4. 开展电子商务示范企业创建工作。建立优势企业和项目数据库，重点培育一批优势电子商务示范企业，加大政策支持，推动企业做大做强。开展市级“电子商务示范企业、优秀网上商城旗舰店”评选活动。积极争取国家、省里的项目扶持资金和政策，培育一批网络零售、行业电商平台、电商应用示范的骨干企业。（牵头单位：市商务和粮食局；配合单位：各县区人民政府，各管理区，市发改委、市经信委、市农业委、市财政局）

（三）加强电子商务基础支撑

1. 建设电子商务产业基地。按照电商集聚、服务集中、资源集约、功能集成的要求，在中心城区建设一个集电商办公、技术服务、仓储中心、物流快递及综合性服务为一体的电子商务产业园区，鼓励省级工业园区以“园中园”等形式建设电子商务产业园，吸引电子商务企业入驻，引导企业集聚集群发展。鼓励和支持有条件的园区申报国家级和省级电子商务示范基地。（牵头单位：市发改委；配合单位：各县区人民政府，各管理区，永州经济技术开发区，市商务和粮食局、市经信委、市邮政管理局）

2. 加快信息基础设施建设。结合“智慧永州”建设，加快实施“两化融合”、“三网融合”，推动通信网络化、宽带化、无线化，切实提高网络运行速度，实现资源共享。加大宽带提速升级工程，推进4G高速网络建设，实现城区、园区、景区等区域全覆盖。加快无线网络站点建设，实现城区公共场所、主要街道免费WiFi全覆盖。（牵头单位：市经信委；配合单位：市邮政管理局、中国电信永州分公司、中国移动永州分公司、中国联通永州分公司）

3. 提升快递仓储物流配送能力。在中心城区规划建设快递物流园区，引进一批区域快递物流分拨中心、区域配送中心，重点扶持2~3家物流快递企业。推进现代物流进园区、进企业，实现现代物流与电子商务有机融合。组建永州市物流协会，加强行业自律，促进规范发展。（牵头单位：市商务和粮食局；配合单位：各县区人民政府，各管理区，永州经济技术开发区，市发改委、市经信委、市交通运输局、市邮政管理局）

（四）优化电子商务发展环境

1. 加大政策扶持。引进国内一流电商研究机构，制定全市电子商务发展三年行动计划和农产品、工业、商贸流通等重点行业专项计划。加大资金扶持力度，市政府安排专项资金，通过以奖代补、财政贴息等方式支持电子商务平台建设、园区建设、主体培育、人才引进、教育培训、配套服务等。鼓励金融机构采用无形资产和动产质押融资方式扩大电子商务企业贷款质押品范围，探索开发网络联贷联保等中小企业网络融资产品。研究组建全市电子商务产业引导基金，吸引民间资本，建立电子商务贷款风险补偿机制。实行电子商务企业用水、用电、用气与工业企业同价政策。落实国家、省各项税收优惠政策，电子商务企业确有困难的，可以提出申请，由主管税务机关按行政审批权限和程序酌情减征房产税、城镇土地使用税。符合条件的电子商务企业，可支持认定为高新技术企业、软件企业和技术先进型服务企业。对电子商务重点项目和电子商务产业园区建设，优先保障用地指标，促使项目落地。(责任单位：市商务和粮食局；配合单位：市财政局、市国土资源局、市住建局、市发改委、市经信委、市农业委、市科技局、市城管执法局、国网永州供电公司、市国税局、市地税局、中国人民银行永州市中心支行)

2. 加强人才支持。抓紧制定全市电子商务培训工作方案，与高等院校联合开展电子商务应用管理和实训操作培训。鼓励校企开展合作，定向培养电子商务专业人才。支持湖南科技学院、永州职业技术学院、潇湘技师学院和市内中职学校加强电子商务学科专业建设，培养电子商务技术开发应用人才。鼓励举办电子商务培训，形成多元化、多层次的培训教育体系。通过聘任制公务员方式引进3–5名国内一流的电子商务高端人才。（牵头单位：市商务和粮食局；配合单位：市人社局、市编办、市委组织部、市财政局、市教育局、团市委、湖南科技学院、永州职业技术院、湖南潇湘技师学院）

3. 培育配套生产性服务业。大力发展电商软件开发、数据分析、美工摄影、仓储物流、营销推广、客服、代运营等电子商务生产性服务企业。支持专业服务机构为企业提供一体化电子商务应用解决方案。支持专业代运营机构承接工业企业电子商务代运营服务。积极探索第三方支付模式、安全认证模式等创新。（牵头单位：市商务和粮食局；配合单位：各县区人民政府，各管理区，永州经济技术开发区，市工商局、市发改委、市经信委、市农业委、市交通运输局、市邮政管理局）

三、保障措施

（一）加强组织领导。各县区和市直有关单位要切实加强组织领导，认真研究制定电子商务发展规划，制定推动电子商务发展的具体方案和工作措施、年度计划、政策措施，建立促进电子商务发展工作协调机制，研究解决电子商务发展重大问题，确保目标任务落实。

（二）加强市场监测。建立健全电子商务统计制度和监测体系，及时全面反映电子商务的发展规模、结构变化、发展水平和趋势。充分发挥行业协会在交流合作、技术推广、统计、监测、行业自律等方面的作用，促进网络交易主体守法经营，引导电子商务规范有序发展。加强对网上涉及行政许可的商品和服务监管，加大电子商务知识产权保护力度，严厉打击商业欺诈、不正当竞争、网络传销等违法行为。

（三）加强宣传推介。充分利用搜索引擎、网站、微博、微信、QQ、报纸、杂志、广播电视等媒体大力宣传发展电子商务的政策知识，增强企业投资、应用电子商务的信心和公众对电子商务的信任度和风险防范意识。加强永州电子商务形象整体策划，开展“城市、市场、电子商务”三位一体宣传，提高永州电子商务知名度和影响力。举办形式多样的电商研讨会、座谈会、论坛、讲座和电商创业比赛等活动，营造政府、企业、社会共同参与的良好氛围。

（四）加强督查考核。将电子商务发展纳入对县区和市直相关部门政府绩效评估内容，加强对电子商务工作的督促检查，及时掌握电子商务发展情况。积极总结电子商务发展经验，推广先进典型，推动全市电子商务快速健康发展。

永州市人民政府
2015 年 5 月 27 日

永州市人民政府
关于推进粮油深加工及物流百亿产业工程的实施意见

（永政发〔2011〕15 号）

各县区人民政府，各管理区，市政府各部门、各直属机构：

为贯彻落实《湖南省人民政府关于实施粮油深加工及物流千亿产业工程的意见》（湘政发〔2010〕33 号）文件精神，进一步加快我市粮油产业发展，促进农民持续增收，结合我市实际，特制定推进永州市粮油深加工及物流百亿产业工程（以下简称“粮油百亿产业工程”）建设实施意见。

一、统一思想认识

抢抓发展机遇，加快我市粮油百亿产业工程建设，是推动全市农业产业化和现代化的重要举措，是夯实农业发展基础、保障粮食安全的必然要求，是提高农业比较效益、促进农业增收的有效途径。近年来，我市着力发展粮油产业，全市粮油产业总体上已进入传统产业向现代产业转变的新阶段，但是粮油深加工总体水平不高，与发达地区比还有较大差距，突出表现为粮油加工企业多、规模小、品牌杂、效益低，经营粗放，产业链条短，加工转化率低，市场竞争力弱，粮油产业仍处于爬坡阶段。各级各有关部门要从我市经济社会发展大局的战略高度，充分认识粮油百亿产业工程建设的重要性和紧迫性，统一思想，更新观念，大力推进粮油百亿产业工程建设，促进我市从粮油生产大市向粮油经济强市转变。

二、明确目标任务

到2015年，实现全市粮油深加工及物流业产值100亿元，比“十一五”末翻两番。建设1-2个初具规模的粮油产业园区。全市形成年产值过20亿元企业2家、过10亿元5家、过1亿元10家以上，规模加工企业进入国家级农业产业化龙头企业2家以上、省级10家以上，培育2家上市公司。大米产能达到160万吨，产值达到40亿元；食用植物油加工业产能40万吨，产值达到30亿元；粮食物流业交易量达到40万吨，物流总产值达到10亿元。饲料加工业产能达到60万吨，产值达到15亿元；杂粮加工业产能达到2万吨，产值达到2亿元；面制品加工业产能达到5万吨，产值达到2亿元。

三、落实推进措施

（一）发展精深加工。充分利用粮油资源，加大龙头企业新产品、新装备、新工艺开发的扶持力度，积极推进粮油加工业向环保、能源、医药、化工、饲料等领域发展。积极争取国家和省扶持资金，重点开发和包装稻谷及食用植物油深加工项目，以项目建设拉动粮油经济转型升级。引导稻米加工向速冻食品、方便食品、营养配合米等高附加值产品发展，积极开展米糠油、碎米淀粉糖等副产品综合利用。植物油加工要向生化、制药产品等系列化产品发展，延伸粮油产业链条。

（二）培育产业集群。打破行政区划界线，统筹规划，加强粮源基地建设。基地建设要做到区域化、专用化和规模化。大力支持粮油加工企业按照“公司+基地+大户”模式，逐步建立企业与农户利益共享、风险共担的优质粮油原料基地。加快形成以天龙米业、银光粮油为龙头的大米加工产业；以金浩茶油、永大高科为龙头的植物油加工产业；以湘妹食品、华利工贸为龙头的粮油深加工产业；以恒惠饲料、鼎立饲料为龙头的饲料加工产业；以天圣薯业为龙头的杂粮加工产业；以湘君面业、湘城食品为龙头的面制品加工产业；以下河粮库为核心的物流产业。

（三）建设物流园区。加快粮食物流园建设。市粮食物流园实行“一园两区”：一是加快以下河粮库为核心的粮食物流园交易区建设，重点抓好马坪新库区、货物中转设施现代化改造等；二是在永州国家农业高科园部署建立粮食物流加工区。全市形成以市粮油现代物流园为中心，以道县、江华、祁阳、东安等区域性批发市场为节点，以10家左右骨干企业为网络的现代粮油物流体系。积极发展第三方物流，畅通粮油产品物流通道。加快“四散”（散装、散卸、散储、散运）设施建设，降低流通成本，提高流通效率。

（四）打造强势品牌。重点扶持金浩、银光、天龙、湘妹、永大高科等龙头企业，引导龙头企业实现引进做强、联合做强、靠大做强，增强其辐射带动能力。帮助指导有实力的龙头企业开展与大公司的合资合作，引进资金、技术和管理，大力提高龙头企业发展规模和质量。努力打造强势永州粮油品牌，创建3-5个知名品牌，进一步提高市场占有率。

（五）坚持科技支撑。进一步加大对科技开发的支持力度，提高粮油产业技术素质和创新能力。积极引导企业开展科技创新，加快对国内外先进技术的引进，提高优势粮油产品的科技含量。引导企业与高等院校、科研院所联合协作，鼓励科研单位和科技人员通过技术承包、技术入股、技术转让，参与粮油产业的发展。重视企业对职工的技能培训，提高员工的科技文化素质。

（六）整合产业资源。引导带动力强的粮油加工龙头企业，以资本、技术、品牌、资源为纽带，通过招商引资或内引外联，积极寻找战略合作伙伴。整合资源、资金、技术、人才等要素，开展兼并、联合，培育具有竞争力的企业集团。引导龙头企业由产品经营转向资本经营，实现上市融资。各县区国有粮食购销公司，要整合改革后留存的国有资产，按照大县1万吨、小县5000吨的标准，搞好县区骨干粮库网络建设。

（七）健全质检体系。配齐人员、设备，落实工作经费，加大人员培训，全面提升检测能力。充分发挥市粮油质量检测中心作用，积极拓宽业务，扩大服务范围。搞好夏秋收期间跟踪检查，实行企业质检和市粮油质检中心双道检验把关，确保入库原粮质量合格。完善监控网络，加强与市工商、质监、农技等部门单位联动，定期组织联合检测，随时监控全市粮油企业生产经营的粮油产品质量，确保流入市场粮油产品质量安全。

四、加大扶持力度

（一）加大财政资金支持。2011年以后新增产粮大县奖励资金要全部用于粮油百亿产业工程建设。农业综合开发资金、新型工业化引导资金、产学研结合专项资金、农业产业化专项资金、中小企业发展资金等有关财政专项资金按一定比例用于扶持粮油百亿产业工程建设。全市粮食企业改革后留存的国有资产经政府授权，由市、县区粮食行政管理部门行使出资人职能，确保国有资产保值增值。粮食企业改革后的国有资产运营收益，除解决企业改革后遗留问题外，主要用于扶持粮油百亿产业工程建设。市本级整合市直粮食部门改革后留存的国有资产投入到以下河粮库为核心的粮油物流园建设。各县区也要整合粮食企业改革后留存的国有资产，投入到骨干粮库建设和粮食物流产业发展。

（二）设立专项奖励基金。2011 年至 2015 年，市财政每年安排 100 万元专项奖励基金，用于永州市粮油百亿产业工程专项奖励、配套等方面开支。具体奖励、补助项目及标准由市粮食局商市财政局拿出初步意见报市政府审定后执行，并接受市纪检监察、审计等部门监督检查。奖励、配套资金使用重点向市直国有或国有控股的大中型粮油深加工或物流企业倾斜，奖励当年度市直粮油加工及物流企业大额固定资产投资项目，对已争取国家、省大额补贴、奖励或拨款的项目给予适当配套、补贴，扶持年加工、销售优质粮油原料、半成品及成品上一定规模档次的企业，鼓励品牌整合、兼并重组和引进靠大成功的企业，年底创牌、上市融资的企业，以及适当奖励对推动粮油百亿产业工程建设有重大贡献的先进单位和先进个人。各县区可参照市做法，安排一定资金进行奖励、配套。

（三）落实税费优惠政策。根据财政部、国家税务总局《关于发布享受企业所得税优惠政策的农产品初加工范围（试行）的通知》（财税〔2008〕149 号）精神，落实粮油初加工免征企业所得税政策。粮油企业中经认定的高新技术企业，减按 15%的税率征收企业所得税。对粮源基地遭严重自然灾害的龙头企业，其财产损失按规定可税前扣除。从事粮油加工、物流的粮油企业，按《企业所得税法》及其实施条例落实企业所得税优惠政策；对农民粮食专业合作社销售本社成员生产的粮食免征增值税。增值税一般纳税人从农民粮食专业合作社购进的免税粮食，可按 13%的扣除率计算抵扣增值税进项税额。对农民粮食专业合作社向本社成员销售的农膜、种子、种苗、化肥、农药、农机，免征增值税。国有粮食购销企业收购粮食经纪人的粮食，可简化程序、免征增值税。对国家级粮油产业化龙头企业给予按现行土地使用税等级税额标准下降一级的优惠。对接受中央、省、市、县四级政府委托，承担粮油储备任务的粮油企业，除办公房屋及用地外，其余房屋、土地均可比照《财政部国家税务总局关于部分国家储备商品有关税收政策的通知》（财税〔2009〕151 号）执行。其他粮油企业缴纳房产税、城镇土地使用税确有困难的，可向主管地税部门申请，由县以上地方税务机关按照税收减免管理权限审批；鼓励企业加大对自主创新成果产业化的研发投入，对新技术、新产品、新工艺等研发费用，按照有关税收法律和政策规定，在计算应纳税所得额时加计扣除。粮油企业引进技术和进口设备，符合国家产业政策和税收政策规定的，免征进口关税。工商、税务等部门在办理证照和其他管理部门在收取规费时要按最低标准收取费用。

（四）提供土地优惠政策。积极支持粮食产业园区建设，国土资源部门要支持粮食企业退出城区，国有粮食企业原划拨土地使用权转让应缴纳的土地出让金，划拨土地转用地性质要缴纳土地出让金的，根据有关规定可以安排用于粮食产业园区建设和粮食仓库建设的资金配套。市、县（区）在安排建设用地计划指标时，优先考虑粮食产业园区和产业集聚区建设用地需要。在争取国家、省级投资的土地开发整理项目时，给予优先安排。市级以上粮油加工及物流龙头企业新建或改扩建所需用地，市、县（区）国土资源部门比照当地招商引资政策，优先安排。

（五）其他有关优惠政策。生产用水，由所在县（区）供水行政主管部门核定年度用水计划，供水企业应确保粮油加工及物流企业年度生产用水需要，并搞好供水服务工作。生产用电，由所在电力部门优先保障供应。对符合条件的市级及以上粮食加工及物流龙头企业，可按程序向中储粮湖南省分公司提出最低收购价粮食收储申请，经审核批准后从事有关政策性收储业务。外商投资兴办龙头企业和建设农产品生产基地，在项目审批、土地供应、技术服务、产销对接等方面给予大力支持，达到市级龙头企业基本条件的，按程序报批后，可享受市级龙头企业优惠政策。市级龙头企业改制或组建企业集团的各种登记费减半收取。开通粮油食品运输“绿色通道”，对运输粮油食品的车辆，其车货总重不能超过 55 吨和超限 100%，超限低于 10%的、超载低于 20%车辆不予扣车、卸载和罚款。市粮食工业园、物流园内的粮油企业享受凤凰园经济开发区的各类优惠政策。

（六）加强金融信贷服务。积极贯彻落实国家粮食局、中国农业发展银行《关于加强合作支持现代粮食产业化发展的通知》（国粮财〔2009〕217 号）文件。农业发展银行要积极支持具有粮食收储资质的各类粮食企业入市收购；加大对粮食产业化龙头企业、粮食订单生产基地、粮食产业园区、粮食批发市场、粮食仓储基础设施、粮食科技成果转化、固定资产投资和技术改造等贷款支持力度。农村金融机构要创新适应粮食经营企业、农户需要的信贷产品和服务；将流转土地 1000 亩以上、流转期限 5 年以上的粮食经营企业作为信贷支持的重点，对实力强、资信好的给予授信额度；采取多形式、多渠道为农民专业合作社提供资金支持。依据《中华人民共和国物权法》，扩大贷款抵押物范围，丰富担保方式，探索土地承包权等质押贷款；允许龙头企业间连担，允许法人代表、股东为龙头企业担保，允许合作社连保。筛选 1-2 家符合产业政策、产品竞争力强、具有良好发展前景和增长潜力的粮油企业进入市重点上市后备资源库，支持企业上市融资。

五、加强组织领导

各级各有关部门要把推进粮油百亿产业作为经济社会发展的一项重要任务来抓，精心部署，积极推进。市政府成立市粮油百亿产业工程建设领导小组，领导小组办公室设市粮食局。各县区也要成立相应机构，加强对粮油产业发展的组织领导，做到领导、机构、人员、责任、经费、规划、制度、措施的落实，加强督促、检查和考核。各级粮食行政管理部门要切实担负起推进粮油百亿产业工程的牵头责任，要与发改、经信、财政、住房和城乡规划建设、交通运输、公路、交警、城管、林业、农业、卫生、环保、房产、科技、农办、国土资源、商务、农业产业化局、农发行、税务、工商、质监、水利、中储粮等部门加强协调，整合资源，密切配合，形成支持粮食产业发展的合力。农业部门要统筹协调，加强原料基地建设，加快品种结构调整，抓好优质稻新品种的引进、示范和推广；财政部门要整合支农资金，加大对粮食精深加工、龙头企业建基地、物流园区建设等方面的支持力度；农业发展银行要在贷款额度等方面给予龙头企业以支持；工商、质监部门要加大对创建粮油品牌的支持力度，积极培植湖南名牌，争创更多的国家级品牌；经信委要把粮油百亿产业工程列入食品产业发展规划，加强引导和服务；科技部门要对发展粮食科技项目给予资金倾斜。各有关部门都要按照市委、市政府的总体部署，在种植、收购、销售、储存、加工各环节充分发挥职能作用，为全市粮油产业经济又好又快发展多作贡献。

二〇一一年八月十二日

永州市市级储备粮管理办法

第一章 总则

第一条 为了规范市级储备粮的管理，有效调控粮食市场，确保粮食安全，根据《粮食流通管理条例》和《中央储备粮管理条例》和《湖南省市级储备粮管理办法》，结合本市实际，制定本办法。

第二条 本办法所称市级储备粮，是指市人民政府储备的用于调节所辖行政区域内粮食供求总量，稳定粮食市场，以及应对重大自然灾害或者其他突发公共事件等情况的粮食和食用植物油。

市级储备粮权属市人民政府，实行静态管理。

第三条 本市行政区域内从事和参与市级储备粮经营管理、监督活动的单位和个人，应当遵守本办法。

第四条 市人民政府负责本级储备粮的建立和管理，落实省人民政府下达的储备粮计划，根据当地的粮食需求相应增加储备规模，合理确定储备品种结构，落实储备粮所需的财政补贴资金和仓储等设施。

第五条 市粮食行政管理部门负责本级储备粮的行政管理，指导、协调下级储备粮管理工作，对市级储备粮的数量、质量和储存安全实施监督检查。

第六条 市财政部门负责安排本级储备粮的贷款利息、管理费用等财政补贴，保证及时、足额拨付，并负责对本级储备粮财政补贴执行情况实施监督检查。

第七条 市农业发展银行按照国家有关规定，及时、足额安排市级储备粮所需贷款，并对发放的市级储备粮贷款实施信贷监管。

第八条 市级储备粮的管理应当按照储得进、管得好、调得动、用得上的要求，建立严格的管理制度，确保市级储备粮数量真实、质量良好和储存安全，并节约成本、费用。

第九条 任何单位和个人对市级储备粮经营管理中的违法行为，有权向市粮食行政管理部门等有关部门举报。接受举报的部门，应当及时查处。

第二章 计划

第十条 市级储备粮的品种及其数量，由市粮食行政管理部门会同财政、发展改革部门提出，报市人民政府批准后下达。

第十一条 市级储备粮收购、销售计划，由市粮食行政管理部门会同市财政部门和市农业发展银行制定，下达市级储备粮承储企业（以下简称承储企业）具体实施。

第十二条 市级储备粮实行按计划均衡轮换制度，每年轮换数量一般为粮食储存总量的30%至40%，食用植物油储存总量的50%。

市粮食行政管理部门会同市财政部门、市农业发展银行根据承储企业库存粮食的入库年限、品质情况下达市级储备粮年度轮换计划，由承储企业按计划实施。

第十三条 承储企业应当按照有关规定，向市粮食行政管理部门、市财政部门报送市级储备粮的收购、销售、轮换计划执行情况，并抄送市农业发展银行。

第三章 储存

第十四条 承储企业应当具备下列条件：

（一）仓库容量和仓库条件符合国家、省和市规定的标准和技术规范；

（二）具有与粮食储存功能相适应的仓储设施条件，具备粮食装卸、输送、清理、计量、消防等设备；

（三）具有符合国家标准的检测粮食质量等级和储存品质必需的基本检测仪器和场所，具备检测粮食储存期间仓库内温度、水分、害虫密度的条件；

（四）具有经过专业培训，并持有相应从业资格证书的粮食保管、检验等管理技术人员；

（五）经营管理和企业资信良好，并无严重违法经营记录。

市级储备粮承储企业，由市粮食行政管理部门依照前款规定的条件，按照依法、公开、公平、公正、择优原则确定。

第十五条 市粮食行政管理部门和市财政部门应当与承储企业签订承储合同，明确双方权利、义务和违约责任等事项。

第十六条 承储企业应当遵守下列规定：

（一）执行国家仓储标准、技术规范和市级储备粮业务管理制度；

（二）执行市级储备粮收购、销售、轮换计划，保证入库的粮食达到收购、轮换计划规定的质量等级，符合国家规定的质量标准；

（三）对承储的储备粮实行专仓储存、专人保管、专账记载，确保账账相符、账实相符、质量良好、储存安全；

（四）建立健全防火、防盗、防洪等安全管理制度，配备必要的安全防护设施；

（五）按照国家规范要求使用熏蒸剂、防护剂等化学药剂；

（六）对储存管理状况进行经常性检查，发现问题应当按规定及时处理并报告市粮食行政管理部门；

（七）执行粮食流通统计制度，建立台账，定期分析储存管理情况，并市粮食行政管理部门。

第十七条 承储企业不得有下列行为：

（一）虚报、瞒报承储的储备粮数量；

（二）掺杂使假、以次充好；

（三）擅自串换品种、变更储存地点和动用储备粮；

（四）以储备粮担保、清偿债务；

（五）以虚购虚销、陈粮代替新粮、虚增入库成本等手段套取差价，骗取市级储备粮贷款和费用补贴。

第十八条 承储企业依法被撤销、解散、破产或者因其他原因不再具备承储条件的，由市粮食行政管理部门按照本办法第十四条规定重新确定承储企业。

第十九条 承储企业应当按轮换计划在规定的时间内完成市级储备粮的轮换。

市级储备粮轮换的具体管理办法，由市粮食行政管理部门会同市财政部门，并征求市农业发展银行意见制定。

第二十条 市级储备粮实行入库新粮必检、出库陈粮必检、在储粮食抽检的质量检查制度。

扦样检验工作由市粮食行政管理部门组织，委托具有资质的第三方粮油质量检测机构进行。

市级储备粮质量监督扦样检验的具体管理办法，由市粮食行政管理部门制定。

第二十一条 市级储备粮的收购、销售、轮换，原则上应当通过规范的粮食批发市场公开进行，也可以通过国家和市规定的其他方式进行。

第四章 动用

第二十二条 市级储备粮的动用权属于本级人民政府，未经人民政府批准，任何单位和个人不得擅自动用。

市粮食行政管理部门应当加强市场监测预警，完善市级储备粮的动用机制，适时向市人民政府提出动用建议。

第二十三条 有下列情形之一的，可以动用市级储备粮：

（一）本行政区域内粮食明显供不应求或者市场价格异常波动的；

（二）发生重大自然灾害或者其他突发公共事件需要动用的；

（三）人民政府认为需要动用本级储备粮的其他情形。

第二十四条 市级储备粮动用，由市粮食行政管理部门会同财政、发展改革部门提出方案，报市人民政府批准。动用方案应当包括动用的品种、数量、质量、价格、使用安排、运输保障等内容。

第二十五条 市粮食行政管理部门根据人民政府批准的市级储备粮动用方案下达动用命令，并会同相关部门组织实施。

紧急情况下，市人民政府可以直接决定动用本级储备粮。

任何单位和个人不得拒绝执行或者擅自改变市级储备粮动用命令。

第五章 财务管理

第二十六条 市级储备粮的贷款利息据实补贴，保管费用和轮换费用补贴由市财政部门会同市粮食行政管理部门核定，按季度直接拨付到承储企业。

保管费用和轮换费用补贴标准由市财政部门、市粮食行政管理部门依据本地区物价水平和储粮成本，并参照省级储备粮费用标准确定。

第二十七条 动用市级储备粮取得的差价收入上缴本级财政，设立专户管理，用于粮食事业方面的支出；动用市级储备粮发生的差价亏损及有关费用由本级财政据实补贴。

第二十八条 市级储备粮贷款实行库贷挂钩、专户管理、专款专用。承储企业应当在市农业发展银行开立基本账户，并接受市农业发展银行的信贷监管。

第二十九条 市级储备粮的入库成本，由市粮食行政管理部门会同市财政部门依据市场行情核定。

第三十条 市级储备粮损失、损耗的费用实行定额包干补贴制度，超额部分由承储企业承担。由于不可抗力造成的损失、损耗，由市财政部门会同市粮食行政管理部门核定后处理。

第六章 监督检查

第三十一条 市粮食行政管理部门在监督检查中可以行使下列职权：

（一）对承储企业承储的市级储备粮数量、质量、品种和储存安全实施检查；

（二）向有关单位和个人了解市级储备粮收购、销售、轮换计划及动用命令的执行情况；

（三）调阅市级储备粮经营管理的有关资料、凭证；

（四）依法处理违法行为。

第三十二条 市粮食行政管理部门在监督检查中，发现市级储备粮数量、质量、储存安全等方面存在问题，应当责成承储企业立即纠正或者处理，并报告上级粮食行政管理部门。

第三十三条 市财政部门依法对市级储备粮费用补贴的拨付和承储企业财政补贴执行情况进行监督检查。

审计机关依法对有关市级储备粮的财务收支等情况实施审计监督。

第七章 法律责任

第三十四条 市人民政府有关部门违反本办法规定，有下列行为之一的，由市人民政府或者上级主管部门责令改正；对直接负责的主管人员和其他直接责任人员，由有关主管部门给予行政处分；构成犯罪的，依法追究刑事责任：

（一）不及时下达市级储备粮收购、销售或者年度轮换计划的；

（二）不及时、足额拨付市级储备粮费用补贴的；

（三）擅自改变市级储备粮收购、销售、年度轮换计划或者动用命令的；

（四）发现市级储备粮的数量、质量、储存安全存在问题，不责成承储企业及时纠正或者处理的；

（五）接到举报、发现违法行为不及时查处的。

第三十五条 承储企业违反本办法第十六条相关规定，有下列行为之一的，由市粮食行政管理部门责令改正；情节严重的，取消其承储计划；对直接负责的主管人员和其他直接责任人员，依法给予处分；构成犯罪的，依法追究刑事责任：

（一）未执行市级储备粮收购、销售、轮换计划，或者入库的粮食未达到收购、轮换计划规定的质量等级，不符合国家规定的质量标准的；

（二）对承储的储备粮未实行专仓储存、专人保管、专账记载，或者账账不符、账实不符、粮食陈化变质的；

（三）因管理不善发生重大安全事故的；

（四）熏蒸剂、防护剂等化学药剂的使用不符合国家规定的。

第三十六条 承储企业违反本办法规定，有下列行为之一的，由市粮食行政管理部门责令其限期改正，有违法所得的，没收违法所得；情节严重的，取消其承储计划；造成市级储备粮损失的，责令赔偿损失；对直接负责的主管人员和其他直接责任人员，依法给予处分；构成犯罪的，依法追究刑事责任：

（一）虚报、瞒报承储的储备粮数量的；

（二）掺杂使假、以次充好的；

（三）擅自串换品种、变更储存地点和动用储备粮的；

（四）以储备粮担保、清偿债务的。

第三十七条 承储企业以虚购虚销、陈粮代替新粮、虚增入库成本等手段套取差价，骗取市级储备粮贷款和费用补贴的，由市粮食行政管理部门、市财政部门按照各自职责责令其限期改正；逾期不改正的，处1万元以上3万元以下的罚款；对直接负责的主管人员和其他直接责任人员，依法给予处分；构成犯罪的，依法追究刑事责任。

第三十八条 破坏市级储备粮仓储设施，偷盗、哄抢、损毁市级储备粮的，依照《中华人民共和国治安管理处罚法》的规定予以处罚；构成犯罪的，依法追究刑事责任；造成财产损失的，依法承担民事赔偿责任。

第八章 附则

第三十九条 本办法自2015年1月1日起施行。

永州市人民政府
关于禁止生产销售使用无包装无标识食用油和米粉的通告

永政函〔2015〕83号

为加强食用油、米粉市场监管，保障人民群众身体健康和生命安全，根据《中华人民共和国食品安全法》、《中华人民共和国食品安全法实施条例》、《食品标识管理规定（修订版）》（国家质检总局2009年第123号令）和《国家食品安全标准预包装食品标签通则》（GB7718-2011）规定，现就禁止生产、销售、使用无包装、无标识食用油和米粉有关事项通告如下：

一、所有从事生产加工食用油、米粉（含分装，下同）的生产者（传统的茶油、菜油、香油、米粉等现场生产加工自用的小作坊和餐饮店除外）应依法取得食品生产许可证，凭食品生产许可证生产加工食用油和米粉，禁止生产加工、销售无包装、无标识的食用油和米粉。

二、所有食品经营者禁止销售无包装、无标识、无检验报告、未取得食品生产许可的食用食用油和米粉，也不得销售包装、无标识不符合国家有关规定的食用油和米粉。

三、所有餐饮服务者应严格执行采购索证索票制度，禁止购进和使用非法生产加工、无包装、无标识的食用油和米粉；禁止购进和使用无食品生产许可证的食用油和米粉。

四、所有食用油和米粉生产经营者及餐饮服务提供者必须建立食用油、米粉原材料及成品购进质量验收台账，详细记录相关信息，信息保存期限不得少于2年。

五、对违反本通告规定的，由食品安全监管、公安部门依法查处，涉嫌犯罪的，追究刑事责任，收缴非法财物。欢迎广大市民举报违法违规生产、销售、使用无包装、无标识食用油和米粉的行为，举报电话：12331、8612331，电子信箱：jczd12331@ 123. com。举报的违法行为经查证属实，对实名举报人按相关规定给予一次性奖励。

六、本通告自2015年7月1日起执行。

永州市人民政府

2015年6月4日

中共永州市委办公室　永州人民政府办公室
关于印发《永州市加快推进开放崛起专项行动方案》的通知

各县区委、县区人民政府，各管理区、经开区，市直和中央、省驻永有关单位：

《永州市加快推进开放崛起专项行动方案》已经市委、市人民政府同意，现印发给你们，请认真贯彻求实。

中共永州市委办公室

永州人民政府办公室

2018年9月26日

永州市加快推进开放崛起专项行动方案

为认真贯彻落实《中共湖南省委办公厅湖南省人民政府办公厅关于加快推进开放崛起专项行动的通知》（湘办发〔2018〕12号）精神，更好推动我市创新开放发展，加快建设创新开放新高地、品质活力新永州，根据省委、省人民政府工作部署，结合永州实际，特制定本专项行动方案。

一、总体要求

（一）指导思想

全面贯彻落实党的十九大精神，以习近平新时代中国特色社会主义思想为指导，深入贯彻落实创新、协调、绿色、开放、共享的新发展理念，全面融入和对接国家“一带一路”、湖南省“一带一部”建设，加快组织实施“融入新丝路、拓展大合作”“走进500强、链接大产业”“依托大永商、推进大招商”“构筑大通关、提升大平台”“对接北上广、优化大环境”5大行动，打造永州全面开放新格局，努力建设创新开放新高地、品质活力新永州。

（二）主要目标

到2021年，全市开放经济发展新格局基本形成。全市新引进500强企业3个以上，新引进500强企业投资项目20个以上。全市外贸进出口总额年均增长15%以上，其中加工贸易进出口总额年均增长15%以上；对外承包工程和劳务合作完成营业额年均增长15%，对外投资年均增长15%以上。实际利用外资年均增长12%以上，内联引资年均增长13.5%以上。全市力争实现新成立永州异地商会3个以上；永商回归投资累计达300亿元，永商社会慈善公益事业回归累计1亿元以上。全面推广国际贸易“单一窗口”，建成规范协调、服务快捷的口岸服务体系。努力营造法治化、国际化、便利化营商环境。

二、主要任务

（一）融入“新丝路”、拓展大合作

1. 全力推动“永品出境”。全面对接粤港澳大湾区，持续放大国家级出口食品农产品质量安全示范市和湖南农副产品集中验放场平台优势，以“香港直通车”为突破口，初步形成一批大型农产品贸易集团，扩大农产品出口港澳。支持我市优势产品开拓国际市场，引导企业参加境外专业性展会，利用广交会、东盟博览会、亚洲（香港）农产品展、北京科博会、南亚博览会等重点展会及互联网第三方平台，支持中小企业拓展国际市场。组织筹备参加中国国际进口博览会、中部（长沙）进口商品博览会，引进相关进口产品和进口商资源，以进口促出口。（牵头单位：市商务和粮食局，责任单位：市经信委、市发改委、市农委、市贸促会、长沙海关驻永州办事处，各县区人民政府，各管理区，永州经济技术开发区）

2. 加快“永企出海”步伐。充分利用东盟博览会和国际国内各种展会，以特色产品展、专题活动、项目对接等多种形式，宣传永州企业，推动经贸合作。组织企业对重点国家开展市场考察和项目对接等经贸促进活动，充分发挥中国贸促会永州法律服务中心、中国贸促会湖南调解中心永州办事处的作用，加快企业“走出去”步伐。（牵头单位：市商务和粮食局，责任单位：市经信委、市发改委、市财政局、市贸促会、长沙海关驻永州办事处，各县区人民政府，各管理区，永州经济技术开发区）

3. 持续推进外贸“破零倍增”。充分发挥园区外贸服务中心的作用，培育壮大一批生产型外贸企业，大力发展总部经济，提升外贸总量；推动“三外联动”，着力引进生产型外贸企业，促进实体贸易发展。依托外贸综合服务平台和园区外贸综合服务中心，推动“有外贸无业绩”企业的业绩“回流”，壮大外贸“破零”主体。以经开区、工业园区、蓝宁道新江加工贸易走廊为主要载体，建立加工贸易产业园区，完善园区承载功能和配套服务体系。(牵头单位：市商务和粮食局，责任单位：长沙海关驻永州办事处、市科技局、市农委、市发改委、市经信委、市贸促会，各县区人民政府，各管理区，永州经济技术开发区)

4. 加快外贸转型升级。围绕供给侧结构性改革，推动“永品”由价格优势为主向技术、标准、品牌、质量、服务为核心的综合竞争优势转变。加快国内外标准接轨，重点推动我市出口农产品与国际标准一致性程度达到95%以上，实现内外销产品“同线同标同质”。在实体外贸企业的引进上，重点引进机电和高新技术产业企业；在政策支持上，重点支持外贸企业技改和产品升级换代。培育和发展服务贸易，以各电商园区平台为载体，积极引进跨境电商大平台、大企业、大服务商，引导培育有条件的企业在粤港澳大湾区中的香港、澳门设立海外中转仓。(牵头单位：市商务和粮食局，责任单位：市科技局、市农委、市经信委、市发改委、市质监局、长沙海关驻永州办事处，各县区人民政府，各管理区，永州经济技术开发区)

(二) 走进500强、链接大产业

5. 精准对接500强企业。加强对500强企业基本情况和投资信息的收集，建立500强企业信息库。结合我市产业发展布局，从产业配套、要素组合、效益集约的角度，每年确定一批拟引进的500强目标企业，组织各县区、管理区、经开区推出针对500强企业的重点招商项目。研究制定永州市“走进500强、提升产业链”招商引资主导产业分类指导目录，确定产业招商方向、目标地区及目标企业。围绕我市重点产业明确引进重点企业，制定永州市“走进500强，提升产业链”目标企业名录。对已经进入我市的世界500强、中国500强、民营500强企业及其项目进行跟踪调查研究，了解其新的投资需求；对目标500强企业进行追踪调查研究，根据其需求针对性地推荐投资项目。建立世界500强企业、中国500强及民营500强企业与我市互访交流机制，积极鼓励企业增资扩产，争取把更高技术、更高附加值的研发、制造、营销环节转移或整合到我市。(牵头单位：市商务和粮食局，责任单位：市发改委、市经信委、市科技局、各县区人民政府、各管理区、永州经济技术开发区)

6. 大力推进产业链招商。根据全市的产业规划及结构定位，组建14个产业链招商工作组，由相关市级领导联系新兴优势产业，实行“一个产业、一个班子、一套工作方案”。各牵头单位对每一个产业分别确定一名处级干部为联络员，明确工作班子，负责日常联络、服务和调度。各责任单位要各司其职，尽责尽力。各工作组要围绕重点产业关键链条、关键技术、关键环节，重点引进产业链、价值链上的高端项目，下大力气建链、补链、延链和强链，努力在不同领域实现一批优势特色产业重点突破，助力品质活力新永州建设。（牵头单位：市商务和粮食局、市经信委，责任单位：产业链招商工作成员单位）

7. 多渠道开展招商工作。充分利用好国家级和省级重大经贸活动平台搞好500强企业项目推介对接，积极参与好省里组织的“沪洽周”“港洽周”“湘南投洽会”等重大招商活动，力争项目质量和签约资金总额位于全省前列。围绕我市主导产业精心策划各具特色的专业性招商推介活动，提高精准度和实效性。充分发挥各地商会的桥梁和纽带作用，更好地服务对接500强企业。建立针对永州异地商会和重点永商的电子信息库，对其从事行业、发展情况尤其是当前投资领域进行实时化跟踪和动态化管理，指导全市开展针对性招商。对永商招商项目实行行政首长联系、专抓班子跟进的责任落实机制，精准发力，强力推动。（牵头单位：市商务和粮食局，责任单位：市工商联、各县区人民政府、各管理区、永州经济技术开发区）

8. 注重引资引技引智相结合。在加大引进500强企业投资同时，注重引进先进技术、优秀人才和管理经验。深化与500强企业在科技、人才方面的交流与合作，定期举办科技招商与招才引智活动，加强对科技类企业的跟踪，大力引进科技企业、研发中心、创新技术人才团队。建设创新平台，积极扶持500强企业在永设立的科技型企业做大做强。（牵头单位：市商务和粮食局、市委组织部，责任单位：市科技局、市人社局、各县区人民政府、各管理区、永州经济技术开发区）

9. 积极对接粤港澳大湾区。各县区、管理区、经开区要结合当地的产业和区位优势、强化承接产业转移战略，在法律法规规定的范围内，为企业在土地批租、管理体制和政策优惠等方面创造优质的营商环境，同时在产业布局、园区建设、工业用地、建设规划、环保审批、财政支持、金融服务、口岸通关等方面给予更多政策支持。积极对接粤港澳大湾区，承接500强企业向我市转移。（牵头单位：市商务和粮食局，责任单位：市发改委、市经信委、市交通运输局、市国土资源局、市住建局、市环保局、各县区人民政府、各管理区、永州经济技术开发区）

（三）依托大永商、推进大招商

10. 支持永商发展壮大。加强永州异地商会建设，鼓励现有永州异地商会做大做强，支持新的永州异地商会成立，建立起以市级商会为骨干覆盖全国的永州异地商会组织网络，并扶持一批产值过5亿元的标志性商会会员企业，为反哺家乡打好基础。做好永商回乡投资对接服务工作，号召永商积极参与我市精准扶贫和慈善公益事业。摸索和建立行之有效的境外商客激励机制与管理机制，加强同境外商会的联络，逐步建立联络人为点、各商会为线、不同区域为面相结合的互动联络机制，通过参与或举办国际重点经贸活动搭建永州与境外商会交流与合作平台，宣传推介永州招商引资和营商环境，吸引永商回乡兴业。（牵头单位：市发展开放型经济领导小组办公室，责任单位：市发展开放型经济领导小组成员单位、市工商联、市扶贫办、市慈善总会、市贸促会、各县区人民政府、各管理区、永州经济技术开发区）

11. 强化平台吸附功能。充分利用好“沪洽周”“港洽周”“湘南投洽会”等国家级和省级重大经贸活动平台，组织永商参加，搞好项目对接。借助永州异地商会以及境内外重要商协会等平台协助政府举办和组织会员企业参加永州各级政府组织的招商推介活动，组织商会会员企业或异地其他知名企业来永州考察投资创业。借助互联网和大数据平台，构建永州异地商会以及永商 QQ 群、微信群、APP 等立体式招商信息平台，搭建政府与商会、商会与老乡之间的交流沟通平台，建立常态性互动机制，实现网络化、高效化招商。（牵头单位：市商务和粮食局，责任单位：各县区人民政府、各管理区、永州经济技术开发区）

12. 打造回乡创业载体。鼓励民间资本和社会机构在各县区、管理区、永州经济技术开发区及重点、特色乡镇，利用现有标准化厂房、商业综合体、新建楼宇等场地，打造科技孵化器、众创空间和传统工业制造、农产品养殖加工、农业农村电商、文化创意、商贸物流等特色创业园，支持建设国家、省级回乡创业孵化基地，将有关特色创业园纳入国家、省级创业孵化基地评选范畴，推荐申报国家、省级认定，为回乡创业服务。各县区、管理区、永州经济技术开发区要建设回乡创业孵化基地、科技孵化器、众创空间、特色创业园各 1 个以上。各级政府要建立创业项目库、信息咨询发布平台，每年向社会推介 100 个以上符合市情、投资适中、风险小、见效快的重点创业项目，并适时开展项目招商推介活动。（牵头单位：市发展开放型经济领导小组办公室，责任单位：市发改委、市人社局、市商务和粮食局、市农委、市经信委、市文体广新局、市科技局、市农科园、各县区人民政府、各管理区、永州经济技术开发区）

13. 实行回乡创业奖励。鼓励永商回乡兴办企业投资项目，对永商当年引进总投资 5000 万元以上的工业及商贸物流、旅游、文化、康养、电商、金融机构及市发展开放型经济领导小组项目会审认定的项目（不含土地价款）并于当年投产的奖励 5 万元，奖励资金由受益财政承担。（牵头单位：市商务和粮食局，责任单位：市财政局、市发改委、市经信委、市国土局、市环保局、市审计局、市金融办、各县区人民政府、各管理区、永州经济技术开发区）

（四）构筑大通关、提升大平台

14. 健全口岸综合协调机制。一是成立永州市口岸通关领导小组。二是完善口岸单位联席会议制度。通过定期召开联席会议，加强口岸单位间的工作联系和相互协调配合，优化口岸“大通关”机制，协调解决口岸运行中存在的问题，切实提升口岸运行效率和口岸服务水平。三是完善口岸信息互通制度。进一步加强口岸信息传递，更及时的反映口岸工作动态，加强经验交流，强化沟通联系，提高工作质量，促进口岸信息工作的规范化、制度化。（责任单位：市商务和粮食局、长沙海关驻永州办事处）

15. 加快口岸提质升级。全面深化贸易、金融、投资通关等领域改革，统筹开放平台建设，强化口岸、海关特殊监管区、园区等各类平台支撑作用。根据发展需要，支持依规申报海关特殊监管区。加强与省口岸办沟通汇报我市“单一窗口”建设情况，确保我市“单一窗口”建设工作与国家、省相关要求和进度一致。（责任单位：市商务和粮食局、市发改委、市金融办、各省级园区、相关县区人民政府、长沙海关驻永州办事处）加大对湖南农副产品集中验放场暨中国永州公路口岸平台支持力度，出台专项扶持政策促进湖南农副产品集中验放场（永州公路口岸）快速发展，引导周边货源聚集验放场验放通行。以香港直通车运营为基础，根据验放场业务需求拓展平台功能建设，支持拓展通关一体化业务、争取申报“跨境一锁”功能（责任单位：市商务和粮食局、道县人民政府、长沙海关驻永州办事处、市财政局、市农委、市交通局）。加快推进马坪综合物流园内陆港项目建设（责任单位：市城投公司、市发改委、市交通局、市商务和粮食局、长沙海关驻永州办事处、市财政局、市国土资源局、市住建局、市环保局、冷水滩区人民政府）。按照全国口岸工作座谈会的精神，充分利用区域通关政策为口岸发展带来的新变化，研究探索内陆港建设的新模式；积极探索新形势下内陆口岸与沿海口岸、沿边口岸合作的新途径，建立健全合作机制，抓住并扩大政策变化带来的发展机遇，打造资源共享、优势互补、相互促进、合作共赢的大口岸、大通关发展格局，尽快实现“三个一”的便捷通关模式（责任单位：市商务和粮食局、长沙海关驻永州办事处、市城投公司、冷水滩区政府）。加快申报国家级富硒产品重点实验室。加快推进湘南进出口食品检测中心建设，在实验室硬件全面验收使用达标的基础上，加快推进打造成国家质检总局富硒食品检测区域性中心实验室（永州）（责任单位：长沙海关驻永州办事处、市商务和粮食局、市财政局）。全面实现原产地证电子化，积极推进企业原产地证出证自主打印，确保企业在全球任何地方、24 小时不间断申报、打印证书，5 分钟完成从企业、贸促会到海关的原产地证申办、数据传输全流程。进一步加强法律服务平台建设。为企业提供从合同开始到出关通关、货运、交付、货款收缴等过程中全方位服务，为我市企业产品出口保驾护航（责任单位：市贸促会）。放大出口食品农产品质量安全示范市特色优势。大力推进永州国家级出口食品农产品质量安全示范市提质增效建设工作，切实把国家级出口食品农产品质量安全示范市建设成为产业特色鲜明、竞争优势明显、示范效应突出、经济社会效益良好、引领现代农业发展作用突显的先行区，真正将示范市的“金字招牌”打造成助力社会经济发展的“强劲引擎”。（牵头单位：市商务和粮食局、市农委，责任单位：永州市推进出口食品农产品质量安全示范市工作领导小组成员单位、各县区人民政府、各管理区、永州经济技术开发区）

（五）对接北上广、优化大环境

17. 拓宽投融资空间。除法律法规明确禁止准入的行业和领域外，市场准入对各类投资主体一视同仁，不得对民企、外资等社会资本设立任何附加条件。完善节能节地节水、环境、技术、安全等市场准入标准，为各类企业提供政策指导（牵头单位：市商务和粮食局，责任单位：市经信委、市发改委、市环保局）。推进基础设施和公用事业领域市场化改革，放开自然垄断行业的投资、建设、运营市场（责任单位：市发改委、市城管执法局、市交通运输局、市住建局）。以减核准、减前置、减环节、减流程、减时限为重点，及时修订政府核准的投资项目目录，对建设项目开工前的审批核准环节实行并联审批（责任单位：市发改委）。加快推行“多评合一、多图联审”，企业投资项目承诺制（先建后验）等模式（责任单位：市住建局、市发改委）。除涉及安全、环保事项外，凡是技术工艺成熟、通过市场机制和事中事后监管能保证质量安全的产品，一律按国家要求取消生产许可（责任单位：市经信委、市质量技术监督管理局）。充分挖掘市内降本减负潜力，着力降低企业税费、融资、用工、用地、用能、物流、制度性交易等多方面成本（责任单位：市降低实体经济企业成本相关单位、各县区人民政府、各管理区、永州经济技术开发区）。

18. 提质政务服务。建立涵盖政务服务“全事项、全过程、各环节”相互配套协调的标准体系，实现市内无差别办理，为企业、群众提供无差异、均等化政务服务。推进实体政务大厅与网上政务大厅融合发展，建设全市统一、智能、便捷的“互联网+政务服务”一体化平台，推出网上政务大厅APP和微信版。以法治化、标准化、信息化为核心，积极推动政务服务模式的创新应用（责任单位：市政务服务中心）。建立和发布营商环境评价指数，倒逼相关部门、相关行业减环节、优流程、压时限、提效率。建立常态化、长效化和制度化明察暗访制和专项暗访制。集中清理政府履约方面存在问题（责任单位：市优化办、各县区人民政府）。继续开展清理偿还政府欠款专项工作，全面清理偿还各级政府及其部门拖欠企业的工程款、物资采购欠款（责任单位：市财政局）。制定实施关于加强政务诚信建设的实施意见，将政务履约和守诺服务纳入政府绩效评价体系，建立政务失信记录，建立健全政府失信责任追究制度及责任倒查机制，加大对政务失信行为惩戒力度，加强对政府合同协议的合法性审查，严防履约争议和廉政风险（责任单位：市发改委、市政府法制办）。

19. 提升通关效率。加快国际贸易“单一窗口”建设，全面推行“一站式作业”，实现口岸管理部门“三互”合作、“联合查验、一次放行”和“提前申报，运抵验放”等通关新模式。广泛实施口岸通关无纸化和许可证联网核查核销，逐步推行智慧口岸建设。扩大税费电子支付比例，推广应用“汇总纳税”。加强与沿海、沿边、沿江口岸通关协作。落实“双随机”布控查验机制，降低海关出口平均查验率，扩大非侵入式查验比例。加快出口退税办理。（责任单位：长沙海关驻永办事处、市商务和粮食局、市税务局）

20. 优化法治环境。全面推行“双随机、一公开”监管，公布市、县二级随机抽查事项清单，随机抽查事项实现全覆盖，抽查情况及查处结果依法及时向社会公布，失信记录及时纳入市级信用信息平台（责任单位：市政府办）。继续推进市县两级市场监管领域综合行政执法改革，推动执法重心和力量下移，推广“一支队伍管执法”，减少多头执法和重复执法（责任单位：各县区人民政府）。强化产权保护。制定实施《关于完善产权保护制度依法保护产权的实施意见》，依法有效平等保护各种所有制经济组织和公民财产权（责任单位：市科技局）。严厉打击以黑恶手段等方式侵犯、侵占他人产权、股权及其他经济权益的违法犯罪行为，整治企业周边治安环境（责任单位：市公安局、市人民检察院、市中级人民法院、市优化办、市重点办）。支持国际知识产权服务机构在我市设立知识产权仲裁和调解分中心，共建知识产权仲裁调解机制，支持国际经贸仲裁服务机构在我市设立经贸仲裁分支机构（责任单位：市科技局、市司法局、市贸促会）。鼓励和帮助企业积极申请注册国际商标和专利，建立知识产权风险预警反馈机制，为企业规避风险，应对涉外知识产权摩擦服务（责任单位：市科技局、市贸促会）。

21. 创新园区发展模式。加强与长三角、珠三角地区的对接，采取合作共建的模式，结对发展“飞地园区”，力争到2020年，全市新增共建“飞地园区”1~2家。完善开发区财政预算管理和独立核准机制，各县区可按本级权限提高开发区增加的地方财政收入（包括地方税收）留存额度，用于扶持开发区建设和产业发展（责任单位：市财政局，各县区人民政府、管理区、永州经济技术开发区）。各县区、各工业园区积极探索发展飞地工业园区模式，根据各县区已有主导产业布局招商引资重点产业，避免产业重复建设。飞地工业园区按比例分享税收、产值等考核目标与经济社会效益（责任单位：市经信委、市发改委，各县区人民政府、管理区、永州经济技术开发区）。全市城乡建设用地增减挂钩节余指标优先用于园区项目建设，在安排年度土地利用计划指标时，优先安排园区项目建设用地（责任单位：市国土资源局）。研究制定并分类实施差异化用人政策，对特殊人才或稀缺人才，依照沿海发达地区的政策条件逐一落实，为产业发展提供人力资源（责任单位：市委组织部、市人社局）。鼓励园区加快发展众创空间、大学科技园、科技企业化器等创业服务平台，发展园区科技金融（责任单位：市科技局、市发改委、市政府金融办）。

三、保障措施

（一）强化组织领导

充分发挥市发展开放型经济领导小组的作用，建立工作联席会议制度，形成分工协作、加强配合、共同协调、共同推进的工作格局。各县区、管理区、经开区，各市直单位要将推进开放崛起专项行动列入重要工作议事日程，实行“一把手”负责制，加强工作统筹安排。

（二）强化政策支撑

统筹安排运用好开放强市各项专项经费，充分发挥市开放型经济发展专项资金作用。鼓励各县区、园区设立相应开放型经济发展专项资金，积极出台并落实好相关优惠政策，努力营造政策洼地。

（三）优化考核督评

优化开放崛起工作考核机制，科学调整完善考核体系。五大专项行动推进情况纳入市委、市政府督查重要内容，对推进不力、考评不达标的县区和部门的相关负责人依法依规进行问责。

中共永州市委办公室

2018 年 9 月 27 日

编后记

“盛世修志”。永州市历史上第一部记载商务大流通的《永州市商务志》经全体编纂人员默默耕耘，历经4载，终于2020年8月出版面世。志书详尽、客观、科学、系统地记述永州市商贸流通行业兴衰起伏全过程，为领导提供决策依据，为后人提供经验、教训。

志书资料搜集（包括：商务贸易、粮食流通、口岸管理、供销经营、石油购销、盐业流通等资料），其纸质档案为构成本志最主要、最核心资料，得到市档案局（馆）和各承修单位大力支持。此外，编纂办通过多种形式和渠道找有关当事人征集（经多方考证）部分口碑资料。特别是蒋军兆、吴国侠、邓广平、蒋小辉等同志的高度责任感和积极主动作为，令我们感激涕零。

“文章不厌百回改，吹尽黄沙始见金”。《永州市商务志》编写工作，经历拟制订篇目，搜集资料，编写资料长编，编写初稿，修改送审稿五个阶段。共搜集资料千余万字，编写长篇120万字。我们在编纂过程中七易篇目，六改志稿，终于完成这一历史文化工程，为后人留下珍贵的精神财富。

“众手成志”。《永州市商务志》倾注着各级领导的重视和关怀，凝聚着全局上下集体智慧与结晶，集结着专家、学者、教授的悉心指导，启蒙者有之，提供资料者有之，勘误纠错者有之，捐献珍藏图片者有之，行家把关者有之。在此，我们对所有为《永州市商务志》编纂出版做出贡献和给予帮助、支持的各界人士，致以诚挚的谢意！

囿于水平有限，学识浅薄，加之时间仓促，疏漏错讹在所难免，尚祈读者批评指正。

《永州市商务志》编纂办公室

二〇二〇年十月

索 引

说明：本索引中章、节、目名称按第一个字的汉语拼音首字母顺序排列。

A

安全管理…… 382
安全生产检查…… 416

B

报废车…… 252
报废车回收…… 403
编后记…… 570

C

参展企业及产品…… 158
餐饮服务业…… 223
仓储管理…… 283，349
仓储设施…… 280
产业结构及商品种类…… 95
成品油…… 248
成品油监管…… 416
承接产业转移…… 189
城区市场建设…… 195
出口贸易…… 88
出口商品…… 95
储备调控体系改革…… 39

D

大米加工…… 291
大事记…… 13
单用途商业预付卡…… 406
党群组织…… 354
典当…… 236
电商发展…… 208
电商扶贫…… 216
电商建设…… 212
电子商务…… 208
定点屠宰目标考核…… 391
队伍…… 504
对接东盟…… 141
对外及对港澳台经济技术合作…… 135
对外及对港澳台贸易…… 79
多种经营…… 381

E

二手车 …… 251
二手车、报废车 …… 251

F

附录 …… 519

G

概述 …… 1
工程承包及劳务输出 …… 135
功能拓展 …… 132
供销合作 …… 316
供销合作社体制改革 …… 69
管理 …… 363
管理体制变革 …… 70
管理体制改革 …… 25
国家级出口食品农产品质量安全示范区 …… 106
国家级外贸转型升级基地 …… 105
国内贸易 …… 195
果蔬罐头产品专业型出口基地 …… 103

H

行业监督与管理 …… 384
行业内部管理 …… 424
湖南盐业永州市分公司流通体制改革 …… 77

J

机构 …… 316，333，351，367，457
机构队伍 …… 457
基地建设 …… 326
计量 …… 306
技术合作 …… 140
技术培训 …… 504
加工贸易 …… 100
家电下乡 …… 249
监管与整治 …… 385
检测 …… 303
进口贸易 …… 87
进口商品 …… 98
经贸考察 …… 144
经营方式变革 …… 71
经营方式改革 …… 28，38
经营服务 …… 320
经营主体 …… 80
境外投资 …… 136
酒类产销 …… 218
酒类稽查 …… 395
酒类监管 …… 395
12312 举报投诉中心 …… 422

K

烤烟产销 …… 220
口岸管理 …… 123

L

老旧汽车更新补贴 …………………… 404
利用外资 ……………………………… 146
联检单位 ……………………………… 123
粮食仓储 ……………………………… 280
粮食流通体制改革 …………………… 38
粮食收购 ……………………………… 259
粮食销售 ……………………………… 274
粮食行政执法 ………………………… 307
粮油机械制造 ………………………… 297
粮油技术改造 ………………………… 449
粮油加工 ……………………………… 291
粮油检测与计量 ……………………… 303
粮油科技 ……………………………… 449
粮油科技成果 ………………………… 451
粮油贸易 ……………………………… 259
粮油收购 ……………………………… 259
粮油销售 ……………………………… 274
流通体制改革 ………………………… 25

M

贸易伙伴 ……………………………… 92
面粉加工 ……………………………… 293

N

内联引资 ……………………………… 186
内贸流通体制改革 …………………… 36
年检 …………………………………… 412
农资储备供应 ………………………… 320

P

拍卖 …………………………………… 243
拍卖与典当 …………………………… 401
品种结构 ……………………………… 343

Q

其他加工（附营业务） …………… 297
其他商贸流通体制改革 ……………… 76
企业体制改制 ………………………… 30

R

人物 …………………………………… 510

S

商会 …………………………………… 424
商务举报投诉中心 …………………… 422
商务、粮食工作重要文件 …………… 534
商务投资企业监管 …………………… 407
商务行政执法 ………………………… 418
商业体制改革 ………………………… 58
商业、物资流通体制改革 …………… 58
设施建设 ……………………………… 347
社会消费品零售总额 ………………… 255
审批 …………………………………… 407
生活必需品产销 ……………………… 218
生猪定点屠宰 ………………………… 219
生猪定点屠宰监管 …………………… 384

食品加工……………………………… 295
食盐购销……………………………… 369
食盐经营……………………………… 367
市场监管……………………………… 372
市场体系建设………………………… 195
市场运行秩序和安全生产监管…… 414
市场秩序整顿………………………… 414
市供销社直属企业体制改革 ……… 75
市直粮食企业改制 ………………… 41
蔬菜产销……………………………… 221
饲料加工……………………………… 296

T

特种行业……………………………… 236
特种行业监管………………………… 401
通关平台……………………………… 128
投诉案件处理………………………… 423
投资企业……………………………… 164

W

外贸流通体制改革 ………………… 25
外贸平台建设………………………… 103
外贸总量 …………………………… 82
外商投资……………………………… 163
万村千乡市场工程…………………… 206
网点建设 ……………………… 344，362
物流发展及项目建设………………… 233
物流基础设施………………………… 235
物流类别……………………………… 235
物流主体……………………………… 234
物资体制改革 ……………………… 65

X

先进个人名录………………………… 515
先进模范人物简介…………………… 510
现代物流业…………………………… 233
项目建设……………………………… 328
项目履约状况………………………… 160
销售措施……………………………… 358
协会…………………………………… 429
鞋类出口基地………………………… 104
新鲜果蔬出口基地…………………… 104
行政审批……………………………… 163
行政执法活动………………………… 420
学会…………………………………… 443

Y

盐政执法……………………………… 377
引资项目及金额……………………… 146
永州市财贸委、内贸办……………… 474
永州市粮食局………………………… 476
永州市人民政府口岸办公室………… 489
永州市商务和粮食局………………… 487
永州市商务局………………………… 457
永州市商业企业改制服务办公室 ……
……………………………………… 490
油料购进 ……………………… 337，356
油料销售 ……………………… 338，357

油脂加工…………………………… 294
油脂油料收购……………………… 263
油脂油料销售……………………… 276
园区外贸综合服务中心…………… 112

Z

招商引资…………………………… 146
招商引资重要文件………………… 519
执法队伍与制度…………………… 419
执法范围…………………………… 309
执法活动…………………………… 310
执法机制及范围…………………… 419
执法主体…………………………… 308
直销………………………………… 405
职称评定…………………………… 507
职工教育…………………………… 506
中国石化永州石油分公司………… 333
中国石化永州石油分公司流通体制改革…………………………………… 76
中国石油永州销售分公司………… 351
中国石油永州销售分公司流通体制改革…………………………………… 77
专项整治…………………………… 397
专营商品业………………………… 333
综合经营…………………………… 323